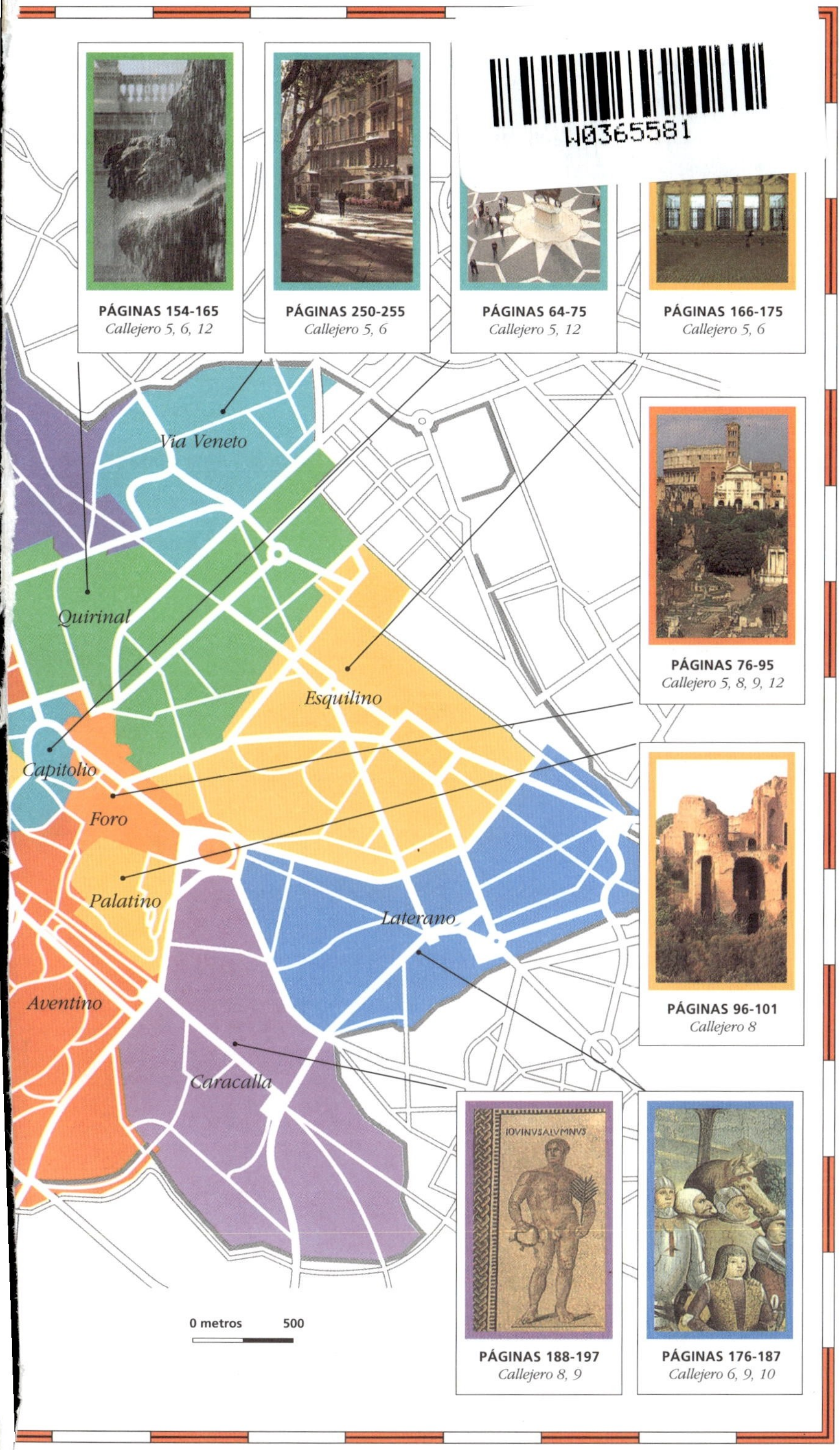

PÁGINAS 154-165
Callejero 5, 6, 12
PÁGINAS 250-255
Callejero 5, 6
PÁGINAS 64-75
Callejero 5, 12
PÁGINAS 166-175
Callejero 5, 6
PÁGINAS 76-95
Callejero 5, 8, 9, 12
PÁGINAS 96-101
Callejero 8
PÁGINAS 188-197
Callejero 8, 9
PÁGINAS 176-187
Callejero 6, 9, 10
Via Veneto
Quirinal
Esquilino
Capitolio
Foro
Palatino
Laterano
Aventino
Caracalla
IOVINVSALVMNVS
0 metros
500

GUÍAS VISUALES

EL PAIS
AGUILAR

ROMA

GUÍAS VISUALES

EL PAIS AGUILAR

ROMA

EL PAIS AGUILAR

EL PAIS
AGUILAR

Coordinación editorial: Carmen G. Barragán
Traducción y edición: El País-Aguilar
Adaptación: Carmen Hevia
Maquetación: Miguel Ángel Pascual

Mapas
Andrew Heritage, James Mills-Hicks, John Plumer,
Chez Picthall (Cartografía de Dorling Kindersley)

Fotografías
John Heseltine, Mike Dunning, Kim Sayer

Ilustraciones
Studio Illibill, Kevin Jones Associates,
Martin Woodward, Robbie Polley

•

Primera edición, 1994
Decimotercera edición, 2008

Título Original: **Eyewitness Travel Guide, Rome**

www.dk.com

Torrelaguna, 60. 28043 Madrid
Tel. 91 744 90 60. Fax 91 744 90 93
www.elpaisaguilar.es

ISBN: 978-84-03-50651-0

• Aguilar, Altea, Taurus, Alfaguara S. A.
Avda. Leandro N Alem, 720.
C1001AAP Buenos Aires
• Aguilar, Altea, Taurus, Alfaguara S. A. de C. V.
Avda. Universidad, 767, Col. del Valle,
México, D.F. C. P. 03100

Impreso en China

Toda la información práctica recogida en esta guía ha sido debidamente comprobada a fecha de su edición. La editorial no se hace responsable de los cambios ocurridos con posterioridad.

◁ **Plaza de San Pedro abarrotada de gente**

CONTENIDOS

Coliseo

APROXIMACIÓN A ROMA

Moisés **de Miguel Ángel, en San Pietro in Vincoli**

Fresco en Villa Farnesina

ITINERARIOS POR ROMA

El Tempietto

Arco de Tito

VIVIR ROMA

Basílica de San Pedro en el Vaticano

Mosaico en Santa Prassede

GUÍA ESENCIAL

Antipasto romano

CÓMO UTILIZAR ESTA GUÍA

Esta Guía Visual ayuda al viajero a sacar el máximo partido de su estancia en Roma con el mínimo de dificultad. En la sección introductoria, *Aproximación a Roma,* se sitúa la ciudad geográficamente, ubicando la Roma moderna en su contexto histórico y describiendo la vida en la ciudad mes a mes. *Roma de un Vistazo* constituye un acercamiento general a los principales lugares de la ciudad. El bloque central de la guía, *Itinerarios por Roma,* comienza en la página 62 y en él se describen los lugares de interés, con planos, fotografías e ilustraciones detalladas. Dicha sección se complementa con nueve paseos sugeridos para conocer los rincones de la ciudad.

En el apartado *Vivir Roma* se ofrece una información pormenorizada sobre alojamiento, restaurantes, cafés, deportes, compras y tiempo de ocio, y la *Guía esencial* aporta consejos útiles, desde cómo enviar una carta por correo a cómo orientarse en el metro.

ENCONTRAR UN ITINERARIO

Los capítulos que cubren los 16 itinerarios por Roma están señalados con distintos colores. Cada capítulo se inicia con una descripción de la zona y una lista de los lugares de interés. Éstos van seguidos de un número que indica su localización en el *plano del sector.* A continuación se encuentra un *plano en 3 dimensiones* a gran escala. El grueso de la sección lo constituyen las descripciones detalladas de los lugares de importancia seleccionados.

Hay un color distinto para cada itinerario.

Plano de situación

Con el plano de situación sabrá dónde se encuentra usted exactamente.

El itinerario sugerido para pasear incluye los lugares de interés de la zona.

1 Introducción
Los lugares de cada itinerario están numerados y localizados en el plano de la zona correspondiente. También muestra las estaciones de metro y los aparcamientos. Los lugares de interés seleccionados están distribuidos en categorías: iglesias y templos, museos y galerías y edificios históricos.

El área cubierta en detalle en el *plano en 3 dimensiones* aparece en rosa.

2 Plano en 3 dimensiones
Consiste en una vista general de cada área cubierta en los itinerarios. Los lugares de interés dentro de cada zona están resaltados con un color más oscuro y las descripciones de cada entrada en las páginas siguientes.

Las estrellas indican los lugares que ningún visitante debería perderse.

ITINERARIOS POR ROMA

Las áreas coloreadas de este plano *(ver guarda delantera)* son los 16 itinerarios de Roma –cada una se corresponde con un capítulo de la sección *Itinerarios por Roma (pp. 62-255)*–. Además, se amplían con otros planos a lo largo de la guía. En *Roma de un vistazo (pp. 42-57)*, por ejemplo, se detallan los principales lugares de interés. Asimismo con este plano principal se localizan fácilmente los *Nueve paseos sugeridos (p. 273)*.

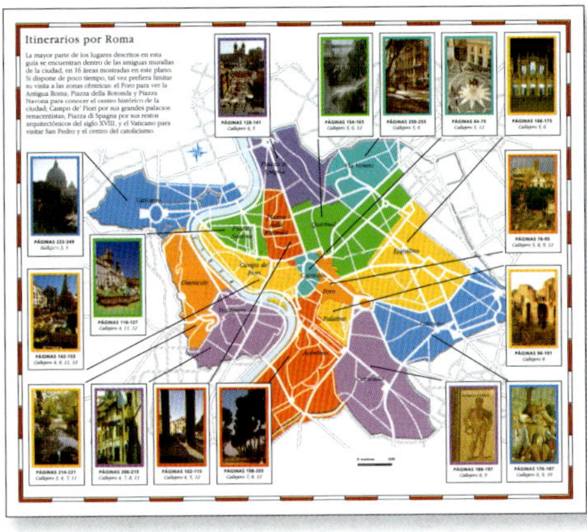

Los números dentro de un círculo se refieren a los lugares que figuran en el plano del sector y su lugar en el capítulo.

Información Práctica Todos los datos que es necesario conocer antes de visitar el lugar. Las referencias de los planos se corresponden con los del *Callejero (pp. 396-419)*.

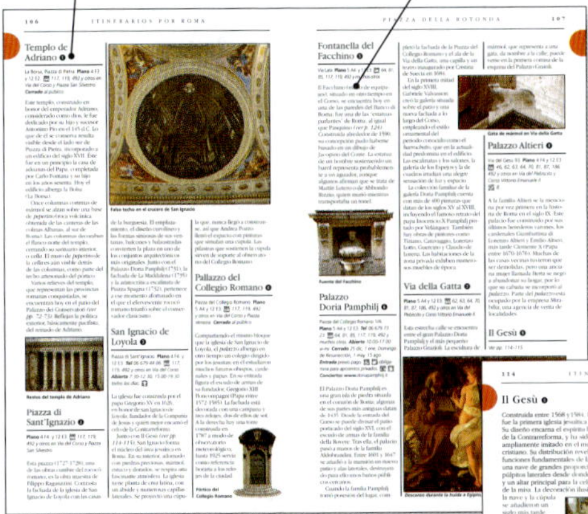

El dibujo de la fachada de cada edificio importante le ayudará a identificarlo rápidamente.

El apartado de *Información esencial* contiene los datos prácticos necesarios para visitar el lugar.

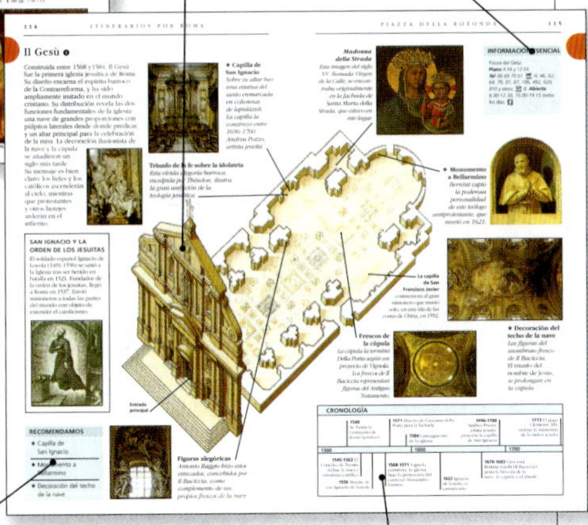

3 Información detallada

Todos los lugares importantes de cada itinerario están descritos de forma individual. Aparecen citados en orden, siguiendo la numeración del plano del sector. *También se da información práctica: referencias al plano, horarios y teléfonos. El significado de los símbolos está en la solapa posterior.*

Las estrellas señalan las obras de arte más importantes.

4 Los principales lugares de interés de Roma

Los edificios históricos se presentan en cortes para mostrar su interior, y los museos y galerías van acompañados de planos coloreados para ayudarle a encontrar las obras de mayor interés.

El cuadro cronológico incluye los acontecimientos clave en la historia del edificio.

EN TAM MIRACVLOSVM TANTAE VRBI PRINCIPIVM DEBEBATVR
S.P.Q.R

APROXIMACIÓN A ROMA

CUATRO DÍAS EN ROMA

Roma no se construyó en un día, pero sí se pueden visitar sus principales monumentos en cuatro. La historia de esta ciudad aparece escrita en las columnas del antiguo Imperio, las calles medievales bordeadas de palacios renacentistas y las fuentes barrocas situadas en elegantes *piazzas*. Roma posee docenas de museos, entre los que figuran desde el Vaticano hasta pequeñas colecciones como la Gallerie Borghese. También hay cientos de templos repletos de arte, que pueden ser desde diminutas capillas hasta maravillosas basílicas o la propia San Pedro. Estos cuatro itinerarios son muy variados. Los precios incluyen desplazamientos, comida y entradas.

Bocca della Verità

Teatro di Marcello y ruinas de una columnata

LA ANTIGUA ROMA

- **Descubrir la República**
- **Comer en un ambiente medieval**
- **Empaparse del esplendor imperial**
- **Ver cómo vivían los Césares**

2 ADULTOS como mínimo 120 €

Mañana

Se puede concentrar en un solo día la visita a los principales monumentos construidos durante los 1.000 años que duraron la República y el Imperio de la Antigua Roma. Se debe empezar por el núcleo, el **Foro de Roma** *(ver pp. 76-91)*, para luego dedicar una hora a contemplar los tesoros de los **Museos Capitolinos** *(ver pp. 70-73)*. Se continúa hasta Largo della Torre Argentina, donde se pueden ver los restos de tres templos de la República y los escalones de ladrillo de los baños de Pompeyo (55 a.C.), en los que fue asesinado Julio César y se puso fin a la República. El complejo de las termas poseía un teatro hoy desaparecido, pero se conservan algunas de sus bóvedas bajo los edificios medievales de la zona del Campo de' Fiori –como los sótanos del **Ristorante Da Pancrazio** *(ver p. 320)*.

Tarde

De regreso al corazón de la Antigua Roma, se pasa junto al Teatro di Marcello –en el que se inspiró el Coliseo– y los dos pequeños **templos del Forum Boarium** *(ver p. 203)*, en la Piazza della Bocca della Verità. Se sube por Via del Velabro hasta la entrada trasera del Foro y se cruza a Via dei Fori Imperiali para visitar las ruinas de la Roma imperial –el **mercado y el foro de Trajano** *(ver pp. 88-89)* y los **foros de César, Augusto** y **Nerva** *(ver pp. 90-91)*–. Al final, se puede visitar la **Domus Aurea** (la casa dorada de Nerón) *(ver p. 175;* reservar con antelación) y el cercano **Coliseo** *(ver pp. 92-93)*, construido sobre el antiguo lago artificial de Nerón. Se continúa por Via Sacra para recorrer la **colina Palatina** *(ver pp. 97-101;* acceso incluido en la entrada al Coliseo).

ROMA CRISTIANA

- **Los Museos Vaticanos**
- **Comida al aire libre en la Piazza**
- **Mosaicos y un templo mitraico**
- **Órdenes religiosas (cena)**

2 ADULTOS como mínimo 80 €

Mañana

En la visita a los **Museos Vaticanos** *(ver pp. 234-247)* se dedica, prácticamente, una mañana. A la hora de la comida se puede subir por Via Tunisi para comprar algunos manjares en el mercado de Via Andrea Doria. Se recomienda tomarlos en la Piazza San Pietro.

Tarde

La visita comienza en el interior de la **basílica de San Pedro** *(ver pp. 230-233)*, una joya de la cristiandad, y luego en **Santa Maria Maggiore** *(ver pp. 172-173)* para contemplar sus fantásticos mosaicos. A continuación, se pasa por **San Clemente** *(ver pp. 186-187)*, una preciosa iglesia del siglo XII construida sobre otra del siglo IV, erigida a su vez sobre un antiguo templo mitraico. La iglesia de **Santa Maria del Popolo**

Detalle de los mosaicos de Santa Maria Maggiore

◁ Vista de Roma en el siglo XV

Escaparate de una *boutique* en Piazza di Spagna

(ver pp. 138-139) alberga importantes obras de Rafael, Bernini, Caravaggio y Bramante. Por la noche, se puede disfrutar de una *passeggiata* –el característico paseo por Via del Corso– y tomar algo en la *piazza*. Para redondear la jornada, se puede cenar en uno de estos dos restaurantes dirigidos por monjas: **Fraterna Domus** *(ver p. 317)*, sencillo y familiar, o **L'Eau Vive** *(ver p. 316)*, exótico y algo más caro.

ARTE Y COMPRAS

- **Fuentes y plazas**
- **Tesoros del Palazzo Altemps**
- **Templos y *boutiques***
- **Escalinata de Piazza di Spagna y Fontana di Trevi**

2 ADULTOS como mínimo 20 €

Mañana

El paseo comienza en el mercado de frutas y flores de **Campo de' Fiori** *(ver pp. 143-153)*, situado alrededor de una estatua de Giordano Bruno. La **Piazza Navona** *(ver pp. 116-127)*, con sus fuentes barrocas y excelentes cafés, debe su forma oval al antiguo estadio sobre el que se construyó. Luego, se puede visitar la colección del **Palazzo Altemps** *(ver p. 127)*. En la iglesia de **San Luigi dei Francesi** *(ver p. 122)*, se contemplan obras tempranas de Caravaggio, y en Corso del Rinascimento 40, la fantástica fachada oculta de **Sant'Ivo alla Sapienza** *(ver p. 122)*. No hay que perderse el **Panteón** *(ver pp. 110-111)*, un antiguo templo convertido en iglesia, ni las obras de arte de **Santa Maria sopra Minerva** *(ver p. 108)*. Merece la pena probar los capuchinos del **Caffè Sant'Eustachio** *(ver p. 330)*.

Tarde

Se puede disfrutar de una tarde de compras en las elegantes *boutiques* de **Via Condotti** *(ver p. 133)* y las calles adyacentes, que se extienden desde la base de la **escalinata de Piazza di Spagna** *(ver pp. 134-135)*. Para acabar el día, se recomienda degustar uno de los mejores helados en **San Crispino** *(ver p. 330)*, y pasear hasta la emblemática **Fontana di Trevi** *(ver p. 159)*.

UN DÍA EN FAMILIA

- **El parque Villa Borghese en bicicleta**
- **Títeres y tenebrosas criptas**
- **Calles medievales y vistas panorámicas al otro lado del Tíber**

FAMILIA DE 4 como mínimo 170 €

Mañana

Se pueden alquilar unas bicicletas en el parque **Villa Borghese** *(ver pp. 258-259)* donde, además de pasear, es posible visitar el museo Etrusco en **Villa Giulia** *(ver pp. 262-263)* o la excelente **Galleria Borghese** *(ver pp. 260-261;* reservar con antelación). Se recomienda acudir al zoo, el **Bioparco** *(ver p. 259)*. Los domingos, se puede hacer una parada en los **jardines Pincio** *(ver pp. 136-137)* para disfrutar de un tiovivo al aire libre y el San Carlino, uno de los pocos teatros de guiñol donde se ofrecen espectáculos a partir de las 11.00.

Tarde

Tras dejar las bicicletas, se continúa por la zona alta de la **escalinata de Piazza di Spagna** *(ver pp. 134-135)*, para bajar por Via Gregoriana; en el nº 28 se sitúa el Palazzetto Zuccari, cuyas ventanas y puertas tienen forma de horrorosas criaturas. Bajo **Santa Maria della Concezione** *(ver p. 254)*, en Via Veneto, hay unas terroríficas criptas capuchinas repletas de huesos.

En la Piazza della Bocca della Verità, en **Santa Maria in Cosmedin** *(ver p. 202)*, se encuentra la boca de la verdad, un antiguo desagüe con forma de monstruosa cabeza. Según la leyenda, si se dice una mentira con la mano dentro de la boca, la cabeza la muerde. A continuación, se cruza el río hacia el **Trastevere** *(ver pp. 207-213)*. Para disfrutar de magníficas vistas de la ciudad, se debe subir al **monte Gianicolo** *(ver pp. 215-217)*. Se recomiendan las pizzas de **Pizzeria Ivo** *(ver p. 328)*.

Vista de Via Condotti desde lo alto de la escalinata de Piazza di Spagna

Roma en el mapa

Desde su fundación, hace más de 2.700 años, sobre siete colinas cercanas a las orillas del Tíber, Roma ha crecido hasta convertirse en una ciudad de tres millones de habitantes que ocupa una extensión de 1.500 km² en el centro de Italia. Dentro de ella, el Vaticano es un Estado independiente. Roma pasó a ser capital de la Italia unificada en 1870. Se encuentra a unos 28 km del mar, y cuenta con buenas comunicaciones con las principales ciudades del resto del país.

SIMBOLOGÍA

- Roma y alrededores
- Principal línea férrea
- Aeropuerto
- Autopista
- Carretera

0 kilómetros 50

Vista aérea de la isla del Tíber

Europa

Roma se halla en Europa meridional, casi en la misma latitud que Barcelona. Posee dos aeropuertos y está a unas dos horas y media de avión desde Madrid. Unida al resto de Europa por vía férrea, se encuentra, además, en el centro de la principal red de carreteras de Italia, algunos tramos de las cuales siguen la ruta de las antiguas calzadas romanas.

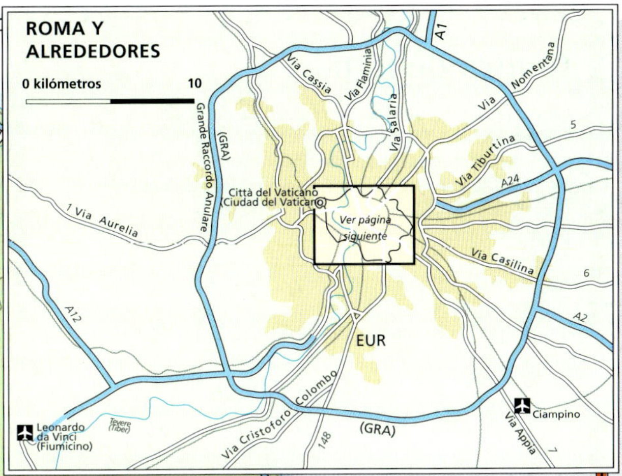

Roma y alrededores

El Grande Raccordo Anulare (GRA) es una carretera circular que rodea la ciudad y la conecta con las principales carreteras que conducen a ella.

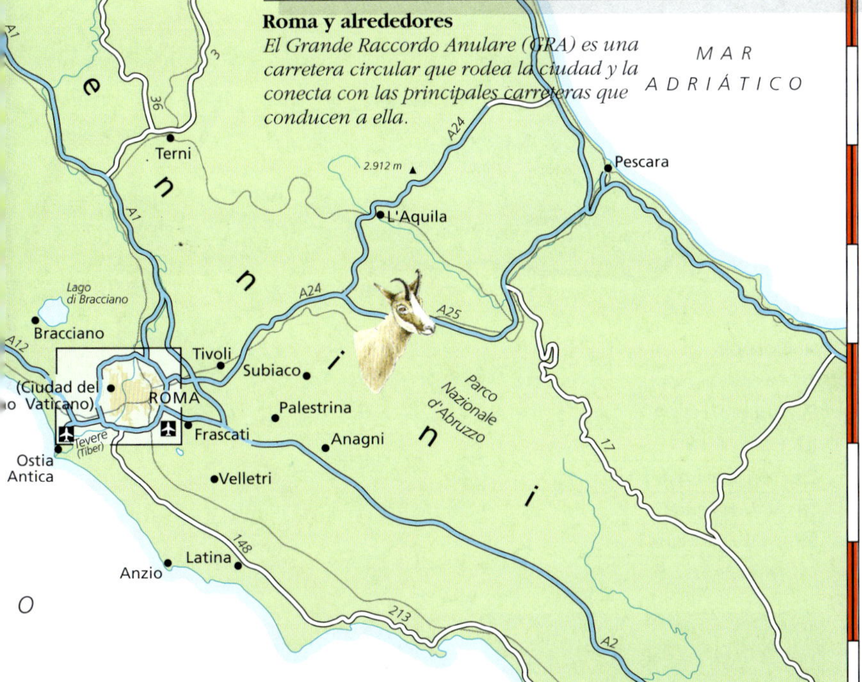

Vista aérea de Roma

Centro de Roma

En esta guía, se ha dividido el centro de Roma en 16 zonas y se han incluido también secciones dedicadas a los monumentos situados a las afueras, con algunas excursiones de un día e itinerarios sugeridos. A cada una de las zonas principales se le ha dedicado un capítulo con una selección de los monumentos más representativos. El Foro recuerda la Antigua Roma, mientras que el Capitolio, Piazza della Rotonda y Piazza Navona constituyen el centro histórico. Si se tiene interés por los palacios renacentistas, se recomienda hacer una visita a los hermosos ejemplos del Campo de' Fiori. En Piazza di Spagna, se encuentran las tiendas más elegantes y los testimonios de grandes viajeros. Una visita al Vaticano descubre la colosal basílica de San Pedro y el corazón del catolicismo.

Panteón
Rodeado por grandes columnas de granito, se construyó como templo romano para todos los dioses (ver pp. 110-111).

SIMBOLOGÍA

- Principales monumentos
- Estación de metro
- Estación de tren
- Principal terminal de autobuses
- Terminal de tranvía
- Información turística
- Muralla de la ciudad

Museos Vaticanos
Este vasto complejo de edificios alberga una de las mayores colecciones de arte clásico y renacentista (ver pp. 234-247).

Coliseo
El Coliseo (ver pp. 92-95), *uno de los monumentos más emblemáticos de la ciudad, servía de escenario para luchas de gladiadores y fieras, las cuales proporcionaban un sangriento espectáculo en la Antigua Roma. El anfiteatro tenía capacidad para 55.000 personas.*

Museos Capitolinos
Estos fantásticos museos (ver pp. 70-73) *albergan escultura clásica y arte renacentista, como esta estatua griega de un atleta.*

San Pedro
La monumental cúpula de San Pedro (ver pp. 230-233), *diseñada por Miguel Ángel, domina el horizonte de Roma.*

HISTORIA DE ROMA

Roma, una de las ciudades más antiguas de Europa, se fundó hace más de 2.700 años. Desde entonces ha estado continuamente poblada y, como sede, primero, del Imperio Romano y, después, de la Iglesia Católica, ha ejercido siempre una gran influencia en el resto del mundo. Numerosas lenguas europeas proceden del latín; muchos sistemas políticos y judiciales siguen el modelo romano, y en edificios de todo el mundo se emplean estilos y técnicas heredados de la Antigua Roma. No es sorprendente, por tanto, que su historia resulte un tanto abrumadora.

Águila romana (siglo II a.C.)

Empezó como un asentamiento de la edad de hierro fundado a mediados del siglo VIII a.C. En el año 616 los etruscos se hicieron con el poder, pero fueron expulsados en el 509, cuando Roma se convirtió en República. Conquistó casi todo el resto de Italia, y ya en el siglo I a.C. dominaba la Península Ibérica, África del Norte y Grecia. En la expansión del Imperio muchos vieron la oportunidad de satisfacer su sed de poder, y el choque de ambiciones individuales acabó por provocar la caída de la democracia. Julio César gobernó durante un tiempo como dictador, y su hijo adoptivo Augusto se convirtió en el primer emperador de Roma. Bajo su mandato nació Jesucristo, y aunque los cristianos fueron perseguidos durante cuatro siglos, la nueva religión acabó por implantarse, con Roma como centro principal.

Si bien era la sede del Papado, en la Edad Media Roma empezó su decadencia. A mediados del siglo XV, sin embargo, la ciudad floreció milagrosamente, y por espacio de 200 años fue la meca de los más grandes artistas del Renacimiento y barroco. Por último, en 1870, Roma se convirtió en la capital de la Italia unificada.

Mapa de Roma del siglo XV desde el norte

Detalle de un mosaico romano del siglo II a.C. del templo de Fortuna, en Palestrina

Los inicios de Roma

Según el historiador Tito Livio, Rómulo fundó Roma en el 753 a.C. Algún tiempo después, y para paliar la escasez de mujeres, invitó a sus vecinos los sabinos a una gran fiesta y organizó el rapto en masa de sus esposas. Aunque el relato de Livio es pura leyenda, existen pruebas de que Roma se fundó a mediados del siglo VIII a.C., y de que romanos y sabinos se unieron poco tiempo después. También parece cierta su afirmación de que tras la muerte de Rómulo en Roma gobernó una serie de reyes, y que en el siglo VII a.C. la ciudad fue conquistada por los etruscos, pasando a manos de la familia Tarquina. El último gobernante de esta dinastía fue Tarquinus Superbus (Tarquino el Soberbio), cuyo despótico mandato condujo a la expulsión de los etruscos y a la creación de una república dirigida por dos cónsules elegidos anualmente. El levantamiento estuvo encabezado por Lucio Junio Bruto, fiel patriota republicano.

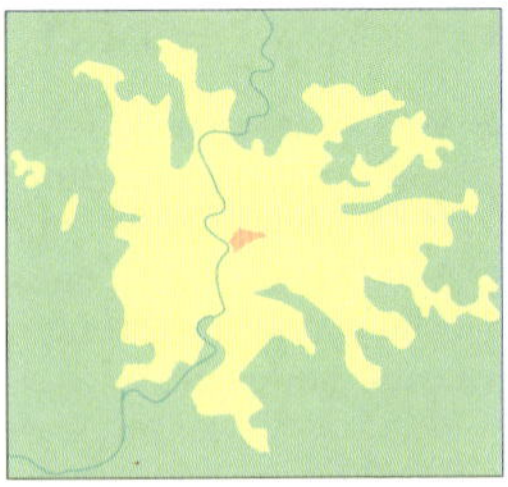

EXTENSIÓN DE LA CIUDAD

750 a.C. — Hoy

TEMPLO DE JÚPITER

Esta pintura renacentista de Perin del Vaga muestra a Tarquino el Soberbio fundando el templo de Júpiter en el Capitolio, la ciudadela sagrada de Roma.

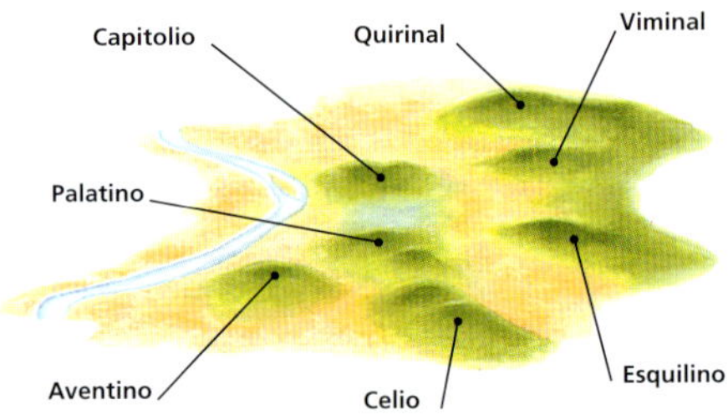

Las siete colinas de Roma

En el siglo VIII a.C. pastores y agricultores habitaban cuatro de las siete colinas de Roma. Conforme aumentó la población se fueron construyendo cabañas en el valle que más tarde ocuparía el Foro.

Cabaña de la edad de hierro

Los primeros pobladores vivían en chozas. Se han encontrado restos de sus cimientos en la colina Palatina.

CRONOLOGÍA

800 a.C. — 750 — 700 — 650

750 a.C. Tarpeia traiciona a los sabinos

700 a.C. Comienzo aproximado del periodo etrusco

Jarra etrusca, siglo VII a.C.

Rómulo y Remo

753 a.C. Legendaria fundación de Roma por Rómulo, primero de los siete reyes

715-713 a.C. El rey Numa Pompilio establece el calendario de 12 meses

569 a.C. Los romanos destruyen Alba Longa, una ciudad rival

La leyenda de la loba
El rey de Alba arrojó al Tíber a sus sobrinos recién nacidos, Rómulo y Remo, pero las aguas les arrastraron hasta tierra firme y fueron amamantados por una loba.

Apolo de Veio
La religión y la cultura etruscas estaban muy influidas por los griegos. Esta estatua de los siglos V o VI, que representa al dios griego Apolo, procede de Veio, una poderosa ciudad etrusca.

La leyenda de Eneas
Según algunas leyendas romanas el héroe de Troya, Eneas, fue el abuelo de Rómulo y Remo.

DÓNDE VER LA ROMA ETRUSCA

Aparte de la cloaca Máxima, que sigue funcionando, existen pocos restos de la Roma etrusca. La mayoría procede de las afueras, de lugares como Tarquinia, con sus pinturas funerarias que retratan suntuosos banquetes *(ver p. 271);* pero hay buenas colecciones en Villa Giulia *(ver pp. 262-263)* y los Museos Vaticanos *(ver p. 238)*. El objeto más famoso, sin embargo, es una estatua de bronce de la legendaria loba en los Museos Capitolinos *(ver p. 73)*. En el Antiquarium Forense *(ver p. 87)* se exponen objetos sacados de las necrópolis que existieron una vez en el Foro Romano.

Urnas crematorias con forma de cabañas de mediados del siglo VIII a.C.

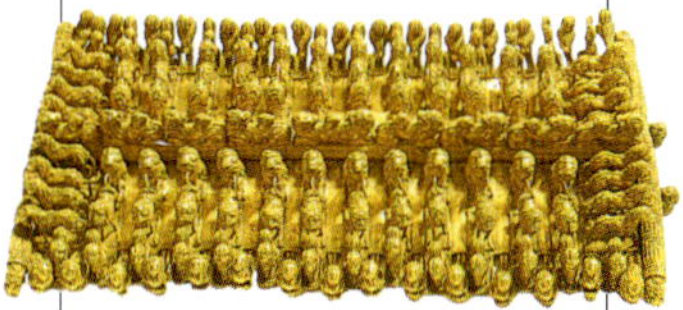

Las joyas etruscas, como este broche de oro con filigranas del siglo VII a.C., eran suntuosas. Tesoros de este tipo hacen pensar en una vida llena de lujos.

616 a.C. Tarquinio Prisco, primer rey etrusco. Se construyen el foro y el circo Máximo

600 a.C. Posible fecha de construcción de la cloaca Máxima

578 a.C. Servio Tulio, rey etrusco

600

565 a.C. Supuesta fecha de construcción de la muralla Servia alrededor de las siete colinas

L. J. Bruto

534 a.C. El rey Servio es asesinado

550

Estatua de Júpiter

510 a.C. Se consagra el templo de Júpiter en la colina Capitolina

509 a.C. L. J. Bruto expulsa a los etruscos de Roma y funda la República

500

507 a.C. Guerra contra los etruscos. Horacio defiende el puente de madera que cruza el Tíber

Reyes, cónsules y emperadores

Roma contó con más de 250 gobernantes durante los 1.200 años transcurridos entre su fundación por Rómulo y el 476 d.C., cuando el último emperador fue depuesto por el guerrero germánico Odoacro. Rómulo fue el primero de siete reyes, destronado en el 509 a.C., año en el que Roma se convirtió en República. La autoridad la ejercían dos cónsules elegidos anualmente, pero estaba previsto siempre el nombramiento de un dictador para tiempos de crisis. En el 494 a.C. se instauró el cargo de tribuno, para que defendiera a los plebeyos de las posibles injusticias de sus dirigentes patricios. La democracia romana, sin embargo, existía únicamente de palabra, y fue abolida en el 27 d.C., cuando se otorgó al emperador poder absoluto.

70-63 a.C. Pompeyo

Rómulo, su gemelo Remo y la loba que los amamantó

c.753-715 a.C. Rómulo

456 a.C. Lucio Quinto Cincinato

218 a.C. Quinto Fabio Máximo

205 a.C. Escipión el Africano

107-87 a.C. Mario es siete veces cónsul

800 a.C.	700	600	500	400	300	200	100
SIETE REYES			REPÚBLICA				
800 a.C.	700	600	500	400	300	200	100

c.715-673 a.C. Numa Pompilio

c.673-641 a.C. Tulio Hostilio

c.641-616 a.C. Anco Marcio

616-579 a.C. Tarquinio Prisco

c.579-534 a.C. Servio Tulio

c.534-509 a.C. Tarquinio el Soberbio

c.509 a.C. Lucio Junio Bruto y Horacio Pulvio

396 a.C. Marco Furio Camilo

133 a.C. Tiberio Graco

122-121 a.C. Cayo Graco

82-80 a.C. Sula

63 a.C. Cicerón

60-50 a.C. Triunvirato de Julio César, Pompeyo y Craso

45-44 a.C. Julio César gobierna en solitario

Tarquinio Prisco consultando a un augur

Julio César, cuya ascensión al poder marcó el fin de la República de Roma

161-180 Marco Aurelio

37-41 Calígula

306-337 Constantino I

69-79 Vespasiano

79-81 Tito

81-96 Domiciano

337-361 Constantino II

284-305 Diocleciano

96-98 Nerva

180-192 Comodio

361-363 Juliano el Apóstata

218-222 Heliogábalo

0	AD 100	200	300	400
IMPERIO				
0	AD 100	200	300	400

270-275 Aureliano

222-235 Alejandro Severo

379-395 Teodosio

98-117 Trajano

117-138 Adriano

211-217 Caracalla

138-161 Antonino Pío

193-211 d.C. Septimio Severo

54-68 Nerón

41-54 Claudio

14-37 Tiberio

27 a.C.-d.C. 14 Augusto

475-476 Rómulo Augústulo

43-32 a.C. Segundo triunvirato formado por Marco Antonio, Octavio y Lépido

Septimio Severo y su familia

La República romana

Moneda de bronce (c.57 a.C.)

A mediados del siglo II a.C. Roma controlaba el Mediterráneo occidental, administrándolo y defendiéndolo con nutridos ejércitos. Las tropas sentían una mayor fidelidad por sus generales que por los políticos. Entre tanto, los campesinos cuyas tierras habían sido arrasadas durante la invasión de Aníbal en el 219 a.C. habían emigrado a Roma. Les siguieron esclavos y libertos de tierras conquistadas, como Grecia, haciendo que su población ascendiera al medio millón. Había mucho trabajo para los inmigrantes, en la construcción de calzadas, acueductos, mercados y templos, financiados gracias a los impuestos sobre el creciente comercio de la capital.

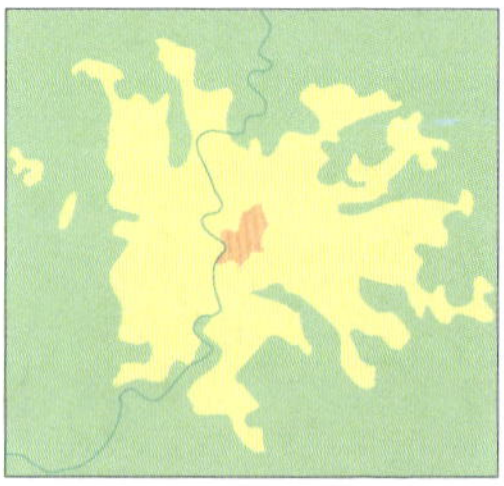

EXTENSIÓN DE LA CIUDAD

400 a.C. — *Hoy*

Los acueductos
Se recogía el agua de un manantial de las colinas en un depósito para que tomara presión y pudiera abastecer a la ciudad.

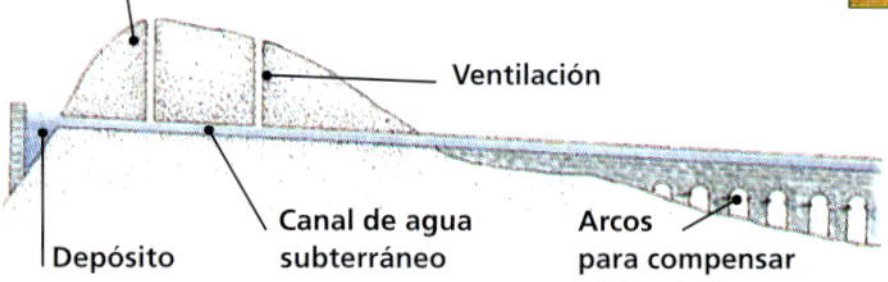

Cicerón denuncia a Catilina
En el 62 a.C. Catilina planeó un golpe de Estado. Cicerón descubrió la trama y persuadió al Senado para que condenara a muerte a los conspiradores.

CRONOLOGÍA

499 a.C. Batalla contra las tribus latinas. Se construye el templo de Cástor y Pólux

396 a.C. Victoria sobre Veio, ciudad etrusca rival

390 a.C. Roma es invadida por los galos célticos: los gansos del Capitolio graznaron advirtiendo del inminente ataque

380 a.C Se reconstruye la muralla Servia

Via Appia

312 a.C. Construcción de la via Appia y del primer acueducto de Roma, el Acqua Appia

264-241 a.C. Primera Guerra Púnica (contra Cartago)

500 a.C. | 450 a.C. | 400 a.C. | 350 a.C. | 300 a.C.

Relieve de los gansos capitolinos

Calle romana
En el siglo I a.C. la mayoría de las construcciones de Roma estaba hecha de ladrillo y cemento. Sólo en algunos edificios públicos se empleaba el mármol.

ACUEDUCTO (SIGLO II A.C.)

Roma debía gran parte de su prosperidad a sus experimentados ingenieros urbanísticos. Cuando los pozos de la ciudad se hicieron insuficientes se construyeron acueductos para traer agua de las colinas vecinas.

Escipión el Africano
En el 202 a.C. Escipión derrotó a Aníbal. Roma reemplazó a Cartago en el dominio del Mediterráneo.

Templo de Juno
Las ruinas de este templo del año 197 a.C. están incorporadas a San Nicola in Carcere (ver p. 151). *Los romanos consultaban a sus dioses constantemente.*

DÓNDE VER LA ROMA REPUBLICANA

Este fresco, que representa un grupo de esclavos construyendo un muro, se encuentra en el Museo Nazionale Romano *(ver p. 163).*

Del templo de Saturno, construido en el 497 a.C., quedan hoy ocho majestuosas columnas que dominan el Foro desde la Via Sacra *(ver p. 83).*

Los edificios más bellos de la época de la República romana son los dos templos del Forum Boarium *(ver p. 203).* En el área sacra de Largo Argentina *(ver p. 150)* hay cuatro templos más. Casi todos los monumentos de este periodo, sin embargo, se encuentran enterrados. Tan sólo unos pocos, como la tumba de los Escipiones *(ver p. 195)* han sido excavados. Uno de los puentes que conducía a la isla del Tíber *(ver p. 153),* el Ponte Fabricio, data del siglo I a.C. y continúa en uso.

220 a.C. Se construye la Via Flaminia, que une Roma con la costa Adriática

168 a.C. Con la victoria en la guerra de Macedonia queda completada la conquista de Grecia

Ponte Fabricio, construido en 62 a.C

133-120 a.C. Los hermanos Graco son ajusticiados

51 a.C. César conquista la Galia

250 a.C. | **200 a.C.** | **150 a.C.** | **100 a.C.**

218-202 a.C. Segunda Guerra Púnica; Escipión el Africano derrota a los cartagineses

Aníbal

149-146 a.C. Tercera Guerra Púnica; Cartago es destruida

71 a.C. La revuelta encabezada por el esclavo Espartaco es aplastada

60 a.C. Roma tiene tres gobernantes: Pompeyo, Craso y César

La Roma imperial

Estatua de Baco, dios del vino

En el 44 a.C. César se proclamó dictador vitalicio del Imperio; le asesinaron tan sólo un mes más tarde. El resultado fueron 17 años de guerra civil, que terminó en el año 27 d.C., cuando Augusto se convirtió en el primer emperador de Roma. El Imperio fue expandiéndose, y a finales del siglo III era tan extenso que Diocleciano decidió repartirlo entre cuatro emperadores. Gracias al comercio y a los impuestos obtenidos de sus vastos dominios, Roma pasó a ser la ciudad más próspera del mundo conocido.

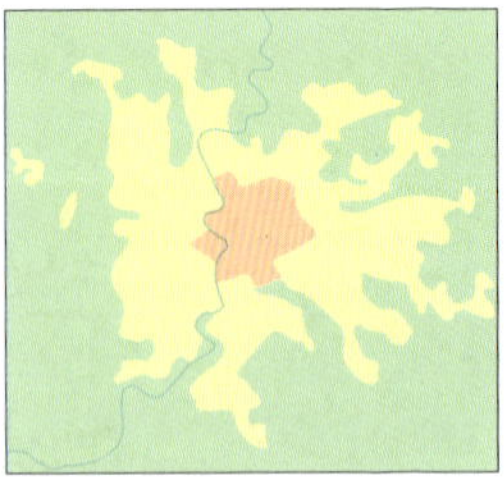

EXTENSIÓN DE LA CIUDAD

250 d.C. *Hoy*

Apoteosis de Augusto
El primero y quizá el más grande emperador de Roma, Augusto, gobernó durante 27 años, y fue divinizado por el Senado tras su muerte.

Techo abovedado con decoración de mosaicos

***Natatio* (piscina)**

Los baños tenían cabida para 3.000 personas. Éstas se reunían para charlar en el *frigidarium* (sala fría).

Zona de ejercicios

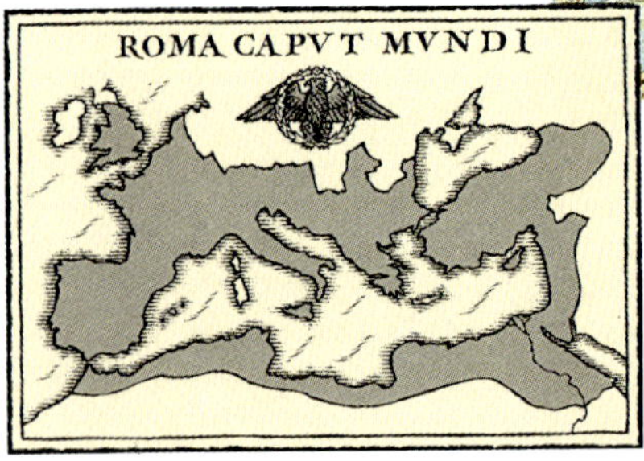

El Imperio Romano bajo Trajano
En el siglo II d.C. el Imperio Romano se extendía desde España hasta Siria, y Roma era conocida como Caput mundi, *cabeza del mundo.*

CRONOLOGÍA

49 a.C. César cruza el Rubicón y conquista Roma

27 Augusto se convierte en el primer emperador

Nerón

64 Un incendio destruye gran parte de la ciudad

65 Primera persecución de cristianos bajo Nerón

72 Comienzan las obras del Coliseo

50 a.C. | **0** | **50 d.c.** | **100**

44 César se convierte en dictador vitalicio, y es asesinado por Bruto y Casio

13 Se erige el Ara Pacis para celebrar la paz que Augusto ha asegurado en el Imperio

42 d.C. San Pedro Apóstol llega a Roma

67 San Pedro es crucificado y san Pablo decapitado en Roma

Estatua de san Pedro en San Pablo Extramuros

Banquetes romanos
Los banquetes romanos podían durar hasta 10 horas, con numerosos platos, entre los cuales los invitados se retiraban a una pequeña sala para relajarse.

DÓNDE VER LA ROMA IMPERIAL

Hay restos de la Roma imperial por todo el centro de la ciudad, algunos enterrados bajo iglesias y palacios, otros como el Foro *(ver pp. 76-87)*, el Palatino *(ver pp. 97-101)* y los Foros Imperiales *(ver pp. 88-91)*, totalmente excavados. El esplendor de la época se aprecia mejor en el Panteón *(ver pp. 110-111)* y el Coliseo *(ver pp. 92-95)*.

El arco de Tito *(ver p. 87)*, erigido en el Foro en 81 d.C., conmemora el saqueo de Jerusalén por el emperador Tito en 70 d.C.

Un relieve de Mitra, popular dios persa (siglo III d.C.) puede verse debajo de la iglesia de San Clemente *(ver pp. 186-187)*.

TERMAS DE DIOCLECIANO (298 D.C.)

Los baños públicos no eran sólo lugares donde mantenerse limpio. También tenían zonas donde beber, bibliotecas, barberías, burdeles e instalaciones deportivas.

***Tepidarium* (sala templada)**

Virgilio (70-19 A.C.)
Virgilio fue el poeta épico más importante de Roma. Su obra más famosa es La Eneida, *la historia del viaje de Eneas, héroe de Troya, hasta lo que después sería Roma.*

164-180 Las plagas asolan la ciudad

212 Se otorga la ciudadanía a prácticamente todos los habitantes del Imperio

270 Se inicia la muralla Aureliana

Sección de la muralla Aureliana

150 | **200** | **250**

125 Adriano rediseña el Panteón

Mosaico de las termas de Caracalla

216 Se completan las termas de Caracalla

247 Se celebra el Milenio de Roma

284 Se divide el Imperio en Oriente y Occidente

La Roma cristiana

Crucifixión en Santa Maria Antiqua

En el siglo I d.C., durante el mandato de Tiberio, "un rebelde pacifista" fue crucificado en un rincón remoto del Imperio. No era un hecho inusual, pero en pocos años Jesucristo y sus enseñanzas fueron extendiéndose por Roma; sus seguidores eran considerados como una amenaza al orden público, y muchos fueron condenados a muerte. Sin embargo, esto no logró frenarlos, y la nueva religión se expandió por todas las capas de la sociedad romana. Cuando los apóstoles san Pedro y san Pablo llegaron a la ciudad, ya existía en ella una pequeña comunidad cristiana, y a pesar de las continuas persecuciones de que era objeto por parte del Estado, el cristianismo floreció. En el 313 d.C., el emperador Constantino promulgó un edicto garantizando la libertad de culto a los cristianos, y, poco después, ordenó la construcción de la primera basílica sobre la tumba de san Pedro. Así, Roma se situaba en el centro de la cristiandad.

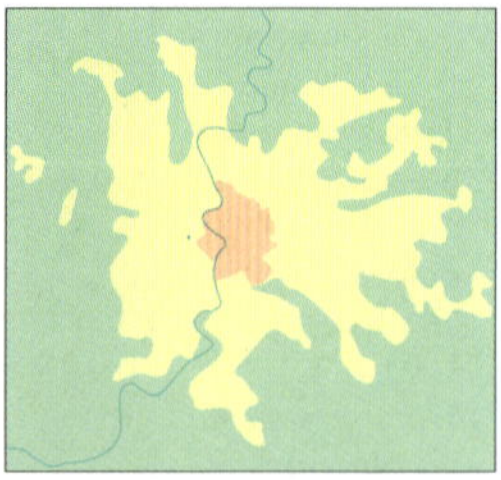

EXTENSIÓN DE LA CIUDAD

395 d.C. — *Hoy*

SANTA COSTANZA, MOSAICO DEL SIGLO IV

Bellos mosaicos, a menudo con palmeras y otros motivos orientales que recordaban a Jerusalén, contribuyeron a extender el mensaje del cristianismo.

Santo Stefano Rotondo

Este grabado del siglo XVII muestra cómo un templo romano (arriba) *pudo haber sido transformado* (abajo) *en la iglesia circular del siglo V de Santo Stefano.*

El Buen Pastor

La imagen pagana del pastor sacrificando un cordero se convirtió en un símbolo cristiano.

CRONOLOGÍA

c.320 Comienza la construcción de San Pedro

356 Legendaria fundación de Santa Maria Maggiore

Moneda de oro de Teodosio

410 Roma es saqueada por los godos de Alarico

455 Los vándalos saquean Roma

300 — 350 — 400 — 450

312 Constantino obtiene el control del Imperio tras la batalla del Puente Milvio

Batalla del Puente Milvio

380 El emperador Teodosio establece el cristianismo como religión oficial del Imperio

395 División del Imperio entre Rávena y Constantinopla

422 Fundación de Santa Sabina

Epígrafe de Pedro y Pablo *Uno de los cientos de grabados cristianos que se encuentran en la galería Lapidaria del Vaticano* (ver pp. 236-237).

***Crucifixión*, Santa Sabina** *Este relieve del siglo V en la puerta de Santa Sabina* (ver p. 204) *es una de las primeras representaciones conocidas de la Crucifixión. Un dato interesante: la cruz de Jesucristo no aparece.*

San Pedro recibiendo la paz de El Salvador

Corderos que simbolizan el rebaño cristiano

La cruz de Constantino *La visión de la Cruz que tuvo Constantino durante la batalla del Puente Milvio, le llevó a convertirse al cristianismo.*

DÓNDE VER LA ROMA CRISTIANA

Hay huellas de la primera época del cristianismo por toda la ciudad. Muchas iglesias antiguas fueron construidas sobre las tumbas de los mártires o en los lugares donde se reunían los cristianos. Entre ellas se encuentran: San Clemente *(ver pp. 186-187)*, Santa Pudenziana *(ver p. 171)* y Santa Cecilia *(ver p. 211)*. Fuera de las murallas de la ciudad hay unas 60 catacumbas *(ver pp. 265-266)*, muchas de ellas decoradas con frescos cristianos.

Esta estatuilla, esculpida en marfil, se encuentra incrustrada en una pared de las catacumbas de San Panfilo, junto a Via Salaria (**Plano** 2 F4).

La cruz de Justino, en el tesoro de San Pedro *(ver p.232)*, fue donada a Roma por el emperador Justino en el año 578 d.C.

476 Caída del Imperio Romano de Occidente; Bizancio se convierte en sede del Imperio

Imagen bizantina de san Pablo

609 El Panteón es consagrado como iglesia cristiana

500 | **550** | **600**

496 Anastasio II es el primer papa *Pontifex Maximus*

590-604 El papa Gregorio Magno fortalece el Papado

630 Se construye Santa Agnese fuori le Mura en estilo romano-bizantino

El Papado

El Papa está considerado como el representante de Cristo en la tierra, y su autoridad proviene de la figura de san Pedro, primer obispo de Roma. En general, su papel no se ha limitado nunca a lo meramente espiritual. En la Edad Media muchos Pontífices se vieron envueltos en luchas por el poder con el Sacro Imperio Romano. Papas renacentistas como Julio II y León X, mecenas de Rafael y Miguel Ángel, llevaron vidas tan lujosas como las de cualquier príncipe. En la siguiente lista figuran aquellos que ejercieron más influencia religiosa o política, hasta la llegada de la Contrarreforma, que marcó el comienzo de la decadencia papal.

Gregorio Magno dirigiendo una procesión para acabar con la peste

San Luis se arrodilla ante San Bonifacio VIII, de Simone Martini

217-222 San Calixto I
222-230 San Urbano I
314-335 San Silvestre I
496-498 Anastasio II
590-604 San Gregorio Magno
891-896 Formoso
931-935 Juan XI
955-964 Juan XII
1216-1227 Honorio III Savelli
1227-1241 Gregorio IX

0 | 200 | 400 | 600 | 800 | 1000 | 1200

PAPADO CON SEDE EN ROMA

0 | 200 | 400 | 600 | 800 | 1000 | 1200

c.42-67 San Pedro
c.88-97 San Clemente
336 San Marco
352-366 Liberio
579-590 Pelagio II
608-615 San Bonifacio IV
731-741 San Gregorio III
772-795 Adriano I
795-816 San León III
817-824 San Pascual I
847-855 San León IV
1032-1044
1047-1048 Benedicto IX
1073-1085 San Gregorio VII
1099-1118 Pascual II
1130-1143 Inocencio II
1154-1159 Adriano IV
1198-1216 Inocencio III

San Pedro, en un mosaico de Santa Prassede (ver p.171)

Visión de la Iglesia por Inocencio III, de un fresco de Giotto

Retrato de Gregorio XIII, de Lavinia Fontana

1294-1303 Bonifacio VIII

1458-1465 Pío II Piccolomini

1464-1471 Pablo II Barbo

1471-1484 Sixto IV della Rovere

1484-1492 Inocencio VIII

1492-1503 Alejandro VI Borgia

1513-1521 León X Medici

1523-1534 Clemente VII Medici

1555-1559 Pablo IV

1560-1565 Pío IV Medici

1572-1584 Gregorio XIII Boncompagni

1605 León XI Medici

1655-1667 Alejandro VII Chigi

1667-1669 Clemente IX

1670-1676 Clemente X Altieri

1700-1721 Clemente XI

1300	1400	1500	1600	1700
AVIÑÓN	EL PAPADO REGRESA A ROMA			
1300	1400	1500	1600	1700

1417-1431 Martín V Colonna

1447-1455 Nicolás V

Nicolás V recibiendo un libro, ilustración de un manuscrito contemporáneo

1503-1513 Julio II della Rovere

Retrato de Julio II, de Rafael

1534-1549 Pablo III Farnese

1585-1590 Sixto V

1592-1605 Clemente VIII Aldobrandini

1605-1621 Pablo V Borghese

1623-1644 Urbano VIII Barberini

1644-1655 Inocencio X Pamphilj

Urbano VIII aprobando un proyecto de construcción, galería de tapices del Vaticano

Pablo III dando su aprobación a la orden de los capuchinos, de Sebastiano Ricci

La Roma medieval

Mosaico, San Clemente

Desplazada por Constantinopla como capital del Imperio en el siglo IV, Roma quedó reducida a unos cuantos miles de habitantes a comienzos de la Edad Media; su poder era tan sólo un recuerdo, sus monumentos poco más que ruinas. En los siglos VIII y IX, la creciente importancia del Papado hizo revivir a la ciudad y la convirtió una vez más en centro de poder. No obstante, los conflictos entre el Papa y el Sacro Emperador Romano debilitaron el Papado. Los siglos X, XI y XII fueron duros: continuas luchas con los invasores sumieron la ciudad en la pobreza, y las disputas entre la nobleza local por el poder acabaron por destruir lo que quedaba de ella. A pesar de ello, en 1300, se declaró el primer Año Santo y miles de peregrinos llegaron a Roma. Pero en 1309, el Pontífice se vio forzado a trasladarse a Aviñón, abandonando Roma a merced de la guerra y el hambre.

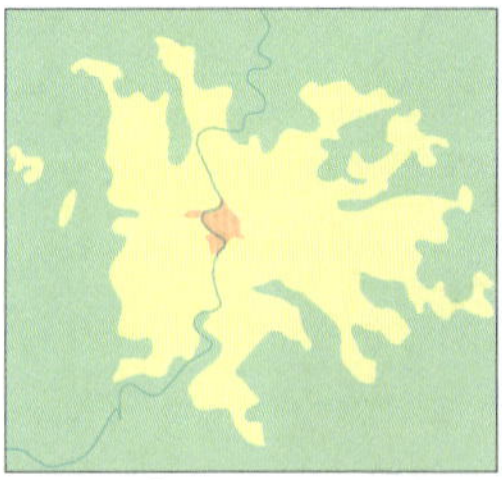

EXTENSIÓN DE LA CIUDAD

1300 *Hoy*

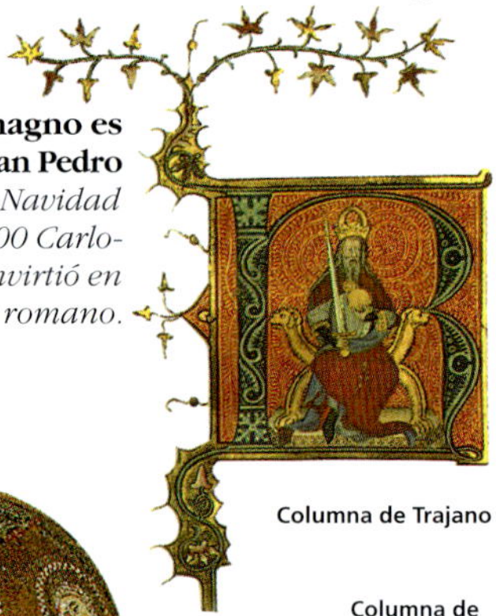

Carlomagno es coronado en San Pedro
En el día de Navidad del año 800 Carlomagno se convirtió en emperador romano.

PLANO MEDIEVAL DE ROMA
Planos como éste, que ilustran los principales puntos de la ciudad, eran hechos para los peregrinos de la Edad Media.

Mosaico de Virgen con Niño
La capilla de San Zenón (817-824) en la iglesia de Santa Prassede (ver p. 171) *cuenta con algunos de los mejores ejemplos de mosaicos bizantinos de Roma.*

CRONOLOGÍA

725 El rey Ine de Wessex funda la primera posada para peregrinos en el Borgo

778 Carlomagno, rey de los francos, conquista Italia

800 Carlomagno es coronado emperador en San Pedro

852 El Vaticano se fortifica con murallas tras un ataque por parte de los sarracenos

880-932 Roma es gobernada por dos mujeres, Teodora y, a continuación, su hija Marozia

Emperador Otón I

961 El rey Otón el Grande se convierte en el primer emperador del Sacro Imperio Romano Germano

700 | 800 | 900 | 1000

Tríptico de Stefaneschi
Giotto y sus discípulos pintaron esta obra en 1315 para el cardenal Stefaneschi. Hoy se encuentra en los Museos Vaticanos (ver p. 240).

Tabernáculo en estilo cosmatense
Muchas iglesias medievales romanas están decoradas con obras de mármol de la familia Cosmati, como este tabernáculo en Santa Sabina (ver p. 204).

DÓNDE VER LA ROMA MEDIEVAL

Entre las iglesias más interesantes del periodo están San Clemente, con un espléndido mosaico en el ábside *(ver pp. 186-187)*, Santa Maria in Trastevere *(ver pp. 212-213)* y Santa Maria sopra Minerva, la única iglesia gótica de Roma *(ver p. 108)*. Santa Cecilia in Trastevere *(ver p. 211)* cuenta con un fresco de Cavallini, y hay un bello mosaico en Santa Maria in Cosmedin *(p. 202)*.

La dalmática de Carlomagno, en el Tesoro de San Pedro *(ver p. 232)*, se cree fue llevada por el emperador en el día de su coronación. En realidad, es más probable que esta vestimenta date del siglo XIV.

San Giorgio in Velabro *(ver p. 202)* tiene un campanario del siglo XII y un sencillo interior medieval.

1084 Roma es atacada por los normandos

1108 Se reconstruye San Clemente

1200 Roma es una comuna independiente bajo Arnaldo di Brescia

1309 El papa Clemente V traslada el Papado a Aviñón

1300 Bonifacio VIII proclama el primer Año Santo

1348 La peste negra asola Roma

1100 | 1200 | 1300

Mosaico de la fachada de Santa Maria in Trastevere (ver pp. 212-213)

1232 Se completa el claustro de San Juan de Letrán

1140 Se restaura Santa Maria in Trastevere

Cola di Rienzo

1347 Cola di Rienzo –patriota italiano– intenta restaurar la república en Roma

La Roma renacentista

Detalle de *Juventud de Moisés*, de Botticelli (c.1480)

El papa Nicolás V, investido en 1447, estaba decidido a hacer de Roma una ciudad a la altura del Papado. Hombres como Julio II y León X siguieron su ejemplo, y el aspecto de la ciudad se transformó notablemente. Los ideales clásicos del Renacimiento inspiraron a artistas y arquitectos, como Miguel Ángel, Bramante, Rafael y Cellini, para construir y decorar las iglesias y palacios de una nueva Roma con una imagen más solemne y monumental.

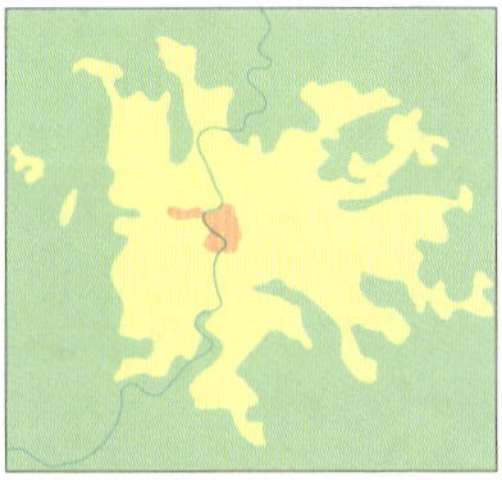

EXTENSIÓN DE LA CIUDAD

1500 *Hoy*

***Escuela de Atenas*, de Rafael**

En este fresco (ver p. 243) *se muestra cómo Rafael honraba a muchos de sus colegas retratándoles como antiguos filósofos griegos. El edificio que aparece está basado en un diseño de Bramante.*

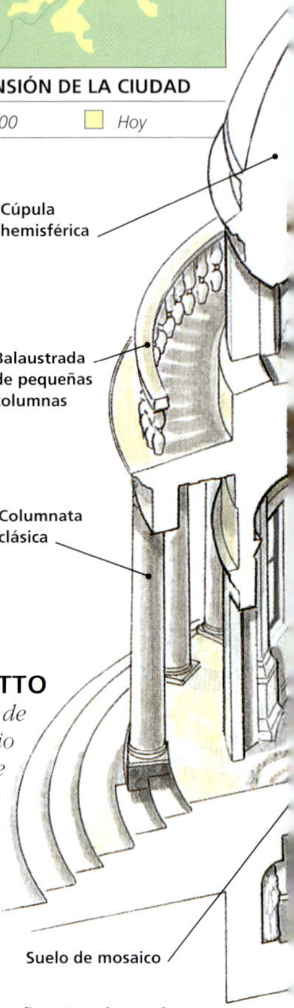

EL TEMPIETTO

El Tempietto (1502) de San Pietro in Montorio (ver p. 219) *fue uno de los primeros trabajos de Bramante en Roma. Sencillo templo clásico en miniatura, es un modelo de la arquitectura renacentista.*

Palazzo Caprini

Este proyecto de Bramante influyó en los palacios del Renacimiento tardío. Partes del edificio recuerdan al Palazzo del Convertendi (ver p. 227).

CRONOLOGÍA

1350 — 1400 — 1450

1377 El papado regresa de Aviñón a Roma con Gregorio XI

1378-1417 El Gran Cisma, división del papado en Aviñón

1409-1415 El papado se traslada a Pisa

1417 El papa Martín V pone fin al Gran Cisma

El papa Martín V gobernó entre 1417-1431

1444 Nace Bramante

1452 Se inicia la demolición de la vieja basílica de San Pedro

Saco de Roma
En 1527 los ejércitos de Carlos V saquearon la ciudad, destruyendo innumerables obras de arte. El papa Clemente VII se refugió en el Castel Sant'Angelo.

Papa Nicolás V
El papa Nicolás V ordenó la demolición del viejo San Pedro.

DÓNDE VER LA ROMA RENACENTISTA

El área de Campo de' Fiori *(ver pp. 142-153)* está llena de palacios renacentistas, en especial la Via Giulia *(ver pp. 276-277)*. Al otro lado del río se encuentra la deliciosa Via Farnesina *(ver pp. 220-221)*. La iglesia más típica del periodo es Santa Maria del Popolo *(ver pp. 138-139)*, y la mejor colección de arte renacentista se halla en los Museos Vaticanos *(ver pp. 234-247)*. Contienen la Capilla Sixtina *(ver pp. 244-247)* y las estancias de Rafael *(ver pp. 242-243)*.

La Madonna di Foligno, de Rafael (1511-1512), es una de las magníficas pinturas renacentistas de la pinacoteca Vaticana *(p. 241)*.

La Pietà, encargada para San Pedro en 1498, fue una de las primeras esculturas que realizó Miguel Ángel en Roma *(p. 233)*.

1483 Nace Rafael

1486 Construcción del Palazzo della Cancelleria

1519 Se completan los frescos de Villa Farnesina

1527 Las tropas del emperador Carlos V saquean Roma

Emperador Carlos V

1500

1550

1475 Nace Miguel Ángel

1506 El papa Julio II ordena la construcción del nuevo San Pedro

1508 Miguel Ángel comienza a pintar el techo de la Capilla Sixtina

Sibila de Cuma, Capilla Sixtina

1547 El papa Pablo III nombra a Miguel Ángel arquitecto de San Pedro

La Roma barroca

Ángel barroco

Llegado el siglo XVI, la Iglesia católica había acumulado gran cantidad de riquezas, haciéndose blanco de críticas por parte de los reformistas protestantes. El despliegue de grandeza y esplendor de la Corte papal contrastaba vivamente con la pobreza de las gentes, y el lujo y la diversión eran las notas principales en la sociedad romana. Para hacer la fe católica más atractiva a ojos de los protestantes, se construyeron cientos de edificios y se erigieron monumentos y fuentes. Los arquitectos más notables de este estilo barroco fueron Bernini y Borromini.

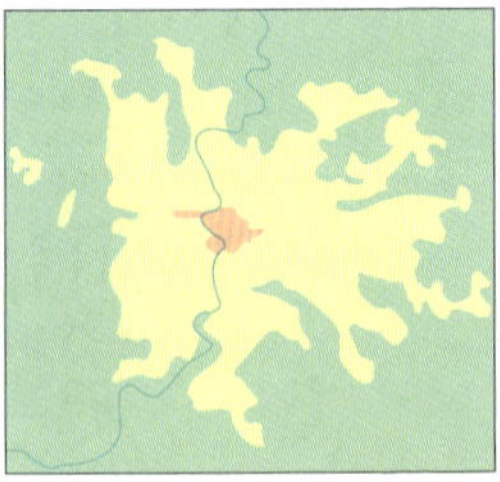

EXTENSIÓN DE LA CIUDAD

1645 *Hoy*

Gian Lorenzo Bernini *(1598-1680)*
Artista favorito de los Papas, Bernini transformó Roma con sus iglesias, palacios, estatuas y fuentes.

Monumento al papa Alejandro VII
Tumba esculpida por Bernini, en San Pedro *(pp. 230-233)**, que incluye un esqueleto sujetando un reloj de arena.*

Techo decorado con escenas celestiales

Fresco de la Sagrada Familia

Una rosa de mármol señala el mejor lugar desde donde apreciar el efecto de espacio creado por el artista.

Tapiz del papa Urbano VIII
El mecenas más entusiasta de Bernini, el papa Urbano VIII Barberini (1623-1644), aparece representado aquí recibiendo el homenaje de las naciones.

CRONOLOGÍA

Relieve del altar de Il Gesù

1568 Los jesuitas construyen Il Gesù, iglesia prototipo del barroco temprano

1595 Anibal Carraci comienza a pintar los frescos del Palazzo Farnese

1624 Escultura de *Apolo y Dafne*, de Bernini

1626 Se termina San Pedro

1550 | 1575 | 1600 | 1625

1571 Nace Caravaggio

1585 El papa Sixto V planea nuevas calles

1600 El filósofo Giordano Bruno es sentenciado a la hoguera por hereje

Galileo

1633 Galileo es condenado a arresto domiciliario por hereje

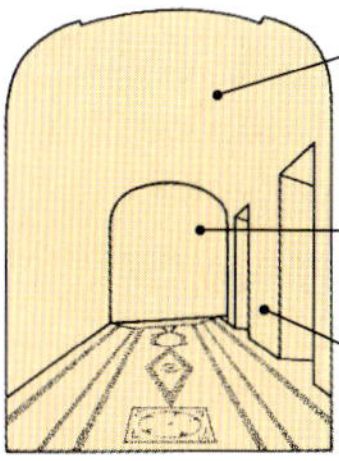

La reina Cristina de Suecia
En apoyo al catolicismo, Cristina renunció al protestantismo y abdicó del trono. En 1655 se trasladó a Roma, convirtiéndose en el alma de un animado círculo literario y científico.

Francesco Borromini
(1599-1667)
En las muchas iglesias que construyó en Roma, Borromini empleó formas geométricas revolucionarias.

ANDREA POZZO

El uso de la perspectiva era una de las técnicas preferidas del barroco. Andrea Pozzo pintó este corredor entre 1660-1680, en los aposentos de San Ignacio, cerca de Il Gesù (ver pp. 114-115).

San Carlo alle Quattro Fontane
Una de las obras más características de Borromini fue esta iglesia oval (ver p. 161) *en la colina del Quirinal.*

1650

1651 Bernini reordena gran parte de Piazza Navona

Fontana dei Fiumi de Bernini, en Piazza Navona

1656 Se comienza la columnata de Bernini para la plaza de San Pedro

1657 Borromini completa Sant'Agnese in Agone

1675

1694 Se termina el Palazzo di Montecitorio

1700

Bonnie Prince Charlie, aspirante al trono de Inglaterra

1721 Nace en Roma Bonnie Prince Charlie

1725

1732 Empiezan las obras de la Fontana di Trevi

1734 Clemente V convierte el Palazzo Nuovo en el primer museo público del mundo

1735 Se realiza la escalinata de Piazza di Spagna

La arquitectura de Roma

Arco de Tito

La arquitectura de la Roma imperial mantenía vivos los estilos de la Grecia clásica, desarrollando al mismo tiempo nuevas formas típicamente romanas basadas en el arco, la bóveda y la cúpula. El siguiente periodo importante fue el siglo XII, cuando se construyeron numerosas iglesias románicas. El Renacimiento significó la vuelta a los ideales clásicos, pero llegado el siglo XVII Roma encontró una vez más su propio estilo con la exuberancia del barroco.

El entablamento sobre estas columnas tenía partes rectas y otras arqueadas (Villa de Adriano).

LA ROMA CLÁSICA

La mayoría de los edificios romanos estaban construidos con argamasa y ladrillo, pero a partir del siglo I d.C. se comenzó a emplear el mármol siguiendo el ejemplo griego.

Las cariátides eran columnas esculpidas con forma de figura femenina. Las cariátides romanas, procedentes del foro de Augusto, eran copias en detalle de modelos griegos.

Los templos romanos se construían por lo general sobre un podio. Muchos contaban con un pórtico, especie de entrada techada, con columnas.

Los órdenes de la arquitectura clásica eran tres estilos de construcción, cada uno basado en un tipo de columna distinto, y creados por los griegos.

Orden dórico | **Orden jónico** | **Orden corintio**

Los edículos eran pequeños santuarios, que por lo general contenían la estatua de un dios.

El artesonado consistía en paneles decorativos que reducían el peso de los techos abovedados.

LA ROMA CRISTIANA Y MEDIEVAL

Las primeras iglesias cristianas de Roma estaban basadas en la basílica: alargadas, con tres naves que terminaban en un ábside. Desde el siglo X hasta el XIII, la mayor parte de las iglesias se construyó en estilo románico, con arcos de medio punto como en la Antigua Roma.

Un arco separa la nave de una iglesia de su ábside. Aquí, en San Pablo Extramuros, está decorado con mosaicos.

El tabernáculo se emplea para albergar el Santísimo Sacramento. Éste, del siglo XIII, procede de San Clemente.

Las basílicas de Roma han conservado en su mayor parte su forma rectangular original. La nave de San Juan de Letrán mantiene su planta del siglo IV.

LA ROMA RENACENTISTA Y BARROCA

La arquitectura renacentista (siglos XV y XVI) se inspiraba directamente en los modelos clásicos. Retomaba el uso de estrictas proporciones geométricas. El estilo barroco (siglos XVI y XVII) rompió muchas reglas establecidas, al favorecer la decoración grandiosa frente a la pureza de las formas clásicas.

El baldaquino es un dosel sostenido por columnas, en el altar principal. Este ejemplo barroco pertenece a San Pedro.

Los *putti* eran un motivo ornamental recurrente en el barroco. Un *putto* es una pintura o una escultura de un niño semejante a Cupido o a un querubín.

Una *loggia* es una galería o arcada abierta. Puede ser una estructura exenta o bien parte de un edificio, como aquí en San Saba.

El exterior de muchos palacios renacentistas está decorado con mampostería: grandes bloques separados por profundas junturas.

ESCULTURAS Y MOSAICOS EN ESTILO COSMATENSE

La familia Cosmati, que vivió en Roma en los siglos XII y XIII, ha dado su nombre a un estilo decorativo típicamente romano. Trabajaban con mármol, creando todo tipo de elementos decorativos para iglesias, incluyendo claustros, tronos episcopales, tumbas, púlpitos y candelabros. Todos ellos estaban a menudo decorados con mosaicos de vivos colores. También dejaron espléndidos suelos de mosaico, por lo general de mármol blanco con incrustaciones de pórfido rojo y verde. Los materiales se obtenían cortando antiguas columnas. Esta forma de trabajar la piedra se conoce como estilo cosmatense.

Suelo de mosaico en Santa Maria in Cosmedin

Roma durante la unificación

Garibaldi con su camisa roja

Bajo el dominio de Napoleón, Italia disfrutó durante un breve tiempo de unidad, pero en 1815 fue dividida una vez más en pequeños Estados, y en Roma se restauró el mandato papal. Durante los 50 años siguientes, Mazzini, Garibaldi y otros lucharon por crear una Italia unificada e independiente. En 1848 Roma fue declarada República, pero por poco tiempo. Los franceses continuaron protegiendo al Papa, mientras que el resto de Italia se unificó bajo la corona de Víctor Manuel de Saboya. En 1870 las tropas invadieron la ciudad, y Roma pasó a ser la capital de Italia.

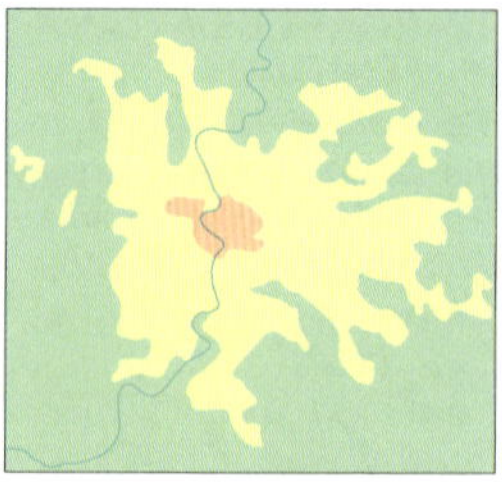

EXTENSIÓN DE LA CIUDAD

1870 *Hoy*

Alegoría de la libertad de Italia
Este cartel patriótico de 1890 muestra al rey, su primer ministro Cavour, Garibaldi y Mazzini. La mujer de rojo representa a Italia.

LOS REALISTAS ATACAN PORTA PIA
El 20 de septiembre de 1870, tropas del reino de Italia pusieron fin al dominio papal en Roma. Derribaron las murallas de la ciudad cerca de Porta Pia; el Pontífice se retiró, y Roma fue declarada capital de Italia.

Víctor Manuel II
Víctor Manuel de Saboya se convirtió en el primer rey de Italia en 1861.

CRONOLOGÍA

1750

1751 Las *Vistas de Roma* de Piranesi reviven el interés por las ruinas clásicas

1762 Se termina la Fontana di Trevi

Grabado de Piranesi sobre el foro de Trajano

1775

Napoleón Bonaparte

1792 Canova realiza la tumba del papa Clemente XIII, en San Pedro

1797 Napoleón toma Roma

1799 Napoleón es expulsado de Italia por austriacos y rusos

1800

1800-1801 Napoleón vuelve a tomar Italia

1807 Nace Garibaldi

Garibaldi y Roma
En 1860, el carismático patriota Garibaldi había liberado gran parte de Italia del dominio extranjero. Quedaba Roma. Aquí está declarando: "O Roma o morte" *(O Roma o muerte).*

Giuseppe Verdi
(1813-1901)
El famoso compositor de ópera apoyó la unificación, y en 1861 se convirtió en miembro del primer parlamento italiano.

Una ciudad libre
Esta placa de mármol en la Porta Pia conmemora la liberación de Roma.

Monumento a Víctor Manuel
En Piazza Venezia se alza un gran monumento al primer rey de Italia (ver p. 74).

1816 Comienzan las obras en la Piazza del Popolo

Fuente de la Piazza del Popolo

1820 Revueltas por toda Italia

1821 Muere el poeta inglés Keats en Piazza di Spagna

1825

1848 Levantamiento nacionalista en Roma. El Papa huye y queda constituida la República

1849 Se devuelve el poder al Papa, protegido por una guarnición francesa

1850

Papa Pío IX

1860 Garibaldi y sus 1.000 seguidores toman Sicilia y Nápoles

1861 Se funda el Reino de Italia con capital en Turín

1870 Tropas realistas toman Roma, completando la unificación de Italia

Roma en el siglo XX

Futbolmanía

El dictador fascista Mussolini soñaba con recuperar la inmensidad y el poder del antiguo Imperio Romano: "Roma –dijo– debe parecer maravillosa al resto el mundo". Comenzó a construir un complejo de grandiosas proporciones, la EUR, en las afueras, y mandó demoler 15 iglesias y numerosas casas medievales para la creación de nuevas carreteras. Por fortuna, la mayor parte del centro histórico ha subsistido, y constituye uno de los más ricos de toda Europa. Para conmemorar el Año Santo y el nuevo milenio se ha hecho una intensa reforma a iglesias y monumentos en mal estado.

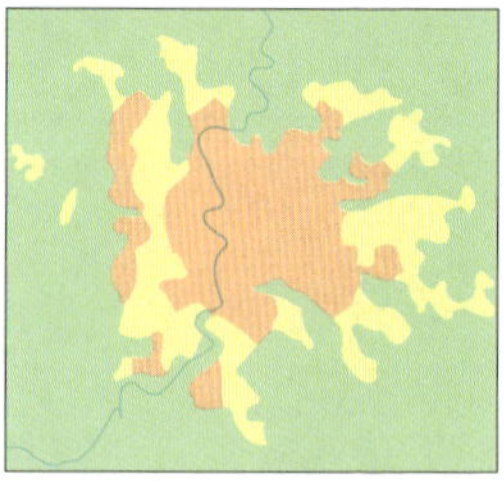

EXTENSIÓN DE LA CIUDAD

1960 | Hoy

Los planes de Mussolini para Roma
Este cartel propagandístico refleja los grandiosos proyectos de Mussolini, tales como la Via dei Fori Imperiali en el Foro (ver p. 76) *y la EUR* (ver p. 266).

El papa Benedicto XVI
El cardenal alemán Joseph Ratzinger se convirtió en el papa Benedicto XVI en 2005. El Papa posee una gran influencia en la vida de todos los católicos del mundo.

CELEBRACIÓN DEL JUBILEO
Los años del Jubileo suelen celebrarse una vez cada cuarto de siglo. Millones de católicos visitaron Roma para celebrar el del año 2000.

CRONOLOGÍA

1900

1911 Se termina el monumento a Víctor Manuel

1915 Italia entra en la I Guerra Mundial

1915

1922 Tropas fascistas entran en Roma; Mussolini se convierte en primer ministro

1926 Se prohíben los partidos de oposición

1929 El tratado de Letrán crea un Estado Vaticano independiente

1930

Cartel para la EUR

1940 Italia entra en la II Guerra Mundial. Comienzan las obras en la EUR

1944 Los aliados liberan Roma de las tropas alemanas

1945

1946 Un referéndum nacional establece la República en Italia; el rey Umberto II se exilia

Concierto de los tres tenores (1990)
Mezclando el amor por la música y el fútbol en Italia, este recital de ópera en las termas de Caracalla fue transmitido en directo durante la Copa del Mundo.

Cartel para *La dolce vita*
En los años cincuenta y sesenta Roma era el Hollywood de Europa. Ben Hur, Quo Vadis? *y* Cleopatra *fueron rodadas en los estudios de Cinecittà, al igual que películas italianas, como* La dolce vita *de Fellini.*

Modelo de Valentino
Sin llegar a igualar a Milán en cuanto a moda, Roma cuenta con destacados diseñadores.

El tráfico en el centro
Las calles de Roma están congestionadas y muchos edificios dañados por la polución. Se prevé cerrar el centro histórico al tráfico.

1960 Se celebran en Roma los Juegos Olímpicos

1978 Aldo Moro es secuestrado y después asesinado por las Brigadas Rojas. Se elige Papa a Karol Wojtyla

1990 Roma acoge varios partidos de la Copa del Mundo de Fútbol

2004 Firma de la Constitución europea en Roma

2005 Fallece Juan Pablo II y le sucede el papa Benedicto XVI.

1960 | **1975** | **1990** | **2000** | **2010**

1962 El Concilio Vaticano II introduce reformas en la Iglesia

1957 El Tratado de Roma inicia el Mercado Común Europeo

1981 Intento de asesinato de Juan Pablo II en la plaza de San Pedro

1993 Francesco Rutelli es elegido alcalde de Roma

2000 Roma entra en el siglo XXI con el Año Santo o Jubileo

SANCTIS EIVS
LAVS

ROMA DE UN VISTAZO

Desde sus orígenes como asentamiento de pastores en la colina del Palatino, Roma creció hasta llegar a dominar un vasto imperio que se extendía desde el norte de Inglaterra hasta África del Norte. Más tarde, tras la caída del Imperio, Roma se convirtió en centro del cristianismo; artistas y arquitectos llegaban hasta ella a trabajar para los Papas. El legado de su historia está presente por toda la ciudad. Las páginas siguientes constituyen un resumen de lo mejor de Roma. Hay secciones sobre iglesias, museos y galerías, fuentes y obeliscos, así como de artistas y escritores. A continuación figura lo que ningún visitante de Roma debería perderse.

ROMA: SUS GRANDES ATRACTIVOS

Museos Capitolinos
ver pp. 70-73

Coliseo
ver pp. 92-95

Capilla Sixtina
ver p. 244-247

Piazza di Spagna
ver p. 134

Estancias de Rafael
ver pp. 242-243

Fontana di Trevi
ver p. 159

Castel Sant'Angelo
ver pp. 248-249

Panteón
ver pp. 110-111

San Pedro
ver pp. 230-233

Foro Romano
ver pp. 78-87

Piazza Navona
ver p. 120

◁ ***Interior del Panteón,*** **de Giovanni Paolo Pannini (1691-1765)**

Lo mejor de Roma: iglesias y templos

Como centro de la cristiandad, Roma tiene gran número de iglesias: desde magníficas basílicas, construidas como testimonio de la grandeza de la Iglesia católica medieval y renacentista, hasta edificaciones más humildes, donde se reunían los primeros cristianos a menudo clandestinamente. Entre las iglesias antiguas más fascinantes están aquellas que fueron en su origen templos romanos. Los elementos añadidos a través de los años convierten a estos edificios en lugares misteriosos. En las pp. 46-47 encontrará una visión histórica más detallada de las iglesias de Roma.

El Panteón
Esta construcción, con más de 2.000 años, es uno de los templos más grandes que se conservan de la Antigua Roma.

San Pedro
La cúpula de Miguel Ángel es la más alta del mundo. Por desgracia, el artista murió antes de ver completada su obra.

Santa Maria in Trastevere
Erigida sobre una antigua construcción cristiana, la iglesia es famosa por sus mosaicos.

Santa Cecilia in Trastevere
Esta estatua de Cecilia, donde aparece tal y como estaba cuando se abrió su tumba, fue esculpida en 1599 por Stefano Maderno.

Santa Maria in Cosmedin
Los elementos decorativos de esta iglesia del siglo VI datan del XII y anteriores. Una pintura restaurada en el ábside muestra a la Virgen, al Niño y a varios santos.

Santa Maria Maggiore
Los ricos mosaicos y las reliquias contrastan con su interior sobrio. Entre sus tesoros se encuentran ropajes con el escudo de los Borghese.

Sant'Andrea al Quirinale
Bernini llevó el empleo de las curvas a su máximo extremo cuando proyectó este interior oval (1658-1670), obra maestra del barroco romano.

Santa Prassede
Magníficos mosaicos bizantinos cubren las paredes y techos de esta iglesia del siglo IX. Este Cristo con ángeles está en la capilla de san Zenón.

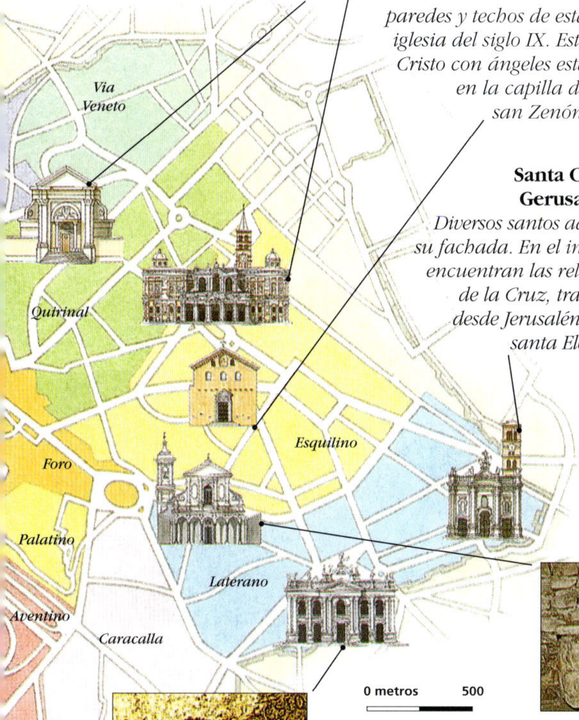

Santa Croce in Gerusalemme
Diversos santos adornan su fachada. En el interior se encuentran las reliquias de la Cruz, traídas desde Jerusalén por santa Elena.

San Clemente
Bajo esta iglesia del siglo XII hay sucesivos estratos arqueológicos. Este sarcófago data del siglo IV.

San Juan de Letrán
La iglesia original fue construida por Constantino, primer emperador cristiano. En los mosaicos de la capilla de San Venancio figura uno que representa al propio santo.

Explorando iglesias y templos

Hay más iglesias en Roma que días tiene el año, por lo que es necesario ser selectivo. Los peregrinos católicos siempre han acudido a las siete basílicas mayores: **San Pedro,** corazón de la Iglesia católica romana; **San Giovanni in Laterano** (San Juan de Letrán), **San Paolo fuori le Mura** (San Pablo Extramuros), **Santa Maria Maggiore** (Santa María la Mayor), **Santa Croce in Gerusalemme, San Lorenzo fuori le Mura** y **San Sebastiano.** Todas ellas contienen innumerables reliquias, tumbas y obras de arte de distintos periodos. Sin embargo, las iglesias más pequeñas pueden ser igualmente fascinantes.

Fresco del siglo XIII de Pietro Cavallini en Santa Cecilia

TEMPLOS ANTIGUOS

Hay un templo pagano que se ha conservado prácticamente intacto desde que fue erigido en el siglo II d.C. El **Panteón,** "santuario de todos los dioses", posee una estructura con cúpula muy distinta a la de cualquier otra iglesia de Roma. En el siglo VII se consagró como iglesia cristiana.

Otros templos romanos han sido también transformados en iglesias cristianas durante distintas épocas. Dos de éstas se hallan en el Foro; **Santi Cosma e Damiano** se emplazó sobre el templo de Rómulo en el 526, mientras que San Lorenzo in Miranda fue edificada sobre las ruinas del **templo de Antonino y Faustina** en el siglo XI. Su fachada barroca, que data de 1602, asoma tras las columnas antiguas.

Otra iglesia que muestra claramente sus orígenes romanos es **Santa Costanza,** construida como mausoleo para la hija de Constantino. Tiene una planta circular y algunos espléndidos mosaicos del siglo IV.

El impresionante interior abovedado del Panteón, convertido en iglesia en el 609

PRIMERAS IGLESIAS CRISTIANAS Y MEDIEVALES

Algunas de las basílicas, como **Santa Maria Maggiore** y **Santa Sabina,** del siglo V, conservan gran parte de su estructura original. Otras anteriores, como es el caso de **San Pablo Extramuros y San Juan de Letrán,** ambas del siglo IV, siguen manteniendo su forma de basílica. San Pablo fue reconstruida después de que un incendio destruyera en 1823 el edificio original, y San Juan, tal y como se la conoce hoy día, data de una reconstrucción de 1646, obra de Borromini. Ambas iglesias conservan sus claustros medievales. Tanto **Santa Maria in Trastevere** como **Santa Cecilia in Trastevere** fueron erigidas sobre casas donde los primeros cristianos celebraban sus ritos. Un ejemplo de iglesia donde las capas de los diferentes periodos están a la vista es **San Clemente.** En su nivel inferior se encuentra un templo de Mitra del siglo III d.C. Otras iglesias antiguas son **Santa Maria in Cosmedin,** con su impresionante campanario románico, y el convento fortificado de los **Santi Quattro Coronati.** Muchas otras, como **Santa Prassede,** contienen mosaicos cristianos y medievales.

Claustro de San Juan de Letrán

PLANTAS INUSUALES

La concepción de las primeras iglesias romanas se basaba en la antigua basílica, un edificio rectangular dividido en tres naves. Desde entonces ha habido variaciones originales sobre este modelo, tales como iglesias circulares, cuadradas con planta de cruz griega, como los planos de Bramante para San Pedro y, en época barroca, incluso ovales y hexagonales.

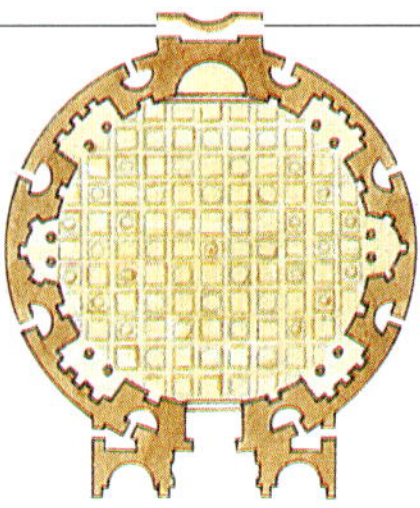

Panteón (siglo II)

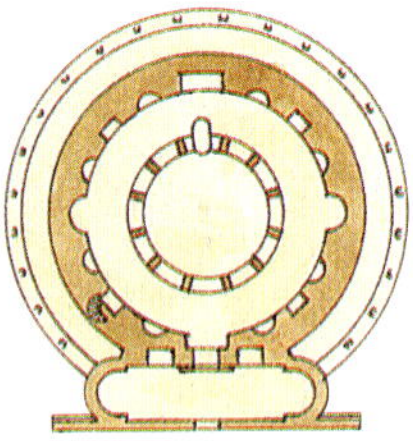

Santa Costanza (siglo IV)

RENACIMIENTO

La mayor tarea emprendida por los papas del Renacimiento fue la reconstrucción de **San Pedro.** Dicha obra se inició en 1506, pero debido a discrepancias en cuanto a su forma, los trabajos se paralizaron hasta bien entrado el siglo XVII. Por fortuna, ello no impidió a Miguel Ángel la realización de la gran cúpula. Además de sus trabajos en San Pedro, también pintó los magníficos frescos de la **Capilla Sixtina.**

En otro orden de cosas, una de las obras claves de la arquitectura renacentista es el diminuto **Tempietto** de Bramante (1499), en el Gianicolo. **Santa Maria della Pace** cuenta con un claustro de Bramante, unos frescos de Rafael y un encantador pórtico de Pietro da Cortona. También es interesante el uso que hace Miguel Ángel de las grandes bóvedas de las termas romanas de Diocleciano en la iglesia de **Santa Maria degli Angeli.**

Hay otras iglesias dignas de visitar por sus pinturas o esculturas. **Santa Maria del Popolo,** por ejemplo, contiene dos grandes pinturas de Caravaggio, la capilla Chigi diseñada por Rafael y un conjunto de frescos del siglo XV, obra de Pinturicchio. **San Pietro in Vincoli,** además de las cadenas que sujetaban a san Pedro mientras estuvo en prisión, alberga el *Moisés,* obra maestra de Miguel Ángel; mientras que **San Luigi dei Francesi** contiene tres pinturas de Caravaggio sobre san Mateo y frescos de Domenichino.

La inmensa cúpula de Miguel Ángel en el interior de San Pedro

BARROCO

Interior de la cúpula de Rosati en San Carlo ai Catinari (1620)

La Contrarreforma inspiró iglesias de estilo exuberante, como son las de **Il Gesù** y **San Ignacio de Loyola.** Los ejemplos más valiosos de barroco romano son obras posteriores asociadas a Bernini, como la gran columnata y el baldaquino que construyó para **San Pedro.** De las iglesias pequeñas que proyectó quizá la más lograda sea la de **Sant'Andrea al Quirinale,** mientras que **Santa Maria della Vittoria** alberga la verdaderamente asombrosa capilla de Cornaro, con su escultura del *Éxtasis de Santa Teresa*. Sin embargo, el barroco tardío no es sólo de Bernini. Hay bellísimos ejemplos como **San Carlo ai Catinari,** con su magnífica cúpula de Rosato Rosi, o las múltiples iglesias del gran rival de Bernini, Borromini. **Sant' Agnese in Agone** y **San Carlo alle Quattro Fontane** son famosas por el efecto cóncavo de sus fachadas, mientras que la compleja estructura de **Sant'Ivo alla Sapienza** la convierte en una de las obras maestras en miniatura del barroco.

LAS IGLESIAS

San Pedro, de Bramante (1503)

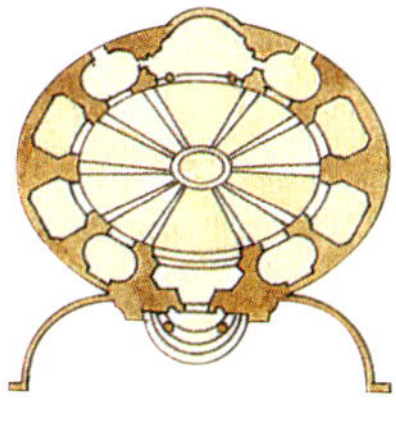

Sant' Andrea al Quirinale (1658)

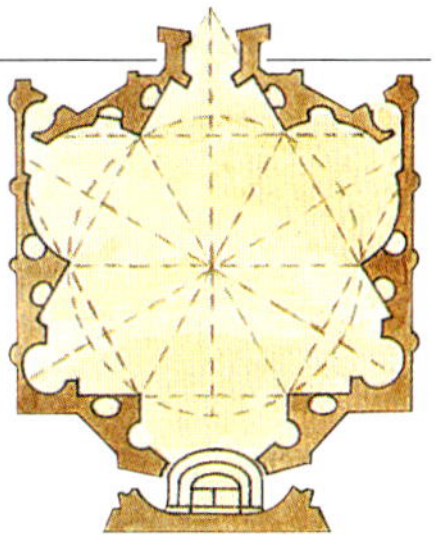

Sant'Ivo alla Sapienza (1642)

Lo mejor de Roma: museos y galerías

Los museos de Roma se encuentran entre los mejores del mundo; sólo en el Vaticano hay incomparables colecciones de arte egipcio, etrusco, griego, romano y cristiano primitivo, así como frescos de Miguel Ángel y Rafael, amén de valiosos manuscritos y joyas. Excavaciones realizadas en el siglo XIX añadieron tesoros de la Antigua Roma, hoy expuestos en museos repartidos por toda la ciudad. La mejor colección de arte etrusco se encuentra en Villa Giulia. Para más detalles, *ver pp. 50-51.*

Villa Giulia
Esta hermosa villa renacentista alberga objetos etruscos de la primera época de Roma.

Museos Vaticanos
De las paredes de sus galerías y largos pasillos penden tesoros excepcionales, como este mosaico del siglo IX con escenas de la vida de Cristo.

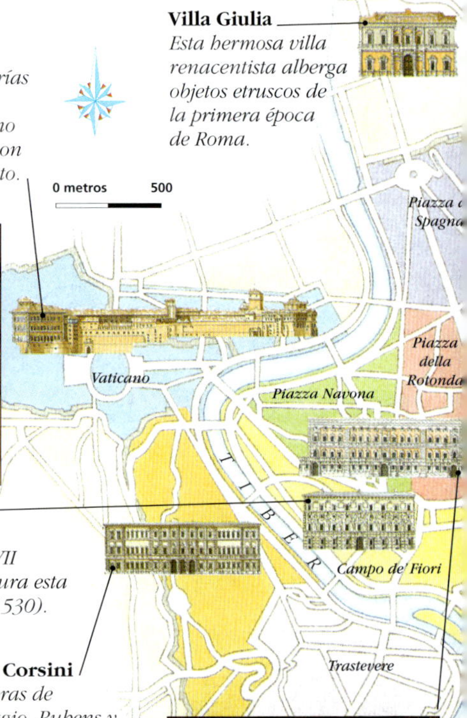

Galleria Spada
Lo más destacado de esta colección lo constituyen las pinturas de los siglos XVII y XVIII. Entre otras obras anteriores figura esta Visitación, *de Andrea del Sarto (1486-1530).*

Palazzo Corsini
Posee obras de Caravaggio, Rubens y Van Dyck, además de un retrato de Bernini pintado por Il Baciccia (1639-1709).

Galleria Doria Pamphilj
Casi todas las grandes figuras del Renacimiento están representadas en las atestadas paredes de esta galería. Tiziano (1485-1576) pintó esta Salomé *en los comienzos de su carrera.*

Museo y Galleria Borghese
La planta baja de este museo acoge esculturas de las antiguas Grecia y Roma, así como obras tempranas de Bernini, como el David *(1619). La primera planta alberga pinturas de Tiziano, Rubens y otros grandes maestros.*

Museo Nazionale Romano
Este fresco, procedente de la Villa de Livia (siglo I d.C.), en las afueras de Roma, es tan sólo una muestra de los innumerables tesoros excavados por toda la ciudad.

Palazzo Barberini
Las obras aquí expuestas datan de los siglos XIII al XVI. Esta figura de la Providencia pertenece al Triunfo de la Divina Providencia *(1633-1639) de Pietro da Cortona.*

Palazzo Venezia
El museo de artes decorativas más importante de Roma es notable sobre todo por sus colecciones bizantinas y medievales, que incluyen este Cristo esmaltado del siglo XIII.

Museos Capitolinos: Palazzo dei Conservatori
El Rapto de las Sabinas *(1629), de Pietro da Cortona, es una de las pinturas barrocas expuestas en la pinacoteca de los museos.*

Museos Capitolinos: Palazzo Nuovo
Entre sus esculturas se halla esta cabeza de Giulia Domna (esposa de Septimio Severo), del siglo II d.C.

Explorando los museos y las galerías

Cabeza etrusca, Villa Giulia

Los principales museos y galerías de Roma tienen dos atractivos básicos: tesoros arqueológicos griegos y romanos, y pinturas y esculturas del Renacimiento y barroco. Los Museos Vaticanos cuentan con soberbias colecciones de estas épocas, al igual que, en menor escala, los Museos Capitolinos. En los numerosos museos, iglesias y galerías de la ciudad se encuentran muchas otras pinturas *(ver pp. 46-47).*

OBJETOS ETRUSCOS

Bandeja de oro etrusca del siglo V a.C. en Villa Giulia

Los etruscos habitaron el área que se extiende de Florencia a Roma desde el siglo VIII a.C., y gobernaron Roma desde finales del VII a.C. *(ver pp. 18-19).* Tenían la costumbre de enterrar a los muertos con sus posesiones y, por ello, se han encontrado numerosos objetos en tumbas de todo el centro de Italia. La **Villa Giulia** ha sido sede del Museo Nazionale Etrusco desde 1889. Esta villa, proyectada por Vignola como residencia de verano para el papa Julio III, es uno de los edificios renacentistas más bellos de Roma. Además de las colecciones, los jardines de la villa albergan un templo etrusco reconstruido. Sin embargo, no todos los hallazgos son de esa época; algunos pertenecen a los latinos y otras tribus que habitaron la Italia central antes de los romanos.

El Museo Gregoriano Etrusco, dentro de los **Museos Vaticanos,** se abrió en 1837 para albergar los objetos etruscos hallados en tumbas ubicadas en un terreno que era propiedad de la Iglesia. Por otra parte, el Museo Barraco en la **Piccola Farnesina** alberga estatuas de las civilizaciones de Egipto y Asiria.

ARTE ROMANO ANTIGUO

El conjunto de restos arqueológicos esparcidos por Roma forma un vasto museo al aire libre que muestra cómo era la vida en la Antigüedad, mientras que los pórticos y claustros de las iglesias están repletos de sarcófagos y fragmentos de estatuas.

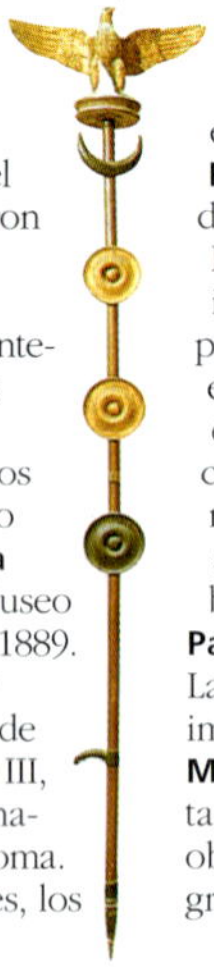

Estandarte de victoria, Museo della Civiltà Romana

La colección más importante se halla en el **Museo Nazionale Romano,** en las termas de Diocleciano y el Palazzo Massimo. Ésta incluye un sarcófago procedente de Villa Livia en Prima Porta, al norte de Roma. La gran colección de estatuas romanas del museo se aloja ahora en el bellamente restaurado **Palazzo Altemps.** Las estatuas más importantes están en los **Museos Vaticanos,** que también contienen las obras más notables del arte griego, como el *Laocoonte,* traído a Roma alrededor del siglo I d.C. Esta obra influyó de forma decisiva en todo el arte romano posterior. En los **Museos Capitolinos** hallará espléndidas reproducciones de arte griego.

En el Foro, y ocupando dos plantas de la iglesia Santa Francesca Romana, está el pequeño pero interesante **Antiquarium Forense.** Y para los amantes de la historia, la maqueta a gran escala en el **Museo della Civiltà Romana,** en la EUR, da una excelente idea de la Roma del siglo IV d.C.

Armadura de centurión, Museo della Civiltà Romana

GALERÍAS DE ARTE

Musas del *Parnaso* de Rafael (1508-1511), Museos Vaticanos

En el pasado, muchas de las grandes familias aristócratas romanas poseían importantes colecciones privadas de arte. Algunas de éstas siguen en antiguos *palazzi* abiertos al público. Una de ellas es la **Galleria Doria Pamphilj,** con la mayor concentración de pinturas de todos los palacios romanos. Los tesoros de la colección incluyen obras de Rafael, Filippo Lippi, Caravaggio, Tiziano y Claudio de Lorena, así como un retrato del papa Inocencio X Pamphilj

Fauno griego en el Museo Borghese

pintado por Velázquez.

La colección de la **Galleria Spada,** iniciada por Bernardino Spada en 1632, permanece en la galería construida para albergarla. Es un compendio de los gustos pictóricos romanos del siglo XVII: Rubens, Guido Reni, Guercino y Jan Brueghel el Viejo.

La **Galleria Colonna** cuenta con una colección de arte del mismo periodo.

Otras antiguas residencias familiares son hoy sede de colecciones estatales. La Galleria Nazionale d'Arte Antica está repartida entre el **Palazzo Barberini** y el **Palazzo Corsini.** El Palazzo Barberini, construido entre 1625 y 1633 por Bernini y otros arquitectos para la familia Barberini, alberga pinturas de los siglos XIII al XVI. También contiene objetos de arte procedentes de varias colecciones privadas. En un futuro próximo, las pinturas de los siglos XVII y XVIII del Palazzo Corsini, en la orilla sur del Tíber, serán trasladadas al Palazzo Barberini.

Otra magnífica colección privada es la de la familia Borghese, actualmente administrada por el Estado. La planta baja del **Museo y Galleria Borghese** alberga la colección de escultura, incluida la maravillosa *Apolo y Dafne,* obra de Bernini, y la famosa estatua de Paulina Borghese realizada por Canova. La colección de pintura con obras de Tiziano, Correggio y otros está en la primera planta de la Galleria Borghese.

Los **Museos Capitolinos** alojan colecciones que fueron donaciones de los Papas al pueblo de Roma. La pinacoteca del **Palazzo dei Conservatori** contiene obras de Tiziano, Guercino y Van Dyck. Hay una galería de arte en los **Museos Vaticanos,** pero los amantes de la pintura renacentista probablemente preferirán la Capilla Sixtina y las estancias de Rafael.

Por último, la colección de arte moderno de Roma se halla en la **Galleria Nazionale d'Arte Moderna.**

PEQUEÑOS MUSEOS

La más importante de las colecciones menores se encuentra en el museo medieval del **Palazzo Venezia,** en el que se exhibe desde cerámica hasta escultura. Roma posee una gran cantidad de pequeños museos especializados, como el **Museo de Instrumentos Musicales,** un **Museo di Roma in Trastevere,** con paneles que muestran la vida en la ciudad en el siglo pasado, y el **Museo Burcardo del Teatro.**

Para aquellos interesados en los poetas ingleses románticos que vivieron en Roma en el siglo pasado está la **Casa-Museo de Keats y Shelley,** en la que murió Keats. El **Museo Napoleónico,** por su parte, contiene reliquias y pinturas de Napoleón y de los miembros de su familia que vivieron en Roma.

El descenso de la cruz **(1604), de Caravaggio**

Laocoonte **(siglo I d.C.), en los Museos Vaticanos**

Retrato de Paulina Borghese pintado por Kinson (c.1805), en el Museo Napoleónico

MUSEOS Y GALERÍAS

Antiquarium Forense *p. 87*
Museo Burcardo del Teatro *p. 149*
Museos Capitolinos *pp. 70-73*
Galleria Colonna *p. 158*
Galleria Doria Pamphilj *p. 107*
Galleria Nazionale d'Arte Moderna *p. 258-259*
Galleria Spada *p. 147*
Casa-Museo Keats-Shelley *p. 134*
Museo y Galleria Borghese *pp. 260-261*
Museo delle Cere *p. 156*
Museo della Civiltà Romana *p. 266*
Museo di Roma in Trastevere *p. 210*
Museo Nazionale Romano *p. 163*
Museo Napoleónico *p. 126*
Museo de Instrumentos Musicales *p. 181*
Palazzo Altemps *p. 127*
Palazzo Barberini *p. 255*
Palazzo Corsini *p. 218*
Palazzo dei Conservatori *pp. 72-73*
Palazzo Venezia *p. 75*
Piccola Farnesina *p. 149*
Museos Vaticanos *pp. 234-247*
Villa Giulia *pp. 262-263*

Lo mejor de Roma: fuentes y obeliscos

Roma posee algunas de las más bellas fuentes del mundo. Muchas de ellas son obra de los grandes escultores del Renacimiento y barroco. Las hay que son espectaculares obras de arte, otras plácidos chorros de agua. Muchas son fuentes para beber, mientras que algunas son ornamentales, incorporadas a edificios. Los obeliscos datan de un periodo anterior en la historia de la ciudad. Aunque varios fueron encargos de emperadores, la mayoría son más antiguos y fueron traídos a la ciudad por ejércitos conquistadores victoriosos. En las pp. 54-55 se ofrece una visión más detallada de las fuentes y los obeliscos de Roma.

Plaza de San Pedro
Dos fuentes gemelas dan vida a esta espléndida y monumental plaza. Maderno proyectó la de al lado del Vaticano en 1614; después, se construyó la otra igual.

Piazza del Popolo
Leones de mármol y fuentes del siglo XIX rodean un antiguo obelisco situado en el centro de la plaza.

Fontana dei Quattro Fiumi
Las figuras de la fuente de los Ríos de Bernini representan el Ganges, el río de la Plata, el Danubio y el Nilo.

Obelisco de Santa Maria sopra Minerva
El obelisco egipcio, sostenido por el elefante de mármol de Bernini, data del siglo VI a.C.

Fontana delle Tartarughe
Esta joya de la escultura renacentista muestra a unos jóvenes introduciendo tortugas dentro de un estanque.

Fontana della Barcaccia
Esta elegante fuente de 1627 es probablemente obra de Pietro Bernini, padre del famoso Gian Lorenzo.

Fontana di Trevi
Esta fuente, inspirada en los arcos de triunfo romanos, fue proyectada por Nicola Salvi en 1732. Dice la tradición que quien arroja una moneda a sus aguas regresará a Roma.

Fontana delle Naiadi
Cuando se inauguró en 1901, el realismo de sus sensuales ninfas de bronce levantó una ola de protestas.

Obelisco de la Piazza San Giovanni in Laterano
El obelisco más antiguo de Roma data del siglo XIV a.C. Llegó a la ciudad en el 357, traído por orden de Constantino II.

Fontana de la Piazza della Bocca della Verità
En esta fuente del siglo XVIII, construida por Carlo Bizzaccheri para el papa Clemente XI, el agua brota sobre una formación rocosa en la que dos tritones sostienen una enorme concha.

Explorando fuentes y obeliscos

Fuente de las Ánforas (años veinte)

Los papas que restauraron los antiguos acueductos romanos solían construir fuentes para conmemorar sus actos de munificencia. De resultas de ello, la ciudad está llena de fuentes, que ponen una nota de frescor en las calurosas tardes de verano. Los obeliscos, por su parte, son evocadores vestigios de la deuda debida por la civilización romana a los egipcios. Los arquitectos han sabido incorporarlos a las *piazze* romanas de muchas fascinantes maneras.

Fuente del Panteón

FUENTES

La Fontana di Trevi es una de las más famosas. Se trata de una *mostra,* una fuente monumental construida para marcar el final de un acueducto –en este caso del Acqua Vergine, construido por Marco Agripa en siglo XIX a.C.–. Otras *mostre* son la **Fontana dell'Acqua Paola,** construida para el papa Pablo V en 1612 en el Gianicolo, y la menos espectacular **fuente de Moisés,** que conmemora la inauguración del Acqua Felice por Sixto V en 1587.

Casi todas las plazas famosas de Roma tienen fuentes. En la **plaza de San Pedro** hay dos; Piazza Navona cuenta con la célebre **Fontana dei Quattro Fiumi** (fuente de los Cuatro Ríos) como su gran atractivo. Las cuatro figuras de la fuente representan los cuatro grandes ríos de los cuatro continentes entonces conocidos *(ver p. 50)*. En la misma plaza se encuentra la **Fontana del Moro,** de menor tamaño, también de Bernini, que muestra a un etíope luchando con un delfín. En el extremo norte, Neptuno forcejea con un pulpo en una fuente del siglo XIX. En la Piazza Barberini se encuentra la magnífica creación de Bernini de 1642-1643: la **Fontana del Tritone,** con su dios marino soplando a través de una caracola.

Fontana dei Cavalli Marini

Más recientemente, las *piazzas* han sido rediseñadas alrededor de fuentes. El gran proyecto de Valadier para la **Piazza del Popolo** (1816-1820) incluye leones de mármol y fuentes rodeando el obelisco central, más otras dos en los lados este y oeste de la *piazza.*

Fuente de las Cuatro Tiaras, detrás de San Pedro

A principios del siglo XX se inauguró la **Fontana delle Naiadi,** en la Piazza della Reppublica; sus figuras realistas causaron un gran escándalo en su época. La original **fuente de la Ánforas** (plano 8 D2), se erigió en la Piazza dell'Emporio en los años veinte. Su autor, Pietro Lombardi, también creó la **fuente de las Cuatro Tiaras** (plano 3 C3) tras las columnatas de San Pedro.

Roma posee también un número de pequeñas y, a menudo, encantadoras fuentes. Al pie de la escalinata de Trinità dei Monti, en Piazza di Spagna, se halla la **Fontana della Barcaccia** (barca

LA FONTANA DI TREVI

Esta famosa fuente ha sido protagonista de muchas películas rodadas en Roma, incluyendo cintas románticas como *Tres monedas en la fuente* o *Vacaciones en Roma,* y en otras como *La dolce vita,* satírico retrato de Fellini de la Roma de los años cincuenta. Al margen de las libertades que se tomara Anita Ekberg en la película, chapotear en las fuentes de Roma está prohibido, por muy tentador que resulte en los calurosos días de verano.

Anita Ekberg en *La dolce vita* (1960)

naufragando) de 1627; la **Fontana delle Tatarughe** ha estado en la diminuta Piazza Mattei desde 1581, y junto a Santa Maria Dominica se encuentra la **Fontana della Navicella,** creada a partir de una antigua escultura romana del siglo XVI. En el patio frontal de **Santa Sabina** (**plano** 8 D2) fluye agua de una gran máscara colocada en una antigua pila. La **fuente del Panteón** (**plano** 4 F4), de 1575, es obra de Jacopo della Porta. **Le Quattro Fontane** (cuatro fuentes) han estado en el cruce de calles de la colina del Quirinal desde 1593.

Entre las fuentes situadas en parques y jardines figuran la **fuente del Galeón** (1620-1621) en el Vaticano y la **Fontana dei Cavalli Marini** (caballos de mar) de 1791, en Villa Borghese. En los jardines de la **Villa d'Este** hay alrededor de 500 fuentes distintas.

La fuente Ovato en Villa d'Este

OBELISCOS

El obelisco más antiguo y alto de Roma es el de la **Piazza di San Giovanni in Laterano.** Hecho de granito rojo y con una altura de 31 m, procede del templo de Ammón en Tebas, y fue erigido en el siglo XIV a.C. Se trajo a Roma en el 357 d.C. por orden de Constantino II y se colocó en el circo Máximo. En 1587 fue redescubierto, dividido en tres partes y vuelto a levantar. Le sigue el obelisco de la **Piazza del Popolo,** de los siglos XII o XIII a.C., que fue traído a Roma en época de Augusto y fue también erigido en el circo Máximo. El **obelisco de la**

***Piazza Navona con la Fontana dei Quattro Fiumi,* de Pannini (1691-1765)**

Piazza di Montecitorio, de menor tamaño, fue otro de los trofeos de Augusto. La bola de bronce y la aguja situados en la parte más alta del obelisco son testimonios de su pasado uso como partes de un reloj de arena de vastas proporciones.

Algunos obeliscos, como el que preside la escalinata de Trinità dei Monti, son copias romanas de originales egipcios. Los **obeliscos de la Piazza dell'Esquilino** y de la **Piazza del Quirinale** (**plano** 5 B4) estuvieron en un principio en la entrada del mausoleo de Augusto. Cuando se volvían a erigir, era costumbre colocarlos sobre soportes decorativos, a menudo con estatuas o fuentes a sus pies. Otros formaban parte de esculturas.

Obelisco en la Piazza del Popolo

El elefante de mármol sobre el que se apoya el obelisco egipcio de **Santa Maria sopra Minerva** se debe a Bernini; en la **Fontana dei Fiumi** hay un obelisco procedente del circo Majencio. Cuando se remodeló la fuente del Panteón, en 1711, se le añadió también un obelisco egipcio. El de **la plaza de San Pedro** es egipcio, pero carece de los usuales jeroglíficos.

Fuente en Villa d'Este

FUENTES Y OBELISCOS

Fontana dei Cavalli Marini *p. 258*
Fontana dei Quattro Fiumi *p. 120*
Fontana del Moro *p. 120*
Fontana del Tritone *p. 254*
Fontana della Barcaccia *p. 133*
Fontana della Navicella *p. 193*
Fontana delle Naiadi *p. 164*
Fontana delle Tartarughe *p. 150*
Fontana dell'Aqua Paola *p. 219*
Fuente del Galeón *p. 225*
Fuente de Moisés *p. 162*
Obelisco de la Piazza di San Giovanni in Laterano *p. 178*
Obelisco de Piazza dell'Esquilino *p. 168*
Obelisco de Piazza Montecitorio *p. 113*
Obelisco de Santa Maria sopra Minerva *p. 108*
Piazza della Bocca della Verità *pp. 200-201*
Piazza del Popolo *p. 137*
Plaza de San Pedro *pp. 224-225*
Le Quattro Fontane *p. 162*
Fontana di Trevi *p. 159*
Villa d'Este *p. 268*

Artistas y escritores inspirados por Roma

Los artistas y escritores se han sentido atraídos por Roma desde la Antigüedad. Muchos acudieron a ella contratados por emperadores; los poetas Horacio, Virgilio y Ovidio, por ejemplo, vivieron bajo el mecenazgo de Augusto. Más tarde, especialmente en los periodos renacentista y barroco, los más grandes artistas y arquitectos llegaron a Roma para competir por el favor papal. Pero el mecenazgo no era lo único que la ciudad les ofrecía. Desde el Renacimiento, el pasado clásico de Roma y sus pintorescas ruinas han seducido a artistas de todo el mundo.

Ovidio, el poeta del amor (43 a.C.-17 d.C.)

Autorretrato de la artista del siglo XVIII Angelika Kaufmann

PINTORES, ESCULTORES Y ARQUITECTOS

Diego Velázquez, uno de los artistas del XVII que visitaron Roma

A comienzos del siglo XIV artistas y arquitectos acudieron a Roma procedentes de toda Italia para llevar a cabo los grandiosos proyectos de construcción ideados por los Papas. De Urbino llegaron Bramante (1444-1514) y Rafael (1483-1520); de Perugia, Perugino (1450-1523); de Florencia, Miguel Ángel (1475-1564) y muchos otros. Trabajaron en el Vaticano, en la construcción del nuevo San Pedro y en la decoración de la Capilla Sixtina. Estos artistas solían estar bien retribuidos, pero también es cierto que algunos vivieron tiempos peligrosos.El escultor y orfebre florentino Benvenuto Cellini (1500-1571) ayudó a defender el Castel Sant'Angelo *(ver pp. 248-249)* durante el Saco de Roma (1527), pero más tarde fue encerrado en el mismo y se vio obligado a escapar. En sus memorias relata la fuga.

Hacia finales del siglo XVI el milanés Caravaggio (1571-1610) gozó del mecenazgo de la Iglesia, a pesar de su carácter violento y su vida desordenada. La familia Carracci de Bolonia también prosperó –en especial los hermanos Aníbal (1560-1609) y Agostino (1557-1602)–.

Los trabajos de Gian Lorenzo Bernini (1598-1680) están por toda Roma. Sucedió a Carlo Maderno (1556-1629) como arquitecto de San Pedro; es autor del baldaquino, la espléndida columnata *(ver pp. 230-231)* y numerosas fuentes, iglesias y esculturas. Su principal rival fue Francesco Borromini (1599-1667), cuya originalidad puede apreciarse en muchas iglesias y palacios romanos.

En el siglo XVII numerosos artistas europeos acudieron a Roma a trabajar. Diego Velázquez (1599-1660), pintor de la Corte de Felipe IV, llegó en 1628 para estudiar los tesoros artísticos del Vaticano. Rubens (1577-1640) llegó de Amberes con el mismo fin, y realizó varios encargos. Los artistas franceses Nicolas Poussin (1594-1665) y Claudio Lorena (1600-1682) vivieron en Roma muchos años.

El neoclasicismo del siglo XVIII arrastró a un número sin precedente de artistas a Roma. De Gran Bretaña llegaron el arquitecto escocés Robert Adam (1728-1792) y la artista suiza Angelika Kaufmann (1741-1807), quien se estableció aquí y fue enterrada en medio de grandes honores en Sant'Andrea delle Fratte. Tras los excesos del barroco, la escultura también dio un giro hacia el neoclasicismo. El máximo exponente de este estilo fue Antonio Canova (1757-1821), quien influyó en escultores de toda Europa, incluyendo a Dane Vertel Thorvaldsen (1770-1844), que vivió en Roma muchos años.

Visión del Foro de Claudio de Lorena, pintado en Roma en 1632

ESCRITORES

Dante (1262-1321) visitó Roma durante su exilio de Florencia; en el *Inferno* describe la gran afluencia de peregrinos a la ciudad en el primer Año Santo (1300). El poeta Petrarca (1304-1374), nacido en Arezzo, llegó a la ciudad en circunstancias más felices, para ser coronado con laureles en el Capitolio en 1341. El poeta Torquato Tasso (1544-1595), de Sorrento, fue objeto de idéntico honor, pero murió al poco tiempo de su llegada a Roma. Está enterrado en Sant'Onofrio *(ver p. 219)* en el Gianicolo. Dos de los primeros escritores extranjeros que visitaron Roma fueron el ensayista francés Montaigne (1533-1592) y el poeta inglés John Milton (1608-1674). Más tarde, a principios del siglo XVIII, los escritores parecieron invadir la ciudad. Edward Gibbon (1737-1794) se inspiró para su *Decadencia y caída del Imperio Romano* cuando escuchó a los monjes cantar el Ángelus en Santa Maria in Aracoeli *(ver p. 69)*. Entre los visitantes alemanes se incluyen J. J. Winckelmann (1717-1768) y el poeta J. W. von Goethe (1749-1832).

Torquato Tasso

En el periodo romántico Roma se llenó de escritores ingleses: los poetas Keats, Shelley y Byron, seguidos de Browning y de Charles Dickens. Entre los autores de libros de viajes del siglo XIX figuran Augustus Hare (1834-1903) y el historiador alemán Ferdinand Gregorovius (1821-1891). Parte de *Retrato de una dama*, del estadounidense Henry James (1843-1916), se desarrolla en Roma.

La vida en la Roma moderna está magníficamente descrita en la obra del novelista romano Alberto Moravia (1907-1990).

Retrato del poeta John Keats, pintado por su amigo Joseph Severn en 1819

MÚSICOS

Giovanni Luigi di Palestrina (1525-1594), natural de la ciudad del mismo nombre, se convirtió en maestro de coro y organista del Vaticano, y compuso alguna de las piezas de música coral sin acompañamiento mejores de todos los tiempos. En 1770, Mozart, con 14 años, escuchó el *Miserere* inédito de Gregorio Allegri en la Capilla Sixtina y lo escribió de memoria. Arcangelo Corelli (1653-1713), el gran violinista y compositor barroco, trabajó en Roma bajo la protección del cardenal Ottoboni; uno de sus primeros encargos fue organizar un festival de música para la reina Cristina de Suecia.

Durante el siglo XIX el Prix de Roma llevó a muchos músicos a estudiar en Villa Medici *(ver p. 135)*. Hector Berlioz (1803-1869) compuso su popular *Carnaval Romano*, la obertura de su ópera *Benvenuto Cellini*, tras dos años de estancia en Roma. Georges Bizet (1838-1875) y Claude Debussy (1862-1918) fueron también galardonados con el Prix de Roma. Franz Liszt (1811-1886) se estableció en Roma a los 50 años, tomó los hábitos y pasó a ser conocido como el abad Liszt. Escribió *Fuentes de la Villa d'Este* durante una estancia en la villa de Tívoli.

Giacomo Puccini

Ya en el siglo XX los lazos de Roma con la música proporcionan las obras *Las fuentes de Roma* y *Los pinos de Roma*, de Ottorino Respighi (1870-1938) y a la ópera trágica de Giacomo Puccini (1858-1924), *Tosca*, que se desarrolla en esta ciudad.

CINE ROMANO

Los estudios de Cinecittà, construidos en 1937, a las afueras de Roma, son especialmente famosos por las películas que se rodaron en ellos durante los años cuarenta, clásicos del neorrealismo italiano como *Roma, ciudad abierta* de Roberto Rosellini o *Ladrón de bicicletas* de Vittorio de Sica.
Tal vez el director más representativo del cine romano sea Federico Fellini (1920-1993) con películas como *La dolce vita* (1960) y *Roma* (1972). De todos los realizadores ligados a Roma tal vez el más célebre sea el controvertido Pier Paolo Pasolini (1922-1975), famoso por sus películas *Teorema* (1968) y *El Decamerón* (1971).
Desde los años cincuenta los estudios se convirtieron en centro de producciones internacionales, como *Ben Hur* y *Espartaco* y recientemente *Gladiator* y *Gangs of New York* (Scorsese).

Pier Paolo Pasolini

ROMA MES A MES

Las mejores épocas para visitar Roma son primavera y otoño, cuando el tiempo suele ser cálido, en ocasiones tanto como para permitir bañarse en las playas y los lagos de las afueras de la ciudad. Los meses de invierno son húmedos y grises, mientras que en pleno verano es muy probable que el calor sea realmente insoportable. Semana Santa y Navidad son, evidentemente, momentos muy especiales en la capital italiana, pero hay otras festividades religiosas muy interesantes en distintas épocas del año, además de acontecimientos laicos, como la Festa de' Noantri en el Trastevere y el Festival de las Flores en Genzano. En algunos pueblos de las afueras de Roma son comunes las celebraciones en tiempo de cosecha de distintos productos, entre ellas las fresas en primavera y las uvas en otoño.

PRIMAVERA

La Semana Santa, que se celebra en marzo o abril, señala la apertura oficial de la temporada turística en Roma. Católicos de todo el mundo acuden en masa a la ciudad en su peregrinaje a las principales basílicas y a oír la misa de Pascua que oficia el Papa desde la plaza de San Pedro. Asimismo los romanos cogen sus coches y se dirigen a la costa o a las montañas, por lo que zonas como Castelli Romani o el lago Bracciano tienden a estar llenas de gente.

Las temperaturas oscilan alrededor de los 10°, pero pueden alcanzar los 28°, por lo que a mediados de mayo suele ser posible comer y cenar al aire libre. Sin embargo, puede haber súbitos descensos de temperatura, así como chaparrones, por tanto recomendamos llevar paraguas y ropa de abrigo.

Multitud congregada en San Pedro en Semana Santa

En abril la Piazza di Spagna y la Via Veneto se llenan de azaleas, y cuando las rosas del jardín que da al circo Máximo florecen, éste se abre al público.

Durante 15 días a partir de mediados de mayo, la Via dei Coronari se ilumina con velas y se decora con plantas y estandartes con motivo de la feria de antigüedades de la calle, mientras que en la Via Margutta tiene lugar una exposición de arte. En la primera semana del mes de mayo se celebra en Villa Borghese una exhibición internacional de caballos y, también en mayo, muchos tenistas de primera fila acuden a Roma para competir en los campeonatos internacionales celebrados en el foro Itálico.

Exhibición Internacional de Hípica en la Villa Borghese, en mayo

ACONTECIMIENTOS

Festa di Santa Francesca Romana *(9 mar).* Bendición de los vehículos de la ciudad *(ver p. 87).*

Festa di San Giuseppe *(19 mar),* en el área Trionfale. Día de San José (y del padre) celebrado en las calles.

Maratón de Roma *(fin mar).* Recorre toda la ciudad *(ver p. 367).*

Viernes Santo *(mar/abr),* Coliseo. A las 21.00 Via Crucis presidido por el Papa.

Domingo de Resurrección *(mar/abr).* Plaza de San Pedro *(ver p. 231).*

Aniversario de Roma *(domingo anterior al 21 abr),* Piazza del Campidoglio.

Festa della Primavera *(mar/abr).* Escalinata de Trinità dei Monti. Azaleas y conciertos en las calles.

Exposición de arte *(abr/may).* Via Margutta *(ver p. 353).*

Tenis internacional *(usualmente may),* foro Itálico *(ver p. 366).*

Feria de Antigüedades *(mediados-últimos may),* Via dei Coronari *(ver p. 336).*

Horas de sol
Roma es famosa por su luz. Junio es el mes más soleado, pero también es muy seco, y, si no llueve, el calor puede llegar a ser intenso. En otoño, la situación meridional de Roma hace que el mediodía resulte agradablemente cálido.

VERANO

En junio se inicia la temporada de verano de conciertos, con representaciones en algunos de los palacios, iglesias y patios más bellos de la ciudad. En julio y agosto suele haber ópera y teatro clásico en Ostia Antica *(ver pp. 270-271)*. Durante todo el verano se celebran también acontecimientos culturales: cine, música de todo tipo, danza y teatro. En torno a San Juan y por las noches hay puestos callejeros y diversiones varias en las orillas del Tíber, junto al Castel Sant'Angelo; mientras que las dos últimas semanas de julio, el Trastevere se convierte en una fiesta al aire libre con motivo del festival de Noantri,

Hortalizas de verano

con puestos, cenas al aire libre y fuegos artificiales. A mediados de julio comienzan las rebajas *(saldi)*.

Muchos romanos abandonan la ciudad a finales de junio, cuando cierran los colegios, pero como junio y julio son los principales meses turísticos, los hoteles, restaurantes y cafés suelen estar abarrotados. En agosto, cuando las temperaturas pueden alcanzar los 40°,

Calles alfombradas de flores en Genzano

prácticamente todos los romanos se dirigen a la costa, por lo que muchos establecimientos, como cafés, restaurantes y algunas tiendas, permanecen cerrados.

ACONTECIMIENTOS

Festival de Flores *(jun, domingo siguiente al Corpus Christi)*, Genzano, Castelli Romani, al sur de Roma. Calles alfombradas de infinidad de flores.
Festa di San Giovanni *(23-24 jun)*, Piazza di Porta di San Giovanni. Degustación de caracoles con tomate y lechón; feria y fuegos artificiales.
Festa di San Pietro *(29 jun)*, en muchas iglesias. Celebración de la festividad de San Pedro.
Expo Trastevere *(finales jun-mediados jul)*, a orillas del Tíber. Artesanía, puestos de vino y comida, música y fuegos artificiales *(ver p. 353)*.
Festa di Noantri *(últimas dos semanas jul)*, en las calles del Trastevere. Fiestas, procesiones y diversiones *(ver pp. 353 y 355)*.
Alta Moda Fashion Show *(finales jul)*, Escalinatas de la Piazza di Spagna *(ver p. 353)*.
Estate Romana *(jul/ago)*, termas de Caracalla, Villa Ada, Ostia Antica, orillas del Tíber, parques. Ópera, conciertos, teatro y cine *(ver p. 355)*.
Festa della Madonna della Neve *(5 ago)*. Santa María la Mayor. Nevada legendaria caída en el siglo IV, recordada con lluvia de pétalos de flores blancas *(ver p. 172)*.
Ferragosto *(15 ago)*, Santa Maria in Trastevere. Fiesta de la Asunción.

El calor de una tarde de agosto frente a San Pedro

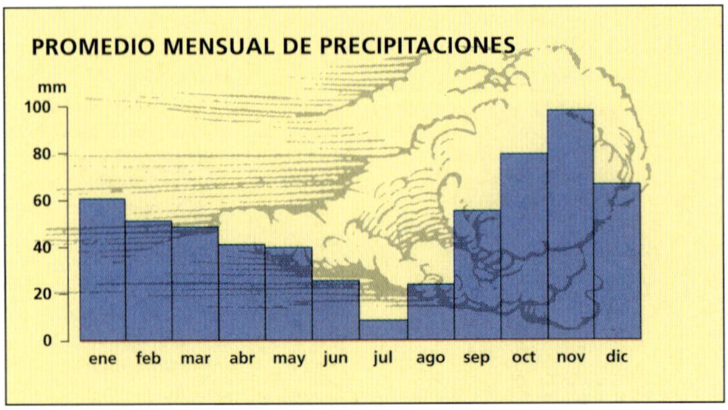

Lluvia
Otoño es la época más lluviosa en Roma, con intensos chaparrones que en ocasiones duran días. La lluvia en verano suele caer en forma de violentas tormentas que refrescan el ambiente. En primavera y verano puede haber algún día lluvioso y gris.

OTOÑO

Septiembre y octubre son los mejores –y más populares– meses para visitar Roma. El intenso calor de julio y agosto ha descendido algo, pero a mediodía el tiempo continúa siendo caluroso y aún es posible comer y cenar al aire libre. No resulta recomendable visitar Roma en noviembre: se trata del mes más húmedo, con frecuentes e intensas tormentas.

A principios de octubre se celebra una feria de artesanía en la Via dell'Orso y en las calles adyacentes, mientras que los anticuarios de la cercana Via dei Coronari ofrecen su hospitalidad a quien quiera visitarlos. Hay también ferias de antigüedades en Orvieto y Perugia, dos de las más bellas localidades de Umbría, a una hora en coche al norte de Roma.

En noviembre tiene lugar otra prestigiosa feria de antigüedades en el palacio papal de Viterbo, 65 km al norte de Roma *(ver p. 271).*

Otoño es, por supuesto, la época de los festivales de la cosecha, y puede ser divertido visitar las pequeñas localidades en las cercanías de Roma para degustar

Puesto de castañas en otoño

quesos, salchichas y setas. Tal vez el más espectacular de todos sea el Festival del Vino de Marino (en Castelli Romani, al sur de Roma). Se dan muchas oportunidades para catar vinos de esta región que, durante los siglos XVI y XVII, fue un lugar de lujosas residencias de verano. En la actualidad es reconocido por sus vinos blancos. Durante todo el otoño y el invierno se pueden comprar castañas recién asadas en puestos callejeros, y suele haber uno en Campo de' Fiori donde es posible degustar el vino de la nueva cosecha, *vino novello.*

En los días de Todos los Santos y de Difuntos, 1 y 2 de noviembre respectivamente, los romanos visitan las tumbas de sus familiares enterrados en los cementerios de Prima Porta y Verano. Por último, la temporada de conciertos de música clásica y de ópera se reanuda en octubre y noviembre; encontrará información sobre las representaciones en *Trovaroma* y *Roma c'è (ver p. 354),* en periódicos como *La República (ver p. 383)* y en carteles por la calle.

Otoño en el parque de Villa Doria Pamphilj

ACONTECIMIENTOS

Feria de Arte *(sep),* Via Margutta *(ver p. 353).*
Feria de artesanía *(última semana sep/primera oct),* Via dell'Orso, cerca de Piazza Navona *(ver p. 353).*
RomaEuropa *(otoño),* sobre todo en Villa Medici. Cine, danza, teatro y conciertos *(ver p. 355).*
Festival Internacional de Cine *(octubre),* reunión de grandes estrellas y proyección de nuevas películas internacionales *(ver p. 330).*
Festival del Vino de Marino *(primer domingo oct),* Marino. Las celebraciones incluyen degustaciones y fiesta en las calles.
Feria de antigüedades *(mediados oct),* Via dei Coronari *(ver p. 353).*
Los días de Todos los Santos y de los Difuntos *(1, 2 nov),* en los cementerios de Prima Porta y de Verano. El Papa celebra misa en el cementerio de Verano.
Festa di Santa Cecilia *(22 nov),* Santa Cecilia in Trastevere y catacumbas de San Callisto.
La notte bianca *(sep).* Entrada gratuita a museos y galerías toda la noche de un sábado.

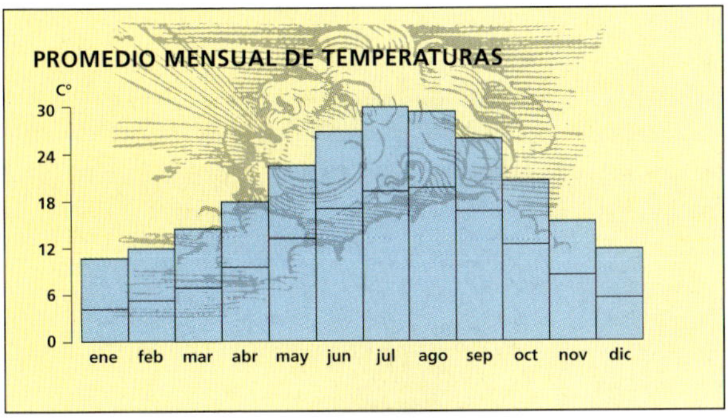

Temperatura
El cuadro muestra las temperaturas medias máximas y mínimas de cada mes. Julio y agosto son tremendamente calurosos; los días más frescos son los de primavera y otoño, aunque con frecuentes precipitaciones.

INVIERNO

Durante el invierno el tiempo en Roma es frío, pero las temperaturas raramente descienden por debajo de los 0°. No todos los edificios cuentan con calefacción central, así que si va a hospedarse en un hotel pequeño lleve ropa de abrigo y pida mantas extra nada más llegar. Un *capuccino* o una taza de chocolate caliente le ayudarán a entrar en calor.

Los días previos a Navidad pueden ser muy divertidos en Roma, especialmente si se viaja con niños. Hay nacimientos, *presepi,* en muchas iglesias y plazas; desde mediados de diciembre hasta después de Reyes se puede visitar en Piazza Navona un mercado navideño, donde venden figuras para el nacimiento, objetos navideños y juguetes. A no ser que tenga amigos en Roma, pasar la Navidad en esta ciudad puede resultar triste, ya que, al igual que en España, se trata de un acontecimiento muy familiar. En la noche de Fin de Año todo el mundo sale a la calle a beber champán y contemplar los fuegos artificiales. En la tradicional fiesta de La Befana, el 6 de enero, la bruja Befana, reparte dulces entre los niños.

Fiesta de la Befana en Piazza Navona

Roma durante una de las escasas nevadas

La temporada de carnaval va desde finales de enero hasta finales de febrero, y está dedicada sobre todo a los niños, con fiestas de disfraces y desfiles por la Via Nazionale, Via Cola di Rienzo y el Pincio. Manténgase alejado de los chavales con *sprays* de espuma y globos llenos de agua.

ACONTECIMIENTOS

Festa della Madonna Inmacolata *(8 dic),* Piazza di Spagna. Los bomberos suben por una escalera para colocar una corona en la estatua de la Virgen María en presencia del Papa.
Mercado navideño *(mediados dic-6 ene),* Piazza Navona *(ver p. 120).*
Portales de Belén *(mediados dic-mediados ene),* en muchas iglesias. En la plaza de San Pedro, nacimiento con figuras de tamaño real.
Misa de Gallo *(24 dic),* en la mayoría de las iglesias.
Día de Navidad *(25 dic),* plaza de San Pedro.
La Befana *(6 ene),* por toda la ciudad. Fiestas para los niños.

FIESTAS NACIONALES

Año Nuevo (1 ene)
Epifanía (6 ene)
Lunes de Pascua
Día de la Liberación (25 abr)
Día del Trabajo (1 may)
Día de la República (2 jun)
S. Pedro y S. Pablo (29 jun)
Ferragosto (15 ago)
Todos los Santos (1 nov)
I. Concepción (8 dic)
Navidad (25 dic)
Santo Stefano (26 dic)

Via Condotti en Navidades

Fontana delle Naiadi in Piazza della Repubblica ▷

ITINERARIOS POR ROMA

CAPITOLIO

El templo de Júpiter en el Capitolio, en el extremo sur de la colina Capitolina, constituía el centro del mundo romano. Dicho templo, al que se accedía por un sendero en zig-zag desde el Foro, era escenario de las ceremonias políticas y sagradas más importantes. La colina y su templo pasaron a simbolizar la autoridad de Roma como *caput mundi*, cabeza del mundo –el concepto de capital deriva de la palabra Capitolio–. A lo largo de la historia de la ciudad, el Capitolio o Campidoglio, como se llama en italiano, ha permanecido como sede del Gobierno municipal. El consejo municipal, o Comune di Roma, celebra sus reuniones en el esplendor renacentista del Palazzo Senatorio. El Capitolio también se utiliza como Oficina de Registros de matrimonios. La posición de Roma como capital moderna se hace patente en el enorme monumento de color blanco dedicado a Víctor Manuel, que impide la vista del Capitolio desde Piazza Venezia. La disposición de los edificios de esta colina data del siglo XVI, cuando Miguel Ángel diseñó una bella *piazza* a la que se subía por una escalinata, la Cordonata. Dos de los tres edificios que rodean la plaza albergan los Museos Capitolinos.

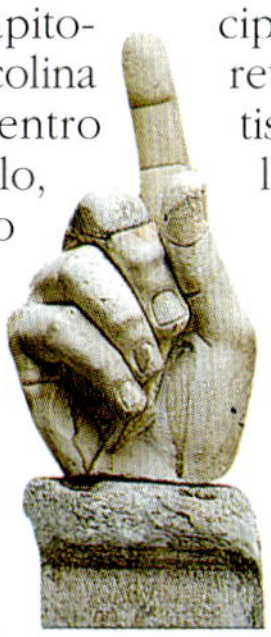

Mano de una estatua, en Palazzo dei Conservatori

LUGARES DE INTERÉS

Iglesias y templos
San Marco ⓬
Santa Maria in Aracoeli ❼
Templo de Júpiter ❽

Museos
Museos Capitolinos:
Palazzo dei Conservatori pp. 72-73 ❷
Museos Capitolinos:
Palazzo Nuovo pp. 70-71 ❶
Palazzo Venezia y Museo ⓫

Edificios históricos
Ínsula Romana ❺

Calles y plazas históricas
Cordonata ❹
Escalera Aracoeli ❻
Piazza del Campidoglio ❸

Antiguos asentamientos
Roca Tarpeia ❾

Monumentos
Monumento a Víctor Manuel ❿

CÓMO LLEGAR

Todos los lugares de interés de esta zona son accesibles a pie desde Piazza Venezia. En ella convergen las líneas de autobús de todas las zonas de la ciudad, al igual que cientos de motoristas. Desde la estación Termini puede tomar el 40, 64 o 170; desde Piazza Barberini el 63 o 95. Desde San Pedro y el Vaticano los únicos autobuses son el 40 y 62. Piazza Venezia es también el punto de comienzo del autobús turístico 110.

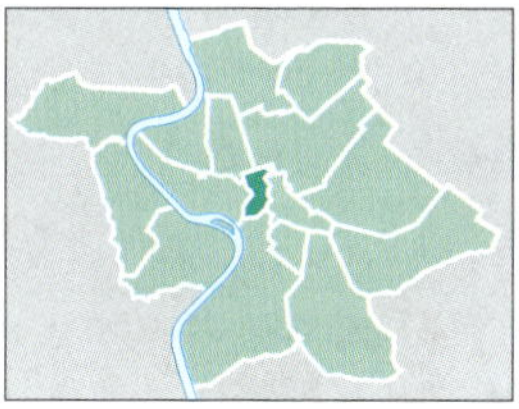

SIMBOLOGÍA

Plano en 3 dimensiones

VER TAMBIÉN

- ***Callejero,*** planos 5, 12

◁ **Estatua de Marco Aurelio en la Piazza del Campidoglio, de Miguel Ángel**

El Capitolio y Piazza Venezia en 3 dimensiones

El Capitolio, ciudadela de la Antigua Roma, constituye una visita obligada. Una amplia escalinata (la Cordonata) conduce hasta la espectacular Piazza del Campidoglio, obra de Miguel Ángel. Ésta se encuentra flanqueada por el Palazzo Nuovo y el Palazzo dei Conservatori, que albergan los Museos Capitolinos, con sus espléndidas colecciones de pinturas y esculturas. La ausencia de tráfico rodado hace de esta colina un lugar donde descansar del ajetreo de la ciudad, en el que sin embargo deberá internarse para visitar el Palazzo Venezia y su museo.

Monumento a Víctor Manuel
Este inmenso monumento de mármol, dedicado al primer rey de la Italia unificada, se terminó en 1911 ❿

San Marco
Esta iglesia de los venecianos posee un espléndido mosaico del siglo IX en el ábside ⓬

Palazzo Venezia
Los principales tesoros del museo, tales como el ángel del siglo XIII decorado con esmaltes, datan de la Edad Media ⓫

Ínsula Romana
Bloque de viviendas en ruinas de la Roma imperial ❺

Escalera Aracoeli
Cuando se construyó en 1348, se convirtió en escenario de debates políticos ❻

Cordonata
La gran escalinata de Miguel Ángel cambió la orientación del Capitolio hacia el oeste ❹

★ **Palazzo dei Conservatori**
En esta parte de los Museos Capitolinos hay una bella colección de relieves procedentes del templo de Adriano (ver p. 106) *expuesta en el patio* ❷

SIMBOLOGÍA

– – – Itinerario sugerido

0 metros 75

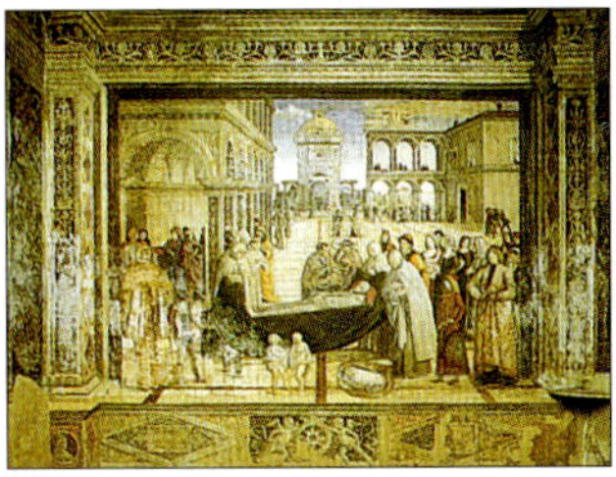

Santa Maria in Aracoeli
Los tesoros escondidos tras la fachada de ladrillo de la iglesia incluyen este fresco del siglo XV del Funeral de san Bernardino, *obra de Pinturicchio* ❼

PLANO DE SITUACIÓN
Ver plano del centro, pp. 14-15

★ Palazzo Nuovo
Este busto de Augusto, en la sala de los Emperadores, es una de las muchas esculturas de los Museos Capitolinos ❶

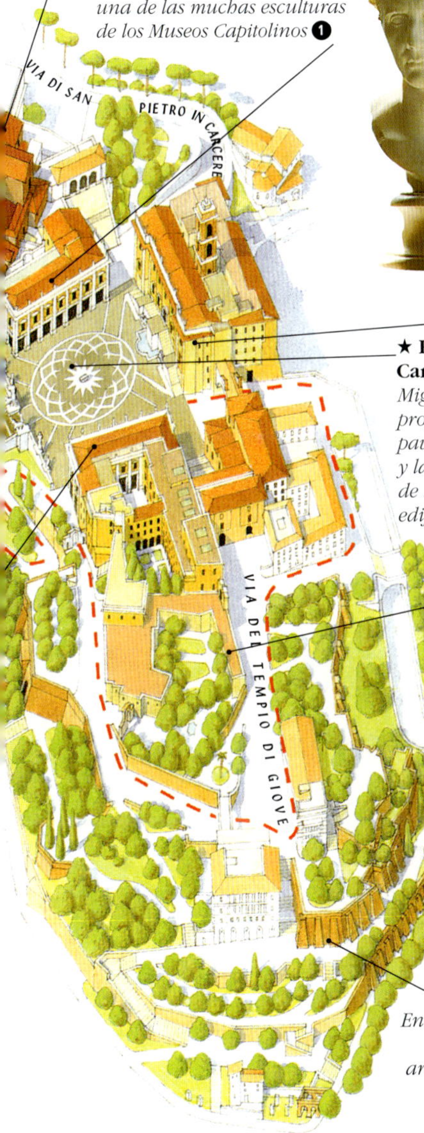

En el **Palazzo Senatorio** se reunía el Senado romano a partir del siglo XII. En la actualidad alberga las oficinas del alcalde.

★ Piazza del Campidoglio
Miguel Ángel proyectó el pavimento y las fachadas de los edificios ❸

Templo de Júpiter
Esta pintura muestra la estatua de Júpiter en oro y marfil que se alzaba en el templo ❽

Roca Tarpeia
En la Antigua Roma los traidores eran arrojados desde este peñasco en el Capitolio ❾

RECOMENDAMOS

- ★ Palazzo dei Conservatori
- ★ Palazzo Nuovo
- ★ Piazza del Campidoglio

Museos Capitolinos: Palazzo Nuovo ❶

Ver pp. 70-71.

Museos Capitolinos: Palazzo dei Conservatori ❷

Ver pp. 72-73.

Piazza del Campidoglio ❸

Plano 5 A5 y 12 F5.
*Ver **Cómo llegar** p. 65.*

Cuando el emperador Carlos I visitó Roma en 1536, el papa Pablo III Farnese estaba tan avergonzado del barro que había en el Capitolio, que pidió a Miguel Ángel que realizara los planos para pavimentar la plaza y restaurar las fachadas del Palazzo dei Conservatori y del Palazzo Senatorio.

Éste tuvo la idea de construir el Palazzo Nuovo, para dar a la plaza forma trapezoidal, embelleciéndola con estatuas clásicas, elegidas por su relevancia para Roma. Las obras comenzaron en 1546, pero progresaron tan lentamente que Miguel Ángel sólo llegó a completar la doble escalinata de la entrada al Palazzo Senatorio.

Los toques finales se añadieron en el siglo XVII, pero la estructura permaneció tal y como la había concebido Miguel Ángel. Pilastras de dos pisos de altura y balaustradas intercaladas con estatuas unen los edificios desde el punto de vista temático. La plaza está orientada al oeste, hacia San Pedro, equivalente cristiano al Capitolio. En su centro se levanta una réplica de una estatua de Marco Aurelio. El original está en el Palazzo Nuovo *(ver pp. 70-71).*

Cordonata ❹

Plano 5 A5 y 12 F5.
*Ver **Cómo llegar** p. 65.*

Desde Piazza Venezia, una escalinata asciende hasta el Capitolio; es la Cordonata. A sus pies se encuentra una pareja de leones egipcios de granito, y a la izquierda un monumento del siglo XIX a Cola di Renzo, cerca de donde el tirano del siglo XIV fuera ejecutado. La escalinata está coronada en su parte superior por las estatuas clásicas restauradas de Dioscuri, Cástor y Pólux.

Ínsula Romana ❺

Piazza d'Aracoeli. **Plano** 5 A5 y 12 F4. ***Tel*** *06 67 10 38 19.* *Ver **Cómo llegar** p. 65.* ***Sólo visitas*** *concertadas: se necesita permiso (ver p. 383).*

Hace dos mil años los más pobres de Roma vivían en *insulae* (bloques de viviendas).

Una de las estatuas de Dioscuri en lo alto de la Cordonata

Estaban a menudo en mal estado y eran administrados por terratenientes. Además resultaban viviendas caras en una ciudad donde los terrenos eran costosos. Este bloque de viviendas del siglo II d.C. es la única construcción de este tipo que se conserva en Roma. Las plantas cuarta, quinta y sexta se encuentran por encima del nivel actual del suelo.

En la Edad Media, una sección de estas plantas superiores fue transformada en iglesia; su campanario y su Virgen del siglo XIV situada en un nicho, son aún visibles desde la calle. Durante la era fascista se hizo una limpieza en la zona, y tres de los pisos inferiores aparecieron. Se calcula que en el edificio vivían unas 380 personas, en las pobres condiciones descritas por los escritores satíricos del siglo I Marcial y Juvenal.

Es posible que en otro tiempo la ínsula tuviera más pisos. Cuanto mayor era la altura, peores eran las condiciones de vida, como bien muestran los cuartuchos que se conservan en las plantas superiores.

La Cordonata en una pintura del siglo XVIII de Antonio Canaletto

Escalera Aracoeli 6

Piazza d'Aracoeli. **Plano** 5 A5 y 12 F4. *Ver* ***Cómo llegar*** *p. 65.*

La escalera Aracoeli consta de 124 escalones de mármol (122 si se empieza a subir por la izquierda) y fue completada en 1348, a decir de algunos como agradecimiento por el fin de la epidemia de peste, pero más probablemente con vistas al Año Santo de 1350.

El tribuno del siglo XIV convertido en tirano, Cola di Renzo, solía arengar a las masas desde la escalera Aracoeli; en el siglo XVII los visitantes extranjeros dormían en sus escalones, hasta que el príncipe Cafarelli, que vivía en la colina, los expulsó lanzándoles barriles llenos de piedras.

Hay una creencia popular según la cual aquel que suba las escaleras de rodillas será premiado en la lotería nacional. Desde lo alto se disfrutan buenas vistas de Roma.

Escalera Aracoeli

Santa Maria in Aracoeli 7

Piazza d'Aracoeli (entradas por la escalera Aracoeli y la puerta que hay detrás del Palazzo Nuovo). **Plano** 5 A5 y 12 F4. ***Tel*** *06 679 81 55.* *Ver* ***Cómo llegar*** *p. 65.* ***Abierta*** *verano: 9.30-12.30, 15.00-16.30 todos los días; invierno: 9.30-12.30, 14.00-17.30 todos los días.*

El techo de Santa Maria in Aracoeli conmemora la batalla de Lepanto

La iglesia de Santa Maria in Aracoeli o Santa María del Altar, que data al menos del siglo VI, se alza en la parte sur de la colina Capitolina, en el antiguo asentamiento de un templo dedicado a Juno. Sus 22 columnas fueron traídas de varios edificios antiguos; la inscripción de la tercera columna de la izquierda indica que procede del dormitorio de los emperadores –*a cubiculo Augustorum*–.

La iglesia del senado y el pueblo romanos, Santa Maria in Aracoeli, se ha utilizado para celebrar varias victorias. Su techo, adornado con motivos navales, conmemora la batalla de Lepanto (1571), y fue construido bajo las órdenes del papa Gregorio XIII Boncompagni, cuyo emblema familiar, el dragón, puede verse cerca del altar.

Muchas otras familias romanas y personajes están honrados en monumentos conmemorativos dentro de la iglesia. Justo a la derecha de la entrada, el sepulcro del archidiácono Giovanni Crivalli se alza en parte para que la firma de su autor, Donatelli (por Donatello), pueda leerse sin agacharse.

Los frescos de la primera capilla de la derecha, realizados por Pinturicchio en la década de 1480 en el bello y sencillo estilo del Renacimiento temprano, relatan la vida y la muerte de san Bernardino de Siena. En el muro de la izquierda, la perspectiva de *El entierro del santo* se extiende ligeramente a la derecha, tomando en cuenta el punto de vista del espectador desde el umbral de la capilla.

La iglesia es especialmente famosa, sin embargo, por el *Santo Bambino*, una figura en madera de olivo del Niño Jesús que data del siglo XV, la cual fue tallada con la madera de un árbol del huerto de Getsemaní. Se dice que sus poderes milagrosos incluyen la resurrección de los muertos, y a menudo es transportada junto al lecho de enfermos graves. La figura original fue robada en 1994, pero ha sido reemplazada por una réplica.

El Niño Jesús milagroso en madera de olivo, Santa Maria in Aracoeli

Museos Capitolinos: Palazzo Nuovo ❶

En la colina Capitolina ha existido una colección de estatuas clásicas desde el Renacimiento. El primer grupo de esculturas de bronce fue donado a la ciudad por el papa Sixto IV en 1471, y Pío V lo completó en 1566. El Palazzo Nuovo fue proyectado por Miguel Ángel como parte de las obras de renovación de la Piazza del Campidoglio, y tras su finalización, en 1655, unas cuantas estatuas se trasladaron aquí. En 1734 el *palazzo* se convirtió en museo por decreto del papa Clemente XII Corsini.

★ Venus Capitolina
Esta escultura de mármol de Venus data del 100-150 d.C. Se trata de una copia romana de una estatua griega del siglo IV a.C. de Praxíteles. Es muy preciada por su gran belleza.

Retrato de mujer flavia
La mujer luce el original y elaborado peinado tan popular entre las damas de la aristocracia en el siglo I d.C.

GUÍA DEL MUSEO

El Palazzo Nuovo está dedicado principalmente a la escultura y la mayoría de las grandes obras, como la Venus capitolina, son copias romanas de originales griegos. Para los visitantes deseosos de identificar a filósofos y poetas de la Antigua Grecia y gobernadores de la Antigua Roma, hay unas colecciones de bustos recopilados en el siglo XVIII. El precio de la entrada incluye la visita al Palazzo dei Conservatori, justo enfrente. Una galería bajo la Piazza del Campidoglio comunica los dos edificios.

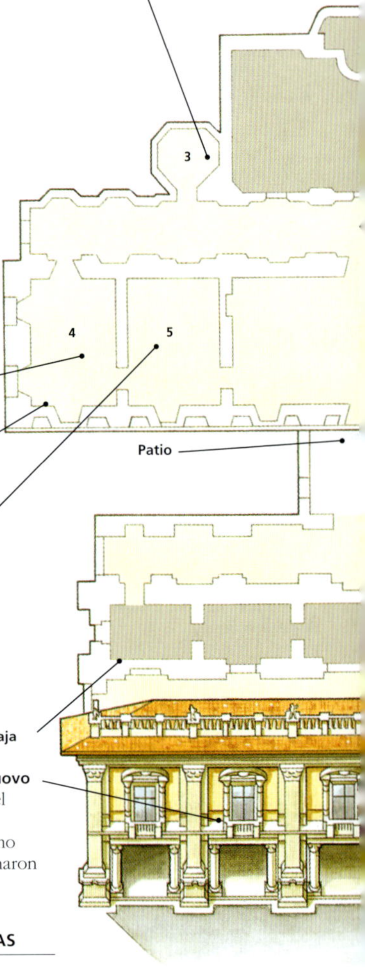

La fachada del Palazzo Nuovo fue proyectada por Miguel Ángel, pero fueron los hermanos Carlo y Girolamo Rainaldi quienes la terminaron en 1654.

Sala de los Filósofos
Esta sala alberga una rica colección de retratos de políticos, científicos y literatos griegos. Decoraban las bibliotecas y los jardines de las gentes adineradas.

RECOMENDAMOS

- ★ *Venus Capitolina*
- ★ *Discóbolo*
- ★ *Gálata moribundo*

DISTRIBUCIÓN POR SALAS

- ▢ Espacio con exposiciones
- ▢ Espacio sin exposiciones

Mosaico de las Palomas
Este encantador mosaico decoró en otro tiempo la villa de Adriano en Tívoli (ver p. 269). *Muestra a unas tórtolas bebiendo de una vasija.*

★ *Discóbolo*
El torso era parte de una estatua griega de un lanzador de disco. Un escultor francés del siglo XVIII, Monnot, lo transformó en guerrero.

INFORMACIÓN ESENCIAL

Musei Capitolini, Piazza del Campidoglio. **Plano** 5 A5 y 12 F5. ***Tel*** *06 3996 7800.* *63, 70, 75, 81, 87, 95, 160, 170, 204, 628, 716 y otros que van a Piazza Venezia.* ***Abierto*** *9.00-20.00 ma-do. (últ adm: 19.00).* ***Cerrado*** *1 ene, 1 may, 25 dic.* ***Previo pago*** *(gratuito último do de cada mes). Entrada válida para el Palazzo dei Conservatori.* *El museo se está restaurando.* **www**.museicapitolini.org

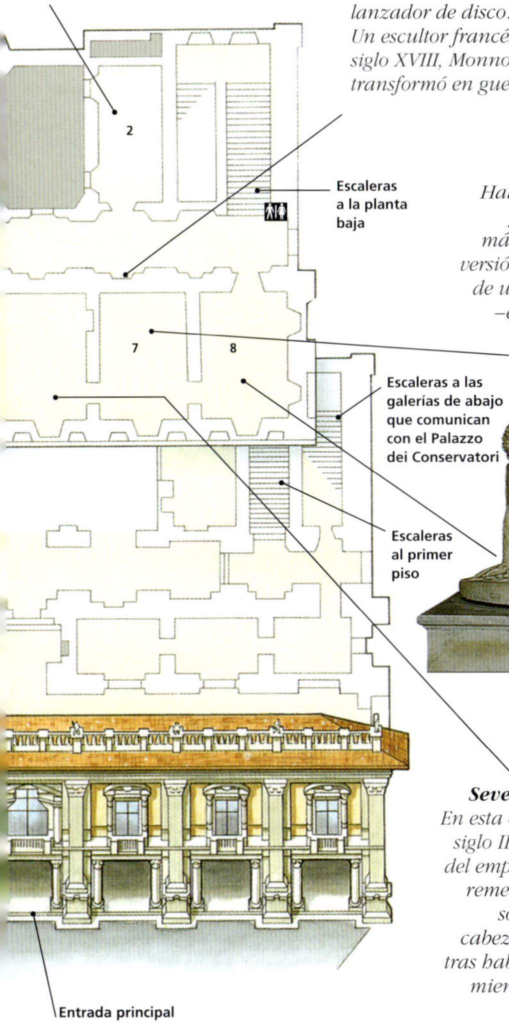

Fauno rojo
Hallado en Tívoli, el famoso sátiro de mármol rojo es una versión del siglo II d.C. de un original griego –ejemplo del amor de Adriano por lo griego–.

★ *Gálata moribundo*
Esta copia romana de un original griego del siglo III a.C. transmite una gran compasión.

Alejandro Severo cazador
En esta escultura del siglo III d.C. la pose del emperador es un remedo de Perseo, sosteniendo la cabeza de Medusa tras haberla matado mientras dormía.

Museos Capitolinos: Palazzo dei Conservatori ❷

El Palazzo dei Conservatori fue la sede de los tribunales a finales de la Edad Media. Sus salas adornadas con frescos siguen empleándose para reuniones políticas, y en la planta baja se encuentra la oficina municipal del registro. El *palazzo* fue construido por Giacomo della Porta, quien ejecutó los deseos de Miguel Ángel para la Piazza del Campidoglio a mediados del siglo XVI. Aunque gran parte del palacio está dedicado a la escultura, las galerías de arte de la segunda planta exhiben obras de El Veronés, Guercino, Tintoretto, Rubens, Caravaggio, Van Dyck y Tiziano.

Fachada del Palazzo dei Conservatori
Las obras, siguiendo la idea de Miguel Ángel, se iniciaron en 1563, un año antes de su muerte.

Entierro y gloria de Santa Petronila
Este enorme retablo fue pintado en 1622-1623 por Guercino para adornar San Pedro.

GUÍA DEL MUSEO

El museo se está reorganizando y muchos objetos se han cambiado de lugar. El primer piso destaca por su decoración de los siglos XVI y XVII y por sus estatuas clásicas. El segundo piso alberga pinturas y porcelanas. Las salas 10 y 11 albergan las exposiciones temporales.

★ *San Juan Bautista*
El sensual retrato que pintó Caravaggio en 1595-1596 de este joven santo presenta una imagen poco ortodoxa del precursor de Cristo.

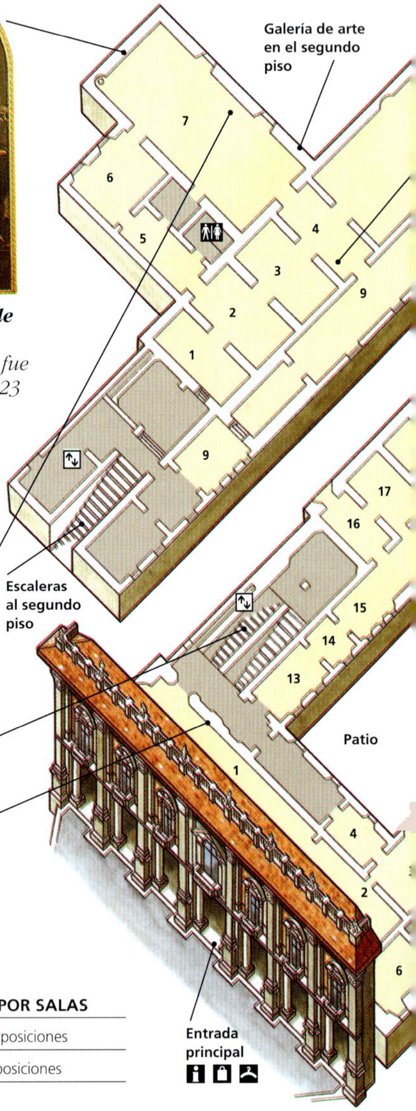

Los Horacios y los Curiacios
D'Arpino pintó en 1613 este fresco que describe un duelo tomado de una vieja leyenda.

DISTRIBUCIÓN POR SALAS

- ☐ Espacio con exposiciones
- ☐ Espacio sin exposiciones

Endimión
El joven condenado a dormir eternamente por la diosa Diana fue pintado por Francesco Mola (1612-1666), discípulo de Cavalier D'Arpino.

INFORMACIÓN ESENCIAL

Ver p. 71.

RECOMENDAMOS

- ★ *San Juan Bautista* de Caravaggio
- ★ *Espinario*
- ★ *La loba capitolina*

Constantino I
Tan sólo la cabeza, una mano y fragmentos sueltos restan de una colosal estatua, del siglo IV d.C., del emperador.

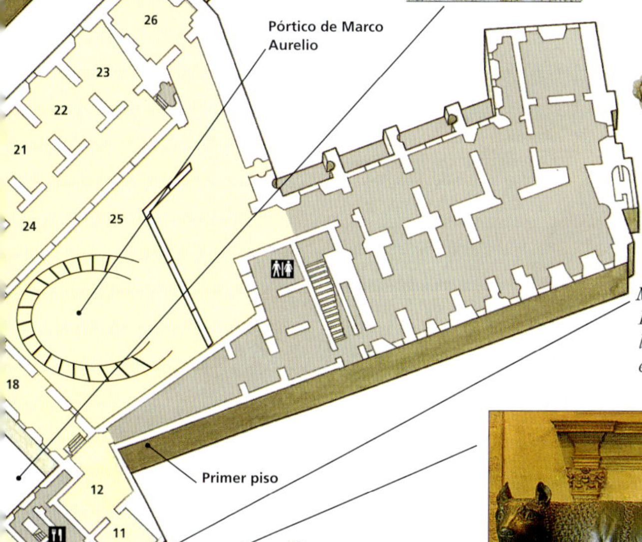

Medusa
Este busto de Bernini de la Medusa mitológica está en la Sala 5.

★ *La loba capitolina*
Esta loba de bronce data del siglo V a.C. Los legendarios gemelos, Rómulo y Remo (ver pp. 18-19) *fueron probablemente añadidos en el siglo XV.*

★ *Espinario*
Esta encantadora escultura en bronce del siglo I d.C. retrata a un niño sacándose una espina del pie.

Templo de Júpiter ❽

Via del Tempio di Giove. **Plano** 5 A5 y 12 F5. *Ver* ***Cómo llegar*** *p. 65.*

El templo de Júpiter, el más importante de la Antigua Roma, fue fundado en honor de este dios alrededor del 509 a.C. en la cumbre meridional de la colina Capitolina. A partir de los escasos restos que de él se conservan, los arqueólogos han podido reconstruir la estructura rectangular de templo griego que en otro tiempo tuvo. Aún perduran fragmentos de su elemento típicamente romano, el podio. La mayor parte de él se encuentra bajo el ala del Museo Nuovo en los Museos Capitolinos *(ver pp. 72-73).*

Paseando por sus ruinas, desde la esquina suroccidental del podio en la Via del Templo di Giove hasta el extremo oriental en Piazzale Cafarelli, puede comprobarse que el templo era casi tan grande como el Panteón.

Soldados sabinos aplastando con sus escudos a la traidora Tarpeia

Antigua moneda que representa el templo de Júpiter

Roca Tarpeia ❾

Via di Monte Caprino y Via del Tempio di Giove. **Plano** 5 A5 y 12 F5. *Ver* ***Cómo llegar*** *p. 65.*

El extremo sur del Capitolio recibe el nombre de Roca Tarpeia (Rupe Tarpea) por el nombre, Tarpeia, de la joven hija de Espurio Tarpeio, defensor del Capitolio durante la guerra sabina del siglo VIII a.C.

Los sabinos, ansiosos de vengar el rapto de sus mujeres por parte de Rómulo y sus hombres, sobornaron a Tarpeia para que les dejara entrar en el Capitolio. Tal y como cuenta el historiador de la época, Livio, los sabinos solían llevar pesados brazaletes de oro y anillos de piedras preciosas en su mano izquierda, y prometieron a Tarpeia que la recompensa por su traición sería "lo que llevaban en los brazos que portaban sus escudos".

Los sabinos cumplieron literalmente su promesa, pues pagaron a Tarpeia no mediante sus joyas, sino aplastándola con sus escudos. Tarpeia fue posiblemente la única víctima de su acto de traición, pues cuando los guerreros invasores se encontraron frente a los romanos, las sabinas se interpusieron entre ambos ejércitos, forzando la reconciliación. Los traidores y otros criminales solían ser ejecutados arrojándolos contra la roca.

Dicho lugar ha sido considerado como peligroso y ha estado vallado, pero ahora se está restaurando.

Monumento a Víctor Manuel ❿

Piazza Venezia. **Plano** 5 A5 y 12 F4. ***Tel*** *06 699 17 18.* *Ver* ***Cómo llegar*** *p. 65.* ***Abierto*** *9.30-16.00 todos los días (a 17.00 en verano).*

Conocido como Il Vittoriano, este monumento se comenzó en 1885 y fue inaugurado en 1925 en honor de Víctor Manuel II de Savoya, primer rey de la Italia unificada. El monarca está representado en una estatua ecuestre de bronce, de tamaño tan espectacular como el monumento mismo –la estatua mide 12 metros de altura–.

El edificio alberga el museo del Risorgimento –acontecimientos que llevaron a la unificación– *(ver pp. 38-39).* Sin embargo, ha permanecido cerrado desde principios de los ochenta. Construido en un austero mármol, la "tarta nupcial" o "máquina de escribir" (dos de los apodos despectivos que recibe este gigante blanco), el monumento desentona con los tonos ocres de los edificios circundantes.

Monumento a Víctor Manuel en Piazza Venezia

Palazzo Venezia y Museo ⓫

Via del Plebiscito 118. **Plano** 5 A4 y 12 E4. ***Tel*** *06 69 99 43 19.* *Ver* ***Cómo llegar*** *p. 65.* ***Abierto*** *8.30-19.30 (última admisión: 1 hora antes del cierre).* ***Cerrado*** *1 ene, 1 may, 25 dic.* ***Entrada*** *previo pago.* ***Exposiciones temporales.***

Es uno de los primeros edificios civiles renacentistas de Roma; las ventanas y puertas con arcos de la fachada del *palazzo* son tan armoniosas que su construcción fue en un principio atribuida al gran arquitecto y humanista Leon Battista Alberti (1404-1472). Sin embargo, es más probable que fuera obra de Guliano Maiano, quien se sabe esculpió la entrada que conduce a la *piazza*.

Papa Pablo II

El Palazzo Venezia fue construido en 1455-1464 para el cardenal veneciano Pietro Barbo, futuro pontífice Pablo II. Era en ocasiones residencia papal, en otras sede de la embajada veneciana en Roma, antes de pasar a manos francesas en 1797. Desde 1916 ha sido propiedad del Estado, y en la era fascista, Mussolini lo utilizó como su cuartel general.

El interior se aprecia mejor si se visita el museo del Palazzo Venezia, infravalorado a pesar de su riqueza. Contiene colecciones de pintura renacentista de primera categoría, esculturas de madera policromada y cofres renacentistas procedentes de toda Italia, tapices de Europa, mayólica, plata, figurillas de cerámica napolitana, bronces renacentistas, armas, armaduras, esculturas de terracota de Bernini, Algardi y otros, y pinturas italianas de los siglos XVII y XVIII. Hay una placa de mármol procedente del convento Aracoeli, que fue destruido para erigir el monumento a Víctor Manuel, y un busto de Pablo II, situándole al mismo nivel que Martín V y León X como los papas más obesos de la historia. También alberga importantes exposiciones temporales.

Palazzo Venezia con el balcón de Mussolini en el centro

San Marco ⓬

Piazza San Marco 48. **Plano** 5 A4 & 12 F4. ***Tel*** *06-679 52 05.* *Ver* ***Cómo llegar*** *p. 65.* ***Abierta*** *8.00-12.00 ma-sá; 16.00-19.00 todos los días*

La iglesia de San Marcos fue fundada en el año 336 por Marcos, entonces Pontífice, en honor de san Marcos Evangelista. Las reliquias del papa Marcos yacen bajo el altar. La iglesia fue restaurada por Gregorio IV en el siglo IX; los bellos y magníficos mosaicos del ábside datan de este periodo.

Entre 1455-1471 se llevaron a cabo importantes tareas de reconstrucción, cuando el papa Pablo II Barbo hizo de San Marcos la iglesia de la comunidad veneciana en Roma. El techo recubierto en oro y azul está decorado con el emblema heráldico de Pablo II, el león rampante, en recuerdo del de san Marcos, santo patrón de Venecia. El resto del interior, con sus columnas realizadas en jaspe siciliano, se debe principalmente a Filippo Barigioni durante la década de 1740.

Completado por una interesante colección de monumentos fúnebres, el estilo de la iglesia es típicamente barroco romano tardío. Leon Battista Alberti, también posible autor del Palazzo Venezia, pudo haber sido el arquitecto de la elegante arcada y galería de la fachada.

Escudo de armas del papa Pablo II

Mosaico de San Marco, Cristo en el centro y Gregorio IV a la izquierda

FORO

El Foro constituía el centro de la vida política, comercial y judicial en la Antigua Roma. Los edificios más grandes eran las basílicas, donde se exponían los casos legales. Según el dramaturgo Plauto, el área rebosaba de "abogados y litigantes, banqueros y agentes financieros, tenderos y prostitutas, vagabundos en espera de unas monedas". Con el auge de la población de Roma, el Foro se quedó pequeño. En el año 46 a.C. Julio César construyó uno nuevo, sentando un precedente que pronto seguirían sus sucesores, desde Augusto hasta Trajano. Además de los Foros Imperiales, los emperadores también erigieron arcos de triunfo dedicados a sí mismos. El Coliseo, el mayor anfiteatro de Roma, no se encuentra lejos.

Figura de un bárbaro en el arco de Constantino

LUGARES DE INTERÉS

Iglesias y templos
- Santa Francesca Romana 14
- Templo de Antonino y Faustina 11
- Templo de Cástor y Pólux 8
- Templo de Rómulo y de los Santos Cosme y Damián 12
- Templo de Saturno 5
- Templo de Venus y Roma 17
- Templo de Vesta 9

Edificios históricos
- Basílica Aemilia 1
- Basílica de Constantino y Majencio 13
- Basílica Julia 7
- Cárcel Mamertina 24
- Casa dei Cavalieri di Rodi 21
- Casa de las Vírgenes Vestales 10
- *Coliseo pp. 92-95* 27
- Curia 2
- *Mercados de Trajano pp. 88-89* 18
- Torre delle Milizie 20

Museos
- Antiquarium Forense 15

Arcos y columnas
- Arco de Constantino 26
- Arco de Septimio Severo 4
- Arco de Tito 16
- Columna de Foca 6
- Columna de Trajano 19

Ruinas históricas
- Foro de Augusto 22
- Foro de César 23
- Foro de Nerva 25
- Rostra 3

CÓMO LLEGAR

Lo más fácil es tomar el metro hasta Colosseo en la línea B. La principal entrada al Foro está en la Via dei Fori Imperiali, a la que llegan los autobuses 75, 85, 87, 117, 175, 186, 810 y 850. Desde Piazza Venezia hay un corto paseo. Para los mercados de Trajano las mejores líneas son la H, 64, 65 y 70 que paran en Via IV Novembre.

SIMBOLOGÍA

- Plano en 3 dimensiones
- M Estación de metro
- i Información turística

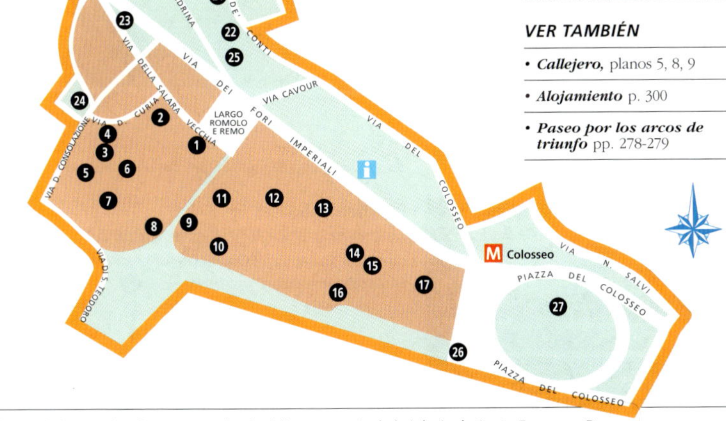

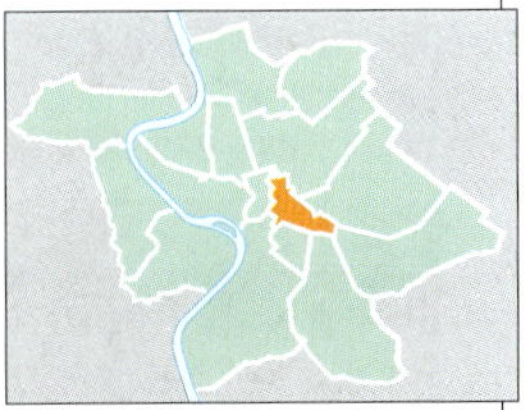

VER TAMBIÉN

- ***Callejero,*** planos 5, 8, 9
- ***Alojamiento*** p. 300
- ***Paseo por los arcos de triunfo*** pp. 278-279

◁ **Vista del Foro; el Coliseo asoma detrás del campanario de la iglesia de Santa Francesca Romana**

El Foro en 3 dimensiones (I)

Para apreciar la disposición del Foro, antes de visitar su confusa colección de templos y basílicas en ruinas, conviene observar el conjunto desde arriba, desde detrás del Capitolio. Una vez aquí se divisa la Via Sacra, ruta que seguían a través del Foro las procesiones religiosas y triunfales en dirección al Capitolio. Hasta el siglo XVIII, momento en que empezaron las excavaciones arqueológicas, el arco de Septimio Severo y las columnas del templo de Saturno se encontraban semienterradas. Los trabajos de excavación continúan, y las ruinas descubiertas datan de muchos periodos diferentes de la historia de Roma.

Templo de Saturno
Las ocho columnas que se conservan de este templo se alzan cerca de las del templo de Vespasiano ❺

El Templo de Vespasiano
fue el lugar desde donde Piranesi, en el siglo XVIII, realizó este grabado del Foro. Sus tres columnas estaban entonces prácticamente enterradas.

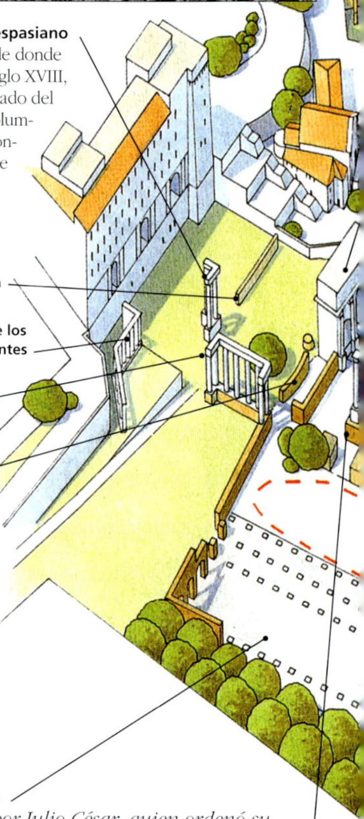

Rostra
Éstas son las ruinas de la plataforma empleada para los discursos públicos en el Foro ❸

Basílica Julia
Llamada así por Julio César, quien ordenó su construcción; en esta basílica se celebraron importantes procesos judiciales ❼

Columna de Foca
Esta columna, que data de 608 d.C., es uno de los últimos monumentos erigidos en el Foro ❻

★ Arco de Septimio Severo
Este grabado del siglo XIX muestra el arco tras las primeras excavaciones del Foro ❹

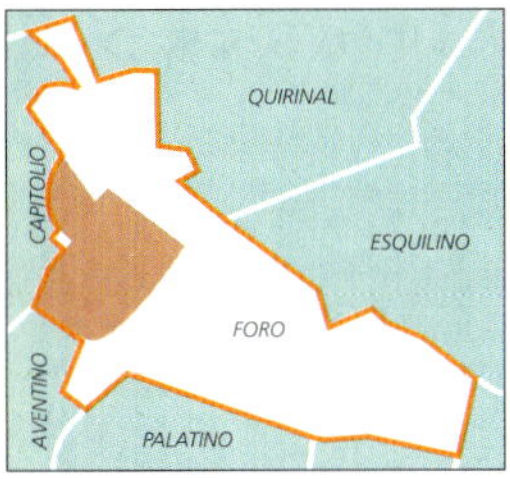

PLANO DE SITUACIÓN
Ver plano del centro, pp. 14-15

RECOMENDAMOS

★ Arco de Septimio Severo

SIMBOLOGÍA

Itinerario sugerido

0 metros 75

Santa Luca e Martina era una antigua iglesia medieval, pero fue reconstruida en 1635-1664 por Pietro da Cortona.

El Foro incluyó el área bajo la Via dei Fori Imperiali. Se han abierto al público más zonas.

Curia
Esta reconstrucción del siglo III fue magníficamente restaurada en 1937 ❷

Basílica Aemilia
Este gran edificio de reuniones se destruyó en el siglo V d.C. ❶

Entrada al Foro

El templo de Julio César fue erigido en su memoria por Augusto, en el lugar donde el cuerpo del emperador fue incinerado tras su asesinato en el 44 a.C.

Julio César

Hacia el este del Foro.
Ver pp. 80-81

Templo de Cástor y Pólux
El templo dedicado a estos hermanos gemelos (sólo Pólux era hijo de Júpiter) se alzó aquí en el siglo V a.C. Esta cornisa y las columnas datan del siglo VI d.C. ❽

El Foro en 3 dimensiones (y II)

El extremo oriental del Foro está dominado por las grandes ruinas abovedadas de la basílica de Constantino. Para hacerse una idea del edificio tal y como era en el siglo IV d.C. hay que imaginarse columnas, suelos y estatuas de mármol, así como brillantes tejas de bronce. Los restos de otros edificios importantes son escasos, aunque el jardín y el estanque de la casa de las Vírgenes Vestales convierten a ésta en un rincón atractivo. Las dos iglesias de esta parte del Foro no son accesibles desde las excavaciones, pero se puede llegar a ellas desde la carretera exterior.

La Regia era la oficina del *Pontifex Maximus,* el sumo sacerdote de la Antigua Roma.

A la entrada del Foro

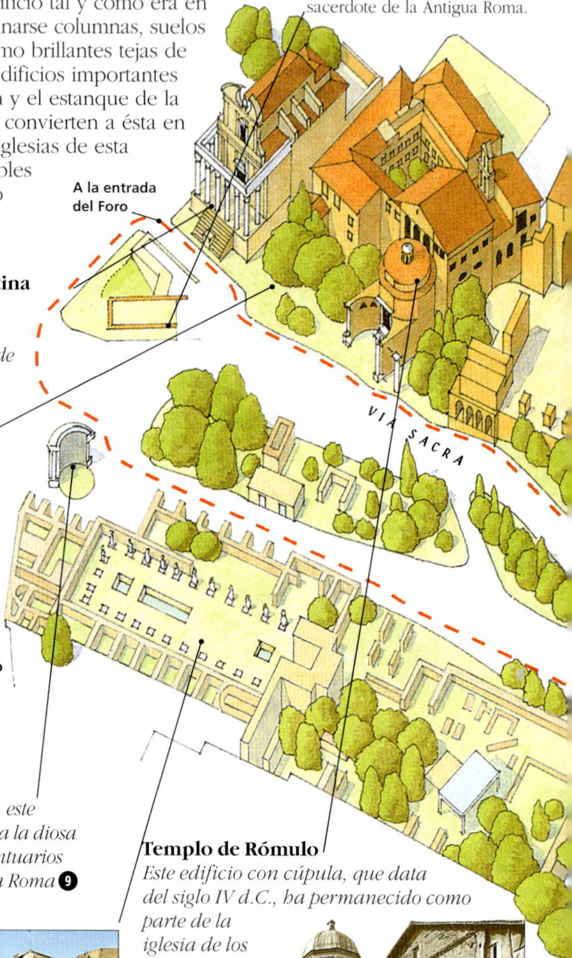

Templo de Antonino y Faustina
El pórtico de este templo, construido en el 141 d.C., ha sido incorporado a la iglesia de San Lorenzo in Miranda ⓫

Una necrópolis de la edad de hierro fue encontrada aquí en 1902. Los objetos hallados en ella, tales como esta urna funeraria, están expuestos en el Antiquarium.

Templo de Vesta
Parcialmente reconstruido, este diminuto templo dedicado a la diosa del hogar era uno de los santuarios más sagrados de la Antigua Roma ❾

Templo de Rómulo
Este edificio con cúpula, que data del siglo IV d.C., ha permanecido como parte de la iglesia de los Santos Cosme y Damián ⓬

★ Casa de las Vírgenes Vestales
Aquí vivían las sacerdotisas que custodiaban la llama sagrada del templo de Vesta. La casa era un edificio rectangular en torno a un jardín central ❿

★ Basílica de Constantino y Majencio
Los escasos restos de los inmensos arcos y techos de la basílica dan una idea de las grandiosas proporciones de los edificios públicos del Foro ⓭

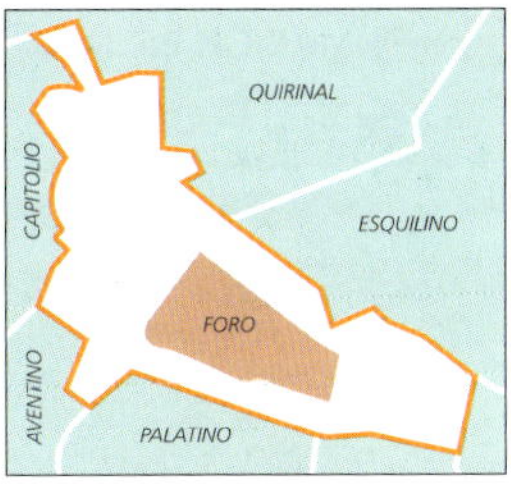

PLANO DE SITUACIÓN
Ver plano del centro, pp. 14-15

Santa Francesca Romana
La iglesia toma su nombre de una santa del siglo XV que se ocupaba de los pobres ⓮

Antiquarium Forense
Un pequeño museo alberga los hallazgos arqueológicos del Foro. Entre ellos el friso de Eneas y la fundación de Roma, *procedente de la basílica Aemilia* ⓯

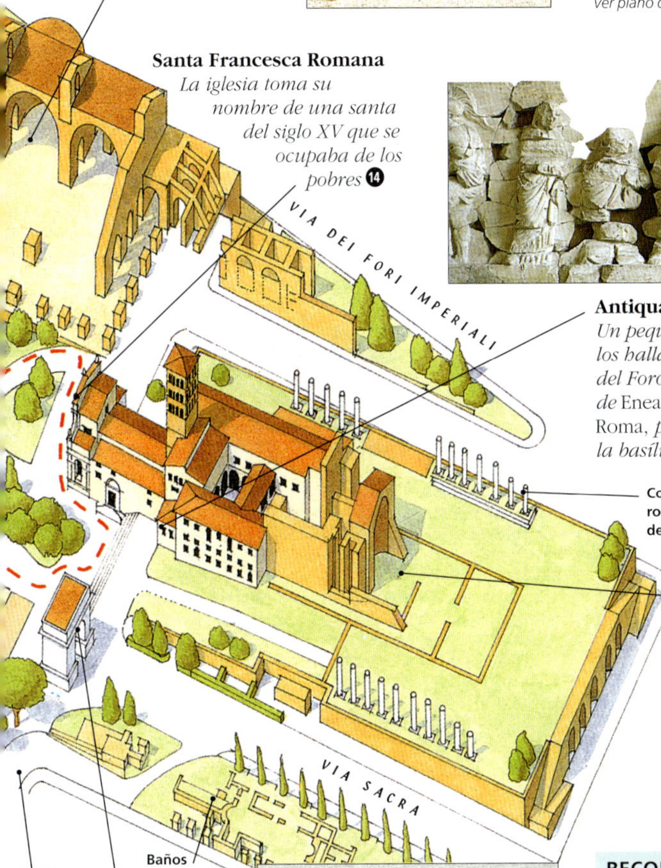

Columnata que rodea el templo de Venus y Roma

Templo de Venus y Roma
Estas extensas ruinas proceden de un magnífico templo, construido aquí en 121 d.C. por el emperador Adriano, quien proyectó su mayor parte ⓱

Baños en ruinas

Al Palatino

Arco de Tito
Esta reconstrucción del siglo XIX muestra el arco tal y como debía de ser, situado sobre la Via Sacra ⓰

RECOMENDAMOS

- ★ Casa de las Vírgenes Vestales
- ★ Basílica de Constantino

SIMBOLOGÍA

– – – Itinerario sugerido

0 metros 75

INFORMACIÓN ESENCIAL

Entradas: Largo Romolo e Remo, cerca del Arco de Tito, en Via Sacra. **Plano** 5 B5 y 8 F1. ***Tel*** *06 39 96 77 00.* *85, 87, 117, 175, 186, 810, 850.* *3.* *Colosseo.* ***Abierto*** *9.00-1 h antes de la puesta de sol todos los días; últ adm, una hora antes del cierre.* ***Cerrado*** *1 ene, 25 dic.* *Via dei Fori Imperiali. Tel 06 679 7702.* *nuevas excavaciones.*

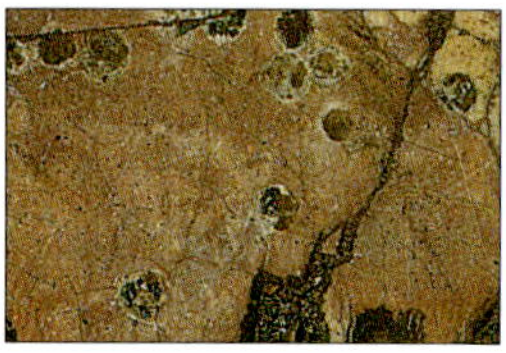

Monedas incrustadas en el suelo de la basílica Aemilia

Basílica Aemilia ❶

Ver Información esencial.

Originalmente este edificio era un vestíbulo rectangular flanqueado por columnas, con un suelo de mármol multicolor y un tejado de bronce. Fue construido por los cónsules Marco Emilio Lépido y Marco Fulvio Nobilor en el 179 a.C. Ambos cónsules, que eran elegidos anualmente, ejercían el poder supremo durante la República.

Las basílicas no eran lugar de culto, sino centros de reunión para políticos, prestamistas y *publicani* (comerciantes contratados por el Estado para recaudar impuestos). Éstos debían entregar al Estado una suma determinada de dinero, pero estaban autorizados a recaudar cuanto pudieran y quedarse después con la diferencia.

Esta basílica se reconstruyó en numerosas ocasiones; finalmente fue incendiada cuando los visigodos saquearon Roma en el 410 d.C. Al parecer, siguieron haciéndose en ella negocios hasta el último momento, ya que el suelo está lleno de monedas fundidas a causa del fuego.

Curia ❷

Ver Información esencial.

Sobre las ruinas del recinto donde se reunía el Senado romano (Consejo Superior del Estado) se alza una restauración moderna de edificio. La primera curia se alzaba en el lugar ocupado hoy por la iglesia de los Santos Luca y Martina, pero después de que el edificio resultara destruido por el fuego en el 52 a.C., Julio César construyó una nueva curia en el extremo del Foro. Ésta fue restaurada por Domiciano en el 94 d.C. y, tras otro incendio, reconstruida por Diocleciano en el siglo III. El edificio actual es una restauración de 1937 de la Curia de Diocleciano. En el interior hay dos relieves encargados por Trajano para decorar la Rostra y que tienen al emperador como protagonista.

La Curia actual

Rostra ❸

Ver Información esencial.

Ruinas de la Rostra imperial

Los discursos eran pronunciados desde este estrado; el más famoso –gracias a Shakespeare– fue el de "Amigos, romanos, gentes del campo", pronunciado por Marco Antonio tras el asesinato de Julio César en el 44 a.C. El propio César acababa de reorganizar el Foro, y este discurso fue hecho desde el nuevo emplazamiento de la Rostra, donde se encuentran hoy las ruinas. Al año siguiente, la cabeza y las manos de Cicerón fueron expuestas aquí públicamente, después de que fuera sentenciado a muerte por el segundo triunvirato (compuesto por Augusto, Marco Antonio y Marco Lépido). Flavia, la mujer de Marco Antonio, clavó una horquilla de su pelo en la lengua del gran orador. Aquí también se dice que Julia, la hija de Augusto, ejerció de prostituta, una de sus muchas escandalosas acciones que terminaron provocando su destierro.

El estrado tomó su nombre de las proas de los barcos *(rostra)* con las que fue decorado.

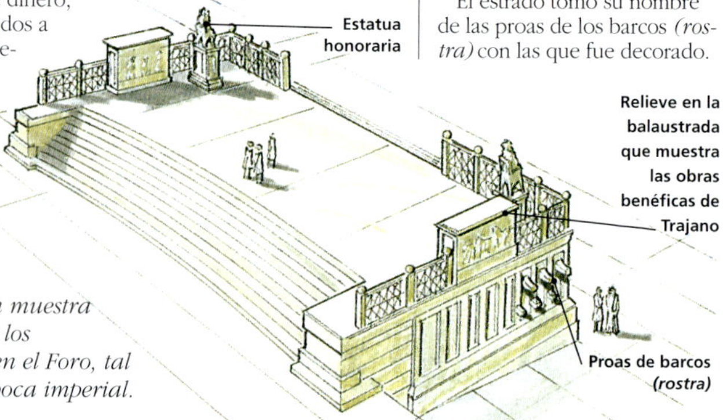

Rostra
Esta reconstrucción muestra la plataforma para los discursos públicos en el Foro, tal y como era en la época imperial.

Arco de Septimio Severo ❹

Ver Información esencial.

Este arco de triunfo, uno de los monumentos más asombrosos y mejor conservados del Foro, fue erigido en el 203 d.C. para celebrar el tercer aniversario de Septimio Severo como emperador. Los paneles con relieves –en gran parte erosionados– conmemoran las victorias del emperador en Parta (actual Irán e Irak) y Arabia.

Bárbaros cautivos, arco de Severo

Originariamente, en la inscripción de la parte superior del arco figuraban los nombres de Septimio Severo y sus dos hijos, Caracalla y Geta, pero tras la muerte de Septimio, Caracalla asesinó a Geta e hizo borrar el nombre de su hermano. Sin embargo, aún pueden apreciarse los agujeros en donde se insertaron las letras.

Durante la Edad Media, en el arco central, semienterrado, había una barbería.

Arco trinfual de Septimio Severo

Templo de Saturno ❺

Ver Información esencial.

La más prominente de las ruinas en el área vallada que se encuentra entre el Foro y la colina Capitolina es el templo de Saturno. Consiste en una plataforma elevada, ocho columnas y una sección de entablamento.

Capiteles jónicos en las columnas del templo de Saturno

Ya en el 497 a.C. hubo en este lugar un templo dedicado a Saturno que, sin embargo, debió de ser reconstruido varias veces, y los restos que conocemos hoy datan del año 42 a.C.

Saturno era el mítico rey-dios de Italia, del que se decía había reinado durante una época dorada en la que la esclavitud, la propiedad privada, el crimen y la guerra no existían. Cada año, entre el 17 y el 23 de diciembre, el reino de Saturno era recordado durante una semana de sacrificios y festejos, conocida como Saturnalia.

Mientras duraban las celebraciones, el orden social convencional se invertía por completo. Se autorizaba a los esclavos a beber y comer con sus señores (en ocasiones hasta servidos por ellos). Senadores y otros romanos ilustres abandonaban sus togas aristocráticas, que vestían para distinguirse de las clases más bajas, y lucían túnicas amplias y más "democráticas". Durante las vacaciones, todos los tribunales y escuelas de la ciudad permanecían cerrados. Estaba terminantemente prohibido castigar a cualquier prisionero o declarar una guerra.

Las gentes también celebraban Saturnalia en sus propias casas: intercambiando regalos, en concreto cirios y unas muñecas especiales hechas de cera, y entregándose a alegres juegos de azar, donde se solían apostar nueces, símbolo de la prosperidad. Gran parte de las costumbres y muchos de los rituales de este festival se han conservado en la Navidad cristiana.

Columna de Foca ❻

Ver Información esencial.

Esta columna, de 13,5 m de altura, es una de las pocas que han permanecido en pie desde el día en que fue erigida. Hasta que en 1816, una dama inglesa llamada lady Elizabeth Forster, viuda del quinto duque de Devonshire, descubrió su pedestal, nadie sabía lo que era. Se trataba del más moderno de los monumentos del Foro, erigido en el 608 d.C. en honor del emperador de Bizancio, Foca, quien acababa de visitar Roma. La columna se emplazó aquí como muestra de gratitud hacia Foca por haber donado el Panteón al Papa *(ver pp. 110-111)*.

Esbelta columna de Foca

Restos de la basílica Julia, tribunal romano de leyes civiles

Basílica Julia ❼

Ver Información esencial, p. 82

La construcción de esta inmensa basílica, que ocupaba el área entre el templo de Saturno y el de Cástor y Pólux, fue iniciada por Julio César en el 54 a.C., y completada tras su muerte por Augusto. Presa de un incendio al poco tiempo, en el siglo IX a.C., pronto fue restaurada y dedicada a los nietos del emperador, Lucio y Gallo.

Tras numerosos saqueos y robos, tan sólo las escaleras, el pavimento y fragmentos de columnas permanecen en pie. Sin embargo, es fácil apreciar su distribución. La basílica tenía un vestíbulo central, que medía 80 por 18 m, rodeado de un pórtico doble. El vestíbulo constaba de tres pisos y el pórtico de dos.

La basílica Julia era la sede de los *centumviri*, cuerpo de 180 magistrados que se ocupaba de los casos civiles. Estaban repartidos en cámaras de 45 hombres cada una y, a no ser que un caso se presentara especialmente complejo, solían juzgar por separado.

Los cuatro tribunales de justicia estaban, sin embargo, divididos por pantallas o cortinas, y las voces de los abogados y las exclamaciones y silbidos del público resonaban por todo el edificio. Cada abogado solía contratar grandes grupos de espectadores, para que aplaudieran cada vez que hablaba y abuchearan a su oponente. Dichos animadores debían de pasar mucho tiempo en los tribunales, puesto que adheridos a los escalones se han encontrado dados y otros juegos similares con los que acostumbraban a matar el tiempo entre caso y caso.

TEMPLO DE VESTA

El templo conservó la forma de la estructura primitiva, hecha de postes de madera sosteniendo un tejado de paja.

Cella (cámara interior sagrada)

Peristilo de 20 columnas corintias

Llama sagrada

Templo de Cástor y Pólux ❽

Ver Información esencial, p. 82

Las tres esbeltas columnas de este templo forman uno de los más bellos conjuntos de ruinas del Foro. El primer templo que existió aquí en el año 484 a.C. estuvo probablemente dedicado a los gemelos míticos, patrones de la caballería, Cástor y Pólux. Durante la batalla del lago Regillus (499 a.C.) contra los reyes tarquinos depuestos, el dictador romano Póstumo prometió construir un templo dedicado a los gemelos si los romanos salían victoriosos. Algunos afirmaron que ambos hermanos habían aparecido en el campo de batalla, contribuyendo a la victoria de los romanos, y que después se materializó en el Foro –el templo señala el lugar– para anunciar la noticia del triunfo.

El templo ha sido reformado y reconstruido en numerosas ocasiones. Las tres columnas que se conservan datan de la última –ordenada por el emperador Tiberio tras un incendio acaecido en el siglo VI d.C–.

Columnas corintias en el templo de Cástor y Pólux

Templo de Vesta ❾

Ver Información esencial, p. 82

El templo más elegante del Foro es este edificio circular originariamente rodeado por un peristilo de esbeltas columnas del siglo IV d.C., aunque existió otro en el lugar desde mucho antes. Fue parcialmente reconstruido en 1930.

El culto a las vírgenes vestales era uno de los más antiguos de Roma, y se centraba en seis de ellas que tenían el deber de mantener vivo el fuego sagrado de Vesta, la diosa del hogar. Dicha responsabilidad estuvo en un principio confiada a las hijas del rey, para ser más tarde transferida a las vestales, el único grupo de sacerdotisas de Roma. La tarea no era fácil, puesto que solía ocurrir que el viento apagaba la llama. Cualquier vestal que dejara extinguir el fuego era castigada con el látigo por el sumo sacerdote *(Pontifex Maximus)* y expulsada del templo.

Las muchachas, que habían de pertenecer a familias nobles, eran seleccionadas cuando contaban entre seis y diez años de edad. Servían en el templo durante 30 años: los primeros 10 los pasaban aprendiendo sus obligaciones, los 10 siguientes realizándolas y los últimos 10 instruyendo a las novicias. Disfrutaban de una elevada posición social y seguridad económica, pero a cambio se las obligaba a permanecer vírgenes. El castigo por romper el voto de castidad era ser enterradas vivas, aunque las crónicas dicen que tan sólo 10 vestales lo sufrieron. Los hombres responsables recibían latigazos hasta morir. Cuando las vestales se retiraban, eran libres para vivir como el resto de los ciudadanos y podían casarse si lo deseaban.

Otra de sus obligaciones era custodiar el Palladium, la estatua sagrada de la diosa Palas Atenea. Cuando el irreverente emperador Heliogábalo saqueó el templo en el siglo III, las vestales, que estaban al corriente de sus intenciones, retiraron la estatua, colocando una réplica en su lugar.

Sección del templo de Vesta

Patio central de la Casa de las Vírgenes Vestales

Casa de las Vírgenes Vestales ❿

Ver Información esencial, p. 82.

Tan pronto como una muchacha se convertía en vestal se trasladaba a la Casa de la Vírgenes Vestales. Originariamente, ésta era un vasto complejo con unas 50 habitaciones distribuidas en tres plantas. Hoy día sólo se conservan algunas salas alrededor del patio central. Este espacio es tal vez la parte más evocadora del Foro. Una colección de estatuas erosionadas, la mayor parte de ellas sin cabeza, que datan de los siglos III y IV d.C., presiden estanques con nenúfares y carpas. Las piezas mejor conservadas se encuentran en el Museo Nazionale Romano *(ver p. 163)*. La inscripción de uno de los pedestales fue borrada, puesto que la vestal en cuestión debió de caer en desgracia. Se cree que pudo tratarse de una mujer llamada Claudia, que traicionó su culto convirtiéndose al cristianismo.

Estatua de una virgen vestal

Aunque muchas de las salas que rodean el patio se hallan en buen estado de conservación –algunas incluso mantienen tramos de escalera que conducen al piso superior–, no están permitidas la visitas al interior. A través de las habitaciones del lado sur, sin embargo, se pueden ver los restos de un molino, empleado para moler el grano con el que realizaban un pastel especial para celebrar sus sacrificios. La panadería se encontraba en la puerta contigua.

Templo de Antonino y Faustina ⓫

Ver Información esencial, p. 82.

Uno de los monumentos más antiguos del Foro es la fachada de la iglesia de San Lorenzo in Miranda, que se alza sobre el atrio de un templo romano. Dedicado originalmente en el año 141 d.C. por el emperador Antonino Pío a su esposa Faustina, el templo se consagró posteriormente a ambos tras la muerte del emperador. En el siglo XI fue convertido en iglesia cristiana porque se pensaba que san Lorenzo había sido condenado a muerte en este lugar. La iglesia actual data de 1601.

Templo de Antonino y Faustina

Templo de Rómulo y de los Santos Cosme y Damián ⓬

Ver Información esencial, p. 82, ***Santos Cosme y Damián***
Tel *06 692 04 41.* ***Abierto*** *9.00-13.00, 15.00-19.00 todos los días.*
Nacimiento *cerrado lu.*
Entrada *previo pago al nacimiento.*

Nadie sabe con certeza a quién se dedicó el templo de Rómulo, pero probablemente lo estuvo al hijo del emperador Majencio y no al fundador de Roma.

Es un edificio circular de ladrillo, coronado por una cúpula, con dos salas laterales de forma rectangular y un pórtico cóncavo. Las pesadas puertas de bronce son las originales.

Desde el siglo VI ha hecho las veces de vestíbulo de la iglesia de los Santos Cosme y Damián, que ocupa un edificio también antiguo –una sala en el foro Vespasiano de la Paz–. La entrada a la iglesia se encuentra en la Via dei Fori Imperiali. En el interior hay un magnífico mosaico bizantino donde se representa a Cristo sobre un fondo de nubes de un tono anaranjado.

Tejado del templo de Rómulo

Basílica de Constantino y Majencio ⓭

Ver Información esencial, p. 82.

Las tres grandes bóvedas de cañón con artesonado son magníficas reliquias de lo que en su época fue el mayor edificio del Foro. Su construcción se inició en el 308 d.C. bajo las órdenes del emperador Majencio. Cuando éste murió, tras la batalla del Puente Milvio en el año 312 d.C., los trabajos continuaron bajo el nuevo régimen. El edificio, que al igual que otras basílicas romanas estaba destinado a la administración de la justicia y a los negocios, es conocido a menudo simplemente como basílica de Constantino.

El área ocupada por la basílica tenía una extensión aproximada de 100 por 65 m. Fue originalmente proyectada para tener una nave central de gran longitud y dos laterales de este a oeste, pero el emperador Constantino decidió modificar la planta y crear tres anchas naves de menor longitud. La altura del edificio era de 25 m.
En el ábside, situado en el extremo occidental y que podía verse desde toda la construcción, se encontraba una estatua del emperador de 12 m de altura, hecha de madera y mármol. La cabeza, la mano y los pies de enorme tamaño se hallan expuestos en el patio del Palazzo dei Conservatori *(ver pp. 72-73)*. La cubierta de la basílica relucía con tejas doradas hasta el siglo VII, cuando fueron arrancadas para cubrir el tejado del viejo San Pedro.

Las tres naves laterales con bóveda de cañón hacían las veces de tribunales de justicia.

El artesonado octogonal adosado al techo abovedado estaba originariamente cubierto de mármol.

La entrada principal fue añadida por Constantino en 313 d.C.

La cubierta se apoyaba en ocho gigantescas columnas corintias. Una se encuentra ahora en la Piazza Santa Maria Maggiore *(ver p. 173)*.

Santa Francesca Romana ⓮

Piazza di Santa Francesca Romana. **Plano** 5 B5. ***Tel*** *06 679 55 28.* *85, 87, 117, 175, 810.* *3.* *Colosseo.* ***Abierta*** *verano: 10.00-12.00, 15.30-18.00 todos los días; invierno: 10.00-12.00, 15.00-17.00 ju-ma.*

Campanario de Santa Francesca

El 9 de marzo de cada año los conductores romanos devotos tratan de aparcar lo más cerca posible de esta iglesia romana que tiene un bonito campanario románico. El objeto de su extraño peregrinaje es que sus vehículos sean bendecidos por santa Francesca Romana, patrona de los conductores. Francesca fue una esposa y madre del siglo XV que vivió en el Trastevere y fundó una sociedad de mujeres pías dedicadas a ayudar a los pobres y enfermos. Esta iglesia le fue dedicada en 1608, después de su canonización. En su interior hay una losa con lo que se supone son la huellas de las rodillas de san Pedro y san Pablo. Cuenta la leyenda que un mago llamado Simon Magus decidió probar que sus poderes eran superiores a los de los apóstoles levitando sobre el Foro. Cuando Simon se hallaba flotando en el aire, Pedro y Pablo se arrodillaron y comenzaron a rezar para que Dios demostrara quién era superior. Al instante, Simón falleció.

Antiquarium Forense ⓯

Ver Información esencial, p. 82.

El que fuera convento de Santa Francesca Romana está ocupado hoy día por las oficinas que dirigen las excavaciones del Foro y por un pequeño museo. Este último se halla en la actualidad en proceso de reorganización, y tan sólo las salas de la planta baja se encuentran abiertas al público. Contienen

Dedicatoria a Tito y a Vespasiano en el arco de Tito

urnas funerarias, tumbas y esqueletos de la edad de hierro, además de objetos diversos exhumados durante las excavaciones en el Foro. Cuando se abra completamente se podrán visitar restos arquitectónicos procedentes de los edificios del Foro.

Friso de Eneas en el Antiquarium Forense

Arco de Tito ⓰

Ver Información esencial, p. 82.

Domiciano mandó erigir este arco de triunfo en el año 81 d.C. en honor de las victorias de su hermano Tito y su padre Vespasiano en Judea. En el año 66 d.C, los judíos, hartos de la opresión romana, se rebelaron, declarándose una guerra cruenta que terminaría dos años más tarde con la caída de Jerusalén y la diáspora judía.

Aunque los relieves del interior del arco están muy erosionados, aún puede distinguirse una procesión triunfal de soldados transportando el botín del templo de Jerusalén. Éste incluye un altar, trompetas de plata y un candelabro de oro de siete brazos.

Templo de Venus y Roma ⓱

Ver Información esencial, p. 82.

El emperador Adriano diseñó este templo para que ocupara lo que había sido el vestíbulo de la Domus Aurea de Nerón *(ver p. 175)*. Muchas de las columnas han sido restituidas tras desplomarse y, aunque está prohibido el acceso, desde las gradas más altas del Coliseo y según se sale del Foro pueden disfrutarse unas buenas vistas. El templo, el mayor de la capital, estaba dedicado a Roma, la personificación de la ciudad, y a Venus, porque era la madre de Eneas, padre de Rómulo y Remo. Cada diosa poseía su propio *cella* (santuario). Cuando el arquitecto Apolodoro señaló que las estatuas sentadas de los nichos eran demasiado grandes (sus cabezas chocarían con las bóvedas), Adriano lo mandó ejecutar.

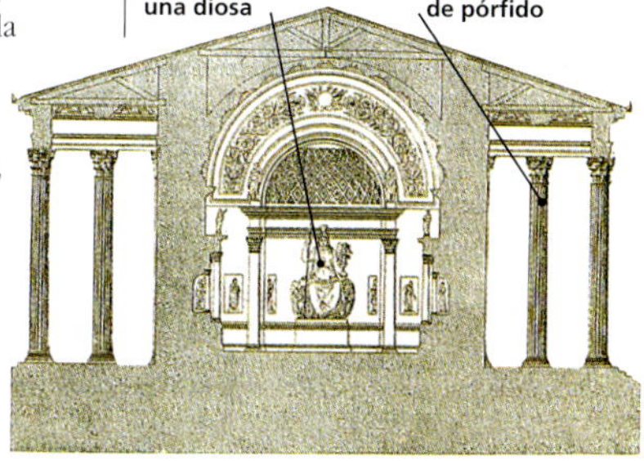

Corte transversal del templo de Venus y Roma

Mercados de Trajano ⓲

Antiguamente considerados como una de las maravillas del mundo clásico, los mercados de Trajano son hoy sólo una muestra de su originario esplendor. El emperador Trajano y su arquitecto, Apolodoro de Damasco, construyeron este modernísimo complejo de 150 comercios y oficinas (empleado para la distribución del trigo) a comienzos del siglo II d.C. Se trataba del equivalente a los actuales centros comerciales, donde se vendía de todo, desde sedas y especias importadas de Extremo Oriente hasta pescado fresco, frutas y verduras.

Los mercados hoy
Por encima de la fachada se alza la Torre delle Milizie, del siglo XIII, construida con fines defensivos.

Trajano
Este emperador fue un gobernante benévolo y un general victorioso.

Vestíbulo principal
Había 12 tiendas distribuidas en dos plantas, y el reparto del trigo se llevaba a cabo en el piso superior. Se trataba de una ración gratis dada a los romanos para combatir el hambre.

Via Biberatica
Esta calle principal, que atraviesa el mercado, debió de estar llena de tabernas.

CRONOLOGÍA

AD 100 · AD 500 · 1000 · 1300 · 1800 · 1950

- **98** Trajano sucede a Nerva como emperador
- **100-112** Construcción de los mercados de Trajano
- **117** Muerte de Trajano
- **472** Invasión de Ricimer el Suevo. Algunas de las tropas germánicas se instalaron aquí
- **552** Bizancio toma el poder en Roma. Los mercados son ocupados y fortificados por el ejército
- **1200-1300** Se construye la Torre delle Milizie sobre los mercados
- **1300-1400** Las familias Annibaldi y Caetani luchan por el control de la zona
- **1572** Se construye el convento de Santa Catalina de Siena sobre parte de los mercados
- **1828** Primeras excavaciones. El valor del lugar sigue sin ser reconocido
- **1911-1914** El convento es demolido
- **1924** Se derriban muchas casas medievales
- **1930-1933** Los mercados son finalmente excavados

INFORMACIÓN ESENCIAL

Mercati Trainieri., Via IV Novembre. **Plano** 5 B4. ***Tel*** *06 679 00 48. 64, 70, 170 y muchos otros hasta Piazza Venezia.* ***Abierto*** *9.00-16.30 ma-do (hasta 18.30 en verano). Última admisión 45 minutos antes del cierre. Se recomienda llamar para confirmar los horarios de apertura pues hay zonas en restauración.*

Los mercados en el siglo XVI
Este imaginativo fresco representa un combate entre gladiadores frente a los restos semienterrados de los mercados de Trajano.

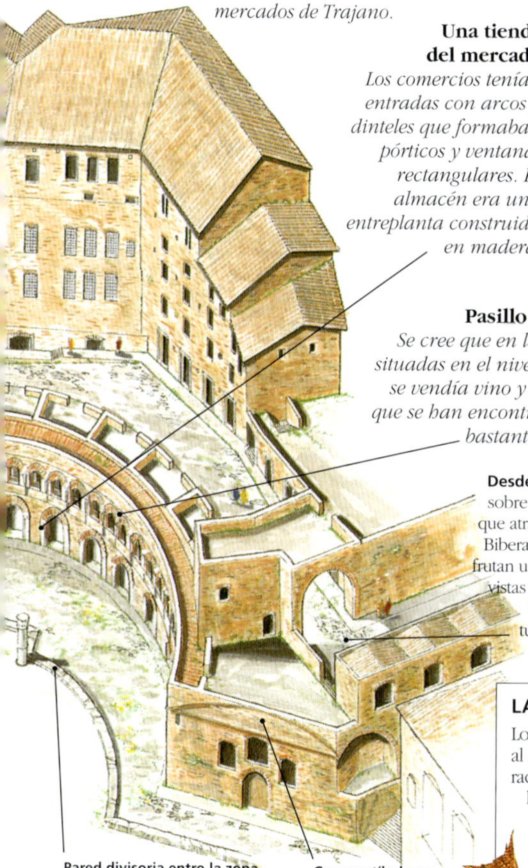

Una tienda del mercado
Los comercios tenían entradas con arcos y dinteles que formaban pórticos y ventanas rectangulares. El almacén era una entreplanta construida en madera.

Pasillo superior
Se cree que en las tiendas situadas en el nivel superior se vendía vino y aceite, ya que se han encontrado aquí bastantes tinajas.

Desde la terraza sobre las arcadas que atraviesan Via Biberatica, se disfrutan unas buenas vistas del foro de Trajano, situado abajo.

Pared divisoria entre la zona del mercado y el foro de Trajano

Gran vestíbulo con techo semiabovedado

El Foro de Trajano, construido enfrente de los mercados en 107-113 d.C., estaba bordeado por la basílica Ulpia, que medía 170 m por 60 m y fue la más grande de Roma. Una pequeña parte del Foro ha sido excavada, desafortunadamente, el resto permanece enterrado bajo las modernas calles de la ciudad de Roma.

LAS COMPRAS EN EL MERCADO

Los comercios abrían temprano y cerraban al mediodía. Los más lujosos estaban decorados con mosaicos que representaban los artículos en venta. Generalmente, los hombres realizaban las compras, aunque las mujeres solían visitar a la modista y a la zurcidora. Los comerciantes eran casi todos hombres. En los documentos que se conservan del periodo entre los años 117 y 193 d.C., la única mención a mujeres comerciantes se refiere a tres vendedoras de lana, dos joyeras y una pescadera.

Mosaico de pez

Mercados de Trajano ⑱

Ver pp. 88-89.

Columna de Trajano ⑲

Via dei Fori Imperiali. **Plano** 5 A4 y F4. ***Ver*** *Información Esencial para mercados de Trajano, p. 89.*

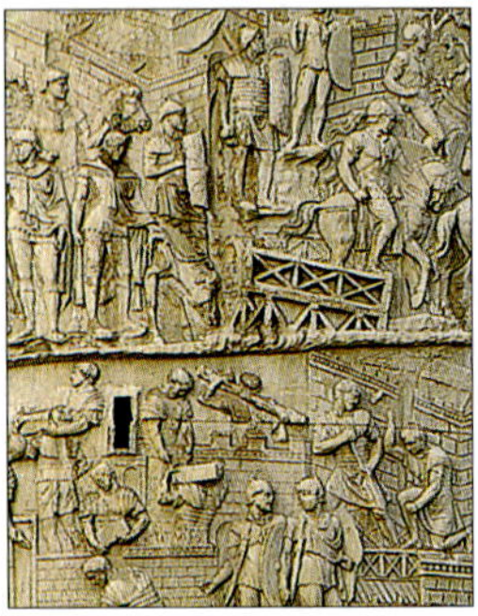

Detalle de la columna de Trajano

Esta elegante columna de mármol fue inaugurada por Trajano en el 113 d.C. y conmemora sus dos campañas en Dacia (Rumanía) en los años 101-103 y 105-106. La columna mide 40 m de altura. Dispuestas en espiral desde la base de la misma hay escenas detalladas de las campañas, empezando con las legiones romanas preparándose para la guerra y terminando con la expulsión de los dacios de su tierra. La columna cuenta con pequeñas ventanas que permiten iluminar su escalera interior de espiral (cerrada al público). Si desea ver los relieves con detalle hay una colección completa de reproducciones en el Museo della Civitá Romana en la EUR *(ver p. 266).*

Cuando Trajano murió en el 117 d.C., sus cenizas, junto con las de su mujer, Plotina, fueron colocadas dentro de una urna dorada en la base hueca de la columna. Ésta se conservó en gran parte gracias a la intervención del papa Gregorio Magno. Quedó tan conmovido por uno de los relieves que representaba a Trajano ayudando a una mujer cuyo hijo había resultado muerto, que rogó a Dios para que rescatara el alma del emperador del infierno. Dios se apareció al Pontífice para comunicarle que Trajano había sido salvado, pero le pidió que no volviera a pedir por el alma de ningún otro pagano.

Según la leyenda, cuando las cenizas de Trajano fueron exhumadas, su calavera y su lengua estaban no sólo intactas, sino que esta última relató la salida del infierno. El terreno que rodea la columna fue entonces declarado sagrado. La estatua de Trajano permaneció en lo alto de la columna hasta 1587, cuando fue reemplazada por una de san Pedro.

Torre delle Milizie ⑳

Mercati Traianei, Via IV Novembre. **Plano** 5 B4. ***Tel*** *06 679 00 48.* ***Cerrada*** *al público.*

Durante siglos se pensó que desde esta inmensa torre Nerón había contemplado Roma mientras ardía, tras haber dado órdenes de incendiarla para acabar así con los barrios bajos de la ciudad. No se sabe si la piromanía se encontraba entre los crímenes que cometió, pero seguro que no contempló el incendio desde esta torre, que fue construida en el siglo XIII.

Casa dei Cavalieri di Rodi ㉑

Piazza del Grillo 1. **Plano** 5 B5. ***Tel*** *06 67 10 2609.* *84, 85, 87, 115, 175, 186, 810, 850.* ***Abierto*** *ma y ju por la mañana previa cita.*

***Loggia*, Casa dei Cavalieri di Rodi**

Desde el siglo XII la orden de los Cruzados de los Caballeros de San Juan, también conocida como los Caballeros de Rodas *(Rodi)* o de Malta, ha tenido su priorato en esta casa medieval situada sobre el foro de Augusto. Si consigue entrar, pida que le enseñen la bellísima Capella di San Giovanni (capilla de San Juan).

Foro de Augusto ㉒

Piazza del Grillo 1. **Plano** 5 B5 y 12 F5. ***Ver*** *Información Esencial para mercados de Trajano, p. 89.* ***Tel*** *06 679 7702.*

Templo de Marte en el foro de Augusto

El foro de Augusto se construyó para celebrar su victoria sobre los asesinos de Julio César, Bruto y Casio, en la batalla de Filipo en el 41 a.C. El templo situado en el centro estaba dedicado a Marte el Vengador. El foro se extendía desde un muro de gran altura a los pies del barrio de Suburra hasta los límites del foro de César. Al menos la mitad de él se encuentra en la actualidad oculto bajo la Via dei Fori Imperiali, construida por Mussolini. Originalmente contaba con una estatua de Marte que guardaba una gran semejanza con Augusto. En caso de que alguien no notara el parecido, una efigie gigante del propio emperador se hallaba emplazada junto a la pared de Suburra.

Foro de César ㉓

Via del Carcere Tuliano. **Plano** 5 A5. ***Tel*** *06 679 7702.* *84, 85, 87, 117, 175, 186, 810.* ***Abierto*** *previa cita.*

El primero de los Foros Imperiales de Roma fue construido por Julio César. Gastó una fortuna –casi la totalidad del botín obtenido de su conquista de las Galias– comprando y demoliendo casas en el emplazamiento. El lugar preferente lo ocupaba un templo dedicado en el 46 a.C. a la diosa Venus Genetrix, de quien César se proclamaba descendiente. El templo albergaba estatuas de César y Cleopatra, además de Venus. Todo lo que queda de él es una plataforma y tres columnas corintias. El foro estaba flanqueado por una fila doble de columnas que ocultaba una hilera de tiendas, pero todo esto se quemó en el 80 d.C. y fue reconstruido por Domiciano y Trajano. Este último añadió la basílica Argentaria (importante centro de intercambio financiero) y unos baños públicos con calefacción. El foro sólo se abre al público previa cita, pero algunas partes se pueden ver desde la Via dei Fori Imperiali.

Cárcel Mamertina ㉔

Clivo Argentario 1. **Plano** 5 A5.
Tel *06 679 29 02.*
84, 85, 87, 175, 186, 810, 850.
Abierta *9.00-19.00 todos los días (hasta 17.00 en invierno).*
Se admiten donativos.

Grabado del siglo XIX con prisioneros en la cárcel Mamertina

Bajo la iglesia del siglo XVI de San Giuseppe dei Falegnami (San José de los Carpinteros) hay una húmeda mazmorra, en la cual, según una leyenda cristiana, estuvo encerrado san Pedro. Al parecer, hizo que un manantial brotara en la celda y empleó sus aguas para bautizar a los dos guardas de la prisión.

La cárcel, también conocida por Tullianum, estaba en una vieja cisterna con acceso a la cloaca Máxima de la ciudad. La celda inferior se empleaba para ejecuciones y los cuerpos eran arrojados a la cloaca. Entre los enemigos de Roma que fueron ejecutados aquí se encontraba el jefe galo Vercingetorix, derrotado por Julio César en el 52 a.C.

Foro de Nerva (siglo XVII)

Foro de Nerva ㉕

Piazza del Grillo 1 (acceso por el foro de Augusto). **Plano** 5 B5.
Tel *06 679 7702. 84, 85, 87, 175, 186, 810, 850.* ***Abierto*** *previa cita.*

El foro de Nerva fue iniciado por su predecesor, Domiciano, y completado en el 97 d.C. Poco más que un corredor flanqueado por columnas y un templo dedicado a Minerva en un extremo, era también conocido como Forum Transitorium, porque se encontraba entre el foro de la Paz, construido por el emperador Vespasiano en el 70 d.C., y el de Augusto. El de Vespasiano se halla cubierto casi en su totalidad por la Via dei Fori Imperiali, al igual que ocurre con el de Nerva. Las excavaciones han permitido descubrir los comercios y las tabernas renacentistas, pero sólo parte del foro resulta visible: la base del templo y dos columnas sobre las que se apoya un relieve de Minerva con un friso representando a jóvenes aprendiendo a coser y a hilar.

Arco de Constantino ㉖

Entre Via San Gregorio y Piazza del Colosseo. **Plano** 8 F1. *75, 85, 87, 175, 673, 810. 30b.* M *Colosseo.*

En el año 312 d.C Constantino derrotó al emperador Majencio en la batalla del Puente Milvio. Para conmemorar esta victoria se erigió este arco en el año 315 d.C.

Constantino aseguraba que debía su victoria a una visión de Cristo; sin embargo el arco no tiene elementos cristianos –de hecho, la mayor parte de los medallones, relieves y estatuas procedía de monumentos anteriores–.

Medallón en el arco de Constantino

Hay estatuas de prisioneros dacios extraídas del foro de Trajano y relieves de Marco Aurelio, incluyendo uno en el que este último aparece repartiendo pan entre los pobres. En la cara interna del arco, los relieves narran la victoria de Trajano frente a los dacios.

Coliseo ㉗

Ver pp. 92-95.

Lado norte del arco de Constantino frente al Coliseo

El Coliseo ㉗

El mayor anfiteatro de Roma se construyó bajo el mandato del emperador Vespasiano en el año 72 d.C. junto a un lago, en los terrenos del palacio de Nerón, la Domus Aurea *(ver p. 175)*. En él ocurrían luchas a muerte de gladiadores y peleas de animales salvajes financiadas por el emperador y los ciudadanos adinerados; la entrada era gratuita. El proyecto del Coliseo une a sus cualidades prácticas (con 80 entradas que facilitaban el acceso a más de 55.000 espectadores) una gran belleza. Este dibujo lo muestra tal y como era en el año 80 d.C. Fue uno de los varios anfiteatros realizados por Roma; aún se conservan el de El Djem en Túnez, los de Nimes y Arles en Francia, y el de Verona, al norte de Italia. A pesar de los daños producidos por el paso del tiempo, sigue siendo un edificio majestuoso.

Muro exterior del Coliseo
En el Renacimiento se empleó la piedra del Coliseo para la construcción de palacios, puentes y algunas zonas de San Pedro.

El fundador del Coliseo
Vespasiano fue un soldado profesional que se convirtió en emperador en el 69 d.C., fundando la dinastía Flavia.

Los muros exteriores estaban hechos de travertino.

Estos pivotes sujetaban el *velarium*.

El *velarium* era una gran carpa que protegía a los espectadores del sol. Se fijaba por medio de postes al piso superior de la construcción y se ataba con cuerdas a los pivotes situados fuera del anfiteatro.

FLORA DEL COLISEO

En el siglo XIX, los microclimas existentes en las distintas zonas del Coliseo habían hecho crecer una gran variedad de especies de flores y plantas. Varios botánicos se dedicaron a estudiarlas y catalogarlas, y publicaron dos libros en los que figuraban 420 especies diferentes.

Borraja

CRONOLOGÍA

80 Tito, el hijo de Vespasiano, inaugura el anfiteatro. La fiesta dura 100 días

70 — **100**

72 Vespasiano comienza la construcción del Coliseo

81-96 Se completan las obras siendo Domiciano emperador

Galerías internas
Éstas permitían a los espectadores entrar y salir libremente, y acomodarse en sus asientos en menos de 10 minutos después de su llegada al Coliseo.

INFORMACIÓN ESENCIAL

Piazza del Colosseo. **Plano** 9 A1. ***Tel*** *06 3996 7700. 75, 81, 85, 87, 117, 175, 673, 810. 3 a Piazza del Colosseo. Colosseo.* ***Abierto*** *9.00-1 hora antes del atardecer todos los días.* ***Cerrado*** *1 ene, 25 dic.* ***Previo pago*** *(incluye el Palatino). limitado.* ***Cuidado*** *con los fotógrafos.*

El *vomitorium* era la salida de cada sección numerada.

Las paredes interiores estaban hechas de ladrillo.

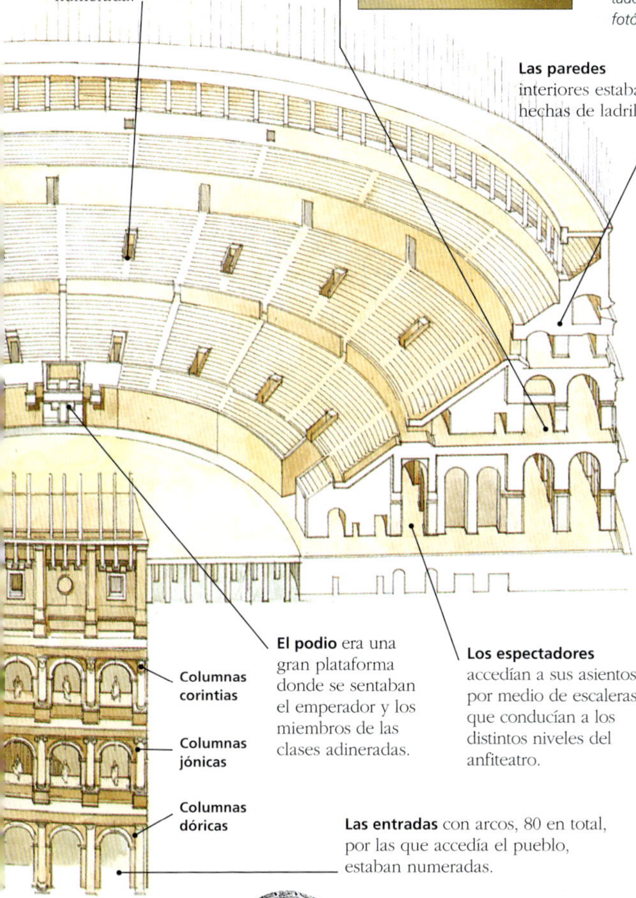

Columnas corintias

Columnas jónicas

Columnas dóricas

El podio era una gran plataforma donde se sentaban el emperador y los miembros de las clases adineradas.

Los espectadores accedían a sus asientos por medio de escaleras, que conducían a los distintos niveles del anfiteatro.

Las entradas con arcos, 80 en total, por las que accedía el pueblo, estaban numeradas.

Coloso de Nerón
El Coliseo pudo haber tomado su nombre de esta enorme estatua de bronce que se alzaba junto al anfiteatro.

Escudo de gladiador

200 – **400** – **1300** – **1500** – **1700** – **1900**

- **230** Alejandro Severo restaura el Coliseo
- **248** Aniversario de la fundación de Roma por Rómulo y Remo
- **404** Se prohíben las luchas de gladiadores
- **442** Un terremoto daña el Coliseo
- **523** Se prohíben las luchas de animales salvajes
- **Siglo XIII** La familia Frangipane convierte el Coliseo en fortaleza
- **1312** Enrique VII dona el Coliseo al Senado y al pueblo de Roma
- **Siglos XV-XVI** Las ruinas se emplean como cantera. Los papas reciclan los bloques de travertino
- **1749** Se representa en el Coliseo la Pasión de Jesús
- **1870** Se arranca toda la vegetación
- **1893-1896** Se excava la estructura bajo la arena

Las luchas en la arena

Los emperadores presidían espectáculos que, a menudo, comenzaban con números circenses realizados con animales. A continuación venían las luchas a muerte entre gladiadores. Cada vez que uno moría, hombres vestidos de Caronte (mitológico personaje que ayudaba a los muertos), se llevaban su cuerpo en una camilla y esparcían tierra sobre su sangre, preparando el terreno para un nuevo combate. La suerte de un gladiador herido de muerte dependía del favor del público. El pulgar levantado del emperador significaba el perdón; hacia abajo implicaba la muerte. Se traían animales de lugares tan remotos como Asia y norte de África, y en los juegos celebrados en el 248 d.C. con motivo del milenario de la fundación de Roma, murieron cientos de leones, elefantes, hipopótamos y cebras.

Bajo la arena
Las excavaciones de finales del siglo XIX pusieron al descubierto una red de salas subterráneas donde se guardaban los animales.

Interior del Coliseo
El estadio tenía forma de elipse, con gradas de asientos alrededor de la gran arena central.

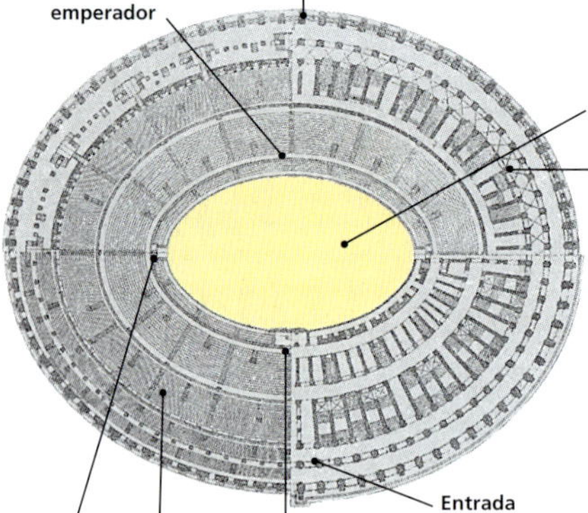

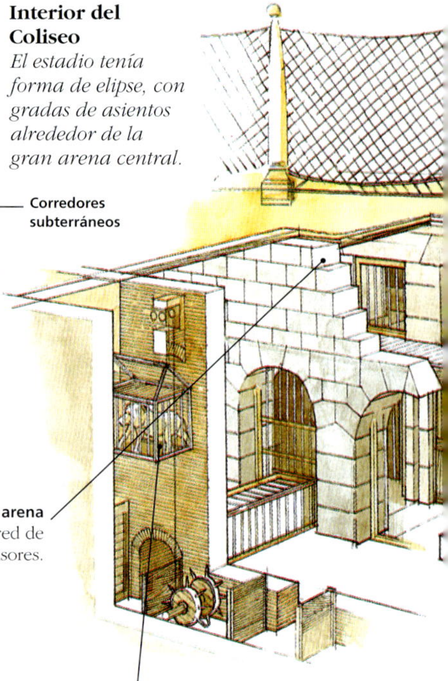

Bajo la arena había una red de corredores y ascensores.

Gladiadores romanos
Solían ser esclavos, prisioneros de guerra o criminales bajo condena. La mayoría eran hombres, pero había también algunas mujeres.

Entradas teatrales
Bajo la arena existía una tarima de madera, desde la cual los animales y gladiadores hacían su aparición.

El Coliseo, por Antonio Canaletto
Esta visión del Coliseo del siglo XVIII muestra la fuente de Meta Sudans (hoy derruida). El agua brotaba de una bola de metal situada en la punta de su cono de ladrillo.

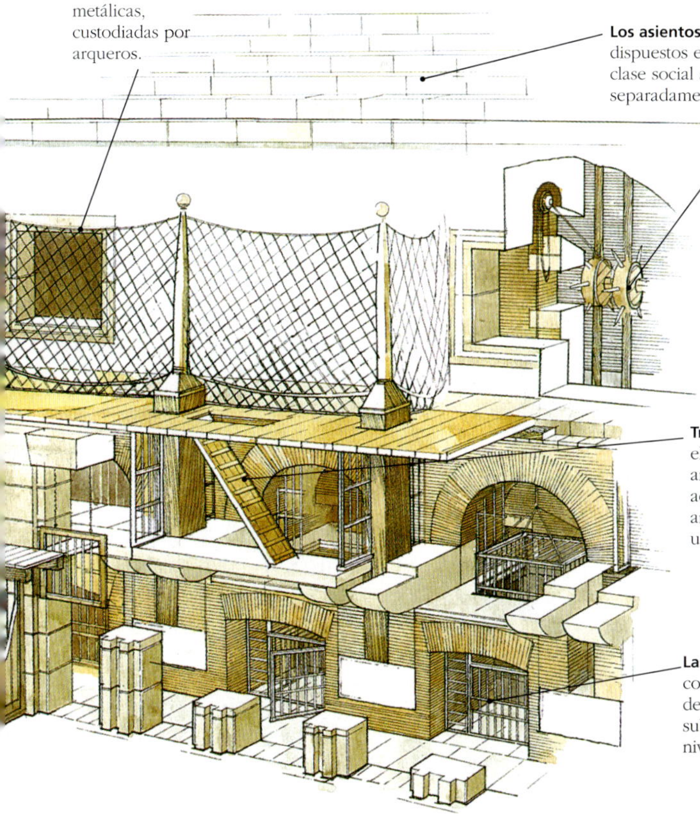

BATALLAS NAVALES EN LA ARENA

El historiador del siglo IV d.C., Dion Casio, relataba cómo, 150 años antes, se inundó la arena del Coliseo para representar una batalla naval. La mayoría de los estudiosos opina que dicho espectáculo tuvo lugar probablemente en la Naumachia de Augusto, un recinto cubierto de agua situado en el Trastevere.

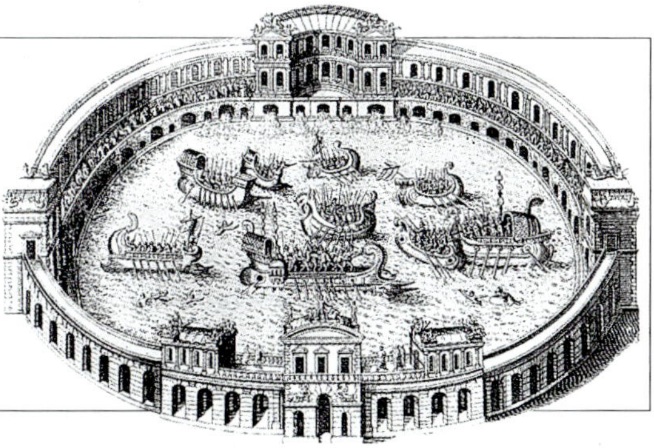

PALATINO

Cuenta la leyenda que Rómulo y Remo fueron criados aquí por una loba en una cueva. En la colina Palatina se han encontrado restos de cabañas de la edad de hierro, que datan del siglo IX a.C., proporcionando una base arqueológica a los lazos legendarios de la zona con la fundación de Roma. El Palatino era un lugar muy atractivo para vivir, y se convirtió en hogar de algunos de los más famosos habitantes de la ciudad. El gran orador Cicerón tenía una casa aquí, al igual que el poeta lírico Catulo. Augusto nació en la colina y siguió viviendo en ella en condiciones modestas incluso después de convertirse en emperador. Los dos edificios identificados como la casa de Augusto y la casa de Livia, su esposa, se encuentran entre los mejor conservados del lugar. La austeridad del primer emperador de Roma no fue sin duda imitada por sus sucesores, Tiberio, Calígula y Domiciano, pues todos ellos se construyeron aquí suntuosos palacios. Las ruinas del palacio de Tiberio se encuentran bajo los jardines Farnese, del siglo XVI. Las más extensas son las de la Domus Augustana y Domus Flavia.

Fresco de máscara en la Domus Augustana

LUGARES DE INTERÉS

Templos
Templo de Cibeles 6

Edificios históricos
Casa de Livia 5
Domus Augustana 3
Domus Flavia 1

Ruinas
Cabañas de Rómulo 7
Cryptoporticus 2
Estadio 4

Parques y jardines
Jardines Farnese 8

VER TAMBIÉN

• ***Callejero*** plano 8

CÓMO LLEGAR

Hay dos maneras de llegar a la colina Palatina; o bien atravesando el Foro Imperial (desde Via dei Fori Imperiali) o por la entrada de la Via San Gregorio. Para visitar el Palatino es necesario pagar otra entrada, aunque se entre desde el Foro. Los mejores autobuses son el 75, 85, 87, 117, 175, 186, 810, 850; todos con parada en la Via dei Fori Imperiali, cerca de la entrada principal. El tranvía 3 y la estación de metro de Colosseo también se encuentran próximas.

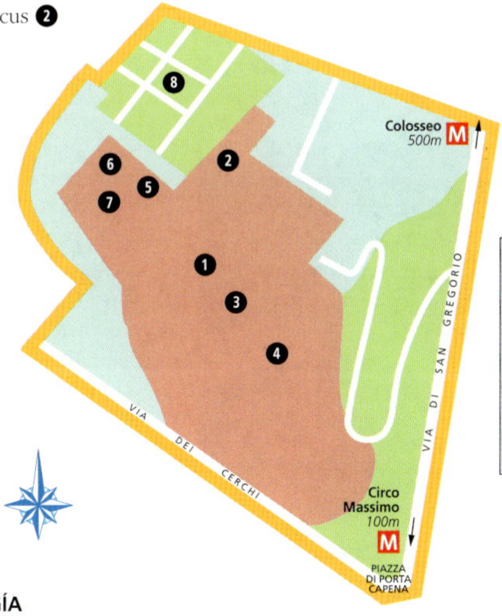

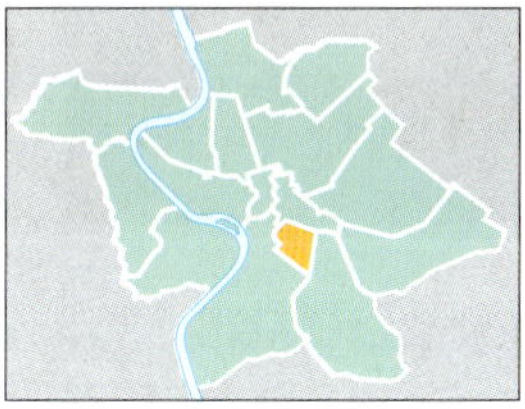

SIMBOLOGÍA

Itinerario del plano del Palatino

M Estación de metro

0 metros 200

El Palatino en 3 dimensiones

Con suaves pendientes a la sombra de pinos y el suelo cubierto de flores silvestres en primavera, el Palatino es el más agradable de los rincones de la Antigua Roma, al que se accede desde el Foro *(ver p. 77)*. Dominan la zona las ruinas de Domus Flavia y Domus Augustana, partes ambas del inmenso palacio que construyó Domiciano a finales del siglo I d.C. Su recorrido por el lugar depende de las excavaciones que se están llevando a cabo en ese momento.

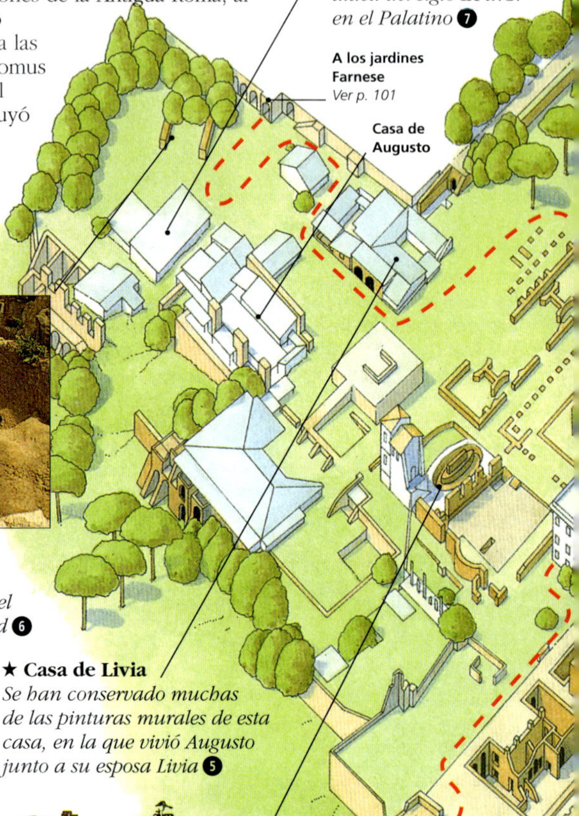

Cabañas de Rómulo
Son restos de una aldea del siglo IX a.C. en el Palatino ❼

Templo de Cibeles
También conocido como el templo de Magna Mater, era el centro del culto a la fertilidad ❻

★ Casa de Livia
Se han conservado muchas de las pinturas murales de esta casa, en la que vivió Augusto junto a su esposa Livia ❺

★ Domus Flavia
Esta fuente oval fue proyectada para ser vista desde el comedor del palacio ❶

Domus Augustana
Los emperadores romanos vivían en esta parte del palacio, mientras que la Domus Flavia estaba destinada a uso público ❸

RECOMENDAMOS

- ★ Casa de Livia
- ★ Domus Flavia

SIMBOLOGÍA

– – – Itinerario sugerido

0 metros 75

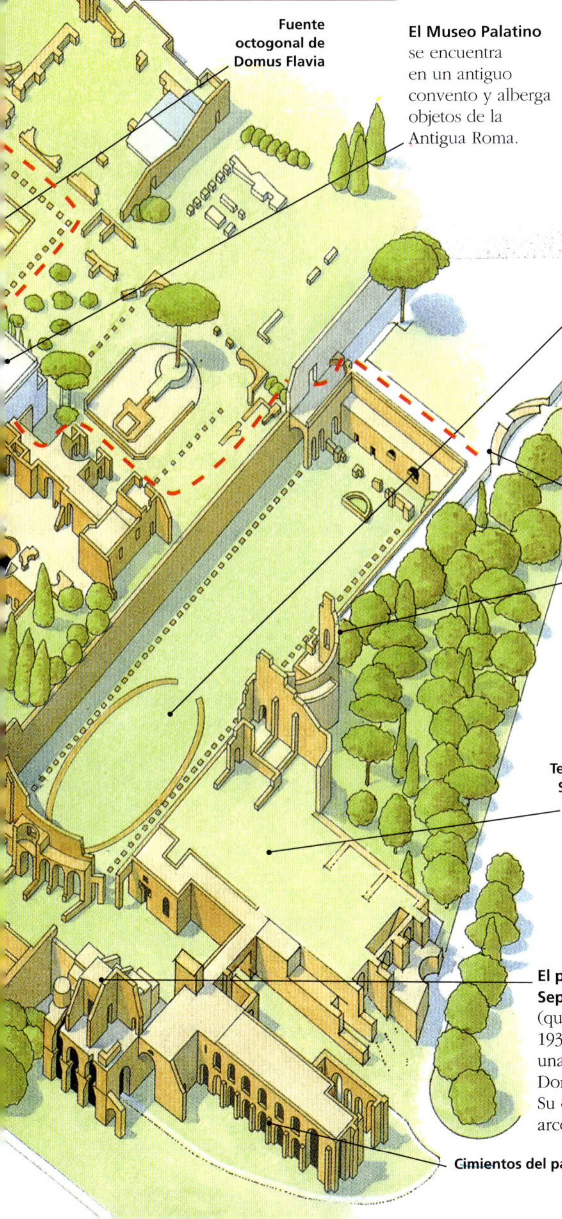

Cryptoporticus

En esta larga galería subterránea, construida por Nerón, el estuco que decoraba las bóvedas del techo ha sido reemplazado por copias ❷

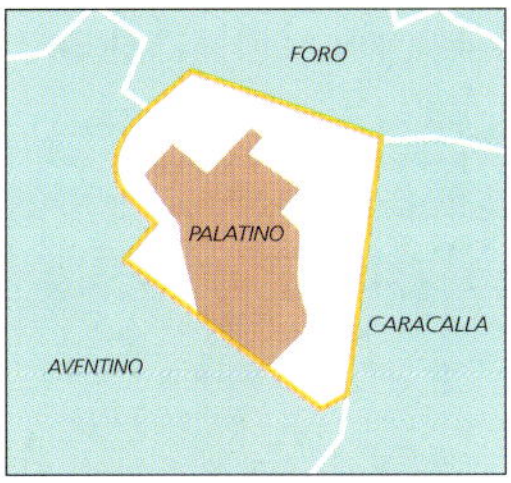

PLANO DE SITUACIÓN

Ver plano del centro, pp. 14-15

Fuente octogonal de Domus Flavia

El Museo Palatino se encuentra en un antiguo convento y alberga objetos de la Antigua Roma.

Estadio

Forma parte del palacio imperial; este recinto puede que fuera utilizado por los emperadores como jardín privado ❹

Entrada de la Via San Gregorio

En la *exedra* del estadio es posible que existiera un palco para que los emperadores presenciaran las carreras.

Termas de Septimio Severo

El palacio de Septimio Severo (que gobernó entre 193-211 d.C.) era una extensión de la Domus Augustana. Su construcción requirió grandes arcos como soportes.

Cimientos del palacio

INFORMACIÓN ESENCIAL

Entradas y taquillas: *Via di San Gregorio 30 y cerca del arco de Tito en Via Sacra.* **Plano** 8 E1-8 F1. ***Tel*** *06 3996 7700.* 🚌 *75, 85, 87, 117, 175, 186, 810, 850 hasta Via dei Fori Imperiali.* 🚋 *3.* Ⓜ *Colosseo.* ***Abierto*** *9.00-1 h antes de la puesta del sol todos los días; última admisión 1 hora antes del cierre.* ***Cerrado*** *1 ene, 25 dic.* ***Entrada*** *previo pago incluye entrada al Museo Palatino y al Coliseo (ver pp. 92-95).*

Domus Flavia ❶

Ver Información esencial.

Suelo de mármol en el patio de la Domus Flavia

En el año 81 d.C., Domiciano, tercer emperador de la dinastía Flavia, decidió construir un espléndido palacio nuevo en la colina Palatina. El pico occidental, Gemalus, se hallaba cubierto por casas y templos, mientras que el oriental, Palatium, era muy empinado. Con lo cual, el arquitecto del emperador, Rabirius, alisó el Palatium y utilizó la tierra extraída para llenar la grieta existente entre ambos picos, enterrando (y preservando) un importante número de casas de la época republicana.

El palacio tenía dos alas –una oficial (Domus Flavia) y otra privada (Domus Augustana)–. Fue el principal palacio imperial durante 300 años. En la entrada de la Domus Flavia, los restos de columnas y fragmentos de muro configuran las tres habitaciones adyacentes. En la primera de éstas, la basílica, Domiciano llevaba a cabo su personal administración de justicia.

El Aula Regia central era una sala del trono decorada con 12 estatuas de basalto. La tercera habitación (hoy recubierta de plástico gofrado) era el Lararium, un santuario dedicado a los dioses del hogar conocidos como lares (por lo general, los ancestros del dueño de la casa). Pudo haberse empleado para ceremonias oficiales.

En su temor a ser asesinado, Domiciano hizo recubrir las paredes del patio con placas de mármol brillante realizadas para actuar como espejos, que reflejaran a cualquiera que merodeara tras de él. A pesar de ello, fue asesinado en su dormitorio, posiblemente por orden de su mujer, Domicia. El patio es hoy un agradable lugar donde descansar.

Cryptoporticus ❷

Ver Información esencial.

El Cryptoporticus, conjunto de pasillos subterráneos, fue construido por Nerón con objeto de conectar su Domus Aurea *(ver p. 175)* con los palacios de emperadores anteriores en el Palatino. Más tarde, se añadió una nueva ala que conducía al palacio de Domiciano. Sus bóvedas están decoradas con delicados relieves en estuco.

Domus Augustana ❸

Ver Información esencial.

Esta parte del palacio de Domiciano se llamaba Domus Augustana porque era la residencia privada de los augustos emperadores. En el nivel superior queda un alto muro de ladrillo, y es posible reconstruir mentalmente la forma de los dos patios. El nivel inferior, mucho mejor conservado, se halla cerrado al público, aunque puede echarse un vistazo a su hundido patio con los restos de una fuente geométrica en el centro. Por desgracia, no es posible ver las escaleras que unen los dos niveles, ni tampoco las habitaciones adyacentes, con suelo de mármol policromado.

Estadio ❹

Ver Información esencial.

El estadio visto desde el sur

El estadio del Palatino fue construido al mismo tiempo que el palacio de Domiciano. No se sabe a ciencia cierta si se trataba de un estadio público, una pista privada para entrenar caballos o simplemente un gran jardín. El hueco situado en la pared oriental parece haber albergado un palco desde donde el emperador pudo haber contemplado las carreras. Se sabe, sin embargo, que el estadio fue destinado a carreras a pie por el rey ostrogodo Teodorico, en el siglo VI; y añadió el pequeño recinto oval situado en el extremo sur del lugar.

Restos de la Domus Augustana y del palacio de Septimio Severo

Casa de Livia ❺

Ver *Información esencial. Si está cerrada, preguntar por el guarda.*

Fresco en la casa de Livia

Esta casa, que data del siglo I a.C., es uno de los edificios mejor preservados del Palatino. Fue probablemente parte de la casa en la que vivieron el emperador Augusto y su esposa Livia. Comparado con otros palacios imperiales posteriores, se trata de un hogar relativamente modesto.

Cuenta Suetonio, biógrafo de los primeros 12 emperadores de Roma, que Augusto durmió durante 40 años en el mismo pequeño dormitorio, en una cama baja que tenía "una colcha muy ordinaria". Solía vestir ropas de fabricación casera (hechas por su esposa Livia, su hermana Octavia y su hija Julia), pero su vanidad le empujaba a llevar zapatos con suelas extremadamente gruesas, para disimular su corta estatura.

Detalle de mosaico del suelo

El Palatino se encuentra hoy por debajo del nivel del suelo, así que es posible descender hasta él por una serie de escalones y recorrer el camino con suelo de mosaicos que conduce a un patio. Sus frescos de las paredes a imitación de mármol han sido retirados con objeto de preservarlos, pero siguen expuestos *in situ*. Aunque han perdido casi todo el color, aún es posible distinguir su trazado. Saliendo del patio hay tres pequeñas salas de recepción. Los frescos de la central muestran una descolorida escena que representa a Hermes acudiendo a rescatar a Io, la amada de Zeus, quien se encuentra custodiada por Argos, el gigante de cien ojos.

Templo de Cibeles ❻

Ver Información esencial.

Aparte de una plataforma y unos cuantos restos de columnas y capiteles, es bien poco lo que queda del templo dedicado a Cibeles, popular diosa de la fertilidad importada a Roma desde Asia. Los sacerdotes de su culto se autocastraban en la creencia de que si sacrificaban su propia fertilidad garantizarían la del resto del mundo.

El festival anual de Cibeles, a principios de primavera, culminaba con la automortificación corporal de sacerdotes eunucos que ofrecían su sangre a la diosa.

Estatua de la diosa Cibeles

Cabañas de Rómulo ❼

Ver Información esencial.

Dice la leyenda que, tras asesinar a su hermano Remo, Rómulo fundó una aldea en la colina Palatina. En los años cuarenta se encontraron unos hoyos rellenos de una tierra más clara que la de los alrededores. Se dedujo que sirvieron para clavar los postes sobre los que se asentaban tres cabañas de la edad de hierro –los cimientos de lo que luego sería Roma– *(ver pp. 18-19)*.

Jardines Farnese ❽

Ver Información esencial.

A mediados del siglo XVI, el cardenal Alessandro Farnese, nieto de Pablo III, compró las ruinas del palacio de Tiberio en el Palatino. Tras restaurar el palacio derruido, encargó a Vignola, arquitecto del interior de la iglesia de Il Gesù, que proyectara un jardín para él. Fue uno de los primeros jardines botánicos de Europa; sus distintos niveles están unidos por escalones y se extienden desde la Casa de las Vestales en el Foro romano hasta el pico Gemalus del Palatino. Los jardineros introdujeron en Italia y Europa una serie de plantas, entre ellas la Acacia Farnesiana. El círculo social de Farnese incluía un gran número de cortesanas, de modo que las fiestas celebradas en el palacio debían de ser muy libertinas.

El área fue sacada a la luz durante las excavaciones del Palatino y transformada después. Sus avenidas flanqueadas por áboles y las maravillosas rosaledas hacen de éste un lugar ideal para la relajación.

Pabellones Farnese, reliquias de la época cuando el Palatino era un jardín privado

PIAZZA DELLA ROTONDA

El Panteón ha permanecido en el centro de Roma durante casi 2.000 años. El área histórica que lo rodea ha sido escenario de la actividad económica y política a través de los tiempos. El Palazzo di Montecitorio, construido por el papa Inocencio XII y destinado a tribunal pontificio en el año 1694, alberga en la actualidad el Parlamento italiano, mientras que muchos de los edificios circundantes son oficinas gubernamentales. Éste es también el principal distrito financiero de Roma; en él se encuentran importantes bancos y la Bolsa. Pocos romanos viven aquí, pero por las noches se llenan los restaurantes y cafés, que convierten la zona en el centro de la vida social de la ciudad.

Típico aperitivo de un café romano

LUGARES DE INTERÉS

Iglesias y templos
Il Gesù pp. 114-115 9
La Maddalena 15
Panteón pp. 110-111 13
San Ignacio de Loyola 3
San Lorenzo in Lucina 20
Sant'Eustachio 14
Santa Maria in Campo Marzio 18
Santa Maria sopra Minerva 11
Templo de Adriano 1

Calles y plazas históricas
Piazza di Sant'Ignazio 2
Via della Gatta 7

Edificios históricos
Palazzo Altieri 8
Palazzo Baldassini 17
Palazzo Borghese 19
Palazzo Capranica 24
Palazzo del Collegio Romano 4
Palazzo Doria Pamphilj 6
Palazzo di Montecitorio 21

Columnas, obesliscos y estatuas
Columna de Marco Aurelio 23
Obelisco de Montecitorio 22
Obelisco de Santa Maria sopra Minerva 12
Pie' di Marmo 10

Fuentes
Fontanella del Facchino 5

Cafés y restaurantes
Caffè Giolitti 16

SIMBOLOGÍA
Plano en 3 dimensiones
M Estación de metro

CÓMO LLEGAR
Esta zona carece de estación de metro, pero se encuentra a unos 20 minutos andando de las paradas de Spagna o Barberini. En la Via del Plebiscito se pueden tomar los autobuses de las líneas 46, 64, 70, 186, 492 y 810. A Piazza Colonna llegan el 117, 119, 492 y todos los autobuses que suben por la Via del Corso o los que paran en Piazza San Silvestro. El único que recorre las estrechas calles de la zona es el minibús eléctrico 116, con parada delante mismo del Panteón.

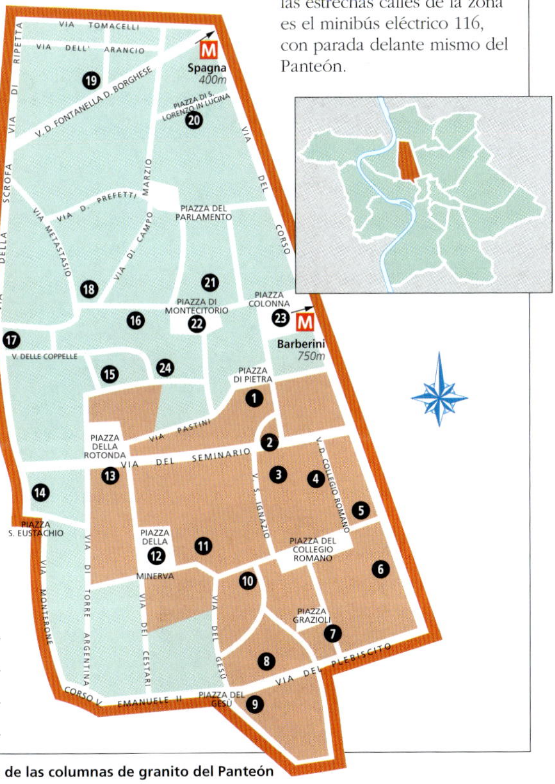

VER TAMBIÉN

- ***Callejero,*** planos 4, 5, 12
- ***Alojamiento,*** pp. 300-301
- ***Restaurantes,*** pp. 316-317

◁ Piazza della Rotonda vista a través de las columnas de granito del Panteón

Piazza della Rotonda en 3 dimensiones

Si el visitante pasea por esta zona, tarde o temprano aparece en la Piazza della Rotonda, con numerosos cafés al aire libre frente al Panteón. El murmullo de la fuente hace de este rincón un lugar de descanso sugerente. En este entramado de estrechas calles puede resultar difícil darse cuenta de cuán cerca están algunos de los mayores tesoros de Roma. La magnífica colección de arte del Palazzo Doria Pamphilj y el esplendor barroco de Il Gesù se hallan a tan sólo unos minutos a pie del Panteón. Por la noche hay siempre una agradable animación producida por la gente que sale a cenar o tomar café, o a saborear los helados por los que esta zona es famosa.

La Tazza d' Oro es famoso por su magnífico café, que también se vende recién molido *(ver p. 330)*.

Santa Maria sopra Minerva
La rica decoración de la única iglesia gótica de Roma fue añadida en el siglo XIX ⓫

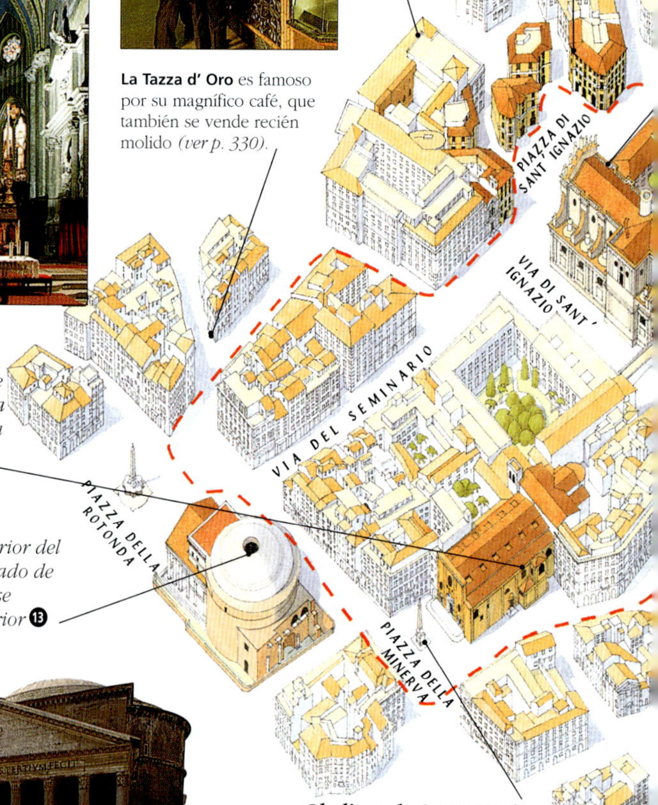

Templo de Adriano
Las columnas de este templo romano forman hoy la fachada del edificio de la Bolsa ❶

Piazza di Sant'Ignazio
La plaza es un ejemplo único de elegante arquitectura italiana del siglo XVIII ❷

★ Panteón
El impresionante interior del templo mejor conservado de la Antigua Roma no se adivina desde el exterior ⓭

Obelisco de Santa Maria sopra Minerva
En 1667 Bernini tuvo la idea de montar un obelisco sobre el lomo de un elefante de mármol ⓬

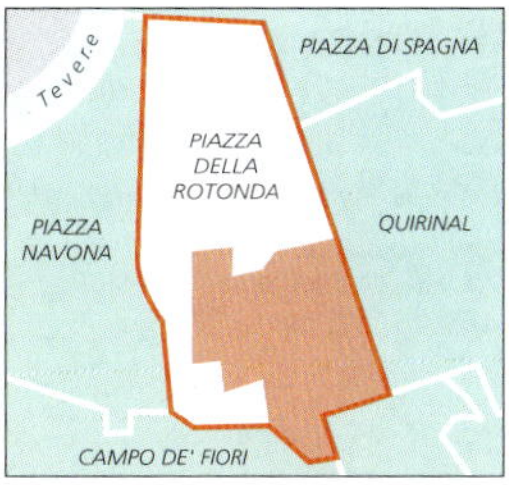

PLANO DE SITUACIÓN

Ver plano del centro, pp. 14-15

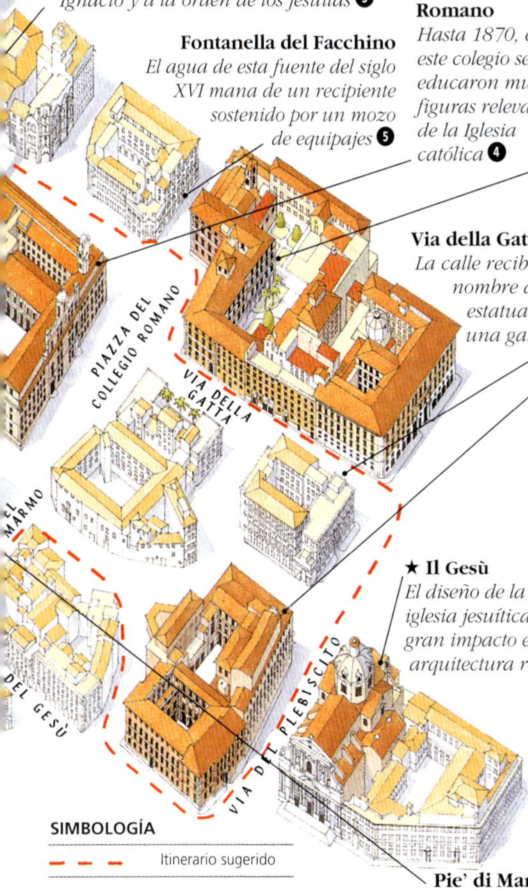

★ San Ignacio de Loyola
Andrea Pozzo pintó este glorioso techo barroco en 1685, dedicado a san Ignacio y a la orden de los jesuitas ❸

Fontanella del Facchino
El agua de esta fuente del siglo XVI mana de un recipiente sostenido por un mozo de equipajes ❺

Palazzo del Collegio Romano
Hasta 1870, en este colegio se educaron muchas figuras relevantes de la Iglesia católica ❹

★ Pallazzo Doria Pamphilj
Entre las obras maestras que se encuentran en la galería de arte de este magnífico palacio se halla el retrato del papa Inocencio X, realizado por Velázquez (1650) ❻

Via della Gatta
La calle recibe su nombre de la estatua de una gata ❼

Palazzo Altieri
Este enorme palacio del siglo XVII está decorado con las armas del papa Clemente X ❽

★ Il Gesù
El diseño de la primera iglesia jesuítica tuvo un gran impacto en la arquitectura religiosa ❾

Pie' di Marmo
Este pie de mármol es un fragmento suelto de una gigantesca estatua romana ❿

SIMBOLOGÍA

Itinerario sugerido

0 metros 75

RECOMENDAMOS

- ★ Panteón
- ★ San Ignacio de Loyola
- ★ Palazzo Doria Pamphilj
- ★ Il Gesù

Templo de Adriano ❶

La Borsa, Piazza di Pietra. **Plano** 4 F3 y 12 E2. 🚌 *117, 119, 492 y otros en Via del Corso y Piazza San Silvestro.* ***Abierto*** *para exposiciones.*

Este templo, construido en honor del emperador Adriano, considerado como dios, le fue dedicado por su hijo y sucesor Antonino Pío en el 145 d.C. Lo que de él se conserva resulta visible desde el lado sur de Piazza di Pietra, incorporado a un edificio del siglo XVII. Éste fue en un principio la casa de aduanas del Papa, completada por Carlo Fontana y su hijo en los años sesenta. Hoy el edificio alberga la Bolsa (La Borsa).

Once columnas corintias de mármol se alzan sobre una base de *peperino* (roca volcánica obtenida de las canteras de las colinas Albanas, al sur de Roma). Las columnas decoraban el flanco norte del templo, cerrando su santuario interior, o *cella*. El muro de *peperino* de la *cella* es aún visible detrás de las columnas, como parte del techo artesonado del pórtico.

Varios relieves del templo, que representan las provincias romanas conquistadas, se encuentran hoy en el patio del Palazzo dei Conservatori *(ver pp. 72-73)*. Reflejan la política exterior, básicamente pacifista, del reinado de Adriano.

Restos del templo de Adriano

Piazza di Sant'Ignazio ❷

Plano 4 F4 y 12 E3. 🚌 *117, 119, 492 y otros en Via del Corso y Piazza San Silvestro.*

Esta piazza (1727-1728), una de las obras cumbre del rococó romano, es la obra maestra de Filippo Ragunzzini. Contrasta la fachada de la iglesia de San Ignacio de Loyola con las casas de la burguesía. El emplazamiento, el diseño curvilíneo y las formas sinuosas de sus ventanas, balcones y balaustradas convierten la plaza en uno de los conjuntos arquitectónicos más originales. Junto con el Palazzo Doria Panphilj (1731), la fachada de La Maddalena (1735) y la aristocrática escalinata de Piazza Spagna (1732), pertenece a ese momento afortunado en el que el efervescente rococó romano triunfó sobre el conservador clasicismo.

Falso techo en el crucero de San Ignacio

San Ignacio de Loyola ❸

Piazza di Sant'Ignacio. **Plano** 4 F4 y 12 E3. ***Tel*** *06 679 44 06.* 🚌 *117, 119, 492 y otros en Via del Corso.* ***Abierta*** *7.30-12.15, 15.00-19.15 todos los días.* ✝

La iglesia fue construida por el papa Gregorio XV en 1626, en honor de san Ignacio de Loyola, fundador de la Compañía de Jesús y quién mejor encarnó el celo de la Contrarreforma.

Junto con Il Gesù *(ver pp. 114-115)*, San Ignacio forma el núcleo del área jesuítica en Roma. En su interior, adornado con piedras preciosas, mármol, estuco y dorados, se respira una fascinante atmósfera. La iglesia tiene planta de cruz latina, con un ábside y numerosas capillas laterales. Se proyectó una cúpula que, nunca llegó a construirse, así que Andrea Pozzo llenó el espacio con pinturas que simulan una cúpula. Las pilastras que sostienen la cúpula sirven de soporte al observatorio del Collegio Romano.

Pallazzo del Collegio Romano ❹

Piazza del Collegio Romano. **Plano** 5 A4 y 12 E3. 🚌 *117, 119, 492 y otros en Via del Corso y Piazza Venezia.* ***Cerrado*** *al público.*

Compartiendo el mismo bloque que la iglesia de San Ignacio de Loyola, el *palazzo* albergó en otro tiempo un colegio dirigido por los jesuitas; en él estudiaron muchos futuros obispos, cardenales y papas. En su entrada figura el escudo de armas de su fundador, Gregorio XIII Boncompagni (Papa entre 1572-1585). La fachada está decorada con una campana y tres relojes, dos de ellos de sol. A la derecha hay una torre construida en 1787 a modo de observatorio meteorológico; hasta 1925 servía como referencia horaria a los relojes de la ciudad.

Pórtico del Collegio Romano

Fontanella del Facchino ❺

Via Lata. **Plano** 5 A4 y 12 E3. *64, 81, 85, 117, 119, 492 y muchos otros.*

Il Facchino (mozo de equipajes), situado en otro tiempo en el Corso, se encuentra hoy en una de las paredes del Banco di Roma; fue una de las "estatuas parlantes" de Roma, al igual que Pasquino *(ver p. 124)*. Construida alrededor de 1590, su concepción pudo haberse basado en un dibujo de Jacopino del Conte. La estatua de un hombre sosteniendo un barril representa probablemente a un aguador, aunque algunos afirman que se trata de Martín Lutero o de Abbondo Rizzio, quien murió mientras transportaba un tonel.

Fuente del Facchino

Palazzo Doria Pamphilj ❻

Piazza del Collegio Romano 1/A. **Plano** 5 A4 y 12 E3. ***Tel*** *06 679 73 23.* *64, 81, 85, 117, 119, 492 y muchos otros.* ***Abierto*** *10.00-17.00 vi-mi.* ***Cerrado*** *25 dic, 1 ene, Domingo de Resurrección, 1 may, 15 ago.* ***Entrada*** *previo pago.* *para aposentos privados.* ***Conciertos*** **www.**doriapamphilj.it

El Palazzo Doria Pamphilj es una gran isla de piedra situada en el corazón de Roma; algunas de sus partes más antiguas datan de 1435. Desde la entrada del Corso se puede divisar el patio porticado del siglo XVI, con el escudo de armas de la familia della Rovere. Tras ella, el palacio pasó a manos de la familia Aldobrandini. Entre 1601 y 1647 se añadió a la mansión un nuevo patio y alas laterales, destruyendo para ello unos baños públicos cercanos.

Cuando la familia Pamphilj tomó posesión del lugar, completó la fachada de la Piazza del Collegio Romano y el ala de la Via della Gatta, una capilla y un teatro inaugurado por Cristina de Suecia en 1684.

En la primera mitad de la década de 1700, Gabriele Valvassori creó la galería situada sobre el patio y una nueva fachada a lo largo del Corso, empleando el estilo ornamental del periodo conocido como el *barrochetto*, que en la actualidad predomina en el edificio. Las escalinatas y los salones, la galería de los Espejos y la de cuadros irradian una alegre sensación de luz y espacio.

La colección familiar de la galería Doria Pamphilj cuenta con más de 400 pinturas que datan de los siglos XV al XVIII, incluyendo el famoso retrato del papa Inocencio X Pamphilj pintado por Velázquez. También hay obras de pintores como Tiziano, Caravaggio, Lorenzo Lotto y Guercino. Las habitaciones de la zona privada exhiben numerosos muebles de época. y magníficos tapices flamencos. Ocasionalmente, en la galería se celebran conciertos y se organizan visitas por la tarde.

Via della Gatta ❼

Plano 5 A4 y 12 E3. *62, 63, 64, 70, 81, 87, 186, 492 y otros en Via del Plebiscito y Corso Vittorio Emanuele II.*

Esta estrecha calle se encuentra entre el gran Palazzo Doria Pamphilj y el más pequeño Palazzo Grazioli. La escultura de mármol, que representa a una gata, da nombre a la calle; puede verse en la primera cornisa de la esquina del Palazzo Graioli.

Gata de mármol en Via della Gatta

Palazzo Altieri ❽

Via del Gesù 93. **Plano** 4 F4 y 12 E3. *46, 62, 63, 64, 70, 81, 87, 186, 492 y otros en Via del Plebiscito y Corso Vittorio Emanuele II.* *8.*

A la familia Altieri se la menciona por vez primera en la historia de Roma en el siglo IX. Este palacio fue construido por sus últimos herederos varones, los cardenales Giambattista di Lorenzo Altieri y Emilio Altieri, que se convirtió más tarde en Clemente X (Papa entre 1670-1676). Muchas de las casas vecinas tuvieron que ser demolidas, pero una anciana mujer llamada Berta se negó a abandonar su hogar, por lo que su cabaña se incorporó al *palazzo*.

Il Gesù ❾

Ver pp. 114-115.

Descanso durante la huida a Egipto, **de Caravaggio**

Pie de mármol de una estatua romana

Pie' di Marmo ⑩

Via di Santo Stefano del Cacco. **Plano** 4 F4 y 12 E3. *62, 63, 64, 70, 81, 87, 116 , 186, 492 y muchos otros en Via del Corso, Via del Plebiscito y Corso Vittorio Emanuele II.*

En la Edad Media se creía que a la mitad de la población de la Antigua Roma le erigían estatuas de bronce, mármol y oro. Fragmentos de estos gigantes, por lo general dioses o emperadores, están repartidos por toda la ciudad. Este pie de mármol se encontró en un área dedicada a los dioses egipcios Isis y Serapis. Estos colosos estaban pintados y cubiertos de joyas y telas donadas por los fieles –lo que implicaba un gran peligro de incendio, dada la presencia de antorchas encendidas sin vigilancia–.

Santa Maria sopra Minerva ⑪

Piazza della Minerva 42. **Plano** 4 F4 y 12 E3. ***Tel*** *06 679 39 26. 116 y muchos otros en Via del Corso, Via del Plebiscito y Corso Vittorio Emanuele II.* ***Abierta*** *7.00-19.00 lu-sá; 8.00-13.00, 15.00-19.00 do.* **Claustro *abierto*** *9.00-12.30, 16.00-18.30 lu-sá.* ***Conciertos.***

Muy pocas iglesias pueden alardear de una colección tan impresionante y completa de arte italiano. Santa Maria sopra Minerva, que data del siglo XIII, es uno de los pocos ejemplos de arquitectura gótica que posee Roma. Fue un baluarte tradicional de los dominicos, cuyo celo antihereje les hizo merecedores del sobrenombre de *Domini Canes* (sabuesos del Señor).

Construido sobre un templo supuestamente dedicado a Minerva, al sencillo edificio original abovedado y con planta de T le fueron añadidas ricas capillas y obras de arte por medio de las cuales muchos mecenas quisieron ser recordados. Fíjese en la tumbas de estilo cosmati del siglo XIII y en las exquisitas obras del XV de artistas toscanos y venecianos. El talento romano de aquel periodo está patente en la *Anunciación* de Antoniazzo Romano, donde se representa al cardenal Juan de Torquemada, padre de la Inquisición en España.

El estilo más monumental del Renacimiento romano se halla representado en las tumbas del siglo XVI de los papas Medici León X y su primo Clemente VII, y en la ricamente decorada capilla Aldobrandini. Cerca de las escaleras del presbiterio se encuentra la famosa escultura de *Cristo resucitado*, iniciada por Miguel Ángel pero completada por Raffaele da Montelupo en 1521.

Hay también espléndidas obras de arte barrocas, entre ellas una tumba y un busto de Bernini. La iglesia también se visita porque alberga las tumbas de muchos italianos famosos: santa Catalina de Siena, el escultor veneciano Adrea Bregno (muerto en 1506), el cardenal y humanista Pietro Bembo y Fra Angelico, fraile y pintor dominico.

Obelisco de Santa Maria sopra Minerva ⑫

Piazza della Minerva. **Plano** 4 F4 & 12 D3. *116 y muchos otros en Via del Corso y Corso Vittorio Emanuele II*

Originariamente ideado para decorar el Palazzo Barberini, esta exótica escultura compuesta por un obelisco y un elefante es típica de la inagotable imaginación de Bernini. (El elefante fue esculpido realmente por Enrico Ferrata, siguiendo un proyecto de Bernini). El histórico obelisco fue encontrado en el jardín del monasterio de Santa Maria sopra Minerva, y los frailes quisieron que fuera erigido en su plaza. Al elefante se le añadió una silla de montar porque los monjes temían que la cavidad bajo el abdomen del animal hiciera peligrar su estabilidad. Sin embargo, Bernini sabía lo que hacía. No hay más que visitar la Fontana dei Quattro Fiumi *(ver p. 120)* para apreciar el uso que hace del espacio. El elefante, antiguo símbolo de la inteligencia y la piedad, fue elegido para encarnar las virtudes sobre las que debe asentarse la verdadera sabiduría cristiana.

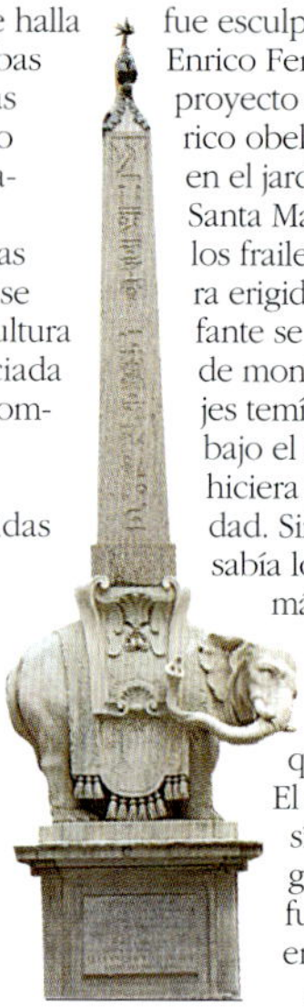

Obelisco egipcio y elefante de mármol, de Bernini

Nave de Santa Maria sopra Minerva

Panteón ⓭

Ver pp. 110-111.

Sant'Eustachio ⓮

Piazza Sant'Eustachio. **Plano** 4 F4 y 12 D3. ***Tel*** *06 686 53 34.* 🚌 *116 y muchos otros en Corso Vittorio Emanuele II.* ***Abierta*** *9.00-12.00, 15.30-19.45 todos los días.* ✝

Los orígenes de esta iglesia se remontan a la primera época cristiana, cuando era un centro de asistencia a los pobres. Durante la Edad Media muchas hermandades caritativas eligieron a san Eustaquio como su patrón y contaban con capillas dentro de la iglesia.

El campanario románico es uno de los restos de la iglesia medieval, que fue restaurada en los siglos XVII y XVIII. Cerca se encuentra el Caffé Sant'Eustachio *(ver p. 330).*

Campanario de Sant'Eustachio

La Maddalena ⓯

Piazza della Maddalena. **Plano** 4 F3 y 12 D2. ***Tel*** *06 899 281.* 🚌 *116 y muchos otros en Via del Corso y Corso Vittorio Emanuele II.* ***Abierta*** *8.00-12.00, 17.00-19.30 todos los días.* ✝

Situada en una pequeña plaza cerca del Panteón, la fachada rococó de la Maddalena, construida en 1735, simboliza el amor a la luz y al movimiento típico del barroco tardío. Sus curvas recuerdan a San Carlo delle Quattro Fontane, de Borromini *(ver p. 161).* La fachada ha sido cuidadosamente restaurada, a pesar de las protestas de los intransigentes defensores del neoclasicismo, que rechazan el estuco por opinar que parece azúcar en polvo.

El tamaño reducido de la Maddalena no desanimó a los decoradores de los siglos XVII y XVIII, quienes ornamentaron su interior desde el suelo hasta la cima de su elegante cúpula. El rincón del órgano y el coro son ejemplos particularmente representativos del afán barroco por despertar la imaginación de los fieles.

Muchas de las pinturas y esculturas emplean la nueva iconografía cristiana de la Contrarreforma. En los nichos de la nave principal, por ejemplo, las estatuas son personificaciones de virtudes tales como la humildad y la modestia. También hay escenas de la vida de san Camilo, quien murió en el convento anexo en 1614. La iglesia era propiedad de sus seguidores, los camilos, una orden que trabajaba en hospitales romanos.

Fachada de la Maddalena

El salón al estilo antiguo del Caffè Giolitti

Caffè Giolitti ⓰

Via degli Uffici del Vicario 40. **Plano** 4 F3 y 12 D2. ***Tel*** *06 699 12 43.* 🚌 *116 y muchos otros en Via del Corso y Corso Rinascimento.* ***Abierto*** *7.00-1.00 todos los días.*

Fundado en 1900, el Caffè Giolitti es el heredero de aquellos cafes estilo *belle époque* que había en el cercano Corso durante los primeros días de Roma como capital del recién unificado Estado italiano. Su espacioso *salone* se llena de turistas durante el verano, de familias romanas los fines de semana y, en días laborables, de trabajadores de varias industrias. Los helados, de sabores muy variados, están especialmente buenos.

Palazzo Baldassini ⓱

Via delle Coppelle 35. **Plano** 4 F3 y 12 D2. 🚌 *116 y muchos otros en Via del Corso y Corso Rinascimento.* ***Cerrado*** *al público.*

Con sus cornisas que marcan los diferentes pisos y sus rejas de hierro forjado en las ventanas, se trata de uno de los mejores ejemplos de *palazzo* romano de comienzos del siglo XVI. Se alza en la parte de la ciudad conocida como el barrio renacentista, que creció en torno a largas avenidas como Via di Ripetta y Via della Scrofa, construidas en tiempos del papa León X (1513-1521).

Panteón ⓭

En la Edad Media, el Panteón, templo romano de todos los dioses, se convirtió en iglesia y, posteriormente, este magnífico edificio con su impresionante cúpula pasó a ser un símbolo de la propia Roma. El pórtico rectangular oculta la vasta cúpula hemisférica, cuya belleza y proporciones tan sólo pueden apreciarse desde el interior. La altura y la anchura de la cúpula son idénticas: 43,3 m. El orificio superior, *oculus,* proporciona la única iluminación. Debemos esta maravilla de la ingeniería romana al emperador Adriano, quien lo proyectó (118-125) para reemplazar un templo anterior construido por Marco Agripa, yerno de Augusto. Las sepulturas que hoy se alinean en el muro del Panteón albergan desde la tumba de Rafael hasta las de los reyes de la Italia moderna.

★ Interior de la cúpula
La cúpula se hizo volcando cemento mezclado con piedra porosa en un molde provisional de madera.

El pórtico, con columnas de granito

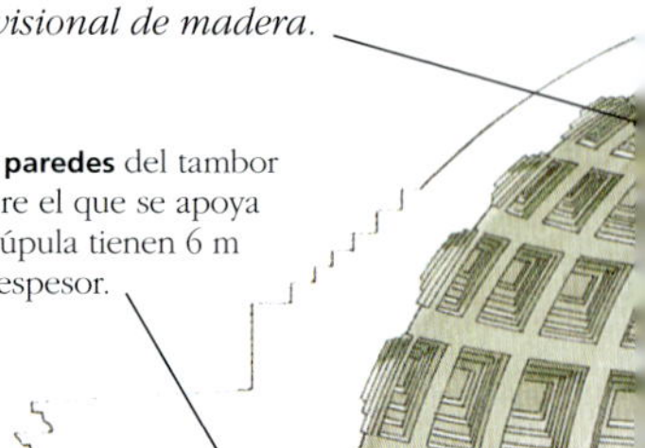

Las paredes del tambor sobre el que se apoya la cúpula tienen 6 m de espesor.

El inmenso pórtico fue construido sobre los cimientos del templo de Marco Agripa.

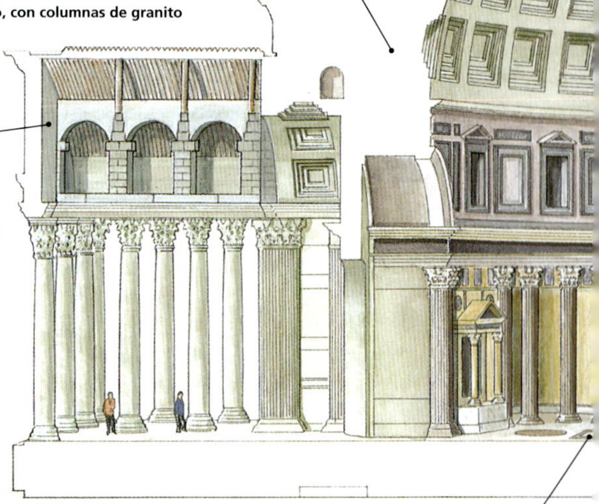

RECOMENDAMOS

- ★ Interior de la cúpula
- ★ Tumba de Rafael

Campanarios
Esta pintura del siglo XVII, de Bernardo Bellotto, muestra las criticadas torretas de Bernini, que fueron retiradas en 1883.

Decoración del suelo
El suelo de mármol, restaurado en 1873, conserva el diseño romano.

RAFAEL Y LA FORNARINA

Rafael fue enterrado aquí en 1520 a petición propia. Había vivido durante años con su modelo, La Fornarina *(ver p. 210)*, retratada aquí en una pintura de Giulio Romano, y a quien no se permitió acudir al funeral. A la derecha de la tumba del pintor hay una inscripción dedicada a su prometida, Maria Bibbiena, sobrina del cardenal Dovizi di Bibbiena.

INFORMACIÓN ESENCIAL

Piazza della Rotonda. **Plano** 4 F4 y 12 D3. ***Tel*** *06 68 30 02 30.* *116 y otros en Via del Corso, Corso Vittorio Emanuele II y Corso del Rinascimento.* ***Abierto*** *8.30-19.30 lu-sá, 9.00-18.00 do, 9.00-13.00 festivos.* ***Cerrado*** *1 ene, 1 may, 25 dic.*

Artesonado
El artesonado sirvió para reducir el peso de la cúpula.

Arcos de descarga
Arcos de ladrillo insertados en la pared actúan de arbotantes internos, distribuyendo el peso de la cúpula.

★ Tumba de Rafael
Los restos del artista reposan bajo una Madonna de Lorenzetto (1520).

CRONOLOGÍA

27-25 a.C. Marco Agripa construye el primer Panteón

Inscripción del frontispicio

735 Gregorio III recubre el Panteón de plomo

1309-1377 Mientras el papado está en Aviñón, el Panteón es empleado como fortaleza y mercado

1888 Se completa la tumba del rey Víctor Manuel II

30 a.C. | 100 d.C. | 600 | 1100 | 1600

118-25 Adriano construye el nuevo Panteón

609 El papa Bonifacio IV consagra el Panteón como iglesia de Santa Maria

663 El emperador bizantino Constantino II hace retirar algunas de las tejas de bronce dorado del techo

1632 Urbano VIII funde el bronce del pórtico para el baldaquino de Bernini en San Pedro

Fachada sur curva de Bernini, Palazzo di Montecitorio

Santa Maria in Campo Marzio ⓲

Piazza in Campo Marzio 45. **Plano** 4 F3 y 12 D2. ***Tel*** *06 678 70 21.* *116 y otras líneas en Via del Corso y Corso Rinascimento.* ***Cerrada*** *por reformas.*

Rodeando el patio de entrada hay fascinantes restos de casas medievales, en otro tiempo propiedad del monasterio original. La iglesia misma fue reconstruida en 1685 por Antonio de Rossi, utilizando una planta de cruz griega con cúpula. Sobre el altar se encuentra una pintura del siglo XII que representa a una Virgen y da nombre a la iglesia.

Palazzo Borghese ⓳

Lago della Fontanella di Borghese. **Plano** 4 F3 y 12 D1. *81, 117, 492, 628.* ***Cerrado*** *al público.*

El palazzo fue adquirido alrededor de 1605 por el cardenal Camillo Borghese, justo antes de que se convirtiera en el papa Pablo V. Contrató a Flaminio Ponzio para que ampliara el edificio y le diera la grandeza propia de la residencia de un Pontífice. Añadió un ala con vistas a la Piazza Borghese, así como el delicioso patio interior porticado. Ampliaciones posteriores incluyeron la decoración de un gran *nymphaeum* conocido como el Baño de Venus. Durante más de dos siglos este palacio albergó la famosa colección de pinturas de la familia Borghese, que fue adquirida por el Estado en 1902 y trasladada a Galleria Borghese *(ver pp. 260-261).*

El papa Pablo V encargó la reforma del Palazzo Borghese

San Lorenzo in Lucina ⓴

Via in Lucina 16A. **Plano** 4 F3 y 12 E1. ***Tel*** *06 687 14 94.* *81, 117, 119, 492, 628.* ***Abierta*** *8.00-20.00 todos los días.*

Esta iglesia es uno de los lugares de culto más antiguos de Roma, y fue probablemente erigida sobre un pozo sagrado dedicado a Juno, protectora de las mujeres. Se reconstruyó en el siglo XII, y su apariencia externa es típica del periodo: un pórtico con columnas romanas coronadas por capiteles jónicos, un sencillo frontón triangular y un campanario románico con damasquino en mármol policromado.

El interior de la iglesia, por contra, se renovó por completo en 1856-1858. La antigua planta de basílica fue destruida, y las dos naves laterales reemplazadas por capillas barrocas. No olvide admirar los bellos bustos en la capilla Fonseca, diseñados por Bernini, o la *Crucifixión,* de Guido Reni, sobre el altar principal. También hay un monumento del siglo XIX al pintor francés Nicolas Poussin, enterrado aquí en 1655.

Palazzo di Montecitorio ㉑

Piazza di Montecitorio. **Plano** 4 F3 y 12 E2. *116 y otros en Via del Corso y Piazza San Silvestro.* ***Abierto*** *10.00-18.00 primer do de cada mes. No se puede reservar* ***Tel*** *06 676 01.* **www.**camera.it

El primer arquitecto del palacio, Bernini, obtuvo el encargo después de presentar un modelo en plata del proyecto a la mujer de su mecenas, el príncipe Ludovisi. El edificio fue completado en 1694 por Carlo Fontana y se convirtió en el tribunal papal de justicia. En 1871 fue designado como sede de la nueva Cámara de Diputados de Italia, y en 1927 había duplicado su tamaño con una segunda gran fachada. Los 630 miembros del Parlamento son elegidos por un sistema de mayoría con representación proporcional.

Iglesia de San Lorenzo in Lucina

Obelisco del emperador Augusto

Obelisco de Montecitorio ㉒

Piazza di Montecitorio. **Plano** 4 F3 y 12 E2. *116 y otros en Via del Corso y Piazza San Silvestro.*

La medida del tiempo en la Antigua Roma nunca se realizaba de forma fiable. Durante muchos años los romanos se guiaron por un reloj de sol importado (y por lo tanto inadecuado), un trofeo de la conquista de Sicilia. En el año 10 a.C., el emperador Augusto hizo colocar un gigantesco reloj de sol en el Campus Martius. Su centro se encontraba en lo que es actualmente la Piazza di San Lorenzo in Lucina. La sombra se proyectaba sobre un enorme obelisco de granito que Augusto había traído de Heliópolis (Egipto). Por desgracia, este reloj de sol pasó a ser inexacto transcurridos tan sólo 50 años, posiblemente a causa de un corrimiento de tierras.

El obelisco seguía en la plaza en el siglo IX, pero después desapareció, hasta ser descubierto bajo unas casas medievales durante el mandato del papa Julio II (1503-1513). Sin embargo, el obelisco no fue totalmente desenterrado hasta la llegada al poder de Benedicto XIV (Papa entre 1740-1758). Fue posteriormente erigido en su actual emplazamiento en 1792 por orden del papa Pío VI.

Columna de Marco Aurelio ㉓

Piazza Colonna. **Plano** 5 A3 y 12 E2. *116 y otros en Via del Corso y Piazza San Silvestro.*

Clara imitación de la columna de Trajano *(ver p. 90)*, este monumento fue erigido tras la muerte de Marco Aurelio, en el 180 d.C., para conmemorar las batallas de éste sobre las tribus bárbaras del Danubio. Los 80 años de diferencia entre ambas obras dieron lugar a un gran cambio artístico: las batallas de Marco Aurelio aparecen representadas con dibujos simplificados en pronunciados relieves, sacrificando las proporciones clásicas en aras de una mayor claridad. El espíritu de la obra está más cercano al arco de Constantino, del siglo IV, *(ver p. 91)* que al monumento a Trajano. Lejos están ya las heroicas cualidades de los soldados romanos, que son ahora en su mayoría mercenarios bárbaros, y la apariencia de dignidad ha desaparecido. Un nuevo énfasis en lo sobrenatural apunta el final del periodo helenístico y el comienzo de la era cristiana.

Compuesta de 28 tambores de mármol, la columna fue restaurada en 1588 por Domenico Fontana, bajo las órdenes del papa Sixto V. La estatua del emperador que había en lo alto fue sustituida por un bronce de san Pablo. Los 20 espirales del relieve narran la guerra germánica de 172-173 d.C. y la guerra sármata de 174-175. En el interior hay una escalera en espiral que conduce a la cima. Sin embargo, la mejor forma de apreciar la obra escultórica es visitando el Museo della Civiltà Romana en EUR *(ver p. 266)* y estudiar las reproducciones de los relieves.

Palazzo Capranica ㉔

Piazza Capranica. **Plano** 4 F3 y 12 D2. *116 y otros en Via del Corso y Piazza San Silvestro.*

Ventanas del Palazzo Capranica

Este palazzo, una de las pequeñas construcciones del siglo XV que se conservan en Roma, fue construido por encargo del cardenal Domenico Capranica como su residencia familiar y colegio para educación superior. Su apariencia de fortaleza es resultado de añadidos posteriores, algo usual en el siglo XV, cuando Roma se movía aún entre los gustos medieval y renacentista. Las ventanas de estilo gótico a la derecha del edificio muestran el escudo de armas del cardenal; la fecha, 1451, está inscrita en la puerta situada debajo. El palacio alberga en la actualidad un buen restaurante.

Relieve de las campañas del emperador en la columna de Marco Aurelio

Il Gesù ❾

Construida entre 1568 y1584, Il Gesù fue la primera iglesia jesuítica de Roma. Su diseño encarna el espíritu barroco de la Contrarreforma, y ha sido ampliamente imitado en el mundo cristiano. Su distribución revela las dos funciones fundamentales de la iglesia: una nave de grandes proporciones con púlpitos laterales desde donde predicar, y un altar principal para la celebración de la misa. La decoración ilusionista de la nave y la cúpula se añadieron un siglo más tarde. Su mensaje es bien claro: los fieles y los católicos ascenderán al cielo, mientras que protestantes y otros herejes arderán en el infierno.

★ Capilla de San Ignacio
Sobre su altar hay una estatua del santo enmarcada en columnas de lapislázuli. La capilla la construyó entre 1696-1700 Andrea Pozzo, artista jesuita.

Triunfo de la fe sobre la idolatría
Esta vívida alegoría barroca, esculpida por Théudon, ilustra la gran ambición de la teología jesuítica.

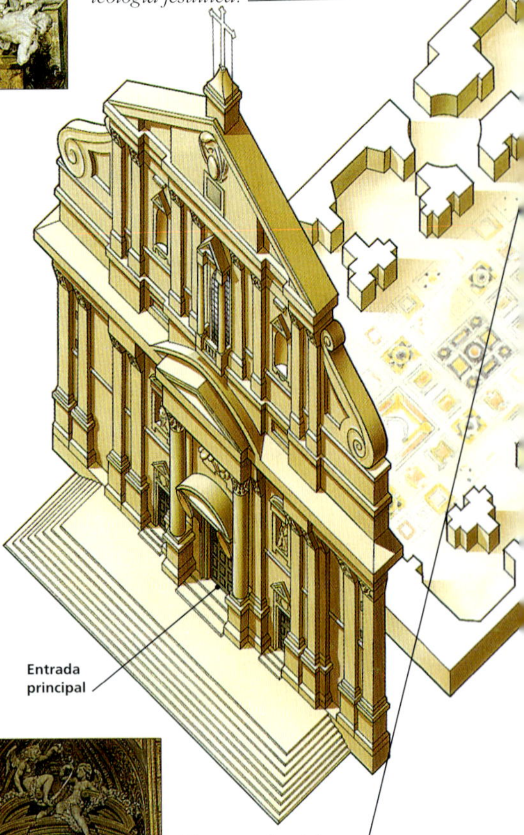

Figuras alegóricas
Antonio Raggio hizo estos estucados, concebidos por Il Baciccia, como complemento de sus propios frescos de la nave.

SAN IGNACIO Y LA ORDEN DE LOS JESUITAS

El soldado español Ignacio de Loyola (1491-1556) se unió a la Iglesia tras ser herido en batalla en 1521. Fundador de la orden de los jesuitas, llegó a Roma en 1537. Envió misioneros a todas las partes del mundo con objeto de extender el catolicismo.

RECOMENDAMOS

- ★ Capilla de San Ignacio
- ★ Monumento a Bellarmino
- ★ Decoración del techo de la nave

Madonna della Strada
Esta imagen del siglo XV, llamada Virgen de la Calle, se encontraba originalmente en la fachada de Santa Maria della Strada, que estuvo en este lugar.

INFORMACIÓN ESENCIAL

Piazza del Gesù.
Plano 4 F4 y 12 E4.
Tel *06 69 70 01. H, 46, 62, 64, 70, 81, 87, 186, 492, 628, 810 y otros. 8.* ***Abierta*** *7.00-12.30, 16.00-19.15 todos los días.*

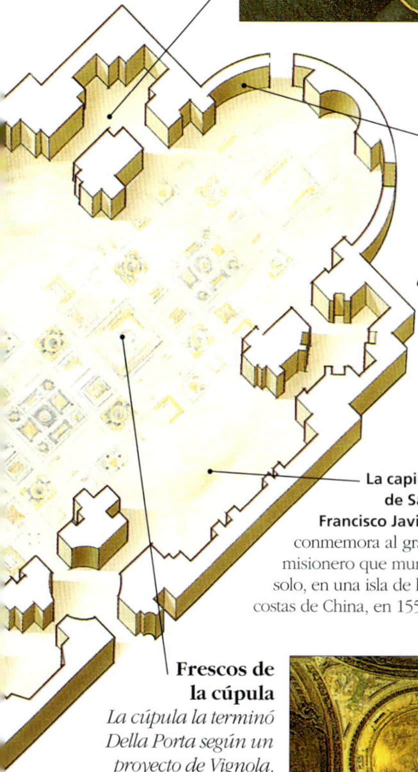

★ Monumento a Bellarmino
Bernini captó la poderosa personalidad de este teólogo antiprotestante, que murió en 1621.

La capilla de San Francisco Javier conmemora al gran misionero que murió solo, en una isla de las costas de China, en 1552.

★ Decoración del techo de la nave
Las figuras del asombroso fresco de Il Baciccia, El triunfo del nombre de Jesús, *se prolongan en la cúpula.*

Frescos de la cúpula
La cúpula la terminó Della Porta según un proyecto de Vignola. Los frescos de Il Baciccia representan figuras del Antiguo Testamento.

CRONOLOGÍA

- **1540** Se funda la Compañía de Jesús (jesuitas)
- **1545-1563** El Concilio de Trento define la nueva ortodoxia católica
- **1556** Muerte de san Ignacio de Loyola
- **1568-1571** Vignola construye la iglesia bajo la protección del cardenal Alessandro Farnese
- **1571** Diseño de Giacomo della Porta para la fachada
- **1584** Consagración de la iglesia
- **1600**
- **1622** Ignacio de Loyola es canonizado
- **1670-1683** Giovanni Battista Gaulli (Il Baciccia) pinta la bóveda de la nave, la cúpula y el ábside
- **1696-1700** Andrea Pozzo, artista jesuita, proyecta la capilla de San Ignacio
- **1700**
- **1773** El papa Clemente XIV ordena la supresión de la orden jesuita

PIAZZA NAVONA

Los cimientos de los edificios que rodean esta plaza de forma oval eran los restos de lo que había sido el gran estadio de Domiciano. Hoy, la *piazza* tiene un aire teatral, con el obelisco de la Fontana dei Quattro Fiumi delante de la iglesia de Sant' Agnese in Agone como punto central. El estilo predominante de este conjunto arquitectónico es el barroco, y muchos de los mejores edificios datan del mandato del papa Inocencio Pamphilj (gobernó entre 1644 y 1655), mecenas de Bernini y Borromini. Resulta especialmente interesante el complejo de Chiesa Nuova, sede de los Filippini, orden fundada por san Felipe Neri, el apóstol de Roma del siglo XVI.

León en Fontana dei Quattro Fiumi

LUGARES DE INTERÉS

Iglesias y templos
Chiesa Nuova 15
Oratorio dei Filippini 16
San Luigi dei Francesi 7
San Salvatore in Lauro 10
Sant'Agnese in Agone 4
Sant'Andrea della Valle 10
Sant'Ivo alla Sapienza 9
Santa Maria dell'Anima 5
Santa Maria della Pace 6

Museos
Museo Napoleónico 21
Palazzo Braschi 12

Edificios históricos
Palazzo Altemps 23
Palazzo del Banco di Santo Spirito 18
Palazzo Madama 8
Palazzo Massimo alle Colonne 11
Palazzo Pamphilj 3
Torre dell'Orologio 17

Fuentes y estatuas
Fontana dei Quattro Fiumi 1
Pasquino 13

Calles y plazas históricas
Piazza Navona 2
Via dei Coronari 19
Via del Governo Vecchio 14

Restaurantes
Hostaria dell'Orso 22

VER TAMBIÉN

• ***Callejero,*** planos 4, 11, 12
• ***Alojamiento*** p. 301
• ***Restaurantes*** pp. 317-318

CÓMO LLEGAR

Esta zona está a poca distancia caminando desde muchos lugares de la ciudad. Una gran parte está cerrada al tráfico, pero es fácil llegar en autobús. Las líneas principales que recorren el Corso Vittorio Emanuele II son el 40 y 64, desde la estación Termini hasta San Pedro, y el 46. Por el Corso del Rinascimento, que discurre paralelo a Piazza Navona, pasan los autobuses 70, 81, 116, 186 y 492.

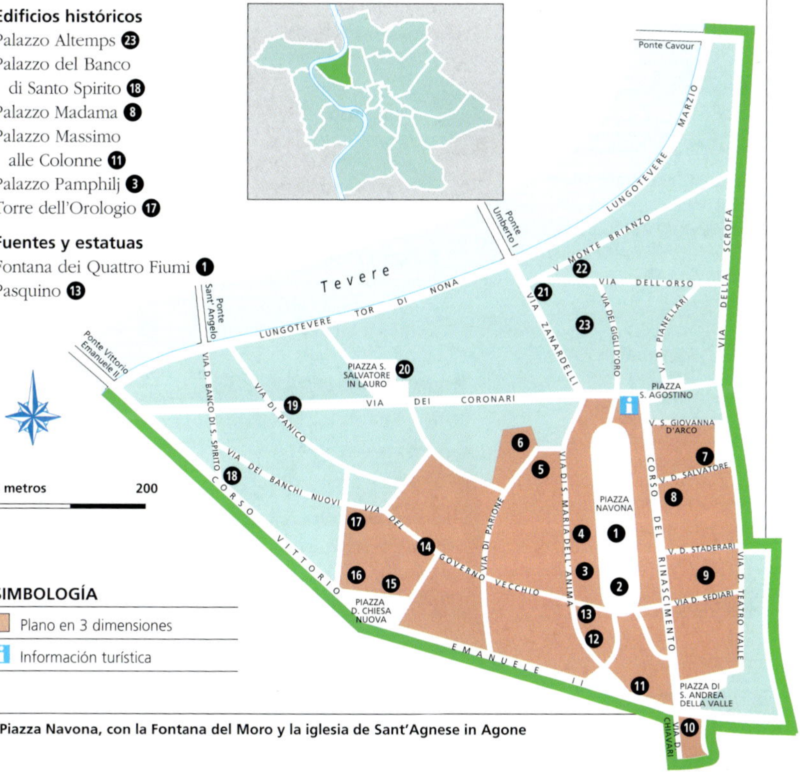

SIMBOLOGÍA
Plano en 3 dimensiones
Información turística

◁ **Piazza Navona, con la Fontana del Moro y la iglesia de Sant'Agnese in Agone**

Piazza Navona en 3 dimensiones

No hay otra plaza más inusual en Roma que Piazza Navona. Día y noche hay siempre algún tipo de actividad en el área peatonal alrededor de sus tres magníficas fuentes. El barroco está también representado en muchas iglesias de la zona. Para descubrir la Antigua Roma, camine por Via del Governo Vecchio y admire las fachadas de los edificios renacentistas; no deje de curiosear en las fascinantes tiendas de antigüedades.

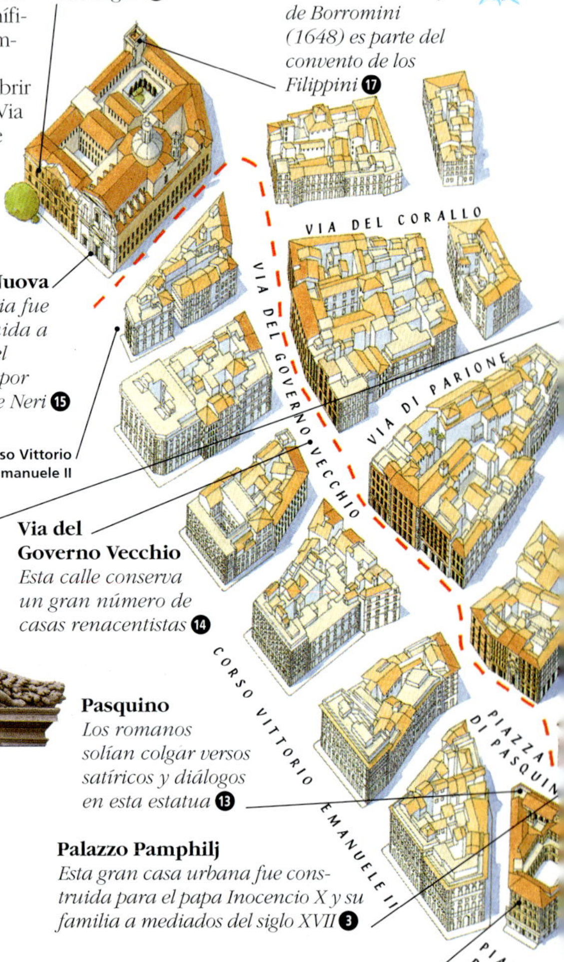

Oratorio dei Filippini
El término musical oratorio proviene de este lugar ⓰

Torre dell'Orologio
Esta torre con reloj de Borromini (1648) es parte del convento de los Filippini ⓱

Chiesa Nuova
Esta iglesia fue reconstruida a finales del siglo XVI por san Felipe Neri ⓯

Via del Governo Vecchio
Esta calle conserva un gran número de casas renacentistas ⓮

Santa Maria della Pace
En el medallón Sixto IV, que fue Papa de 1471 a 1484, y bajo sus órdenes se construyó esta iglesia ❻

Pasquino
Los romanos solían colgar versos satíricos y diálogos en esta estatua ⓭

Palazzo Pamphilj
Esta gran casa urbana fue construida para el papa Inocencio X y su familia a mediados del siglo XVII ❸

RECOMENDAMOS

- ★ San Luigi dei Francesi
- ★ Piazza Navona
- ★ Sant'Andrea della Valle

SIMBOLOGÍA

– – – Itinerario sugerido

0 metros 75

Palazzo Braschi
Este palacio de finales del siglo XVIII, con un espléndido balcón, alberga el Museo di Roma ⓬

Palazzo Massimo alle Colonne
La magnífica columnata (1536) es obra de Baldasarre Peruzzi ⓫

Sant'Agnese in Agone
La asombrosa fachada cóncava de Borromini (1657) domina uno de los lados de Piazza Navona ❹

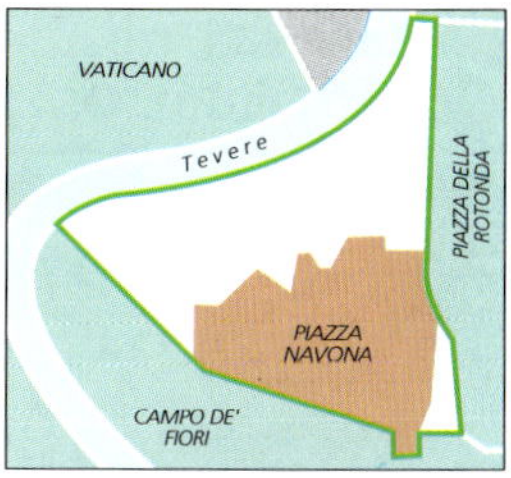

PLANO DE SITUACIÓN
Ver plano del centro, pp. 14-15

Santa Maria dell'Anima
Durante cuatro siglos ha sido la iglesia alemana de Roma ❺

Palazzo Madama
Una piel de león extendida decora la entrada central del palazzo, que en la actualidad alberga el Senado italiano ❽

Fontana dei Quattro Fiumi
Bernini diseñó esta fuente como soporte del obelisco ❶

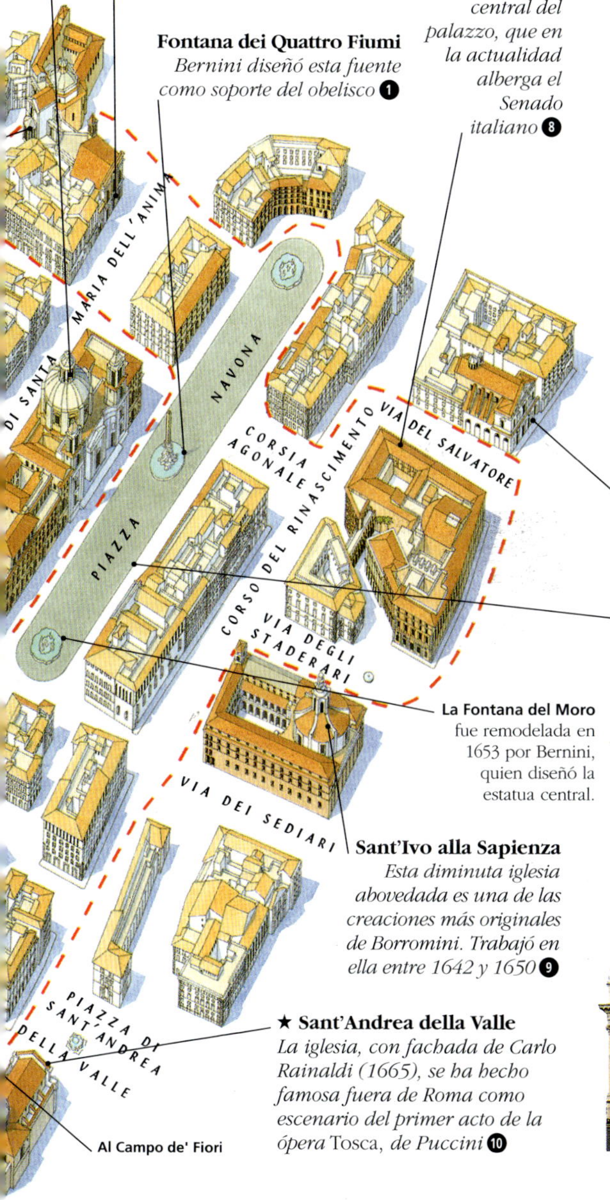

★ San Luigi dei Francesi
En uno de los nichos de la fachada se alza una estatua del siglo XVIII de san Luis ❼

★ Piazza Navona
Esta plaza, única en su género, debe su forma a una antigua pista de carreras, y su asombrosa decoración al genio del barroco romano ❷

La Fontana del Moro
fue remodelada en 1653 por Bernini, quien diseñó la estatua central.

Sant'Ivo alla Sapienza
Esta diminuta iglesia abovedada es una de las creaciones más originales de Borromini. Trabajó en ella entre 1642 y 1650 ❾

★ Sant'Andrea della Valle
La iglesia, con fachada de Carlo Rainaldi (1665), se ha hecho famosa fuera de Roma como escenario del primer acto de la ópera Tosca, *de Puccini* ❿

Fontana dei Quattro Fiumi ❶

Piazza Navona. **Plano** 4 E4 y 11 C3. *46, 62, 64, 70, 81, 87, 116, 492, 628, 810.*

Construida para el papa Inocencio X Pamphilj, esta magnífica fuente situada en Piazza Navona fue inaugurada en 1651. El escudo del Papa, con la paloma y la rama de olivo, decora la atrevida formación rocosa con forma de pirámide en la que se apoya el obelisco romano. Bernini proyectó la fuente, que se financió mediante altísimos impuestos sobre el pan y otros productos. Los cuatro grandes ríos entonces conocidos –Ganges, Danubio, Nilo y de la Plata– están representados por cuatro gigantes.

La cabeza cubierta con un velo en el correspondiente al Nilo simboliza el origen desconocido del río, aunque también existe la leyenda de que expresa el rechazo que sentía Bernini por la cercana

Palazzo Pamphilj, el edificio más grande de Piazza Navona

iglesia de Sant'Agnese in Agone, proyectada por su rival Borromini. De igual modo, la figura atlética del río de la Plata, con el brazo en alto, se supone que encarna el miedo de Bernini a que la iglesia se derrumbara. Estas historias carecen, no obstante, de base. Bernini ya había terminado su fuente para cuando Borromini comenzó a trabajar en la iglesia.

Figura del río Ganges en la Fontana dei Quattro Fiumi, de Bernini

Piazza Navona ❷

Plano 4 E3 y 11 C2. *46, 62, 64, 70, 81, 87, 116, 492, 628.*

La plaza barroca más bella de Roma conserva la forma del estadio de Domiciano, que en otro tiempo estuvo emplazado aquí –algunos de sus arcos son aún visibles bajo la iglesia de Sant'Agnese in Agone–. Los *agone* eran competiciones de atletismo celebradas en el estadio, en el siglo I, que tenía capacidad para 33.000 personas.

La palabra *navona* se cree que es una degeneración de *in agone*. El aspecto y la atmósfera que presenta la plaza datan del siglo XVII, cuando se añadió la Fontana dei Quattro Fiumi.

Las otras fuentes son anteriores en un siglo, pero han sufrido alteraciones. La Fontana di Nettuno, al norte, fue construida por Giacomo della Porta en 1576 y las estatuas de Neptuno y las Nereidas datan del siglo XIX. La Fontana del Moro, al sur, también fue diseñada por della Porta, aunque Bernini añadió más tarde las figuras del moro y el delfín.

Hasta el siglo XIX, la Piazza Navona se inundaba cada mes de agosto con el agua de las fuentes. Los ricos la cruzaban con sus carruajes, mientras que los mendigos trataban de vadearla.

Hoy, la *piazza* es uno de los rincones favoritos de la ciudad en cualquier estación del año. En verano, animada con sus artistas callejeros. Y en invierno, durante la fiesta de la Befana.

Palazzo Pamphilj ❸

Piazza Navona. **Plano** 4 E4 y 11 C3. *46, 62, 64, 70, 81, 87, 116, 492, 628.* ***Cerrado** al público.*

Paloma y rama de olivo en la fachada del Palazzo Pamphilj

En 1644, Giovanni Battista Pamphilj fue nombrado Papa, adoptando el nombre de Inocencio X. Durante sus 10 años de mandato acumuló riquezas para su familia, especialmente su dominante cuñada, Olimpia Maidalchini. La "estatua parlante" *Pasquino* *(ver p. 124)* le dio el sobrenombre de Olim-Pia, que en latín significa: antes virtuosa. Esta mujer vivió en el Palazzo Pamphilj, que contiene frescos de Pietro da Cortona y una galería obra de Borromini. Hoy alberga la Embajada de Brasil.

Sant'Agnese in Agone ❹

Piaza Navona. **Plano** 4 F4 y 11 C3. ***Tel*** *06 6819 2134.* *46, 62, 64, 70, 81, 87, 116, 492, 628.* ***Abierta*** *9.00-12.00, 16.00-19.00 ma-do.*

Se cree que la iglesia ocupa el emplazamiento de un antiguo burdel donde, en el 304 a.C., la joven santa Inés fue forzada a desnudarse en público y renunciar así a su fe. Un relieve de mármol en la cripta muestra el milagroso crecimiento de sus cabellos, que cayeron cubriendo su desnudez. Aquí fue martirizada, y está enterrada en las catacumbas que llevan su nombre que se encuentran en la Via Nomentana *(ver p. 264).*

La iglesia actual la mandó construir el papa Inocencio X en 1652. Los primeros arquitectos fueron Girolamo y Carlo Rainaldi, padre e hijo, sustituidos después por Borromini, quien trabajó en la iglesia entre 1653 y 1657. Se atuvo en general al esquema de los Rainaldi, pero añadió una fachada cóncava para realzar la cúpula. De la estatua de santa Inés que hay en la fachada, se dice que dialoga con la Fontana dei Fiumi, asegurándole que la iglesia es perfectamente estable.

Santa Inés en la fachada de Sant' Agnese in Agone

Santa Maria dell'Anima ❺

Via Santa Maria dell'Anima 66. **Plano** 4 E4 y 11 C2. ***Tel*** *06 682 81 81.* *46, 62, 64, 70, 81, 87, 116, 492, 628.* ***Abierta*** *9.00-13.00, 15.00-19.00 todos los días.*

Adriano VI (bajo el solio pontificio entre 1522-1523), hijo de un constructor de buques de Utrecht, fue el último Papa no italiano antes de Juan Pablo II. Sin duda, hubiera desaprobado su soberbia tumba, obra de Baldasarre Peruzzi en Santa Maria dell'Anima. Se encuentra a la derecha del altar de Giulio Romano; representa el espíritu pagano del Renacimiento que el Papa siempre condenó durante su breve mandato, bajo el cual el mecenazgo de las artes descendió notablemente. Santa Maria dell' Anima es la iglesia alemana de Roma, y contiene pinturas que ilustran la historia de ese país, como *El milagro de san Benno en la catedral de Meissen,* de Saraceni.

El milagro de san Benno en la catedral de Meissen, **de Carlo Saraceni**

Santa Maria della Pace ❻

Vicolo dell'Arco della Pace 5. **Plano** 4 E3 y 11 C2. ***Tel*** *06 686 11 56.* *46, 62, 64, 70, 81, 87, 116, 492, 628.* **Abierta** *10.00-12.00 ma-vi.* *2 escalones.* **Exposiciones, conciertos.**

Cuentan que un soldado ebrio apuñaló una imagen de la Virgen en este lugar, haciéndola sangrar. Sixto IV della Rovere (Papa entre 1471-1484) reparó esta profanación a la Virgen encargando a Baccio Pontelli que construyera una iglesia si ella ponía fin a la guerra con Turquía. Llegó la paz y la iglesia recibió el nombre de Santa Maria della Pace.

El claustro lo añadió Bramante en 1504. Al igual que en su famoso Tempietto *(ver p. 219),* se atuvo a las reglas de proporción clásicas, logrando un efecto monumental en un espacio relativamente pequeño.

Pietro da Cortona bien pudo haber tenido el Tempietto de Bramante en mente cuando añadió a la iglesia su encantador pórtico semicircular en 1656. El interior, una pequeña nave rematada por una cúpula octogonal, alberga los famosos frescos de Rafael de las cuatro *Sibilas,* así como los cuatro *Profetas* de su discípulo Timoteo Viti, encargo del banquero Agostino Chigi en 1514. Baldasarre Peruzzi también trabajó en la iglesia (pinturas de la primera capilla a la izquierda), al igual que Antonio da Sangallo el Joven (segunda capilla a la derecha).

San Luigi dei Francesi ❼

Piazza di San Luigi dei Francesi 5. **Plano** 4 F4 y 12 D2. ***Tel*** *06 688 271.* 🚌 *70, 81, 87, 116, 186, 492, 628.* ***Abierta*** *8.00-12.30, 15.30-19.00 todos los días.* ***Cerrada*** *ju tarde.*

Esta iglesia nacional francesa fue fundada en 1518, pero no se terminó hasta 1589, con contribuciones de Giacomo della Porta y Domenico Fontana. Aquí están enterrados franceses ilustres, entre ellos Chateaubriand, el amante de Paulina de Beaumont. Los visitantes pueden admirar los tres cuadros de Caravaggio en la quinta capilla de la izquierda.

Pintados entre 1597 y 1602, fueron las primeras grandes obras religiosas de Caravaggio: *Llamada de San Mateo, Martirio de San Mateo* y *San Mateo y el ángel*. La primera versión de esta última pintura fue rechazada debido a su excesivo realismo: hasta el momento ningún santo había sido representado como un hombre viejo, cansado y con los pies sucios, así que el pintor hubo de realizar una segunda versión.

Caravaggio, cuyas pinturas de san Mateo están en San Luigi dei Francesi

Escudo con los símbolos de Francia y Roma en la fachada de San Luigi

Palazzo Madama ❽

Corso del Rinascimiento. **Plano** 4 F4 y 11 C3. ***Tel*** *06 670 61.* 🚌 *70, 81, 87, 116, 186, 492, 628.* ***Abierto*** *10.00-18.00 primer sá de mes.* **www.**senato.it

Este palacio del siglo XVI se construyó para residencia de los cardenales Medici, los primos Giovanni y Giuliano. Ambos serían más tarde Papas, Giovanni como León X y Giuliano como Clemente VII. Catalina de Medici, sobrina de Clemente VII, también vivió aquí antes de contraer matrimonio con Enrique, hijo del rey Francisco I de Francia en 1533.

El *palazzo* toma su nombre de Margarita de Austria, hija ilegítima del emperador Carlos V, quien se casó con Alessandro de Medici y, tras la muerte de éste, con Ottavio Farnese. De esta manera se dividió la fabulosa colección de arte de la familia romana Farnese.

La espectacular fachada fue proyectada en el siglo XVII por Paolo Marucelli, quien la completó con una cornisa ornamentada e imaginativos y artísticos detalles decorativos en el tejado. Desde 1871 el palacio ha sido sede del Senado, la cámara alta del parlamento italiano.

Cornisa de Palazzo Madama

Sant'Ivo alla Sapienza ❾

Corso del Rinascimiento 40. **Plano** 4 F4 y 12 D3. ***Tel*** *06 686 49 87.* 🚌 *40, 46, 64, 70, 81, 87, 116, 186, 492, 628.* ***Abierta*** *9.00-12.00 do.*

La linterna de esta iglesia está coronada en su extremo por una cruz –lo que la hace fácilmente distinguible–. Vista de cerca, esta iglesia de Borromini resulta aún más asombrosa. No se parece a ninguna otra de Roma. Basada en un plan de gran complejidad geométrica, sus paredes son una fascinante combinación de superficies cóncavas y convexas. Sant'Ivo se alza en el pequeño patio del Palazzo della Sapienza, sede de la antigua Universidad de Roma desde el siglo XIV hasta 1935.

Linterna y aguja de Sant'Ivo

Sant'Andrea della Valle ⑩

Piazza Sant'Andrea della Valle. **Plano** 4 F4 y 12 D4. ***Tel*** *06 686 13 39. H, 40, 46, 62, 64, 70, 81, 87, 116, 186, 492, 628. 8.* ***Abierta*** *7.30-12.00, 16.30-19.30 todos los días.*

Cúpula de Sant'Andrea della Valle

La iglesia es el escenario del primer acto de la ópera de Puccini, *Tosca*, aunque los aficionados al *bel canto* no encontrarán la capilla Attavanti, una invención poética. La iglesia real tiene un gran interés –la fachada constituye un ejemplo del mejor barroco–. En el interior, una luz dorada se filtra a través de los altos ventanales, iluminando la lujosa decoración. Aquí están enterrados dos Papas de la familia Piccolomini: a la izquierda de la nave central se halla la tumba de Pío II, primer pontífice humanista (Papa entre 1458-1464); el papa Pío III yace enfrente –su mandato, en 1503, duró menos de un mes–.

La iglesia es famosa por su cúpula, la más grande de Roma después de la de San Pedro. Fue construida por Carlo Maderno en 1622-1625 y decorada con espléndidos frescos por Domenichino y Giovanni Lanfranco. El extravagante estilo de este último, presente en el fresco *Gloria del paraíso*, le hizo merecedor de la mayor parte del encargo, y se cuenta que Domenicchino, celoso, trató de matarle. No lo consiguió, pero sin duda sus celos eran infundados, como bien demuestran sus dos bellas pinturas con escenas de la vida de san Andrés en el ábside y en el altar. En la capilla Strozzi, construida en el estilo de Miguel Ángel, el altar cuenta con copias de *Lía* y *Raquel*, obras del famoso artista en San Pietro in Vincoli *(ver p. 170)*.

Palazzo Massimo alle Colonne ⑪

Corso Vittorio Emanuele II 141. **Plano** 4 F4 y 11 C3. *40, 46, 62, 64, 70, 81, 87, 116, 186, 492, 628.* **Capilla** ***abierta*** *7.00-12.00 sólo 16 mar.*

Columna romana, Palazzo Massimo

Durante los dos últimos años de su vida, Baldasarre Peruzzi construyó este *palazzo* para la familia Massimo, cuyo hogar había sido destruido durante el Saco de Roma en 1527. Peruzzi se enfrentó con ingenuidad al emplazamiento un tanto difícil del antiguo edificio, localizado sobre las ruinas del teatro de Domiciano, que formaba una curva en la Via Papalis. La fachada convexa con columnas de Peruzzi sigue el trazado de la calle. Su originalidad está también patente en las pequeñas ventanas cuadradas del piso superior, el patio y el vestíbulo estucado. La entrada de Piazza de' Massimi tiene una fachada con frescos de estilo renacentista. En la plaza se ha colocado la única columna que se conservó del antiguo teatro.

Los orígenes de la familia Massimo se remontan al vencedor de Aníbal en el siglo III a.C., Qintus Fabius Maximus; en su escudo de armas figura un Hércules niño. Con el transcurrir de los años, de la familia salieron grandes humanistas, y, en el siglo XIX, fue un Massimo el que negoció la paz con Napoleón. El 16 de marzo de cada año el palacio se abre al público para conmemorar la resurrección del joven Paolo Massimo por san Felipe Neri en 1538.

Palazzo Braschi ⑫

Piazza San Pantaleo 10. **Plano** 4 E4 y 11 C3. ***Tel*** *06 6710 8346. 40, 46, 62, 64, 70, 81, 87, 116, 186, 492, 628. 9.00-19.00 (taquilla hasta 18.00) ma-do.*

A uno de los lados de Piazza San Pantaleo se encuentra el último palacio romano que se construyó para la familia de un papa. El Palazzo Braschi fue levantado en el siglo XVII para los sobrinos de Pío VI Braschi por Cosimo Morelli, quien dio al edificio la imponente fachada que domina la plaza.

El *palazzo* alberga en la actualidad el Museo di Roma. Posee colecciones de pinturas, dibujos y objetos de la vida cotidiana, que ilustran la vida en la ciudad desde la Edad Media hasta hoy.

Ángel con ala alzada, obra de Ercole Ferrata, en la fachada de Sant'Andrea della Valle

Pasquino ⓭

Piazza di Pasquino. **Plano** 4 E4 y 11 C3. *40, 46, 62, 64, 70, 81, 87, 116, 492, 628.*

***Pasquino,* la más famosa de las estatuas parlantes de Roma**

Este trozo de mármol es todo lo que queda de un conjunto helenístico, que probablemente representaba el incidente de la *Ilíada* de Homero, en el que Menelao cubre el cuerpo muerto de Patroclo. Durante años yació abandonado en una calle medieval llena de barro, hasta que se colocó en esta esquina en 1501, cerca de la tienda de un conocido zapatero llamado Pasquino. La libertad de expresión no estaba permitida en la Roma papal, así que este artesano solía escribir sus comentarios satíricos sobre los incidentes del momento y los pegaba en la estatua.

Otros romanos no tardaron en seguir su ejemplo, colgando sus máximas y versos en la estatua durante la noche para evitar ser castigados. A pesar de la ira de las autoridades, los dichos de la "estatua parlante" (apodada *Pasquino*) formaron parte de la cultura popular hasta el siglo XIX. Otras estatuas comenzaron a "hablar" en el mismo tono satírico; *Pasquino* solía mantener diálogos con una estatua llamada *Marforio,* situada en la Via del Campidoglio y que se halla hoy en el patio del Palazzo Nuovo *(ver pp. 70-71)* y con la del Babuino, en la Via del Babuino *(ver p. 135).*

Via del Governo Vecchio ⓮

Plano 4 E4 y 11 B3. *40, 46, 62, 64.*

La calle toma su nombre del Palazzo del Governo Vecchio, sede del Papado en los siglos XVII y XVIII. En otro tiempo parte de la Via Papalis, que iba desde el Laterano hasta San Pedro, la calle hoy día está llena de casas de los siglos XV y XVI y pequeños talleres. Son particularmente interesantes las casas del siglo XV de los nos 104 y 106. Del pequeño palacio existente en el nº 123 se dijo en una época que había sido el hogar de Bramante. Enfrente se encuentra el Governo Vecchio, también conocido como Palazzo Nardini, nombre de su fundador, que se halla inscrito en las ventanas del primer piso junto con la fecha, 1477.

Via del Governo Vecchio

Chiesa Nuova ⓯

Piazza della Chiesa Nuova. **Plano** 4 E4 y 11 B3. ***Tel*** *06 687 52 89.* *40, 46, 62, 64.* ***Abierta*** *8.00-12.00, 16.30-19.00 todos los días.*

Fachada de la Chiesa Nuova

San Felipe Neri fue uno de los santos que estuvieron relacionados con la Contrarreforma. Renovador poco convencional, requería de sus seguidores que se humillaran en público. Hizo desfilar a jóvenes de la aristocracia por las calles de Roma vestidos con harapos e incluso con una cola de zorro atada a la espalda, y convenció a nobles para que trabajaran como obreros en la construcción de su iglesia. Con la ayuda del papa Gregorio XIII, se edificó en el solar de una antigua iglesia medieval, Santa Maria in Vallicella, y desde entonces ha sido conocida como Chiesa Nuova (iglesia Nueva).

Comenzada en 1575 por Matteo da Città di Castelo y continuada por Martino Longhi el Viejo, la iglesia fue consagrada en 1599 (aunque la fachada, obra de Fausto Rughesi, no se terminó hasta 1606). Contra los deseos de san Felipe, el interior fue decorado a su muerte; Pietro da Cortona cubrió de frescos la nave, la cúpula y el ábside. Hay también tres pinturas de Rubens: *Virgen con ángeles,* sobre el altar; *Santa Domitila, Nereo y Aquiles,* a la derecha del altar, y *Santos Gregorio, Mauro y Papias* a la izquierda. San Felipe está enterrado a la izquierda, en su propia capilla.

Fachada del oratorio de Borromini

Oratorio dei Filippini ⓰

Piazza della Chiesa Nuova.
Plano 4 E4 y 11 B3. 🚌 *46, 62, 64.*
Cerrado *por restauración.*
Conciertos.

Junto con la iglesia y el convento adyacentes, el oratorio constituía el centro de la orden religiosa de san Felipe Neri, fundada en 1575. Sus miembros se conocen con el nombre de Filippini. El término musical oratorio (texto religioso cantado por voces de solo y un coro) deriva de los servicios aquí celebrados.

Cuando Felipe Neri llegó a Roma, la ciudad se hallaba inmersa en guerras de religión y caos económico debido al Saco de 1527 y a una epidemia de peste. Fueron los recién llegados, como san Felipe Neri y san Ignacio de Loyola, quienes revivieron el espíritu de la ciudad.

Neri formó una hermandad de hombres laicos que oraban juntos y ayudaban a los peregrinos y a los enfermos *(ver Santissima Trinità dei Pellegrini, p. 147)*. Fundó el oratorio como centro de irradiación religiosa. Su fachada de ladrillo fue construida por Borromini entre 1637-1643.

Torre dell' Orologio ⓱

Piazza dell'Orologio. **Plano** 4 E4 y 11 B3. 🚌 *40, 46, 62, 64.*

Borromini construyó esta torre con reloj para decorar una de las esquinas del Oratorio de san Felipe Neri, en 1647-1649. Es típico de Borromini que tanto la parte frontal como trasera sean cóncavas y los laterales convexos. El mosaico de la Virgen tras el reloj es de Pietro da Cortona, mientras que en la esquina del edificio hay un pequeño tabernáculo en el estilo de Bernini.

Pietro da Cortona (1596-1669)

Palazzo del Banco di Santo Spirito ⓲

Via del Banco di Santo Spirito.
Plano 4 D4 y 11 A2. 🚌 *40, 46, 62, 64.* ***Abierto*** *en horario comercial.*

Antigua casa de la moneda de la Roma papal, este palacio es también conocido como Antica Zecca (antigua casa de la Moneda). Los pisos superiores de la fachada, obra de Antonio da Sangallo el Joven en la década de 1520, tienen forma de arco de triunfo romano. Sobre ellos se alzan dos estatuas barrocas simbolizando la caridad y la generosidad, y en el centro del arco, sobre la entrada principal, una inscripción recuerda la fundación del Banco di Santo Spirito por el papa Pablo V Borghese en 1605.

Pablo V era un astuto hombre de finanzas que animó a los romanos a que depositaran sus ahorros en el banco, ofreciéndoles a cambio los terrenos del hospital del Santo Spirito *(p. 226)* como aval. El banco atendía tan sólo las necesidades financieras básicas de sus clientes, pero la gente no dudaba en invertir sus ahorros ante la seguridad de que podían retirarlos en cualquier momento con sólo presentar un vale. El Banco di Santo Spirito sigue existiendo en la actualidad, pero como parte de la Banca di Roma.

Fachada del Banco di Santo Spirito, semejante a un arco de triunfo

Via dei Coronari ⓳

Plano 4 D3 y 11 B2. 🚌 *40, 46, 62, 64, 70, 81, 87, 116, 186, 280, 492.*

Numerosos peregrinos de camino a San Pedro pasaban por esta calle para cruzar el Tíber por el puente Sant'Angelo. De los comercios que florecieron aquí, para hacerles gastar su dinero, el más duradero fue la venta de rosarios. La Via dei Coronari recibe su nombre de los vendedores de dichos productos *(coronari)*. La calle sigue el trazado de una antigua Via Recta romana, que originalmente iba desde Piazza Colonna hasta el Tíber.

Caminar entre el gentío de Via dei Coronari podía llegar a ser peligroso. En el Año Santo de 1450, unos 200 peregrinos murieron aplastados por la muchedumbre o ahogados en el Tíber. Tras la tragedia, el papa Nicolás V mando demoler el arco de triunfo a la entrada del puente Sant'Angelo. A finales del siglo XV, el papa Sixto IV favoreció la construcción de viviendas y palacios privados a lo largo de la calle.

Aunque los vendedores de rosarios han sido reemplazados por anticuarios, la calle conserva muchos de sus antiguos edificios datados en los siglos XV y XVI. Uno de los más antiguos, el de los números 156-157, es conocido por ser la casa de Fiammetta, la amante de César Borgia.

Anticuario, Via dei Coronari

Claustro, San Salvatore in Lauro

San Salvatore in Lauro ⓴

Piazza San Salvatore in Lauro 15. **Plano** 4 E3 y 11 B2. ***Tel*** *06 687 51 87.* 🚌 *70, 81, 87, 116, 186, 280, 492.* ***Abierta*** *16.45-19.00 todos los días, también 8.00-13.00 do.*

La iglesia se llama in Lauro por el jardín de laureles que había aquí antiguamente. La construyó a finales del siglo XVI Ottaviano Mascherino. El campanario y la sacristía se añadieron en el siglo XVII por Nicola Salvi, famoso por la Fontana di Trevi *(ver p. 159)*. La iglesia alberga la primera gran pintura que hizo en el XVII Pietro da Cortona, *El nacimiento de Jesús*, en la primera capilla de la derecha.

El convento adyacente de San Giorgio, a la izquierda, tiene un bello claustro renacentista, un refectorio con frescos y el monumento a Eugenio IV (Papa entre 1431-1447), trasladado aquí cuando se demolió el viejo San Pedro. Este extravagante veneciano gastó miles de ducados en su tiara de oro, y sin embargo solicitó ser enterrado de forma sencilla, cerca de su predecesor Eugenio III. Su retrato, pintado por Salviati, se halla en el refectorio.

En 1669 la iglesia se convirtió en sede de la Confraternidad de los Piceni, habitantes de la región de las Marcas. Extremadamente leales al Pontífice, los Piceni solían formar parte del ejército papal o bien desempeñaban el oficio de recaudadores de impuestos.

Museo Napoleónico ㉑

Piazza di Ponte Umberto 1. **Plano** 4 E3 y 11 C1. ***Tel*** *06 68 80 62 86.* 🚌 *70, 81, 87, 116, 186, 280, 492.* ***Abierto*** *9.00-19.00 ma-do.* ***Cerrado*** *1 ene, 1 may, 25 dic.* ***Entrada*** *previo pago.*

Este museo expone objetos y retratos de Napoleón Bonaparte y su familia. Entre el ajuar personal del emperador se encuentra un chal indio que solía llevar durante su exilio en Santa Elena.

Tras su muerte en 1821, el Papa permitió a gran parte de la familia Bonaparte que se estableciera en Roma, incluyendo a su madre Leticia, que vivió en el Palazzo Misciattelli en Via del Corso, y a su hija Paulina quien se casó con el príncipe Camillo Borghese. El museo tiene un molde de su pecho derecho, realizado por Canova en 1805 como estudio preparatorio para su estatua semejando una Venus reclinada, hoy en el Museo Borghese *(ver pp. 260-261)*. Hay también expuestos retratos y efectos personales de otros Bonaparte, como trajes de la Corte, uniformes e incluso una bicicleta que perteneció al príncipe Eugenio, hijo del emperador Napoleón III.

El último varón de la rama romana de la familia fue Napoleón Carlos, retratado en una pintura de finales del XIX, obra de Giugliemo de Sanctis. La colección fue recopilada en 1927 por los condes de Primolo, hijos de la hermana de Carlos, Carlotta Bonaparte.

Fachada de San Salvatore in Lauro

El palacio de al lado, en Via Zanardelli, alberga el Racolta Praz, una impresionante selección de casi 1.000 obras de arte, pinturas y mobiliario. Datan de los siglos XVII y XVIII y fueron coleccionados por el crítico literario Mario Praz, que murió en 1981.

Entrada al Museo Napoleónico

Hostaria dell' Orso ㉒

Via dei Soldati 25. **Plano** 4 E3 y 11 C2. *70, 81, 87, 116, 186, 204, 280, 492, 628.* ***Abierta*** *20.00-1.00 lu-sá.*

Esta antigua posada cuenta con un pórtico del siglo XV y una galería construida con columnas procedentes de ruinas romanas. Cuenta la leyenda que Dante se alojó aquí. Otros huéspedes famosos fueron los escritores franceses del siglo XVI Rabelais y Montaigne.

Palazzo Altemps ㉓

Piazza Sant'Apollinare 46. **Plano** 4 E3 y 11 C2. ***Tel*** *06 3996 7700.* *70, 81, 115, 116, 280, 492, 628.* ***Abierto*** *9.00-19.45 ma-do; últ adm 1 hora antes del cierre.* *1ene. 25 dic.* ***Entrada*** *previo pago.*

Ha sido rehabilitado como museo en la década de 1990, pero originalmente fue construido para Girolamo Riario, sobrino del papa Sixto IV, en 1480. El escudo de armas de la familia aún puede verse en la conserjería. En el levantamiento popular que siguió a la muerte del Papa en 1484, el edificio fue saqueado y Girolamo huyó de la ciudad.

En 1568, el cardenal Marco Sittico Altemps compró el palacio. Su familia era de origen alemán –su apellido es la italianización de Hohenems– y muy influyente en la iglesia. El *palazzo* fue renovado en la década de 1570 por Martino Longhi el Viejo, quien añadió el mirador rematado con obeliscos y un unicornio de mármol.

Los Altemps eran grandes coleccionistas; el patio y la escalinata están flanqueados por antiguas esculturas. Éstas forman parte de la colección del museo, junto con la colección Ludovisi de escultura antigua, que estaba antes de en el Museo Nazionale Romano *(ver p. 163)*, en las Termas de Diocleciano. En la planta baja se encuentra la estatua griega de Athena Parthenos y el grupo Dionysious, una copia romana del original griego. En la primera planta, al final del patio, los visitantes pueden admirar la preciosa decoración de la galería Pintada, que data de 1595. En la misma planta se encuentra el trono de Ludovisi, un original griego esculpido en el siglo V a.C.

Está decorado con relieves, uno de ellos muestra a una joven emergiendo del agua y se cree que representa a Afrodita. En la sala conocida como Salone del Camino está la poderosa estatua *El suicidio de Gálata*, es una copia en mármol de un grupo que, originalmente, se hizo en bronce. Cerca se encuentra el sarcófago de Ludovisi, que data del siglo III d.C.

Relieve lateral del trono de Ludovisi, Palazzo Altemps

***El suicidio de Gálata* en el Palazzo Altemps**

PIAZZA DI SPAGNA

En el siglo XVI, la gran afluencia de peregrinos y gentes de la Iglesia estaba convirtiendo el centro de Roma en un lugar intransitable. Se construyó un nuevo triángulo de calles, todavía existente, para canalizar el flujo de peregrinos desde la puerta norte de la ciudad, la Porta del Popolo, hasta el Vaticano. Ya en el siglo XVIII había numerosos hoteles en el distrito. En la actualidad, esta zona cuenta con magníficas obras del barroco y Renacimiento, entre ellas Santa Maria del Popolo y Santa Maria delle Fratte, así como con los bellos relieves del Ara Pacis, las colecciones de arte de Villa Medici, las espléndidas vistas desde la escalinata de Piazza di Spagna y los jardines del Pincio, así como con algunas de las calles comerciales más famosas de la ciudad de Roma, en los alrededores de Via Condotti.

Fuente del León en Piazza del Popolo

LUGARES DE INTERÉS

Iglesias
All Saints 12
San Rocco 21
Sant'Andrea delle Fratte 1
Santa Maria dei Miracoli y Santa Maria in Montesanto 14
Santa Maria del Popolo pp. 138-139 17
Santi Ambrogio e Carlo al Corso 22
Trinità dei Monti 10

Museos
Casa di Goethe 13
Casa-Museo Keats y Shelley 7

Edificios históricos
Palazzo di Propaganda Fide 2
Villa Medici 11

Puertas y columnas
Colonna dell'Immacolata 3
Porta del Popolo 18

Calles y plazas históricas
Escalinata de Piazza di Spagna 9
Piazza del Popolo 16
Piazza di Spagna 6
Via Condotti 4

Monumentos y tumbas
Ara Pacis 19
Mausoleo de Augusto 20

Parques y jardines
Jardines del Pincio 15

Cafés y restaurantes
Babington's Tea Rooms 8
Caffè Greco 5

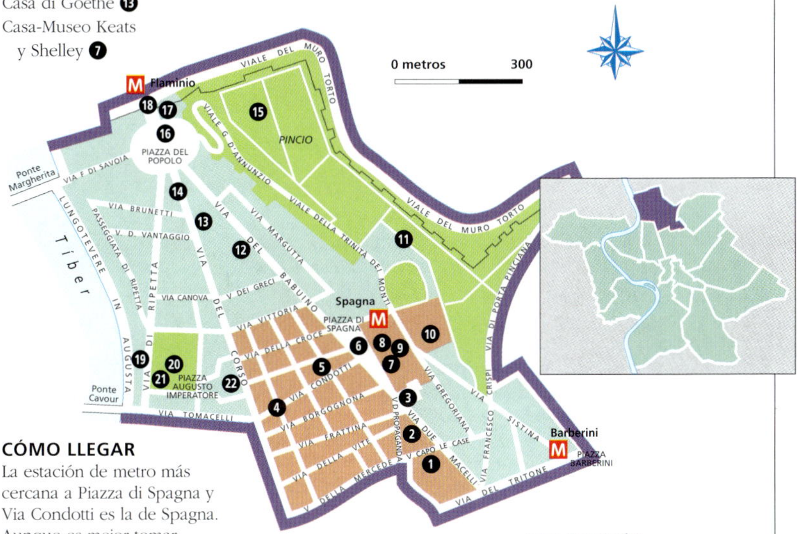

CÓMO LLEGAR

La estación de metro más cercana a Piazza di Spagna y Via Condotti es la de Spagna. Aunque es mejor tomar cualquiera de los autobuses que recorren la Via del Corso y la Via del Tritone. Si desea visitar la Piazza del Popolo tome el metro hasta Flaminio. Para desplazarse por la zona utilice los minibuses 116 y 117.

SIMBOLOGÍA

- Plano en 3 dimensiones
- M Estación de metro
- — Muralla de la ciudad

VER TAMBIÉN

- ***Callejero*** planos 4, 5
- ***Alojamiento*** pp. 301-303
- ***Restaurantes*** pp. 318-319
- ***Tiendas*** pp. 334-351

◁ **Escalinata de Piazza di Spagna que conduce a la iglesia de Trinità dei Monti**

Piazza di Spagna en 3 dimensiones

El entramado de estrechas calles que separa Piazza di Spagna de la Via del Corso es una de las zonas más animadas de la ciudad, cuyos elegantes comercios atraen tanto a turistas como a romanos. En el siglo XVIII esta área estaba llena de hoteles para aristócratas ingleses en su gira por Europa, y también para artistas, escritores y compositores, interesados en la cultura y la historia de Roma.

Caffè Greco
Bustos y retratos recuerdan a los antiguos dueños del café ❺

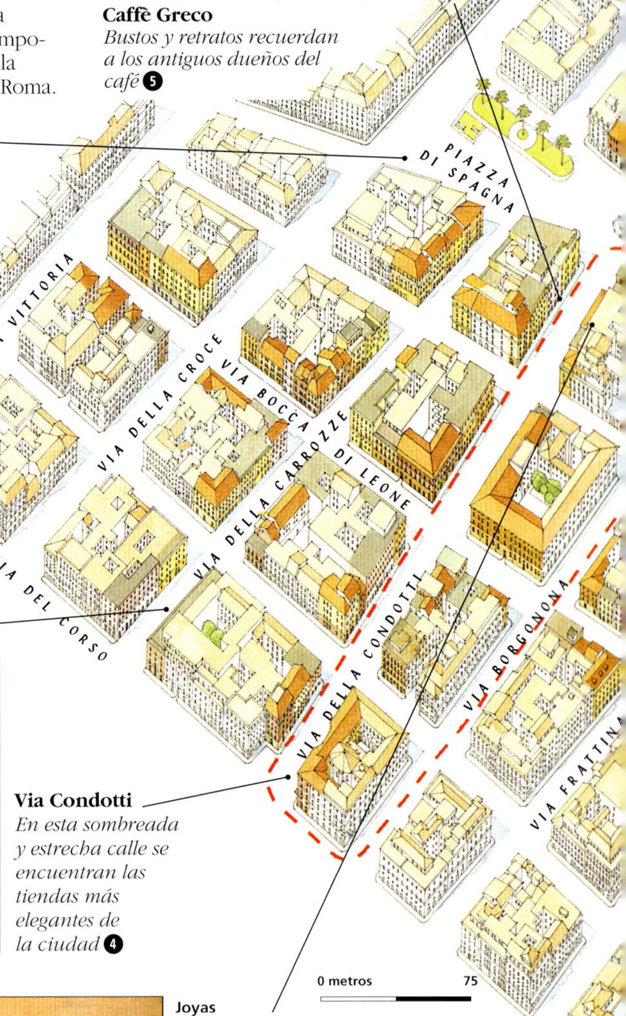

★ Piazza di Spagna
Durante casi tres siglos esta plaza, con su curiosa Fontana della Barcaccia, ha sido el principal punto de encuentro de los visitantes de Roma ❻

La Via delle Carroze tomó su nombre de los carruajes de los turistas adinerados que solían hacer cola aquí en espera de que sus vehículos fueran reparados.

Via Condotti
En esta sombreada y estrecha calle se encuentran las tiendas más elegantes de la ciudad ❹

Joyas a precios desorbitados en Bulgari, tienda situada en Via Condotti.

SIMBOLOGÍA

- - - Itinerario sugerido

M Estación de metro

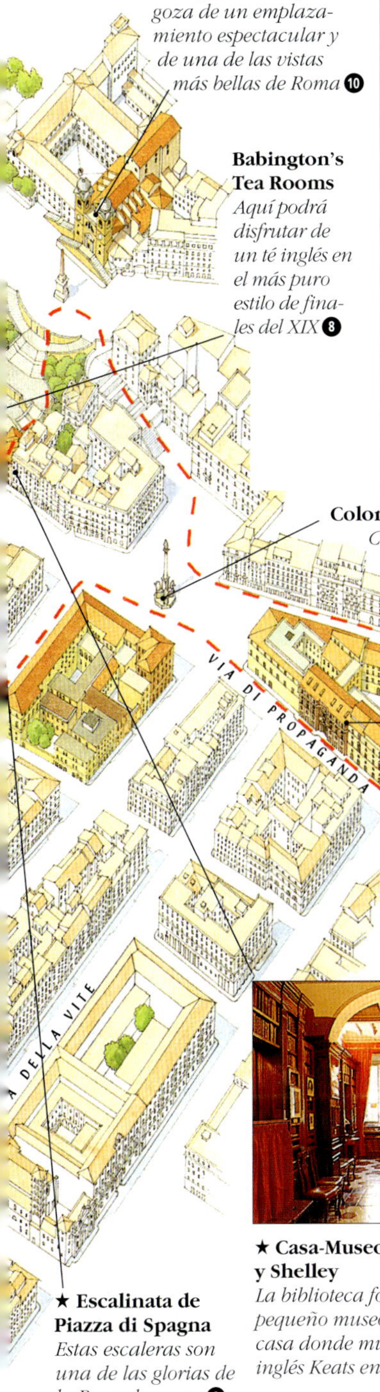

Trinità dei Monti
Esta iglesia del siglo XVI goza de un emplazamiento espectacular y de una de las vistas más bellas de Roma ❿

Babington's Tea Rooms
Aquí podrá disfrutar de un té inglés en el más puro estilo de finales del XIX ❽

Colonna dell'Immacolata
Columna coronada por una estatua de la Inmaculada ❸

PLANO DE SITUACIÓN
Ver plano del centro, pp. 14-15

Palazzo di Propaganda Fide
Esta fachada (1665) fue una de las últimas grandes obras de Francesco Borromini ❷

Sant'Andrea delle Fratte
Pasquale Marini pintó La redención *para decorar el interior de la alta cúpula de Borromini en 1691* ❶

★ Casa-Museo de Keats y Shelley
La biblioteca forma parte de un pequeño museo instalado en la casa donde murió el poeta inglés Keats en 1821 ❼

★ Escalinata de Piazza di Spagna
Estas escaleras son una de las glorias de la Roma barroca ❾

RECOMENDAMOS

- ★ Piazza di Spagna
- ★ Escalinata de P. Spagna
- ★ Casa-museo de Keats y Shelley

Sant'Andrea delle Fratte ❶

Via Sant'Andrea delle Fratte 1. **Plano** 5 A3. ***Tel*** *06 679 31 91.* *116, 117.* *Spagna.* ***Abierta*** *6.30-12.30, 16.00-19.00 todos los días.*

Cuando se construyó Sant'Andrea delle Fratte en el siglo XII, marcó el punto más septentrional de Roma. Aunque en la actualidad la iglesia se encuentra perfectamente integrada en el centro de la ciudad, su nombre *(fratta* significa maleza) evoca su emplazamiento original.

La iglesia fue reconstruida por completo en el siglo XVII, en parte por Borromini. El campanario y la cúpula destacan por la compleja combinación de superficies cóncavas y convexas. El campanario resulta especialmente imaginativo, con cariátides de ángeles sosteniendo antorchas que parecen cucuruchos de helado y corazones semienvueltos soportando una corona de espinas.

En 1842 la Virgen María se apareció en la iglesia a un banquero judío, que no tardó en convertirse al cristianismo y hacerse misionero. Sin embargo, lo que verdaderamente da fama al templo son los ángeles que el rival de Borromini, Bernini, esculpió para el Ponte Sant'Angelo. El papa Clemente IX declaró que eran demasiado bellos para permanecer a la intemperie, por lo que quedaron en manos de la familia de Bernini hasta que, en 1729, fueron trasladados a la iglesia.

Ángel de Bernini, Sant'Andrea delle Fratte

Palazzo di Propaganda Fide ❷

Via di Propaganda 1. **Plano** 5 A2. ***Tel*** *06 69 87 92 99.* ***Fax*** *06 6988 0137.* *116, 117.* *Spagna.* ***Abierto*** *previa petición por fax.*

Construido para los jesuitas en 1662, cuando gozaban de gran poder, el Palazzo dei Propaganda Fide (antes conocido como Colegio para la Propagación de la Fe) fue la última obra de Borromini. La casa profesa de los jesuitas tenía que ser por fuerza un edifico muy notable, pero la extraordinaria fachada habría de superar todas las expectativas. Posee anchas pilastras, con una estructura que divide los dos pisos inferiores y una cornisa convexa.

Al admirarlo, uno no puede dejar de experimentar una sensación de desasosiego. El desgraciado arquitecto se suicidó poco después de haberlo terminado.

Entrada al colegio de los jesuitas

Colonna dell'Immacolata ❸

Piazza Mignanelli. **Plano** 5 A2. *116, 117.* *Spagna.*

Inaugurada en 1857, la columna conmemora la proclamación por Pío IX de la doctrina de la Inmaculada Concepción, según la cual la Virgen era el único ser humano capaz de concebir un hijo sin la mancha del pecado original. La columna data de los tiempos de la Antigua Roma. Actualmente coronada por una estatua de la Virgen. Cada 8 de diciembre, el Papa, ayudado por los bomberos, coloca una corona de flores en la cabeza de la estatua *(ver p. 61)*.

Retrato de Pío IX (Papa entre 1846 y 1878)

Via Condotti ❹

Plano 5 A2. 🚌 *81, 115, 116, 117, 119, 492 y otros en Via del Corso y Piazza San Silvestro.* Ⓜ *Spagna.* *Ver* ***Compras*** *pp. 334-345*

Via Condotti, llamada así por los conductos que transportaban el agua a las termas de Agrippa cerca del Panteón, es una de las calles de tiendas de los diseñadores más tradicionales de Roma. Las tiendas que venden zapatos y artículos de piel están bien representadas. Por las tardes se llena de damas, elegantemente vestidas y perfumadas, y hombres trajeados, que se mezclan en su paseo vespertino con turistas en pantalón corto.

Muy cerca, en la paralela Via Borgognona tienen sus tiendas otros diseñadores, como Laura Biagiotti y las hermanas Fendi. Las tiendas de Valentino y Giorgio Armani están en Via Condotti. Valentino tiene una sucursal en Via Bocca di Leone, que cruza Via Condotti por debajo de Piazza di Spagna, y también Versace tiene aquí una tienda. Giorgio Armani posee otra sucursal en la Via del Babuino, entre discretas galerías de arte, exclusivas tiendas de antigüedades y otras de decoración y magníficos muebles.

Vista de la Via Condotti en dirección a Piazza di Spagna

Caffè Greco ❺

Via Condotti 86. **Plano** a 52. ***Tel*** *06 679 1700.* 🚌 *81, 116, 117, 119, 492.* Ⓜ *Spagna.* ***Abierto*** *9.00-19.30 ma-sá, 10.30-19.00 lu, do.* ***Cerrado*** *1 ene, 1 may, 2 semanas ago, 25 y 26 dic.* ♿

Este café lo fundó un griego (de ahí su nombre) en 1760, y durante el siglo XVIII fue el favorito entre los artistas extranjeros. Escritores como Keats, Byron y Goethe, y compositores como Liszt, Wagner y Bizet solían desayunar aquí. También lo hacían Casanova y el rey Luis de Baviera. Hoy día, los italianos se apiñan en el atestado vestíbulo a tomar café expreso y los turistas se sientan en las mesas del salón trasero, cuyas paredes están decoradas con retratos de antiguos clientes famosos.

El Caffè Greco, de 240 años de antigüedad

Piazza di Spagna ❻

Plano 5 A2. 🚌 *116, 117, 119.* Ⓜ *Spagna.*

Tiene forma curvilínea y está rodeada de altas casas pintadas en tonos ocres, cremas y rojizos. La Piazza di Spagna se encuentra abarrotada a cualquier hora del día, tanto en invierno como en verano. Es la plaza más famosa de Roma, desde siempre punto de reunión de turistas y refugiados.

En el siglo XVII, el embajador de España para la Santa Sede tenía aquí su cuartel general, y el área de su entorno era considerada territorio español. Los extranjeros que traspasaban sus límites se arriesgaban a ser disparados por soldados del ejército español. En los siglos XVIII y XIX Roma tenía ya tanto turismo como hoy, y la plaza se encontraba en el corazón del distrito hotelero más importante. Algunos de los viajeros llegaban en busca de inspiración artística, pero la mayoría estaba más interesada en apostar, comprar estatuas antiguas para adornar sus hogares y cortejar a las mujeres italianas. Tal afluencia de viajeros terminó por atraer a numerosos mendigos, que pedían limosna mostrando las cartas que redactaban los escribas que trabajaban en la *piazza*.

La Fontana della Barcaccia en la plaza es una de las fuentes menos llamativas de Roma, siempre oculta tras los turistas que se sientan en sus bordes; fue proyectada por Gian Lorenzo Bernini, o bien por su padre, Pietro. Debido a que la presión del agua del acueducto que nutre la fuente es muy baja, no ofrece espectaculares chorros o cascadas. Bernini construyó una barca naufragando –*barcaccia* significa barca vieja– que se encuentra medio sumergida en el centro de la fuente. Las abejas y los soles que decoran la Fontana della Barcaccia proceden del escudo de armas de la familia del papa Urbano VIII, Barberini, quien encargó la construcción de la fuente.

Escudo de armas de Urbano VIII

La Fontana della Barcaccia, al pie de la escalinata de Trinità dei Monti

Busto de Shelley, por Moisés Ezequiel

Casa-Museo de Keats y Shelley 7

Piazza di Spagna 26. **Plano** 5 A2. ***Tel*** *06 678 42 35.* *116, 117, 119.* M *Spagna.* ***Abierto*** *9.00-13.00, 15.00-18.00 lu-vi, 11.00-14.00, 15.00-18.00 sá.* ***Cerrado*** *Navidad y Año Nuevo.* ***Previo pago.*** *Concertar con antelación.* **www.**keats-shelley-house.org

En noviembre de 1820, el poeta inglés John Keats se instaló con su amigo, el pintor Joseph Severn, en una casa rosa, llamada Casina Rossa, junto a la escalinata de Piazza di Spagna. Aquejado de tuberculosis, a Keats le fue prescrito este traslado por su doctor, quien pensó que el suave clima romano aliviaría la dolencia del poeta. Deprimido por la mala acogida de su obra, y atormentado por su amor no correspondido por una muchacha llamada Fanny Brawne, Keats murió en febrero del año siguiente a la edad de 25 años.

Su muerte inspiró a su amigo, y también poeta, Percy Bysse Shelley, a escribir el poema *Llanto por Adonis.* En julio de 1822, el propio Shelley murió en un naufragio en el golfo de La Spezia, cerca de la costa de Liguria. Tanto Keats como Shelley y Severn están enterrados en el cementerio protestante de Roma *(ver p. 205).*

En 1906, la Asociación Angloamericana decidió conservar la casa en recuerdo de los poetas románticos ingleses. Entre los objetos expuestos en ella figuran un mechón del pelo de Keats, fragmentos óseos de Shelley y una máscara de carnaval que Byron compró en el transcurso de una visita a Venecia. Es posible visitar la habitación donde murió Keats, aunque los muebles originales fueron quemados a su muerte por orden del Papa.

Babington's Tea Rooms 8

Piazza di Spagna 32. **Plano** 5 A2. ***Tel*** *06 678 60 27.* *116, 117, 119.* M *Spagna.* ***Abierto*** *9.00-20.15 todos los días.* ***Cerrado*** *25 dic.*

Estos aristocráticos y antiguos salones de té fueron abiertos en 1896 por dos mujeres británicas, llamadas Anna Maria e Isabel Cargill Babbington, para proveer a los turistas ingleses nostálgicos de los alimentos propios de su tierra. La carta sigue incluyendo platos tradicionales británicos, además de desayunos a base de huevos y beicon.

Proveedores de desayunos ingleses para británicos desde 1896

Escalinata de Piazza di Spagna 9

Scalinata della Trinità dei Monti, Piazza di Spagna. **Plano** 5 A2. *116, 117, 119.* M *Spagna.*

En el siglo XVII los propietarios franceses de Trinità dei Monti decidieron unir dicha iglesia con Piazza di Spagna, construyendo una gran escalinata. También planearon erigir una estatua ecuestre de Luis XIV en lo alto de la misma.

Las escaleras de Trinità dei Monti en primavera, con las azaleas en flor

Al papa Alejandro VII Chigi no le hizo gracia la idea de tener una estatua de un monarca francés en la ciudad papal, y las disputas continuaron hasta la década de 1720, cuando el arquitecto italiano Francesco de Sanctis realizó un proyecto que fue del agrado tanto del Pontífice como de los franceses. Las escaleras, terminadas en 1726, combinan líneas rectas y curvas, creando uno de los rincones más característicos de Roma.

Antiguamente las escaleras de Piazza di Spagna eran punto de reunión de modelos de artistas, que buscaban atraer la atención de algún pintor adinerado. Hoy constituyen un lugar muy concurrido, donde es costumbre sentarse a escribir postales, tomar fotografías, charlar o simplemente ver pasar a la gente, pero no se permite comer.

Grabado del siglo XIX con la fachada interior de Villa Medici

Trinità dei Monti ⑩

Plazza della Trinità dei Monti. **Plano** 5 A2. ***Tel*** *06 679 41 79.* *116, 117, 119.* *Spagna.* ***Abierta*** *9.00-13.00, 15.00-19.00 todos los días.*

Campanarios de Trinità dei Monti

Las vistas de Roma que se disfrutan desde la plataforma situada delante de la fachada de Trinità dei Monti son tan bellas que, a menudo, uno tiende a ignorar la propia iglesia. Sin embargo, se trata de una construcción poco usual, puesto que fue fundada por los franceses en 1495 y, aunque posteriormente sufrió serios daños, sigue conservando restos de decoración barroca en las bóvedas del transepto. Las capillas laterales están decoradas con pinturas manieristas, entre ellas dos espléndidas obras de Daniel Volterra. Discípulo de Miguel Ángel, Volterra fue el encargado de tapar los desnudos de la Capilla Sixtina, siguiendo las órdenes del papa Pío IV.

La influencia de Miguel Ángel resulta obvia en los cuerpos musculosos que aparecen en *El Descendimiento* (segunda capilla de la izquierda). Los círculos de figuras gesticulantes y ángeles bailando alrededor de la Virgen en *La Asunción* (tercera capilla a la derecha) tienen, en cambio, más en común con Rafael.

Villa Medici ⑪

Accademia di Francia a Roma, Trinità dei Monti 1. **Plano** 5 A2. ***Tel*** *06 676 11.* *117, 119.* *Spagna.* ***Exposiciones, conciertos. Jardines*** *visitas 10.30 y 11.40. sá-do.* ***Previo pago.***

Con un soberbio emplazamiento en la colina del Pincio sobre la Piazza di Spagna, esta villa del siglo XVI ha conservado el nombre que tenía cuando el cardenal Ferdinando de' Medici la compró en 1576. Desde la terraza se divisa, al otro lado de la ciudad, el Castel Sant'Angelo, desde donde dicen que la reina Cristina de Suecia disparó la enorme bala de cañón que hoy se encuentra en el interior de la fuente.

La villa alberga en la actualidad, y desde 1803, la Academia Francesa, fundada en 1666 por Luis XIV para dar a unos cuantos pintores privilegiados la oportunidad de estudiar en Roma. Nicolas Poussin fue uno de los primeros asesores de la Academia, Ingres fue director, y entre otros pupilos célebres destacan Fragonard y Boucher.

Desde el siglo XX, la Academia admite también a músicos.

All Saints ⑫

Via del Babuino 153B. **Plano** 4 F2. ***Tel*** *06 36 00 18 81.* *117, 119.* ***Abierta*** *8.00-12.00 lu-vi y misas do.*

En 1816 el Papa concedió a los residentes y visitantes británicos el derecho de celebrar misas anglicanas en Roma, pero hasta la década de 1880 éstos no pudieron construir su propia iglesia. El arquitecto elegido para la ocasión fue G.E. Street, conocido en Inglaterra por sus templos neogóticos y los tribunales de justicia de Londres. Está construida en estilo neogótico, y el interior, aunque espléndidamente decorado con mármoles italianos, tiene un inconfundible aire inglés. Cuenta con un maravilloso mosaico en el ábside realizado por el prerrafaelita Edward Burne-Jones, tejas de cerámica decoradas por William Morris y un órgano de Huddlesfield.

Fontana del Sileno, en Via del Babuino desde 1957

Casa di Goethe ⓭

18 Via del Corso. **Plano** 4 F1.
Tel *06 32 65 04 12.* *95, 117, 119, 490, 495, 628, 926.* *225.* *Flaminio.* ***Abierta*** *10.00-18.00 ma-do.* ***Previo pago.***
www.casadigoethe.it

El poeta, dramaturgo y novelista alemán Johann Wolfgang von Goethe (1749-1832) vivió en esta casa entre 1786 y 1788, trabajando en un diario que más tarde incluiría en su libro *El viaje italiano*. La bulliciosa vida callejera de Roma, especialmente en época de carnaval, irritaba al artista, que se sentía perturbado por los numerosos crímenes cometidos en el vecindario. Con todo, Roma le rejuvenecía, y su libro sobre Italia tuvo gran éxito.

Retrato de Goethe en la campiña romana, por Tischbein (1751-1821)

Santa Maria dei Miracoli y Santa Maria in Montesanto ⓮

Piazza del Popolo. **Plano** 4 F1. *95, 117, 119, 490, 495, 628, 926.* *225.* *Flaminio.* **Santa Maria dei Miracoli.** ***Tel*** *06 361 02 50.* ***Abierta*** *7.00-13.00, 16.00-19.30 lu-sá; 8.00-13.00, 16.30-19.30 do y festivos.*
Santa Maria in Montesanto ***Tel*** *06 361 05 94.* ***Abierta*** *16.00-19.00 lu-sá, 11.00-13.00 do.*

Las dos iglesias situadas en el extremo sur de la Piazza del Popolo fueron proyectadas por el arquitecto Carlo Rainaldi (1611-1691), quien demostró con ellas que podía ser tan ingenioso como Bernini y Borromini.

Destinadas a constituir el foco central de la *piazza*, las iglesias habían de ser simétricas, pero el espacio de la izquierda resultaba más estrecho que el de la derecha. Rainaldi resolvió el problema dotando a Santa Maria dei Miracoli (derecha) de una cúpula circular y a Santa Maria in Montesanto de una oval, ajustándola hábilmente en el estrecho espacio disponible.

Iglesias de Santa Maria in Montesanto (izquierda) y Santa Maria dei Miracoli en el siglo XIX, Piazza del Popolo

Jardines del Pincio ⓯

Il Pincio. **Plano** 4 F1.
95, 117, 119, 490, 495, 628, 926. *225.* *Flaminio.*

Los jardines del Pincio se encuentran sobre la Piazza del Popolo, en una colina tan sembrada de árboles que, desde abajo, la carretera que conduce a los jardines resulta prácticamente invisible.

Ya en la Antigua Roma existían magníficos jardines en la colina del Pincio, pero los actuales fueron diseñados a comienzos del siglo XIX por Giuseppe Valadier (quien también rediseñó la Piazza del Popolo).

Reloj de agua, jardines del Pincio

Sus anchas avenidas, con pinos, palmeras y robles, pronto se convirtieron en un lugar popular para pasear; ya en nuestro siglo han sido muchos los personajes famosos, como Gandhi, Mussolini, Richard Strauss y el rey Faruk de Egipto, que han frecuentado el Casina Valadier, un café-restaurante situado en los jardines.

Desde la plaza principal de los jardines, Piazzale Napoleone I, las vistas panorámicas de Roma abarcan desde monte Mario hasta el Gianicolo. Se recomienda la entrada en los jardines por Villa Borghese *(ver pp. 258-259)* o por la Viale della Trinità dei Monti.

El panorama resulta especialmente bello al atardecer, momento en el que los turistas aprovechan para deambular por los jardines.

Unos de los principales atractivos del parque es el obelisco de estilo egipcio que el emperador Adriano erigió en la tumba de su favorito, el bello esclavo Antinoo. Tras su prematura muerte (según algunos cronistas falleció intentando salvar la vida al emperador) Adriano mandó divinizarlo.

El reloj de agua del siglo XIX situado en la Via dell'Orologio fue diseñado por un monje dominico. Estuvo presente en la Exposición de París de 1889.

Típica banda de carnaval en la Piazza del Popolo

El restaurante Casina Valdier en los jardines del Pincio

Piazza del Popolo ⓰

Plano 4 F1. *95, 117, 119, 490, 495, 926.* *225.* *Flaminio.*

Esta gran plaza oval constituye una especie de antecámara simétrica al corazón de Roma. A ambos lados de la Porta del Popolo hay dos fachadas gemelas de estilo neoclásico; un obelisco egipcio se alza en el centro; las cúpulas y pórticos de Santa Maria dei Miracoli y Santa Maria in Montesanto jalonan el comienzo de la Via del Corso.

Aunque en la actualidad es una de las plazas más uniformes de Roma, la Piazza del Popolo ha evolucionado con los siglos. En 1589 el papa Sixto V encargó a Domenico Fontana que erigiera el obelisco en su centro.

Con 3.000 años de antigüedad, el obelisco fue traído a Roma por Augusto para adornar el circo Máximo tras la conquista de Egipto. El papa Alejandro VII encargó a Carlo Rainaldi que construyera las dos iglesias.

En el siglo XIX Giuseppe Valadier, diseñador de los jardines del Pincio, dio a la *piazza* su forma oval. También revistió Santa Maria del Popolo de una envoltura neoclásica, para que su fachada sur encajara mejor con el entorno.

En contraste con el racionalismo arquitectónico que domina la plaza, muchos de los hechos que se produjeron en ella fueron cruentos.

En los siglos XVIII y XIX se celebraban ejecuciones públicas, a menudo como parte de las celebraciones de carnaval. En ocasiones se daba muerte a los condenados golpeándoles repetidas veces en las sienes. La última ejecución de este tipo tuvo lugar en 1826, aunque para entonces ya estaba establecido el uso de la guillotina.

En cuanto a las carreras de caballo sin jinete, que se celebraban desde la plaza y a lo largo de la Via del Corso, resultaban igualmente crueles: era costumbre dar estimulantes a los animales para que corrieran más, haciendo estallar fuegos artificiales cerca de sus talones y atándolos con cuerdas dotadas de clavos.

Santa Maria del Popolo ⓱

Ver pp. 138-139.

Porta del Popolo ⓲

Entre Piazzale Flaminio y Piazza del Popolo. **Plano** 4 F1. *95, 117, 119, 490, 495, 926.* *225.* *Flaminio.*

La Via Flaminia, construida en el 220 a.C. para unir Roma con la costa Adriática, se adentra en la ciudad por la Porta del Popolo, levantada en el siglo XVI por encargo del papa Pío IV de Medici. El arquitecto, Nanni di Baccio Bigio, le dio forma de arco de triunfo romano. El frente tiene estatuas de san Pablo y san Pedro a los lados, y un gran escudo de armas de los Medici en la parte superior.

Un siglo más tarde, el papa Alejandro VII encargó a Bernini que decorara el interior para celebrar la llegada a Roma de Cristina de Suecia. La gente solía esperar largas colas en esta puerta mientras sus equipajes eran revisados, y el soborno era a menudo la única forma de agilizar el trámite.

Arco central de la Porta del Popolo

Santa Maria del Popolo ⓱

Esta iglesia renacentista es una de las grandes depositarias de tesoros artísticos de Roma. Fue construida por encargo del papa Sixto IV della Rovere en 1472. Entre los artistas que trabajaron en el edificio figuran Andrea Bregno y Pinturicchio. Bramante y Bernini realizaron adiciones posteriores. Muchas familias ilustres tienen capillas aquí, todas decoradas con gran esplendor. La capilla Della Rovere cuenta con deliciosos frescos de Pinturicchio, y la Cerasi alberga dos obras maestras de Caravaggio, *La conversión de San Pablo* y *La crucifixión de San Pedro*. Pero la más bella sin duda es la capilla Chigi, proyectada por Rafael para su mecenas, el banquero Agostino Chigi. Entre las tumbas renacentistas de la iglesia destacan las dos de Andrea Sansovino, detrás del altar mayor.

★ Capilla Chigi
Rafael proyectó esta capilla que cuenta con un retablo de Sebastiano del Piombo. Los nichos laterales albergan esculturas de Bernini y Lorenzetto. Los mosaicos de la cúpula muestran a Dios como creador de los siete cuerpos celestiales.

Esqueleto arrodillado
Este mosaico en el suelo de la capilla Chigi, fue añadido en el siglo XVII.

Capilla della Rovere
Pinturicchio pintó los frescos de las ventanas y la Natividad *sobre el altar en 1490.*

EL FANTASMA DE NERÓN

Nerón siguió viviendo en la imaginación de las gentes mucho después de la caída del Imperio Romano. En la Edad Media surgió la leyenda de que un nogal que crecía en el lugar donde estaban enterradas las cenizas del emperador se hallaba embrujado. De los cuervos que lo sobrevolaban se decía que eran demonios atormentando a Nerón por sus crímenes pasados. Cuando se construyó aquí la primera iglesia en 1099, se taló el árbol, poniendo así fin a tan terrible leyenda.

RECOMENDAMOS

- ★ Capilla Chigi
- ★ Pinturas de Caravaggio en la capilla Cerasi
- ★ Sibila délfica

INFORMACIÓN ESENCIAL

Piazza del Popolo 12. **Plano** 4 F1. ***Tel*** *06 361 08 36. 95, 117, 119, 490, 495, 926. 225.* M *Flaminio.* ***Abierta*** *7.00-12.00, 16.00-19.00 lu-sá; 7.30-13.30, 16.30-19.30 do.*

★ Pinturas de Caravaggio en la capilla Cerasi
Uno de los dos caravaggios *de la capilla Cerasi,* La crucifixión de san Pedro, *emplea un escorzo para transmitir la fuerza que requería colocar la cruz cabeza abajo.*

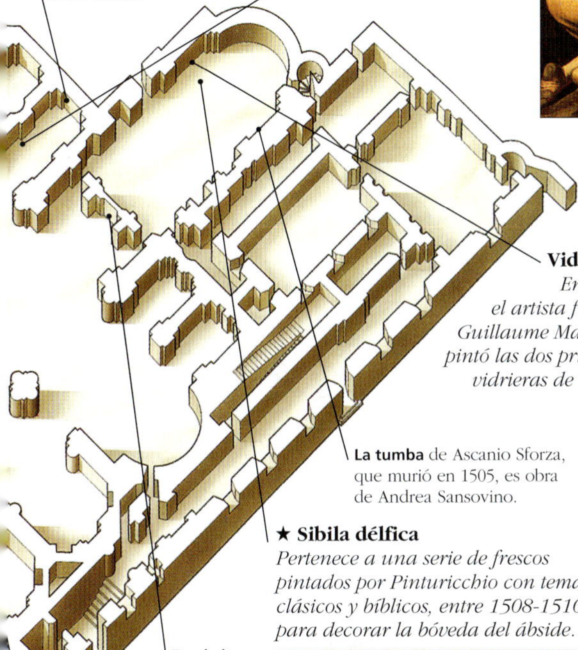

Retablo de *La Asunción* de Aníbal Carracci (1540-1609).

Vidrieras
En 1509 el artista francés Guillaume Marcillat pintó las dos primeras vidrieras de Roma.

La tumba de Ascanio Sforza, que murió en 1505, es obra de Andrea Sansovino.

★ Sibila délfica
Pertenece a una serie de frescos pintados por Pinturicchio con temas clásicos y bíblicos, entre 1508-1510, para decorar la bóveda del ábside.

En el altar hay una pintura del siglo XIII conocida como la *Madonna del Popolo.*

La tumba de Giovanni della Rovere (1483) es de un discípulo de Bregno.

CRONOLOGÍA

1090 | 1200 | 1300 | 1400 | 1500

1099 Pascual II construye una capilla sobre las tumbas de la familia Domicia (incluida la de Nerón) en honor a la Virgen

Pascual II (Papa entre 1099-1118)

1213-1227 La iglesia florece bajo Gregorio IX

Pinturicchio (c.1454-1513)

1472-1478 Sixto IV construye la iglesia (una de las primeras renacentistas de Roma)

1473 Construcción del altar mayor

1485-1489 Pinturicchio pinta la capilla della Rovere

1513-1516 Rafael realiza la capilla Chigi

1530-1535 Sebastiano del Piombo pinta el retablo de la capilla Chigi

Ara Pacis ⓳

Lungotevere in Augusta.
Plano 4 F2 ***Tel*** *06 6710 3819.*
70, 81, 117, 119, 186, 628.
Abierto *9.00-19.00 ma-do.*
Cerrado *1 ene, 1 may y 25 dic.*

Friso en la pared sur que muestra a la familia de Augusto en procesión

El Ara Pacis es uno de los monumentos más significativos de la Antigua Roma; su reconstrucción fue costosa y duró muchos años. Celebra la paz en el Mediterráneo tras las batallas victoriosas del emperador Augusto en Hispania y la Galia. El Senado encargó el

Marco Agripa (derecha)

monumento en el 13 a.C. y fue terminado cuatro años más tarde. Se colocó de tal forma que la sombra del reloj de sol que forma el gran obelisco del Campus Martius *(ver p. 113)* se proyectaría en ella el día del cumpleaños de Augusto. Se trata de una estructura cerrada sobre una plataforma baja y un altar en el centro. Todas las superficies están decoradas con magníficos frisos y relieves en mármol de Carrara. Su gran calidad demuestra que los artistas debieron de ser griegos. Los relieves de las paredes norte y sur describen una procesión que tuvo lugar el 4 de julio del año 13 a.C., en la que aparecen los miembros de la familia del emperador colocados por orden de sucesión al trono. Al parecer, el sucesor de Augusto en ese momento era Marco Agripa, esposo de Julia, hija del emperador. Todas las figuras están esculpidas con sorprendente realismo.

La historia de cómo se descubrió el Ara Pacis se remonta al siglo XVI, cuando se desenterraron las primeras secciones, una de las cuales acabó en París y otra en Florencia. A finales del XIX se produjeron nuevos descubrimientos, y los arqueólogos se percataron de la magnitud del hallazgo. Lo que vemos hoy lleva restaurada desde 1938, en parte original, en parte facsímil. En 1999, se le encargó a Richard Meier el diseño de un nuevo edificio que albergara el monumento.

Livia (derecha), mujer de Augusto y madre de Tiberio, con un miembro sin identificar de la familia

Lucio, nieto menor de Augusto

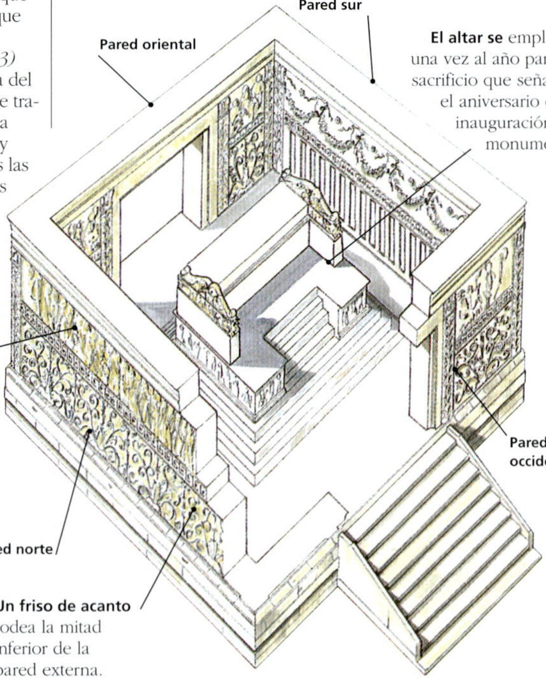

Mausoleo de Augusto ⓴

Piazza Augusto Imperatore. **Plano** 4 F2. *06 6710 3819.* 🚌 *81, 117, 492, 628, 926. Sólo* **visitas concertadas** *previa petición* (ver p. 383).

El que fue antaño el lugar de enterramiento más importante de Roma es hoy un terreno sembrado de hierbajos y cipreses, cubierto de desperdicios. Augusto hizo construir el mausoleo en el 28 a.C., año en el que se convirtió en emperador, para él y sus descendientes. El edificio circular medía 87 m de diámetro y tenía dos obeliscos (hoy situados en la Piazza del Quirinale y Piazza dell'Esquilino) a la entrada.

Dentro había pasillos concéntricos unidos entre sí, donde se guardaban las urnas con las cenizas de los miembros de la familia imperial. El primero en ser enterrado aquí fue el sobrino favorito de Augusto, Marcello, casado con Julia, hija del emperador. Éste murió en el 23 a.C., probablemente envenenado por su segunda esposa, Livia, que deseaba el trono de Roma para su hijo Tiberio. Cuando Augusto falleció en el año 14 d.C., sus cenizas fueron colocadas en el mausoleo. Tiberio se convirtió en emperador y los envenenamientos dinásticos permitieron que el lugar se siguiera llenando de urnas funerarias.

Este siniestro monumento fue más tarde empleado como fortaleza medieval, viñedo, jardín privado e, incluso, en el siglo XVIII, como auditorio y teatro.

Augusto, emperador de Roma

Virgen, san Roque y san Antonio con víctimas de la peste, de Il Baciccia (1639-1709)

San Rocco ㉑

Largo San Rocco 1. **Plano** 4 F2. ***Tel*** *06 689 64 16.* 🚌 *81, 117, 492, 628, 926.* ***Abierta*** *9.00-13.00 lu-sá, 16.30-19.30 do.* ***Cerrada*** *17-31 ago.* ✝

Esta iglesia, con su sobria fachada neoclásica de Giuseppe Valadier, inició su andadura como capilla de un hospital del siglo XVI –san Rocco fue un santo que ayudaba a las víctimas de la peste–. Más tarde se añadió un ala de maternidad para las esposas de los barqueros del Tíber, que hasta entonces daban a luz en condiciones de insalubridad dentro de las barcazas, en el río. El hospital se convirtió en refugio de madres solteras, y había una sección especial para aquellas que deseaban permanecer en el anonimato. Incluso podían llevar un velo durante su estancia, si así lo deseaban.

Los hijos no queridos eran generalmente enviados a orfanatos, y a las madres que morían durante el parto se las enterraba en tumbas sin nombre.

A finales de siglo el hospital fue abandonado, y demolido posteriormente en la década de 1930 durante la excavación del mausoleo de Augusto. La sacristía de la iglesia cuenta con una interesante obra de Il Baciccia (c.1660), el artista que decoró el techo de Il Gesù *(ver pp. 114-115)*.

Santi Ambrogio e Carlo al Corso ㉒

Via del Corso 437. **Plano** 4 F2. ***Tel*** *06 682 8101.* 🚌 *81, 117, 492, 628, 926.* ***Abierta*** *7.00-19.00 todos los días.*

Esta iglesia perteneció a la comunidad lombarda en Roma, y está dedicada a dos obispos canonizados de Milán, capital de Lombardía. En 1471 el papa Sixto IV dio a los lombardos una iglesia que éstos dedicaron a Sant'Ambrogio, muerto en el año 397. Después, en 1610, cuando Carlo Borromeo fue canonizado, la iglesia se reconstruyó en su honor. Los trabajos los realizaron en su mayor parte Onorio y Martino Longhi, padre e hijo, pero la cúpula se debe a Pietro da Cortona. La pintura del altar es de Carlo Maratta (1625-1713) y se titula *Gloria dei Santi Ambrogio e Carlo.* Tras el altar, en una capilla, se conserva el corazón de san Carlo en un relicario ricamente decorado.

Estatua de san Carlo por Attilio Selva (1888-1970), tras el ábside de Santi Ambrogio e Carlo

CAMPO DE' FIORI

Virgen del siglo XVIII en Campo de' Fiori

Entre el Corso Vittorio Emanuele II y el Tíber, la ciudad ofrece muchas caras. El mercado al aire libre del Campo de' Fiori conserva la atmósfera bohemia de las posadas medievales que en otro tiempo florecieron aquí, junto con palacios renacentistas como el Palazzo Farnese y el Palazzo Spada, y las mansiones que poderosas familias romanas construyeron en la ruta de las procesiones papales. Muy cerca, y con vistas a la atractiva isla del Tíber, se encuentra el antiguo gueto judío, donde aún pueden verse numerosos restos de la vida cotidiana durante los siglos pasados. El pórtico de Octavia y el teatro de Marcelo son espectaculares testimonios de la rica historia de la ciudad, fundada sobre los restos semiderruidos de la Antigua Roma.

LUGARES DE INTERÉS

Iglesias y templos
San Carlo ai Catinari 18
San Giovanni dei Fiorentini 29
San Girolamo della Carità 9
San Nicola in Carcere 21
Sant'Eligio degli Orefici 10
Santa Maria in Campitelli 20
Santa Maria in Monserrato 11
Santa Maria dell'Orazione e Morte 7
Santissima Trinità dei Pellegrini 5

Museos
Museo Burcardo del Teatro 15
Palazzo Spada 6
Piccola Farnesina 14

Edificios históricos
Casa di Lorenzo Manilio 25
Palazzo della Cancelleria 13
Palazzo Cenci 26
Palazzo Farnese 8
Palazzo del Monte di Pietà 3
Palazzo Pio Righetti 2
Palazzo Ricci 12

Fuentes
Fontana delle Tartarughe 19

Calles y plazas históricas
Campo de' Fiori 1
Gueto y sinagoga 24
Isla del Tíber 27
Via Giulia 28

Teatros
Teatro Argentina 16

Ruinas
Área Sacra dell'Argentina 17
Pórtico de Octavia 23
Sotterranei di San Paolo alla Regola 4
Teatro di Marcello 22

CÓMO LLEGAR

Sólo la línea de autobús 116 puede recorrer las estrechas calles alrededor del Campo de' Fiori, pero hay muchas líneas: 40, 46, 56, 62 y 64 y tranvía 8 que convergen en Largo Argentina, un buen punto de partida para recorrer la zona. Los autobuses 40, 46, 62 y 64 recorren la totalidad del Corso Vittorio Emanuele II, mientras el 23 y 280 lo hacen por Lungotevere.

VER TAMBIÉN

- ***Callejero*** planos 4, 8, 11, 12
- ***Alojamiento*** pp. 303-304
- ***Restaurantes*** pp. 319-320
- ***Paseo por Via Giulia*** pp. 276-277

◁ **Puestos de fruta rodean la estatua de Giordano Bruno en el mercado de Campo de' Fiori**

Campo de' Fiori en 3 dimensiones

Esta fascinante sección de la Roma renacentista es también una importante zona comercial y de vida nocturna; tiene su centro en la plaza del mercado de Campo de' Fiori. Los restaurantes y pizzerías de precios moderados hacen que la zona permanezca animada hasta altas horas de la noche. Durante el día hay bellos edificios que admirar, aunque pocos están abiertos al público. Dos excepciones son el Piccola Farnesina, con su colección de estatuas clásicas, y el Palazzo Spada, que alberga importantes pinturas.

Sant'Eligio degli Orefici
Pequeña iglesia renacentista proyectada por Rafael que se oculta tras una fachada de posterior construcción ❿

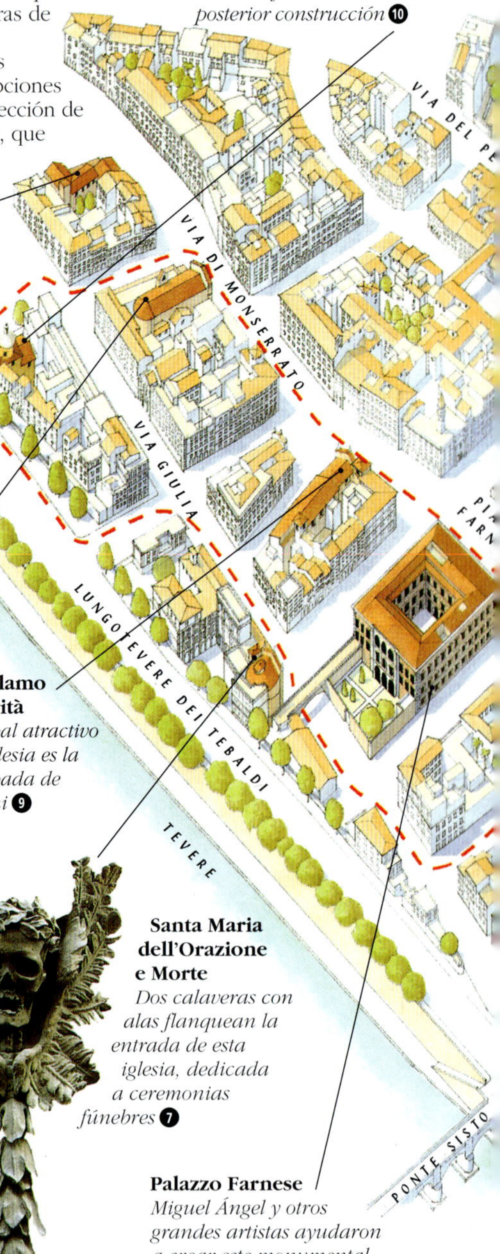

Palazzo Ricci
Los motivos clásicos eran los preferidos para las fachadas de las casas renacentistas ⓬

San Girolamo della Carità
El principal atractivo de esta iglesia es la capilla Spada de Borromini ❾

Santa Maria in Monserrato
Esta iglesia, que guarda conexiones con España, alberga un busto del cardenal Pedro Foix de Montoya, de Bernini ⓫

Santa Maria dell'Orazione e Morte
Dos calaveras con alas flanquean la entrada de esta iglesia, dedicada a ceremonias fúnebres ❼

SIMBOLOGÍA

– – – Itinerario sugerido

0 metros 75

Palazzo Farnese
Miguel Ángel y otros grandes artistas ayudaron a crear este monumental palacio renacentista ❽

Palazzo della Cancelleria
La administración papal dirigía los asuntos de la Iglesia desde este gran edificio ⓭

Piccola Farnesina
Esta placa honra a Giovanni Barraco. Su colección de esculturas se encuentra expuesta en el palacio ⓮

PLANO DE SITUACIÓN
Ver plano del centro, pp. 14-15

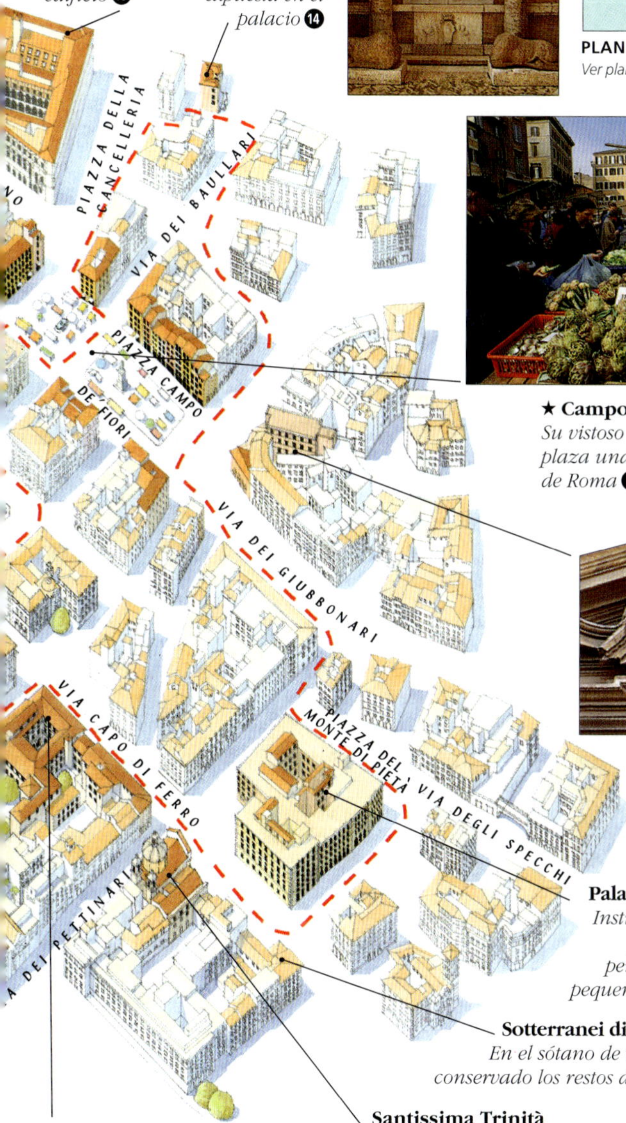

★ Campo de' Fiori
Su vistoso mercado hace de esta plaza una de las más animadas de Roma ❶

Palazzo Pio Righetti
Águilas heráldicas decoran los frontones de las ventanas del palacio ❷

Palazzo del Monte di Pietà
Institución papal donde los pobres empeñaban sus pertenencias a cambio de pequeñas sumas de dinero ❸

Sotterranei di San Paolo alla Regola
En el sótano de un viejo palacio se han conservado los restos de una casa romana ❹

★ Palazzo Spada
La galería de pinturas alberga una colección iniciada por dos excéntricos cardenales del siglo XVII ❻

Santissima Trinità dei Pellegrini
La función principal de esta iglesia era la caridad, ayudando a los peregrinos recién llegados a Roma ❺

RECOMENDAMOS

★ Campo de' Fiori

★ Palazzo Spada

Campo de' Fiori ❶

Piazza Campo de' Fiori. **Plano** 4 E4 y 11 C4. *116 y líneas a Largo di Torre Argentina y Corso Vittorio Emanuele II.* ***Mercados*** *p. 352.*

El Campo de' Fiori, antaño una pradera, ocupa el espacio abierto frente al teatro de Pompeya. Cardenales y nobles solían mezclarse con vendedores de pescado y extranjeros en la plaza del mercado, convirtiéndola en uno de los rincones más animados de la Roma medieval y renacentista. Hoy el mercado conserva gran parte de su atmósfera tradicional.

En el centro de la plaza se alza una estatua de una figura encapuchada. Se trata del filósofo Giordano Bruno, quemado en la hoguera acusado de hereje en 1600 –macabro recordatorio de las ejecuciones celebradas en el lugar–.

La *piazza* estaba rodeada de posadas para peregrinos y otros viajeros. Muchas de éstas eran propiedad de una rica cortesana del siglo XV, Vanozza Catanei, amante del papa Alejandro VI Borgia.

En la esquina entre la *piazza* y la Via del Pellegrino se puede ver el escudo de Catanei, que hizo decorar con su blasón de armas, el de su marido y el de su amante, el papa Borgia.

Mercadillo de Campo de' Fiori

Palazzo Pio Righetti ❷

Piazza del Biscione 89. **Plano** 4 E5 y 11 C4. *116 y líneas a Largo di Torre Argentina y Corso Vittorio Emanuele II.* ***Cerrado*** *al público.*

El gran palazzo Pio Righetti, del siglo XVII, se construyó sobre las ruinas del teatro de

Frontispicio con león heráldico y pinos, Palazzo Pio Righetti

Pompeya. Sus ventanas están decoradas con leones y pinos del escudo de armas de la familia de Pio da Carpi, que lo habitó.

A la curva que describe el teatro de Pompeya, primer teatro permanente de Roma y completado en el 55 a.C., le sigue la Via di Grotta Pinta. Hay lugares, como el sótano del restaurante Pancrazio, donde pueden verse restos del *opus reticulatum* –pequeños bloques de piedra porosa colocados diagonalmente frente a una pared de cemento–.

Palazzo del Monte di Pietà ❸

Piazza del Monte di Pietà 33. **Plano** 4 E5 y 11 C4. ***Tel*** *06 6844 2001. 116 y líneas a Largo di Torre Argentina y Corso Vittorio Emanuele II. 8.* **Capilla** ***abierta*** *previa cita. Llamar entre 8.30-13.30.*

El Monte, tal y como se le conoce, es una institución pública, fundada en 1539 por el papa Pablo III Farnese como tienda de empeños para combatir el floreciente negocio de los usureros de la ciudad. El edificio alberga en la actualidad oficinas y salas de subastas.

Las estrellas con bandas diagonales en la gran placa central que decora la fachada pertenecen al escudo de armas del papa Clemente VIII Aldobrandini, añadido cuando Carlo Maderno amplió el palacio en el siglo XVII. El reloj de la izquierda fue una adición posterior.

La capilla es una joya de la arquitectura barroca, adornada con estuco, paneles de mármol y relieves. La decoración proporciona el entorno ideal para las esculturas de Domenico Guidi –un busto de san Carlo Borromeo y un relieve de *La Pietà*–. Hay también espléndidos relieves de Giovanni Battista Théudon y Pierre Legros.

José dando grano a los egipcios, **de Théudon, en el Palazzo del Monte di Pietà**

Sotterranei di San Paolo alla Regola ❹

Via di San Paolo alla Regola. **Plano** 11 C5. ***Tel*** *06 6710 3819. 23, 116, 280 y líneas a Largo di Torre Argentina. 8.* ***Abierto*** *previa cita con permiso de visita (ver p. 383).*

Un viejo palacio esconde los restos perfectamente conservados de una antigua casa romana fechada entre los siglos II y III. Se está restaurando con el fin de abrirlo al público, pero en la actualidad sólo se puede visitar con un permiso especial.

Se desciende por una rampa hasta el nivel de la calle actual, para mostrar los lugares de las tiendas de antaño. Un nivel más arriba está la Stanza della Colonna, antes un patio abierto, con restos de frescos y mosaicos en las paredes.

Imagen central del retablo de Santissima Trinitá dei Pellegrini

Santissima Trinità dei Pellegrini ❺

Piazza della Trinità dei Pellegrini. **Plano** 4 E5 y 11 C5. ***Tel*** *06 686 84 51. 23, 116, 280 y líneas a Largo di Torre Argentina. 8.* ***Abierta*** *11.30-13.00 do.*

La iglesia fue donada en el siglo XVI a una institución de caridad fundada por san Felipe Neri para cuidado de los pobres y enfermos, especialmente aquellos que acudían en peregrinación a Roma durante los años de jubileo.

En la fachada del siglo XVIII hay nichos con estatuas de los evangelistas, obra de Bernardino Ludovisi. El interior, con columnas corintias, está dominado por el magnífico retablo de Guido Reni, *Santísima Trinidad* (1625). Los frescos de la linterna se deben también a él.

Otras pinturas de interés son: *San Gregorio el Grande liberando a las almas del purgatorio,* de Baldassarre Croce (tercera capilla a la izquierda); *Virgen con santos,* de Cavalier d'Arpino (segunda capilla a la izquierda); y una de Borgognone (1677) que muestra a la Virgen con santos recientemente canonizados, entre ellos san Carlo Borromeo y san Felipe Neri. Los cuadros de la sacristía muestran a miembros de la nobleza lavando los pies de los peregrinos, costumbre iniciada por san Felipe Neri.

Palazzo Spada ❻

Piazza Capo di Ferro 13. **Plano** 2 F5. ***Tel*** *06 686 11 58 (palazzo) o 06 32 810 (galleria). 23, 116, 280 y líneas a Largo di Torre Argentina. 8.* **Galleria Spada *abierta*** *8.30-19.30 ma-do.* ***Cerrada*** *1 ene, 25 dic.* ***Previo pago.***
www.galleriaborghese.it.

Este majestuoso palacio, construido alrededor de 1550 por el cardenal Capo di Ferro, posee un elegante patio estucado y una fachada adornada con relieves que evocan el pasado glorioso de Roma.

El cardenal Bernardino Spada, quien vivió aquí en el siglo XVII, contrató a los arquitectos Bernini y Borromini para su construcción. La afición del cardenal por las falsas perspectivas se vio reflejada en una galería de columnas de Borromini que parece cuatro veces más larga de lo que es en realidad.

El cardenal también reunió una soberbia colección privada de pinturas. Ésta se exhibe actualmente en la Galleria Spada, junto con algunas estatuas clásicas y muebles del siglo XVIII. Entre el amplio plantel de artistas representados figuran Rubens, Durero y Guido Reni. Otras obras importantes son: *La Visitación,* de Andrea del Sarto (1486-1530); *Caín y Abel,* de Giovanni Lanfranco (1582-1647); y *La muerte de Dido,* de Guercino (1591-1666).

Santa Maria dell'Orazione e Morte ❼

Via Giulia 262. **Plano** 4 E5 y 11 B4. ***Tel*** *06 68 80 27 15. 23, 116, 280.* ***Abierta*** *18.00 do para misa.*

Aquí se formó una congregación religiosa en el siglo XVI para recoger los cuerpos de los muertos desconocidos y darles sepultura cristiana. El tema de la muerte predomina en esta iglesia dedicada a santa María de la Oración y la Muerte. Las puertas y ventanas de la fachada barroca de Ferdinando Fuga están decoradas con calaveras aladas. Sobre la entrada central hay una clepsidra (antiguo reloj de arena), símbolo de la muerte.

Urna de ofrendas en Santa Maria dell'Orazione e Morte

Palazzo Farnese ❽

Piazza Farnese. **Plano** 4 E5 y 11 B4. *23, 116, 280 y líneas Corso Vittorio Emanuele II.* ***Cerrado*** *al público.*

Este imponente edificio, que habría de convertirse en prototipo de los palacios de muchos príncipes, fue construido originalmente para el cardenal Alejandro Farnesio, (proclamado papa Pablo III en 1534). Contrató a los más grandes artistas de su época para que realizaran el trabajo. El edificio fue remodelado por Antonio da Sangallo el Joven, ayudado por Miguel Ángel, a quien se debe la gran cornisa y el balcón central de la fachada, así como el tercer piso del patio.

Miguel Ángel tenía intención de unir los jardines Farnese con la residencia Farnese en el Trastevere *(ver pp. 220-221)* por medio de un puente, del que sólo llegó a construirse el arco que puede verse en Via Giulia. El *palazzo* fue finalmente terminado por el arquitecto italiano Giacomo della Porta en 1589.

En la actualidad alberga la Embajada de Francia, que se instaló ya en 1635.

Fachada del Palazzo Farnese

Capilla Spada en San Girolamo

San Girolamo della Carità ⑨

Via di Monserrato 62A. **Plano** 4 E5 y 11 B4. ***Tel*** *06 687 97 86.* 🚌 *23, 40, 46, 62, 64, 116, 280.* ***Abierta*** *10.30-11.30 do.* ✝

La iglesia se construyó en el lugar donde estuvo el hogar de san Felipe Neri, santo toscano del siglo XVI. Con su talante afable y paciente, renovó la vida espiritual de Roma gracias a su personal y amable acercamiento a la religión. Seguro que le habrían encantado los ángeles que rodean su estatua en su capilla.

La impresionante capilla Spada fue proyectada por Borromini, y resulta única tanto como obra de arte como por ilustrar el espíritu de la era barroca. Todos los elementos arquitectónicos están ocultos, de modo que el espacio interior queda definido únicamente por mármol y estatuas. Jaspe veteado y mármoles multicolores están esculpidos a imitación de damasco floreado y cortinas de terciopelo. Corona el altar una pareja de ángeles de rodillas con alas de madera.

Por extraño que parezca, no hay en la capilla indicio alguno de que su construcción se debiera a la familia Spada.

El mecenas debió de ser probablemente Virginio Spada, gran amante del arte y fiel seguidor de san Felipe Neri.

San Filippo Neri, **de Pierre Legros**

Sant'Eligio degli Orefici ⑩

Via di Sant'Eligio 8A. **Plano** 4 D4 y 11 B4. ***Tel*** *06 686 82 60.* 🚌 *23, 40, 46, 62, 64, 116, 280.* ***Abierta*** *10.00-13.00 lu, ma, ju y vi. Previa cita por teléfono.* ***Cerrada*** *ago.* ✝

El nombre de la iglesia aún recuerda el hecho de que fue encargada por una rica corporación de orfebres *(orefici)* a comienzos del siglo XVI. El proyecto original se debe a Rafael, quien, al igual que su maestro Bramante, había adquirido un sentido de la grandiosidad inspirado en las ruinas de la Antigua Roma. La influencia de algunas de las obras de Bramante, tales como el coro de Santa Maria del Popolo *(ver pp. 138-139)*, resulta evidente en la sencillez con que arcos y pilastras definen la estructura de los muros.

La cúpula de Sant'Eligio se atribuye a Baldasarre Peruzzi, mientras que la fachada fue añadida a principios del siglo XVII por Flaminio Ponzio. Entre los diversos pintores del XVI que decoraron el interior figura Taddeo Zuccari, quien trabajó en el Palazzo Farnese *(ver p. 147)*.

Santa Maria in Monserrato ⑪

Via di Monserrato.
Plano 4 E4 y 11 B3.
Tel *06 686 58 65.*
🚌 *23, 40, 46, 62, 64, 116, 280.*
Abierta *sólo para misa 10.00-13.30 do.* ✝

Busto del cardenal Pedro Foix de Montoya, de Bernini

Los orígenes de esta iglesia española en Roma se remontan a 1506, cuando una hermandad de la Virgen de Montserrat abrió un hospicio para peregrinos españoles. En el interior se encuentran la pintura de Aníbal Carracci, *San Diego de Alcalá,* y una réplica de la estatua de Santiago, de Sansovino, en la tercera capilla de la izquierda. Algunas tumbas del siglo XV de Andrea Bregno y Luigi Cappono están en el patio y las capillas laterales. No se pierda en el anexo el busto del benefactor de la iglesia, Pedro Foix de Montoya, de Bernini.

San Diego, **de Aníbal Carracci**

Palazzo Ricci ⓬

Piazza de' Ricci. **Plano** 4 D4 y 11 B4. *23, 40, 46, 62, 64, 65, 116, 280, 870.* ***Cerrado*** *al público.*

El Palazzo Ricci fue famoso por los frescos de su fachada –hoy casi desaparecidos– que fueron pintados durante el siglo XVI por Polidoro da Caravaggio, seguidor de Rafael.

En la Roma renacentista era costumbre encargar a artistas la decoración del exterior de las casas representando héroes de la antigüedad clásica. Un fresco realizado por Polidoro –supuesto inventor de este estilo de pintura– constituía, pues, todo un símbolo de privilegio social para los ciudadanos romanos.

Sección de la fachada del Palazzo Ricci

Palazzo della Cancelleria ⓭

Piazza della Cancelleria. **Plano** 4 E4 y 11 C3. ***Tel*** *06 69 89 34 91.* *40, 46, 62, 64, 70, 81, 87, 116, 492.* ***Abierto*** *previa cita.*

Este palazzo, máximo exponente de la orgullosa arquitectura del Renacimiento, se empezó a construir en 1485. Fue financiado en parte con las ganancias del juego del cardenal Raffaele Riario. Las rosas, emblema de la familia, adornan las arquivoltas y capiteles del hermoso patio, y el interior del palacio fue decorado tras el Saco de Roma en 1527. Giorgio Vasari solía jactarse de haber decorado una enorme sala en sólo 100 días, a lo que Miguel Ángel en una ocasión replicó: "Se nota". Otros artistas del manierismo, Perin del Vaga y Francesco Salviati, pintaron los frescos de las paredes de los aposentos del cardenal responsable de la cancillería pontificia, cargo que dio nombre al palacio cuando se instaló aquí por orden del papa León X.

A la derecha de la entrada principal se encuentra la iglesia de San Lorenzo in Damaso, fundada por el papa Dámaso (Pontífice entre 366 y 384). Sus pórticos albergaban las bibliotecas donde se guardaban los archivos papales. Fue reconstruida en 1495 y, aunque Bernini alteró el crucero y el ábside en 1638, fue restaurada más tarde según el estilo que imperaba durante el siglo XV.

Piccola Farnesina ⓮

Corso Vittorio Emanuele II 168. **Plano** 4 E4 y 11 C3. ***Tel*** *06 68 80 68 48.* *40, 46, 62, 64, 70, 81, 87, 116, 492.* ***Abierto*** *9.00-19.00 ma-do.* ***Previo pago.***

Este delicioso *palazzo* en miniatura debe su nombre a los lirios que decoran sus cornisas, erróneamente identificados con el emblema de la familia Farnese. De hecho, pertenecían al escudo de armas de un clérigo francés, Thomas Le Roy, para quien se construyó el palacio en 1523.

La entrada se hace por una nueva fachada que da al Corso Vittorio Emanuele II y que fue construida cuando se terminó esta calle a comienzos de siglo. La fachada original, a su izquierda, se atribuye a Antonio da Sangallo el Joven. Conviene fijarse en la asimetría de sus ventanas. El elegante patio central también conserva su estructura primitiva. En la Piccola Farnesina se encuentra hoy el Museo Barraco; alberga una colección de esculturas antiguas recopiladas por el barón Giovanni Barraco, que vivió en el siglo pasado y cuyo busto está expuesto en el patio. La colección incluye un antiguo relieve egipcio del escriba Nofer, algunos objetos asirios y una delicada cabeza femenina de cerámica etrusca. En la primera planta está la colección griega con una cabeza de Apolo.

Lirio en la fachada de Piccola Farnesina

Patio de Piccola Farnesina

Museo Burcardo del Teatro ⓯

Via del Sudario 44. **Plano** 4 F4 y 12 D4. ***Tel*** *06 681 94 71.* *40, 46, 62, 64, 70, 81, 186, 492.* *8* **Museo y biblioteca** ***abiertos*** *9.00-13.30 lu-vi.* ***Cerrados*** *ago.* **www.**burcardo.org

Esta casa de finales del siglo XV perteneció a Johannes Burckhardt, chambelán del papa Alejandro VI Borgia y autor de un diario donde se describe la Roma en tiempos de los Borgia. Alberga la más completa colección de textos sobre teatro, con más de 30.000 volúmenes, además de marionetas y máscaras.

Teatro Argentina 16

Largo di Torre Argentina. **Plano** 4 F4 y 12 D4. ***Tel*** *06 684 000 345.* *40, 46, 62, 64, 70, 81, 87, 186, 492, 810.* *8.* ***Representaciones*** *oct-jun.* *Ver* ***Tiempo de ocio*** *pp. 360-361.* **www.**teatrodiroma.net

Se trata de uno de los teatros más importantes de Roma, y fue fundado por la poderosa familia Sforza Cesarini en 1732, aunque la fachada es de un siglo posterior. Aquí se estrenaron muchas óperas famosas, entre ellas, y en 1816, *El Barbero de Sevilla* de Rossini. En la representación el compositor insultó a su audiencia, la cual le persiguió encolerizada por las calles de Roma. Muchas obras maestras de Verdi se escucharon aquí por vez primera.

Fachada del teatro Argentina

Área Sacra dell'Argentina 17

Largo di Torre Argentina. **Plano** 4 F4 y 12 D4. *40, 46, 62, 64, 70, 81, 87, 186, 492, 810.* *8.* ***Abierto*** *sólo previa cita* (ver p. 383).

En los años veinte se descubrieron aquí restos de cuatro templos de la época de la República, los más antiguos jamás hallados en Roma. Se les conoce como A, B, C y D. El más antiguo de los cuatro (C), de principios del siglo III a.C., estaba colocado sobre una plataforma precedida de un altar, con una planta típicamente romana, en oposición a la griega. El templo A data del siglo III a.C., y sobre su podio se construyó en la Edad Media la pequeña iglesia de San Nicola de Cesarini. Los restos de los dos ábsides aún resultan visibles.

***San Carlos orando*, de Guido Reni**

Los fragmentos de columnas al norte pertenecieron a un gran pórtico, el Hecatostilum (pórtico de 100 columnas). Aquí se construyeron en la época imperial dos lavatorios de mármol. Tras las ruinas de B y C se hallan los restos de una gran plataforma, que ha sido identificada con la curia de Pompeyo, edificio rectangular donde se reunía el senado y Julio César fue asesinado en el año 44 a.C. Al noroeste se sitúa un santuario de gatos, hogar de felinos abandonados (visitas previa cita).

Área Sacra, con las ruinas circulares del templo B en primer plano

San Carlo ai Catinari 18

Piazza B Cairoli. **Plano** 4 F5 y 12 D4. ***Tel*** *06 68 80 35 54.* *Ver Área Sacra.* *8.* ***Abierta*** *7.30-12.00, 16.00-19.00 todos los días.*

En 1620, la congregación milanesa en Roma decidió honrar al cardenal Carlo Borromeo, construyendo esta gran iglesia. Se llama ai Catinari por las muchas tiendas de fabricantes de cuencos *(catinari)* de la zona. La sobria fachada de mármol travertino fue completada en 1638 por el arquitecto romano Soria. La planta de basílica del siglo XVI se encuentra flanqueada por capillas; la de Santa Cecilia fue proyectada y decorada por Antonio Gherardi.

Las pinturas y frescos de la iglesia, de Pietro da Cortona y Guido Reni, son obras llenas de madurez que encarnan el espíritu de la Contrarreforma y narran la vida y hazañas del entonces recientemente canonizado san Carlos. Destaca el bellísimo crucifijo en el altar de la sacristía, hecho de mármol, cristal y madreperla, obra del escultor Algardi.

Altar de la sacristía de San Carlo

Fontana delle Tartarughe 19

Piazza Mattei. **Plano** 4 F5 y 12 D4. *46, 62, 63, 64, 70, 87, 186, 492, 810.* *8.*

La deliciosa Fontana delle Tartarughe *(tortugas)* fue un encargo de la familia Mattei, entre 1581 y 1588, para decorar "su" *piazza*. El proyecto es obra de Giacomo della Porta, pero la fuente debe gran parte de su gracia y encanto a los cuatro esbeltos muchachos de bronce que apoyan su pie en la cabeza del delfín, esculpidos por Taddeo Landini. Casi un siglo más tarde, un escultor desconocido

Fontana delle Tartarughe, de Della Porta

añadió unas tortugas para completar el conjunto.

Santa Maria in Campitelli ⓴

Piazza di Campitelli. **Plano** 4 F5 y 12 E5. ***Tel*** *06 68 80 39 78.* *40, 46, 62, 63, 64, 70, 87, 186, 780, 810.* ***Abierta*** *7.30-19.00 todos los días.*

En el siglo XVII Roma estaba a merced de la peste, que podía asolar la ciudad en cualquier momento sin que se conocieran medios eficaces de combatirla. Muchos romanos se limitaban a rezar por una pronta curación a la Madonna del Portico.

Cuando un brote especialmente mortal remitió de forma espontánea en 1656,

Querubines en Santa Maria in Campitelli

la gente, agradecida, decidió construir una iglesia donde albergar la imagen de dicha Virgen.

Así nació la iglesia de Santa Maria in Campitelli, completada en 1667 según proyecto de Carlo Rainaldi, discípulo de Bernini. Las columnas de la elegante fachada de estilo barroco simbolizan los pilares de la verdadera fe.

En el interior, la Virgen se halla en un espléndido tabernáculo creado por Giovanni Antonio de Rossi, mientras que las capillas laterales fueron decoradas por artistas como Il Baciccia o Luca Giordano.

Fachada y campanario de San Nicola in Carcere

San Nicola in Carcere ㉑

Via del Teatro Marcello 46. **Plano** 5 A5 y 12 E5. ***Tel*** *06 68 699 72.* *44, 63, 81, 95, 160, 170, 628, 780, 781.* ***Abierta*** *7.00-19.00 todos los días ; excavaciones previa cita.*

La iglesia medieval de San Nicola in Carcere se alza donde en otro tiempo hubo tres templos romanos de la era de la República, transformados en prisión durante la Edad Media. Estaban dedicados a Juno, Spes y Jano y se hallaban frente a una puerta que conducía al Forum Holitorium (mercado de hortalizas y aceite de la ciudad) y, carretera abajo, hasta el puerto del Tíber. Las columnas incorporadas a los muros de la iglesia pertenecieron a otros dos cuyas plataformas están hoy totalmente cubiertas de hierba.

La iglesia fue reconstruida en 1599 y restaurada en el siglo XIX, pero el campanario y las columnas romanas pertenecen al proyecto original.

El teatro de Marcelo, **de Thomas Hartley Cromek (1809-1873)**

Teatro di Marcello ㉒

Via del Teatro di Marcello. **Plano** 4 A5 y 12 E5. ***Tel*** *06 67 10 38 19.* *44, 63, 81, 95, 160, 170, 628, 780, 781.* ***Abierto*** *9.00-18.00 (19.00 en verano) todos los días.*

El muro exterior curvo de este vasto teatro ha soportado varias generaciones de edificios romanos. Fue ordenado construir por el emperador Augusto, quien lo dedicó a Marcelo, su sobrino y yerno, muerto a la temprana edad de 19 años en el 23 a.C.

En el siglo XIII este teatro romano se había convertido en la fortaleza de la ilustre familia Savelli.

En el XVI, Baldasarre Peruzzi construyó un gran palacio sobre las ruinas del teatro, que incluía un jardín con unas magníficas vistas al río Tíber. Los pisos inferiores fueron ocupados más tarde por viviendas humildes y talleres.

En la actualidad, cerca del teatro se pueden observar tres bellas columnas corintias y una parte de un friso. En su día pertenecieron al templo dedicado a Apolo, que data del siglo II a.C.

Pórtico de Octavia ㉓

Via del Portico d'Ottavia. **Plano** 4 F5 y 12 E5. 🚌 *46, 62, 63, 64, 70, 87, 186, 780, 810.*

Este pórtico es todo lo que se conserva de lo que fue la monumental plaza del Circus Flaminius. Fue construido en honor de la hermana de Augusto, Octavia (la esposa abandonada de Marco Antonio).

El pórtico rectangular encerraba templos dedicados a Júpiter y Juno, decorados con estatuas de bronce. La parte que se contempla hoy es el atrio central, originalmente recubierto de mármol.

En la Edad Media se construyeron en las ruinas del pórtico un mercado de pescado y una iglesia, Sant'Angelo in Pescheria, esta última decorada con motivos acuáticos, dada su proximidad al puerto de río. Las asociaciones con el Tíber son patentes en la fachada de estuco del cercano oratorio de los Pescaderos, construido en 1689. En la iglesia destacan un fresco de la Virgen y ángeles, de la escuela de Benozzo Gozzoli.

Callejón estrecho en el gueto judío

El gueto y la sinagoga ㉔

Sinagoga, Lungotevere dei Cenci. **Plano** 4 F5 y 12 E5. ***Tel*** *06 68 40 06 61.* 🚌 *23, 63, 280, 780 y líneas a Largo di Torre Argentina.* 🚋 *8.* ***Museo abierto*** *oct-may: 10.00-17.00 do-ju, 9.00-14.00 vi; jun-sep: 10.00-19.00 do-ju, 9.00-16.00 vi.* ***Cerrado*** *fiestas judías.* ***Previo pago.*** **Gueto,** *la calle principal es la Via del Portico d'Ottavia.*

Los primeros judíos llegaron a Roma, como comerciantes, en el siglo II a.C., y desde entonces existe una comunidad judía en Roma. Los judíos eran muy apreciados en la ciudad por sus habilidades médicas y financieras en tiempos del Imperio.

La sinagoga, con vistas al Tíber

En el siglo XVI comenzó una persecución sistemática. A partir del 25 de julio de 1556 los judíos se vieron forzados a vivir en un recinto limitado por un muro erigido bajo las órdenes del papa Pablo IV. El gueto era un rincón especialmente insalubre de Roma. Durante el día se permitía a sus habitantes salir. Los domingos se les conducía a la iglesia de Sant' Angelo in Pescheria para que escucharan el sermón cristiano, práctica esta abolida en 1848.

La persecución comenzó otra vez en 1943, con la ocupación alemana. Aunque los romanos ayudaron a escapar o a esconderse a muchos judíos, cientos de ellos fueron deportados a campos de concentración alemanes.

En la actualidad muchos de ellos siguen viviendo aquí, y las calles medievales conservan gran parte de su carácter original. La construcción de la sinagoga fue terminada en 1904.

Alberga un museo judío que presenta la historia de la comunidad a través de planos, toras y otros objetos.

Casa di Lorenzo Manilio ㉕

Via del Portico d'Ottavia 1D. **Plano** 4 F5 y 12 D5. 🚌 *46, 62, 63, 64, 70, 87, 186, 780, 810.* ***Cerrada*** *al público.*

Antes del Renacimiento la mayoría de los romanos tenía tan sólo una vaga idea del glorioso pasado de su ciudad. Pero tras el resurgir del interés por la filosofía y las artes de la Antigüedad, que tuvo lugar en el siglo XV, algunos llegaron a construir casas evocando el esplendor de la Antigua Roma. En 1468, un tal Lorenzo Manilio construyó una gran mansión para su familia, decorándola con una elegante placa de estilo clásico. La inscripción en latín data el edificio según el antiguo método romano: 2.221 años después de la fundación de la ciudad *(ab urbe conditam)* y menciona el nombre del propietario. En el frente hay incorporados antiguos relieves y fragmentos de sarcófagos. La fachada de la Piazza Costaguti lleva la inscripción: *Ave Roma*.

Balcón del Palazzo Cenci

Palazzo Cenci ㉖

Vicolo dei Cenci. **Plano** 4 F5 y 12 D5. 🚌 *Ver el Gueto.* ***Cerrado*** *al público.*

El Palazzo Cenci perteneció a la familia de Beatriz Cenci, a quien se acusó, junto a sus hermanos y su madrastra, de practicar la brujería y causar la muerte de su tiránico padre. Fue sentenciada a morir decapitada en el Ponte Sant'Angelo en 1599.

Bustos romanos que decoran la Casa di Lorenzo Manilio

La isla del Tíber, unida al Trastevere por el Ponte Cestio

La mayor parte del *palazzo* medieval primitivo ha sido demolido, y el edificio que vemos hoy día data de 1570, aunque presente una apariencia típicamente medieval.

La fachada principal está decorada con motivos heráldicos, como la media luna, mientras que en la pared opuesta hay un arco que une el palacio con el Palazzetto Cenci, diseñado por Martino Longhi el Viejo. En el interior se ve el típico patio con columnas de estilo jónico. Muchas de las salas conservan todavía su decoración original.

Isla del Tíber ㉗

Isola Tiberina. **Plano** 8 D1 y 12 D5. 🚌 *23, 63, 280, 780.* 🚊 *8.*

Antiguamente, la isla situada frente al puerto de la ciudad contaba con grandes estructuras de travertino blanco a ambos lados, simulando el timón y la proa de una nave.

Desde el 293 a.C., cuando se erigió aquí un templo dedicado a Esculapio, dios de la salud y protector de epidemias, la isla ha estado siempre asociada a los enfermos y, en la actualidad, sigue existiendo en ella un hospital. San Bartolomé, la iglesia en la *piazza* central de la isla, se construyó sobre las ruinas de templo de Esculapio en el siglo X. Su campanario románico resulta visible desde las orillas del Tíber.

Se puede llegar a la isla desde el gueto atravesando el Ponte Fabricio, el puente más antiguo del Tíber aún en uso, construido en el 62 a.C. En época medieval este punto estratégico estuvo controlado por la poderosa familia Pierleoni primero y Caetani después, mediante una torre todavía en pie. El otro puente que conduce a la isla, el Ponte Cestio, fue restaurado en el 370 d.C. por emperadores bizantinos.

Via Giulia ㉘

Plano 4 D4 y 11 A3. 🚌 *23, 116, 280, 870.*

Esta calle fue proyectada por Bramante en el siglo XVI para el papa Julio II della Rovere. Con sus aristocráticos palacetes de los siglos XVI al XVIII y sus iglesias y tiendas de antigüedades, la Via Giulia constituye un lugar delicioso para pasear *(ver pp. 276-277).*

Fuente de Via Giulia

San Giovanni dei Fiorentini ㉙

Via Acciaioli 2. **Plano** 4 D4 y 11 A2. ***Tel*** *06 68 89 20 59.* 🚌 *23, 40, 46, 62, 64, 116, 280, 870.* ***Abierta*** *7.30-13.00, 16.00-19.00 todos los días.* ✝

La iglesia de San Giovanni dei Fiorentini se construyó para la nutrida comunidad florentina que habitaba en la zona. El papa León X quería que fuera un símbolo de la superioridad de Florencia sobre Roma. Iniciada a comienzos del XVI, tardó más de un siglo en construirse. Su arquitecto principal fue Antonio da Sangallo el Joven, pero también contribuyeron muchos otros, antes de que Carlo Maderno completara la cúpula en 1620. La fachada actual, recientemente restaurada, se añadió en el siglo XVIII.

La iglesia la decoraron en su mayor parte dos artistas toscanos. Una interesante excepción la constituye una estatua del siglo XV de San Giovannino, obra del siciliano Mino del Reame, en un nicho sobre la sacristía. En el altar mayor hay un grupo escultórico en mármol de Antonio Raggi, el *Bautismo de Cristo*, mientras que el altar mismo se debe a Borromini, quien está enterrado en la iglesia junto a Carlo Maderno.

Ésta y San Lorenzo in Lucine *(ver p. 112)* son las únicas iglesias en Roma que admiten animales. Los fieles pueden bendecirlos en Semana Santa.

***Bautismo de Cristo*, de Antonio Raggi, en San Giovanni dei Fiorentini**

QUIRINAL

El Quirinal, una de las siete colinas de Roma, fue zona residencial en tiempos del Imperio. Al este de la colina se encontraban las termas de Diocleciano, aún en pie frente a la estación principal de ferrocarril. Abandonado durante la Edad Media, el distrito volvió a cobrar prestigio en el siglo XVI, al instalarse aquí el Palazzo del Quirinale, residencia pontificia. Grandes y poderosas familias, como Colonna o Aldobrandini, tenían sus palacios en la ladera de la colina. Cuando en el año 1870 terminó el poder de los Papas sobre Roma, el Quirinal se convirtió en residencia de los monarcas de Italia, y más tarde del presidente de la República.

Estuco del siglo I a.C. en el Museo Nazionale Romano

LUGARES DE INTERÉS

Iglesias
San Carlo alle Quattro Fontane 12
San Marcello al Corso 5
Sant'Agata dei Goti 21
Sant'Andrea al Quirinale 11
Santa Maria degli Angeli 15
Santa Maria dei Monti 20
Santa Maria in Trivio 7
Santi Apostoli 4
Santi Domenico e Sisto 23
Santi Vincenzo e Anastasio 9

Museos
Accademia Nazionale di San Luca 8
Palazzo delle Esposizioni 19
Museo Nazionale Romano (Palazzo Massimo) 16
Museo delle Paste Alimentari 10

Plazas históricas
Piazza della Repubblica 18

Edificios históricos
Palazzo Colonna 3
Palazzo del Quirinale 2
Termas de Diocleciano 17

Fuentes y estatuas
Cástor y Pólux 1
Fontana di Trevi 6
Fuente de Moisés 14
Le Quattro Fontane 13

Parques y jardines
Villa Aldobrandini 22

CÓMO LLEGAR

El área cuenta con paradas de metro en Reppublica y Cavour. También le servirán los autobuses 40 (sólo una parada), 64 y 70, que recorren la Via Nazionale, y el 71, 116T y 117, que pasan por el túnel de Traforo Umberto. Muchos autobuses recorren la Via del Tritone, pero el acceso al Quirinal se hace a pie por la Via XXIV Maggio.

SIMBOLOGÍA

Plano en 3 dimensiones
Estación de metro
Información turística

VER TAMBIÉN

- ***Callejero,*** Planos 5, 6, 12
- ***Alojamiento*** p. 304
- ***Restaurantes*** p. 321
- ***La Roma de Bernini*** pp. 282-283

◁ **Fontana delle Naiadi en la Piazza della Reppublica**

La Colina del Quirinal en 3 dimensiones

Aunque el Palazzo del Quirinale se encuentra cerrado al público, recomendamos subir por la colina para ver las estatuas gigantes de Cástor y Pólux en la *piazza* y disfrutar de las espléndidas vistas de la ciudad. Para descender, tome cualquiera de las estrechas calles y escaleras que conducen a uno de los rincones más inolvidables de Roma, la Fontana di Trevi. Las calles laterales están llenas de pequeñas iglesias. Hacia la Piazza Venezia hay grandes *palazzi,* entre ellos el de Colonna, propiedad de la que fue una de las familias más poderosas de Roma.

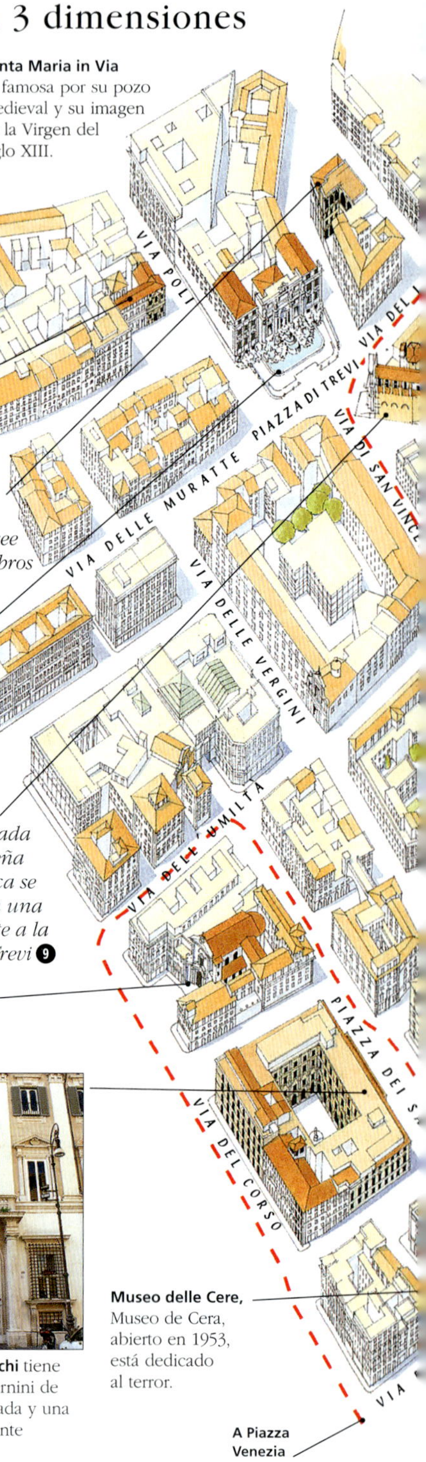

Santa Maria in Via es famosa por su pozo medieval y su imagen de la Virgen del siglo XIII.

Santa Maria in Trivio
La atractiva fachada de esta diminuta iglesia esconde un rico interior barroco ❼

Accademia Nazionale di San Luca
La academia de arte posee obras de antiguos miembros famosos, como Canova y Angelika Kaufmann ❽

★ Fontana di Trevi
La fuente más conocida de Roma ocupa casi la totalidad de la piazza ❻

Santi Vincenzo e Anastasio
La gran fachada de esta pequeña iglesia barroca se encuentra en una esquina frente a la Fontana di Trevi ❾

San Marcello al Corso
Esta Crucifixión *de Van Dyck se halla en la sacristía de la iglesia* ❺

El Palazzo Odescalchi tiene una fachada de Bernini de 1664, con balaustrada y una cornisa profusamente decorada.

Museo delle Cere, Museo de Cera, abierto en 1953, está dedicado al terror.

A Piazza Venezia

Museo delle Paste Alimentari
En este museo se muestra todo el reconocido valor de la pasta. ❿

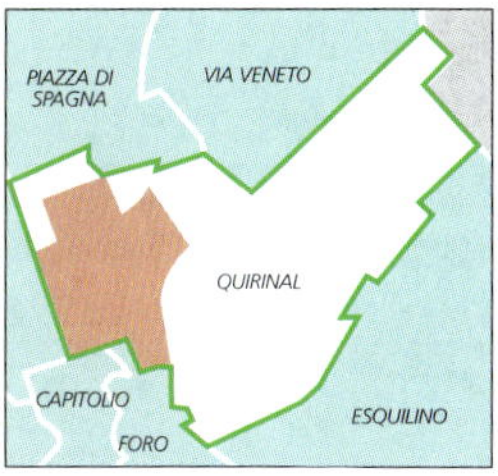

PLANO DE SITUACIÓN
Ver plano del centro, pp. 14-15

Palazzo del Quirinale
El antiguo palacio pontificio es hoy residencia del presidente de Italia. Los guardias de palacio llevan vistosos uniformes ❷

Cástor y Pólux
Las estatuas se encuentran junto a un obelisco y una fuente ❶

La Piazza della Pilotta está dominada por la imponente fachada de la Universidad Gregoriana.

Santi Apostoli
Carlo Rainaldi añadió las figuras de Cristo y los Apóstoles a la balaustrada en 1681 ❹

Palazzo Colonna
Una de las joyas de la galería, El comedor de alubias, *de Aníbal Carracci* ❸

RECOMENDAMOS

★ Fontana di Trevi

SIMBOLOGÍA

Itinerario sugerido

0 metros **75**

Cástor y Pólux ❶

Piazza del Quirinale. **Plano** 5 B4. *H, 40, 64, 70, 170 y muchos otros en la Via del Tritone.*

Fuente y obelisco de la Piazza del Quirinale, con las estatuas romanas de Cástor y Pólux

Cástor y Pólux, patronos de los jinetes, cabalgan orgullosos en sus soberbios caballos en la Piazza del Quirinale. Con una altura de 5,5 m, estas estatuas son copias romanas de originales griegos del siglo V a.C. En otro tiempo estuvieron en la entrada de las cercanas termas de Constantino. El papa Sixto V las hizo restaurar y las colocó aquí en el año 1588.

El obelisco que se alza entre ellas se trajo aquí en 1786, procedente del mausoleo de Augusto. En 1818 se completó el conjunto escultórico añadiendo una enorme pila de granito, otrora empleada como abrevadero en el Foro.

Palazzo del Quirinale ❷

Piazza del Quirinale. **Plano** 5 B3. ***Tel*** *06 46 991. H, 40, 64, 70, 170 y muchos otros en la Via del Tritone.* ***Abierto*** *8.30-12.00 do.* **Cerrado** *jul-med sep.* **Previo pago.** **www.**quirinale.it

Alrededor de 1500 se decía que el Vaticano tenía una ubicación insalubre, dada la alta incidencia de malaria. Gregorio XIII escogió este emplazamiento en la colina más alta de Roma para residencia estival de los Papas. Las obras comenzaron en 1573. La plaza tiene edificios en tres de sus lados, mientras que el cuarto permanece abierto.

Muchos arquitectos notables trabajaron en el palacio, antes de que éste tomara su forma actual en la década de 1730. Domenico Fontana diseñó la fachada principal, Carlo Maderno la capilla y Bernini la estrecha ala que recorre la Via del Quirinale.

Tras la unificación de Italia en 1870, fue residencia oficial del rey, y, en 1947, del presidente de la República. La ceremonia del cambio de guardia es a las 16.00 todos los días. Frente a la plaza se alza el Scuderie Papale, los antiguos establos, reconvertidos en sala de exposiciones.

Palazzo del Quirinale, residencia oficial del presidente de Italia

Palazzo Colonna ❸

Via della Pilotta 17. **Plano** 5 A4 y 12 F3. ***Tel*** *06 679 43 62. H, 64, 70, 170 y otros a Piazza Venezia.* ***Abierto*** *9.00-13.00 sólo sá (última admisión 12.00).* ***Cerrado*** *ago y festivos.* ***Previo pago.***

El papa Martín V Colonna (que gobernó entre 1417-1431) comenzó a construir este palacio, pero la mayor parte de su estructura data del siglo XVIII. La galería de arte, obra de Antonio del Grande entre 1654 y 1665, es la única parte abierta al público.

Las pinturas están numeradas pero sin identificar, de modo que conviene coger un folleto explicativo al entrar. Suba las escaleras y atraviese la antecámara que conduce a tres salas de mármol resplandeciente con grandes columnas amarillas, emblema de la familia Colonna.

Los frescos del techo celebran la victoria de Marcantonio Colonna sobre los turcos en la batalla de Lepanto (1571). De las paredes cuelgan pinturas de los siglos XVI al XVIII, entre ellas el *Comedor de alubias*, de Aníbal Carracci *(ver p. 157)*. La sala paisajista, con muchos cuadros del yerno de Poussin, Gaspare Dughet, refleja las preferencias pictóricas del cardenal Girolamo Colonna.

La sala del trono tiene una silla reservada a los Papas y una copia del retrato de Martín V, obra de Pisanello.

Desde la galería se disfrutan buenas vistas del hermoso jardín del *palazzo*.

Monumento de Canova en Santi Apostoli, con figuras que representan la Humildad y la Modestia

Santi Apostoli ❹

Piazza dei Santi Apostoli. **Plano** 5 A4 y 12 F3. ***Tel*** *06 679 40 85. H, 40, 64, 70, 170 y líneas a Piazza Venezia.* ***Abierta*** *7.00-12.00, 16.00-19.00 todos los días.*

La iglesia original del siglo VI fue reconstruida en el XV por los papas Martín V Colonna y Sixto IV della Rovere, cuyo emblema de un roble decora los capiteles del pórtico de finales del siglo XV. En el interior del pórtico, a la izquierda, se halla el monumento conmemorativo de Canova a Giovanni Volpato. Dentro de la iglesia hay otra obra, aún mayor y también de Canova, la tumba de Clemente XIV.

El interior barroco de Francesco y Carlo Fontana se completó en 1714. Fíjese en el efecto tridimensional de los ángeles pintados de Giovanni Odazzi, que parecen caídos del cielo. El retablo del siglo XVIII de Domenico Muratori representa el martirio de los santos Santiago y Felipe, de quienes la iglesia guarda alguna reliquia.

Detalle de Tritón y del caballo de mar en la Fontana di Trevi

San Marcello al Corso ❺

Piazza San Marcelo 5. **Plano** 5 A4 y 12 F3. ***Tel*** *06 69 93 01.* *62, 63, 81, 85, 95, 117, 119, 160, 175, 492, 628.* ***Abierta*** *7.00-12.00, 16.00-19.00 lu-sá, 9.00-12.00, 16.00-19.00 do.*

Esta iglesia fue uno de los primeros lugares de culto cristiano en Roma, conocidos como *tituli*. Un edificio posterior de estilo románico ardió en 1519, pero fue reconstruido por Jacopo Sansovino con una sola nave y capillas laterales profusamente decoradas.

La impresionante fachada travertina fue diseñada por Fontana en un estilo barroco tardío.

La tercera capilla a la derecha alberga frescos con escenas de la vida de la Virgen por Francesco Salviati. La decoración de la capilla siguiente se vio interrumpida por el Saco de Roma en 1527. El discípulo de Rafael, Perin del Vaga, huyó dejando los frescos del techo sin acabar, tarea que recayó en Daniele da Volterra y Pellegrino Tibaldi una vez la paz volvió a la ciudad.

En la nave hay una tumba doble de estilo veneciano obra de Sansovino, el monumento al cardenal Giovanni Michiel (envenenado por los Borgia en 1503) y su sobrino, el obispo Antonio Orso.

Capilla de San Marcello al Corso, decorada por Francesco Salviati

Fontana di Trevi ❻

Fontana di Trevi. **Plano** 5 A3 y 12 F2. *52, 53, 61, 62, 63, 71, 80, 95, 116, 119 y muchos otros en Via del Corso y Via del Tritone.*

Muchos de los visitantes que se agrupan alrededor de la fuente para echar sus monedas creen que la Fontana di Trevi ha estado en Roma desde siempre, lo cierto es que se trata de una obra relativamente reciente.

El proyecto escénico de Nicola Salvi para la mayor y más famosa fuente de Roma *(ver p. 54)* no se completó hasta 1762. Las figuras centrales son Neptuno y dos tritones a cada uno de sus lados. Uno de ellos lucha con un caballo marino, mientras que el otro sujeta sin dificultad al más dócil. Ambos simbolizan las dos caras del océano.

Este lugar marcó en otro tiempo el final del acueducto de Acqua Virgo, construido en el 19 a.C. Uno de los relieves del primer nivel muestra a una muchacha señalando en dirección al manantial de agua.

Fachada de Santa Maria in Trivio

Santa Maria in Trivio ❼

Piazza dei Crociferi 49. **Plano** 5 A3 y 12 F2. ***Tel*** *06 678 96 45.* *52, 53, 61, 62, 63, 71, 80, 95, 116, 119.* ***Abierta*** *8.00-12.00, 16.00-19.30 todos los días.*

Se ha dicho que la italiana es una arquitectura de fachadas, y en ningún lugar es esto tan cierto como en el caso de Santa Maria in Trivio, construida entre 1570-1580, e inteligentemente incorporada al edificio que se encuentra detrás. Fíjese en las falsas ventanas. En el interior también hay efectos ilusionistas, particularmente en los frescos del techo, con escenas del Nuevo Testamento pintadas por Antonio Gherardi (1644-1702).

El nombre de esta iglesia significa más o menos Santa María en el cruce de tres calles.

Accademia Nazionale di San Luca ❽

Piazza dell'Accademia di San Luca 77. **Plano** 5 A3 y 12 F2. ***Tel*** *06 679 88 50.* *52, 53, 61, 62, 63, 71, 80, 95, 115, 116, 119 y otros en Via del Corso y Via del Tritone.* ***Horario*** *llamar para horario de apertura.*

Se dice que san Lucas fue pintor, de ahí el nombre dado a la Academia de Bellas Artes de Roma. Además, la galería posee el cuadro *San Lucas pintando un retrato de la Virgen*, de Rafael y sus discípulos. La academia conoció su auge en los siglos XVII y XVIII, cuando sus miembros donaban obras suyas para la colección. Canova regaló una maqueta para su famoso grupo escultórico en mármol *Las tres Gracias*.

De especial interés resultan los tres fascinantes autorretratos hechos por mujeres: la italiana Lavinia Fontana, del siglo XVII; la suiza del siglo XVIII Angelika Kaufmann y Elisabeth Vigée-Lebrun, pintora francesa de los años previos a la revolución de 1789.

Santi Vincenzo e Anastasio ❾

Vicolo dei Modelli 73. **Plano** 5 A3 y 12 F2. ***Tel*** *06 678 30 98.* *52, 53, 61, 62, 63, 71, 80, 95, 116, 119.* ***Abierta*** *7.30-12.00, 16.00-19.00 todos los días.*

Con vistas a la Fontana di Trevi *(ver p. 159)*, esta fachada encarna el barroco romano llevado a sus últimas consecuencias. Sus hileras de columnas están coronadas por el enorme escudo de armas del cardenal Raimondo Mazzarino, quien encargó a Martino Longhi el Joven la construcción de la iglesia en 1650. El busto femenino sobre la entrada pertenece a una de las sobrinas del cardenal, ya sea Maria Mancini o su hermana pequeña, Ortensia. En el ábside unas placas conmemorativas recuerdan a los papas cuyos *praecordia* (una parte del corazón), están sepultados en las paredes. Esta tradición la inició Sixto V a finales del siglo XVI, y pervivió hasta que Pío X le puso fin a comienzos del siglo XX.

Museo delle Paste Alimentari ❿

Piazza Scanderberg 117. **Plano** 5 A3 y 12 F2. ***Tel*** *06 699 11 19.* *52, 53, 61, 62, 63, 71, 80, 95, 116, 119.* ***Abierto*** *9.30-17.30 todos los días.* ***Cerrado*** *festivos.*
www.museodellapasta.it

La fama de la pasta en la cocina italiana no es exagerada y este entretenido museo muestra todo lo que hay que saber sobre este apreciado alimento. Las salas presentan varios aspectos, como el de la historia de la pasta, cómo se elabora y los orígenes de las diferentes formas, al igual que exposiciones de fotografía y arte con la pasta como tema.

Autorretrato de Lavinia Fontana, Accademia Nazionale di San Luca

Interior oval de Sant'Andrea al Quirinale, de Bernini

Sant'Andrea al Quirinale ⓫

Via del Quirinale 29.
Plano 5 B3. ***Tel*** *06 474 4872.*
116, 117 y líneas a Via del Tritone.
Abierta *8.30-12.00, 15.30-18.00 todos los días (cerrada tardes en ago).*

Conocida como "la perla del barroco" por su hermoso interior en mármol rosado, Sant'Andrea fue proyectada por Bernini y edificada por sus ayudantes entre 1658 y 1670. Fue construida para los jesuitas, de ahí la abundancia del emblema IHS (*Iesus Hominum Salvator*– Jesús salvador de los hombres–).

Dado el poco espacio de que disponía, Bernini orientó el eje largo de su planta oval no hacia el altar, sino hacia los lados, para conseguir que el ojo del espectador se dirigiera al altar, donde colocó varias obras artísticas que forman un solo conjunto. El san Andrés crucificado del retablo mira atento a una reproducción de sí mismo, un poco más arriba, relizada en estuco, a la que siguen la linterna y la representación del Espíritu Santo.

No se pierda las salas de San Estanislao de Kostka, novicio jesuita que murió en 1568 a la edad de 19 años en el convento adyacente. Reflejan no sólo sus costumbres espartanas, sino el más típico estilo de los jesuitas del siglo XVII. El santo polaco fue brillantemente inmortalizado en mármol por Pierre Legros.

San Carlo alle Quattro Fontane ⓬

Via del Quirinale 23. **Plano** 5 B3.
Tel *06 488 32 61. 116, 117 y líneas a Piazza Barberini.* M *Barberini.*
Abierta *10.00-13.00, 15.00-18.00 lu-vi; 10.00-13.00 sá; 11.00-13.00 do.*

En 1634, los trinitarios –orden española cuya función era pagar a los musulmanes los rescates por los rehenes cristianos– encargaron a Borromini una iglesia y un convento en el cruce de dos calles conocido como delle Quattro Fontane porque en cada esquina hay una fuente. La superficie de la iglesia es la misma que la de uno de los cuatro pilares que soportan la cúpula de San Pedro; es conocida como San Carlino.

Aunque dedicada a san Carlo Borromeo, cardenal milanés del siglo XVI canonizado en 1620, San Carlo es un monumento a Borromini. La audaz utilización que hizo de las curvas, tanto en la fachada como en el interior, dotan a la construcción de luz y vida. La cúpula oval y la diminuta linterna son particularmente ingeniosas. Completada en 1667, la fachada es uno de sus últimos trabajos. No olvide admirar las originales formas invertidas del claustro y el estuco en el refectorio, que alberga un retrato de San Carlo pintado por Orazi Borgianni (1611).

De las paredes de la sacristía pende un retrato del propio Borromini llevando la cruz trinitaria. El artista se suicidó en 1667 y en la cripta (abierta ahora al público) hay una pequeña capilla destinada a albergar sus restos que permanece vacía.

Cúpula iluminada de San Carlo alle Quattro Fontane

Fuente de la Fuerza (o Juno)

Le Quattro Fontane ⓭

Cruce de la Via delle Quattro Fontane y Via del Quirinale. **Plano** 5 B3. 🚌 *Líneas a Piazza Barberini o Via Nazionale.* Ⓜ *Barberini.*

Estas cuatro pequeñas fuentes están en las esquinas de los edificios situados en la intersección de dos estrechas y transitadas calles. Datan de la época del gran desarrollo urbanístico de Roma bajo el mandato de Sixto V (1585-1590), y cada una contiene la estatua de una divinidad reclinada. El dios del río acompañado de la loba representa claramente al Tíber; la otra figura masculina podría ser el Arno, y en cuanto a las figuras femeninas, encarnan la fuerza y la fidelidad, o lo que es lo mismo, a las diosas Juno y Diana.

Este cruce entre calles es el punto más alto de la colina del Quirinal, y desde él se avistan a lo lejos los obeliscos de Santa Maria Maggiore, Trinità dei Monti y la Piazza del Quirinale.

Fuente de Moisés ⓮

Fontana dell'Acqua Felice, Piazza San Bernardo. **Plano** 5 C2. 🚌 *30, 60, 61, 62, 84, 175, 492.* Ⓜ *Repubblica.*

Oficialmente conocida como Fontana dell'Acqua Felice, esta fuente debe su denominación popular a la grotesca estatua de Moisés que reposa en su nicho central. La estructura fue diseñada por Domenico Fontana para señalar el final del acueducto de Acqua Felice, llamado así porque fue una de las grandes mejoras introducidas en la ciudad por el papa Felice Peretti. Sixto V lo completó en 1587, y, gracias al acueducto, llegó agua por primera vez a este distrito de Roma.

La impopular estatua de Moisés es de gran tamaño y con los rasgos anatómicos desproporcionados. Esculpida bien por Prospero Bresciano o Leonardo Sormani, no es más que un torpe intento por emular la impresionante apariencia del *Moisés* de Miguel Ángel, en la iglesia de San Pietro in Vincoli *(ver p. 170)*. Tan pronto como se inauguró empezó a circular la broma de que si Moisés fruncía el ceño era sin duda por haber sido traído al mundo de la mano de tan inepto escultor.

Fidelidad (o Diana) acompañada de su perro, una de las Quattro Fontane

Fuente de Moisés

Los relieves laterales ilustran también historias del Antiguo Testamento: Aarón conduciendo a los israelitas a las aguas y Josué a los ejércitos hacia el mar Rojo. Los cuatro leones de la fuente son copias de los originales egipcios que Sixto V había hecho colocar aquí para "uso y disfrute" público.

Moneda con la cabeza del emperador Diocleciano (285-305 a.C.)

Santa Maria degli Angeli ⓯

Piazza della Republica. **Plano** 5 C3. ***Tel*** *06 488 08 12.* 🚌 *36, 60, 61, 62, 64, 84, 90, 116, 170, 492, 910.* Ⓜ *Repubblica, Termini.* ***Abierta*** *7.00-18.30 todos los días.*

Incorporada a las ruinas de las termas de Diocleciano por Miguel Ángel, en 1563, la iglesia sufrió tales modificaciones en el siglo XVIII que ha perdido casi todo su carácter original. La exposición de la sacristía ofrece información detallada sobre el proyecto primitivo de Miguel Ángel.

Museo Nazionale Romano (Palazzo Massimo) ⓰

Una sección del Museo Nazionale Romano en las termas de Diocleciano

Palazzo Massimo, Largo di Villa Peretti 1. **Plano** 6 D3. ***Tel*** *06 3996 1100.* *36, 38, 40, 64, 86, 170, 175, H y muchas otras líneas a Piazza dei Cinquecento.* M *Repubblica, Termini.* ***Abierto*** *9.00-19.45 ma-do.* ***Cerrado*** *1 ene, 1 may, 25 dic.* **Previo pago.** *(El* biglietto cumulativo *permite la entrada a las 5 zonas del museo)*

Fundado en 1889, en el Museo Nazionale se encuentra expuesta la mayoría de las antigüedades halladas en Roma desde 1870 así como otras colecciones, con lo que se ha convertido en uno de los más importantes museos de arte clásico del mundo. Durante la década de los noventa se ha realizado una gran reestructuración y en la actualidad dispone de cinco secciones: una parte de las termas de Diocleciano (su antiguo emplazamiento), el Palazzo Massimo, el Palazzo Altemps *(ver p. 127),* el Aula Ottagona (detrás de las termas de Diocleciano) y la cripta Balbi –la última incorporación– (en Via delle Botteghe Oscure 31); esta última son unas excavaciones del teatro Balbus, que ahora contienen hallazgos de la Roma medieval.

El Palazzo Massimo, construido en 1883-1887 en el lugar que ocupaba la villa del siglo XVI de Sixto V, era un colegio jesuita. Entre 1981 y 1997 se restauró.

La exposición del Palazzo Massimo, que se muestra en cuatro plantas, data del siglo II a.C al IV d.C. El sótano alberga una magnífica colección de antiguas monedas, preciosos objetos y el único niño momificado que se encontró en la antigua ciudad. La planta baja está dedicada a las estatuas romanas, con monumentos funerarios en la sala 2 y del emperador Augusto como Pontifex Maximus en la sala 5. Subiendo por las escaleras están las estatuas de la villa de verano de Nerón en Anzio y copias romanas de famosas estatuas griegas, como el *Discóbolo Ex Lancellotti*. Lo mejor del museo, de todos modos, es la segunda planta, en la que todas las pinturas de las paredes de las salas han sido traídas de varias villas excavadas de Roma y sus alrededores. Una visita guiada es la mejor opción para visitar esta planta y se puede adquirir en la entrada del museo. Los frescos más sobresalientes son de la Villa Livia en Prima Porta. El triclinium (comedor) está decorado profusamente con árboles, plantas y frutas, y está pintado en un estilo totalmente naturalista. Otras maravillas son las salas traídas de la primera Villa Farnesina: una habitación de niños con predominio del blanco y un dormitorio de adultos en rojo con pinturas eróticas. Igualmente magnífica es la exposición de mosaicos, en la misma planta.

Termas de Diocleciano ⓱

Terme di Diocleziano, Viale E. de Incola 79. **Plano** 6 D3. ***Tel*** 06 39 96 77 00. 36, 60, 61, 62, 84, 90. M Reppublica, Termini. ***Abierto*** *9.00-19.45 ma-do.*

Construidas en los años 298-306 d.C. por orden del emperador Diocleciano, responsable de la condena a muerte de muchos cristianos, las termas *(ver pp. 24-25)* eran las mayores de Roma, con capacidad para más de 3.000 personas. Parte del Museo Nazionale Romano, las termas albergan una gran colección de estatuas romanas e inscripciones y también encierran un antiguo monasterio cartujo con un claustro diseñado por Miguel Ángel.

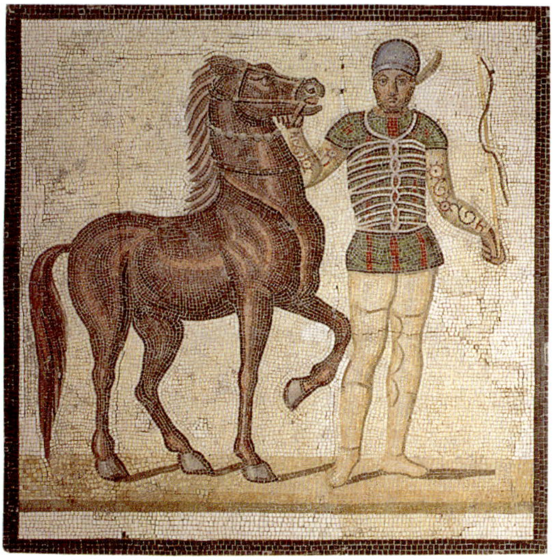

Uno de los mosaicos de los Cuatro Aurigas, Museo Nazionale Romano

Piazza della Repubblica ⓲

Plano 5 C3. *36, 60, 61, 62, 64, 84, 90, 170, 175, 492, 640, 910.* *Repubblica.*

Los romanos a menudo se refieren a esta plaza por su antiguo nombre, Piazza Esedra, llamada así porque tiene forma de *exedra* (recinto semicircular); formaba parte de las termas de Diocleciano. La plaza se construyó durante el desarrollo urbanístico llevado a cabo una vez Roma se convirtió en capital de la Italia unificada. Bajo sus pórticos del siglo XIX hubo en otro tiempo elegantes tiendas; hoy han sido sustituidas por bancos, agencias de viajes y cafés.

En el centro de la *piazza* se alza la Fontana delle Naiadi. Las ninfas desnudas en bronce, de Mario Rutelli, causaron cierto escándalo cuando se inauguró la fuente en 1901. Cada una está reclinada en una criatura que simboliza el agua en sus diversas formas: un caballo de mar para los océanos, una serpiente de agua dulce para los ríos, un cisne para los lagos y un extraño lagarto para las corrientes subterráneas. La figura del centro, añadida en 1911, es el dios marino Glauco, que encarna la victoria del hombre sobre la naturaleza.

Piazza della Repubblica y Fontana delle Naiadi

Palazzo delle Esposizioni ⓳

Viale Nazionale 194 (y Via Milano). **Plano** 5 B4. ***Tel*** *06 489 411.* *40, 60, 66, 70, 116T, 170.* ***Horario*** *llamar para horario de apertura.* ***Previo pago.*** *Sólo entrada en Via Piacenza.*
www.palazzoesposizioni.it

Fachada del Palazzo delle Esposizioni

Este grandioso edificio con amplia escalinata, columnas corintias y estatuas fue concebido como centro de exposiciones por el arquitecto Pio Piacentini y construido por la ciudad de Roma en 1882 bajo el reinado de Humberto I. La entrada principal se asemeja a un arco de triunfo.

El espacio destinado a exposiciones ha sido recientemente modernizado, y las colecciones se renuevan cada tres meses.

Se realizan también otras actividades, como cine y representaciones de teatro. *(ver p. 360).* Las películas extranjeras se proyectan en el idioma original.

Santa Maria dei Monti ⓴

Via Madonna dei Monti 41. **Plano** 5 B4. ***Tel*** *06 48 55 31.* *75, 84, 117.* *Cavour.* ***Abierto*** *7.00-12.00, 16.30-19.30 lu-sá; 8.30-13.00, 17.00-20.00 do.*

Proyectada por Giacomo della Porta, esta iglesia, que data de 1580, posee una cúpula particularmente hermosa. Sobre el altar mayor hay una pintura medieval de la Virgen patrona de este distrito de Roma. En el altar de la nave izquierda se encuentran la tumba y la efigie de un santo francés llamado Benoît-Joseph Labre, quien murió aquí en 1783, tras pasar su vida como un peregrino solitario. Mientras estuvo en Roma durmió a la intemperie en las ruinas del Coliseo, renunciando a toda caridad y acudiendo a orar a Santa Maria dei Monti. Murió a las puertas de esta iglesia cuando tenía 30 años. Sus harapos se conservan como reliquias.

Una de las ninfas de bronce de la Fontana delle Naiadi

Sant'Agata dei Goti ㉑

Via Mazzarino 16 y Via Panisperna. **Plano** 5 B4. ***Tel*** *06 487 93531.* 🚌 *40, 60, 64, 70, 71, 170.* ***Abierta*** *7.00-9.00, 16.00-19.00 lu-sá, 9.00-12.00, 16.00-18.00 do.* ✝ ♿

Los godos, quienes dieron nombre a esta iglesia, ocuparon Roma en el siglo VI d.C. Se trataba de arrianos que negaban la divinidad de Cristo. La iglesia se fundó poco después de las grandes invasiones bárbaras, que tuvieron lugar entre el 462 y 570 d.C.; sus bellas columnas de granito datan de este periodo. El altar mayor cuenta con un tabernáculo del siglo XII muy bello, pero el principal encanto de la iglesia reside en su patio del siglo XVIII, alrededor de un pozo artísticamente cubierto de hiedra.

Villa Aldobrandini ㉒

Via Panisperna. Entrada a los jardines: Via Mazzarino 1. **Plano** 5 B4. 🚌 *40, 60, 64, 70, 71, 117, 170.* **Jardines *abiertos*** *desde el amanecer hasta el anochecer todos los días.* **Villa *cerrada*** *al público.*

Construida en el siglo XVI por los duques de Urbino y adquirida por el papa Clemente VIII Aldobrandini para su familia, la villa es hoy propiedad del Gobierno y aloja una biblioteca de Derecho internacional.

Decorada con el escudo de armas de la familia (seis estrellas) está cerrada al público, pero a sus jardines, ocultos tras un alto muro en Via Nazionale, se accede por una verja de hierro situada en Via Mazzarino. Se sube por unas escaleras, dejando atrás las ruinas del siglo II, y se llega al jardín, que ha sido renovado y constituye un verdadero oasis de tranquilidad muy de agradecer en pleno corazón de la ciudad. Hay senderos de gravilla que unen las distintas áreas de césped y los árboles de variadas especies, además de bancos donde reponerse del cansancio. Las vistas desde el jardín, situado a unos 10 m sobre el nivel de la calle, son excelentes.

Patio del siglo XVIII en Sant'Agata dei Goti

Santi Domenico e Sisto ㉓

Largo Angelicum 1. **Plano** 5 B4. ***Tel*** *06 670 21.* 🚌 *40, 60, 64, 70, 71, 117, 170.* ***Abierta*** *previa cita.*

Capilla de Santi Domenico e Sisto

La iglesia presenta una larga y estilizada fachada barroca tras una empinada escalinata, que se divide en dos y asciende hasta el balcón situado frente a la entrada. El frontón de la fachada se halla decorado con relieves de ocho candelabros encendidos.

En el interior, el techo es abovedado, con un fresco de gran tamaño que representa la *Apoteosis de san Dominico,* obra de Domenico Canuti (1620-1684). La primera capilla de la derecha fue decorada por Bernini, con mármoles policromados. Este bello conjunto escultórico de *Cristo con María Magdalena en el huerto,* fue realizado por Antonio Raggi (1649). Sobre uno de los altares laterales hay una pintura de la Virgen atribuida a Benozzo Gozzoli (1420-1479), que fue discípulo de Fra Angelico.

Fachada de Santi Domenico e Sisto

ENEDICTVS XIV P.
FVNDAMENT BRE

ESQUILINO

Esquilino es la mayor de las sietes colinas de Roma. En época imperial, en las laderas occidentales que daban al Foro se hallaban los atestados suburbios de Suburra, mientras que en el lado oriental había unas cuantas villas de ciudadanos adinerados, entre ellos Mecenas, patrón de las artes y consejero de Augusto. El lugar ha conservado su carácter primitivo durante dos milenios; sigue siendo uno de los distritos más pobres de la ciudad. En la actualidad se trata de una zona muy urbanizada, con excepción del parque del Colle Oppio, pequeña colina al sur del Esquilino donde se hallan los restos de las termas de Trajano y la Domus Aurea de Nerón. El principal interés de esta zona, sin embargo, reside en sus iglesias, muchas de las cuales fueron fundadas en emplazamientos de antiguas casas privadas, donde los cristianos celebraban sus reuniones secretas.

***Raquel,* de Miguel Ángel, en San Pietro in Vincoli**

LUGARES DE INTERÉS

Iglesias

San Martino ai Monti 1
San Pietro in Vincoli 2
Santa Bibiana 7
Santa Maria Maggiore pp. 172-173 4
Santa Prassede 5
Santa Pudenziana 3

Museos

Museo Nazionale d'Arte Orientale 9

Plazas históricas

Piazza Vittorio Emanuele II 8

Antiguos emplazamientos

Auditorio de Mecenas 10
Domus Aurea de Nerón 12
Sette Sale 11

Arcos

Arco de Galieno 6

CÓMO LLEGAR

El área se encuentra cerca de la estación Termini y tiene varias paradas de metro: Vittorio Emanuele y Manzoni en la línea A, Cavour y Colosseo en la B. Entre los autobuses más útiles están el 16, 75 y 714 desde Termini y el 84. El tranvía 3 recorre la Via Labicana.

VER TAMBIÉN

- ***Callejero*** planos 5, 6
- ***Restaurantes*** p. 322
- ***Paseo de los mosaicos*** pp. 280-281

SIMBOLOGÍA

- Plano en 3 dimensiones
- FS Estación de ferrocarril
- M Estación de metro
- i Información turística

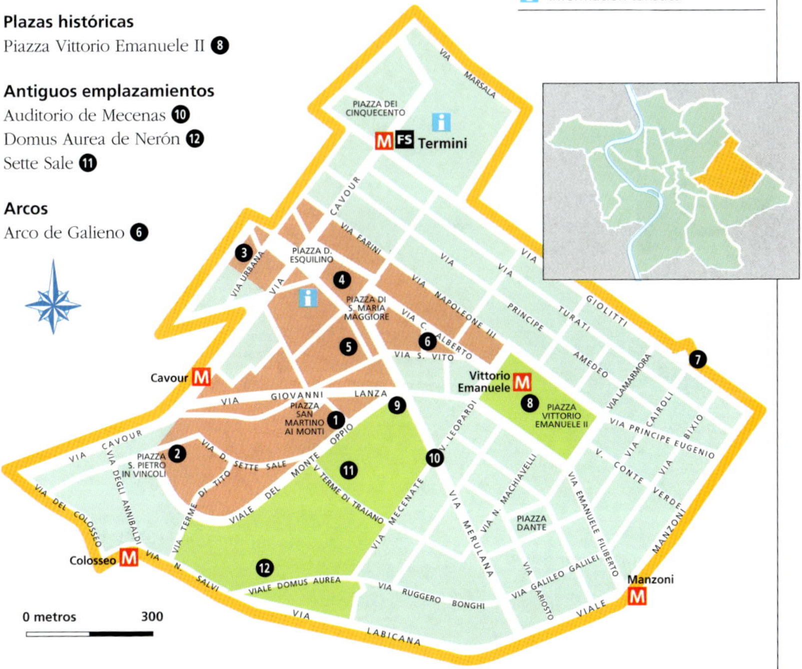

Esquilino en 3 dimensiones

Sin duda, lo más interesante de esta zona, una de las menos atractivas de Roma, es la iglesia de Santa María la Mayor. Sin embargo, el visitante no debe perderse algunas de las iglesias más pequeñas ubicadas en el Esquilino, como Santa Pudenziana y Santa Prassede, con sus célebres mosaicos, o San Pietro in Vincoli, que alberga el *Moisés* de Miguel Ángel. Al sur, en el parque Colle Oppio, se hallan los restos de las termas de Trajano.

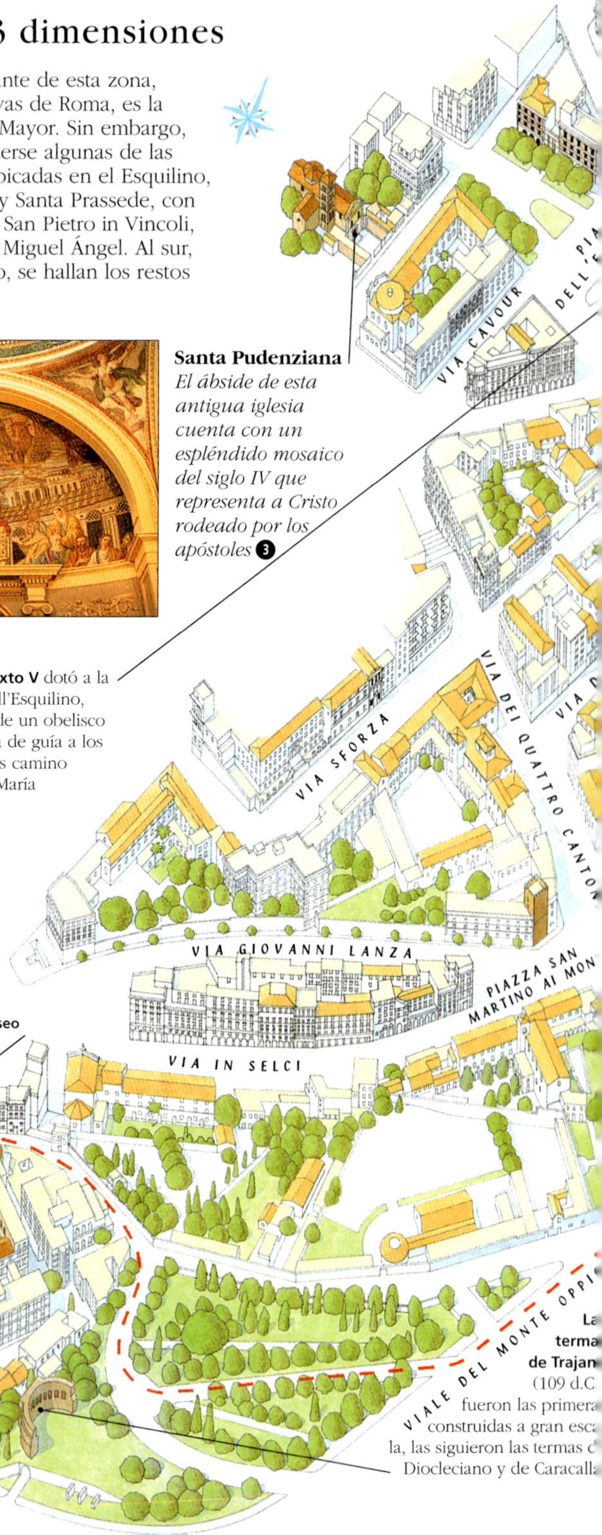

Santa Pudenziana
El ábside de esta antigua iglesia cuenta con un espléndido mosaico del siglo IV que representa a Cristo rodeado por los apóstoles ❸

El papa Sixto V dotó a la Piazza dell'Esquilino, en 1587, de un obelisco que servía de guía a los peregrinos camino de Santa María la Mayor.

Al Coliseo

★ San Pietro in Vincoli
Entre sus tesoros figuran el Moisés *de Miguel Ángel y las cadenas de san Pedro* ❷

La terma de Trajan
(109 d.C fueron las primera construidas a gran esc la, las siguieron las termas d Diocleciano y de Caracall

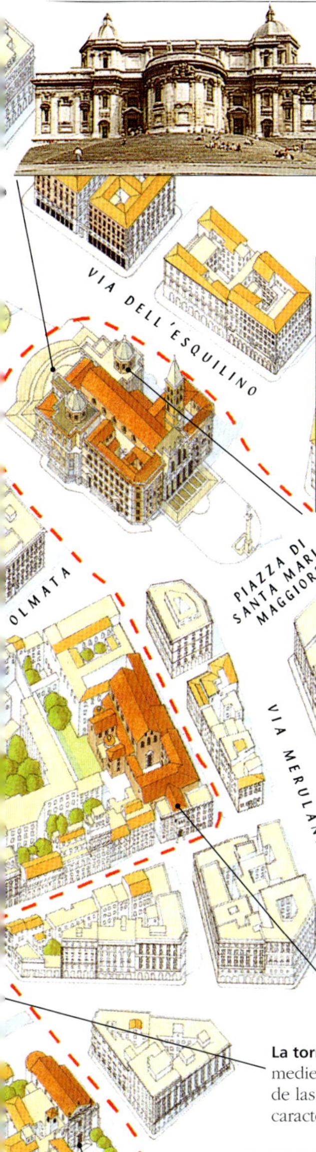

★ Santa Maria Maggiore
La imponente fachada trasera fue añadida por el arquitecto barroco Carlo Rainaldi en 1673. La decoración interior es una de las más ricas de Roma ❹

PLANO DE SITUACIÓN
Ver plano del centro, pp. 14-15

La tumba de Pío V (muerto en 1572), de Domenico Fontana, se encuentra en esta otra Capilla Sixtina, bajo la cúpula nororiental de Santa María la Mayor.

Arco de Galieno
Se construyó en el siglo III d.C. para reemplazar una entrada en la vieja muralla Serbia ❻

Al metro Vittorio Emanuele

★ Santa Prassede
Los mosaicos del siglo IX de la capilla de San Zenón se cuentan entre los más hermosos de Roma ❺

La torre dei Capocci, torre medieval restaurada, es una de las construcciones más características de la zona.

SIMBOLOGÍA

Itinerario sugerido

0 metros 75

San Martino ai Monti
Los frescos muestran paisajes romanos del siglo XVII y escenas de la vida de Elías, obra de Gaspare Dughet ❶

RECOMENDAMOS

- ★ San Pietro in Vincoli
- ★ Santa Maria Maggiore
- ★ Santa Prassede

San Martino ai Monti ❶

Viale del Monte Oppio 28. **Plano** 6 D5. ***Tel*** *06 478 4701.* *16, 714.* *Cavour, Vittorio Emanuele.* ***Abierta*** *7.00-12.00, 16.00-19.00 lu-sá; 7.00-12.00, 16.00-20.00 do.* ***Compras*** *p. 352.*

Fresco del antiguo San Juan de Letrán en San Martino ai Monti

Los cristianos han acudido aquí a rezar desde el siglo III d.C., cuando se reunían en la casa de un hombre llamado Equitus. En el siglo IV, después de que Constantino permitiera la libertad de culto al cristianismo, el papa Silvestre I construyó una iglesia, uno de los pocos proyectos que hizo durante su mandato. De hecho, fue un Pontífice tan anodino que en el siglo V se le inventó una vida llena de aventuras, con relatos en los que convertía a Constantino, curándole de la lepra y obligándole a cerrar todos los templos paganos. Su vida ficticia fue posteriormente adornada en el siglo XVIII mediante la falsificación de un documento en el que Constantino le ofrecía la corona imperial.

La iglesia de este Papa se reemplazó en el 500 d.C. por la de San Simaco, reconstruida en el siglo IX y transformada por completo en la década de 1630. Del edificio primitivo sólo se conservan las antiguas columnas corintias que separan la nave central de las laterales. Una vez en el interior, los elementos más notables son una serie de frescos de paisajes de la Campagna (campo alrededor de Roma), realizados en el siglo XVII por Gaspare Dughet, cuñado de Poussin, en la nave de la derecha.

Los frescos de Filippo Gagliardi, en la nave de la izquierda, muestran el interior del antiguo San Pedro y la iglesia de San Juan de Letrán antes de que Borromini la remodelara.

San Pietro in Vincoli ❷

Piazza di San Pietro in Vincoli 4A. **Plano** 5 C5. ***Tel*** *06 488 28 65.* *75, 84, 117.* *Cavour, Colosseo.* ***Abierta*** *8.00-12.30, 15.30-19.00 (oct-mar: 18.00) todos los días.*

Cuenta la tradición que las dos cadenas *(vincoli)* que sujetaban a san Pedro mientras estuvo preso en la cárcel

Cadenas de san Pedro

Mamertina *(ver p. 91)* fueron después llevadas a Constantinopla. En el siglo V, la emperatriz Eudoxia depositó una de ellas en una iglesia de la ciudad y envió la otra a su hija Eudoxia a Roma. Ésta se la entregó al papa León I, quien hizo construir San Pietro para albergarla. Unos años más tarde, la segunda cadena fue llevada a Roma, donde quedó milagrosamente enganchada a su compañera.

Ambas siguen aquí, expuestas bajo el altar mayor, aunque la iglesia es hoy más famosa por la tumba que hizo Miguel Ángel para Julio II. Cuando le fue encargada su realización en 1505, el artista pasó ocho meses buscando bloques de mármol en Carrara, Toscana, pero pronto el Papa volcó su interés en la construcción del nuevo San Pedro y el proyecto de su tumba fue abandonado. Miguel Ángel continuó trabajando en ella, pero tan sólo había terminado las estatuas del *Moisés* y *Los Esclavos moribundos* cuando el papa Julio II le persuadió de que pintara los frescos del techo de la Capilla Sixtina. Miguel Ángel había planeado un vasto monumento con más de 40 estatuas, pero la tumba que finalmente se construyó (principalmente por sus discípulos) resultó ser una sencilla fachada con seis nichos para esculturas. *Los Esclavos moribundos* se encuentran en París y Florencia, pero el barbado e imponente *Moisés* está aquí. Los cuernos de su cabeza deberían ser en realidad haces de luz –son el resultado de una mala interpretación del original hebreo del Antiguo Testamento–.

***Moisés*, de Miguel Ángel, en San Pietro**

Santa Pudenziana ❸

Via Urbana 160. **Plano** 5 C4. ***Tel*** *06 481 46 22.* 🚌 *16, 75, 84, 105, 714.* Ⓜ *Cavour.* ***Abierta*** *8.00-12.00, 15.00-18.00 todos los días.* ✝

En circunstancias normales, las iglesias se dedican a santos que existieron en la realidad. Con Santa Pudenziana, en cambio, y debido a una derivación lingüística, se creó una santa nueva. En el siglo I d.C., un senador romano llamado Pudente vivió en este lugar y, según la leyenda, alojó a san Pedro. En el siglo II se construyeron aquí unas termas, y en el IV se estableció una iglesia en el interior de las mismas. Se le dio el nombre de *Ecclesia Pudentiana.* Con el tiempo se asumió que Pudentiana era un nombre de mujer, y se inventó una vida para ella –había sido la hermana de santa Prassede y había protegido a los cristianos víctimas de la persecución–. En 1969 se invalidó a las dos santas, pero las iglesias siguieron conservando sus nombres.

La fachada del XIX conserva un fresco del XI que muestra a santa Prassede y santa Pudenziana vestidas como emperatrices bizantinas; se trataba de la forma que tenía la Iglesia de afirmar su autoridad frente al dominio temporal de Bizancio.

El ábside cuenta con un notable mosaico del siglo IV, claramente influido por el arte pagano clásico en su empleo del color. Los apóstoles están representados como senadores romanos con togas. Por desgracia, un intento fallecido de restauración en el siglo XVI destruyó a dos de los apóstoles y dejó a otros sin piernas.

Mosaicos del ábside de Santa Prassede

Santa Maria Maggiore ❹

Ver pp. 172–173.

Santa Prassede ❺

Via di Santa Prassede 9A. **Plano** 6 D4. ***Tel*** *06 488 24 56.* 🚌 *16, 70, 71, 75, 714.* Ⓜ *Vittorio Emanuele.* ***Abierta*** *7.30-12.00, 16.00-18.30 todos los días (ago sólo tardes).* ✝ ♿

Esta iglesia la fundó el papa Pascual II en el siglo IX, en el lugar donde antes se alzó un oratorio del siglo II.

Friso y medallones del siglo XI en Santa Pudenziana

Es claramente visible la estructura del diseño original de esta iglesia del siglo IX, aunque el interior ha sido alterado y reconstruido. Sus tres naves están separadas por hileras de columnas de granito. En la nave central, hay una losa redonda de piedra que cubre un pozo donde, según la leyenda, santa Prassede habría enterrado los restos de 2.000 mártires. Artistas bizantinos la decoraron con bellos mosaicos de brillantes colores. Los que se encuentran en el ábside y el coro representan a sabios ancianos con túnicas blancas, corderos de largas patas, exóticas palmeras y relucientes amapolas. Santa Prassede y Santa Pudenziana se hallan a cada uno de los lados de Cristo, con los paternales brazos de san Pedro y san Pablo reposando en sus hombros. Hay también hermosos mosaicos en la capilla de San Zenón, construida como mausoleo para la madre del papa Pascual, Teodora. También está aquí parte de una columna procedente de Jerusalén, y se cree que en ella Cristo fue atado y azotado.

Santa Maria Maggiore ❹

En ninguna de las grandes basílicas romanas se han mezclado estilos diferentes con tanto acierto como en Santa María la Mayor. Su triple nave jalonada con columnas es parte del edificio original del siglo V. El suelo de estilo cosmatesco en mármol y el encantador campanario románico son medievales. Al Renacimiento se debe el nuevo artesonado del techo, y el barroco dotó a la iglesia de sus cúpulas gemelas y sus imponentes fachadas frontal y trasera. Los mosaicos son el elemento más famoso de Santa María. Las escenas bíblicas de la nave central y los mosaicos del arco de triunfo datan del siglo V. El Cristo de la *loggia* sentado en su trono es del siglo XIII.

★ Cappella Paolina
Flaminio Ponzo realizó esta capilla de profusa decoración (1611) para el papa Pablo V Borghese.

Obelisco de la Piazza dell'Esquilino
Este obelisco egipcio se erigió en 1587 por orden del papa Sixto V como guía para peregrinos.

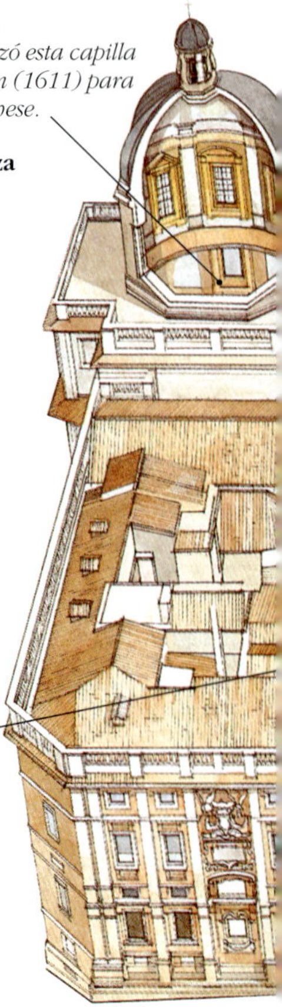

LEYENDA DE LA NIEVE

En el año 356, el papa Liberio tuvo un sueño en el que la Virgen le ordenaba construir una iglesia allí donde encontrara nieve. Cuando nevó en el Esquilino, en la mañana de un 5 de agosto de un caluroso verano, el Papa, naturalmente, obedeció. El milagro de la nieve se conmemora cada año con una ceremonia en la que del techo de la capilla Paolina caen cientos de pétalos blancos. En un principio se empleaban rosas, pero han sido sustituidas actualmente por dalias.

Artesonado
El techo, posiblemente obra de Giuliano da Sangallo, fue un regalo del papa Alejandro VI Borgia a finales del siglo XV. Se dice que este oro fue el primero que trajo Colón de América.

CRONOLOGÍA

356 La Virgen se aparece al papa Liberio

420 Fecha probable de fundación

432-440 Sixto III completa la iglesia

Papa Gregorio VII

1075 El papa Gregorio VII es secuestrado por sus oponentes mientras celebraba misa en Santa Maria

Escudo de armas de Gregorio VII

1288-1292 Nicolás IV añade el ábside y los transeptos

1347 Cola di Rienzo es coronado tribuno de Roma en Santa Maria

1673 Carlo Rainaldi reconstruye el ábside

1743 Ferdinando Fuga añade la fachada principal bajo las órdenes de Benedicto XIV

300 d.C. | 600 | 900 | 1200 | 1500 | 1800

INFORMACIÓN ESENCIAL

Piazza di Santa Maria Maggiore. **Plano** 6 D4. ***Tel*** *06 48 31 95.* *16, 70, 71, 714.* *14.* M *Termini, Cavour.* ***Abierta*** *7.00-19.00 todos los días.*

★ Coronación de la Virgen
Imagen central de unos mosaicos sobre la Virgen situados en el ábside, de Jacopo Torriti (1295).

Baldaquino (1740-1750)
Sus columnas de pórfido rojo y bronce son de Ferdinando Fuga.

★ Tumba del cardenal Rodríguez
Esta tumba gótica (1299) contiene magníficas obras en mármol de estilo cosmatense.

★ Cappella Sistina
La construyó para Sixto V (1584-1587) Domenico Fontana, y alberga la tumba del Papa.

Columna de la Piazza de Santa Maria Maggiore
A esta antigua columna de mármol se le añadieron en 1615 una Virgen y un Niño en bronce. La columna procedía de la basílica de Constantino en el Foro.

RECOMENDAMOS

- ★ Cappella Paolina
- ★ Mosaico de la Coronación de la Virgen
- ★ Tumba del cardenal Rodríguez
- ★ Cappella Sistina

Arco erigido en memoria del emperador Galieno

Arco de Galieno 6

Via Carlo Alberto. **Plano** 6 D4. *16, 71, 714.* *Vittorio Emanuele.*

Encajado entre dos edificios, cerca de la Via Carlo Alberto, se encuentra el arco central de una antigua puerta de tres arcos erigida en memoria del emperador Galieno, asesinado por sus oficiales ilirios en el 262 a.C. El arco se construyó en el emplazamiento de la antigua puerta Esquilina en la muralla Serbia, partes de la cual aún son visibles.

Santa Bibiana 7

Via Giovanni Giolitti 154. **Plano** 6 F4. ***Tel*** *06 446 10 21.* *70, 71, 105.* *5, 14.* *Vittorio Emanuele.* ***Abierta*** *7.30-11.00, 16.30-19.30 todos los días.*

La aparentemente sencilla fachada de Santa Bibiana fue la primera incursión de Bernini en la arquitectura. Se trata de un proyecto sobrio y limpio, con pilastras superpuestas y grandes arcadas. La iglesia fue construida donde antes hubo un palacio perteneciente a la familia de Bibiana, y en ella fue enterrada la santa, que murió flagelada con cuerdas de plomo durante la breve persecución de que fueron objeto los cristianos bajo el reinado de Juliano el Apóstata (361-363). En el interior del templo hay una pequeña columna; se cree que Bibiana fue torturada en ella. Sus restos, junto con los de su madre Dafrosa y su hermana Demetria, que también sufrieron martirio, reposan en una urna de alabastro bajo el altar. Sobre éste hay un nicho con la estatua de Santa Bibiana creada por Bernini –se trata de la primera figura vestida que esculpió el artista–. La santa está representada junto a la columna, asiendo las cuerdas con las que fue flagelada.

Escultura del martirio de Santa Bibiana, de Bernini (1626)

Piazza Vittorio Emanuele II 8

Plano 6 E5. *4, 9, 71.* *5, 14.* *Vittorio Emanuele.*

La Piazza Vittorio, tal y como se la conoce, fue sede de uno de los principales mercados al aire libre de Roma, aunque ahora ha sido trasladado a la vuelta de la esquina, a un nuevo local cubierto. Fue construida en el curso del gran desarrollo urbanístico que tuvo lugar tras la unificación de Italia en 1870. Se le dio el nombre del primer rey de la Italia unificada, pero no muestra una imagen regia en su apariencia actual.

En el centro de la plaza hay un jardín que ha sido restaurado recientemente y que contiene una serie de misteriosas ruinas, entre ellas un gran túmulo, los restos de una fuente romana del siglo III a.C. y la Porta Magica, que data del siglo XVII, y tiene inscritas unas curiosas fórmulas y unos signos alquímicos difíciles de descifrar

Museo Nazionale d'Arte Orientale 9

Via Merulana 248. **Plano** 6 D5. ***Tel*** *06 487 44 15.* *16, 70, 71, 714.* *Vittorio Emanuele.* ***Abierto*** *8.30-13.30 lu, mi, vi, sá; 8.30-19.00 ma, ju, do.* ***Cerrado*** *1° y 3er lu de mes.* ***Previo pago.***

El museo ocupa parte del Palazzo Brancaccio, de finales del siglo XIX, sede del Instituto Italiano de Oriente en 1957. La colección abarca desde cerámicas iraníes prehistóricas, esculturas de Afganistán, Nepal e India hasta *tangkas* tibetanos del siglo XVIII en vitela. De Extremo Oriente provienen las colecciones de pinturas japonesas y jade chino.

Relieve del siglo IV de Cachemira

Los objetos más peculiares son los procedentes de una

***Bodhisattva* nepalí, Museo Nazionale d'Arte Orientale**

excavación italiana en la civilización del valle del Swat, en el noreste de Pakistán. La cultura gandhara duró desde el siglo III a.C. hasta el X d.C. Sus relieves exóticos y sensuales muestran una inusual combinación de influencias helenísticas, budistas e hindúes.

Auditorio de Mecenas ⑩

Largo Leopardi 2. **Plano** 6 D5. ***Tel*** *06 6710 3819.* 16, 714. *Vittorio Emanuele.* ***Abierto*** *sólo previa cita, llamar con antelación.*

Mecenas, *gourmet* y protector de las artes, fue también astuto consejero del emperador Augusto. Era fabulosamente rico, y empleó parte de su fortuna en construir una lujosa villa con jardines en la colina Esquilina, la mayor parte de la cual ha desaparecido bajo la ciudad moderna. El auditorio, parcialmente reconstruido y aislado entre el tráfico, es todo lo que resta de ella.

En su interior, un semicírculo de asientos dispuestos en gradas indica que pudo tratarse de un lugar destinado a las lecturas en público y representaciones. Si así fue, entonces pudo ser aquí donde Mecenas se deleitaba escuchando a sus protegidos, el poeta lírico Horacio y Virgilio, autor de la *Eneida*. Sin embargo, hallazgos recientes parecen indicar que se trataba más bien de un *ninfeo*, especie de casa de verano con fuentes. Las paredes conservan restos de antiguos frescos de escenas en jardines o procesiones en miniatura; entre ellas una magnífica imagen donde aparece Dionisos a hombros de un sátiro.

Sette Sale ⑪

Via delle Terme di Trajano. **Plano** 5 C5. ***Tel*** *06 67 10 38 19.* *85, 87, 117, 186, 810, 850.* *30b.* *Colosseo.* ***Abierto*** *sólo reserva, llamar con antelación.*

La cisterna de Sette Sale se encuentra cerca de la Domus Aurea de Nerón. Fue construida aquí para suministrar las enormes cantidades de agua que necesitaban las termas de Trajano. Éstas fueron construidas por el emperador en el año 104 d.C. en la zona de la Domus Aurea dañada por un incendio.

Unas escaleras bajan al interior de la cisterna, a un espacio por debajo del nivel de la calle. No hay mucho que ver ahora, pero darse un paseo por la enorme y resonante cisterna, cuando los rayos de luz iluminan las superficies acuosas, es una experiencia inolvidable. Las nueve secciones, de 30 m de largo y 5 m de ancho, tienen una capacidad para 8 millones de litros.

Domus Aurea de Nerón ⑫

Domus Aurea. Via Labicana 136. **Plano** 5 C5. ***Tel*** *06 39 96 77 00.* *85, 87, 117, 186, 810, 850.* *30b.* *Colosseo.* ***Cerrado*** *por restauración hasta 2008.*

Después de, supuestamente, prender fuego a Roma en el año 64 d.C., Nerón decidió construirse un nuevo palacio. Ocupaba parte del Palatino y casi la totalidad de las colinas Celio y Esquilino –un área de aproximadamente 25 veces el tamaño del Coliseo–. El vestíbulo del lado del Palatino albergaba una estatua dorada, de gran tamaño, del emperador. Había además un lago artificial con jardines y bosques donde merodeaban animales.

Cuenta Suetonio, en su biografía de Nerón, que las paredes del palacio estaban adornadas con oro y madreperla, que había techos de los que llovían flores y perfumes sobre los invitados, que el comedor giraba y los baños contenían agua sulfurosa y marina.

Tácito, por su parte, describe las fiestas en el jardín de Nerón con banquetes y burdeles junto al lago, en las que las prostitutas eran mujeres de la aristocracia. Lo cierto es que Nerón murió en el año 68 y no dispuso de mucho tiempo para disfrutar de su nuevo hogar.

Sus sucesores, ansiosos por distanciarse de este emperador-monstruo, hicieron lo posible por borrar todo vestigio del palacio. Vespasiano mandó vaciar el lago y construyó el Coliseo *(ver pp. 92-95)*, Tito y Trajano erigieron sendos complejos de termas y templos sobre el palacio, y Adriano emplazó el templo de Venus y Roma *(ver p. 87)* en el vestíbulo.

Tan sólo quedan las habitaciones de una de las salas, enterradas bajo las ruinas de las termas de Trajano. Aún pueden verse unos frescos, pero las salas subterráneas son húmedas y resultan peligrosas. Llevan cerradas desde 1984.

Recientes excavaciones han revelado grandes frescos y mosaicos. Se cree que dan un panorama de Roma a vista de pájaro.

Se abrirá al público cuando se considere protegido de desprendimientos de tierras.

Sala con frescos en la Domus Aurea de Nerón

LATERANO

Querubín, San Juan de Letrán

En la Edad Media el palacio Laterano era la residencia pontificia, y la basílica de San Juan, situada junto a él, rivalizaba con San Pedro en esplendor. Tras el regreso del Papado desde Aviñón, a finales del siglo XIV, el área perdió importancia. Los peregrinos siguieron visitando San Juan y Santa Croce in Gerusalemme, pero la población de la zona fue disminuyendo progresivamente. Los conventos languidecían abandonados entre jardines y viñedos, hasta que Roma se convirtió en capital de Italia en 1870 y se construyó una red de calles residenciales para acoger el flujo de inmigrantes. Su interés arqueológico reside principalmente en la muralla Aureliana y las ruinas del acueducto de Nerón.

LUGARES DE INTERÉS

Iglesias
San Clemente pp. 186-187 ⓬
San Juan de Letrán pp. 182-183 ❶
Santa Croce in Gerusalemme ❺
Santi Quattro Coronati ⓫
Santo Stefano Rotondo ⓭

Santuarios
Scala Santa y Sancta Sanctorum ❷

Arcos y puertas
Porta Asinaria ❸
Porta Maggiore ❼

Antiguos emplazamientos
Acueducto de Nerón y tumbas de los libertos ❾
Anfiteatro Castrense ❹
Tumba del panadero ❽

Museos
Museo degli Strumenti Musicali ❻
Museo Storico della Liberazione di Roma ❿

VER TAMBIÉN

- ***Callejero*** planos 6, 9, 10
- ***Restaurantes*** pp. 322-323
- ***Paseo de los mosaicos*** pp. 280-281

CÓMO LLEGAR

La estación de metro de San Giovanni en la línea A se encuentra justo fuera de la muralla de la ciudad, pero cerca de muchos lugares de interés de la zona. A la Piazza di San Giovanni in Laterano van los autobuses 16, 81, 85, 87 y 186, así como el tranvía 3. Éste circula despacio, pero resulta útil para explorar esta parte de Roma.

◁ **Fresco del ábside de Santa Croce in Gerusalemme, siglo XV**

Piazza di San Giovanni en 3 dimensiones

Tanto la basílica de San Juan como el palacio Laterano dan a un enorme espacio abierto: la Piazza di San Giovanni, que data del siglo XVI y cuenta con un obelisco egipcio, el más antiguo de Roma, en el centro. Por desgracia, el abundante tráfico que discurre por esta plaza no deja admirar la belleza de este conjunto artístico. Al otro lado de la misma se encuentra la Scala Santa (Escalera Santa), una de las reliquias más reverenciadas de Roma, visitada por multitud de peregrinos. El día 24 de junio se celebra en la zona la fiesta de San Juan, con una feria en la que los romanos consumen normalmente *porchetta* asada *(ver p. 59)*.

La capilla de Santa Rufina, originalmente pórtico del baptisterio, posee un mosaico del siglo V en el ábside.

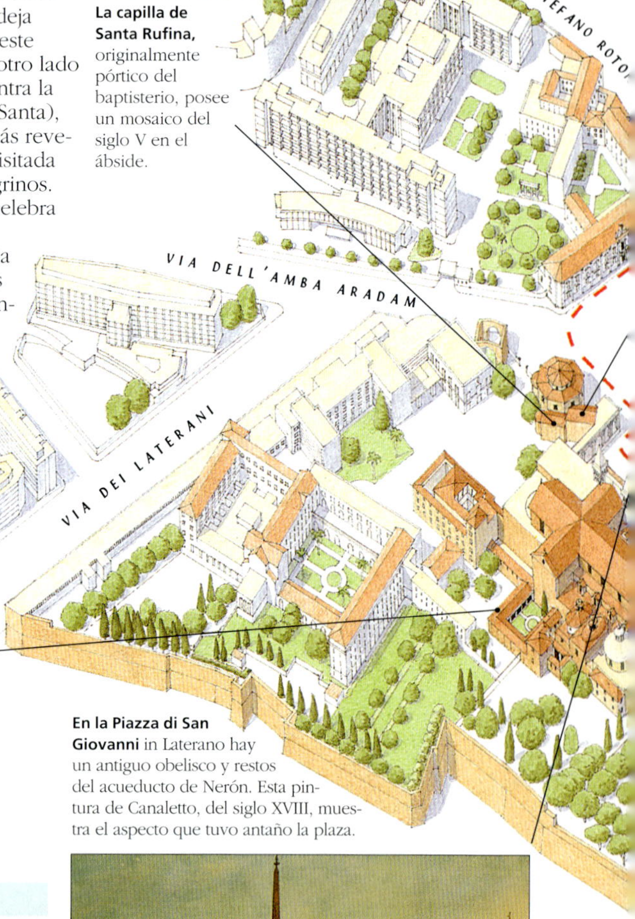

El claustro de San Juan sobrevivió, por fortuna, a los dos incendios que destruyeron la basílica primitiva. Verdadera obra de arte del siglo XIII por sus mosaicos, conserva fragmentos de la basílica medieval.

En la Piazza di San Giovanni in Laterano hay un antiguo obelisco y restos del acueducto de Nerón. Esta pintura de Canaletto, del siglo XVIII, muestra el aspecto que tuvo antaño la plaza.

RECOMENDAMOS

★ San Juan de Letrán

SIMBOLOGÍA

– – – Itinerario sugerido

0 metros 75

La capilla de San Venancio está decorada con una serie de mosaicos del siglo XVII sobre un fondo de oro. Este detalle del ábside muestra a uno de los ángeles que flanquean la figura central de Cristo. San Venancio fue un célebre poeta latino del siglo VI.

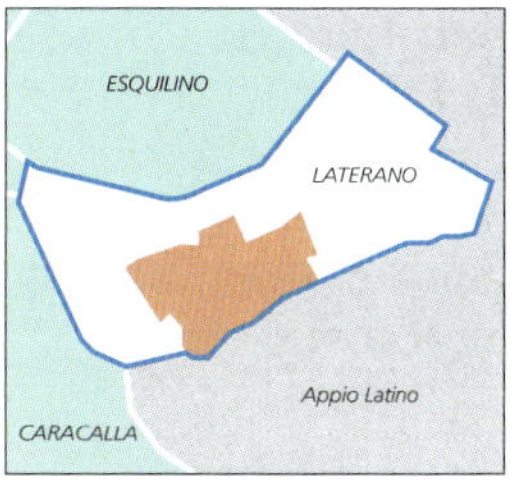

PLANO DE SITUACIÓN
Ver plano del centro, pp. 14-15

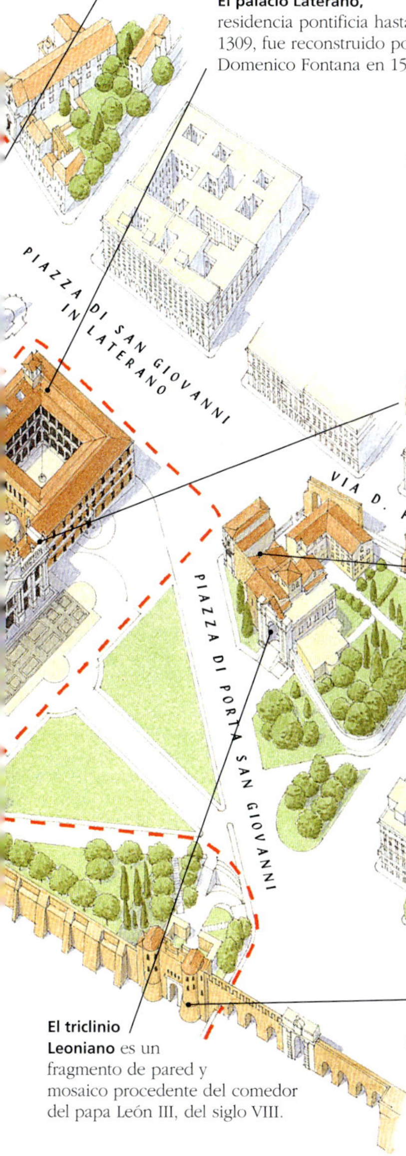

El palacio Laterano, residencia pontificia hasta 1309, fue reconstruido por Domenico Fontana en 1586.

★ San Juan de Letrán
El interior, de Borromini, data del siglo XVII, pero la fachada, de Alessandro Galilei, con estatuas gigantes de Cristo y los Padres de la Iglesia, se añadió en 1735 ❶

Scala Santa
Las escaleras santas conducen a la puerta que da al Sancta Sanctorum ❷

Porta Asinaria
Esta puerta menor, fuera de uso desde hace tiempo, es tan antigua como la muralla Aureliana; data del siglo III d.C. ❸

El triclinio Leoniano es un fragmento de pared y mosaico procedente del comedor del papa León III, del siglo VIII.

San Juan de Letrán ❶

Ver pp. 182-183.

Scala Santa y Sancta Sanctorum ❷

Piazza di San Giovanni in Laterano 14. **Plano** 9 C1. ***Tel*** *06 77 26 641.* *16, 81, 85, 87, 186 y otras líneas a Piazza di San Giovanni in Laterano.* *3.* *San Giovanni.* ***Abierto*** *6.30-12.00, 15.00-18.00 todos los días. (15.30-18.30 en verano).*

Cristianos devotos subiendo la Scala Santa de rodillas

En el lado este de la Piazza di San Giovanni in Laterano, un edificio proyectado por Domenico Fontana (1589) aloja los dos elementos que se conservan del palacio Laterano. Uno es el Sancta Sanctorum; el otro es la escalera sagrada, Scala Santa. Sus 28 escalones, por los que se dice que Cristo ascendió hasta la casa de Pilatos para ser juzgado, se supone fueron traídos desde Jerusalén por santa Elena, madre del emperador Constantino. Esta creencia, sin embargo, no se remonta más allá del siglo VII.

Los escalones fueron colocados en su actual emplazamiento por el papa Sixto V (1585-1590), cuando fue destruido el antiguo palacio Laterano. Nadie debe poner el pie sobre estos sagrados escalones, que se hallan cubiertos por tablas de madera. Los fieles tan sólo pueden ascender por ellos de rodillas, una penitencia especialmente practicada en Viernes Santo. En el vestíbulo hay varias esculturas del siglo XIX, entre ellas un *Ecce Homo* de Giosuè Meli (1874).

Tanto la Scala Santa como dos escaleras laterales conducen a la capilla de San Lorenzo o Sancta Sanctorum, construida por el papa Nicolás III en 1278. Decorada en mármol y de estilo cosmatesco, la capilla contiene importantes reliquias, en especial una imagen de Jesús –el *Archeiropoeton* "pintura hecha sin manos", que según se dice fue pintada por san Lucas ayudado de un ángel–. Dicha imagen era llevada en procesión por los peregrinos con objeto de ahuyentar las plagas.

En las paredes y en la bóveda los trabajos de restauración han sacado a la luz frescos del siglo XIII cubiertos durante 500 años por pinturas posteriores. Los frescos, que representan las leyendas de San Nicolás, San Lorenzo, Santa Inés y San Pablo muestran indicios del estilo que caracterizan los frescos de Giotto en Assisi, muchos años más tarde.

Porta Asinaria ❸

Entre Piazza di Porta San Giovanni y Piazzale Appio. **Plano** 10 D2. *16, 81, 85, 87.* *3.* *San Giovanni.* *Ver* ***Mercados*** *p. 353.*

La Porta Asinaria (puerta de los Asnos) es una de las puertas menores de la muralla Aureliana *(ver p. 196)*. Se le añadieron torres gemelas y un pequeño cerco alrededor de la entrada, cuyos restos pueden verse hoy. Desde fuera de la muralla se divisa la fachada en travertino de la puerta, así como dos hileras de ventanas que iluminan un par de corredores situados en la pared sobre la entrada. En el año 546 d.C., soldados bárbaros desertores que servían en el ejército romano abrieron esta puerta a las legiones de Goth Totila, que saquearon la ciudad sin piedad. En 1084, el Sacro Emperador Romano Enrique IV entró en la ciudad por la Porta Asinaria, acompañado del antipapa Gilberto, para destituir a Gregorio VII. La puerta sufrió serios daños en los conflictos posteriores.

Porta Asinaria

En las cercanías de la puerta hay un popular mercadillo *(ver p. 353)*.

Anfiteatro Castrense ❹

Entre Piazza di Santa Croce in Gerusalemme y Viale Castrense. **Plano** 10 E1. *649.* *3.* ***Cerrado*** *al público.*

Columnas y arcos ciegos en el anfiteatro Castrense

Este pequeño anfiteatro del siglo III se utilizaba para juegos y espectáculos con animales. Debe su conservación al hecho de que fuera incorporado a la muralla Aureliana *(ver p. 196)*, la cual incluía varios edificios en su fortificación. Los graciosos arcos enmarcados por semicolumnas se cerraron con ladrillos. Para ver el anfiteatro es mejor salir de la muralla, desde donde se divisa también el campanario de Santa Croce in Gerusalemme.

Descubrimiento y triunfo de la Cruz, atribuido a Antoniazzo Romano, Santa Croce in Gerusalemme

Santa Croce in Gerusalemme ❺

Piazza di Santa Croce in Gerusalemme 12. **Plano** 10 E1. ***Tel*** *06 701 47 69.* *16, 81, 649, 810.* *3.* ***Abierta*** *7.00-12.00, 14.00-18.30 todos los días.*

La madre del emperador Constantino, santa Elena, fundó esta iglesia en el año 320 d.C. en los terrenos de su antiguo palacio. Aunque la iglesia se encontraba en los límites de la ciudad, las reliquias de la Crucifixión, que santa Elena trajo de Jerusalén, la convirtieron en lugar de peregrinaje. Especialmente importantes eran los fragmentos de la cruz de Cristo y parte de la inscripción de Poncio Pilatos en latín, griego y hebreo: "Jesús de Nazaret, rey de los judíos".

En la cripta hay una estatua romana de Juno, hallada en Ostia *(ver pp. 270-271)* y que fue transformada en santa Elena portando una cruz. El fresco del ábside del siglo XV ilustra la leyenda medieval que surgió en torno a la cruz. En ella Elena aparece sosteniéndola sobre un joven muerto y devolviéndole la vida. Otro episodio narra cómo la cruz fue recuperada de las manos de los persas por el emperador bizantino Heráclito, tras una batalla sangrienta. En el centro del ábside se encuentra la magnífica tumba del cardenal Quiñones, confesor de Carlos I de España, obra de Sansovino.

Estatua de santa Elena, del siglo XVIII, en la fachada de Santa Croce

Museo degli Strumenti Musicali ❻

Museo degli Strumenti Musicali, Piazza di Santa Croce in Gerusalemme 9a. **Plano** 10 E1. ***Tel*** *06 701 47 96.* *16, 81, 649, 810.* *3.* ***Abierto*** *8.30-19.30 ma-do.* ***Cerrado*** *1 ene, 25 dic.* ***Previo pago.***

Es uno de los museos menos conocidos de Roma. El edificio se alza en el antiguo emplazamiento del Sessorianum, gran villa imperial perteneciente a la emperatriz santa Elena, y más tarde incorporada a la muralla Aureliana. Abierto en 1974, el museo cuenta con una colección de más de 3.000 instrumentos procedentes de todo el mundo. Se muestran tanto los típicos de las distintas regiones de Italia como los de cuerda, viento y percusión de todas las épocas. Hay también una sección dedicada a la música eclesiástica y militar.

El grueso de la colección lo componen los instrumentos barrocos: destaca la espléndida arpa Barberini, en la primera planta, sala 13. Hay también espinetas y clavicordios, y uno de los pianos más antiguos del mundo (1722).

Entrada *art nouveau* al Museo degli Strumenti Musicali

San Juan de Letrán ❶

A comienzos del siglo IV la familia Laterani fue despojada de sus tierras por el emperador Constantino, que decidió construir en ellas la primera basílica romana. Hoy la iglesia conserva su forma primitiva, pero ha sido dos veces destruida por incendios y sufrido varias reconstrucciones. Borromini fue quien dirigió la última de ellas (1646) que abarcó todo el interior, mientras que la fachada principal data del siglo XVIII. Antes del traslado de la sede papal a Aviñón, el vecino palacio Laterano era la residencia oficial de los dignatarios de la Iglesia, y hasta 1870 todos los Pontífices fueron investidos en ella. El Papa, obispo de Roma, celebra aquí los oficios de Jueves Santo y otorga la bendición anual a los fieles.

Cappella di San Venanzio
Esta capilla está unida al baptisterio y decorada con mosaicos del siglo XVII.

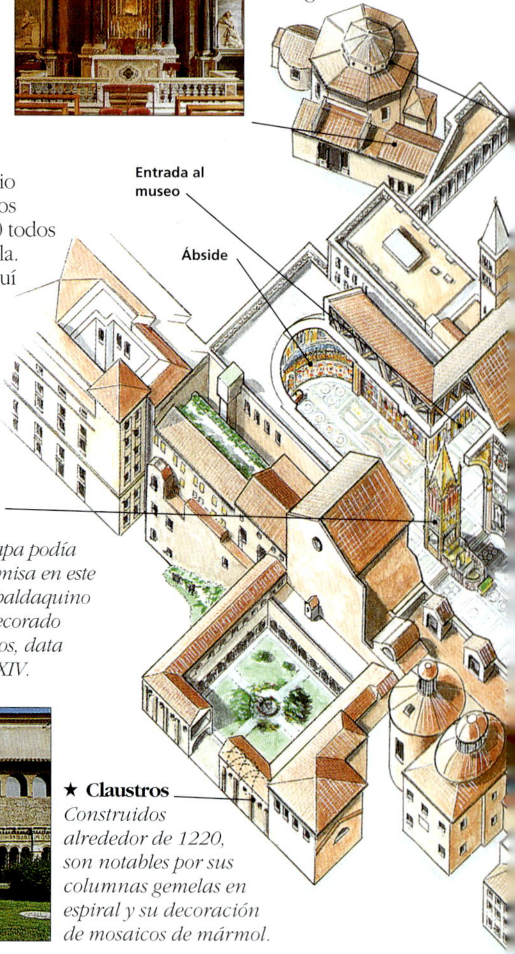

El altar papal
Sólo el Papa podía celebrar misa en este altar. El baldaquino gótico, decorado con frescos, data del siglo XIV.

★ Claustros
Construidos alrededor de 1220, son notables por sus columnas gemelas en espiral y su decoración de mosaicos de mármol.

CRONOLOGÍA

- **313 d.C.** Constantino dona las propiedades de los Laterani para construir una iglesia
- **314-318** Se construye una iglesia con cinco naves
- **324** Silvestre I consagra la basílica y la dedica a El Redentor
- **896** Un terremoto daña la iglesia
- **904-911** Se reconstruye la iglesia bajo el reinado de Sergio III
- **1144** Se dedica la iglesia a san Juan de Letrán
- **1300** Se proclama el primer Año Santo
- **1308** Un incendio destruye la iglesia
- **1309** El Papado se traslada a Aviñón
- **1360** La iglesia se quema en un segundo incendio
- **1377** El Papado regresa de Aviñón
- **1586** Domenico Fontana reconstruye la fachada norte
- **1646** Borromini reconstruye el interior
- **1730-1740** Alessandro Galilei construye la fachada principal

300 a.C. | 800 | 1000 | 1400

★ Baptisterio
Aunque muy restaurado, data de la época de Constantino. En el año 432 d.C. se le dio forma octogonal, y ha servido de modelo para baptisterios cristianos de todo el mundo.

INFORMACIÓN ESENCIAL

Piazza di San Giovanni in Laterano 4. **Plano** 9 C2. ***Tel*** *06 69 88 64 33. 16, 81, 85, 87, 186, 650, 810, 850 y muchos otros a Piazza San Giovanni.* M *San Giovanni.* 3. **Iglesia *abierta*** *7.00-18.30 todos los días.* **Claustros *abiertos*** *9.00-18.00 todos los días.* **Museo *abierto*** *9.00-13.00 lu-sá.* **Baptisterio *abierto*** *8.00-12.30, 16.00-19.00 todos los días.* ***Previo pago*** *para claustro y museo.*

RECOMENDAMOS

★ Claustros

★ Baptisterio

Fachada norte
Fue añadida por Domenico Fontana en 1586. El Papa otorga su bendición desde la galería superior.

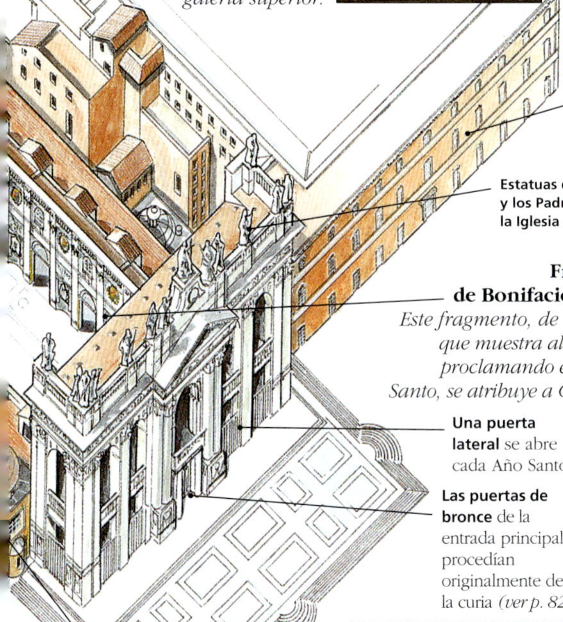

El primitivo palacio Laterano resultó casi destruido en el incendio de 1308 que devastó San Juan. El papa Sixto V encargó a Fontana que lo restaurara en 1586.

Estatuas de Cristo y los Padres de la Iglesia

Fresco de Bonifacio VIII
Este fragmento, de 1300, que muestra al Papa proclamando el Año Santo, se atribuye a Giotto.

Una puerta lateral se abre cada Año Santo.

Las puertas de bronce de la entrada principal procedían originalmente de la curia *(ver p. 82)*.

Capilla Corsini
La capilla se construyó entre 1730-1740 para Clemente XII. El retablo es una copia en mosaico de la pintura de Guido Reni para Sant'Andrea Corsini.

JUICIO A UN CADÁVER

El miedo a sus enemigos empujaba a los Pontífices a tomar las más extravagantes decisiones. En el año 897 el papa Esteban VI sometió a juicio el cadáver de su predecesor, Formoso, acusándole de deslealtad a la Iglesia. El cuerpo fue declarado culpable, por lo que se le cortó una mano, que se arrojó después al Tíber.

Papa Formoso

Porta Maggiore 7

Piazza di Porta Maggiore. **Plano** 6 F5. 105. 3, 5, 14, 19.

En un principio los dos arcos de Porta Maggiore no formaban parte de la muralla de la ciudad, sino de un acueducto construido por el emperador Claudio en el año 52 d.C. Transportaba el agua del Acqua Claudia a las vías Labicana y Prenestina, dos de las calzadas principales de la Antigua Roma en dirección sur. Es posible aún ver la carretera original detrás de la puerta. En los grandes bloques de basalto se distinguen todavía los surcos dejados por las ruedas de los carros. Sobre los arcos, dos conductos separados transportaban el agua de dos acueductos: el Acqua Claudia y el de Nerón. Ambos llevan inscripciones de la época de los emperadores Claudio, Vespasiano y Tito, quienes los restauraron en los años 71 y 81 d.C. respectivamente. En total eran seis los acueductos procedentes de distintos manantiales que accedían a la ciudad por la Porta Maggiore.

El Acqua Claudia tenía 48 km de longitud, de los cuales más de 15 discurrían por encima del suelo. Sus majestuosos arcos adornan la campiña romana y da nombre a una marca de agua mineral.

Un tramo del Acqua Claudia fue incorporado a la muralla Aureliana, construida en el siglo III, y sus arcos se cerraron con ladrillos *(ver p. 196).*

Porta Maggiore, formada por los arcos de un acueducto

Relieve de la tumba del panadero Eurisace

Tumba del panadero 8

Piazzale Labicano. **Plano** 6 F5. 105. 3, 5, 14, 19.

Cerca de Porta Maggiore está la tumba del rico panadero Eurisace y su mujer Atistia, construida en el año 30 a.C. Era costumbre romana prohibir las sepulturas dentro de las murallas de la ciudad, por lo que las carreteras que salían de Roma pronto se llenaron de tumbas y monumentos de gente de la clase media y alta. Esta tumba tiene forma de horno; un bajorrelieve en su parte superior muestra a Eurisace dirigiendo a sus esclavos en las distintas fases de cocer el pan. La inscripción atestigua los orígenes del panadero y lo describe como un liberto. Muchos hombres ahorraban sus salarios de esclavos hasta que compraban su libertad y establecían un negocio, convirtiéndose en el pilar de la economía romana.

Acueducto de Nerón y tumbas de los libertos 9

Intersección de Via Statilia y Via di Santa Croce in Gerusalemme. **Plano** 10 D1. 105, 649. 3, 5, 14, 19. ***Abierto*** *sólo visitas concertadas, previa petición* (ver p. 383).

El acueducto lo construyó Nerón en el siglo I d.C. como extensión del Acqua Claudia para suministrar agua al Domus Aurea de Nerón *(ver p. 175).* Más tarde se amplió para proveer de agua a la residencia imperial en el Palatino. Incorporado en parte a edificios posteriores, sus imponentes arcos llegan por la Via del Laterano hasta la colina Celio. En la primera sección del acueducto, en Via Statilia, se encuentra una pequeña tumba con forma de casa del siglo I a.C. y lleva inscritos los nombres de varios libertos. Su nombre, *Statilii,* indica que fueron liberados por el noble Statilii, la familia de la disipada esposa de Claudio, Mesalina. Era común entre los siervos de una familia invertir sus ahorros en una sepultura digna.

Relieve en la tumba de los libertos

Sección del acueducto de Nerón cerca de San Giovanni

Museo Storico della Liberazione di Roma ⑩

Via Tasso 145. **Plano** 9 C1. ***Tel*** *06 70 03 866.* Ⓜ *Manzoni, San Giovanni.* 3. ***Abierto*** *16.00-19.00 ma, ju y vi; 9.30-12.30 sá y do.*

Dedicado a la resistencia durante la ocupación nazi de Roma, está emplazado en una ex prisión de la Gestapo. Las improvisadas celdas con ventanas enladrilladas y las paredes manchadas de sangre impactan *(ver p. 266).*

Santi Quattro Coronati ⑪

Via dei Santi Quattro Coronati 20. **Plano** 9 B1. ***Tel*** *06 70 47 54 27.* *85, 117, 850.* *30b.* ***Abierto*** *6.30-12.30, 15.30-19.45 todos los días.*

Claustro de Santi Quattro Coronati

El nombre de este convento fortificado (Cuatro Santos Coronados) hace referencia a cuatro soldados cristianos martirizados por negarse a adorar a un dios pagano. Durante siglos fue el baluarte de la residencia papal, el palacio Laterano. Su elevado ábside destaca sobre los tejados circundantes, mientras que una torre carolingia domina la entrada. Erigido en el siglo IV d.C., fue reconstruido después de que los normandos incendiaran la zona en 1084. Destaca el jardín del claustro interior, uno de los más antiguos de Roma (1220).

Hay restos de frescos medievales en la capilla de Santa Bárbara, pero lo más interesante del convento es, sin duda, la capilla de San Silvestre, cuyos magníficos frescos narran la leyenda de la conversión al cristianismo del emperador Constantino por el papa Silvestre (gobernó entre 314-335), quien por entonces habitaba en la ermita de Monte Soratte, situada al norte de Roma.

Víctima de la plaga, a Constantino se le prescribe un baño en sangre de niño, para horror de las matronas de Roma. Incapaz de acatar las órdenes, Constantino es visitado en sueños por san Pablo y san Pedro. Éstos le aconsejan que vaya al encuentro de Silvestre, quien le cura y le bautiza. La escena final muestra al emperador arrodillado frente al Papa. La idea implícita del Pontífice como heredero del Imperio Romano habría de influir en el curso de la historia medieval europea.

San Clemente ⑫

Ver pp. 186-187.

Santo Stefano Rotondo ⑬

Via di Santo Stefano Rotondo 7.
Plano 9 B2.
Tel *06 42 11 99.*
Fax *06-4211 9125.*
81, 117, 673.

Una de las primeras iglesias cristianas de Roma, Santo Stefano Rotondo se construyó entre los años 468 y 483. Posee una inusual planta circular con cuatro capillas. El área circular central estaba rodeada de corredores concéntricos con 22 columnas jónicas. El tambor del centro tiene una altura de 22 m e idéntica anchura. Está iluminado por 22 ventanas, algunas de las cuales fueron restauradas bajo el mandato del papa Nicolás V (1447-1455), quien consultó al arquitecto florentino Leon Battista Alberti. La arcada del centro de la iglesia pudo haber sido añadida en este periodo, cuando se eliminó el pasillo exterior.

Iglesia de Santo Stefano Rotondo

En el siglo XVI las paredes de la iglesia se decoraron con frescos realizados por Niccolò Pomarancio; muestran ilustraciones particularmente sobrecogedoras del martirio de innumerables santos. Las capillas conservan parte de su decoración medieval: en la primera de la izquierda hay un mosaico del siglo VII que representa a Cristo con san Primo y san Feliciano.

Fresco de san Silvestre y Constantino en Santi Quattro Coronati

San Clemente ⓬

Una visita a San Clemente permite viajar en el tiempo y conocer tres épocas históricas distintas. Al nivel de la calle se encuentra una iglesia del siglo XII; bajo ella hay una anterior del IV, y bajo esta última se hallan las ruinas de antiguos edificios romanos, entre ellos el templo de Mitra. El mitraísmo, culto a la masculinidad importado de Persia en el siglo I a.C., rivalizó con el cristianismo en la Roma imperial. Los niveles superiores están dedicados a san Clemente, el cuarto Papa, que fue exiliado a Crimea y arrojado al agua atado a un ancla. Su vida está narrada en algunos de los frescos de la iglesia del siglo IV. En el XVII los dominicos irlandeses se apropiaron del lugar, y continúan con las excavaciones iniciadas por el padre Mullooly en 1857.

Candelabro del cirio pascual
Este candelabro del siglo XII, recubierto de brillantes mosaicos, es un magnífico ejemplo del estilo cosmatense.

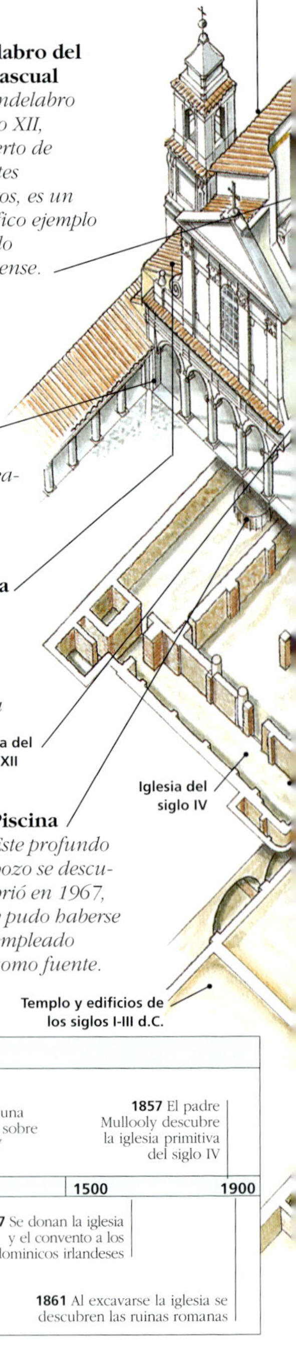

Se entra a la iglesia por una puerta situada en la Via di San Giovanni in Laterano.

Fachada del siglo XVIII
En ella se emplearon columnas del siglo XII.

★ Cappella di Santa Caterina
Los frescos restaurados del siglo XV, obra del florentino Masolino da Panicale, muestran escenas de la vida y el martirio de santa Catalina de Alejandría.

Piscina
Este profundo pozo se descubrió en 1967, y pudo haberse empleado como fuente.

CRONOLOGÍA

10 d.C. – 500 – 1000 – 1500 – 1900

- **64 d.C.** El fuego de Nerón destruye el área
- **c.88-97** Papado de san Clemente
- **Siglo II** Probable lugar de culto cristiano
- **Finales siglo II** Se construye el templo de Mitra
- **Siglo IV** Se construye la primera iglesia sobre el patio del edificio romano original
- **867** Supuesto traslado de los restos de san Clemente a Roma
- **1084** La iglesia es destruida durante la invasión normanda encabezada por Roberto Guiscard
- **1108** Se construye una nueva iglesia sobre la del siglo IV
- **1667** Se donan la iglesia y el convento a los dominicos irlandeses
- **1857** El padre Mullooly descubre la iglesia primitiva del siglo IV
- **1861** Al excavarse la iglesia se descubren las ruinas romanas

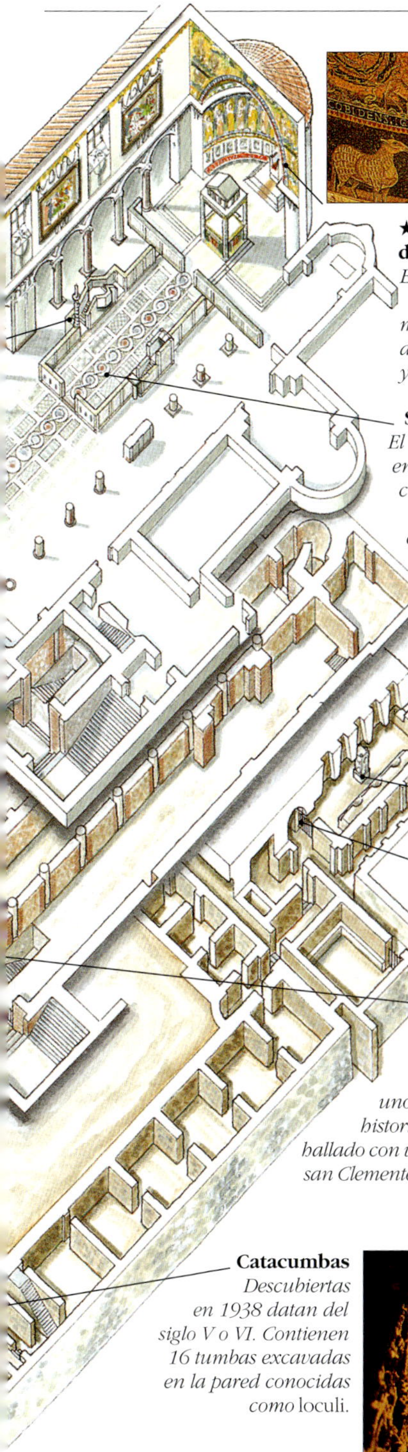

★ Mosaico del ábside
El Triunfo de la cruz, *del siglo XII, muestra con detalle animales y hojas de acanto.*

Schola Cantorum
El recinto construido en el siglo VI para el coro se mantuvo en la nueva iglesia, edificada en 1108.

★ Triclinio y altar de Mitra
El altar, con un relieve de Mitra matando al toro, se encuentra en el triclinio, una sala destinada a los banquetes rituales.

★ Frescos del siglo XI
Encargados por la familia Rapiza, en uno de ellos se narra la historia de un muchacho hallado con vida en la tumba de san Clemente bajo el mar Negro.

Catacumbas
Descubiertas en 1938 datan del siglo V o VI. Contienen 16 tumbas excavadas en la pared conocidas como loculi.

INFORMACIÓN ESENCIAL

Via di San Giovanni in Laterano. **Plano** 9 B1. ***Tel*** *06 774 0021.* *85, 87, 117, 186, 810, 850.* *30b.* *Colosseo.* ***Abierto*** *9.00-12.30, 15.00-18.00 lu-sá, 12.00-18.00 do, últ admisión 30 minutos antes del cierre.* ***Previo pago*** *excavaciones.*

RECOMENDAMOS

★ Cappella di Santa Caterina

★ Mosaico del ábside

★ Triclinio y altar de Mitra

★ Frescos del siglo XI

IOVINVS ALVMNVS

CARACALLA

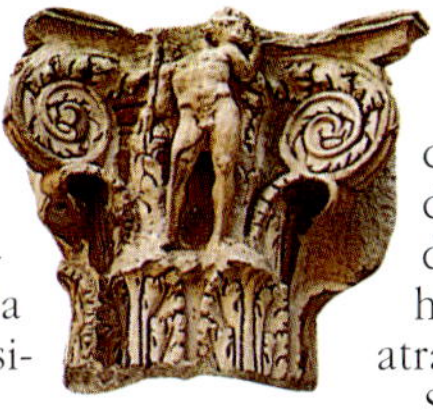
Capitel de las termas de Caracalla

La colina Celio, que domina el Coliseo, toma su nombre de Caelius Vibenna, héroe legendario de la lucha de Roma contra los tarquinos *(ver pp. 18-19)*. En la época imperial era la zona residencial de moda, y parte de su antiguo esplendor aún se refleja en las vastas ruinas de la termas de Caracalla. En la actualidad, y tras la creación de la zona arqueológica a comienzos del siglo XX, se trata de un lugar delicioso para pasear, una franja de verdor que se extiende desde la muralla Aureliana hasta el corazón de la ciudad, atravesada por la Via di Porta San Sebastiano y parte de la antigua Via Appia. Esta carretera conduce a Porta San Sebastiano, una de las puertas mejor conservadas de la antigua muralla.

LUGARES DE INTERÉS

Iglesias
San Cesareo 8
San Giovanni in Oleo 10
San Giovanni a Porta Latina 9
San Gregorio Magno 2
San Sisto Vecchio 6
Santa Balbina 16
Santa Maria in Domnica 4
Santi Giovanni e Paolo 1
Santi Nereo e Achilleo 7

Arcos y puertas
Arco de Dolabella 3
Arco de Druso 13
Bastión Sangallo 15
Porta San Sebastiano y muralla Aureliana 14

Edificios históricos
Termas de Caracalla 17

Tumbas
Columbario de Pomponio Hilas 11
Tumba de los Escipiones 12

Parques y jardines
Villa Celimontana 5

CÓMO LLEGAR

La estación de metro de Circo Massimo le será útil si piensa visitar las iglesias y parques de la colina Celio. Para las termas de Caracalla y otros lugares de interés cercanos a Porta San Sebastiano tome el autobús 628, que recorre la Viale delle Terme di Caracalla.

SIMBOLOGÍA

Plano en 3 dimensiones
M Estación de metro
Muralla de la ciudad

0 metros 300

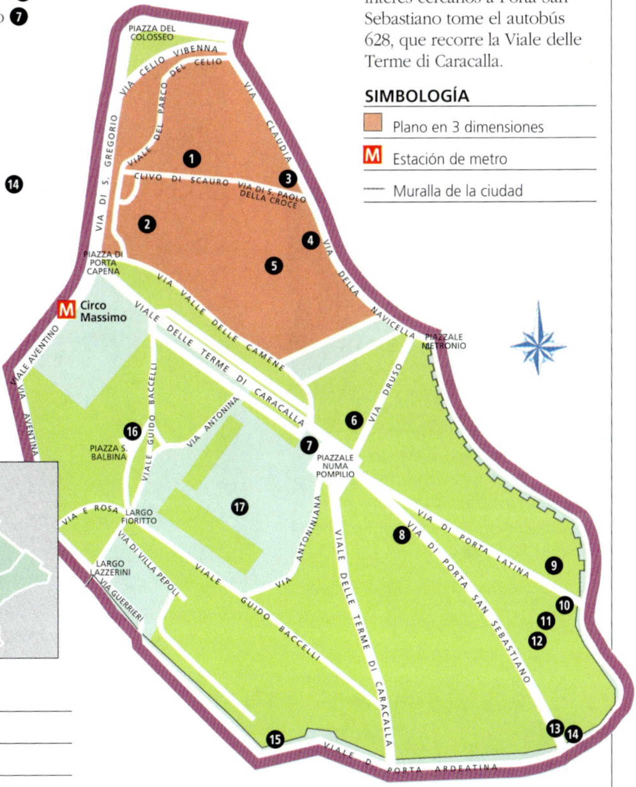

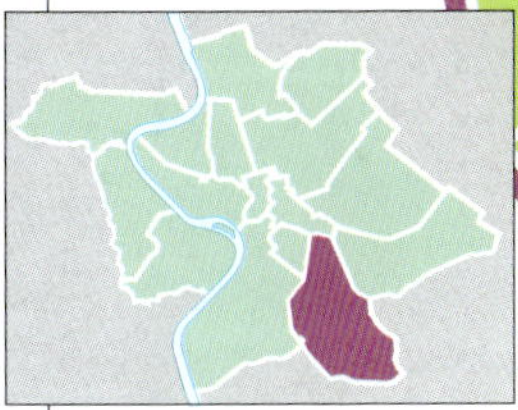

VER TAMBIÉN

- ***Callejero*** planos 8, 9
- ***Restaurantes*** p. 323

◁ Mosaico de un atleta en las termas de Caracalla

La Colina Celio en 3 dimensiones

Las verdes pendientes de la colina Celio son una fascinante combinación de restos arqueológicos y bellos templos. El de San Gregorio Magno constituye un buen punto de partida, para ascender luego por Clivo di Scauro hasta la cima de la colina. En esta estrecha y empinada calle se encuentra la antigua iglesia porticada de Santi Giovanni e Paolo, con su campanario románico sobresaliendo entre los edificios medievales circundantes. Entre los parques, el mejor conservado y más tranquilo es Villa Celimontana, que con sus cuidados caminos y avenidas resulta ideal para improvisar una merienda campestre.

Clivo di Scauro, para los romanos Clivus Scauri, conduce hasta San Giovanni e Paolo, pasando bajo los arbotantes sobre los que se apoya la iglesia.

La Vignola es un delicioso pabellón renacentista, reconstruido en 1911 después de que fuera demolido durante la creación de la zona arqueológica que rodea las termas de Caracalla.

Al metro Circo Massimo

San Gregorio Magno
El papa Gregorio Magno fundó aquí un monasterio y una capilla a finales del siglo VI ❷

★ Santi Giovanni e Paolo
La nave de la iglesia, iluminada por candelabros, ha sido restaurada muchas veces; su forma actual data del siglo XVIII ❶

★ Villa Celimontana
Esta hermosa villa del siglo XVI se construyó para la familia Mattei; hoy se halla en el centro de un parque público ❺

Los tranvías que suben por la colina Celio desde el Coliseo circulan por un pintoresco camino que atraviesa el Parco del Celio.

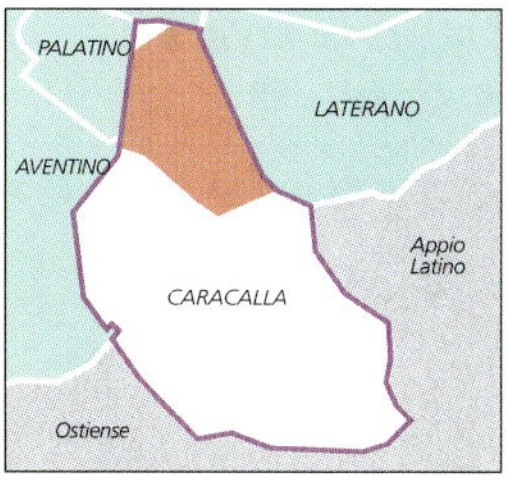

PLANO DE SITUACIÓN

Ver plano del centro, pp. 14-15

Las ruinas del templo de Claudio resultan visibles desde la colina Celio. Estos bloques de travertino fueron incorporados a la base del campanario de Santi Giovanni e Paolo.

La puerta de San Tomasso in Formis está decorada con un magnífico mosaico del siglo XIII que muestra a Cristo con dos libertos, uno de ellos negro.

Arco de Dolabella

Construido en el siglo I d.C., probablemente como entrada a la ciudad, este arco se incorporó más tarde al acueducto de Nerón en el Palatino ❸

★ Santa Maria in Domnica

La iglesia es famosa por sus mosaicos del siglo IX. Estos apóstoles figuran en el arco de triunfo situado sobre el ábside, jalonando un medallón que contiene la figura de Cristo ❹

RECOMENDAMOS

- ★ Santi Giovanni e Paolo
- ★ Villa Celimontana
- ★ Santa Maria in Domnica

SIMBOLOGÍA

– – – Itinerario sugerido

0 metros **75**

Santi Giovanni e Paolo ❶

Piazza Santi Giovanni e Paolo 13. **Plano** 9 A1. ***Tel*** *06 772 711.* *75, 81, 117, 175, 673.* *30b.* *Colosseo o Circo Massimo.* **Iglesia** *8.30-12.00, 15.30-18.00 todos los días.* **Casas romanas *Tel*** *06 7045 4544. 10.00-13.00, 15.00-18.00 ju-lu.* *sólo iglesia.*

La iglesia Santi Giovanni e Paolo está dedicada a los dos oficiales romanos mártires cuya casa ocupó este solar. Ambos sirvieron al emperador Constantino. Cuando más tarde fueron llamados a las armas por Juliano el Apóstata, se negaron a acudir y fueron decapitados en su propia casa en el 362 d.C.

Construida hacia finales del siglo IV, conserva muchos elementos de su estructura original. El pórtico jónico data del XII, mientras que el ábside y el campanario fueron añadidos por Nicholas Breakspeare, único Papa inglés, que gobernó entre 1154-1159 como Adriano IV. La base de este soberbio campanario del siglo XIII formaba parte del templo de Claudio, que se alzó un día en este lugar. Al igual que otros campanarios románicos, posee revestimiento de mármol y adornos de cerámica.

El interior, remodelado en 1718, tiene pilastras y columnas de granito. Los mártires se hallan sepultados en la nave principal y sus reliquias se conservan dentro de una urna en el altar mayor. Junto a éste, y en una sala diminuta, un fresco del siglo XIII representa la figura de Cristo con sus apóstoles (si está cerrada la puerta pregunte por el sacristán).

Excavaciones realizadas bajo la iglesia sacaron a la luz dos casas romanas de los siglos II y III, unidas y empleadas como lugar de enterramiento cristiano. Esta construcción de dos pisos posee en su interior pinturas paganas y cristianas en buen estado de conservación. Los arcos de la izquierda eran parte de una calle de tiendas del siglo III.

Fresco de Cristo y los apóstoles en Santi Giovanni e Paolo

San Gregorio Magno ❷

Piazza di San Gregorio. **Plano** 8 F2. ***Tel*** *06 700 82 27.* *75, 81, 175, 673.* *30b.* *Circo Massimo.* ***Abierta*** *9.00-12.30, 15.00-18.00 todos los días.*

Fachada de San Gregorio Magno

Desde esta iglesia fue enviado san Agustín a su misión de convertir a Inglaterra al cristianismo. Fue fundada en el 575 d.C. por san Gregorio Magno, quien transformó su residencia familiar en un monasterio. Éste fue reconstruido varias veces en la época medieval, y restaurado entre 1629-1633 por Giovanni Battista Soria. Se accede a la iglesia subiendo unas escaleras desde la calle.

El patio delantero contiene algunas tumbas ciertamente interesantes. A la izquierda se encuentra la de Edward Carne, que fue enviado por el rey Enrique VIII de Inglaterra para solicitar el consentimiento papal, y así conseguir la anulación de su matrimonio con Catalina de Aragón.

El interior, remodelado por Francesco Ferrari a mediados del siglo XVIII, es típicamente barroco, a excepción del suelo de mosaicos y algunas columnas antiguas. En un extremo de la nave lateral izquierda se encuentra la capilla de San Gregorio. Junto a ésta, otra de tamaño más pequeño, que se cree fue la celda del santo; alberga el trono episcopal, silla romana de mármol esculpido. La capilla Sanviati a la izquierda posee un cuadro de la Virgen que se supone habló a san Gregorio.

Afuera hay tres capillas dedicadas a san Andrés, santa Silvia (madre de san Gregorio) y santa Bárbara. Recientemente restaurado, alberga frescos de Domenichino y Guido Reni.

Trono en mármol de San Gregorio Magno, del siglo I a.C.

Arco de Dolabella ❸

Via di San Paolo della Croce. **Plano** 9 A2. 🚌 *81, 117, 673.* 🚋 *3.* Ⓜ *Colosseo.*

Este arco fue erigido en el año 10 d.C. por Cornelio Dolabella y Cayo Junio Silano, donde antes había una de las puertas de la muralla Aureliana. Fue después empleado como soporte de la extensión que hizo Nerón del acueducto de Claudio, y construido para proveer de agua el palacio imperial en la colina Palatina.

El restaurado arco de Dolabella

Santa Maria in Domnica ❹

Piazza della Navicella 12. **Plano** 9 A2. ***Tel*** *06 700 15 19.* 🚌 *81, 117, 673.* 🚋 *30b.* Ⓜ *Colosseo.* ***Abierta*** *9.00-12.00, 16.30-19.00 todos los días.*

Se encuentra frente a la Piazza della Navicella (pequeña nave), que toma su nombre de una fuente que había en ella en el siglo XVI. Estaba hecha con piedra procedente de una antigua construcción, probablemente un templo edificado por los navegantes romanos en ofrenda por haber regresado sanos y salvos a la ciudad. La iglesia data del siglo VII, el pórtico y el artesonado del techo fueron añadidos en el XVI por León X.

En el ábside, detrás del altar, hay un soberbio mosaico del siglo IX encargado por el papa Pascual I, en el que aparece él mismo a los pies de la Virgen y el Niño. La Virgen, rodeada por un grupo de ángeles, sostiene en su mano un pañuelo a la manera de las damas de la Corte de Bizancio.

Villa Celimontana ❺

Piazza della Navicella. **Plano** 9 A2. 🚌 *81, 117, 673.* **Parque *abierto*** *7.00-anochecer todos los días.*

Los duques de Mattei compraron estos terrenos en 1553 y transformaron sus viñedos en un elegante jardín. En él hay, además de palmeras y otros árboles exóticos, un auténtico obelisco egipcio. Villa Mattei, construida en la década de 1580, se conoce hoy como Villa Celimontana y es sede de la Sociedad Geográfica Italiana.

La familia Mattei solía abrir el parque al público en el Día de la Visita de las Siete Iglesias, evento anual instituido por san Felipe Neri en 1552. Empezando por la Chiesa Nuova *(ver p. 124),* los romanos visitaban a pie las siete iglesias principales de la ciudad, en Villa Mattei se les obsequiaba con pan, vino, salami, queso, un huevo y dos manzanas.

En verano se celebra un festival de jazz *(ver p. 358).*

Parque de Villa Celimontana

San Sisto Vecchio ❻

Piazzale Numa Pompilio 8. **Plano** 9 A3. ***Tel*** *06 77 20 51 74.* 🚌 *160, 628, 671, 714.* ***Abierta*** *9.00-11.00 todos los días.*

Esta pequeña iglesia posee un gran interés histórico: fue donada a santo Domingo por el papa Honorio III en 1219. El fraile fundador de los dominicos pronto trasladaría su sede principal a Santa Sabina *(ver p. 204),* dejando San Sisto para las monjas de la orden. Destacan sobre todo su campanario del siglo XIII y sus frescos.

Mosaico de la Virgen y el Niño en el ábside de Santa Maria in Domnica

Santi Nereo e Achilleo ❼

Via delle Terme di Caracalla 28. **Plano** 9 A3. ***Tel*** *06 575 79 96.* *160, 628, 671, 714.* ***Abierta*** *abr-jul y sep-oct: 10.00-12.00, 16.00-18.00 mi-lu.*

Cuenta la leyenda que san Pedro, al huir de la ciudad tras haber escapado de prisión, perdió una de las vendas que cubrían sus heridas. La iglesia original se fundó en ese preciso lugar en el siglo IV, pero más tarde fue consagrada a los mártires del siglo I san Nereo y san Aquileo.

Detalle de un mosaico en Santi Nereo e Achilleo

Restaurada a finales del XVI, la iglesia conserva muchos elementos medievales, incluyendo algunos mosaicos del siglo IX en el arco de triunfo. Un magnífico púlpito se apoya en un enorme pedestal de pórfido encontrado cerca de las termas de Caracalla. Las paredes de las naves laterales están decoradas con unos frescos sobrecogedores de Niccolò Pomarancio, que narran los martirios de cada santo con todo detalle.

Fresco del *Martirio de san Simón,* de Niccolò Pomarancio, en Santi Nereo e Achilleo

San Cesareo ❽

Via di Porta San Sebastiano. **Plano** 9 A3. ***Tel*** *06 58 23 01 40.* *218, 628.* ***Abierta*** *9.00-12.15 do previa cita.*

Esta espléndida iglesia antigua fue construida sobre unas ruinas del siglo II d.C. Aún puede admirarse la hermosa fachada renacentista de Giacomo della Porta pero, por teléfono puede concertar una visita, también podrá ver los mosaicos en estilo cosmatesco, así como las tallas de madera. El trono episcopal, el altar y el púlpito están decorados con motivos animales. Fue restaurada en el siglo XVI por el papa Clemente VIII, cuyo escudo de armas decora el techo.

San Giovanni a Porta Latina ❾

Via di San Giovanni a Porta Latina. **Plano** 9 B3. ***Tel*** *06 74 40 00 32.* *218, 360, 628.* ***Abierta*** *7.30-12.30, (6.30 en verano) 15.00-19.00 todos los días.*

La iglesia de San Giovanni a Porta Latina fue fundada en el siglo V, reconstruida en el año 720 y restaurada en 1191. Se trata de uno de los templos antiguos con más personalidad de Roma. El pórtico medieval se apoya en columnas clásicas, y el campanario del siglo XII es simplemente soberbio. El interior ha sido restaurado en época reciente, sin perder por ello la sencillez de sus orígenes, con antiguas columnas de distintos estilos flanqueando las naves laterales. También hay restos de frescos medievales, y otros del siglo XII, que muestran 46 escenas diferentes del Antiguo y Nuevo Testamento y se cuentan entre los más bellos de Roma.

Fresco, San Giovanni a Porta Latina

San Giovanni in Oleo ❿

Porta Latina. **Plano** 9 C4. *628.* ***Entrada*** *pregunte en S. Giovanni.*

Friso de San Giovanni in Oleo

El nombre de esta encantadora capilla renacentista de forma octogonal significa San Juan en aceite. Aquí, y según la leyenda, san Juan fue sumergido en aceite hirviendo, del que milagrosamente salió completamente ileso. Al parecer, en el mismo lugar hubo antes otra capilla; la que hay en la actualidad fue construida en el siglo XVI. Su diseño ha sido atribuido a Baldassare Peruzzi y a Antonio da Sangallo el Joven. Sí se sabe, en cambio, que fue Borromini quien la restauró, alterando la cubierta, a la que añadió una cruz apoyada en una esfera adornada con rosas. Entre las pinturas que podemos apreciar en el interior hay una que muestra a san Juan Evangelista dentro de un caldero de aceite hirviendo.

Nichos para urnas funerarias en el columbario de Pomponio Hilas

Columbario de Pomponio Hilas ⓫

Via di Porta Latina 10.
Plano 9 B4. 🚌 *218, 360, 628.*
***Abierto** para visitas concertadas, previa cita* (ver p. 383).

Conocido como columbario porque se asemeja a un palomar (en latín *columba* es paloma), este tipo de tumbas abovedadas eran por lo general construidas por los romanos adinerados para guardar las cenizas de sus libertos. Se han descubierto muchas en esta parte de la ciudad, que hasta el siglo III quedaba fuera de la muralla. Ésta, en particular, excavada en 1831, data del siglo I d.C. Una inscripción detalla que se trata de la tumba de Pomponio Hilas y su esposa Pomponia Vitalinis. La "V" situada sobre el nombre de ésta indica que permanecía con vida en el momento de hacer la inscripción. Los nichos del interior del columbario se vendían a gentes que no podían permitirse construir sus propias tumbas.

Inscripciones en mosaico en el columbario de Pomponio Hila

Tumba de los Escipiones ⓬

Via di Porta San Sebastiano 9.
Plano 9 B4. ***Tel*** *06 67 10 38 19.*
🚌 *218, 360, 628.* ***Cerrado*** *por restauración.*

Los Escipiones eran una familia de generales que con sus ejércitos conquistaron el sur de Italia, Córcega, Argelia, España y Asia Menor. El más famoso de todos fue Publio Cornelio Escipión, el Africano, quien derrotó al gran general cartaginés Aníbal en la batalla de Zama, en el 202 a.C. *(ver p. 23).* El propio Escipión el Africano no fue enterrado con el resto de su familia, sino en Literno, cerca de Nápoles, donde estaba su villa favorita. La tumba de los Escipiones se descubrió en 1780. Contenía varios sarcófagos, estatuas y joyas en urnas funerarias de terracota. Muchos de los objetos originales se encuentran hoy en el Vaticano y han sido reemplazados por reproducciones.

El sarcófago más antiguo perteneció a Cornelio Escipión Barbato, cónsul en el 298 a.C., para quien se construyó la tumba. Hasta el siglo II a.C. se siguió enterrando aquí a los miembros de su familia.

En el curso de las excavaciones se han realizado interesantes hallazgos, entre ellos un columbario, una catacumba cristiana y una casa de tres pisos que data del siglo III d.C. y que fue construida sobre la tumba de los Escipiones.

Arco de Druso ⓭

Via di Porta San Sebastiano.
Plano 9 B4. 🚌 *218, 360.*

Arco de Druso, parte del acueducto Acqua Antoniana

En otro tiempo considerado erróneamente arco de triunfo, el llamado arco de Druso era en realidad un soporte del acueducto que llevaba agua a las termas de Caracalla. Se construyó en el siglo III d.C., así que no guarda conexión alguna con Druso, yerno del emperador Augusto. Su aspecto monumental se debe al hecho de que por debajo de él pasaba la Via Appia. El arco se halla aún en pie en esta antigua calzada, a sólo 500 m de la Porta San Sebastiano.

Porta San Sebastiano y muralla Aureliana ⓮

Museo delle Mura, Via di Porta San Sebastiano 18. **Plano** 9 B4. ***Tel*** *06 70 47 52 84. 218, 360.* ***Abierta*** *9.00-14.00 ma-do; última admisión 30 min antes del cierre.* ***Cerrada*** *1 ene, 1 may, 25 dic.* ***Previo pago.***

La mayor parte de la muralla Aureliana, comenzada por el emperador Aureliano (270-275 d.C.) y completada por su sucesor Probo (276-282 d.C.), se conserva en la actualidad. Aureliano ideó su construcción como defensa contra las tribus germánicas invasoras, cuyos ejércitos estaban penetrando por toda Italia. Con una extensión de unos 18 km, 18 puertas y 381 torres, la muralla encerraba las siete colinas de Roma. Majencio (306-312 d.C.) duplicó su altura original.

La Porta San Sebastiano, puerta que conduce a la Via Appia Antica *(ver p. 284)*, es la mayor y mejor conservada de la muralla. Fue reconstruida por el emperador Honorio en el siglo V. Originalmente llamada Porta Appia, en la época cristiana pasó a ser conocida como Porta San Sebastiano, ya que la Via Appia conducía a la basílica y a las catacumbas de San Sebastián, populares centros de peregrinaje.

Actualmente, las torres de la puerta albergan un museo con maquetas a escala que ilustran la historia de Roma. Las vistas son espectaculares, dada la belleza del paisaje que rodea la Via Appia.

La muralla siguió siendo la principal defensa de la ciudad hasta el año 1870, cuando fue dañada por la artillería italiana junto a Porta Pia. Muchas de las puertas continúan en uso, y aunque Roma se ha expandido bastante desde entonces, los principales lugares de interés de la capital italiana siguen concentrados dentro de los límites de la muralla.

Papa Pablo II Farnese

Bastión Sangallo ⓯

Viale di Porta Ardeatina. **Plano** 9 A4. *160.* ***Cerrado*** *por restauración.*

Atormentado por el recuerdo del Saco de Roma de 1527 y temeroso de un ataque turco, el papa Pablo III encargó a Antonio da Sangallo el Joven que reforzara la muralla Aureliana. Los trabajos comenzaron en 1537. Hoy sólo es un enorme bloque visible desde el exterior.

Entrada fortificada en la Porta San Sebastiano

Altar mayor de Santa Balbina

Santa Balbina ⓰

Piazza di Santa Balbina 8. **Plano** 8 F3. ***Tel*** *06 578 02 07. 160. 3. Circo Massimo.* ***Abierta*** *12.30-13.00 lu-vi, 10.30-11.30 sá y do.*

Sobre las termas de Caracalla se alza esta iglesia que está dedicada a Santa Balbina, virgen y mártir del siglo II. Es una de las iglesias más antiguas de Roma, fechada en torno al siglo V. Fue construida sobre las ruinas de una villa romana. Consagrada por el papa Gregorio Magno, en la Edad Media, Santa Balbina fue un monasterio fortificado. Con el paso del tiempo ha cambiado su fisonomía muchas veces, tomando su aspecto actual en la década de 1920.

Desde la plaza se accede por una escalera al pórtico de tres arcos. En el interior la luz entra por una serie de ventanas a lo largo de la nave. Los restos de santa Balbina y su padre, san Quirino, se hallan en una urna en el altar mayor, pero el verdadero tesoro se sitúa a la derecha: una magnífica escultura y sarcófago del cardenal Stefanis de Surdis, de Giovanni de Cosma (1303).

Otras obras artísticas datan del siglo XIII, entre ellas varios fragmentos de frescos. Destaca *La Virgen y el Niño,* ejemplo de la escuela de Pietro Cavallini, en la segunda capilla de la izquierda. Hacia 1930 se descubrieron restos de mosaicos romanos del siglo I. Se trata de una escena de pájaros y signos del zodiaco, situados hoy en el pavimento de la iglesia.

Termas de Caracalla ⓱

Viale delle Terme di Caracalla 52. **Plano** 9 A3. ***Tel*** *06 3996 7700.* 🚌 *160, 628.* 🚋 *3.* Ⓜ *Circo Massimo.* ***Abiertas*** *9.00-1 h antes de la puesta del sol ma-do; 9.00-14.00 lu.* ***Cerradas*** *1 ene, 25 dic.* ***Previo pago.***

Sección de *gymnasium* en las termas de Caracalla

Completadas por el emperador Caracalla en el 217 d.C., estas termas funcionaron durante unos 300 años, hasta que los godos destruyeron su sistema de cañerías, y tenían capacidad para más de 1.600 personas. Bañarse en ellas era todo un ritual: se empezaba con una especie de baño turco, seguido de una sesión en el *caldarium,* sala caldeada con piscinas que tenían por objeto humedecer la atmósfera. A continuación se pasaba al *tepidarium,* y de allí al principal lugar de reunión, *frigidarium,* para terminar con un chapuzón en el *natatio,* piscina al aire libre.

Fragmento de mosaico del pavimento

Los miembros de la clase alta tenían derecho después a ser secados con una toalla perfumada. Constituían además verdaderos lugares de entretenimiento, con gimnasios, bibliotecas, galerías de arte y jardines. Los Farnese las despojaron de casi toda la decoración en mármol en el siglo XVI, para emplearla en el interior del Palazzo Farnese *(ver p. 147).* Su emplazamiento privilegiado proporciona un hermoso espectáculo que servía hasta fechas recientes de escenario a grandes representaciones de ópera *(ver pp. 38-39).*

DISTRIBUCIÓN DE LAS TERMAS

- *Caldarium* (sala muy caliente)
- *Tepidarium* (sala templada)
- *Frigidarium* (sala fría)
- *Natatio* (piscina)
- Jardín

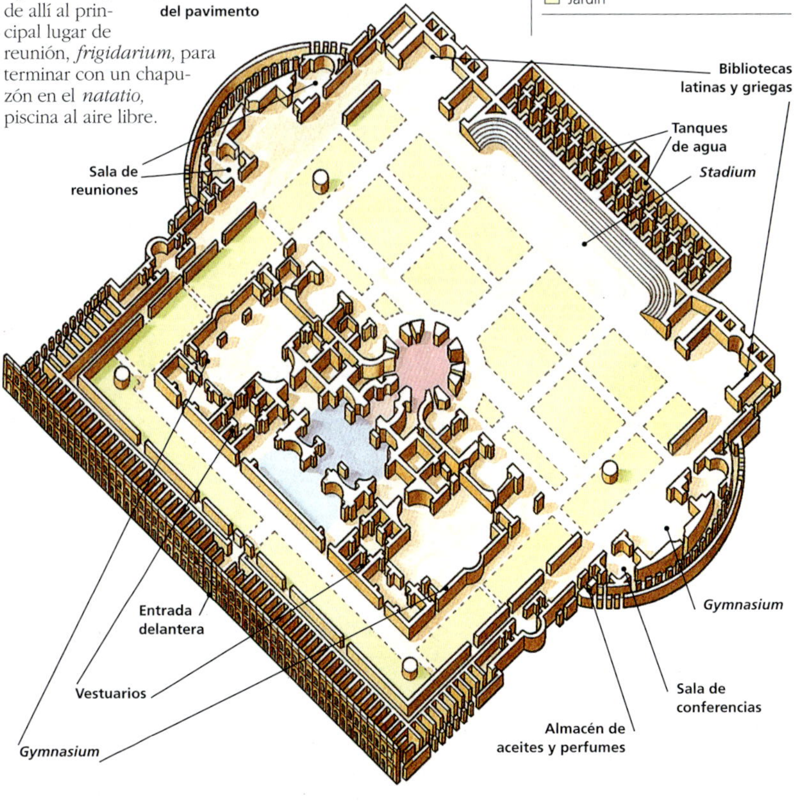

AVENTINO

El Aventino, una de las zonas más tranquilas dentro de las murallas de la ciudad, es sobre todo un área residencial, aunque posee también algunos lugares históricos de gran interés. Desde la cima de la colina Aventino, coronada por la magnífica basílica de Santa Sabina, se divisan el Trastevere y San Pedro al otro lado del río. Y a los pies de ella, la Antigua Roma se halla presente en los dos diminutos templos del Forum Boarium y el Circo Massimo. Las calles más animadas son las de Testaccio, con tiendas, restaurantes y clubes, mientras que al sur, junto a la solitaria pirámide de Roma, el cementerio protestante ofrece un remanso de paz.

Fuente en el patio de Santa Sabina

LUGARES DE INTERÉS

Iglesias y templos

San Giorgio in Velabro ❸
San Giovanni Decollato ❻
San Saba ⓯
San Teodoro ❹
Santa Maria della Consolazione ❺
Santa Maria in Cosmedin ❶
Santa Sabina ❾
Santi Bonifacio e Alessio ❿
Templos del Forum Boarium ❽

Edificios históricos

Casa dei Crescenzi ❼

Arcos

Arco de Jano ❷

Calles y plazas históricas

Piazza dei Cavalieri di Malta ⓫

Antiguos emplazamientos

Circo Máximo ⓰
Monte Testaccio ⓬

Monumentos y tumbas

Cementerio protestante ⓭
Pirámide de Cayo Cestio ⓮

CÓMO LLEGAR

Puede tomar la línea B de metro hasta Piramide o Circo Massimo. Pero es más interesante el trayecto del tranvía 3. Los autobuses 81, 160 y 620 salen de la Piazza Venezia, el 23 y 280 van por Via Marmorata a Piramide.

VER TAMBIÉN

• ***Callejero*** planos 7, 8, 12
• ***Alojamiento*** p. 306
• ***Restaurantes*** pp. 323-324

◁ **Pinos y naranjos en la colina Aventino, con la cúpula de San Pedro a lo lejos**

Piazza della Bocca della Verità en 3 dimensiones

Son muchos los turistas que visitan la zona, deseosos de introducir su mano en la Bocca della Verità, en el pórtico de Santa Maria in Cosmedin. Este apacible rincón de Roma junto al Tíber, antiguo emplazamiento del primer puerto de la ciudad y de un mercado de ganado, cuenta con otros atractivos. Entre las ruinas clásicas figuran dos templos de la era republicana y el arco de Jano, que data de la época del Imperio. En el siglo VI, la comunidad griega procedente de Bizancio se instaló en el área, fundando las iglesias de San Giorgio in Velabro y Santa Maria in Cosmedin.

Casa dei Crescenzi
En este edificio del siglo XI se emplearon columnas y capiteles de templos romanos ❼

El Ponte Rotto, nombre que recibe este arco en el Tíber, fue construido en el siglo II d.C. Su nombre original era Pons Aemilius.

Sant'Omobono, iglesia de finales del siglo VI, se encuentra hoy aislada en medio de unas importantes ruinas. Son las excavaciones de altares de sacrificio y dos templos del siglo VI a.C.

★ Templos del Forum Boarium
Este diminuto templo circular, dedicado a Hércules, y su vecino, el templo de Portuno, son los mejor conservados de la Roma republicana ❽

SIMBOLOGÍA

– – – Itinerario sugerido

0 metros 75

RECOMENDAMOS

★ Templos del Forum Boarium

★ Santa Maria in Cosmedin

★ Santa Maria in Cosmedin
Esta iglesia medieval posee un bello suelo de mosaico y un baldaquino gótico ❶

Santa Maria della Consolazione
Esta iglesia del siglo XVI servía de capilla a un hospital vecino ❺

San Teodoro
El pórtico de esta iglesia circular del siglo XV está decorado con el escudo de armas de Nicolás V ❹

PLANO DE SITUACIÓN
Ver plano del centro, pp. 14-15

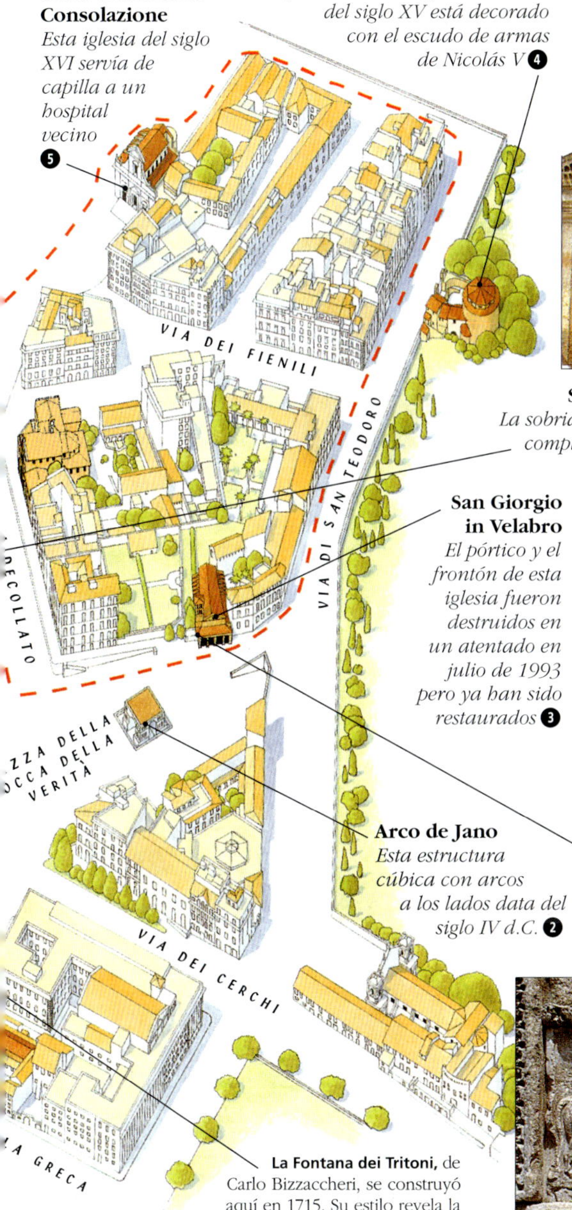

San Giovanni Decollato
La sobria fachada renacentista se completó alrededor de 1504 ❻

San Giorgio in Velabro
El pórtico y el frontón de esta iglesia fueron destruidos en un atentado en julio de 1993 pero ya han sido restaurados ❸

Arco de Jano
Esta estructura cúbica con arcos a los lados data del siglo IV d.C. ❷

El arco degli Argentari, dedicado al emperador Septimio Severo en el 204 d.C., está decorado con escenas religiosas y bélicas.

La Fontana dei Tritoni, de Carlo Bizzaccheri, se construyó aquí en 1715. Su estilo revela la gran influencia de Bernini.

Bocca della Verità, Santa Maria in Cosmedin

Santa Maria in Cosmedin ❶

Piazza della Bocca della Verità 18. **Plano** 8 E1. ***Tel*** *06 678 14 19.* *23, 44, 81, 95, 160, 170, 280, 628, 715, 716.* ***Abierta*** *invierno: 10.00-17.00 todos los días; verano: 9.00-18.00 todos los días.*

Esta bella iglesia, libre de adornos, se construyó en el siglo VI en el solar de un antiguo mercado. El elegante campanario románico y el pórtico se añadieron en el siglo XII. En el XIX se despojó a la iglesia de su fachada barroca, devolviéndole su sobriedad primitiva. Contiene hermosos ejemplos de arte en estilo cosmatesco, en particular los mosaicos del suelo, el coro, el trono del obispo y el baldaquino ubicado sobre el altar mayor.

Encajada en uno de sus muros se encuentra la Bocca della Verità (Boca de la Verdad), que probablemente sea anterior al siglo IV a.C. La tradición medieval estipula que aquella persona que introduzca la mano en la Bocca y sea un mentiroso será mordido por esta ranura.

Arco de Jano ❷

Via del Velabro. **Plano** 8 E1. *23, 44, 63, 81, 95, 160, 170, 280, 628, 715, 716, 780.*

Construido probablemente en época de Constantino, este imponente arco de mármol de cuatro caras se alzaba en el cruce de caminos en el extremo del transitado Forum Boarium, cerca de los antiguos muelles. La sombra que proporcionaba lo convirtió en lugar de discusión favorito entre mercaderes y hombres de negocios. Sobre los cuatro arcos hay esculpidas pequeñas figuras de Roma, Juno, Ceres y Minerva. En la Edad Media este arco formaba parte de la base de una fortaleza; fue restaurado en su forma original en 1827.

San Giorgio in Velabro ❸

Via del Velabro 19. **Plano** 8 E1. ***Tel*** *06 69 20 45 34.* *23, 44, 63, 81, 95, 160, 170, 280, 628, 715, 716, 780.* ***Abierta*** *10.00-12.30, 16.00-18.30 todos los días.*

Pórtico y campanario románicos en San Giorgio in Velabro

En el hueco de una calle llamada así por el Velabrum –pantano donde se supone fueron encontrados Rómulo y Remo por la loba– se halla esta pequeña iglesia dedicada a san Jorge, cuyos huesos reposan bajo el altar. La basílica del siglo VII ha sufrido inundaciones periódicas a lo largo de los siglos, pero ha sido devuelta a su aspecto primitivo con una doble hilera de columnas de granito y mármol que dividen su triple nave. La austeridad del interior gris está animada tan sólo por los dorados frescos del ábside (atribuidos a Pietro Cavallini, 1295). La fachada y el campanario se construyeron a lo largo del siglo XII.

En julio de 1993 un atentado terrorista destruyó el pórtico y el frontón.

San Teodoro ❹

Via di San Teodoro 7. **Plano** 8 E1. ***Tel*** *06 678 66 24.* *23, 44, 81, 95, 160, 170, 280, 628, 715, 716.* ***Abierto*** *9.30-12.30 do-vi.*

Esta pequeña iglesia circular del siglo VI, situada al pie del Palatino, sólo se abre al público los domingos por la mañana. Si en ese momento se encuentra por los alrededores, se recomienda una breve visita a su interior para admirar los fantásticos mosaicos, así como la cúpula florentina (1454). El bonito patio exterior es de Carlo Fontana (1705).

La iglesia de San Teodoro, uno de los tesoros ocultos de Roma

El arco de Jano, donde los comerciantes se refugiaban del tórrido sol

Fachada de Santa Maria della Consolazione

Santa Maria della Consolazione ❺

Piazza della Consolazione 84. **Plano** 5 A5. ***Tel*** *06 678 46 54.* 🚌 *23, 44, 63, 81, 95, 160, 170, 280, 628, 715, 716, 780.* ***Abierta*** *6.30-12.00, 15.30-18.30 todos los días.*

La iglesia se halla casi a los pies de la roca Tarpeia, donde se llevaron a cabo innumerables ejecuciones públicas *(ver p. 74)*.

En 1385, Giordanello degli Alberini, un noble condenado, pagó dos florines de oro para que se colocara aquí una imagen de la Virgen María que proporcionara consuelo a los sentenciados a muerte en sus últimas horas. De ahí tomó su nombre la iglesia que se construyó en el mismo lugar en 1470.

Las 11 capillas laterales con que cuenta la iglesia son propiedad de familias nobles y miembros de gremios locales. En el presbiterio se encuentra la famosa imagen de María, atribuida a Antoniazzo Romano.

San Giovanni Decollato ❻

Via di San Giovanni Decollato 22. **Plano** 8 E1. ***Tel*** *06 679 1890.* 🚌 *23, 44, 63, 81, 95, 160, 170, 280, 628, 715, 716, 780.* ***Abierta*** *24 jun, sólo previa cita.*

El cuadro *San Juan decapitado* (1553), de Giorgio Vasari, domina por completo el altar mayor y da nombre a esta iglesia. En 1490, el papa Inocencio VIII donó este solar a una confraternidad florentina para que construyeran en él una iglesia. Dicha confraternidad estaba formada por unos frailes peculiares que, ataviados con túnicas y capuchas negras, tenían la misión de inducir a los condenados al arrepentimiento y a darles sepultura cristiana una vez hubieran sido ahorcados. Las tumbas se encuentran en el claustro.

El oratorio alberga un ciclo de frescos que describen la vida de san Juan Bautista; fueron realizados por los manieristas florentinos Jacopino del Conte y Francesco Salviati. El estilo de las figuras recuerda al de la Capilla Sixtina.

Casa dei Crescenzi ❼

Via Luigi Petroselli. **Plano** 8 E1. 🚌 *23, 44, 63, 81, 95, 160, 170, 280, 628, 715, 716, 780.*

Tachonada con pequeños fragmentos arqueológicos, esta casa es todo lo que queda de una fortaleza del siglo XII. Fue construida por la poderosa familia Crescenzi como puesto de vigilancia de los antiguos muelles de Roma (donde hoy está la Oficina Pública de Registros) y del puente donde la familia cobraba peaje.

Antiguos fragmentos en la Casa dei Crescenzi

Templos del Forum Boarium ❽

Piazza della Bocca della Verità. **Plano** 8 E1. 🚌 *44, 81, 95, 160, 170, 628.*

Templo de Portuno

Estos templos republicanos, tan milagrosamente bien conservados, son aún más hermosos a la luz de la luna; se hallan rodeados de verde al abrigo de los pinos, junto al Tíber. Datan del siglo II a.C., y su conservación se debe al hecho de que fueron consagrados como iglesias cristianas. En ellos se combinan de forma única las arquitecturas griega y romana.

El templo rectangular (antes conocido como el templo de Fortuna Virilis) estaba de hecho dedicado a Portuno, dios de ríos y puertos –una referencia al puerto cercano que había en la Antigua Roma–. Situado en un podio, posee cuatro columnas jónicas de travertino y 12 medias columnas, incorporadas a la pared de piedra porosa de la *cella* –estancia que albergaba la imagen de la divinidad–. Muy cerca se halla el templo de Hércules, a menudo llamado de Vesta, dada su similitud con el que hay en el Foro dedicado a esta diosa.

Luminoso interior de Santa Sabina

Santa Sabina 9

Piazza Pietro d'Illiria 1. **Plano** 8 E2. ***Tel*** *06 57 94 0600.* *23, 280,716.* *Circo Massimo.* ***Abierta*** *6.30-12.45, 15.00-19.00 todos los días.*

En lo alto del Aventino se alza una perfecta basílica cristiana, fundada por Pedro de Iliria en el año 425 d.C. y devuelta a su sobriedad primitiva a principios del siglo XX. La luz se filtra a través de altos ventanales del siglo IX, iluminando una amplia nave enmarcada por columnas corintias, sobre las que se apoya una arcada decorada con un friso de mármol. Sobre la puerta principal hay una inscripción en una placa de mosaico azul y dorado del siglo V. El púlpito, el coro tallado y el trono arzobispal datan del IX.

La iglesia fue donada a los dominicos en el siglo XIII, y en la nave central se encuentra la sepultura de Muñoz de Zamora, uno de los primeros miembros de la orden, que fue su superior general (fallecido en 1300). El pórtico lateral tiene puertas de madera, talladas en el siglo V, con escenas bíblicas, entre ellas una de las primeras crucifixiones.

Santi Bonifacio e Alessio 10

Piazza di Sant'Alessio 23. **Plano** 8 D2. ***Tel*** *06 574 3446.* *23, 280, 716.* *Circo Massimo.* ***Abierta*** *8.30-12.30, 15.30-18.30 todos los días.*

La iglesia está dedicada a dos santos cuyos restos mortales reposan bajo el altar mayor. Cuenta la leyenda que Alessio, hijo de un rico senador que habitó en este lugar, huyó al este para convertirse en peregrino y escapar así de un matrimonio concertado. Al volver a casa tras muchos años, murió como un criado, sin ser reconocido, bajo las escaleras del vestíbulo de la residencia familiar, legando su historia a la posteridad.

La iglesia original data del siglo V y ha sufrido cambios sustanciales con el paso del tiempo. Destaca la fachada del siglo XVIII con sus cinco arcos, la puerta en estilo cosmatense y el magnífico campanario románico de cinco pisos (1217). En una capilla barroca realizada por Andrea Bergondi está guardada parte de la famosa escalera bajo la que murió san Alessio. Entre otras reliquias se encuentran la Virgen bizantina de la Intercesión, traída a Roma desde Damasco en el siglo X.

Piazza dei Cavalieri di Malta 11

Plano 8 D2. *23, 280, 716.* *Circo Massimo.*

Rodeada de cipreses, esta *piazza* amurallada, decorada con obeliscos y trofeos militares, fue proyectada por Piranesi en 1765. Se llama así en honor de la Orden de los Caballeros de Malta (Cavalieri di Malta), cuyo priorato (en el nº 3) es famoso por la cerradura de bronce, a través de la cual se ve un San Pedro en miniatura enmarcado en una avenida arbolada. La iglesia del priorato, Santa Maria del Priorato, restaurada y decorada en estilo neoclásico por Piranesi en el siglo XVIII, sólo puede visitarse con permiso específico de la Orden. En la esquina suroeste de la plaza se encuentra la iglesia internacional benedictina de Sant'Anselmo, donde pueden escucharse cantos gregorianos los domingos por la mañana *(ver p. 356)*.

Puerta del priorato de los Caballeros de Malta

Monte Testaccio 12

Via Galvani. **Plano** 8 D4. *Piramide.* *23, 95, 673.* *3.* ***Abierto*** *previa cita (ver p. 383).*

Esta colina se formó entre el año 140 a.C. y el 250 d.C., a partir de millones de *testae* –fragmentos de las ánforas empleadas para transportar mercancías a los almacenes de los alrededores–. Mide 36 m de altura, aunque su importancia arqueológica no se descubrió hasta el siglo XVIII.

Fachada de Santi Bonifacio e Alessio

Cementerio protestante ⓭

Cimitero Acattolico, Via Caio Cestio 6. **Plano** 8 D4. ***Tel*** *06 574 19 00.* *23, 95, 280.* *30 b.* *Piramide.* ***Abierto*** *9.00-17.00 lu-sá (últ adm: 16.30).* ***Se admiten donativos.***

La paz que se respira en este cementerio bajo la muralla Aureliana es conmovedora. Desde 1738 han sido enterrados aquí numerosos personajes del mundo protestante, ingleses y alemanes principalmente.

Lápida de John Keats

En la parte más antigua se encuentran las tumbas de John Keats (†1821), cuyo epitafio reza: “Aquí yace uno cuyo nombre fue escrito en agua”, y su amigo Joseph Severn (†1879), no lejos de las cenizas de Percy Bysse Shelley (†1822).

Pirámide de Cayo Cestio ⓮

Piazzale Ostiense. **Plano** 8 E4. *23, 95, 280.* *30b.* *Piramide.*

Pirámide conmemorativa de Cayo Cestio

Cayo Cestio, un rico *praetor* o magistrado romano, murió en al año 12 a.C. Lo único que conocemos de él es su tumba, una imponente pirámide revestida de mármol blanco y situada en la muralla Aureliana, cerca de la Porta di San Paolo. Con una altura de 36 m, tardó en construirse 330 días. Cuando se hizo, debió de estar en tan poca consonacia con su entorno como hoy.

Detalle del grabado de un sarcófago en el pórtico de San Saba

San Saba ⓯

Via di San Saba. **Plano** 8 F3. ***Tel*** *06 574 33 52.* *75, 175, 673.* *30b.* ***Abierta*** *8.30-12.00, 16.00-19.00 lu-sá; 9.30-13.00, 16.00-19.00 do.*

Semioculta en una pequeña calle residencial en la pequeña colina Aventino, San Saba fue un oratorio para monjes palestinos que huían de las invasiones árabes del siglo VII. La iglesia que conocemos hoy data del siglo X. En el pórtico se halla una fascinante colección de restos arqueológicos.

Ya en el interior hay tres naves de estilo griego y una cuarta de menor longitud, añadida en el XI, con vestigios de frescos del siglo XIII que ilustran la vida de san Nicolás de Bari. Es particularmente intrigante la escena que representa a tres mujeres desnudas en la cama, salvadas de la pobreza por una bolsa de oro que les entrega san Nicolás, futuro Santa Claus. El suelo y los restos del coro son todos del siglo XIII, en estilo cosmatense.

Circo Máximo ⓰

Via del Circo Massimo. **Plano** 8 F2. *81, 160, 628, 715.* *30b.* *Circo Massimo.*

Lo que un día fue el estadio más grande de Roma no es hoy más que una explanada cubierta de hierba. Sito entre las colinas Aventino y Palatino, el circo Máximo fue continuamente ampliado y embellecido desde el siglo IV a.C. hasta el 549 d.C., año en el que se celebraron las últimas carreras. Las gradas tenían cabida para unos 300.0000 espectadores, que acudían a presenciar entre gritos las animadas carreras de carros tirados por caballos y las luchas entre animales salvajes.

El circo contaba con una barrera divisoria central *(spina)* con siete objetos de gran tamaño y forma oval, empleados para medir los tiempos de las carreras. En el año 33 a.C. se unieron a éstos siete delfines de bronce con un propósito similar. En el 10 a.C. Augusto construyó el palco imperial bajo el Palatino, y decoró la *spina* con el obelisco que hoy se encuentra en la Piazza del Popolo *(ver p. 137)*. En el siglo IV Constantino II añadió un segundo, que puede verse en la Piazza di San Giovanni in Laterano *(ver pp. 178-179)*.

Reconstrucción del circo Máximo en sus días de esplendor

AUTOFFICINA

TRASTEVERE

Los orgullosos habitantes del Trastevere, que significa área "más allá del Tíber", se consideran a sí mismos los romanos más auténticos. Constituye uno de los barrios con más personalidad de la ciudad, donde aún es posible presenciar escenas de la vida cotidiana que parecen pertenecer a siglos pasados. Existen indicios, sin embargo, de que gran parte del carácter sencillo y proletario del lugar quede pronto destruido por la proliferación de restaurantes, clubes y tiendas de moda. Algunas de las iglesias medievales más fascinantes de Roma se encuentran escondidas en el entramado de las estrechas calles empedradas del Trastevere, tan sólo delatadas por algún que otro campanario románico. Santa Cecilia se construyó en el lugar donde fue martirizada la santa patrona de la música; San Francesco di Ripa conmemora la visita de san Francisco de Asís a Roma, y Santa Maria in Trastevere es el centro de la vida espiritual y social de la zona.

Campanario románico

LUGARES DE INTERÉS

Iglesias

San Crisogono 6
San Francesco a Ripa 10
Santa Cecilia in Trastevere 8
Santa Maria della Scala 3
Santa Maria in Trastevere pp. 212-213 5

Museos

Sant'Egidio y Museo di Roma in Trastevere 4

Edificios históricos

Casa della Fornarina 1
Caserma dei Vigili della VII Coorte 7
San Michele a Ripa Grande 9

Puentes

Ponte Sisto 2

Parques y jardines

Vialla Sciarra 11

VER TAMBIÉN

- ***Callejero*** planos 4, 7, 8, 11
- ***Alojamiento*** pp. 306-307
- ***Restaurantes*** pp. 324-325
- ***Paseo del Tíber*** pp. 274–275

SIMBOLOGÍA

Plano en 3 dimensiones
Información turística
Muralla de la ciudad

CÓMO LLEGAR

La manera más conveniente es coger el tranvía 8 que sale de Largo di Torre Argentina, cruza el río y va por la ancha y concurrida Viale di Trastevere. El autobús H hace la misma ruta pero sale de Stazione Termini. Desde el Vaticano, lo mejor es coger el 23 o 280 en Lungotevere.

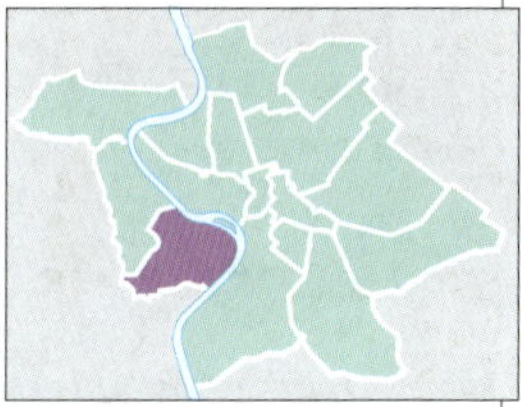

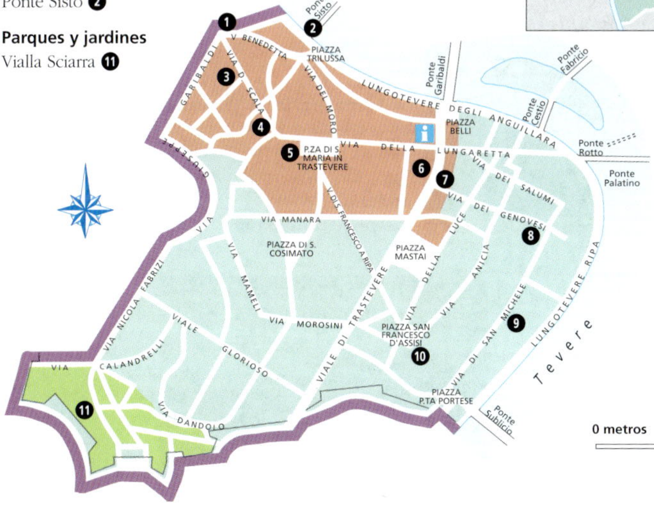

Típico *vicolo* (callejuela) entre los edificios del Trastevere

Trastevere en 3 dimensiones

El Trastevere es uno de los barrios más animados de Roma, con sus restaurantes, clubes y salas de cine, así como uno de los más atractivos, por su pintoresco entramado de callejuelas empedradas. En las noches de verano éstas se llenan de gente, en especial durante los días del animado festival de Noantri *(ver p. 59)*. Todos los cafés y restaurantes sacan mesas al aire libre, sobre todo alrededor de la Piazza di Santa Maria in Trastevere y Viale di Trastevere. Hay también puestos donde se venden rajas de sandía y *grattachecca,* mezcla de sirope y hielo picado. La plácida atmósfera del Trastevere se aprecia mejor, no obstante, a primera hora de la mañana.

Casa della Fornarina
La bella amante de Rafael supuestamente vivió aquí. En el jardín trasero hay un restaurante ❶

Santa Maria delle Sette Dolori (1643) es una de las obras menores de Borromini.

Santa Maria della Scala
La sobria fachada de esta iglesia esconde un rico interior barroco ❸

Sant'Egidio y Museo del Folclore
Este fresco del siglo XVII de Sant'Egidio, pintado por Pomarancio, decora la capilla izquierda de la iglesia. El convento adyacente es un museo de la vida y las costumbres romanas ❹

★ Santa Maria in Trastevere
Esta iglesia es famosa por sus mosaicos de Pietro Cavallini, pero también tiene obras anteriores como el mosaico del profeta Isaías ❺

RECOMENDAMOS

★ Santa Maria in Trastevere

SIMBOLOGÍA

Itinerario sugerido

0 metros 75

La fuente de la Piazza di Santa Maria in Trastevere, de Carlo Fontana (1692), es un popular lugar de reunión. Por las noches se ilumina, y docenas de jóvenes se sientan en los escalones que rodean su base octogonal.

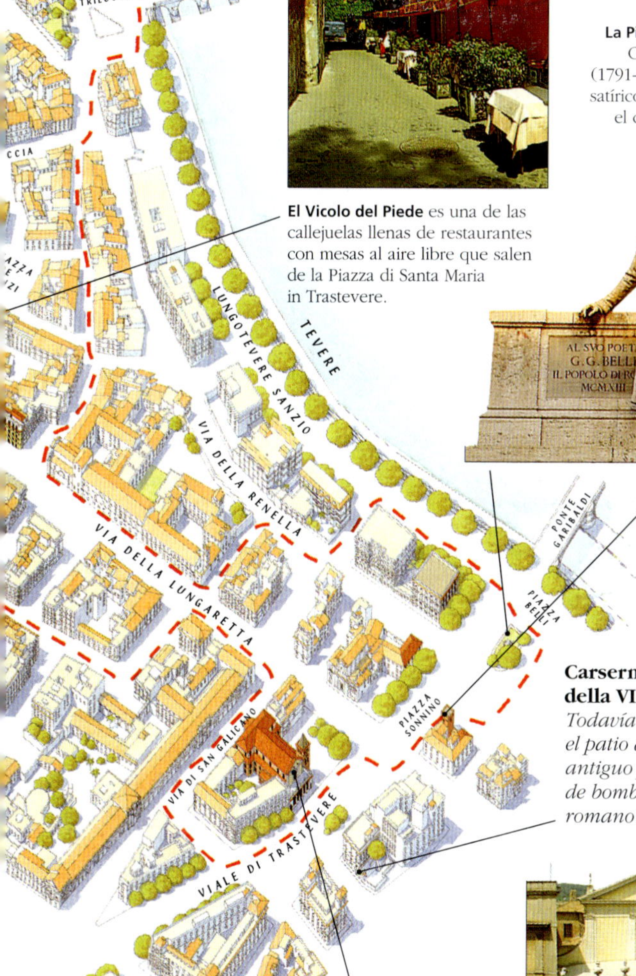

Ponte Sisto
Este puente se construyó por orden del papa Sixto IV en 1474, para unir el Trastevere con el centro de Roma ❷

El Vicolo del Piede es una de las callejuelas llenas de restaurantes con mesas al aire libre que salen de la Piazza di Santa Maria in Trastevere.

PLANO DE SITUACIÓN
Ver plano del centro, pp. 14-15

La Piazza Belli se llama así por Giuseppe Gioacchino Belli (1791-1863), escritor de sonetos satíricos en dialecto romano. En el centro de la plaza hay una estatua del poeta (1913).

La torre degli Anguillara (siglo XIII) es la única que sobrevive de las torres medievales que un día se alzaron en el Trastevere.

Carserma dei Vigili della VII Coorte
Todavía se conserva el patio de este antiguo parque de bomberos romano ❼

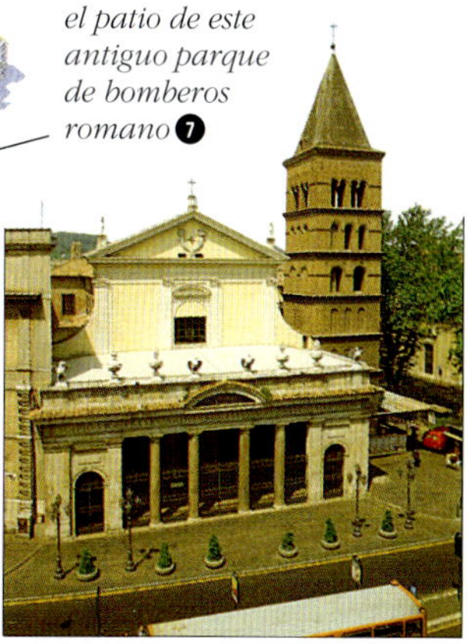

San Crisogono
El campanario románico data de comienzos del siglo XII. El sencillo pórtico es un añadido posterior (1626), pero no desentona con el espíritu de esta antigua iglesia ❻

Casa della Fornarina ❶

Via di Santa Dorotea 20. **Plano** 4 D5 y 11 B5. *23, 280.*

En realidad se sabe poco acerca de la modelo y amante de Rafael, La Fornarina, salvo que se llamaba Margherita, que su padre era un panadero sienés (*la fornarina* significa la joven panadera) y que su comercio se encontraba en el Trastevere, cerca de los frescos de Rafael en Villa Farnesina *(ver pp. 220-221)*.

La relación de Margherita con el artista le supuso la reputación de mujer perdida. Para colmo, Rafael, deseoso de expiar sus pecados antes de morir, la expulsó de su lecho de muerte. Cuatro meses después, ella se refugió en el convento de Sant'Apollonia in Trastevere.

Supuestamente fue la modelo del célebre retrato de Rafael de *La donna velata* expuesto en el Palazzo Pitti de Florencia.

Ponte Sisto ❷

Plano 4 E5 y 11 B5. *23, 280.*

Llamado así por Sisto IV della Rovere (Papa entre 1471 y 1484), el puente fue construido bajo sus órdenes por Baccio Pontelli, para reemplazar un antiguo puente romano. A él se debe la Capilla Sixtina *(ver pp. 244-247)* y el hospital del Santo Spirito *(ver p. 226)*, así como la restauración de iglesias y monumentos. Hubo de afrontar grandes dificultades económicas, que le empujaron a vender o hipotecar la colección de piedras preciosas de su predecesor y sus propias joyas. Se cree que consiguió el dinero para el puente cobrando un impuesto a las prostitutas de Roma, fórmula empleada por varios Papas.

Papa Sixto IV

Altar de Santa Maria della Scala

Santa Maria della Scala ❸

Piazza della Scala. **Plano** 4 D5 y 11 B5. ***Tel*** *06 580 62 33.* *23, 280.* ***Abierta*** *9.00-12.00, 15.30-18.00 todos los días.*

Esta iglesia pertenece a una época de grandes construcciones que duró unos 30 años, desde finales del siglo XVI hasta principios del siglo XVII. Su sencilla fachada contrasta con un rico interior que está decorado con mármoles multicolores y un gran número de altares y relieves barrocos.

Sant'Egidio y Museo di Roma in Trastevere ❹

Piazza Sant'Egidio 1. **Plano** 7 C1. *H, 23, 280.* *8.* **Iglesia** ***Tel*** *06 585 661.* ***Abierta*** *10.00-12.30 sá.* **Museo di Roma in Trastevere** ***Tel*** *06 581 65 63.* ***Abierto*** *10.00-19.00 ma-do.*

Edificada en 1630, Sant'Egidio era la iglesia del convento carmelita adyacente, uno de los muchos fundados en el área para acoger a los pobres y desposeídos. Dicho convento alberga hoy un museo del folclore, que contiene una gran variedad de material relativo a festivales, pasatiempos, supersticiones y costumbres de la Roma de los Papas. Hay también pinturas antiguas y grabados de la ciudad, así como reconstrucciones de escenas de la vida cotidiana en los siglos XVIII y XIX, entre ellas una taberna y varias tiendas. Destacan asimismo los manuscritos de los poetas Belli y Trilussa.

Acuarela de un escriba (1880) en el Museo di Roma in Trastevere

Santa Maria in Trastevere ❺

Ver pp. 212-213.

San Crisogono ❻

Piazza Sonnino 44. **Plano** 7 C1. ***Tel*** *06 581 82 25.* *H, 23, 280, 780.* *8.* ***Abierta*** *7.00-11.30, 16.15-19.30 lu-sá, 8.30-13.00, 16.15-19.30 do.* ***Previo pago*** *para las excavaciones.*

Esta iglesia se construyó en el solar de uno de los *tituli* (casas privadas de culto cristiano) más antiguos de la ciudad. La estructura original del siglo VIII, con frescos del XI, aún se adivina bajo la iglesia actual, que data del XII, periodo de intensa actividad urbanística en los barrios populares de Roma. San Crisogono fue decorada por Pietro Cavallini

Mosaico del ábside, San Crisogono

–aún se conserva el mosaico del ábside–.

La mayoría de las columnas procede de edificios anteriores, incluidas las de gran tamaño en pórfido del arco de triunfo. El mármol del suelo de mosaico proviene de diversas ruinas romanas.

Caserma dei Vigili della VII Coorte 7

Via della VII Coorte. **Plano** 7 C1. ***Tel*** *06 67 10 38 19.* *H, 23, 280, 780.* *8.* ***Abierta*** *previa cita con permiso de visita* *(ver p. 383).*

No todas las ruinas romanas son villas imperiales o templos, las hay también que ilustran el día a día de una ciudad. Una de ellas fue cuartel de los guardias de la VII Coorte, el cuerpo romano de bomberos. Fue mandado construir por Augusto en el siglo I d.C.; las excavaciones del patio muestran el lugar donde los hombres debían descansar mientras esperaban la señal de alarma.

Santa Cecilia in Trastevere 8

Piazza di Santa Cecilia. **Plano** 8 D1. ***Tel*** *06 589 92 89.* *H, 23, 44, 280.* *8.* ***Abierta*** *9.30-12.30, 16.00-19.00 todos los días.* ***Previo pago*** *para las excavaciones.* **Fresco de Cavallini** *10.15-12.30 lu-sá; 11.15-12.30 do.*

Santa Cecilia, aristócrata y patrona de la música, fue martirizada aquí en el año 230 d.C. Tras un intento infructuoso por escaldarla en agua hirviendo, fue decapitada. La iglesia primitiva (aún visible bajo la actual) se fundó –tal vez en el siglo IV– en el emplazamiento de la casa de la santa. Durante mucho tiempo se desconoció el paradero de su cuerpo, hasta que apareció en las catacumbas de San Callisto *(ver p. 265)*. En el siglo IX fue enterrada aquí por el papa Pascual I, quien reconstruyó la iglesia.

El baldaquino del altar de Arnolfo di Cambio y el fresco de *El juicio final* de Pietro Cavallini, a los que se accede por el convento adyacente, datan del siglo XIII, uno de los pocos periodos en los que Roma tuvo su propio estilo artístico. Frente al altar hay una estatua de santa Cecilia esculpida por Stefano Maderno, quien empleó como modelo los restos milagrosamente bien conservados de la santa, cuando fue desenterrada en 1599.

Detalle de un fresco del siglo XIII por Pietro Cavallini, Santa Cecilia

San Michele a Ripa Grande 9

Via di San Michele. **Plano** 8 D2. ***Tel*** *06 584 31.* *23, 44, 75, 280.* ***Abierta*** *sólo para exposiciones especiales.*

Este inmenso complejo alberga el Ministerio de Cultura y se extiende unos 300 m por el río Tíber. Construido por el papa Inocencio XII, fue casa para ancianos, reformatorio de chicos y albergó varias capillas. En la actualidad, se utiliza ocasionalmente como sala de exposiciones.

San Francesco a Ripa 10

Piazza San Francesco d'Assisi 88. **Plano** 7 C2. ***Tel*** *06 581 90 20.* *H, 23, 44, 75, 280.* *8.* ***Abierta*** *7.00-13.00, 16.00-19.30 lu-sá, 7.00-12.00, 16.00-19.00 do.*

San Francisco de Asís vivió aquí en un hospicio cuando visitó Roma en 1219; su almohada de piedra y el crucifijo están guardados en su celda. La iglesia fue reconstruida por su discípulo, Rodolfo Anguillara, quien aparece en su lápida luciendo el hábito franciscano.

Completamente reconstruida entre 1680-1690 por el cardenal Pallavicini, San Francesco di Ripa posee numerosas esculturas. Destacan los monumentos del siglo XVIII Rospigliosi y Pallavicini, en la capilla del transepto. Se debe visitar la capilla en el Paluzzi Albertoni (cuarta a la izquierda) con la impresionante escultura de Bernini *Éxtasis de la beata Ludovica Albertoni*.

Villa Sciarra 11

Via Calandrelli 35. **Plano** 7 B2. *44, 75.* **Parque *abierto*** *9.00-anochecer todos los días.*

En la Antigua Roma había aquí un santuario de ninfas. El parque que existe hoy día es particularmente agradable en primavera, cuando florecen los cerezos. Los distintos senderos están decorados de forma romántica, con fuentes y estatuas, y hay también espléndidas vistas de la ciudad, que alcanzan hasta el parque del Gianicolo.

***Éxtasis de la beata Ludovica Albertoni*, de Bernini (1674), en San Francesco a Ripa**

Santa Maria in Trastevere ❺

Esta basílica, probablemente el primer lugar de culto cristiano oficial de Roma, se convirtió en el foco de la devoción a la Virgen María. Según la leyenda, fue el papa Calixto I quien la fundó cuando el cristianismo era todavía un culto minoritario. La iglesia actual data casi en su totalidad del siglo XII y es famosa por sus mosaicos, especialmente los de Pietro Cavallini. Las 22 columnas de granito de la nave proceden de las ruinas de edificios de la Antigua Roma. A pesar de algunos añadidos barrocos del XVIII, Santa Maria ha conservado su carácter medieval.

Piazza Santa Maria in Trastevere
La piazza *situada frente a la iglesia es el corazón del Trastevere, hoy rodeada de animados restaurantes y cafés. Carlo Fontana construyó la fuente octogonal a finales del siglo XVII.*

El suelo, rehecho en 1780-1790, es una recreación del que había en mosaico del siglo XIII.

El campanario se construyó en el siglo XII. En lo alto hay un pequeño mosaico de la Virgen.

★ Mosaicos de la fachada
El mosaico del siglo XII muestra a la Virgen amamantando al Niño y a 10 mujeres con lámparas, ocho de ellas encendidas, simbolizando la virginidad; las que llevan velo y lámparas apagadas deben de ser viudas.

El pórtico fue remodelado en 1702 por Carlo Fontana. Estatuas de cuatro Papas decoran la balaustrada superior.

Entrada frontal

Tabernáculo del siglo XV, de Mino del Reame

RECOMENDAMOS

★ Mosaicos de la fachada

★ Mosaicos de Cavallini

MODESTOS DONANTES

Entre los mosaicos de Roma hay algunos con el retrato del Papa o cardenal fundador de una iglesia determinada. Estas imágenes son diminutas en comparación con el resto del dibujo, que a menudo glorifica al santo a quien está dedicado el templo. En la fachada de Santa Maria hay dos figurillas arrodilladas a los pies de la Virgen. Si se levantaran, apenas le llegarían a las rodillas.

Detalle de mosaico

Mosaico del ábside
El mosaico del ábside data del siglo XII y representa la coronación de la Virgen, que aparece sentada a la derecha de Cristo.

INFORMACIÓN ESENCIAL

Via della Paglia 14c, Piazza Santa Maria in Trastevere. **Plano** 7 C1. ***Tel*** *06 581 48 02.* *H y 780 a Piazza S. Sonnino, 23 y 280 a lo largo de Lungotevere Sanzio.* *8 desde Largo Argentina.* ***Abierta*** *7.30-21.00 todos los días.* *17.30 todos los días.*

★ Mosaicos de Cavallini
Los detalles de los mosaicos sobre la vida de la Virgen (1291) rebosan realismo.

Madonna della Clemenza
Esta imagen de tamaño real data probablemente del siglo VII. Hay una réplica de la misma sobre el altar de la capilla Altemps.

Tumba del cardenal Pietro Stefaneschi
Este cardenal falleció en 1417. Su tumba fue realizada por un escultor del que sólo conocemos el nombre de pila: Paolo.

CRONOLOGÍA

Papa Inocencio II

- **217-222 d.C.** El papa Calixto I funda la iglesia
- **1291** Pietro Cavallini añade mosaicos con escenas de la vida de la Virgen por encargo de su mecenas, Bertoldo Stefaneschi
- **1617** Domenichino rehace el artesonado del techo, con un panel octogonal de la Asunción de la Virgen

30 a.C. | 200 d.C. | 1400 | 1650 | 1900

- **38 a.C.** Del solar de la iglesia brota un manantial de aceite mineral, más tarde interpretado como anuncio de la inminente llegada de Cristo
- **c.1138** El papa Inocencio II comienza a reconstruir la iglesia
- **1580** Martino Longhi el Viejo restaura la iglesia y construye una capilla familiar para el cardenal Marco Sittico Altemps
- **1702** El papa Clemente XI hace reconstruir el pórtico
- **1866-1877** Virginio Vespignani restaura la iglesia

GIANICOLO

Situado frente al Tíber, en la misma orilla que el Trastevere, el Gianicolo ha desempeñado un importante papel histórico en la defensa de la ciudad. La última ocasión fue en 1849, cuando Garibaldi repelió el ataque de las tropas francesas. El parque situado en la cima de la colina está lleno de monumentos dedicados a Garibaldi y sus hombres; se trata de un lugar fresco y apacible, muy indicado para pasear y donde suele haber espectáculos de marionetas y otros entretenimientos para niños. En la Edad Media la mayor parte de la colina estaba ocupada por monasterios y conventos. Bramante construyó su obra maestra en miniatura, el Tempietto, en los terrenos del convento de San Pietro in Montorio. Con el Renacimiento llegó el desarrollo de la Via della Lungara, junto al río, donde los ricos y poderosos establecieron sus lujosas villas y mansiones.

Títeres en el parque de la colina del Gianicolo

LUGARES DE INTERÉS

Iglesias y templos
San Pietro in Montorio ❼
Sant'Onofrio ❻
Tempietto ❽

Museos
Palazzo Corsini y Galleria Nazionale d'Arte Antica ❷

Edificios históricos
Villa Farnesina pp. 220-221 ❶

Fuentes
Fontana dell'Aqua Paola ❾

Monumentos
Monumento a Garibaldi ❺

Arcos y puertas
Porta Settimiana ❸

Parques y jardines
Jardín Botánico ❹

VER TAMBIÉN

• ***Callejero*** planos 3, 4, 7, 11

• ***Restaurantes*** p. 325

CÓMO LLEGAR

El Gianicolo no es precisamente la zona más accesible de Roma en cuanto a transporte público. Se puede llegar desde el Vaticano *(ver p. 223)* o desde el Trastevere *(ver p. 207)*. Tan sólo hay un autobús, el 870, que sube hasta la cima de la colina, pero el 44 le llevará desde Piazza Venezia hasta Via Giacinto Carini desde donde podrá continuar a pie. Para visitar la Via della Lungara tome los autobuses 23 o 280, que van por Lungotevere.

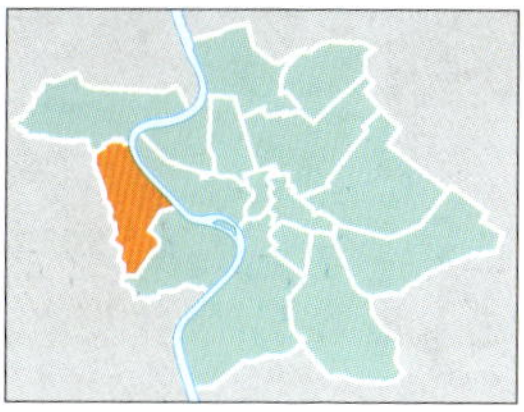

SIMBOLOGÍA

Plano en 3 dimensiones

Muralla de la ciudad

Fuente-escalera del jardín Botánico

El Gianicolo en 3 dimensiones

El fatigoso ascenso hasta la cima del Gianicolo se ve recompensado con creces con las vistas de la ciudad que se divisan desde allí. Entre los monumentos del parque se hallan un faro y las estatuas de Garibaldi y su esposa Anita. Hay también un cañón que dispara todos los días a las 12.00. En la Via della Lungara, entre el Gianicolo y el Tíber, se encuentra el Palazzo Corsini, con su colección de arte nacional, y la Villa Farnesina, decorada por Rafael para su amigo y mecenas Agostino Chigi.

La encina de Tasso es un monumento dedicado al poeta Torquato Tasso, a quien gustaba sentarse aquí los días antes de su muerte, acaecida en 1595.

El faro de Manfredi, construido en 1911, fue donado a la ciudad de Roma por los italianos que viven en Argentina.

El monumento a Anita Garibaldi, de Mario Rutelli, se erigió en 1932. La esposa brasileña del famoso patriota está enterrada bajo su estatua.

Las vistas desde Villa Lante, bella residencia de verano, abarcan toda la ciudad.

Monumento a Garibaldi
La inscripción en la base de la estatua ecuestre significa: Roma o muerte ❺

Jardín Botánico
Se creó en 1883, cuando se donó parte del terreno del Palazzo Corsini a la Universidad de Roma ❹

★ Palazzo Corsini
El tríptico de Fra Angelico del siglo XV se halla en la Galleria Nazionale d'Arte Antica ❷

PLANO DE SITUACIÓN
Ver plano del centro, pp. 14-15

★ Villa Farnesina
La villa del banquero Agostino Chigi es célebre por los frescos de Rafael, Baldasarre Peruzzi y otros maestros del Renacimiento ❶

Porta Settimiana
Desde esta puerta de estilo renacentista en Via della Lungara se divisan las callejuelas del Trastevere ❸

SIMBOLOGÍA

– – – Itinerario sugerido

0 metros 75

RECOMENDAMOS

★ Palazzo Corsini y Galleria Nazionale d'Arte Antica

★ Villa Farnesina

Villa Farnesina ❶

Ver pp. 220-221.

Palazzo Corsini y Galleria Nazionale d'Arte Antica ❷

Via della Lungara 10. **Plano** 4 D5 y 11 A5. ***Tel*** *06 68 80 23 23.* 🚌 *23, 280.* ***Abierto*** *8.30-13.30 ma-do.* ***Cerrado*** *1 may, 15 ago, 25 dic y 1 ene.* ***Previo pago.***

www.galeriaborghese.it

Dormitorio de la reina Cristina de Suecia en el Palazzo Corsini

La historia del Palazzo Corsini está íntimamente ligada a la de Roma. Construido para el cardenal Domenico Rirario en 1510-1512, en él se han hospedado figuras tan famosas como Bramante, Miguel Ángel, Erasmo y la reina Cristina de Suecia, quien murió aquí en 1689. Ferdinando Fuga reconstruyó por completo el viejo *palazzo* para el cardenal Neri Corsini en 1736. Dado que la Via della Lungara era demasiado estrecha para permitir una buena perspectiva de la fachada del edificio, Fuga la diseñó de manera que pudiera verse desde un ángulo.

El Palazzo Corsini alberga en la actualidad la Galleria Nazionale d'Arte Antica, también conocida como Galleria Corsini. La colección incluye pinturas de Murillo, Rubens, Van Dyck, Caravaggio y Guido Reni, además de arte regional italiano de los siglos XVII y XVIII.

En 1797, el Palazzo Corsini fue escenario de importantes acontecimientos históricos: el general francés Duphot (prometido de la hermana de Napoleón, Paulina) murió asesinado aquí en el curso de una escaramuza entre tropas papales y republicanas. La consiguiente ocupación francesa de la ciudad y la deportación del papa Pío VI condujeron a la proclamación de una efímera república romana (1798-1799).

Porta Settimiana ❸

Entre Via della Scala y Via della Lungara. **Plano** 4 D5 y 11 B5. 🚌 *23, 280.*

Esta puerta se construyó en 1498 por orden del papa Alejandro VI Borgia para sustituir una de las entradas menores de la muralla Aureliana. La Porta Settimiana señala el comienzo de la Via della Lungara, una larga y recta calzada que data del siglo XVI.

Jardín Botánico ❹

Largo Cristina di Svezia 24, junto a Via Corsini. **Plano** 4 D5. ***Tel*** *06 49 91 71 07.* 🚌 *23, 280.* ***Abierto*** *abr-sep: 9.30-18.30 lu-sá (oct-mar: 9.30-17.30).* ***Cerrado*** *festivos.* ***Previo pago.*** *(llamar para reservar)*

Secuoyas, palmeras y espléndidas colecciones de orquídeas y bromelias son algunas de las más de 7.000 especies que pueden verse en el jardín Botánico de Roma *(Orto Botanico)*. Las especies indígenas y exóticas están agrupadas en familias, con gráficos que explican su adaptación a los diferentes climas y ecosistemas. Hay también algunos interesantes ejemplos de plantas como el ginkgo, superviviente de eras anteriores.

Los jardines formaban parte en otro tiempo del Palazzo Corsini, pero desde 1983 son propiedad de la Universidad de Roma.

Monumento a Garibaldi ❺

Piazzale Giuseppe Garibaldi. **Plano** 3 C5. 🚌 *870.*

Base del monumento a Garibaldi

Esta estatua ecuestre de gran tamaño forma parte de un parque conmemorativo que recuerda los acontecimientos sucedidos en el Gianicolo, cuando el ejército francés atacó Roma en 1849. Las tropas republicanas de Garibaldi mantuvieron a raya a los franceses, hasta que se rindieron. Garibaldi y sus hombres lograron escapar. Este monumento, erigido en 1895, se debe a Emilio Gallori. Rodeando el pedestal hay cuatro esculturas menores en bronce ilustrando escenas de la batalla.

Escaleras y fuentes en el jardín Botánico

Patio de Sant'Onofrio

Sant'Onofrio ❻

Piazza di Sant'Onofrio 2. **Plano** 3 C4. ***Tel*** *06 686 44 98.* ***Fax*** *06-689 3404.* *870.* ***Abierto*** *previa cita a través de fax.* ***Cerrado*** *ago, menos el 12, fiesta del santo.* ***Tel*** *06 682 81 21.* **Museo** ***abierto*** *sólo previa cita.* ***Tel*** *06 682 81 21.*

El beato Nicola da Forca Palena, cuya lápida se halla a la entrada, fundó esta iglesia en 1419, en honor del ermitaño san Onofrio. Mantiene el aire del siglo XV en sus formas sencillas del pórtico y el claustro. A principios del XVII, Domenichino decoró el pórtico con frescos.

El monasterio vecino alberga un museo dedicado a Torcuato Tasso, poeta del siglo XVI que murió en una de sus celdas.

San Pietro in Montorio ❼

Piazza San Pietro in Montorio 2. **Plano** 7 B1. ***Tel*** *06 581 39 40.* *44, 75.* ***Abierta*** *8.30-12.00, 16.00-18.00 todos los días; si está cerrada, llame al timbre de la puerta a la derecha de la iglesia.*

San Pietro in Montorio –la iglesia de san Pedro en la colina Dorada– se fundó en la Edad Media cerca del lugar donde supuestamente san Pedro fue crucificado. A finales del siglo XV fue reconstruida por orden de la reina Isabel la Católica y decorada por notables artistas del Renacimiento.

La fachada es típica de la época en la que predominaban formas limpias y geométricas tomadas de la arquitectura clásica. Su única nave termina en un ábside de gran profundidad que en otro tiempo mostraba la *Transfiguración* de Rafael, hoy en el Vaticano. Las dos capillas laterales, a cada uno de los lados de la nave, fueron decoradas por discípulos de Miguel Ángel. La de la izquierda fue hecha por Daniele da Volterra, también responsable del retablo del altar, el *Bautismo de Cristo*. La capilla de la derecha es obra de Giorgio Vasari, quien incluyó su autorretrato (de negro, a la izquierda) en su pintura del altar, la *Conversión de San Pablo*.

La primera capilla de la derecha contiene una impactante *Flagelación* del artista veneciano Sebastiano del Piombo (1518); se dice que Miguel Ángel le proporcionó el dibujo original. En la segunda capilla de la izquierda pueden admirarse obras de Bernini y sus seguidores. El edificio adjunto es la Academia Española, residencia de los artistas becados por el Gobierno español.

Tempietto ❽

Piazza San Pietro in Montorio (en el patio). **Plano** 7 B1. ***Tel*** *06 581 39 40.* *44, 75.* ***Abierto*** *9.30-12.30, 14.00-16.00 (verano 16.00-18.00) ma-do.* *Ver* ***Historia de Roma*** *pp. 32-33.*

Alrededor de 1502, Bramante completó lo que muchos consideran el primer edificio verdaderamente renacentista de Roma –el Tempietto–. Su forma circular imita las *martiria* cristianas, capillas construidas en el lugar de martirio de un santo determinado. Se cree que donde se alza hoy el Tempietto, san Pedro fue crucificado.

Bramante escogió el orden corintio para las 16 columnas que rodean la capilla con cúpula. Sobre ellas reposan un friso clásico y una delicada balaustrada. El uso magistral que hace Bramante de las proporciones clásicas confiere a la construcción una armonía perfecta. Su Tempietto encarna el sueño renacentista según el cual Roma habría de recobrar un día su esplendor pasado.

El Tempietto de Bramante

Fontana dell'Acqua Paola ❾

Via Garibaldi. **Plano** 7 B1. *44, 75.*

Fontana dell'Acqua Paola

Esta monumental fuente conmemora la reapertura en 1612 de un acueducto originalmente construido por el emperador Trajano en el año 109 d.C. Se le dio el nombre de Acqua Paola en honor de Pablo V, el papa Borghese que ordenó su restauración. Originalmente la fuente contaba con cinco pequeñas pilas, pero en 1690 Carlo Fontana alteró el diseño, añadiendo la gran pileta que puede verse hoy. A pesar de las leyes vigentes al respecto, son muchas las generaciones de romanos que han empleado esta fuente para bañarse.

Villa Farnesina ❶

El rico banquero sienés Agostino Chigi, quien había establecido el "cuartel general" de su imperio financiero en Roma, encargó la construcción de esta villa en 1508 a su compatriota Baldasarre Peruzzi. Su estilo sencillo y armonioso, con un bloque central del que arrancan diversas alas, la convirtió en una de las primeras obras verdaderamente renacentistas. Su decoración se llevó a cabo entre 1510 y 1519, y ha sido restaurada en época reciente. El propio Peruzzi pintó algunos de los frescos del interior. Más tarde, Sebastiano del Piombo, Rafael y sus discípulos completaron el trabajo. Los frescos ilustran los mitos clásicos, y la bóveda del vestíbulo principal, Sala di Galatea, está decorada con escenas de astrología que muestran la posición de las estrellas en el momento del nacimiento de Chigi. Artistas, poetas, cardenales, príncipes y el mismo Papa fueron huéspedes del poderoso banquero. En 1577, el cardenal Alessandro Farnese compró la villa, dándole así su nombre actual.

Fachada norte
La loggia *de Cupido y Psique se halla frente a los jardines donde se celebraban las fiestas.*

Desposorios de Alejandro y Rosana de Sodoma
Los querubines aparecen ayudando a la reina Roxana a prepararse para la boda.

★ *Triunfo de Galatea*, de Rafael
La bella ninfa marina Galatea fue una de las 50 hijas del dios Nereo.

En el Gabinetto delle Stampe se exponen ocasionalmente singulares colecciones de sellos y grabados.

Frescos en la sala de Galatea
Perseo corta la cabeza de Medusa en uno de los frescos mitológicos de Peruzzi.

EL ARQUITECTO

Baldasarre Peruzzi, pintor y arquitecto, llegó a Roma procedente de Siena en 1503, cuando tenía 20 años, convirtiéndose en ayudante jefe de Bramante. Aunque sus proyectos arquitectónicos eran típicos del clasicismo, su pintura tiene mayor influencia gótica, con figuras estilizadas. A la muerte de Rafael se convirtió en jefe de obras en San Pedro, pero fue hecho prisionero en el Saco de Roma *(ver p. 33)*, y exiliado a Siena hasta 1535.

Baldassarre Peruzzi

★ Salone delle Prospettive
Los frescos de Peruzzi crean la ilusión de estar viendo la Roma del siglo XVI a través de columnas de mármol.

INFORMACIÓN ESENCIAL

Via della Lungara 230. **Plano** 4 D5 y 11 A5. *23, 280 a Lungotevere Farnesina.* **Tel** *06 68 02 72 68.* **Abierta** *9.00-13.00 lu-sá.* **Previo pago.** **Gabinetto delle Stampe** *(colección de sellos raros).* **Tel** *06 69 98 01.* **Abierta** *sólo previa cita. Por escrito para ver originales.*

Fresco del Salone delle Prospettive
Esta escena muestra la Torre delle Milizie (ver p. 90) *tal y como era en 1500.*

★ *Loggia* de *Cupido y Psique*
La modelo para la figura de la izquierda en la pintura de Rafael Las tres Gracias *fue la cortesana Imperia, amante de Agostino Chigi.*

Luneto en la sala de Galatea
Esta gigantesca cabeza monocroma de Peruzzi se atribuyó durante un tiempo a Miguel Ángel.

RECOMENDAMOS

★ *Triunfo de Galatea,* de Rafael

★ Salone delle Prospettive

★ *Loggia* de *Cupido y Psique*

EL VATICANO

El Vaticano se convirtió en residencia de los Pontífices, al ser el lugar donde san Pedro, considerado primer Papa, fue enterrado. Aquí se han tomado decisiones que han variado el destino de Europa, y la gran basílica de San Pedro atrae peregrinos de todo el mundo cristiano. Los palacios papales junto a San Pedro albergan los Museos Vaticanos, que con sus colecciones de escultura clásica, además de la Capilla Sixtina o las estancias de Rafael, se cuentan entre los mejores del mundo. La posición del Vaticano como Estado dentro de un Estado quedó garantizada por el tratado de Letrán del año 1929, señalado con la creación de una nueva avenida, la Via della Conciliazione. Ésta conduce desde San Pedro hasta el Castel Sant'Angelo. Construido originalmente como mausoleo de Adriano, esta fortaleza y prisión papal ha sido testigo de duras batallas por el control de la ciudad a lo largo de la historia.

Monjas en San Pedro

LUGARES DE INTERÉS

Iglesias y templos
San Pedro pp. 230-233 1
Santa Maria in Traspontina 9
Santo Spirito in Sassia 4

Museos
Museos Vaticanos pp. 234-247 2

Edificios históricos
Castel Sant'Angelo pp. 248-249 13
Hospital del Santo Spirito 5
Palazzo dei Convertendi 7
Palazzo dei Penitenzieri 8
Palazzo di Giustizia 14
Palazzo del Commendatore 6
Palazzo Torlonia 12

Puertas
Porta Santo Spirito 3

Calles y plazas históricas
Borgo 10
Corredor Vaticano 11

CÓMO LLEGAR

La forma más rápida de llegar a la zona es tomar la línea A de metro hasta Ottaviano S. Pietro. Los autobuses 40 y 64 salen regularmente de Piazza dei Cinquecento, frente a la estación Termini y el 62 es el único que recorre Via della Conciliazione. Otras líneas que cubren la zona son la 81 y 492, con parada en la Piazza del Risorgimento.

VER TAMBIÉN

- ***Callejero*** planos 3, 4
- ***Alojamiento*** pp. 307-308
- ***Restaurantes*** pp. 325-326

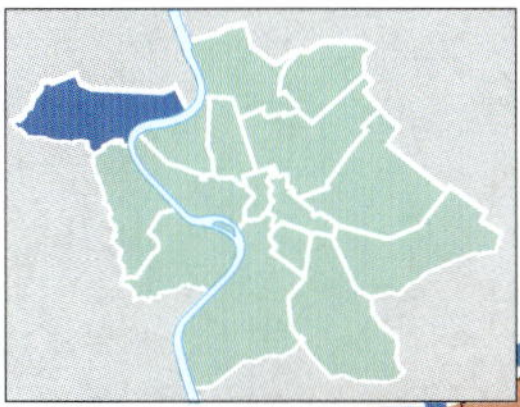

0 metros 400

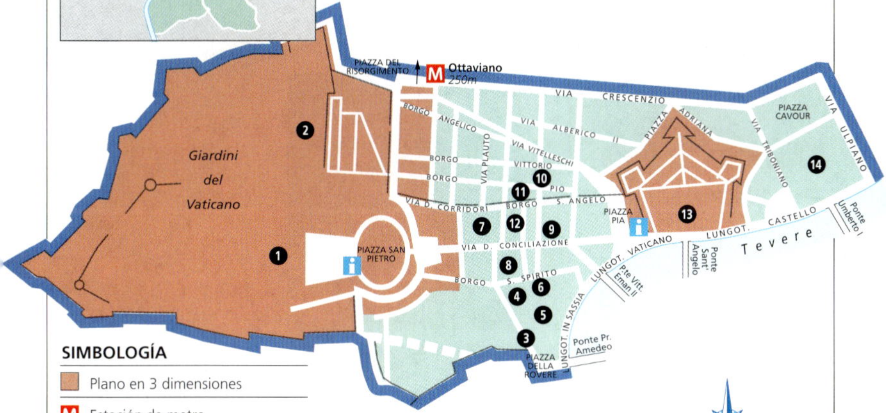

SIMBOLOGÍA

- Plano en 3 dimensiones
- M Estación de metro
- i Información turística
- Muralla de la ciudad

La cúpula de San Pedro domina el panorama del Vaticano

El Vaticano en 3 dimensiones

El Vaticano, centro espiritual de los católicos de todo el mundo y Estado soberano desde febrero de 1929, está gobernado por el Papa. En él viven unas 1.000 personas, empleadas en sus diversos museos e instalaciones. Además, cuenta con su propia oficina de correos, tiendas, emisora de radio, periódico *(L'Osservatore Romano),* oficinas vaticanas y una editorial.

La Madonna de Guadalupe muestra a la Virgen ataviada con una capa mexicana.

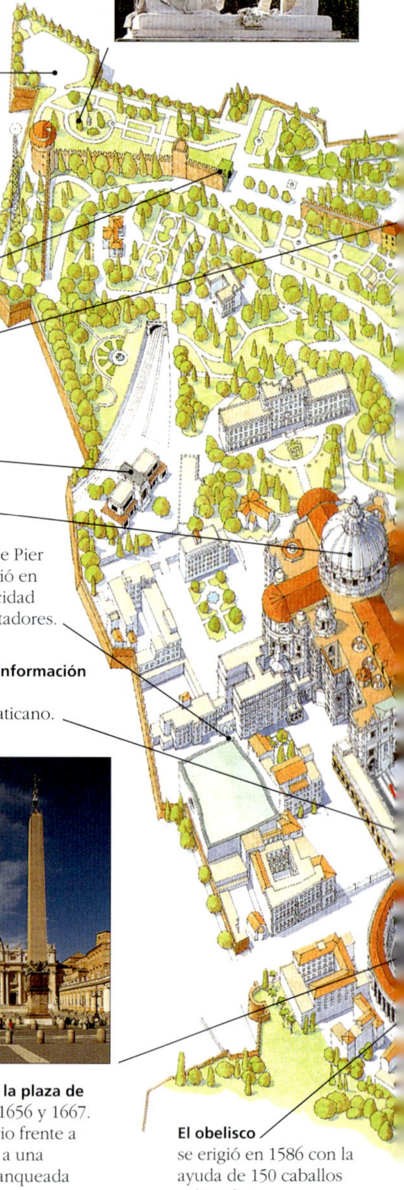

Helipuerto papal

El Grotto di Lourdes es una réplica de la gruta francesa, donde en 1858 la Virgen se apareció a santa Bernardette.

La estación ferroviaria del Vaticano, abierta en 1930, conecta con la línea que va de Roma a Viterbo, pero se usa sólo para vagones de mercancías.

Radio Vaticano retransmite desde esta torre del año 847, parte de la muralla Leonina.

★ San Pedro

La capilla de San Pedro se encuentra en las galerías debajo de la basílica. La profusa decoración en mármol fue añadida por Clemente VIII a finales del siglo XVI ❶

La cámara de audiencia papal, de Pier Luigi Nervi, se abrió en 1971 y tiene capacidad para 12.000 espectadores.

En la oficina de información asesoran sobre recorridos del Vaticano.

Bernini proyectó la plaza de San Pedro entre 1656 y 1667. El angosto espacio frente a la iglesia se abre a una enorme elipse flanqueada por columnas.

El obelisco se erigió en 1586 con la ayuda de 150 caballos y 47 poleas.

RECOMENDAMOS

- ★ San Pedro
- ★ Museos Vaticanos

La fuente del Águila se creó para celebrar la llegada del agua del acueducto Acqua Paola al Vaticano. Esta ave es el emblema de los Borghese.

PLANO DE SITUACIÓN

Ver plano del centro, pp. 14-15

La Casina de Pío IV es una deliciosa residencia estival situada en los jardines Vaticanos, construida por Pirro Ligorio a mediados del siglo XVI.

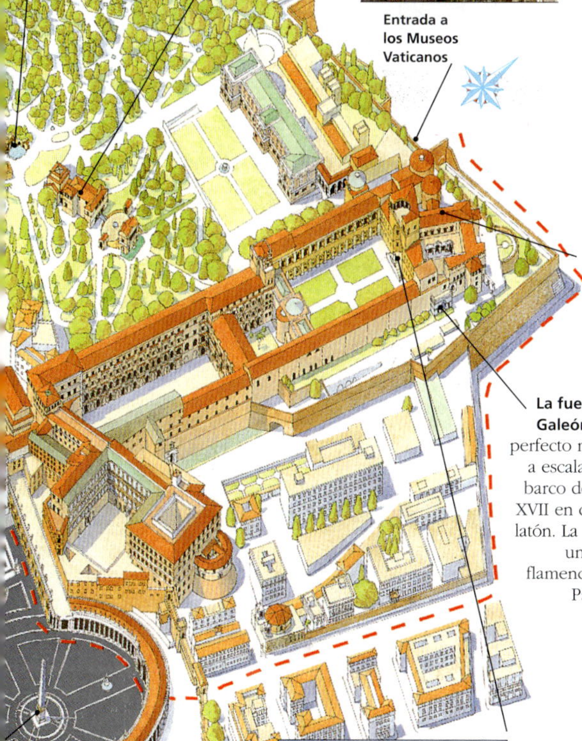

Entrada a los Museos Vaticanos

★ Museos Vaticanos

La Madonna de Foligno, *de Rafael (1513), una de las muchas obras maestras expuestas en el Vaticano* ❷

La fuente del Galeón es un perfecto modelo a escala de un barco del siglo XVII en cobre y latón. La realizó un artista flamenco para Pablo V.

El Cortile della Pigna se debe casi por completo a Bramante. El nicho donde está la piña, antaño una fuente, fue añadido por Pirro Ligorio en 1562.

A Via della Conciliazione

SIMBOLOGÍA

- - - Itinerario sugerido

0 metros 75

San Pedro ❶

Ver pp. 230-233.

Museos Vaticanos ❷

Ver pp. 234-247.

Porta Santo Spirito ❸

Via dei Penitenzieri. **Plano**3 C3. 🚌 *23, 34, 46, 62, 64, 98, 870, 881, 982.*

La puerta se halla en lo que era el límite meridional de la Ciudad Leonina, área amurallada por el papa León IV como defensa contra los sarracenos, que habían saqueado Roma en el año 845 d.C.

Los muros, que miden 3 km de longitud, comenzaron a construirse en el año 846, bajo la supervisión directa del Papa, y en cuatro años el trabajo se terminó. A continuación, León IV encabezó una solemne procesión para consagrar esta masiva obra de ingeniería.

Desde entonces las murallas han sido reparadas y restauradas en numerosas ocasiones. La Porta Santo Spirito se debe al arquitecto Antonio da Sangallo el Joven en 1543-1544. Está enmarcada por dos enormes bastiones que el papa Pío IV Medici añadió en 1564. Por desgracia, el proyecto de Sangallo, que incluía una entrada monumental al Vaticano, no llegó a finalizarse y, como consecuencia, las columnas terminan de forma abrupta en una estructura de cemento.

Santo Spirito in Sassia ❹

Via dei Penitenzieri 12. **Plano** 3 C3. ***Tel*** *06 687 93 10.* 🚌 *23, 34, 46, 22, 64, 98, 870, 881.* ***Abierta*** *7.00-12.00, 15.00-19.30 todos los días.* ✝ ♿

Nave del Santo Spirito en Sassia

La iglesia se alza en el solar de otra erigida por el rey Ine de Wessex, que murió en Roma en el siglo VIII, y es una creación del arquitecto Antonio da Sangallo el Joven. El Saco de Roma de 1527 la dejó parcialmente en ruinas, y fue reconstruida entre 1538-1544. Al papa Sixto V (1585-1590) se debe la adición de la fachada.

La nave y las capillas laterales están decoradas con bellos y expresivos frescos. El campanario es anterior y se cree que fue construido durante el reinado de Sixto VI (1471-1484). Probablemente es obra del arquitecto del Papa, Bacio Portelli, autor también del hospital del Santo Spirito y el Parte Sisto *(ver p. 210).*

Escudo de armas de Sixto V en Santo Spirito

Hospital del Santo Spirito ❺

Borgo Santo Spirito 2. **Plano** 3 C3. 🚌 *23, 34, 46, 62, 64, 98, 870, 881, 982.* **Capilla octogonal *abierta Guía*** *10.00-15.00 lu.* ***Previo pago***.

Se dice que la fundación del hospital más antiguo de Roma fue resultado de una pesadilla del papa Inocencio III (gobernó entre los años 1198 y 1216). En dicho sueño un ángel mostraba a unos pescadores, sacando con sus redes a los bebés no deseados de Roma arrojados al río Tíber.

El Papa, influenciado por este sueño, se apresuró a

Fresco de un ángel en la capilla octogonal del hospital del Santo Spirito

construir un hospicio para los enfermos y necesitados.

En 1475 el papa Sixto IV reorganizó el hospital de forma que acogiera a los peregrinos que iban a llegar a Roma en el Año Santo. En su momento, el Santo Spirito fue un edificio revolucionario, en el que los distintos tipos de pacientes estaban separados por claustros.

Los niños no deseados ingresaban a través de un torno, conocido como la *rota* –aún visible hoy día–, con objeto de garantizar el anonimato. Cuando Martín Lutero visitó el hospital en 1511, quedó horrorizado al ver el elevado número de niños abandonados, que él creía eran hijos del propio Papa.

En el centro, y bajo el tambor del edificio, hay una capilla octogonal donde los pacientes oían misa y que actualmente puede visitarse.

La *rota* del Santo Spirito, donde se depositaban los bebés no deseados

Palazzo del Commendatore ❻

Borgo Santo Spirito 3. **Plano** 3 C3.
🚌 *23, 34, 46, 62, 64, 98, 881, 982.*
Guía *10.00-15.30 lu.* ***Previo pago****.*

Como director del hospital del Santo Spirito, el *commendatore* era también responsable de sus propiedades y rentas. Este importante cargo solía recaer en un principio en los miembros de la familia del Papa. El *palazzo*, construido junto al hospital, posee una espaciosa *loggia* del siglo XVI decorada con frescos, muy en consonancia con la nobleza y

Entrada del Palazzo dei Convertendi

sobriedad de los propietarios. Estas pinturas ilustran la historia de la fundación del hospital. A la izquierda de la entrada se encuentra la Spezieria o farmacia, que aún conserva la rueda empleada para moler la corteza del quino, de la que se obtiene la quinina, introducida aquí en 1632 por los jesuitas llegados de Perú como antídoto contra la malaria.

En el patio hay un espléndido reloj (1827) cuya esfera está dividida en seis, ya que hasta 1846 no se introdujo en Roma la partición del día en dos periodos de 12 horas cada uno.

Palazzo dei Convertendi ❼

Via della Conciliazione 43. **Plano** 3 C3. 🚌 *23, 34, 62, 64.* ***Cerrado*** *al público.*

Con la creación de la Via della Conciliazione en la década de 1930, el Palazzo dei Convertendi fue demolido y trasladado más tarde a su actual emplazamiento. En la casa, parte de cuya construcción se atribuye a Bramante, murió Rafael en 1520.

Palazzo dei Penitenzieri ❽

Via della Conciliazione 33.
Plano 3 C3. ***Tel*** *06 682 81 21.*
Fax *06 68 80 22 98.*
🚌 *23, 34, 62, 64.* ***Abierto*** *previa cita. Se admiten donativos*

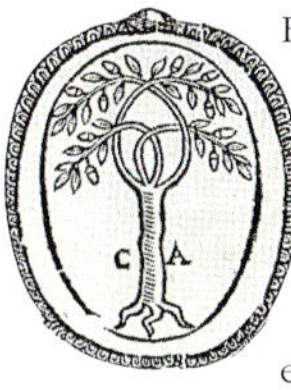

Escudo Della Rovere

Este palazzo debe su nombre al hecho de que fue en otro tiempo hogar de los confesores *(penitenzieri)* de San Pedro. El edificio es hoy en día el hotel Columbus.

Construido originalmente por el cardenal Domenico della Rovere en 1480, aún conserva el escudo de armas de la familia, con el roble *(rovere)*, en su agradable patio. A la muerte de Della Rovere, el cardenal favorito del papa Julio II, Francesco Alidosi adquirió el palacio. Sospechoso de traición, Alidosi fue asesinado en 1511 por el sobrino del Pontífice, el duque de Urbino, quien también se adueñó del edificio. Algunas de las habitaciones de este palacio están decoradas con hermosos frescos.

Vista del Tíber y el Borgo entre el Castel Sant'Angelo y San Pedro, de Gaspare Vanvitelli (1653-1736)

Santa Maria in Traspontina ⑨

Via della Conciliazione 14. **Plano** 3 C3. ***Tel*** *06 68 80 64 51.* *23, 34, 62, 64.* ***Abierta*** *7.00-12.00, 16.00-19.00 todos los días.*

Fachada de la iglesia carmelita de Santa Maria in Traspontina

La iglesia ocupa el emplazamiento de una pirámide de la Antigua Roma, que en la Edad Media se creía era la tumba de Rómulo. Fue destruida por el papa Alejandro VI Borgia, pero se conservan representaciones de ella en las puertas de bronce de entrada a San Pedro y en un tríptico de Giotto en la pinacoteca Vaticana *(ver p. 240).*

La iglesia actual se comenzó a construir en 1566 para reemplazar a otra anterior, que había estado en la línea de fuego de los cañones que defendían el Castel Sant'Angelo durante el Saco de Roma. Los oficiales de la artillería papal insistieron en que la cúpula fuera lo más baja posible, así que se construyó sin tambor. La primera capilla a la derecha está dedicada a la santa patrona, santa Bárbara, y decorada con motivos bélicos. En la tercera capilla a la izquierda hay dos columnas a las que se dice estuvieron atados san Pedro y san Pablo antes de ser cruelmente martirizados.

Borgo ⑩

Plano 3 C3. *23, 34, 40, 62.*

La palabra borgo deriva del alemán *burg*, que significa ciudad. Aquí es donde se alojaban, en hostales y hospicios, los primeros peregrinos llegados a San Pedro. La pionera de estas colonias extranjeras, llamadas escuelas, fue fundada en el año 275 d.C. por un sajón, el rey Ine de Wessex, quien escogió llevar una vida de penitencia y ser enterrado cerca de la tumba del apóstol. En la actualidad, los hoteles y las pensiones han hecho del Borgo una nueva colonia de peregrinos. Parte del carácter del distrito quedó destruido por el desarrollo urbanístico, pero aún resulta interesante explorar las calles a ambos lados de la Via della Conciliazione.

Corredor Vaticano ⑪

Castel Sant'Angelo al Vaticano. **Plano** 3 C3. *23, 34, 40, 62.* ***Cerrado*** *al público.*

Clemente VII empleó el corredor para evitar ser capturado en 1527

Localmente conocido como Il Passetto (pequeño corredor), este largo pasillo formaba parte de una fortificación medieval y tenía por objeto unir el Vaticano con el Castel Sant'Angelo; además constituía una vía de escape que servía también para controlar el área estratégica del Borgo. Desde sus bastiones podían lanzarse flechas y otros objetos a las calles y casas que había debajo.

En el año 1494, cuando el rey Carlos VIII de Francia invadió Roma, el papa Alejandro VI Borgia lo utilizó para escapar. Más tarde, en 1527, sirvió a Clemente VII para refugiarse en el Castel Sant'Angelo durante el Saco de la ciudad por parte de las tropas dirigidas por el condestable de Borbón.

Palazzo Torlonia ⓬

Via della Conciliazione 30.
Plano 3 C3. 🚌 *23, 34, 40, 62, 64.*
Cerrado *al público.*

El cardenal Adriano Castellesi construyó este palacio a finales del siglo XV en estilo semejante al Palazzo della Cancelleria *(ver p. 149)*. El cardenal era un hombre de mundo, que percibía abultados impuestos del obispado de Bath y Wells, que le había sido donado por su amigo el rey Enrique VII de Inglaterra. A cambio, Castellesi le regaló el *palazzo* para que fuera sede de la Embajada británica ante la Santa Sede. El cardenal fue más tarde depuesto por el papa León X Medici, desapareciendo así de la historia.

Papa León X

Desde entonces, el *palazzo* ha tenido numerosos propietarios e inquilinos. En el siglo XVII fue alquilado por un tiempo a la reina Cristina de Suecia. En 1820 lo adquirió la familia Torlonia. Giovanni Torlonia fue un poderoso banquero que amasó su fortuna prestando dinero a la nobleza empobrecida y comprando sus propiedades durante las guerras napoleónicas.

El Palazzo Torlonia (1496), ajeno a los cambios sucedidos a su alrededor

Castel Sant'Angelo ⓭

Ver pp. 248-249.

Palazzo di Giustizia ⓮

Piazza Cavour. **Plano** 4 E3. 🚌 *34, 49, 70, 87, 186, 280, 492, 913, 926, 990.* ***Cerrado*** *al público.*

El monumental Palazzo di Giustizia se construyó entre 1889 y 1910 como sede de los tribunales nacionales.

Su fachada está coronada con un carro de bronce y custodiada por enormes estatuas de grandes hombres de leyes italianos.

El edificio estaba planeado para albergar una nueva organización encargada de regular las injusticias del gobierno papal, pero nunca fue popular entre los romanos, quienes pronto lo apodaron Palazzaccio (algo así como palacio viejo y feo). En los años setenta el edificio se derrumbó, pero ya se puede contemplar restaurado.

La fachada de travertino del Palazzo di Giustizia

San Pedro ❶

Centro de la fe católica, San Pedro es visitado por fieles de todo el mundo, y son pocos los que se sienten decepcionados al entrar en esta basílica suntuosamente decorada y coronada por la enorme cúpula de Miguel Ángel.

En el siglo II se erigió un santuario en el lugar donde estaba enterrado san Pedro, y la primera gran basílica, construida por orden de Constantino, se completó alrededor del año 349 d.C. En 1506, el papa Julio II colocó la primera piedra de una nueva basílica que habría de sustituir a la anterior, a punto de derrumbarse. Su construcción duró más de un siglo.

★ Cúpula de San Pedro
Proyectada por Miguel Ángel, aunque terminada después de su muerte, esta espectacular cúpula de 136,5 m de alto confiere unidad al interior de la basílica.

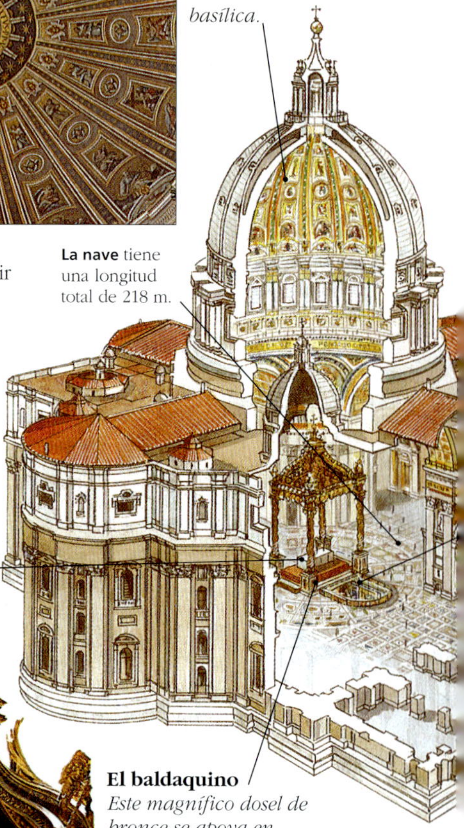

La nave tiene una longitud total de 218 m.

El altar papal
El actual altar data de la época de Clemente VIII (1592-1605). Fue construido con mármol procedente del foro de Nerva, encima de la tumba de San Pedro que se encuentra en el cementerio pagano sobre el que se construyó la basílica constantiniana.

El baldaquino
Este magnífico dosel de bronce se apoya en columnas de 20 m de alto, y fue realizado por Bernini.

CRONOLOGÍA

- **61 d.C.** Entierro de san Pedro
- **324** Constantino construye la basílica
- **1452** Nicolás V planea la restauración
- **1506** Julio II coloca la primera piedra
- **1547** Miguel Ángel es nombrado arquitecto jefe de San Pedro
- **1593** Se termina la cúpula
- **1626** Se consagra la nueva basílica de San Pedro

60 d.C. | 800 | 1500 | 1550 | 1600

- **200** Se realiza un altar sobre la tumba
- **800** Carlomagno es coronado emperador de los romanos en San Pedro
- **1503** Julio II nombra a Bramante arquitecto de la nueva basílica
- **1514** Rafael es director de obras
- **1538** Antonio da Sangallo el Joven es nombrado jefe de obras
- **1564** Muerte de Miguel Ángel
- **1606** Carlo Maderno amplía la basílica
- **1614** Maderno termina la fachada

★ Vistas desde la cúpula
La perfecta simetría de la columnata de Bernini se aprecia desde la cúpula.

Las dos cúpulas menores en las esquinas del transepto son de Vignola.

Las llaves de Urbano VIII
En la base de las columnas del baldaquino está el escudo de armas de Urbano VIII, con las llaves del reino de los cielos.

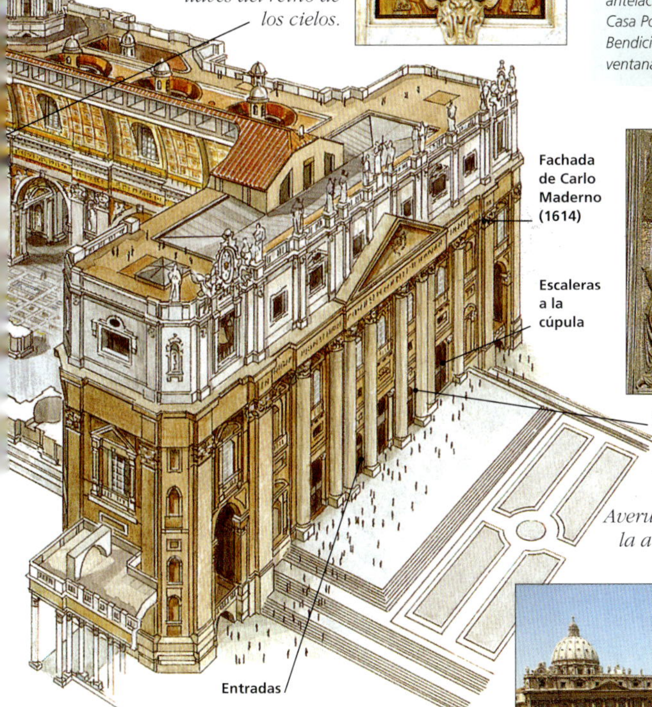

Fachada de Carlo Maderno (1614)

Escaleras a la cúpula

Entradas

Puerta Filarete
Terminada en 1445, la puerta de bronce de Averulino procede de la antigua basílica.

Piazza San Pietro
Los domingos y en ocasiones especiales, el Papa bendice desde un balcón a los fieles.

INFORMACIÓN ESENCIAL

Piazza San Pietro. **Plano** 3 B3. ***Tel*** *06 69 88 37 12 (sacristía), 06 6988 1662 (información).* *62 a Via della Conciliazione. 23, 49, 81,492, 990 a Piazza del Risorgimento. 64 a Largo di Posta Cavalleggeri.* M *Ottaviano.* **Basílica *abierta*** *7.00-19.00 (oct-mar: 18.00).* **Tesoro *abierto*** *9.00-18.15 (oct-mar: 17.15).* **Cúpula *abierta*** *8.00-17.45 (oct-mar: 16.45).* **Grutas Vaticanas *abiertas*** *7.00-18.00 (oct-mar: 17.00).* ***Previo pago*** *al tesoro y la cúpula.* **Necrópolis preconstantina** *debajo de San Pedro: previa cita en el teléfono 06 6988 5318.* **Audiencias papales:** *audiencias públicas regulares miércoles mañanas en la cámara de Audiencias o en Piazza San Pietro. Las entradas gratuitas son difíciles de conseguir. Mandar un fax con antelación a Prefettura della Casa Pontificia (06 6988 5863). Bendición los domingos desde la ventana de la biblioteca.*

RECOMENDAMOS

★ Cúpula de San Pedro

★ Vistas desde la cúpula

Cómo visitar San Pedro

La basílica tiene una longitud de 187 m, y su amplio interior con incrustaciones de mármol comprende 11 capillas y 45 altares, además de una valiosa colección de obras de arte. Algunas fueron rescatadas de la primera basílica, otras encargadas a artistas del Renacimiento tardío y el barroco, pero gran parte de la decoración se debe al trabajo de Bernini a mediados del siglo XVII. Las dos naves laterales miden 76 m y convergen bajo la enorme cúpula de Miguel Ángel. El foco central del edificio es el altar papal bajo el baldaquino de Bernini, que ocupa el espacio entre los cuatro grandes pilares que sostienen la cúpula. Desde la basílica es posible visitar las grutas, donde está enterrado el papa Juan Pablo II, el tesoro y la sacristía de San Pedro, o bien subir a la cúpula.

⑤ Baldaquino de Bernini
Encargado por el papa Urbano VIII en 1624, el decorado baldaquino domina la nave y corona el altar papal, en el que sólo el Pontífice puede celebrar misa.

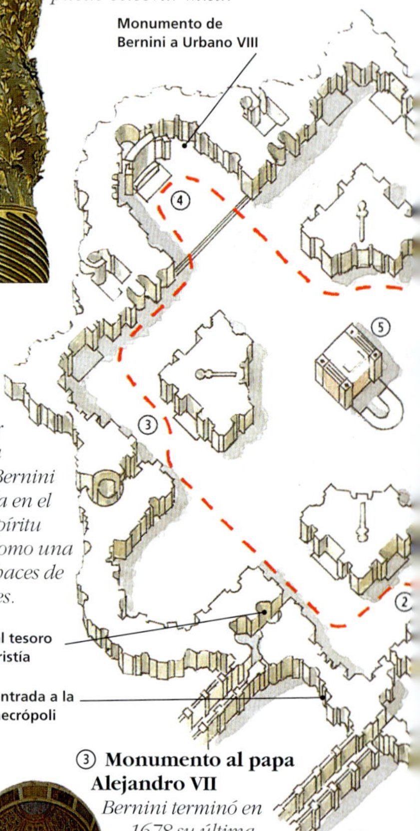

④ Trono de San Pedro en la Gloria
La luz que se filtra por la ventana ilumina la escultura barroca de Bernini de 1656-1665, situada en el ábside. Se trata del Espíritu Santo, representado como una paloma entre nubes, haces de luz y grupos de ángeles.

PLANO HISTÓRICO DE LA BASÍLICA DE SAN PEDRO

San Pedro fue enterrado en el año 64 d.C. en una necrópoli cerca de su lugar de crucifixión, en el circo de Nerón. En el 324 Constantino construyó aquí una basílica. En el siglo XV se decidió demoler la antigua iglesia de San Pedro. Fue reconstruida en los siglos X XVII. En 1614 se había completado la fachada, y en 1626 pudo consagrarse la nueva basílica.

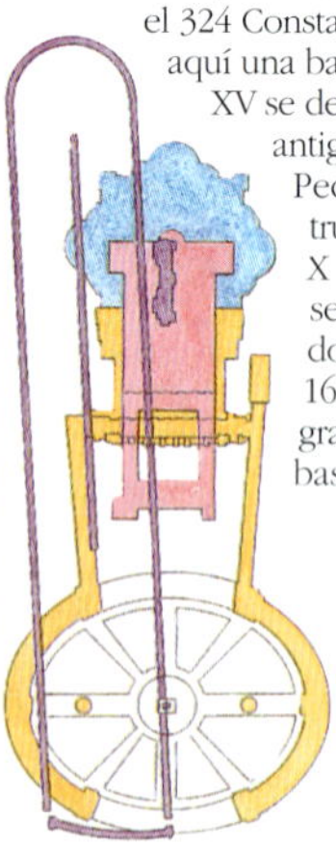

Circo de Nerón
Constantino
Renacimiento
Barroco

③ Monumento al papa Alejandro VII
Bernini terminó en 1678 su última obra. El Papa aparece arrodillado entre figuras que simbolizan la Verdad, la Justicia, la Caridad y la Prudencia.

② Monumento a León XI
A la izquierda, bajo el ábside, se halla el monumento de Alessandro Algardi (1650) a León XI, cuyo pontificado duró sólo 27 días.

Recorrido de la visita

⑥ Angelo della Navicella

Se trata de un fragmento del bello mosaico realizado por Giotto en el siglo XIII, rescatado de la antigua basílica y ahora en las grutas. En el atrio se encuentra una copia de época posterior.

⑦ San Pedro

Hasta hace poco se pensaba que esta famosa estatua del siglo XIII, hoy atribuida a Arnolfo di Cambio, era una obra romana tardía. Situada al final de la nave, hecha en bronce, tiene una delicada aureola de filigrana.

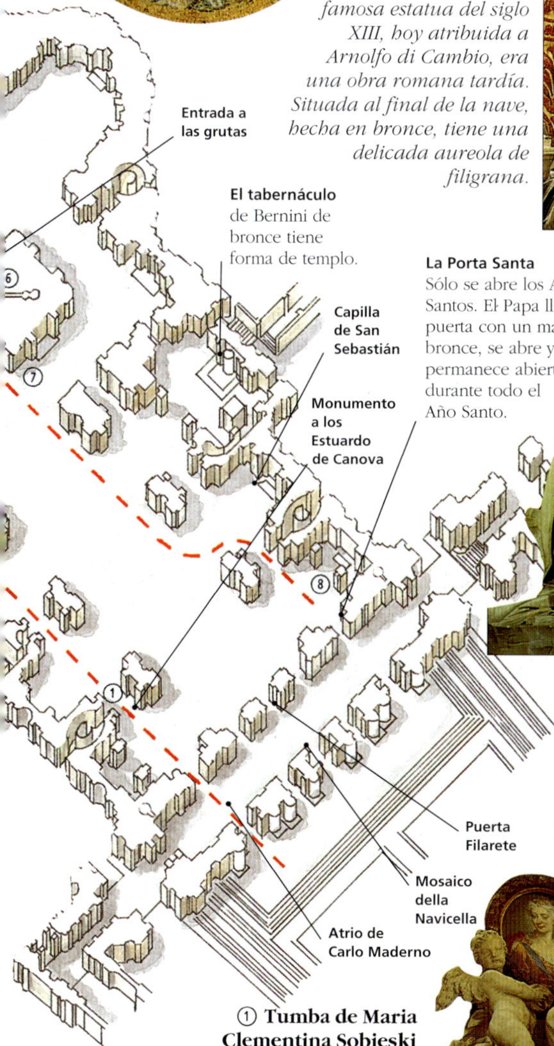

⑧ *La Pietà*

Esta famosa escultura de mármol la terminó Miguel Ángel cuando sólo contaba 25 años. Se encuentra en una capilla lateral, protegida por un cristal.

① Tumba de Maria Clementina Sobieski

El interior de la basílica transmite grandiosidad y simetría. Cerca de la entrada se halla el monumento del siglo XVIII de Filippo Bargioni a Maria Clementina Sobieski, esposa de Jacobo Estuardo.

Museos Vaticanos ❷

Los edificios que albergan una de las colecciones de arte más importantes del mundo eran en su origen palacios construidos para Papas renacentistas, como Sixto IV, Inocencio VIII y Julio II. Los amplios patios y galerías que unen el palacio Belvedere de Inocencio VIII con los otros edificios se deben a Donato Bramante, y fueron encargados por Julio II en 1503. Casi todas las adiciones posteriores datan del siglo XVIII, cuando por primera vez se expusieron al público las obras de arte. Este complejo de museos también incluye la Capilla Sixtina y las estancias de Rafael, que no se deben dejar de ver. Para entrar no se permite llevar las rodillas y hombros al descubierto.

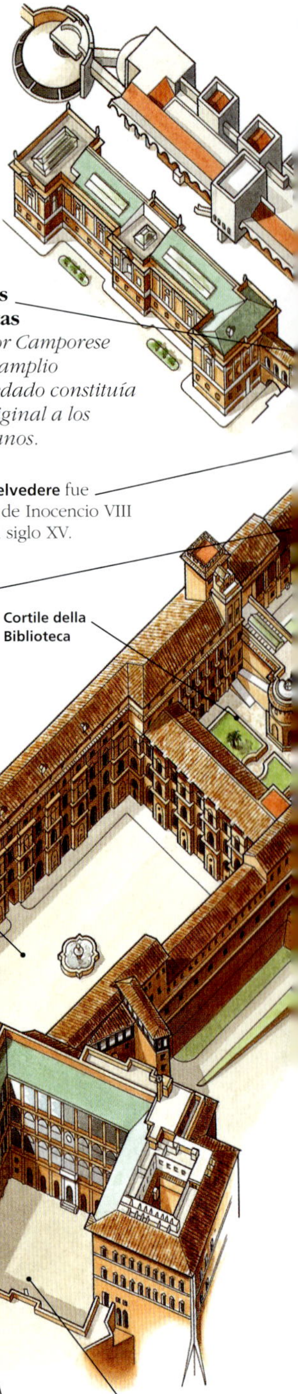

★ Atrio de las Cuatro Puertas
Construido por Camporese en 1792, este amplio edificio abovedado constituía la entrada original a los Museos Vaticanos.

El Palacio Belvedere fue un encargo de Inocencio VIII a finales del siglo XV.

★ Cortile della Pigna
Esta enorme piña de bronce, parte de una antigua fuente romana, estuvo una vez en el patio del antiguo San Pedro. El nicho fue proyectado por Pirro Ligorio.

RECOMENDAMOS

★ Atrio de las Cuatro Puertas

★ Cortile della Pigna

★ Escalera de Bramante

Rampa en espiral
La espectacular escalera que conduce a los museos fue realizada por Giuseppe Momo en 1932.

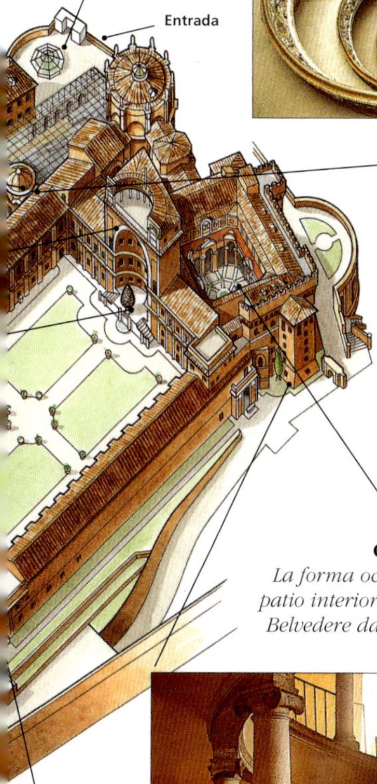

Entrada

Braccio Nuovo

INFORMACIÓN ESENCIAL

Città del Vaticano. Entrada en Viale Vaticano. **Plano** 3 B2. ***Tel*** *06 6988 3860.* 🚌 *49 a la entrada, 23, 81, 492, 990 a Piazza del Risorgimento o 62 a San Pedro.* Ⓜ *Cipro Musei Vaticani, Ottaviano S. Pietro.* ***Abiertos*** *8.45-16.45 lu-sá (última entrada 15.20, nov-feb: 13.45); 8.45-13.45 (última entrada 12.20) último do del mes.* ***Cerrado*** *festivos y fiestas religiosas. Permiso especial para la galería de Rafael, biblioteca Vaticana, galería Lapidaria y archivos Vaticanos.* ***Previo pago,*** *gratuitos el último do de cada mes.* *Itinerarios especiales.* ***Exposiciones temporales, conferencias.*** *Jardines y visitas: 06 6988 4019.* **www**.vatican.va

Escalera de Simonetti
Construida en 1870 con un techo abovedado, esta escalera surgió con la conversión del palacio Belvedere en el palacio Pío-Clementino.

Cortile Ottogonale
La forma octogonal del patio interior del palacio Belvedere data de 1773.

★ Escalera de Bramante
El papa Julio II hizo construir una escalera en espiral dentro de una torre cuadrada como acceso al palacio. Por dicha escalera se podía subir a caballo en casos de urgencia.

CRONOLOGÍA

- **1198** Inocencio III realiza el palacio Papal
- **1503** Bramante proyecta el palacio Belvedere
- **1509** Rafael comienza a trabajar en sus estancias
- **1655** Bernini realiza la Scala Regia
- **1756** Se inaugura el Museo Cristiano
- **1800-1823** Se funda el Museo Chiaramonti
- **1837** Se establece el Museo Etrusco

1000 | 1500 | 1600 | 1700 | 1800

- **1473** El papa Sixto IV construye la Capilla Sixtina
- **1503-1513** Julio II comienza su colección de esculturas clásicas
- **1758** Se funda el Museo de Antigüedades Paganas
- **1776-1784** Pío VI amplía el museo
- **1822** Se abre el Braccio Nuovo
- **1970** Pablo VI inaugura el Museo Gregoriano de Antigüedades Paganas

Bramante (1444-1514)

Explorando los Museos Vaticanos

Cuatro siglos de mecenazgo papal han dado como resultado una de las grandes colecciones del mundo de arte clásico y renacentista. El Vaticano alberga importantes hallazgos arqueológicos de Italia central, entre ellos el grupo *Laocoonte*, descubierto en 1506 en el Esquilino, la escultura *Apolo del Belvedere*, y el bronce etrusco conocido como *Marte de Todi*. Durante el Renacimiento se decoraron zonas de los museos con hermosos frescos encargados para la Capilla Sixtina, las estancias de Rafael y los apartamentos Borgia.

Marte de Todi

Galería de los Candelabros
Antaño loggia *descubierta, esta galería de esculturas griegas y romanas ofrece bellas vistas sobre los jardines Vaticanos.*

Sitio de Malta
La Galería de Mapas es un importante museo de historia y cartografía del siglo XVI.

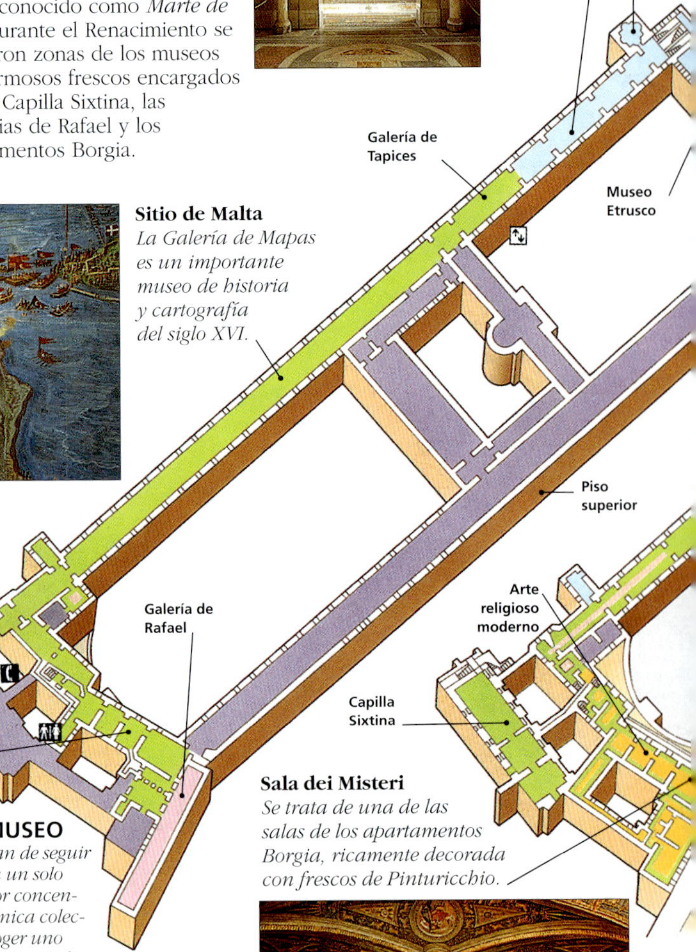

Sala dei Misteri
Se trata de una de las salas de los apartamentos Borgia, ricamente decorada con frescos de Pinturicchio.

GUÍA DEL MUSEO

Los visitantes han de seguir un recorrido en un solo sentido. Es mejor concentrarse en una única colección o bien escoger uno de los itinerarios sugeridos, señalados con distintos colores. Su duración oscila entre 90 minutos y cinco horas. Si tiene intención de permanecer mucho tiempo en los museos recuerde que necesitará descansar periódicamente. Conserve su entrada para la Capilla Sixtina y las estancias de Rafael; éstas se encuentran a una distancia de entre 20 y 30 minutos andando desde la entrada.

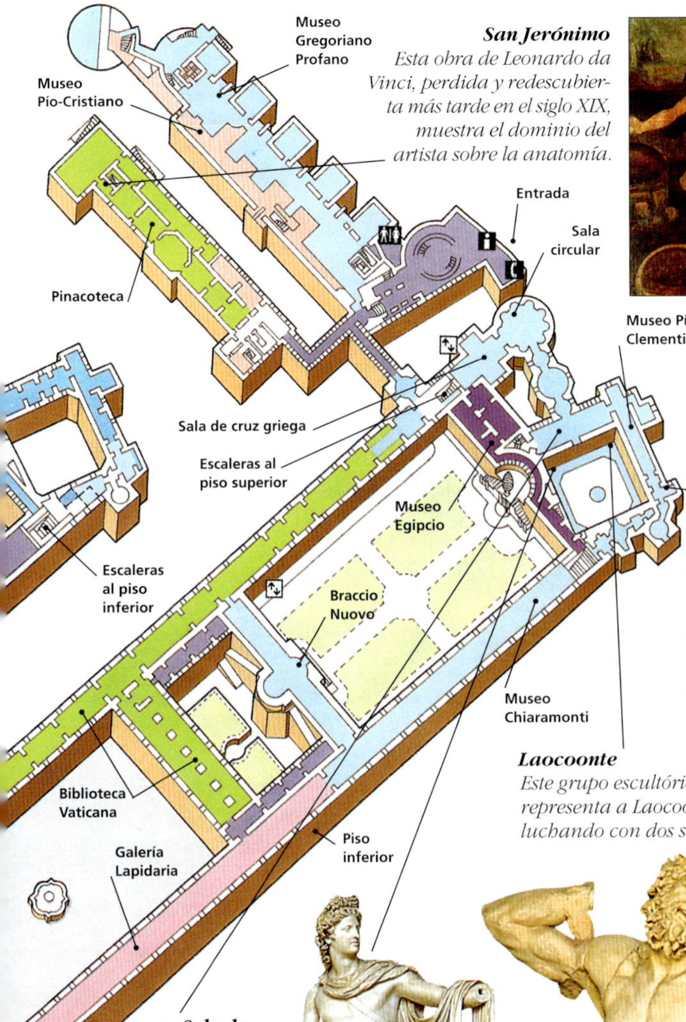

San Jerónimo
Esta obra de Leonardo da Vinci, perdida y redescubierta más tarde en el siglo XIX, muestra el dominio del artista sobre la anatomía.

Sala de los Bustos
Contiene retratos de emperadores y otros romanos célebres.

Laocoonte
Este grupo escultórico del siglo I d.C. representa a Laocoonte y a sus hijos luchando con dos serpientes.

Sala de los Animales
Las paredes y el suelo de esta sala están adornados con mosaicos romanos como éste.

Apolo del Belvedere
Esta copia romana de una estatua griega que representa al dios Apolo encarna los ideales de belleza clásica.

DISTRIBUCIÓN POR SALAS

- Arte egipcio y asirio
- Arte griego y romano
- Arte etrusco e itálico
- Arte cristiano y medieval
- Arte de los siglos XV-XIX
- Arte religioso moderno
- Espacio sin exposiciones
- Sólo con permiso especial

Explorando las colecciones Vaticanas

Los grandes tesoros del Vaticano son sus colecciones de arte griego y romano, expuestas desde el siglo XVIII. En el XIX se añadieron hallazgos procedentes de tumbas etruscas y de excavaciones en Egipto. La pinacoteca cuenta con una pequeña selección de pinturas que incluye obras de Rafael, Tiziano y Leonardo. El trabajo de otros grandes artistas se halla también presente en las partes más antiguas del museo, en forma de suntuosas decoraciones encargadas por los Papas.

Bajorrelieve policromo de una tumba egipcia (2400 a.C.)

ARTE EGIPCIO Y ASIRIO

La colección de arte egipcio se compone de objetos procedentes de excavaciones realizadas en los siglos XIX y XX en Egipto y de estatuas traídas a Roma en la época imperial. Hay también imitaciones romanas de arte egipcio halladas en la villa de Adriano *(ver p. 269)* y en Campus Martius, distrito de la Antigua Roma. La entrada a la nueva ala, creada en 1780, está decorada con estatuas procedentes de la villa de Adriano.

Entre las obras genuinamente egipcias, que están expuestas en el piso inferior del palacio Belvedere, se hallan estatuas, sarcófagos y otros objetos funerarios. Hay también una amplia colección de documentos egipcios escritos en papiro, láminas realizadas a partir de la planta del mismo nombre.

Entre los principales tesoros figura una colosal estatua de granito de la reina Tuia, madre de Ramsés II, hallada en los Horti Sallustiani *(ver p. 251)* en 1714. Dicha estatua, que data del siglo XIII a.C., pudo haber sido traída por el emperador Calígula (gobernó entre el 37 y el 41 d.C.), quien mostraba un interés malsano por los faraones y por su propia madre, Agrippina.

Dignos de mención son la estatua de Mentuhotep IV (siglo XXI a.C.), el hermoso sarcófago de la reina Hetheperes y la tumba de Iri, guardián de la pirámide de Keops (siglo XXII a.C.).

La escalera asiria está decorada con fragmentos de relieves procedentes de los ricos palacios de los reyes de Nínive (siglo VIII a.C.). Estas piezas describen las diversas hazañas militares del rey Senarkerib y su hijo Sargon II, así como diversas escenas de las mitologías asiria y caldea.

ARTE ETRUSCO Y PRERROMANO

Esta colección comprende objetos de las civilizaciones prerromanas en Etruria y Latium, desde tiempos neolíticos hasta el siglo I a.C, cuando estas antiguas poblaciones fueron asimiladas por Roma. El plato fuerte del Museo Gregoriano Etrusco lo constituyen los objetos hallados en la tumba Regolini-Galassi, excavada en 1836 en la necrópolis de Cerveteri *(ver p. 271)*. La tumba fue encontrada intacta, y de ella se extrajeron numerosos objetos de la vida cotidiana, además de un trono, una cama y un carro funerario, todos en bronce y fechados en el siglo VII a.C. Hermosos jarrones negros, estilizadas figurillas en barro cocido y estatuas de bronce como el famoso *Marte de Todi*, expuestas en la sala de Bronces, demuestran que la etrusca fue una civilización avanzada y refinada.

La colección de jarrones exhibe una serie de ellos encontrados en tumbas etruscas, mientras que la sala de jarrones Italiot expone sólo objetos fabricados en las ciudades griegas del sur de Italia y en Etruria, entre los siglos III y I a.C.

Broche o fíbula etrusca, en oro, del siglo VII a.C.

Cabeza de atleta en mosaico de las termas de Caracalla

ARTE GRIEGO Y ROMANO

El grueso de los Museos Vaticanos está dedicado al arte griego y romano, expuesto en corredores y salas conectadas entre sí; las paredes y suelos se hallan cubiertos de hermosos mosaicos, y esculturas famosas decoran los patios principales.

La primera organización seria de la colección se llevó a cabo durante el papado de Julio II (1503-1513), alrededor del patio Belvedere de Bramante. Las obras más valiosas forman el núcleo de la colección del Museo Pío-Clementino. En los pabellones del patio Octogonal y las salas adyacentes se encuentran las esculturas consideradas como los grandes logros del arte occidental. El *Apoxiomeno* (atleta limpiándose después de una carrera) y el *Apolo del Belvedere* son copias romanas de primera calidad de originales griegos de alrededor del año 320 a.C. Del magnífico *Laocoonte,* esculpido por tres artistas de Rodas, se sabía su existencia a través de descripciones de Plinio el Viejo. Fue redescubierto cerca de la Domus Aurea de Nerón *(ver p. 175)* en 1506. Obras clásicas como ésta habrían de influir profundamente en el trabajo de Miguel Ángel y otros artistas del Renacimiento.

El pequeño Museo Chiarmonti, llamado así por el papa Pío VII Chiarmonti, fue proyectado por Canova a comienzos del siglo XIX. Alberga una sorprendente cabeza, de colosal tamaño, de la diosa Atenea. El Braccio Nuovo, una extensión del Chiarmonti, con el suelo decorado por mosaicos romanos, alberga una estatua de Augusto procedente de la villa de su esposa Livia en Prima Porta. Su pose está basada en el famoso *Doríforo,* del artista griego Policleto, y del que se muestra una réplica romana justo enfrente.

Los objetos expuestos en la sala de los Jarrones van desde vasijas de estilo geométrico griego (siglo VIII a.C.) hasta jarrones corintios con figuras en negro, como el famoso jarrón de Exequias, que representa a Aquiles y Ajax jugando a algo similar a las damas (530 a.C.), y una figura roja de época posterior llamada *kilix* (copa ancha y baja) del siglo V a.C. Hay una escalera que une esta sección con la galería de los Candelabros y la sala de la Biga (carro de dos caballos). Los caballos y arneses se añadieron en el siglo XVIII.

El Museo Gregoriano Profano, situado en un ala nueva, muestra la evolución del arte romano y su independencia gradual del griego.

Entre las obras griegas originales figuran grandes fragmentos de mármol del Partenón de Atenas. Hay también una copia romana de *Atenea y Marsias,* que decoraba el Partenón. Totalmente romanos son los dos relieves conocidos como *Rilievi della Cancelleria* *(ver p. 149),* llamados así porque fueron descubiertos bajo el Palazzo della Cancelleria en la década de 1930. Ambos muestran desfiles militares del emperador Vespasiano y su hijo Domiciano. En esta sección hay también espléndidos mosaicos romanos, destacando dos procedentes de las termas de Caracalla *(ver p. 197)* que representan a atletas y árbitros. Datan del siglo III d.C.

Pero el mosaico más llamativo, sin duda, es uno que produce la impresión de ser un suelo sin barrer, cubierto con las sobras de una comida.

Aparte de las colecciones de arte clásico, en una de las salas de la biblioteca Vaticana está el *Matrimonio Aldobrandini,* fresco romano del siglo I d.C. que narra una boda.

Relieve en mármol del emperador Vespasiano

El *Doríforo* o arquero, copia romana en mármol de un bronce original griego

Mosaico procedente de las termas de Otricoli en Umbría, en el Museo Chiaramonti

Detalle del *Tríptico Stefaneschi*, de Giotto

ARTE CRISTIANO Y MEDIEVAL

La principal colección de antigüedades cristianas se encuentra en el Museo Pío-Cristiano, fundado en el siglo pasado por el papa Pío IX y alojado anteriormente en el palacio Laterano. Contiene inscripciones y esculturas procedentes de catacumbas y de las primeras basílicas cristianas. Las esculturas son fundamentalmente relieves que decoraban sarcófagos, aunque la obra más notable es una estatua apóstila del siglo IV que representa al *Buen Pastor*. El principal interés de esta escultura reside en la forma en que combina episodios bíblicos con mitología pagana. El cristianismo adoptó imágenes clásicas de forma que sus doctrinas pudieran ser entendidas en claros términos visuales. Así, la figura idealizada del pastor, por ejemplo, pasó a convertirse en el mismo Cristo, mientras que barbados filósofos se tornaban en apóstoles. Al mismo tiempo, el cristianismo se irguió en heredero cultural y espiritual del Imperio Romano.

Las primeras dos salas de la pinacoteca están dedicadas al arte medieval, en su mayoría paneles de madera pintados al temple que hacían las veces de retablos. La joya de esta colección es sin duda el *Tríptico Stefaneschi*, de Giotto, que tan bien expresa la continuidad entre el mundo clásico del Imperio Romano y el nuevo orden de la Europa cristiana. Este retablo muestra la crucifixión de san Pedro entre la pirámide de Cayo Cestio *(ver p. 205)* y la conocida en la Edad Media como de Rómulo, que se alzaba cerca del Vaticano. El tríptico, que decoraba el altar mayor del antiguo San Pedro, muestra retratos del papa Celestino V (que gobernó entre 1294-1296) y del donante, cardenal Jacopo Stefaneschi, representado ofreciendo el tríptico a san Pedro.

La biblioteca Vaticana posee una serie de tesoros medievales expuestos de forma aleatoria, que incluyen vestidos tejidos y bordados, relicarios, esmaltes e iconos. Uno de los objetivos de la reorganización de los Museos Vaticanos, que se llevó a cabo en el siglo XVIII, era resaltar las obras cristianas en oposición a las paganas.

En la galería de Lapidaria están expuestas en paredes enfrentadas más de 3.000 losas con inscripciones cristianas y paganas. Esta colección, la más importante de su clase, sólo puede visitarse con un permiso especial.

ARTE DE LOS SIGLOS XV AL XIX

Los Papas renacentistas, muchos de los cuales eran verdaderos expertos en arte, consideraban su deber proteger a pintores, escultores y otros artistas de su época.

Pietà, del veneciano Giovanni Bellini (1430-1516)

LA ÚLTIMA PINTURA DE RAFAEL

Al morir Rafael, en 1520, se encontró en su estudio *La transfiguración,* casi completa. Esta magnífica obra fue colocada en la cabecera del féretro donde reposa el artista. Describe el episodio de los Evangelios en el que Cristo lleva a tres de los Apóstoles a la cima de una montaña, donde se transfigura. El detalle mostrado aquí representa a Cristo levitando envuelto en un halo de luz etérea.

Las galerías que hay en torno al Cortile del Belvedere fueron todas decoradas por artistas entre los siglos XVI y XIX. La galería de Tapices alberga algunos tejidos en Bruselas, según dibujos de discípulos de Rafael; los apartamentos del papa Pío V poseen bellos tapices flamencos del siglo XV, y la galería de los Mapas está decorada con frescos y mapas del siglo XVI de la Italia antigua y contemporánea. En su paso hacia las estancias de Rafael *(ver pp. 242-243)* no hay que perderse la sala de los Chiaroscuri ni la diminuta capilla privada del papa Nicolás V, con frescos realizados por Fra Angelico entre 1447 y 1451. De igual modo, antes de llegar a la Capilla Sixtina *(ver pp. 244-247),* se deben visitar los apartamentos Borgia, decorados con floridos frescos de Pinturicchio y sus discípulos entre 1490 y 1500. El contraste de éstos con los de la Capilla Sixtina, empezados a pintar en 1508, no podía ser mayor. Hay también interesantes frescos en la *loggia* de Rafael, que sólo puede visitarse con un permiso especial.

Por último, la pinacoteca aloja importantes obras de los maestros del Renacimiento. Del siglo XV destacan la *Pietà,* del veneciano Giovanni Bellini, y el *San Jerónimo* de Leonardo da Vinci, sin terminar. De las grandes obras del siglo XVI, destacan el retablo de Tiziano, *La crucifixión de san Pedro* de Guido Reni, *El descenso de la cruz* de Caravaggio y *La comunión de san Jerónimo* de Domenichino. Hay una sala dedicada exclusivamente a Rafael, donde se encuentra la famosa *Madonna del Foligno* y *La transfiguración,* así como ocho tapices realizados según dibujos suyos.

Luneto de *la Adoración de los Magos,* de Pinturicchio, en la sala de los Misterios, apartamentos Borgia

ARTE RELIGIOSO MODERNO

Las obras de arte moderno expuestas en los Museos Vaticanos tienen que competir con los tesoros de épocas pasadas, y la mayoría se halla en salas, con excepción de la escalera en espiral de Momo de 1932, situada en la entrada de los museos, y la escultura abstracta de Giò Pomodoro en el centro del Cortile della Pigna.

En 1973, el papa Pablo VI inauguró una colección de arte contemporáneo. Alojada en los apartamentos Borgia, incluye más de 800 obras de artistas modernos de todo el mundo, donadas por coleccionistas o por los propios artistas o autores. Se trata de trabajos de gran variedad, con distintas aproximaciones a los temas religiosos. Hay pinturas, dibujos, grabados y esculturas de los siglos XIX y XX, al igual que mosaicos, vidrieras y tapices. Están presentes artistas célebres como Georges Braque, Paul Klee, Edward Munch y Graham Sutherland. Se muestran también dibujos de Henry Moore, cerámicas de Picasso y vidrieras de Fernand Léger. Entre los motivos decorativos modernos para iglesias figuran el proyecto de Matisse para St Paul de Vence, las maquetas de Luigi Fontana para las puertas de bronce de la catedral de Milán, y los paneles de Emilio Greco para las de la catedral de Orvieto.

***Ciudad con catedral gótica,* de Paul Klee (1879-1940)**

Estancias de Rafael

Las dependencias privadas del papa Julio II se construyeron sobre los de su predecesor Alejandro VI, uno de los Borgia, que murió en 1503. Julio II admiraba la obra de Rafael y le encargó que decorara las cuatro estancias *(stanze)*. Rafael y sus pupilos iniciaron el cometido en 1508, reemplazando las obras existentes de varios artistas conocidos, incluyendo las del propio maestro de Rafael, Perugino. Los trabajos duraron 16 años, y Rafael murió antes de que estuvieran terminados. Los frescos expresan los ideales religiosos y filosóficos del Renacimiento, y dieron fama inmediata a Rafael, cuya reputación a partir de este hecho estuvo a la altura de la de Miguel Ángel, entonces ocupado en decorar la Capilla Sixtina.

Detalle de *La Expulsión de Heliodoro del templo*, que muestra al papa Julio II observando la escena

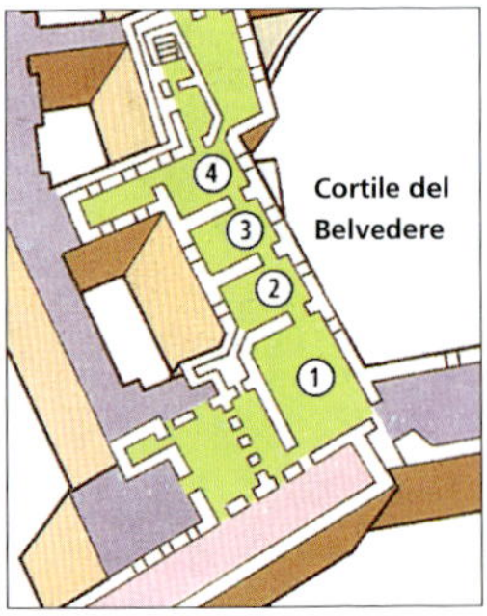

DISTRIBUCIÓN POR SALAS

① Sala de Constantino

② Sala de Heliodoro

③ Sala de la Signatura

④ Sala del incendio del Borgo

SALA DE CONSTANTINO ①

Los frescos de esta sala comenzaron a pintarse en 1517, tres años antes de la muerte de Rafael, aunque es probable que éste tuviera poco que ver en su ejecución. El resultado es que no poseen la misma calidad que el resto. Fueron terminados bajo el papado de Clemente VII por Giulio Romano y otros dos antiguos discípulos de Rafael, Francesco Penni y Raffaellino del Colle.

El tema principal es el triunfo del cristianismo sobre el paganismo. Los cuatro frescos principales muestran escenas de la vida de Constantino, entre ellos su *Visión de la Cruz* y la victoria sobre su rival Majencio en *La batalla del puente Milvio*, para la que Rafael había realizado un boceto previo.

Tanto en *El bautismo de Constantino* como en *La donación de Constantino* la figura del papa Silvestre *(ver p. 170)* aparece claramente con los rasgos de Clemente VII.

SALA DE HELIODORO ②

Esta antecámara privada fue decorada por Rafael entre 1512 y 1514. Los frescos principales ilustran la protección milagrosa garantizada a todos los ministros, doctrinas y propiedades de la Iglesia. El nombre de la sala hace referencia al fresco de la derecha, *La expulsión de Heliodoro del templo*, que narra una historia de la tradición hebrea en la que un ladrón llamado Heliodoro es capturado por un jinete cuando intenta escapar con el tesoro del templo de Jerusalén. La escena es presenciada por el Papa, a quien transportan lacayos en una silla. El incidente es una alusión al éxito de Julio II a la hora de expulsar a las tropas extranjeras de Italia. En *El encuentro de León I y Atila* Rafael rinde una vez más homenaje a las habilidades políticas del Pontífice. En un principio, se pintó a León I con el rostro de Julio II, pero después de muerto éste, el artista la sustituyó por las facciones de su sucesor, León X.

Guardias suizos con la silla pontificia en *La misa de Bolsena*

La misa de Bolsena narra un milagro acontecido

***Batalla del puente Milvio*, completado por un ayudante de Rafael**

La liberación de san Pedro, **composición tripartita, muestra al santo durmiendo en su celda en la sección central, a la derecha conducido fuera de prisión por un ángel, y a la izquierda, a los guardas aterrorizados**

en 1263. Un sacerdote que dudaba de la transubstanciación de Cristo en la Eucaristía tuvo una visión repentina de la hostia sangrando. El papa Julio II aparece en este fresco rodeado de un colorido grupo de guardias suizos.

El mismo Papa está también presente, esta vez como san Pedro, en *La liberación de San Pedro,* fresco notable por su utilización de la luz, como se puede apreciar en la imagen.

SALA DE LA SIGNATURA ③

El nombre proviene de un consejo especial que solía reunirse en esta sala para firmar documentos oficiales. Los frescos se terminaron entre 1508 y 1511. El esquema seguido por Rafael fue el mismo dictado por el papa Julio II. Refleja la creencia humanista de que es posible la armonía total entre la cultura clásica y el cristianismo gracias a la mutua búsqueda de la verdad.

La discusión sobre los sagrados sacramentos, primer fresco terminado por Rafael, representa el triunfo de la religión y la verdad espiritual. La Sagrada Forma aparece en el centro de la composición. A su alrededor se agrupan los estudiosos que discuten su significación, y sobre ellos, y envueltos en nubes, se hallan la Sagrada Trinidad y los santos.

En la pared opuesta, *La escuela de Atenas* *(ver p. 30)* describe un encendido debate acerca de la búsqueda de la verdad entre los filósofos griegos Platón y Aristóteles. También posee retratos de contemporáneos de Rafael, como Leonardo da Vinci, Bramante y Miguel Ángel. Otra de las obras es un retrato de Julio II con barba poblada, quien en 1511 juró no afeitarse hasta no haber expulsado de Italia a todos los usurpadores.

SALA DEL INCENDIO DEL BORGO ④

El papa León X completó la decoración de este antiguo comedor y lo destinó a sala de música. Todos los frescos exaltan al Pontífice, narrando episodios de las vidas de sus tocayos, los papas León III y León IV. Los frescos principales fueron terminados entre 1514 y 1517 por dos ayudantes de Rafael, siguiendo indicaciones del maestro. El más famoso, *El incendio del Borgo,* se pintó a partir de bocetos de Rafael y refleja la madurez del artista.

Rememora el milagro ocurrido en el año 847 cuando el papa León XI extinguió un incendio en el Borgo *(ver p. 228)* haciendo la señal de la cruz.

El hecho se compara con la huida de Eneas de Troya, narrada por Virgilio. Eneas aparece en primer plano llevando a su padre a cuestas. Esta inclusión de un relato clásico muestra un nuevo deseo de experimentación por parte de Rafael. Por desgracia, sus pupilos no supieron seguir siempre las indicaciones de su maestro, lo que, combinado con un posterior trabajo de restauración, ha desmejorado la obra.

Detalle de *El incendio del Borgo* que muestra a Eneas, héroe troyano, huyendo del incendio con su padre

La discusión sobre los sagrados sacramentos, **primer fresco terminado**

Capilla Sixtina: las paredes

Las enormes paredes de la Capilla Sixtina, capilla principal del palacio Vaticano, fueron pintadas al fresco por algunos de los mejores artistas de los siglos XV y XVI. Las 12 pinturas laterales, de artistas como Perugino, Ghirlandaio, Botticelli y Signorelli, narran episodios de las vidas de Moisés y Jesús. Miguel Ángel completó la decoración entre 1534 y 1541 con el gran fresco del altar mayor, *El Juicio Final.*

DISTRIBUCIÓN DE LOS FRESCOS: ARTISTAS Y TEMAS

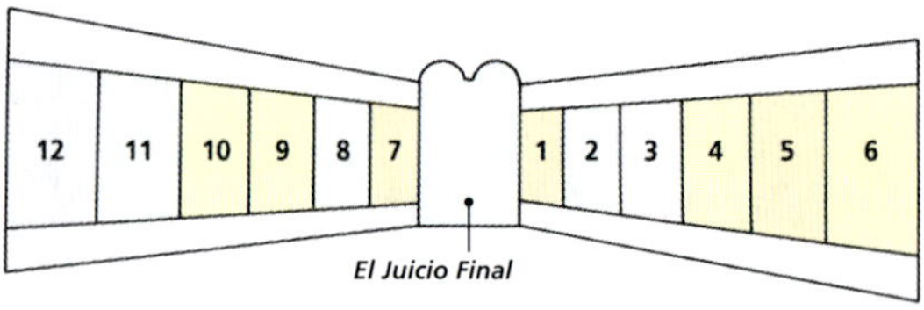

Perugino	Botticelli	Ghirlandaio
Rosselli	Signorelli	Miguel Ángel

1 Bautismo de Cristo en el Jordán
2 Las tentaciones de Cristo
3 La llamada a san Pedro y san Andrés
4 El sermón de la montaña
5 Entrega de las llaves a san Pedro
6 Última Cena
7 Viaje de Moisés a Egipto
8 Moisés recibe la Llamada
9 Cruzando el mar Rojo
10 Adoración del becerro sagrado
11 Castigo de los rebeldes
12 Últimos días de Moisés

'EL JUICIO FINAL' DE MIGUEL ÁNGEL

Descubierto en 1993 tras un año de restauración, *El Juicio Final* se considera la obra maestra de los años de madurez de Miguel Ángel. Encargo del papa Pablo III Farnese, fue necesario retirar frescos anteriores y dos ventanas de encima del altar. Se erigió una nueva pared inclinada hacia dentro para evitar que se depositara en ella el polvo. Miguel Ángel trabajó solo en el fresco durante siete años, hasta completarlo en 1541.

La pintura representa a las almas de los muertos ascendiendo para encontrarse con Dios, juez supremo. El Papa lo eligió como advertencia a los católicos durante la Reforma. En realidad, la obra expresa la atormentada actitud del propio artista ante su propia fe. No ofrece ni las certezas de la ortodoxia cristiana, ni la visión ordenada del clasicismo.

En una composición dinámica y emotiva, las figuras aparecen atrapadas en un torbellino de movimiento. Los muertos son sacados de sus tumbas y llevados frente a Cristo, el juez, cuya figura es el centro del conjunto pictórico.

Cristo aparece rodeado de santos aferrados a los instrumentos de sus martirios. No hay compasión alguna para los condenados, que se precipitan a los infiernos.

Minos, que tiene orejas de asno, es el retrato del noble Biagio da Cesena, que se opuso con fuerza a la inclusión de desnudos en el fresco. El autorretrato del artista puede contemplarse en la piel que sostiene la figura que representa al mártir san Bartolomé.

Las almas se enfrentan a la ira de Cristo en *El Juicio Final*, de Miguel Ángel

FRESCOS DE LAS PAREDES

Detalle de *Las tentaciones de Cristo,* de Botticelli

Cuando se construyó la Capilla Sixtina, el Papado gozaba de gran poder político y había acumulado vastas riquezas. En 1475, Sixto IV llamó a algunos de los grandes pintores del momento para que la decoraran. Entre los artistas estaban Perugino, maestro de Rafael y de quien muchos creen que supervisó el proyecto en su totalidad, Sandro Botticelli, Cosimo Roselli y Luca Signorelli. Todos ellos trabajaron en la Capilla Sixtina entre 1481 y 1483.

Aunque los visitantes suelen concentrarse en la obra de Miguel Ángel, los frescos de las paredes muestran algunas de las obras maestras de la pintura italiana del siglo XV. Sobre las dos series de frescos que narran las vidas de Moisés y Jesucristo, y en los espacios situados entre ventanas, están retratados los primeros Papas.

Las series de frescos comienzan junto al altar; la historia de Cristo se narra en la pared de la derecha, y la de Moisés en la izquierda. Antes de que se realizara *El Juicio Final* de Miguel Ángel, detrás del altar había dos pinturas: *El nacimiento de Cristo* y *El hallazgo de Moisés.*

Los últimos trabajos de los dos ciclos se han perdido también. Se encontraban en la pared de entrada, derruida en el siglo XVI. Cuando fue restaurada, los frescos se sustituyeron por otros de poca calidad.

Como era habitual en esa época, cada uno de ellos muestra una serie de escenas ligadas temáticamente al episodio central. Numerosos símbolos y significados ocultos las relacionan con su correspondiente en la pared opuesta, y hay también alusiones a hechos contemporáneos.

Los elaborados detalles arquitectónicos presentes en los frescos incluyen algunos monumentos romanos. Así, el arco de Constantino *(ver p. 91)* es el telón de fondo para *El castigo de los rebeldes,* de Botticelli, quinto fresco del ciclo de Moisés en el que aparece el propio artista como la penúltima figura de la derecha. En la pared opuesta, el fresco de Perugino *La entrega de las llaves a san Pedro,* contiene dos arcos similares.

Moisés aparece representado como líder, a la vez espiritual y temporal, del pueblo. Hizo recaer la ira de Dios sobre aquellos que cuestionaban sus decisiones, sentando así un precedente al poder que habrían de ejercer los Papas. En *La entrega de las llaves a san Pedro,* Cristo confiere autoridad espiritual y temporal al santo, haciéndole depositario de las llaves del reino de los cielos. El edificio con cúpula dorada del centro representa al mismo tiempo el templo de Jerusalén y la Iglesia, fundada por san Pedro, primer Pontífice. Se cree que la quinta figura de la derecha es un autorretrato de Perugino.

Espectadores en *La llamada de san Pedro y san Andrés,* de Ghirlandaio

En *Las tentaciones de Cristo* de Botticelli hay una vista del hospital del Santo Spirito,

Episodio central en *El castigo de los rebeldes,* de Botticelli

reconstruido en 1475 por Sixto IV *(ver p. 226).* El demonio aparece aquí ataviado como un monje franciscano. En la esquina de la izquierda es posible distinguir los retratos de Filippino Lipi y del propio Botticelli. Por último, el fresco *Cruzando el mar Rojo* de Roselli, que conmemora la victoria en Campomorto de 1482, posee un retrato del sobrino del Papa, Girolamo Riario.

***Entrega de las llaves a san Pedro,* de Perugino**

Capilla Sixtina: el techo

Miguel Ángel pintó los frescos del techo entre 1508 y 1512 para el papa Julio II, con un andamio de diseño especial. Los paneles principales, con la *Creación* y la *Caída*, están rodeados de temas del Antiguo y el Nuevo Testamento –con excepción de las sibilas clásicas, que se dice profetizaron el nacimiento de Jesús–. La restauración del techo (década de 1980) reveló colores de un brillo inesperado.

Sibila líbica
La profeta pagana coge el Libro de la sabiduría. *Como en casi todas sus figuras femeninas, Miguel Ángel probablemente utilizó un hombre como modelo.*

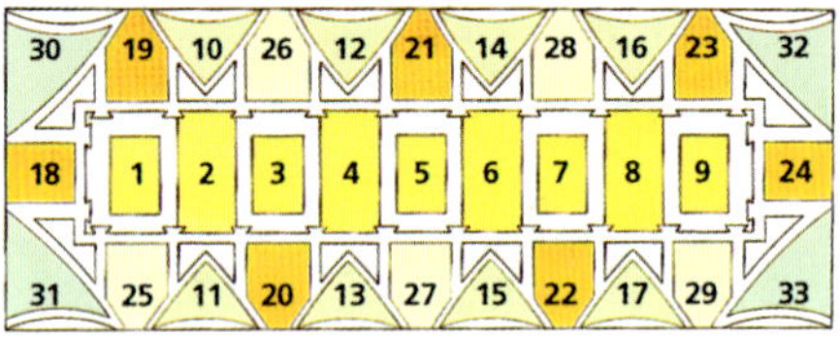

Creación del Sol y la Luna
Miguel Ángel representa a Dios como una dinámica y terrorífica figura ordenando al Sol que ilumine la Tierra.

PANELES DEL TECHO

GÉNESIS: 1 Dios separa la luz de las tinieblas; **2** Creación del Sol y la Luna; **3** Separación de la tierra y las aguas; **4** Creación de Adán; **5** Creación de Eva; **6** Pecado original; **7** El sacrificio de Noé; **8** El diluvio, **9** Embriaguez de Noé.

ANTEPASADOS DE JESÚS: 10 Salomón con su madre; **11** Abuelos de David; **12** Roboam con su madre; **13** Asa con sus padres; **14** Oseas con sus padres; **15** Ezequías con sus padres; **16** Zorobabel con sus padres, **17** Josías con sus padres.

PROFETAS: 18 Jonás; **19** Jeremías; **20** Daniel; **21** Ezequiel; **22** Isaías; **23** Joel, **24** Zacarías.

SIBILAS: 25 Sibila líbica; **26** Sibila persa; **27** Sibila de Cuma; **28** Sibila eritrea, **29** Sibila délfica.

ESCENAS DE SALVACIÓN DEL ANTIGUO TESTAMENTO: 30 Castigo de Amón; **31** Moisés y la serpiente; **32** David y Goliat, **33** Judit y Holofernes.

El pecado original
Muestra a Adán y Eva probando la fruta prohibida del Árbol de la Sabiduría, y su expulsión del Paraíso. Miguel Ángel representa a Satanás como una serpiente con cuerpo de mujer.

Los *ignudi* son desnudos masculinos de significado incierto.

Los lunetos están dedicados a antepasados de Jesús, como Ezequías.

RESTAURACIÓN DEL TECHO

Restaurando la Sibila líbica

En la reciente restauración de la Capilla Sixtina se analizaron los frescos por ordenador, fotografía y espectros antes de empezar la limpieza. Se separó la obra de Miguel Ángel del trabajo de anteriores restauradores, que habían usado desde pan hasta vino de resina para limpiar el techo. La nueva restauración reveló que las figuras oscuras y resquebrajadas tenían pieles color crema, pelo brillante y estaban vestidas en coloridas túnicas; se alegó que se había retirado el barniz añadido por el artista para oscurecer los colores.
Sin embargo, después de examinar el trabajo, casi todos los expertos coindiden en que los nuevos colores son los que utilizó Miguel Ángel.

Castel Sant'Angelo ⓭

La inmensa fortaleza del Castel Sant'Angelo toma su nombre de la visión que el papa Gregorio Magno tuvo del arcángel Miguel en este lugar. Se construyó en el año 139 d.C. como mausoleo de Adriano. Desde entonces ha jugado diversos papeles: fue parte de la muralla Aureliana, prisión medieval y residencia papal en tiempos de inestabilidad política. Alberga un museo de 58 salas que muestra toda la historia del castillo.

Mausoleo de Adriano
Esta ilustración muestra la tumba antes de la existencia de la muralla Aureliana en el 270-275 d.C.

Patio del honor
Este patio, antaño almacén de municiones, tiene gran número de balas de cañón.

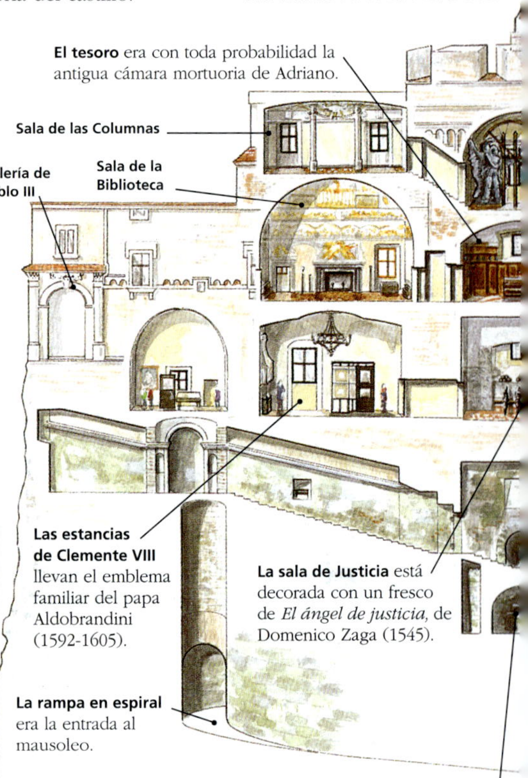

PROTECCIÓN DEL PAPA

El corredor Vaticano va desde el palacio Vaticano hasta el Castel Sant'Angelo. Se construyó en 1277 para que el Papa pudiera escapar en momentos de peligro. Las murallas pentagonales erigidas alrededor del castillo durante el siglo XVII mejoraron su defensa en épocas de sitio.

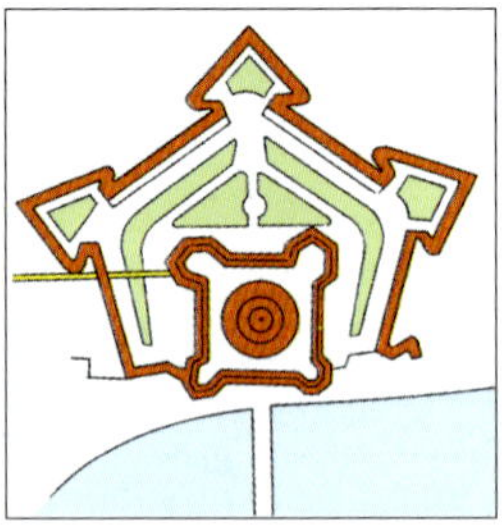

Murallas y fortificaciones

Corredor Vaticano

★ Vistas desde la terraza
La terraza del castillo, escena del último acto de Tosca, *ópera de Puccini, ofrece espléndidas vistas.*

La cámara de las Urnas albergaba las cenizas de varios familiares de Adriano.

RECOMENDAMOS

★ Vistas desde la terraza

★ Sala Paolina

★ Escalera de Alejandro VI

INFORMACIÓN ESENCIAL

Lungotevere Castello 50 (entrada por los jardines a la derecha del edificio). **Plano** 4 D3 y 11 A1. ***Tel*** *06 39 96 76 00.* *23, 34, 64 a Lungotevere Vaticano; 34, 49, 87, 280, 492, 926, 990 a Piazza Cavour.* M *Lepanto.* ***Abierto*** *9.00-20.00 ma-do (última entrada 19.00).* ***Cerrado*** *1 ene, 25 dic.* ***Previo pago.*** **www**.galleriaborghese.it**.**

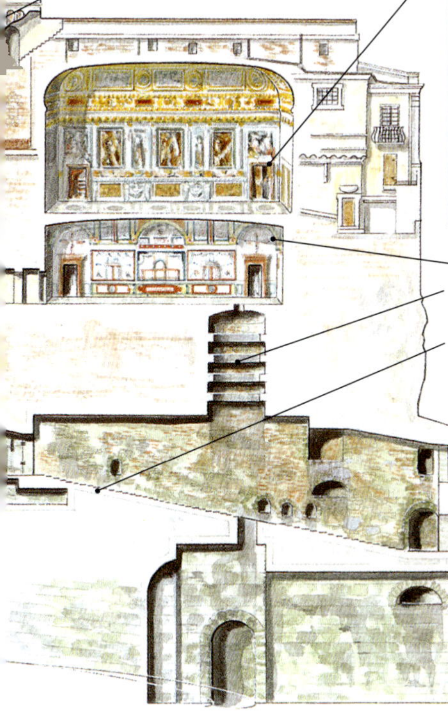

Ángel de bronce
Esta gigantesca estatua del arcángel san Miguel fue esculpida en el siglo XVII por el flamenco Pieter Verschaffelt.

El salón circular alberga el modelo original a partir del cual Verschaffelt realizó su escultura.

★ Sala Paolina
Entre los frescos ilusionistas de Perin del Vaga y Pellegrino Tibaldi (1546-1548) figura el de un cortesano que entra en una habitación por una puerta pintada.

Salón de Apolo
Los frescos de esta sala representan escenas mitológicas y se atribuyen a discípulos de Perin del Vaga (1548).

Pozo de ventilación

★ Escalera de Alejandro VI
Esta escalera se encuentra en pleno corazón del edificio.

Puente

CRONOLOGÍA

Fachada del Castel Sant' Angelo

100 a.C. — **500** — **1000** — **1500**

130 Adriano comienza el mausoleo familiar

139 d.C. Antonino Pío completa el mausoleo

271 La tumba es incorporada a la muralla Aureliana y fortificada

590 Fecha legendaria de la aparición del arcángel san Miguel sobre el castillo

1390 El papa Bonifacio IX remodela el castillo

1493 El papa Alejandro VI restaura el corredor Vaticano

Balas en el patio del Honor

1527 El castillo es sitiado durante el Saco de Roma

1542-1549 Se construyen la sala Paolina y las dependencias para Pablo III

1557 Se levantan murallas para defender el castillo

1870 El castillo se emplea como prisión militar

HOTEL IMPERIALE
ESTET

VIA VENETO

En la Roma imperial, éste fue un barrio residencial lleno de lujosas villas y jardines. Aún pueden verse ruinas de aquella época en las excavaciones de Piazza Sallustio, llamada así por los extensos jardines del área, Horti Sallustiani. Tras el saqueo de Roma en el siglo VI, el distrito quedó prácticamente abandonado, y no recuperó su antiguo esplendor hasta el XVII, con la construcción del Palazzo Barberini y la Villa Ludovisi, hoy desaparecida. Cuando Roma se convirtió en capital de Italia en 1870, los Ludovisi vendieron sus tierras, conservando tan sólo un terreno para construirse una casa, que hubieron de vender también finalmente debido a lo elevado de los impuestos sobre los beneficios de las ventas. En 1900 la Via Veneto era ya la exclusiva calle llena de cafés y modernos hoteles que Fellini mostró en *La dolce vita*.

En los últimos años, sin embargo, ha decaído su importancia.

Federico Fellini

LUGARES DE INTERÉS

Iglesias

Santa Maria della Concezione 3
Santa Maria della Vittoria 8
Santa Susanna 7

Edificios históricos

Casino dell'Aurora 2
Palazzo Barberini 6

Calles famosas

Via Veneto 1

Fuentes

Fontana delle Api 4
Fontana del Tritone 5

VER TAMBIÉN

- ***Callejero*** plano 5
- ***Alojamiento*** pp. 308-309
- ***Restaurantes*** pp. 326-327

CÓMO LLEGAR

Es una de las zonas más accesibles en transporte público. Las estaciones de metro Barberini y Reppublica, en la línea A, están a poca distancia, y la de Termini está a tan sólo 10-15 minutos caminando. Via Veneto comienza en Piazza Barberini, a la que llegan autobuses de toda la ciudad. El 95 recorre toda la Via Veneto hasta Porta Pinciana. También son útiles el 52, 53, 63, 80, 116 y 119, que circulan por la Via del Tritone.

SIMBOLOGÍA

- Plano en 3 dimensiones
- Estación de metro
- Muralla de la ciudad

◁ **Comienzo del otoño en Via Veneto**

Via Veneto en 3 dimensiones

Las calles que rodean Via Veneto, aunque están dentro de las murallas de Roma, no poseen muchas construcciones anteriores a la unificación de Italia en 1870. Con sus hoteles, restaurantes, bares y agencias de viajes, el área es el centro del turismo de finales del siglo XX y principios del XXI, de igual modo que la Piazza di Spagna lo fue en el XVIII. Sin embargo, aún se adivinan vestigios de la ciudad vieja. Entre ellos, Santa Maria della Concezione, iglesia de los frailes capuchinos. Además, aquí se edificó en el siglo XVII el Palazzo Barberini para la poderosa familia de estos Papas. La Fontana del Tritone y la Fontana delle Api de Bernini han estado en la Piazza Barberini desde que ésta era punto de encuentro de los carros que llegaban a la ciudad procedentes de los viñedos cercanos.

Casino dell'Aurora
Es todo lo que se conserva de la gran propiedad de los Ludovisi, que antaño abarcaba casi todo este sector de Roma ❷

Santa Maria della Concezione
Esta iglesia es famosa por su sobrecogedora colección de huesos en la cripta ❸

Fontana delle Api
Esta fuente de Bernini está decorada con abejas, emblema de sus mecenas, los Barberini ❹

Fontana del Tritone
Del musculoso dios marino de Bernini brota agua desde hace unos 350 años ❺

★ Palazzo Barberini
Pietro da Cortona realizó este fresco del Triunfo de la divina providencia *entre 1633 y 1639* ❻

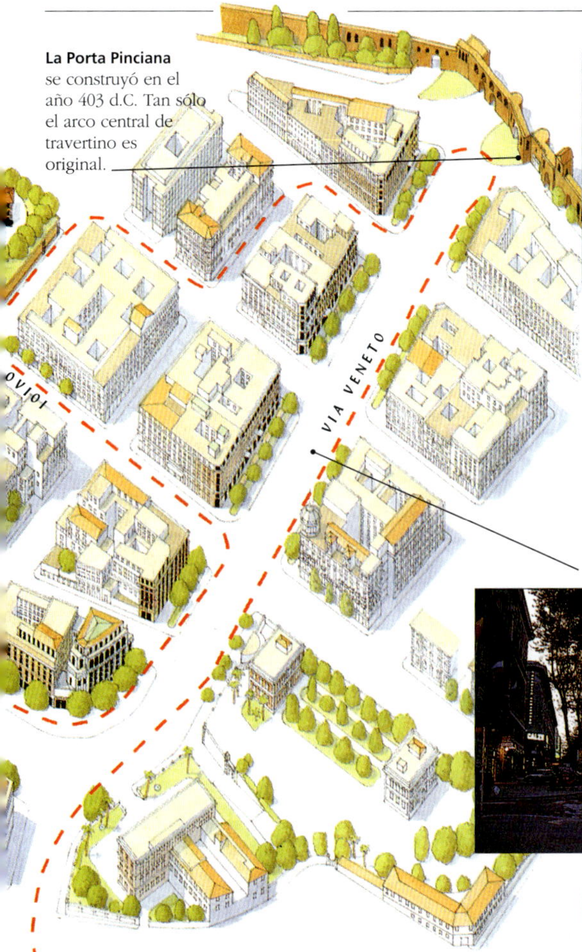

La Porta Pinciana se construyó en el año 403 d.C. Tan sólo el arco central de travertino es original.

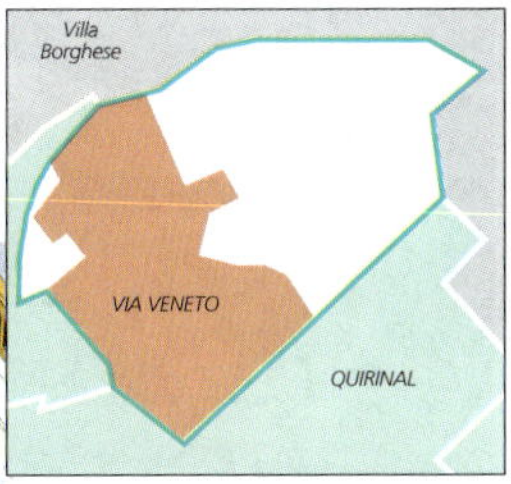

PLANO DE SITUACIÓN
Ver plano del centro, pp. 14-15

Via Veneto
Construida durante el desarrollo urbanístico de Roma en el siglo XIX, esta calle de elegantes hoteles y espaciosos cafés al aire libre conoció su auge en los años cincuenta y sesenta ❶

RECOMENDAMOS

★ Palazzo Barberini

★ Santa Maria della Vittoria

Santa Susanna
Esta iglesia está dedicada a una mártir ejecutada durante la persecución de los cristianos por Diocleciano en el siglo III d.C. ❼

SIMBOLOGÍA

– – – Itinerario sugerido

0 metros 75

★ Santa Maria della Vittoria
La joya de esta iglesia barroca es sin duda la capilla Cornaro, en forma de teatro. En el centro del escenario se halla la escultura de Bernini, Éxtasis de santa Teresa ❽

Café de Via Veneto

Via Veneto ❶

Plano 5 B1. *52, 53, 63, 80, 95, 116, 119 y muchos otros a Piazza Barberini.* *Barberini.*

La Via Veneto desciende en una sinuosa curva desde la Porta Pinciana hasta la Piazza Barberini, alineada con lujosos hoteles de finales del siglo XIX y cafés de espaciosas terrazas. Se creó en 1879 en una extensa propiedad vendida por la familia Ludovisi a causa del gran auge constructor que tuvo lugar en Roma durante sus primeros años como capital de Italia. El Palazzo Margherita, que había de ser la nueva residencia de los Ludovisi, se completó en 1890.

En los años sesenta era la calle de moda en Roma; sus cafés los frecuentaban estrellas de cine. Hoy casi todos los clientes son turistas, ya que los artistas prefieren el ambiente más bohemio del Trastevere.

Palazzo Margherita

Casino dell'Aurora ❷

Via Lombardia 46. **Plano** 5 B2. ***Tel*** *06 42 01 07 45.* *52, 53, 63, 80, 95, 116, 119.* *Barberini.* ***Abierto*** *sólo previa cita. Llamar por teléfono o fax.*

El casino, fue antaño residencia de verano dentro de los terrenos de la familia Ludovisi, fue construido por el cardenal Ludovisi en el siglo XVII y decorado con frescos de Guercino. El tema de estas pinturas del techo es Aurora, diosa del amanecer. Se trata de un trabajo asombroso, que crea la sensación de que el casino no está cubierto, sino abierto a un cielo poblado de nubes y surcado por el carro de Aurora, que surge en dirección a la luz del nuevo día.

Santa Maria della Concezione ❸

Via Veneto 27. **Plano** 5 B2. ***Tel*** *06 487 11 85.* *52, 53, 61, 62, 63, 80, 95, 116, 119, 175.* *Barberini.* ***Abierta*** *7.00-12.00, 15.00-19.00 todos los días.* ***Cripta abierta*** *9.00-12.00, 15.00-18.00, vi-mi.* ***Se admiten donativos.***

El hermano del papa Urbano VIII, Antonio Barberini, fue cardenal y fraile capuchino. En 1626 fundó esta sencilla iglesia que hoy está a los pies de la Via Veneto. Cuando murió fue enterrado, no en un gran sarcófago de mármol como otros cardenales, sino bajo una simple losa bajo el altar, donde reza el siguiente epitafio: "Aquí yacen polvo y cenizas, nada".

La triste realidad de la muerte aparece ilustrada aún de forma más gráfica en la cripta que hay bajo la iglesia, donde generaciones de frailes capuchinos han decorado las paredes de las cuatro capillas abovedadas con los huesos y las calaveras de sus hermanos fallecidos. En total se emplearon unos 4.000 esqueletos para crear este impactante *memento mori*, empezado a finales del siglo XVII. Algunos de los huesos están unidos formando símbolos cristianos, como coronas de espinas, sagrados corazones y crucifijos. Hay también esqueletos completos, entre ellos el de una princesa Barberini que murió de niña. A la salida, una inscripción en latín dice: "Eres lo que eras. Lo que eres, serás".

Papa Urbano VIII

Fontana delle Api ❹

Piazza Barberini. **Plano** 5 B2. *52, 53, 61, 62, 63, 80, 95, 116, 119, 175.* *Barberini.*

La fuente de las Abejas, emblema de la familia Barberini, es una de las obras más modestas de Bernini.

Semioculta en una esquina de la Piazza Barberini, suele pasar desapercibida. Data de 1644 y es un homenaje al papa Urbano VIII Barberini. Está adornada con abejas, aunque más se asemejen a cangrejos, que parecen beber el agua que brota de la fuente.

Una inscripción en latín recuerda que se trata de una fuente de uso público.

Fontana delle Api, de Bernini

Fontana del Tritone ❺

Piazza Barberini. **Plano** 5 B3. *52, 53, 61, 62, 63, 80, 95, 116, 119, 175.* *Barberini.*

En el centro de la ajetreada Piazza Barberini se encuentra una de las fuentes más notables de Bernini, la Fontana del Tritone, realizada para el papa Urbano VIII Barberini poco después de la finalización de su cercano palacio. Acrobáticos delfines, apoyados en sus cabezas y moviendo sus colas, soportan una enorme concha en la que el dios marino Tritón figura arrodillado haciendo brotar un chorro de agua de una caracola. Mezclados entre las colas de los delfines se hallan la tiara papal, las llaves de san Pedro y el escudo de armas Barberini.

Tritón soplando su caracola en la Fontana del Tritone

Palazzo Barberini ❻

Via delle Quattro Fontane 13. **Plano** 5 B3. ***Tel*** *06 482 4184.* *52, 53, 61, 62, 63, 80, 95, 116, 175, 492, 590.* *Barberini.* ***Abierto*** *9.00-19.00 ma-sá (última admisión: 30 minutos antes del cierre).* ***Cerrado*** *festivos.* ***Previo pago.***
www.galleriaborghese.it

Cuando en 1623 Mattei Barberini se convirtió en el papa Urbano VIII, decidió construir un gran palacio para él y su familia, y escogió un emplazamiento en los límites de la ciudad con vistas a un templo en ruinas. Su arquitecto, Carlo Maderno, lo proyectó como una típica villa rural, con alas hacia los jardines.

Maderno murió en 1629, poco después de asentados los cimientos, y Bernini se hizo cargo del proyecto, ayudado por Borromini. Los peculiares frontones de las ventanas superiores, así como la escalera oval del interior, se deben, seguramente, a este último.

De las muchas salas suntuosamente decoradas, la más notable es el Gran Salone, con un fresco de Pietro da Cortona. El *palazzo* alberga también pinturas que forman parte de la Galleria Nazionale d'Arte Antica, con obras de Filippo Lippi, El Greco y Caravaggio. Posee un retrato de Enrique VIII de Inglaterra, de Holbein. Especialmente destacables son los retratos de *Beatrice Cenci,* la mujer condenada a muerte por el asesinato de su padre *(ver p. 152),* de Guido Reni y *La Fornarina,* la amante de Rafael, que sin embargo no fue pintada por él.

Santa Susanna ❼

Via XX Septembre 14. **Plano** 5 C2. ***Tel*** *06 4201 4554.* *60, 61, 62, 84, 175, 492, 910.* *Repubblica.* ***Abierta*** *9.00-12.00, 16.00-19.00 todos los días.*

Fachada de Santa Susanna

La característica más destacada de Santa Susanna es la fachada barroca de Carlo Maderno, completada en 1603. Ha sido un lugar de culto cristiano desde, al menos, el siglo IV. En la nave hay cuatro grandes frescos pintados por Baldasarre Croce (1558-1628), que simulan tapices y describen escenas de la vida de santa Susana, una misteriosa santa romana que fue martirizada aquí, y de la casta Susana, más conocida por el Antiguo Testamento, sorprendida bañándose en el jardín de su esposo por dos jueces lascivos.

Santa Susanna es la iglesia de los católicos norteamericanos en Roma.

Santa Maria della Vittoria ❽

Via XX Settembre 17. **Plano** 5 C2. ***Tel*** *06 4274 0571.* *60, 61, 62, 84, 492, 910.* *Repubblica.* ***Abierta*** *9.00-12.00, 15.30-18.00 lu-sá, 15.30-18.00 do.*

Santa Maria della Vittoria es una recoleta iglesia barroca con un interior profusamente decorado e iluminado por velas. Alberga una de las obras escultóricas más ambiciosas de Bernini, el *Éxtasis de santa Teresa* (1646), en la capilla Cornaro, realizada de modo escénico en miniatura. Cuenta incluso con espectadores propios: las estatuas sedentes del benefactor de la capilla, cardenal Federico Cornaro, y sus antecesores, quienes parecen contemplar y discutir la obra que se representa frente a ellos.

La naturaleza del éxtasis de santa Teresa tal vez sorprenda a más de un visitante. La santa mística aparece sobre una nube, la boca entreabierta, los ojos cerrados y cubierta con una túnica. Sobre ella sonríe un ángel de pelo rizado que sostiene en su mano una flecha con la que parece estar a punto de atravesar el cuerpo de la santa por segunda vez.

Haces de luz en bronce enmarcan e "iluminan" las figuras del conjunto en mármol.

***Éxtasis de santa Teresa,* de Bernini.**

LAS AFUERAS

Una vez en Roma, quizá el visitante desee aventurarse a conocer las iglesias y los parques más alejados, emplazados a las afueras. En un día se pueden recorrer las villas de Tivoli y las ruinas del antiguo puerto romano de Ostia. Una visita a los lugares de la Antigua Roma en los alrededores, tales como las catacumbas y los acueductos en ruinas del Parco Appio Claudio, le permitirán conocer la *campagna,* zonas rurales, actualmente en proceso de desaparición. Recorridos por barrios más actuales incluyen la EUR, construida en la era fascista, y el monumento conmemorativo de Fosse Ardeatine.

Plato del siglo III a.C. en Villa Giulia

LUGARES DE INTERÉS

Ciudades y áreas
EUR 14 Tivoli 18

Carreteras históricas
Via Appia Antica 8

Museos
Centrale Montemartini 16
Museo di Arte Contemporanea di Roma 4
Museo y Galleria Borghese pp. 260-261 2
Villa Giulia pp. 262-263 3

Iglesias
San Lorenzo fuori le Mura 7
San Pablo Extramuros 15
Sant'Agnese fuori le Mura 6
Santa Costanza 5

Parques y jardines
Villa Borghese 1
Villa Doria Pamphilj 17
Villa d'Este 19
Villa Gregoriana 20

Antiguos emplazamientos
Ostia Antica 22
Villa de Adriano 21

Tumbas y catacumbas
Catacumbas de Domitila 11
Catacumbas de San Calixto 9
Catacumbas de San Sebastián 10
Fosse Ardeatine 12
Tumba de Cecilia Metella 13

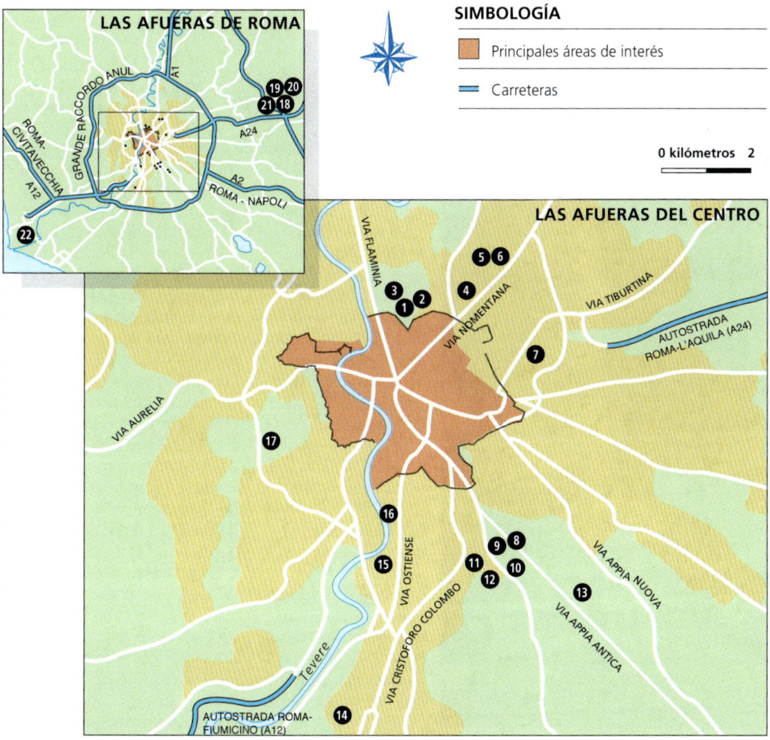

◁ Cariátides junto al canal de Canopus, en la villa de Adriano

Villa Borghese ❶

Plano 2 E5. *52, 53, 88, 95, 116, 490, 495.* *3, 19.* **Parque *abierto*** *hasta la puesta de sol.* **Bioparco** Viale del Giardino Zoologico. **Plano** 2 E4. ***Tel*** *06 360 82 11.* *52.* *3, 19.* ***Abierto*** *todos los días.* ***Cerrado*** *25 dic.* **Galleria Nazionale d'Arte Moderna** Viale delle Belle Arti 131. **Plano** 2 D4. ***Tel*** *06 32 29 8221.* *3, 19.* ***Abierta*** *8.30-19.30 ma-do (última admisión 18.45).* ***Cerrado*** *1 may.* **Museo Carlo Bilotti** Viale Fiorello La Guardia. **Plano** 2 D5. ***Abierto*** *ma-do.* ***Cerrado*** *1 ene, 1 may, 25 dic.* ***Previo pago.***

La villa y su parque fueron encargados en 1605 por el cardenal Scipione Borghese, sobrino del papa Pablo V. El parque fue el primero de su estilo en Roma. Contenía 400 pinos, esculturas del padre de Bernini, Pietro, y fuentes de Giovanni Fontana. El proyecto de estos jardines fue imitado por otras importantes familias romanas en Villa Ludovisi y en Villa Doria Pamphilj.

A comienzos del XIX, el príncipe Camillo Borghese reunió la espléndida colección de arte de la familia en el palacio Borghese, hoy sede de la Galleria y Museo Borghese.

En 1901, el parque pasó a ser propiedad del Estado.

Escuela Británica en Roma, realizada por Edwin Lutyens en 1911

En su recinto, de seis kilómetros de perímetro, hay en la actualidad museos y galerías, academias de lenguas extranjeras y escuelas de arqueología, un zoo, una escuela de equitación, un anfiteatro, un lago artificial y unas cuantas residencias de verano, fuentes, estatuas neoclásicas y otros caprichos exóticos.

Existen varias entradas al parque, incluyendo una monumental en Piazzale Flaminio, construida para el príncipe Camillo Borghese, en 1825, por Luigi Canina. Otros accesos son la Porta Pinciana, al final de la Via Veneto y desde el recinto y los jardines del Pincio *(ver p. 136).*

Estatua del poeta inglés Byron de Thorvaldsen

La Piazza di Siena, un agradable anfiteatro cubierto de hierba, se halla rodeada de altos pinos y fue la inspiración del famoso poema sinfónico de Ottorino Respighi, *Los Pinos de Roma,* escrito en 1924. Cerca de la Piazza di Siena se hallan la Casina di Rafaello, de la que se dice fue propiedad de Rafael, y el Palazzetto dell'Orologio, del siglo XVIII. Eran casas de verano con bellas vistas al parque. Muchos de los edificios estaban originalmente rodeados de jardines: el casino Borghese y el cercano casino della Meridiana, del siglo XVII, han mantenido sus arrietes florales con formas geométricas. En todo el parque, las intersecciones de calles y avenidas están marcadas con fuentes y estatuas. Al oeste de la Piazza di Siena se encuentra la Fontana dei Cavalli Marini (fuente de los Caballos de Mar), añadida cuando se remodeló la villa en el siglo XVIII.

Paseando por el parque el visitante encontrará estatuas de Byron, Goethe, Victor Hugo y Humberto I.

Hay también graciosos templos diseminados, imitando ruinas antiguas, entre ellos uno circular dedicado a la diosa Diana, entre la Piazza di Siena y la Porta Pinciana, y el de Faustina, al norte de la Piazza di Siena. En la Fortezzuela de Canina, de aspecto medieval, se hallan las obras del escultor Pietro Canonica, quien vivió en el edificio y murió allí en 1959. En el jardín se alza su *Monumento al alpino y su mula,* que honra a los humildes protagonistas de las batalla italianas alpinas contra Austria en la I Guerra Mundial.

En el centro del parque se halla el Giardino del Lago, cuya entrada principal está señalada por una reproducción del siglo XVIII del arco de Triunfo de Septimio Severo.

El jardín posee un lago artificial completado con un

Templo neoclásico de Diana

Templo jónico dedicado a Escolapio, construido en la isla del lago

templo jónico dedicado a Esculapio, dios de la salud, obras del arquitecto del siglo XVIII Antonio Asprucci. Las barcas y los patos hacen de este lago un lugar ideal para los niños; cañas de bambú crecen en sus orillas y alternan con esculturas.

Rodeada de flores en el sur del lago se encuentra la Fontana dei Fauni (fuente de los Faunos), de estilo *art nouveau,* una de las esculturas más bellas del parque. Y en un claro cercano a la entrada de Viale Pietro Canonica están los tritones originales de la Fontana del Moro en Piazza Navona *(ver p. 120);* fueron trasladados aquí y reemplazados por una copia en el siglo XIX.

Desde el noroeste se accede al parque por la Viale delle Belle Arti, donde la Galleria d'Arte Moderna alberga una modesta colección de pinturas de los siglos XIX y XX. El estilo *art nouveau* de esta zona data de la Exposición Internacional celebrada aquí en 1911, año en que se construyeron pabellones para muchos países. El edificio más notable es el de la Escuela Británica en Roma, con una fachada a imitación del pórtico superior occidental de la catedral de San Pablo en Londres. Es obra de Edwin Lutyens. Originalmente escuela de Arqueología, hoy es un instituto de investigación de estudios clásicos, historia y arte. Las estatuas situadas cerca son igualmente internacionales: representan a Simón Bolívar y otros líderes independentistas de Latinoamérica, así como al gran poeta persa Firdusi.

En la esquina nororiental del parque se encuentran el Museo Zoologico y un pequeño zoo reurbanizado, conocido como el Bioparco. Muy cerca está la Villa Giulia, con su famosa colección de restos etruscos y prerromanos.

Otro importante edificio renacentista es el Palazzo de Pío IV, cercano a la entrada de Via Flaminia. Fue realizado por el arquitecto Vignola en 1552. En la actualidad alberga la Embajada de Italia ante la Santa Sede.

Logo del Bioparco

Y por último, no se debe olvidar el Museo Carlo Bilotti. Situado en el centro de Villa Borghese, este naranjal fue transformado en un museo, con obras de Giorgio de Chirico, Andy Warhol, Larry Rivers y Gino Severini.

Museo y Galleria Borghese ❷

Ver pp. 260-261.

Villa Giulia ❸

Ver pp. 262-263.

León de piedra vigilando la entrada al zoo

Museo y Galleria Borghese ❷

La villa y el parque fueron encargados por el cardenal Scipione Borghese, sobrino favorito del papa Pablo V, quien tenía la casa destinada al disfrute y al entretenimiento. Este cardenal hedonista, asimismo extravagante mecenas, encargó al joven Bernini esculturas que en la actualidad se cuentan entre sus obras más famosas. Scipione abrió también el parque de recreo al público. Hoy día la villa alberga la soberbia colección privada de esculturas y pinturas de los Borghese, en el Museo y Galleria Borghese.

Fachada de Villa Borghese
Esta pintura (1613), de Jan van Santern, arquitecto de la Villa, muestra la decorada fachada del proyecto original.

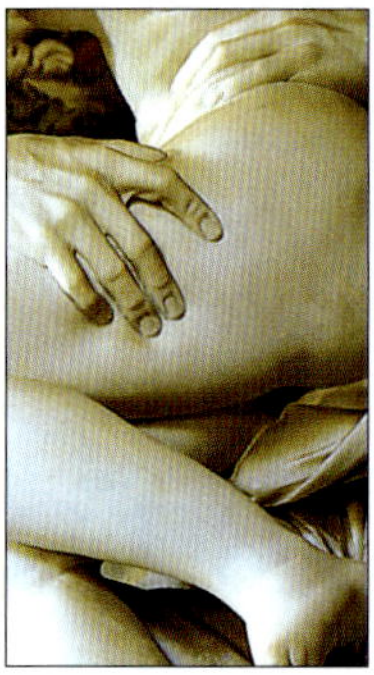

GUÍA DEL MUSEO

El museo está dividido en dos secciones: la colección de esculturas (Museo Borghese) y la galería de pinturas (Galleria Borghese). La primera ocupa toda la planta inferior, y es la única parte abierta siempre al público, mientras que en el piso superior se están realizando obras de restauración.

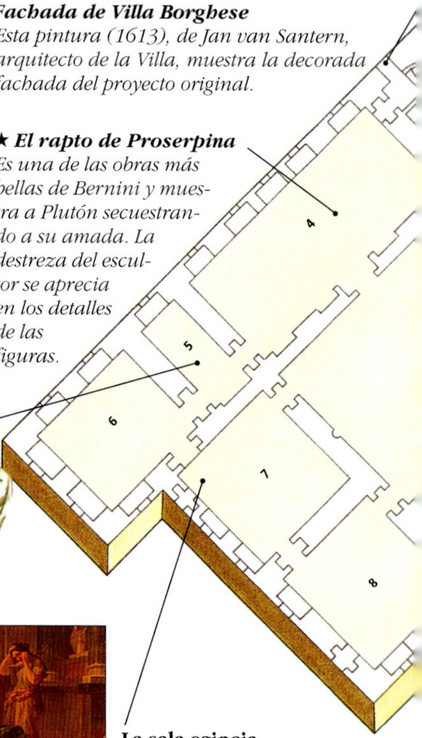

★ El rapto de Proserpina
Es una de las obras más bellas de Bernini y muestra a Plutón secuestrando a su amada. La destreza del escultor se aprecia en los detalles de las figuras.

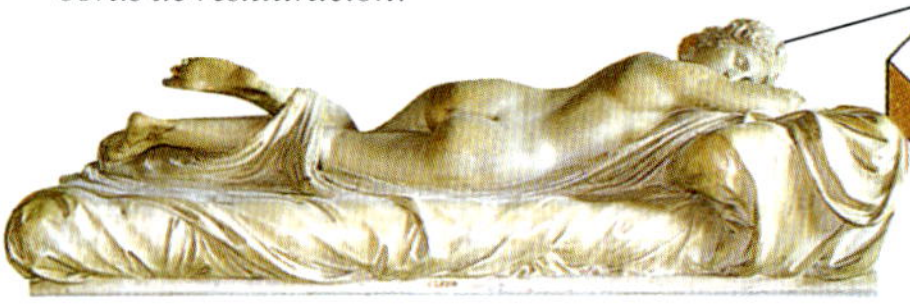

Hermafrodita durmiente
Datada alrededor del 150 a.C., es una copia romana en mármol del original griego de Policleto. La cabeza y el colchón fueron añadidos por Andrea Bergondi en el siglo XVII.

La sala egipcia
Los frescos muestran episodios de la historia de Egipto y motivos egipcios.

CRONOLOGÍA

- **1613** Bernini, con 15 años, esculpe *Eneas y Anquises*.
- **1621-1625** Bernini esculpe *El rapto de Proserpina*
- **1800** Se retiran las estatuas y relieves de la fachada de la villa por considerarlos demasiado ornados
- **1809** Camillo Borghese vende gran parte de la colección a Francia; es destinada al Louvre
- **1902** El Estado adquiere la villa y sus colecciones

1625 — 1725 — 1825

- **1622-1625** Bernini esculpe *Apolo y Dafne*
- **1613-1615** El arquitecto flamenco Jan van Santern construye Villa Borghese
- **1805** Canova esculpe a Paulina Borghese semidesnuda y reclinada
- **1900** Lord Astor compró la balaustrada para el estrado de Cliveden en Inglaterra

Los dedos de Dafne convirtiéndose en hojas

★ *Apolo y Dafne*
La obra más famosa de Bernini representa a la ninfa Dafne huyendo de Apolo, dios del sol, y transformándose en un árbol.

Entrada trasera

David
Esta estatua representa el momento antes de matar a Goliat. La esculpió Bernini y se inspiró en su propia cara.

Entrada delantera

INFORMACIÓN ESENCIAL

Villa Borghese, Piazzale Scipione Borghese 5. **Plano** 2 F5. ***Tel*** *06 328 10 (reservas).* ***Fax*** *06 32 65 13 29.* *52, 53, 116, 910 a Via Pinciana.* *3,19 a Viale delle Belle Arti.* ***Abierto*** *9.00-19.00 ma-do (última admisión 17.00).* ***Cerrado*** *1 ene, 1 may, 25 dic.* ***Previo pago.*** *Se recomienda reservar lu-vi, obligatorio sá y do.*
www.galleriaborghese.it

★ Galleria Borghese
La galería alberga pinturas de viejos maestros, como El amor sagrado y profano *(detalle) de Tiziano, que data de 1514.*

★ *Paulina Borghese*
La hermana de Napoleón, Paulina, posó como Venus para esta escultura. Una vez terminada, su marido la ocultó incluso al propio Canova, el escultor.

Mosaico con gladiador
El suelo está decorado con fragmentos de un mosaico del siglo IV d.C. procedente de Torrenova.

DISTRIBUCIÓN POR SALAS

- Espacio con exposiciones
- Espacio sin exposiciones

RECOMENDAMOS

★ *El rapto de Proserpina,* de Bernini

★ *Apolo y Dafne,* de Bernini

★ Galleria Borghese

★ *Paulina Borghese,* de Canova

Villa Giulia ❸

Esta villa se construyó como lugar de retiro para el papa Julio III, y fue concebida como sitio de entretenimiento más que como hogar permanente. En otro tiempo albergó una gran colección de estatuas –se enviaron 160 barcos repletos al Vaticano tras la muerte del Papa en 1555–. La villa, jardines, pabellones y fuentes fueron realizados por arquitectos excepcionales: Vignola (autor de Il Gesù), el biógrafo Vasari y el escultor Ammannati. Miguel Ángel también participó. Lo más destacado de la villa son su fachada, el patio, el jardín y el ninfeo. Desde 1889 es sede del Museo Etrusco, con una magnífica colección de antigüedades prerromanas procedentes de Italia central.

★ Cofre Ficoroni
Bellamente decorado y grabado, este fino cofre nupcial en bronce data del siglo IV a.C.

Vaso Chigi
Esta vasija corintia del siglo VI a.C. está decorada con escenas de batallas y caza.

★ *Sarcófago de los esposos*
Esta obra maestra del siglo VI a.C. muestra a un matrimonio muerto en el banquete eterno.

GUÍA DEL MUSEO

Se trata del museo etrusco más importante de Italia, con objetos procedentes de las principales excavaciones de Toscana y Lacio. Las salas **1-10** *y* **23-34** *están ordenadas por emplazamientos, e incluyen Vulci, Todi, Veio y Cerveteri, mientras que las colecciones privadas se hallan en las* **11-12.**

Objeto votivo
Los etruscos, pueblo muy religioso, fabricaban objetos para ofrecer a los dioses, como este niño alimentando a un pájaro.

CRONOLOGÍA

1550 Comienza la construcción de Villa Giulia a las órdenes de Julio III

1655 La reina Cristina de Suecia se hospeda en la villa invitada por el Vaticano

1889 Se funda el Museo Etrusco

Finales de la década de 1700 Primeros estudios importantes de los hallazgos etruscos

1919 Se dona la colección privada Castellani al museo

1550 | 1650 | 1750 | 1850 | 1950

Finales de 1500 Los primeros hallazgos etruscos despiertan el interés de los estudiosos

1555 Se completa la villa

Decoración de carro de bronce para quemar incienso

1908 El Estado adquiere la colección privada Barberini

1972 El Estado compra la colección privada Pescioni

Fachada
La fachada de la villa data de 1552-1553. La entrada tiene forma de arco de triunfo.

Entrada principal

INFORMACIÓN ESENCIAL

Piazzale di Villa Giulia 9
Plano 1 C4.
Tel *06 322 65 71.*
52, 926 a Viale Bruno Buozzi, 88, 95, 490, 495 a Viale Washington.
19, 30b a Piazza Thorwaldsen.
Abierto *8.30-19.30 ma-do (última admisión 18.30).*
Cerrado *1 ene, 1 may, 25 dic.*
Previo pago. *con 7 días de antelación.*
Conciertos *en el patio en julio.*

★ Reconstrucción de un templo etrusco
El conde Adolfo Cozza construyó aquí el templo de Alatri en 1891. Basó su proyecto en las crónicas de Vitrubio y en las excavaciones realizadas en el siglo XIX.

Ninfeo
Significa literalmente área dedicada a las ninfas y se trata de un umbroso patio decorado con mosaicos clásicos, estatuas y fuentes.

El carro de la aurora
Este vaso decorado en estilo del siglo IV a.C. muestra a la aurora volando en su carro.

RECOMENDAMOS

- ★ Cofre Ficoroni
- ★ *Sarcófago de los esposos*
- ★ Reconstrucción de un templo etrusco

DISTRIBUCIÓN POR SALAS

- Planta baja
- Primera planta
- Espacio sin exposiciones

Museo di Arte Contemporanea di Roma ❹

Via Reggio Emilia 54. **Plano** 6 E1. ***Tel*** *06 6710 70400.* 🚌 *36, 60, 84, 90.* ***Abierta*** *9.00-18.30 ma-do.* ***Previo pago.***
www.macro.roma.museum

La fábrica de cerveza Peroni de Via Reggio Emilia acoge hoy el MACRO, Museo de Arte Contemporáneo de la ciudad. Además de su colección permanente de arte del siglo XX y de obras de artistas como Carla Accardi, Achille Perilli y Mario Schifano, se organizan interesantes exposiciones sobre las últimas tendencias artísticas en el ámbito local y nacional.

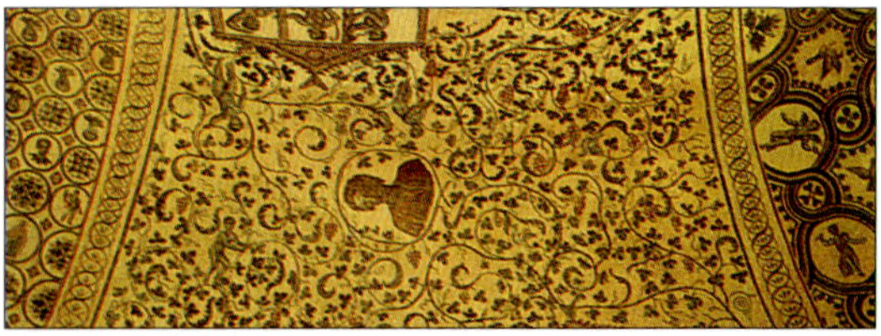

Parte del mosaico del siglo IV, en Santa Costanza

Interior de Santa Costanza

Santa Costanza ❺

Via Nomentana 349. ***Tel*** *06 861 08 40.* 🚌 *36, 60, 84, 90.* ***Abierta*** *9.00-12.00, 16.00-18.00 lu-sá, 16.00-18,00 do.* ***Previo pago.***

La iglesia circular de Santa Costanza se construyó originalmente en el siglo IV como mausoleo para las hijas del emperador Constantino, Costanza y Helena. La cúpula y el tambor están sostenidos por una arcada circular que se apoya en 12 pares de columnas de granito. El corredor que rodea los arcos centrales tiene un techo abovedado decorado con espléndidos mosaicos del siglo IV, de frutas, flores, animales, pájaros e incluso escenas de la recolección de la uva en Roma. En un nicho, situado en una esquina de la iglesia, en la entrada, hay una réplica del sarcófago en pórfido de Costanza ricamente decorado. El original fue trasladado a los Museos Vaticanos en 1790.

La santidad de Costanza es un tanto discutible –el historiador Marcelino la describió como la auténtica reencarnación de una furia, constantemente empujando a su esposo Anibaliano a la violencia–.Su canonización se debe probablemente al resultado de alguna lamentable confusión con una posible santa cristiana que tuviera el mismo nombre.

Sant'Agnese fuori le Mura ❻

Via Nomentana 349. ***Tel*** *06 861 08 40.* 🚌 *36, 60, 84, 90.* ***Abierta*** *9.00-12.00, 16.00-18.00 todos los días.* ***Previo pago*** *catacumbas.*

La iglesia de Santa Inés Extramuros se alza en un conjunto de antiguos edificios cristianos que incluye las ruinas de un cementerio cubierto, catacumbas y la cripta donde fue enterrada, en el año 304, esta mártir de 13 años. El emperador Diocleciano la hizo desnudarse públicamente, en castigo por haber rechazado a un joven de su Corte, pero los cabellos de la muchacha crecieron milagrosamente cubriendo su desnudez *(ver p. 121).* Se dice que la iglesia se construyó a petición de Costanza, la hija del emperador Constantino, que rezó a la santa para que la librara de la lepra.

Aunque alterada a lo largo de los siglos, la mayor parte de la estructura original de la basílica del siglo IV permanece intacta. En el mosaico del ábside del siglo VII, santa Inés aparece como una emperatriz bizantina vistiendo una túnica violeta. Según la tradición, la santa apareció así ocho días después de su muerte, sosteniendo el cordero divino. Cada año, el 21 de enero, fiesta de Santa Inés, el Papa bendice dos corderos. Con la lana se confeccionan unas estolas llamadas palios, que el Papa entrega a los arzobispos y metropolitanos del Oriente en la festividad de San Pedro.

Mosaico del ábside de Sant'Agnese, que muestra a la santa entre dos Papas

Claustro de San Lorenzo fuori le Mura

San Lorenzo fuori le Mura ❼

Piazzale del Verano 3. ***Tel*** *06 49 15 11. 71, 492. 3, 19.* ***Abierta*** *7.00-12.30, 15.30-18.30 (19.30 en verano) todos los días.*

Justo fuera de la muralla exterior de la ciudad, separada por los cipreses del cementerio de Campo Verano, se encuentra la iglesia de San Lorenzo. Muerto lentamente en la parrilla en el 258 d.C., san Lorenzo fue uno de los mártires más venerados de Roma. La primera basílica, erigida en el lugar del enterramiento por Constantino, fue reconstruida en el 576 por el papa Pelagio. Muy cerca se alzaba una iglesia del siglo V dedicada a la Virgen María. La peculiar construcción es el resultado de la unión de las dos. El proceso fue completado en el XIII por el papa Honorio III, cuando se añadieron la nave, el pórtico y gran parte de la decoración. Los restos de San Lorenzo se hallan en el coro del siglo VI (bajo el altar mayor que data del XIII).

La iglesia se restauró tras ser bombardeada por los aliados en la II Guerra Mundial.

Campanario románico de San Lorenzo

Via Appia Antica ❽

118, 218. Ver ***Nueve Paseos*** *pp. 284-285.*

El primer tramo de la Via Appia Antica fue construida en el 312 a.C. por el censor Appius Claudius Caecus. Cuando se extendió hasta los puertos de Benevento, Taranto y Brindisi, en el 190 a.C., se convirtió en el lazo de unión de Roma con su imperio en Oriente. Fue la ruta de las procesiones funerarias del dictador Sila (78 a.C.) y el emperador Augusto (14 a.C.); también por este camino fue llevado san Pablo prisionero a Roma en el 56 d.C.

Abandonada en la Edad Media, la calzada fue restaurada a mediados del siglo XVI por el papa Pío IV. Hay tumbas familiares y lugares de enterramiento colectivo conocidos como columbarios, y algunas de las catacumbas más importantes. Comienza en la Porta de San Sebastiano *(ver p. 196)*. Entre los lugares cristianos de interés se encuentra la iglesia de Domine Quo Vadis?, construida donde se dice que san Pedro se encontró con Cristo cuando huía de Roma, y las catacumbas de San Callisto y San Sebastiano. Entre las tumbas están la de Cecilia Metella *(ver p. 266)* y la de Rómulo, hijo del emperador Majencio que murió en 309. La antigua Villa dei Quintilli está cerca, en via Appia Nuova 1092 (06 481 55 76).

Catacumbas de San Calixto ❾

Via Appia Antica 126. ***Tel*** *06 51 30 1580. 118, 218.* ***Abierto*** *9.00-12.00, 14.00-17.00 (oct-mar: 17.00) ma-ju.* ***Cerrado*** *feb, 1 ene, y 25 dic.* ***Previo pago.***
www.catacombe.roma.it

Cuando enterraban a sus muertos en cementerios subterráneos fuera de las murallas de la ciudad, los cristianos se limitaban a acatar las leyes del momento, pero no lo hacían por evitar la persecución.

Debido al gran número de santos sepultados en ellas, las catacumbas pasaron a ser lugares de peregrinación.

Las amplias catacumbas de San Callisto ocupan cuatro niveles. Las salas y los corredores que las conectan están hechos de piedra volcánica. Los muertos eran colocados en nichos, conocidos como *loculi*. Las salas más importantes se decoraban con estuco y frescos. El área que puede visitarse incluye la cripta de los Papas, donde fueron enterrados muchos de los primeros pontífices, y la cripta de Santa Cecilia, donde se conservó el sarcófago con el cuerpo de la santa hasta 820 cuando se trasladó a su iglesia en el Trastevere.

Catacumbas de San Sebastián ❿

Via Appia Antica 136. ***Tel*** *06 785 0350. 118, 218.* ***Abierto*** *9.00-12.00, 14.00-17.00 (oct-mar: 17.00) lu-sá.* ***Cerrado*** *med nov-med dic, 1 ene, do en Semana Santa, 25 dic.* ***Previo pago.***
www.catacombe.roma.it

La iglesia del siglo XVII de San Sebastiano ocupa el lugar de una basílica de la época de Constantino. En la entrada se conserva una *triclia*, edificio empleado por los que acudían a los entierros para descansar y comer. Sus paredes se hallan cubiertas de inscripciones evocando a san Pablo y san Pedro, cuyos restos pudieron haber sido trasladados aquí.

Paseo en las catacumbas de San Callisto

Catacumbas de Domitila ⓫

Via delle Sette Chiese 282. ***Tel*** *06 511 03 42.* *218, 716.* ***Abierto*** *9.00-12.00, 14.00-17.00 (oct-mar: 17.00) mi-lu.* ***Cerrado*** *ene, do en Semana Santa, 25 dic.* ***Previo pago.***

Esta red de catacumbas es la mayor de Roma. Muchas de las tumbas de los siglos I y II d.C. son paganas. En las cámaras mortuorias hay frescos de escenas tanto cristianas como paganas, incluyendo una de las descripciones más antiguas de Cristo como el *Buen Pastor*. Sobre las catacumbas se alza la basílica de los santos Nereo y Achilleo. Tras la restauración y reconstrucción, es muy poco lo que queda de la iglesia original del siglo IV.

Puertas de entrada en bronce a Fosse Ardeatine

Fosse Ardeatine ⓬

Via Ardeatina 174. ***Tel*** *06 513 67 42.* *218, 716.* ***Abierto*** *todos los días.* ***Cerrado*** *festivos.*

En la tarde del 24 de marzo de 1944, las fuerzas nazis llevaron 335 prisioneros a esta cantera abandonada al sur de Roma y los fusilaron a quemarropa. Se trataba de una represalia por el atentado que había causado la muerte a 32 soldados alemanes. Entre las víctimas había varios prisioneros políticos, 73 judíos y otros civiles, como un sacerdote y un muchacho de 14 años. Los alemanes volaron los túneles donde había tenido lugar la matanza, pero un campesino de la localidad había presenciado lo sucedido y más tarde ayudó a encontrar los cuerpos. El emplazamiento constituye ahora un monumento conmemorativo a la resistencia frente a los alemanes *(ver p. 185)*. Tiene aspecto de búnker y alberga hileras de tumbas idénticas donde están enterradas las víctimas. Junto a él se encuentra el Museo de la Resistencia, con interesantes esculturas, como *Los mártires*, de Francesco Coccia, y las puertas, de Mirko Basaldella.

Tumba de Cecilia Metella ⓭

Via Appia Antica, km 3. ***Tel*** *06 3996 77 00.* *118, 660.* ***Abierto*** *9.00-1h antes de la puesta del sol ma-do.*

Esta famosa tumba en forma de tambor en la Via Appia Antica fue construida por la noble Cecilia Metella. Aparte de que su padre y esposo fueron adinerados patricios y generales victoriosos en la Roma republicana, es muy poco lo que se sabe acerca de esta mujer. Byron se pregunta sobre su misterioso destino en su obra *Childe Harold*.

En 1302, el papa Bonifacio VIII donó la tumba a su familia, quien la incorporó a un castillo fortificado que bloqueaba la Via Appia, permitiéndoles controlar el tráfico de la calzada y cobrar elevados impuestos. El mármol que originariamente recubría la tumba fue saqueado por el papa Sixto V en el siglo XVI.

Fragmento del relieve en mármol de la tumba de Cecilia Metella

El Palazzo della Civiltà del Lavoro, un coliseo cúbico

EUR ⓮

170, 671, 714 y otras líneas. *EUR Fermi, EUR Palasport.* **Museo della Civiltà Romana** Piazza G. Agnelli 10. ***Tel*** *5422 0919.* ***Abierto*** *9.00-13.00 ma-vi (hasta 13.30 sá y do).* ***Cerrado*** *1 ene, 1 may, 25 dic.* ***Previo pago.***

La Esposizione Universale di Roma (EUR), ubicada al sur de la ciudad, fue construida originalmente para una exposición internacional, una especie de Olimpiadas del trabajo planeadas para 1942, pero que nunca llegaron a celebrarse debido a la guerra. La arquitectura tenía por objeto ensalzar el fascismo; al espectador moderno el estilo se le antojará sin duda excesivo y retórico. El Palazzo della Civiltà del Lavoro es inmediatamente visible para todo el que llega a Roma por Fiumicino. Las obras se completaron en la década de 1950. Desde el punto de vista urbanístico, la EUR ha resultado un éxito y sigue siendo un lugar popular para vivir. Los grandes vestíbulos de mármol albergan las oficinas de Gobierno y museos.

El Museo della Civiltà Romana cuenta con una gran maqueta a escala de la ciudad en tiempos de Constantino y con reproducciones de los relieves de la columna de Trajano.

Al sur hay un lago y un parque, además de la enorme cúpula del Palazzo dello Sport, construido para las Olimpiadas de 1960.

San Pablo Extramuros ⓯

Via Ostiense 186. ***Tel*** *06 541 03 41.* *23, 128, 170, 707, 761, 769.* Ⓜ *San Paolo.* ***Abierta*** *7.00-19.00 todos los días (verano), 7.00-18.30 todos los días (invierno)* ***Claustro cerrado*** *13.00-15.00 todos los días.*

La iglesia es una fiel reconstrucción de la gran basílica del siglo IV destruida en un incendio en la noche del 15 de julio de 1823. Tan sólo unos fragmentos del edificio original sobrevivieron al fuego. El arco de triunfo sobre la nave está decorado en uno de sus lados con mosaicos restaurados del siglo XV. En el otro lado se ven los de Pietro Cavallini, que antes estuvieron en la fachada. Los espléndidos mosaicos venecianos del ábside (1220) representan a Cristo con san Pedro, san Andrés, san Pablo y san Lucas.

El baldaquino de mármol situado sobre el altar lleva la firma del escultor Arnolfo di Cambio (1285) "junto con su socio Pietro", quien bien pudo ser Pietro Cavallini. Bajo el altar se encuentra la *confessio* o tumba de san Pablo, cuyo cuerpo se supone fue enterrado aquí. A la derecha hay un impresionante cirio pascual de Nicolò d'Argento y Pietro Vassalletto.

Mosaico del siglo X en la fachada de San Paolo fuori le Mura

La única parte de la iglesia original que se salvó del incendio fue el claustro, con sus columnas originales, algunas octogonales y otras en espiral. Data de 1214 y es uno de los más bellos de Roma.

Centrale Montemartini ⓰

Via Ostiense 106. ***Tel*** *06 574 80 42* *23, 769.* ***Abierto*** *9.00-19.00 mado (últ adm: 18.00).* ***Cerrado*** *festivos.* ***Previo pago.***

Una vieja y enorme zona industrial ha sido restaurada para albergar el centro de arte ACEA. Originalmente, el edificio fue la primera estación de energía romana. Todavía dos grandes generadores ocupan la sala central de máquinas y forman un curioso contraste con las exposiciones.

Se exhiben estatuas romanas pertenecientes a los Museos Capitolinos *(ver pp. 70-73)*; se encontraron a finales del siglo XIX y principios del XX, pero fueron almacenadas y nunca habían sido expuestas al público.

Estatua en la antigua estación de energía Montemartini, hoy centro de arte

Casino del Bel Respiro, Villa Doria Pamphilj

Villa Doria Pamphilj ⓱

Via di San Pancrazio. *31, 44, 75, 710, 870.* **Parque *abierto*** *todos los días desde el amanecer hasta el anochecer.*

El mayor parque público de Roma se realizó a mediados del siglo XVII por encargo del príncipe Camillo Pamphilj. Su tío el papa Inocencio X financió la construcción de la magnífica residencia de verano, el Casino del Bel Respiro, así como de sus fuentes y palacetes, muchos de los cuales aún existen.

Excursiones de un día

Tivoli, un buen lugar para escapar del calor del verano romano

Tivoli ⑱

El pueblo está a 31 km al noreste de Roma. FS *Desde Tiburtina.* *COTRAL desde Ponte Mammolo (línea B de metro).*

Tivoli ha sido un popular lugar de vacaciones desde los días de la República romana. Entre los famosos que tuvieron villas aquí figuran los poetas Catulo y Horacio, los asesinos de César, Bruto y Casio, y los emperadores Trajano y Adriano. Los principales atractivos de Tivoli eran su aire puro y su bello emplazamiento entre las colinas Tiburtini, sus manantiales de aguas sulfúricas y las cascadas del río Aniene –que, según se dice, curaron al emperador Augusto de su insomnio–. El lujoso estilo de vida romano no se revivió en el Renacimiento gracias a los propietarios de la Villa d'Este, el lugar más célebre de Tivoli.

Detalle de la Fontana dell'Organo en Villa d'Este

En la Edad Media, Tivoli sufrió frecuentes invasiones debido a su posición estratégica. En 1561, el papa Pío II construyó aquí una fortaleza, la Rocca Pia, declarando: "Es más fácil reconquistar Roma teniendo Tivoli, que reconquistar Tivoli teniendo Roma".

Tras sufrir un intenso bombardeo en 1944, los principales edificios de Tivoli fueron rápidamente restaurados. Sus calles cuentan aún con casas medievales. La catedral o Duomo alberga un bello conjunto escultórico en madera del siglo XIII, que representa *El descenso de la cruz*.

Villa d'Este ⑲

Piazza Trento 1, Tivoli. ***Tel*** *0774-31 20 70.* *COTRAL desde Ponte Mammolo (línea B de metro).* ***Abierta*** *8.30-1h antes de la puesta del sol ma-do.* ***Cerrada*** *1 ene, 25 dic.* ***Previo pago.***

La villa ocupa el antiguo emplazamiento de un convento franciscano. En el siglo XVI la propiedad creció con el cardenal Ippolito d'Este, hijo de Lucrecia Borgia. Pirro Ligorio realizó un palacio en lo alto de la colina, pero la fama de la villa se debe a sus jardines y fuentes, obra de Giacomo della Porta.

Aunque los jardines se resienten del abandono sufrido a lo largo de los siglos, sus grutas y fuentes siguen hablando de la lujosa y frívola vida que llevaban los príncipes de la Iglesia. Desde la gran *loggia* del palacio, se desciende por los senderos hasta la gruta de Diana y la Fontana del Bicchierone, de Bernini. Abajo, a la derecha, se encuentra la Rometta (pequeña Roma), una reproducción de la isla del Tíber con figuras alegóricas y la legendaria loba capitolina.

La Rometta se encuentra en un extremo del Vialle delle Centro Fontane. Sus cien fuentes tienen forma de obeliscos, barcos y águilas del escudo de armas de la familia D'Este, y hoy se hallan cubiertas de musgo. Otras fuentes están restaurándose para recuperar su esplendor original. La Fontana dell'Organo fue un órgano de agua, en el que la presión de ésta llenaba los tubos de aire. El nivel inferior del jardín tiene flores, fuentes y proporciona espléndidas vistas.

Hilera de cien fuentes en los jardines de Villa d'Este

Villa Gregoriana ⑳

Largo Sant'Angelo, Tivoli. FS *Tivoli, a continuación un corto paseo a pie.* ***Tel*** *06 3996 7701.* ***Abierta*** *10.00-18.30 ma-do (hasta 14.30 mar, 16 oct-30 nov).* ***Cerrada*** *10 dic-feb.*

Sus principales atractivos son las cascadas y grutas formadas de manera natural a lo largo de los siglos por el río Aniene. El parque se llama así por el papa Gregorio XVI, quien en 1830 ordenó la construcción de un túnel que pusiera fin al peligro de inundación. Éste dio lugar a una nueva cascada, la Grande Cascata, que desciende 160 metros.

El Canopus, ampliamente restaurado, con réplicas de sus cariátides originales a los lados del canal

Villa de Adriano ㉑

Villa Adriana, Villa Tiburtina. A 6 km al suroeste de Tivoli. ***Tel*** *0774 53 02 03.* FS *Tivoli, luego autobús local nº 4.* *COTRAL desde Ponte Mammolo (línea B de metro).* ***Abierta*** *9.00-1h antes de la puesta del sol todos los días (última admisión media hora antes).* ***Cerrada*** *1 ene, 1 may, 25 dic.* ***Previo pago.***

Construida como residencia veraniega entre los años 118 y 134 d.C., la Villa de Adriano era un vasto museo al aire libre, uno de los mejores ejemplos arquitectónicos del mundo romano. El recinto del palacio imperial se extendía sobre 120 hectáreas y estaba lleno de reproducciones a tamaño real de los edificios de Grecia y Egipto favoritos del emperador. Aunque las excavaciones comenzaron en el siglo XVI, muchas de las ruinas siguen sin ser identificadas. Los terrenos que rodean la villa son ideales para una comida campestre, con pequeños fragmentos de columnas diseminados entre olivos y cipreses.

Para hacerse una idea del aspecto que debió de tener el complejo en su época de esplendor, observe la maqueta a escala que se encuentra junto al aparcamiento. Los edificios más importantes se señalan con letreros, y algunos han sido parcialmente restaurados y reconstruidos. Uno de los más impresionantes es el llamado teatro Marítimo. Se trata de un estanque circular, con una isla en medio y rodeado de columnas. La isla, a la que se accede por medio de un puente, era probablemente el lugar de estudio de Adriano, donde se evadía de sus deberes de gobernante para entregarse a sus pasatiempos favoritos, la pintura y la arquitectura. También había teatros, bibliotecas griegas y latinas, dos baños, casas para los huéspedes con criados de palacio y cuidados jardines con fuentes, estatuas y estanques.

Adriano era un amante de la filosofía y la arquitectura griegas, y se cree que parte de los jardines de la villa reproducían el de Academe, donde Platón solía pasear con sus discípulos. También contaba con una réplica de Stoà Poikile, un bello conjunto de columnas de Atenas, del que tomaron su nombre los filósofos estoicos. La copia del Poikile encerraba una plaza con un estanque en el centro. El llamado vestíbulo de los Filósofos, cercano al Poikile, era probablemente una biblioteca.

Fragmento de un mosaico de mármol del palacio Imperial

La más ambiciosa de las réplicas de Adriano era el Canopus, copia de un santuario dedicado al dios Serapis, cerca de Alejandría. Para su construcción se excavó un canal de 119 m de longitud y se importaron estatuas egipcias para decorarlo. Esta impresionante obra de ingeniería ha sido restaurada, y las orillas del canal se hallan flanqueadas con cariátides.

Otro rincón pintoresco es el valle de Tempe, hogar legendario de la diosa Diana, con un arroyo que representa al río Peneios. El emperador hizo construir bajo tierra una imaginativa reproducción de los infiernos, con túneles subterráneos que unían distintas partes de la villa.

Columnas jónicas en los baños de la villa de Adriano

Asolada por los bárbaros que acamparon aquí en los siglos VI y VIII, la villa cayó en el abandono. Se usó su mármol para fabricar argamasa, y los anticuarios renacentistas contribuyeron posteriormente a su destrucción. Las estatuas encontradas en la excavaciones están expuestas en museos por toda Europa; incluidos los Museos Vaticanos *(ver p. 238)*.

Ostia Antica ㉒

Viale dei Romagnoli 717. A 25 km al suroeste de Roma. ***Tel*** *06 56 35 80 99.* M *Piramide, después tren desde la estación Porta de San Paolo.*
Excavaciones y museo *abiertos* *8.30-18.00 ma-do (hasta 16.30 nov-feb, hasta 17.30 mar).*
Cerrados *1 ene, 1 may, 25 dic.*
Previo pago.
www*.ostiantica.info*

Ruinas cerca del teatro de Ostia

En tiempos de la República, Ostia Antica era el principal puerto comercial de Roma y una base militar para defender la costa y la desembocadura del Tíber. El puerto siguió floreciendo durante el Imperio, a pesar del desarrollo de Portus, un nuevo puerto al noroeste, en el siglo II d.C. El declive de Ostia comenzó en el siglo IV, coincidiendo con el del comercio. La situación se agravó cuando brotó una epidemia de malaria en el puerto y en la ciudad; esta última, que en otro tiempo tuvo hasta 100.000 habitantes, quedó abandonada.

Enterrada bajo la arena durante siglos, la ciudad se halla muy bien preservada. El emplazamiento es menos espectacular que el de Pompeya o Herculano, porque la desaparición de Ostia fue gradual, pero da una idea más acertada de cómo era la vida en los días del Imperio. Gentes de todas las clases sociales y partes del Mediterráneo vivían aquí.

Se puede apreciar la disposición de las calles de Ostia de un solo vistazo. La calzada principal que atraviesa la ciudad, Decumanus Maximus, debió de estar llena de ciudadanos y esclavos caminando apresurados y apartándose del camino de los carros que circulaban constantemente, mientras que los comerciantes dirigían sus negocios bajo los pórticos situados a ambos lados de la calle. Las plantas de los edificios públicos son fáciles de identificar. Muchos eran casas de baños, como los de Cisiarii y los de Neptuno, llamados así por sus bellos mosaicos blancos y negros.

Junto al teatro restaurado, tres máscaras de gran tamaño, originalmente parte de la decoración del escenario, han sido colocadas sobre grandes bloques de piedra. Bajo los arcos de ladrillo, que soportaban las gradas de asientos, había tabernas y tiendas. En verano se representan aquí obras de los clásicos.

El curso del Tíber ha cambiado considerablemente desde que Ostia era el puerto de Roma. En otro tiempo fluía al norte de la Piazzale delle Corporazioni, la plaza que se halla detrás del teatro. Las corporaciones estaban formadas por los gremios de los distintos oficios que tenían que ver con la navegación: curtidores, fabricantes de cuerdas, constructores de barcos y comerciantes de madera. Había aproximadamente 60 o 70 establecimientos en torno a la plaza, y aún se conservan mosaicos que muestran escenas de la vida cotidiana en el puerto con los símbolos y los nombres de las distintas corporaciones.

Máscara de teatro

También existían oficinas de propietarios de barcos y sus agentes en lugares tan lejanos como Túnez, el sur de Francia, Cerdeña y Egipto. En una de ellas, que perteneció a un mercader de África del sur, se encuentra un delicioso mosaico con un elefante.

La mayoría de las naves traía grano de África, gran parte del cual se distribuía gratuitamente para aplacar al pueblo en los momentos de crisis. Aunque tan sólo los hombres tenían derecho a una *annona* o ración de trigo, hubo momentos en que el número

Pintura mural que representa una nave cargando grano

de necesitados ascendía a 300.000. En el centro de la plaza había un templo, probablemente dedicado a Ceres, diosa de la cosecha. Entre los edificios excavados existen varios almacenes de gran tamaño donde se guardaba el grano antes de embarcarlo a Roma.

El Decumanus conduce al Foro y al templo principal de la ciudad, erigido por Adriano en el siglo II d.C. y dedicado a Júpiter, Juno y Minerva. Se trata de un rincón romántico y solitario, y al visitarlo ahora cuesta

Mosaico de una nereida y un monstruo marino en la casa de Dioscuri

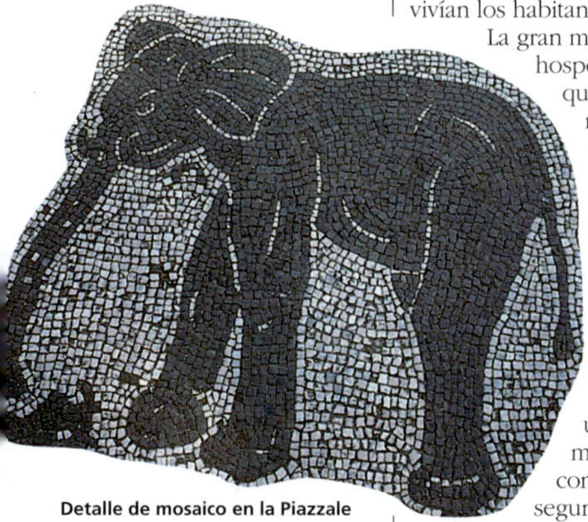

Detalle de mosaico en la Piazzale delle Corporazioni

imaginar el Foro como un centro de actividad incesante, donde se administraba justicia y los oficiales se reunían a discutir los asuntos de la ciudad. Lejos de la calle principal se encuentran los edificios en los que vivían los habitantes de Ostia.

La gran mayoría se hospedaba en bloques de apartamentos de tres o cuatro pisos de alto, llamados *insulae*. Variaban en cuanto a lujo y decoración. La casa de Diana era una de los más elegantes, con terraza en el segundo piso, baño privado y un patio central con una cisterna donde los inquilinos acudían a por agua.

Alrededor del piso inferior se hallaban las tiendas, tabernas y bares donde se vendían comidas y bebidas. En el bar de la casa de Diana puede verse el mostrador de mármol empleado por los clientes que compraban salchichas y vino con miel.

Los más adinerados disponían de casas independientes *(domus)*, como la casa de Dioscuri, que tiene mosaicos policromados, y la de Cupido y Psique, llamada así por la encantadora estatua encontrada en ella. Ésta puede verse ahora en el Museo Ostiense, cerca del Foro, junto con otras esculturas y bajorrelieves hallados en Ostia.

Entre las casas y tiendas figuran otros fascinantes edificios, como una lavandería o los barracones de bomberos.

Las religiones practicadas en Ostia reflejan la naturaleza cosmopolita del puerto. Hay 18 templos dedicados al dios persa Mitra, así como una sinagoga judía que data de del siglo I d.C. y una basílica cristiana. Una placa en un hotel conmemora la muerte de la madre de san Agustín, en el 387 d.C.

Y ADEMÁS...

Anagni FS *Desde Termini (60 min), después autobús local o largo paseo.* Pueblo situado en una colina, con un palacio papal, famoso por su catedral románica.

Bracciano FS *Desde Termini o Tiburtina (90 min).* *Desde Lepanto, en la línea A de metro (autobús 90 min).* Lago volcánico con pueblos y colinas. Ideal para pasear o visitar el castillo de Orsini. Natación en verano.

Cerveteri FS *Desde Termini, Tiburtina u Ostiense a Cerveteri-Ladispoli, luego autobús local (70 min).* *Desde Lepanto, en la línea A de metro (autobús 80 min).* Una de las grandes ciudades etruscas. Necrópolis.

Nemi *Desde Anagnina, en la línea A de metro (autobús 60 min).* Encantador pueblecito junto a un lago volcánico en Castelli Romani. Famoso por su vino y fresas.

Palestrina *Desde Anagnina, en la línea A de metro (autobús 70 min).* Impresionante santuario romano dedicado a Fortuna. Museo y destaca su mosaico del Nilo.

Pompeya FS *a Nápoles, luego tomar el tren local (170 min).* *Excursiones especiales en autobús organizadas por agencias.* Excavaciones de la próspera ciudad romana destruida tras una erupción del Vesubio en el 79 d.C.

Subiaco *Desde Ponte Mammolo, en la línea B de metro (autobús 120 min).* Lugar de nacimiento de san Benedicto. Dos monasterios.

Tarquinia FS *Desde Termini u Ostiense (180 min).* *desde Lepanto, en la línea A de metro. Transbordo en Civitavecchia (150 min).* Magnífica colección de objetos y frescos etruscos procedentes de la necrópoli.

Viterbo FS *Desde Ostiense (c. 100 min) o tren desde Roma Nord, Piazzale Flaminio, en la línea A de metro (120 min).* *Desde Saxa Rubra en tren (autobús 90 min).* Barrio medieval, palacio papal y museo arqueológico dentro de las murallas del siglo XIII.

NUEVE PASEOS

Roma es una excelente ciudad para pasear. Las distancias entre los principales lugares de interés pueden muy bien recorrerse a pie; muchas de las calles son peatonales. Y cuando se canse, siempre podrá darse un respiro en uno de los numerosos y confortables cafés de Piazza Navona o Campo de' Fiori. Si le interesa la arqueología, vaya hacia el Foro *(ver pp. 76-87)* y el Palatino *(ver pp. 96-101)*, alejándose del bullicioso centro de Roma e internándose en otro mundo de ruinas y frondosos pinos.

Ángel de Bernini en el Ponte Sant'Angelo

El primero de los nueve paseos sugeridos conduce hasta los barrios ubicados a ambos lados del Tíber. El segundo, que recorre la Via Giulia, le proporcionará una intensa impresión de la ciudad renacentista. Los tres paseos siguientes ofrecen cada uno un atractivo diferente. Un acercamiento a la gloria de la Antigua Roma a través de los arcos de triunfo de los distintos emperadores; la visita a las iglesias cristianas, con mosaicos bien conservados, y un recorrido por las obras maestras de Bernini.

El sexto paseo le llevará a lo largo de la calzada romana más famosa, la Via Appia Antica, algunos de cuyos tramos siguen intactos 2.000 años después de su construcción.

En el séptimo itinerario se descubren algunos de los lugares más misteriosos, entre ellos el parque favorito del emperador Nerón. El siguiente recorrido discurre por las callejuelas del Trastevere con unas vistas muy románticas desde el Gianicolo. El último paseo recorre las iglesias y ruinas antiguas en torno al tranquilo y frondoso Aventino.

ELEGIR UN PASEO

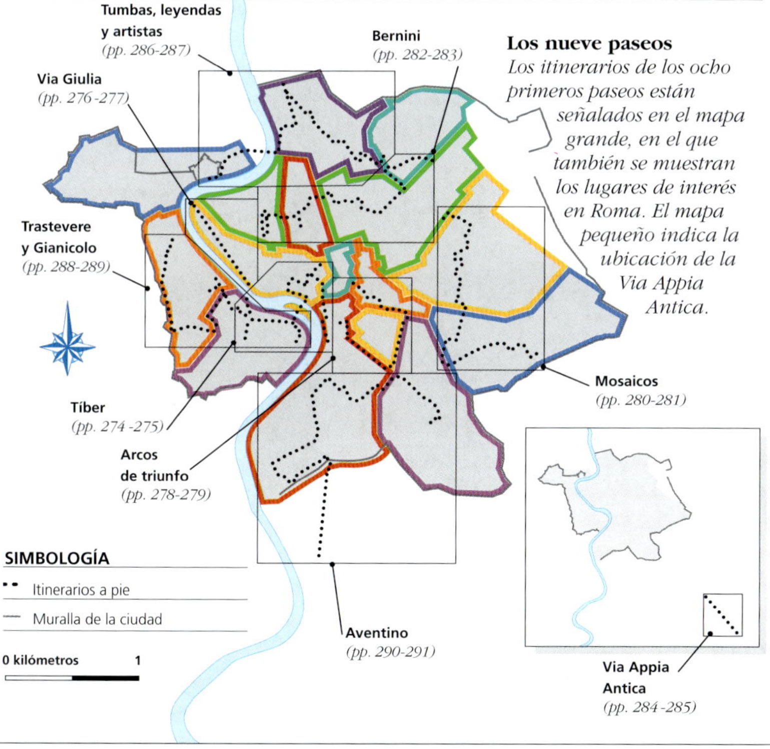

Los nueve paseos
Los itinerarios de los ocho primeros paseos están señalados en el mapa grande, en el que también se muestran los lugares de interés en Roma. El mapa pequeño indica la ubicación de la Via Appia Antica.

◁ **Paseando por el Ponte Sant'Angelo**

Un paseo de 2 horas por las orillas del Tíber

Roma debe su existencia al Tíber, ya que la ciudad creció en torno a un tramo fácilmente vadeable, donde se desarrolló un mercado. Pero el río podía ser también una amenaza: caudaloso y poco profundo, se desbordaba cada invierno hasta que en 1870 se inició la construcción en Lungotevere de diques a ambas orillas.

Desde ellos se disfrutan magníficas vistas. Este paseo también explora los barrios a lo largo del río, en especial el gueto judío y el Trastevere, que han sabido conservar en gran parte su carácter de épocas pasadas.

Santa Maria in Cosmedin ①

Desde el puerto viejo hasta la Via dei Funari

Desde la iglesia de Santa Maria in Cosmedin ① *(ver p. 202)*, cruce la plaza hasta los templos del Forum Boarium ② *(ver p. 203)*. Éste era el mercado de ganado cerca del puerto de la ciudad. El río aquí conserva dos estructuras procedentes de la Antigua Roma: la entrada a la cloaca Máxima ③, gran sistema de alcantarillado de la ciudad, y un arco de un puente en ruinas, más conocido como el Ponte Rotto ④. En la Via Petroselli se alza la extraordinaria casa medieval de Crescenzi ⑤ *(ver p. 203)*, decorada con fragmentos de templos romanos. Tras pasar frente a la moderna Anagrafe (oficina de registros) ⑥, construida en el emplazamiento del antiguo puerto romano, se llega a San Nicola in Carcere ⑦ *(ver p. 151)*.

Se encuentra usted ahora en el foro Olitorio, antiguo mercado de verduras romano. Al este se alzan las ruinas de un pórtico romano y la casa medieval de la familia Pierleoni. Diríjase al gran Teatro di Marcello ⑧ *(ver p. 151)* y busque las tres columnas corintias del templo de Apolo junto a él.

Vaya a la Piazza Campitelli y camine hasta Santa Maria in Campitelli ⑨ *(ver p. 151)*. La iglesia se construyó en honor a la Virgen después de que, supuestamente, acabara con una epidemia de peste en 1656.

La *piazza* del siglo XVI fue el hogar de Flaminio Ponzio, su arquitecto, quien vivió en el nº 6. Luego tome la Via dei Delfini hasta Piazza Margana y, una vez allí, no olvide admirar la torre de la familia Margani ⑩. Vuelva sobre sus pasos y suba por la Via dei Funari hasta Santa Caterina dei Funari ⑪, para contemplar su fachada del siglo XVI.

Arco del Ponte Rotto ④

El gueto

Desde la Piazza Lovatelli tome la Via Sant'Angelo in Pescheria, que conduce al pórtico en ruinas de Octavia ⑫ *(ver p. 152)* en el gueto judío *(ver p. 152)*. El pórtico romano, otrora mercado de pescado, alberga la iglesia de Sant'Angelo in Pescheria. Busque la placa de mármol de la fachada: peces más grandes que éstos se entregaban a los gobernadores de la ciudad *(conservatori)*.

A continuación diríjase al gueto; dos restos de columnas se alzan delante de una puerta realizada con fragmentos de esculturas romanas.

Altar Mayor de Santa Maria in Campitelli ⑨

Las estrechas calles y deteriorados edificios de la Via del Portico d'Ottavia son típicos de la Antigua Roma: fíjese en la Casa di Lorenzo Manilio ⑬ *(ver p. 152)* y gire por la Via del Progresso, pasando por el Palazzo Cenci ⑭ *(ver p. 152),* en dirección al río. En Lungotevere deje atrás la sinagoga ⑮ *(ver p. 152)* y visite la iglesia de San Gregorio ⑯. Aquí estaban las puertas del gueto.

Relieve clásico de Medusa sobre la entrada del Palazzo Cenci ⑭

Cruzando el río hacia el Trastevere

Al cruzar la isla del Tíber *(ver p. 153)* por el Ponte Fabriccio, con sus dos cabezas de piedra, podrá disfrutar de una buena perspectiva del río en ambas direcciones. Una vez en la isla, no se pierda la torre Pierleoni ⑰ o la iglesia de San Bartolomeo all'Isola ⑱.

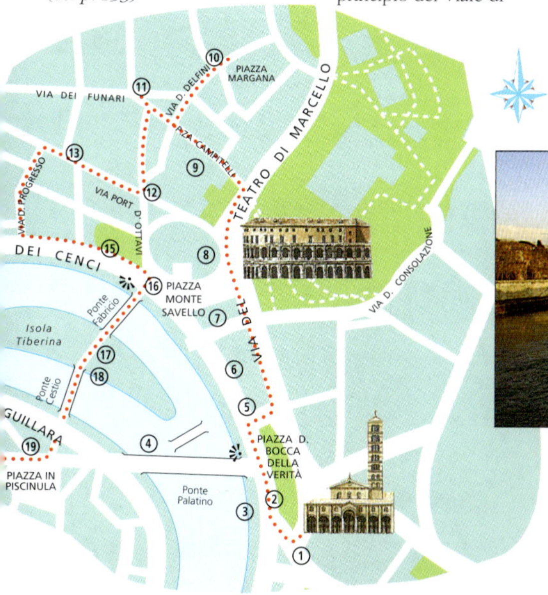

Trastevere

Conforme se dirige al Trastevere podrá ver la casa medieval de la poderosa familia Mattei ⑲, con sus fragmentos de antiguas esculturas. Más allá, la Piazza in Piscinula y las calles adyacentes conservan mucho del antiguo espíritu del Trastevere. Camine hacia el principio del Viale di Trastevere en Piazza Belli. Tras cruzar la calle vuelva la vista a la torre medieval de Anguillara ⑳ y la estatua en honor al poeta Gioacchino Belli ㉑ *(ver p. 209).*

Piazza in Piscinula, viejo Trastevere

Cuando descienda por la Via della Lungaretta hacia Piazza Santa Maria in Trastevere, no se pierda la vieja farmacia situada en el nº 7. En la *piazza,* frente a la magnífica iglesia de Santa Maria in Trastevere ㉒ *(ver pp. 212-213),* reina una animada atmósfera, y los escalones de la fuente son un popular punto de reunión. Retroceda hasta la Via del Moro, que conduce a la Piazza Trilusa, con su fuente de Acqua Paola ㉓, para salir otra vez a la orilla del río. Admire, cercana a la fuente, la estatua del poeta Trilussa, quien escribía en el dialecto local. Desde Ponte Sisto ㉔ *(ver p. 210)* vuelva la vista atrás hacia la isla del Tíber, y, más allá, al campanario medieval de Santa Maria in Cosmedin.

Isla del Tíber

0 metros 250

ALGUNOS CONSEJOS

Punto de partida: *Piazza della Bocca della Verità.*
Recorrido: *3,5 km.*
Cómo llegar: *los autobuses 23, 44, 81, 160, 280, 628, 715 y 716 paran cerca de Santa Maria in Cosmedin.*
Hora ideal para pasear: *resulta muy romántico por las noches, pero es agradable durante el día.*
Altos en el camino: *tanto la Piazza Campitelli como la Margana tienen buenos y elegantes restaurantes y en la Via del Portico d'Ottavia hay restaurantes y una panadería. La Isla del Tíber cuenta con un bar y el famoso restaurante Sora Lella* (ver p. 320). *En Viale Trastevere hay bares y pizzerías, y las terrazas de la Piazza Santa Maria in Trastevere son muy agradables.*

SIMBOLOGÍA

••• Itinerario sugerido

Punto panorámico

Un paseo de 1 hora por la Via Giulia

Realizada por Bramante para el papa Julio II a principios del siglo XVI, la Via Giulia fue una de las primeras avenidas renacentistas en atravesar el entramado de calles medievales romanas. Los planos originales incluían unos nuevos tribunales en la *piazza* central, pero el proyecto se abandonó por falta de fondos. En la calle hay numerosas tiendas de antiguedades y restauración, y en las noches de verano se ilumina con lámparas de aceite; sus claustros y patios constituyen el escenario ideal para una temporada especial de conciertos.

Capitel barroco en la fachada de Sant'Eligio degli Orefici ⑦

Desde Lungotevere hasta el Largo della Moretta

Si sale desde Lungotevere dei Tebaldi ①, en el extremo oriental de la Via Giulia, verá unos arcos ② que atraviesan la calzada. Se trata del inicio de un proyecto de Miguel Ángel para unir el Palazzo Farnese y sus jardines *(ver p. 147)* con la Villa Farnesina *(ver pp. 220-221)*, al otro lado del río.

Justo antes de llegar a los arcos, a su izquierda se halla la curiosa Fontana del Mascherone ③, fuente barroca de granito que muestra una máscara grotesca.

Detrás de los arcos, a la izquierda, se encuentra la iglesia de Santa Maria dell'Orazione e Morte ④ *(ver p. 147)*. Un poco más adelante, en el mismo lado de la calzada, se alza el Palazzo Falconieri ⑤, ampliado por Borromini en 1650. Fíjese en los dos halcones que se miran mutuamente desde ambos flancos de la fachada. Al otro lado de la carretera verá el frente amarillento de Santa Caterina di Siena ⑥, iglesia de la colonia sienesa en Roma, con bellos relieves del siglo XVIII. Las figuras de Rómulo y Remo simbolizan Roma y Siena –existe una leyenda según la cual la ciudad de Siena fue fundada por el menos afortunado de los gemelos–. Tras dejar atrás una corta calle que conduce a Sant'Eligio dei Orefici ⑦ *(ver p. 148)* y al Palazzo Ricci ⑧ *(ver p. 149)*, llegará a una zona donde se hallan unos edificios medio derruidos, alrededor de la iglesia en ruinas de San Filippo Neri ⑨, llamada Vicolo della Moretta. Si mira a la derecha, hacia el río, divisará el Ponte Mazzini y la prisión de Regina Coeli al otro lado del Tíber. Una vez aquí, tome un pequeño desvío a la derecha hasta la Via del Pellegrino, donde hay una inscripción ⑩ que señala el *pomerium* o límite de la ciudad en los días del emperador Claudio.

Relieve de Rómulo y Remo en Santa Caterina di Siena ⑥

Fontana del Mascherone ③

Desde Largo de la Moretta a los "sofás de Via Giulia"

Más adelante, frente al Vicolo de Malpasso, se encuentran las prisiones o Carceri Nuove ⑪, construidas por el papa Inocencio X Pamphilj en 1655. Cuando se inauguraron eran un claro ejemplo de trato humanizado del prisionero, pero fueron reemplazadas por la prisión de Regina Coeli, al otro lado del Tíber, en el siglo XIX. Los edificios albergan hoy el Ministerio de Justicia y el pequeño Museo del Crimen.

En la esquina de la Via del Gonfalone se pueden ver parte de los cimientos de los tribunales ideados por Julio II.

SIMBOLOGÍA

••• Itinerario sugerido

Punto panorámico

0 metros 250

Arcada Farnese en Via Giulia, proyectada por Miguel Ángel ②

Al bajar la calle se encuentra el pequeño oratorio di Santa Lucia del Gonfalone ⑫, donde a menudo se celebran conciertos.

La siguiente fachada de interés corresponde a Santa Maria del Suffragio ⑬, a la izquierda, construida por Carlo Rainaldi en el siglo XVII. En el mismo lado está San Biagio degli Armeni ⑭, la iglesia armenia de Roma. Los romanos se refieren a ella como San Bagio della Pagnotta (rebanada de pan). El apodo le viene por la tradición de distribuir pan entre los pobres a la puerta de la iglesia en el día de su santo patrón.

En la esquina hay más bloques de piedra procedentes de los cimientos de los tribunales proyectados por Julio II, conocidos como los "sofás de Via Giulia" por su forma peculiar.

El barrio Florentino

Su siguiente parada debería ser el imponente Palazzo Sacchetti en el nº 66 ⑮. Fue un día la residencia de Antonio da Sangallo el Joven, pero propietarios posteriores la ampliaron considerablemente. En el patio porticado hay una Virgen del siglo XV y un llamativo relieve romano del siglo III d.C. Frente al Palazzo Sachetti, fíjese en la bella puerta renacentista del Palazzo Donarelli ⑯. La casa del siglo XVI, en el nº 93, está ricamente decorada con estuco y escudos de armas ⑰. El nº 85 corresponde a otro típico palacio renacentista ⑱. Existe la leyenda que, al igual que otras casas del mismo periodo, perteneció un día a Rafael. El Palazzo Clarelli ⑲ fue construido por Antonio da Sangallo el Joven como residencia propia. La inscripción sobre la puerta lleva el nombre del duque Cosimo II de Medici, cuya familia lo compraría más tarde.

Detalle de un lateral de la puerta de Santa Maria del Suffragio ⑬

Placa en honor de Antonio da Sangallo en el Palazzo Sacchetti ⑮

Toda esta zona estuvo habitada un tiempo por una culta próspera colonia florentina, que poseía sus propios molinos de agua a la ribera del río Tíber.

Su iglesia nacional es la de San Giovanni dei Fiorentini ⑳ *(ver p. 153)*, que corona el final de la Via Giulia. Muchos artistas y arquitectos florentinos de la época colaboraron en su realización, entre ellos Sangallo y Jacopo Sansovino.

Escudo de armas del papa Pablo III Farnese en la fachada de Via Giulia nº 93 ⑰

ALGUNOS CONSEJOS

Punto de partida: *Lungotevere dei Tebaldi, junto al Ponte Sisto.*
Recorrido: *1 km.*
Cómo llegar: *el 116 recorre Via Giulia, o tome el autobús 46, 62 o 64 hasta el Corso Vittorio Emanuele II y luego camine por la Via dei Pettinari, o bien tome el autobús 23 o 280, que recorren el Lungotevere.*
Hora ideal para pasear: *en verano la calle se ilumina con lámparas de aceite; durante Navidad, en los escaparates se exhiben nacimientos.*
Altos en el camino: *en Via Giulia los bares se hallan en los nºs 18 y 84. Los de Campo de' Fiori son mejores, con mesas al aire libre. Hay un restaurante de pescado frito en la Piazza Santa Barbara dei Librai (cierra do).*

Un paseo de 90 minutos por los arcos de triunfo

El mayor legado de Roma a la arquitectura fue el arco, y el tributo más alto rendido por los romanos a sus generales victoriosos, el arco de triunfo. En la época imperial se erigían constantemente para conmemorar el triunfo en las campañas de un determinado emperador, promoviendo así el culto a su persona y asegurando su futura divinización. Bajo ellos marchaban espectaculares desfiles, en los que los generales victoriosos, aclamados por la multitud, conducían sus carros hasta el Capitolio, acompañados por sus legiones portadoras del botín de las campañas.

Parte de la Via Sacra, donde antaño estaba el arco de Augusto ③

Arcos del Foro

Este paseo por el Foro y alrededores del Palatino incluye tres de los grandes arcos de triunfo romanos y otros dos más modestos,

Relieve de cautivos bárbaros en el arco de Septimio Severo ①

empleados como centros de negocios. La ruta empieza en el del emperador Septimio Severo ① y sus hijos, Geta y Caracalla, *(ver p. 83)* en el Foro. Erigido en el 203 d.C., conmemora una campaña victoriosa en Oriente Próximo. Ocho años más tarde, cuando Caracalla ordenó matar a su hermano, se quitó el nombre de Geta de la inscripción.

Busque los relieves que muestran episodios de las campañas. Se trata probablemente de los equivalentes escultóricos a las pinturas que ilustran las hazañas del general, y que eran paseadas públicamente durante el desfile. A la derecha, los habitantes de una ciudad fortificada se rinden ante las tropas romanas. En la parte inferior hay frisos de menor tamaño que muestran la procesión triunfal.

Diríjase hacia el este y llegará a las ruinas del templo de Julio César ②. Fue construido por Augusto en el 29 a.C., en el mismo lugar donde el cuerpo de César fue incinerado tras el famoso discurso de Marco Antonio. Muy cerca se hallan las ruinas de uno de los arcos dedicados a Augusto ③, que atraviesa la Via Sacra entre el templo de Cástor y Pólux ④ *(ver p. 84)* y el de César. Este arco, erigido después de que Augusto derrotara a Marco Antonio y Cleopatra, fue derruido en 1545, y sus materiales se emplearon en la construcción del nuevo San Pedro. Desde aquí vaya colina arriba hasta el arco de Tito ⑤ *(ver p. 87)*, de estilo más sobrio que el de Septimio Severo. Fíjese

Capitel del templo de Cástor y Pólux ④

ALGUNOS CONSEJOS

Punto de partida: *Foro Romano, entrada por Largo Romolo e Remo o la Via dei Fori Imperiali.*
Recorrido: *2,5 km.*
Cómo llegar: *la estación de metro más cercana es Colosseo, línea B. Los autobuses 84, 85, 87, 117, 175, 186, 810, 850 tienen parada en la Via dei Fori Imperiali, cerca de la entrada al Foro.*
Hora ideal para pasear: *cualquier momento dentro del horario de apertura del Foro (ver p.82).*
Altos en el camino: *existen varios bares y restaurantes que dan al Coliseo. En la Via del Cerchi hay un pequeño bar, y otro más elegante en la Piazza San Giovanni Decollato (cerrado do). Para comer pruebe en Alvaro al Circo Massimo (cerrado lu), en la Via di San Teodoro.*

SIMBOLOGÍA

- ··· Itinerario sugerido
- Punto panorámico
- M Estación de metro

0 metros 250

Arco de Tito en una acuarela del siglo XIX , del artista inglés Thomas Hartley Cromek ⑤

en la inscripción antes de admirar los bajorrelieves. Éstos muestran a las legiones romanas llevando el botín procedente de la conquista de Jerusalén: heraldos con placas mostrando los nombres de ciudades desaparecidas y Tito victorioso en su carro de batalla.

La familia medieval de los Frangipane convirtió el Coliseo en una fortaleza inexpugnable, añadiendo el arco de Tito a sus fortificaciones. Observe las señales en su interior producidas por las ruedas de carros; indican el crecimiento del nivel del Foro antes de que fuera finalmente excavado en los siglos XVIII y XIX. Muchos de los carros que pasaban bajo el arco debían de llevar materiales procedentes de las numerosas ruinas del Foro.

Arco de Constantino

Abandone el Foro descendiendo por la colina en dirección al Coliseo ⑥ *(ver pp. 92-95)* y al cercano arco de Constantino ⑦ *(ver p. 91)*. Este arco, construido apresuradamente para conmemorar la victoria del emperador sobre su rival Majencio en el 312 d.C., es una amalgama de relieves de otros periodos. Deténgase en la Via di San Gregorio y compare los paneles superiores (180-193 d.C.) con las escenas de batallas sobre los arcos más pequeños, esculpidas en el 315 d.C. En las figuras de los soldados, diminutas, se puede observar la transición del clasicismo a un estilo medieval de escultura más naturalista.

Arcos de Domiciano, extensión del acueducto de Claudio ⑨

A continuación camine por la Via di San Gregorio, ruta que seguían la mayor parte de las procesiones triunfales. Al dejar la entrada al Palatino ⑧ y los bien conservados arcos del acueducto de Claudio ⑨ a la derecha, llegará a la Piazza di Porta Capena ⑩, llamada así por la que antaño en este lugar señalaba el comienzo de la Via Appia *(ver p. 284)*. Tras rodear el Palatino por su parte posterior, tome la Via dei Cerchi, que discurre paralela a la zona verde que hay en torno al circo Máximo ⑪ *(ver p. 205)*.

Arcos del Forum Boarium

Una vez llegue a la iglesia de Sant'Anastasia ⑫, gire a la derecha por la via di San Teodoro, y después a la izquierda por la Via del Velabro. En esta calle se encuentra el arco de cuatro lados de Jano ⑬ *(ver p. 202)*, erigido en el siglo III d.C. No se trata de un arco triunfal, sino de un espacio cubierto donde los mercaderes podían protegerse del sol y la lluvia mientras discutían de negocios. En la Edad Media la familia Frangipane lo convirtió en fortaleza.

Semioculta al lado de la cercana iglesia de San Giorgio in Velabro ⑭ *(ver p. 202)* se halla lo que parece una gran puerta rectangular. Se trata del arco degli Argentari, o de los Prestamistas ⑮. Fíjese en la inscripción, que dice que fue erigido por los orfebres locales en honor de Septimio Severo y su familia en el 204 d.C. Al igual que en el arco de triunfo de dicho emperador, el nombre de Geta fue mandado borrar por su hermano y verdugo Caracalla. La figura de Geta también ha desaparecido de los paneles interiores del arco. El triunfo en la Roma imperial podía ser algo efímero.

Arco de cuatro lados de Jano, en el Foro Boarium ⑬

Un paseo de 3 horas para ver los mejores mosaicos

A imitación de las salas de audiencia de los palacios imperiales, las primeras iglesias cristianas de Roma estaban decoradas con mosaicos de vivos colores. Se hacían a partir de cuadrados de mármol, piedra policromada y fragmentos de cristal. Para crear un fondo dorado se colocaba una lámina de oro entre dos trozos de vidrio, que a continuación se calentaban hasta que se fundían. Los colores y objetos representados proporcionaban a los fieles la visión del reino celestial del Rey de Reyes. Este paseo recorre algunas de las iglesias que contienen los más bellos mosaicos.

Mosaico del ábside en la capilla de Santa Rufina ③

San Juan de Letrán
Empiece su paseo en la Piazza di Porta San Giovanni, donde podrá visitar el mosaico restaurado del Triclinio Leoniano *(ver p. 179)*. Originalmente en la sala de banquetes de León III (Papa entre 795 y 816) ①, que muestra a Cristo entre los apóstoles. A la izquierda están el pontífice Silvestre y el emperador Constantino; a la derecha, el papa León y

Obelisco y fachada lateral de San Juan de Letrán ②

Carlomagno justo antes de que éste fuera coronado emperador de los romanos, en el 800 d.C. Dentro de la iglesia de San Juan de Letrán ② *(ver pp. 182-183)*, el mosaico del ábside del siglo XIII muestra a Cristo tal y como se apareció milagrosamente durante la consagración de la iglesia. En los paneles de las ventanas se hallan las pequeñas figuras de dos frailes franciscanos: son los artistas Jacopo Torriti (izquierda) y Jacopo Camerino (derecha). Salga por la puerta de la derecha, junto al espléndido órgano del siglo XVI y diríjase hacia el baptisterio octogonal de San Juan ③; la capilla de Santa Rufina, en su interior, posee un bello mosaico en el ábside en colores verde, azul y oro que data del siglo V. En la vecina capilla de San Venancio, unos mosaicos dorados del siglo XVII reflejan la influencia de la Iglesia oriental en esta época.

De Santo Stefano Rotondo a San Clemente
Abandone la *piazza* por la estrecha calle que conduce a la iglesia circular de Santo Stefano Rotondo ④ *(ver p. 185)*. Una de sus capillas posee un mosaico bizantino del siglo VII que honra a dos mártires sepultados aquí. Más allá, en la Piazza della Navicella, se encuentra la iglesia de Santa Maria in Domnica ⑤ *(ver p. 193)*. Alberga los soberbios mosaicos encargados por el papa Pascal I, quien dio un nuevo ímpetu a su producción en el siglo IX. El Pontífice está representado de rodillas junto a la Virgen. Al salir de la iglesia fíjese en la fachada de San Tommaso in Formis ⑥, con un encantador mosaico de Cristo entre dos libertos, uno blanco y otro negro, que

Mosaico del baptisterio de San Giovanni ③

Interior del baptisterio de San Juan ③

data del siglo XIII. Desde aquí, encamínese colina arriba, pasando por la iglesia de Santi Quattro Coronati ⑦ *(ver p. 185)*, hasta la fascinante de San Clemente ⑧ *(ver pp. 186-187)*. Su mosaico del ábside del siglo XII representa a la Cruz sobre un fondo de hojas de acanto. Destacan también los mosaicos del suelo.

El Colle Oppio

Deje atrás la antigua entrada de la iglesia, atraviese la Via Labicana y camine colina arriba hasta el pequeño parque de Colle Oppio ⑨, con estupendas vistas del Coliseo, la Domus Aurea de Nerón ⑩ *(ver p. 175)* y las termas de Trajano ⑪. Al otro lado del parque está San Martino ai Monti ⑫ *(ver p. 170)*, que posee un retrato en mosaico del siglo XVI del papa Silvestre, cerca de la cripta, y Santa Prassede ⑬ *(ver p. 171)*. Aquí, en la capilla de San Zenón, se encuentran los mosaicos bizantinos más importantes de Roma, vestigio de los fabulosos existentes en Rávena. El papa Pascual I erigió la capilla como mausoleo para su madre, Teodora. El ábside y arco de triunfo de la iglesia también contienen espléndidos mosaicos. A continuación vaya a Santa María la Mayor ⑭, y colóquese junto a la columna del centro de la *piazza* para admirar los existentes en la fachada del siglo XVI realizados por Filippo Rusuti. En el interior, los del siglo V de la nave representan algunas escenas del Antiguo Testamento, mientras que el arco de triunfo muestra episodios relacionados con el nacimiento de Cristo, entre ellos uno de los tres Reyes Magos con calcetines de rayas.

Salga de Santa María, deje atrás el obelisco ⑮ de la plaza situada detrás de la iglesia y baje la colina hasta la Via Urbana y Santa Pudenziana ⑯ *(ver p. 171)*. Las figuras del mosaico del ábside, uno de los más antiguos de Roma (390 d.C.), son notables por su naturalismo. Las dos mujeres con coronas han sido identificadas como Santa Prassede y Santa Pudenziana. Al salir de la iglesia podrá volver sobre sus pasos hasta Santa María la Mayor o bajar Via Urbana hasta la estación de metro de Via Cavour.

Mosaico de Santa Prassede ⑬

Friso del siglo XI sobre la puerta de Santa Prudenziana ⑯

SIMBOLOGÍA

- Itinerario sugerido
- Muralla de la ciudad
- Punto panorámico
- Estación de metro

0 metros 250

ALGUNOS CONSEJOS

Punto de partida: *Piazza di Porta San Giovanni.*
Recorrido: *3,5 km.*
Cómo llegar: *la estación de metro más cercana es San Giovanni en la línea A, en Piazzale Appio, justo a la puerta de San Juan. Los autobuses 16, 81, 85, 87, 650 y 850 y el tranvía 3 tienen parada en frente de San Juan de Letrán, mientras el 117 y 218 tienen parada en la esquina en Piazza San Giovanni in Laterano.*
Hora ideal para pasear: *es mejor ir por la mañana y disponer así de más luz para admirar los mosaicos.*
Altos en el camino: *los bares y restaurantes de la Piazza del Colosseo son un popular punto de encuentro entre artistas. En el Parco del Colle Oppio existe un pequeño café con mesas. Alrededor de Santa María la Mayor hay varios cafés, algunos con mesas al aire libre.*

Un paseo de 2 horas por la Roma de Bernini

Gian Lorenzo Bernini (1598-1680) es, probablemente, el artista que ha dejado una huella más profunda sobre la imagen de Roma. Fue el arquitecto, escultor y urbanista favorito de tres Papas sucesivos y convirtió Roma en una ciudad especialmente barroca. Este paseo rastrea su enorme influencia en el desarrollo y aspecto de la ciudad. Se inicia en el animado Largo di Santa Susanna, al norte de la estación Termini, en la iglesia de Santa Maria della Vittoria.

Fachada de Santa Maria in Via ⑬

Fontana del Tritone ②

A través de Piazza Barberini

En Santa Maria della Vittoria ① *(ver p. 255)* se encuentra la capilla Cornaro, marco de una de las esculturas más revolucionarias y controvertidas de Bernini, el *Éxtasis de santa Teresa* (1646). Desde aquí tome la Via Barberini hasta Piazza Barberini. En el centro de ésta se halla la espectacular Fontana del Tritone ② *(ver p. 254)* y, a un lado, la más modesta Fontana delle Api ③ *(ver p. 254)*. Conforme ascienda por la Via delle Quattro Fontane avistará el Palazzo Barberini ④ *(ver p. 255)*, construido por Bernini y otros artistas para el papa Urbano VIII. La puerta y las cornisas están decoradas con las abejas que formaban parte del escudo Barberini.

A continuación vaya al cruce donde se halla Le Quattro Fontane ⑤ *(ver p. 162)* y disfrute de las espléndidas vistas en todas las direcciones.

Tras pasar por la diminuta San Carlo alle Quattro Fontane ⑥ *(ver p. 161)*, construida por el rival de Bernini, Borromini, tome la Via del Quirinale. La extensa ala del Palazzo del Quirinale ⑦ *(ver p. 158)*, apodada Manica Lunga (Manga Larga), es obra de Bernini. Al otro lado de la carretera destaca la fachada de Sant'Andrea al Quirinale ⑧ *(ver p. 161)*, una de las grandes iglesias del artista. Cuando llegue a la Piazza del Quirinale ⑨ no olvide admirar la puerta del *palazzo*, atribuida también a él. Desde la *piazza*, baje las escaleras hasta la Via della Dataria, para seguir por el Vicolo Scanderberg hasta llegar a la plaza del mismo nombre ⑩. Scanderberg era el apodo del príncipe albanés Giorgio Castriota (1403-1468), el "Terror de los turcos".

La Fontana di Trevi

Camine por el Vicolo dei Modelli ⑪, donde los artistas escogían modelos masculinos para sus cuadros, y diríjase hacia la Fontana di Trevi ⑫ *(ver p. 159)*. Su fuerza está claramente inspirada en la obra de Bernini, todo un tributo a su influencia en el gusto artístico romano. Abandone la *piazza* por la Via delle Murate y tome la Via di Santa Maria in Via, donde se encuentra una iglesia ⑬ con una bella fachada barroca del discípulo de Bernini,

Fuente de Neptuno en Piazza Navona ⑱

Carlo Rainaldi. Al final de esta calle, tuerza a la derecha por la Via del Corso. Al otro lado de la calzada se halla la imponente columna de Marco Aurelio ⑭ *(ver p. 113)*, en Piazza Colonna. Más allá está el Palazzo di Montecitorio ⑮, comenzado por Bernini y hoy sede del Parlamento italiano *(ver p. 112)*.

Del Panteón a Piazza Navona

La Via in Aquino le conducirá al Panteón ⑯ *(ver pp. 110-111)*. Al rechazar la oferta del papa Urbano VIII para que decorara la cúpula, Bernini argumentó que si bien San Pedro tenía numerosos defectos, el Panteón no tenía ninguno. Desde el Panteón tome un pequeño desvío hasta Piazza della Minerva, donde encontrará el peculiar obelisco, apoyado en un pequeño elefante de Bernini, junto a la iglesia de Santa Maria Sopra Minerva ⑰ *(ver p. 108)*. Vuelva sobre sus pasos y tome la Salita dei Crescenzi hasta llegar a Piazza Navona ⑱ *(ver p. 120)*, remodelada por Bernini según encargo del papa Inocencio X Pamphilj. El proyecto de la fuente central, la Fontana dei Quattro Fiumi *(ver p. 120)*, se debe a Bernini, aunque las figuras que representan los cuatro ríos fueron esculpidas por otros artistas. La estatua central en la Fontana del Moro, no obstante, sí es obra del propio Bernini. Sus contemporáneos quedaron fascinados por el uso que hacía el artista de conchas, rocas y otras formas naturales en las fuentes, así como su empleo del agua para crear movimiento constante.

Estatua del río Nilo de la Fontana dei Quattro Fiumi

SIMBOLOGÍA

- ••• Itinerario sugerido
- Punto panorámico
- M Estación de metro

0 metros 250

Ángel en Ponte Sant'Angelo

Una extensión del paseo

Si no se siente demasiado cansado prosiga su paseo en dirección al río para ver el Ponte Sant' Angelo y los ángeles de Bernini, y seguir luego hasta San Pedro *(ver pp. 230-233)* para admirar la gran *piazza* de Bernini frente a la iglesia, así como la decoración del altar y su baldaquino de bronce.

ALGUNOS CONSEJOS

Punto de partida: *Largo di Santa Susanna.*
Recorrido: *3,5 km.*
Cómo llegar: *tome la línea A de Metro hasta Repubblica o cualquier autobús a Termini; después camine. Los autobuses 61, 62, 175 y 492 paran en Via Barberini.*
Hora ideal para pasear: *entre las 9.00 y las 12.00, o las 16.00 y las 19.00.*
Altos en el camino: *en los alrededores de Piazza Barberini y la Fontana di Trevi hay muchos bares y pizzerías para turistas. Entre los cafés elegantes incluidos en este itinerario figura el Caffè Giolitti* (ver p. 109), *y existe además una amplia selección de restaurantes cerca de Piazza della Rotonda y Piazza Navona.*

Un paseo de 90 minutos por la Via Appia Antica

Flanqueada por cipreses y pinos, tal y como era cuando los antiguos romanos la recorrían con sus antorchas para ir a enterrar a sus muertos, la Via Appia Antica sigue conservando su encanto. Aunque el mármol que recubría las tumbas ha desaparecido casi en su totalidad, algunas estatuas y relieves aún sobreviven, o bien han sido reemplazados por réplicas.

Tumba de Sixto Pompeyo el Justo ⑨

Ventanas góticas en la iglesia de San Nicola ②

Capo di Bove
Parta desde la tumba de Cecilia Metella ① *(ver p. 266)*. En la Edad Media esta zona recibió el nombre de Capo di Bove (Cabeza de Buey) por la decoración del friso aún visible en el sepulcro. Al otro lado de la calzada se halla la iglesia gótica en ruinas de San Nicola ②, la cual, al igual que la tumba de Cecilia Metella, formaba parte de la fortaleza medieval de la familia Caetani.

Diríjase al cruce de caminos ③, donde aún se conservan enormes bloques de basalto volcánico. Pasada la siguiente calle a la derecha (Via Capo di Bove) divisará a su izquierda el gran mausoleo recubierto de hiedra y conocido como la Torre di Capo dei Bove ④. Más allá, a ambos lados de la Via Appia, hay otras tumbas, algunas todavía cubiertas con los restos de torres medievales que se construyeron encima. Tras dejar atrás algunas villas privadas, a la derecha, se llega a la zona militar en torno al Forte Appio ⑤, uno de los fuertes construidos alrededor de la ciudad en el siglo XIX. A la izquierda, algo más adelante, se alzan las ruinas del sepulcro de Marco Servilio ⑥, con fragmentos de relieves excavados en 1808 por el escultor neoclásico Antonio Canova. Fue uno de los primeros partidarios de dejar los hallazgos producidos en las excavaciones *in situ*. Al otro lado de la calzada hay una sepultura con el relieve de un hombre, vestido tan sólo con una pequeña capa, conocido como el *Relieve heroico* ⑦.

La iglesia en ruinas de San Nicola ②

A la izquierda de la carretera se hallan las ruinas de la llamada tumba de Séneca ⑧. Este moralista habitó en una villa cerca de aquí, en la que se suicidó en el 65 d.C. por orden de Nerón.

El siguiente sepulcro de interés es el de la familia de Sixto Pompeyo el Justo, liberto del siglo I d.C. ⑨. La inscripción en verso evoca la tristeza del padre al tener que enterrar a sus propios hijos, que murieron jóvenes.

Reconstrucción artística de las tumbas y mausoleos de la Via Appia Antica en el siglo II d.C.

Sección de la Via Appia Antica, con el pavimento original romano

De Via del Lugari a Via di Tor Carbone

Pasada la Via dei Lugari a la derecha, y sobre un fondo arbolado, se encuentra la tumba de san Urbano (Papa entre 222 y 230) ⑩. Fuera de la calzada, y a la izquierda, hay un podio en ruinas que, probablemente, formaba parte de un templo dedicado a Júpiter ⑪. El tramo siguiente de calzada fue excavado por el arquitecto Luigi Canina a principios del siglo XIX. A la derecha está la tumba de Cayo Licinio ⑫, seguida de otra dórica ⑬ de menor tamaño, y de la imponente de Hilario Fusco ⑭, con cinco bustos en relieve de los miembros de su familia. A continuación se halla el sepulcro de Tiberio Claudio Secondino ⑮, donde se enterró en el siglo II d.C. a un grupo de libertos procedentes de la casa imperial.

Más adelante se hallan las tumbas de Quintus Apuleius ⑯ y la reconstruida de los libertos Rabirii (siglo I a.C.) ⑰. Ésta posee un friso con tres figuras sobre una inscripción. La de la derecha corresponde a la sacerdotisa de Isis. Tras ella se distingue la silueta de un sistro, instrumento musical empleado en las ceremonias de culto.

La mayoría de las tumbas es poco más que un montón de piedras erosionadas. Hay, sin embargo, dos excepciones: la de las Guirnaldas ⑱, con un friso reconstruido de ángeles barrocos, y la del Frontispicio ⑲, que muestra una réplica de un relieve con cuatro retratos. Las figuras centrales tienen las manos entrelazadas.

Al llegar a la Via di Tor Carbone, verá que la Via Appia aún se extiende en línea recta, y si desea proseguir su paseo, encontrará numerosas tumbas y villas para visitar por el camino.

El *Relieve heroico* ⑦

SIMBOLOGÍA

- ••• Itinerario sugerido
- Punto panorámico

0 metros 250

ALGUNOS CONSEJOS

Punto de partida: *tumba de Cecilia Metella.*
Recorrido: *3 km.*
Cómo llegar: *La manera más fácil de llegar a la tumba es en taxi. También puede tomar el autobús 118 desde la Piazzale Ostiense o el 660 desde Colli Albani, en la linea A de metro.*
Hora ideal para pasear: *temprano, antes de que haga mucho calor.*
Altos en el camino: *hay un bar cerca de la iglesia de Domine Quo Vadis?, antes de empezar el paseo, pero lo mejor es llevar provisiones. Existen también varios restaurantes en el primer tramo de la Via Appia Antica, entre ellos el Cecilia Metella, Via Appia Antica 129, tel. 06 513 67 43 (cerrado lu).*

Un paseo de 2 horas por las tumbas, leyendas y artistas de Roma

Friso del Ara Pacis

Gracias a su toque de misterio, la mitad norte del centro de Roma resulta ideal para un paseo familiar. En este recorrido, repleto de lugares tenebrosos y retazos de los históricos centros artísticos de la ciudad, figuran mausoleos imperiales, una máscara funeraria y una cripta decorada con huesos de monjes. En esta zona, el arte no sólo se concentra en los museos sino que lo impregna todo, por lo que también se pueden ver estudios de arte en activo, visitar la Academia de Bellas Artes y pasear por la famosa vía de los artistas.

Castel Sant'Angelo, emplazamiento de la tumba del emperador Adriano ①

Tumbas imperiales

La visita comienza con la tumba del emperador Adriano, en la fortaleza papal de Sant'Angelo ① *(ver pp. 248-249).* Desde la entrada al castillo que mira al río, se gira a la izquierda y de nuevo a la izquierda siguiendo las murallas en forma de estrella, antes de desviarse a la derecha hacia la Piazza Cavour; el extremo sur de esta plaza está ocupado por el gran Palazzo di Giustizia ② *(ver p. 229),* apodado por los romanos Palazzaccio (palacio viejo y feo). Se gira a la derecha para bajar por Via Colonna y cruzar el Tíber por el Ponte Cavour. Una vez que se ha atravesado la bulliciosa Lungotevere, hay que desviarse a la izquierda para visitar la iglesia de San Rocco ③ *(ver p. 141).* Frente a ella, se encuentra el mausoleo de Augusto ④ *(ver p. 141),* en el que brota un pequeño bosque de cipreses. A su izquierda se alza el antiguo altar, Ara Pacis ⑤ *(ver p. 140).*

El Tridente

Se continúa hacia el norte por Via di Ripetta. A la izquierda se ve el patio de la Accademia di Belle Arti ⑥, la Academia de Bellas Artes de Roma, diseñada en 1845 por Pietro Camporese. A la derecha, en la intersección con Via Canova, se encuentra la iglesia de Santa Maria Portae Paradisi ⑦, diseñada en 1523 por Antonio Sangallo el Joven y decorada con una *Madonna con niño* de 1509 del escultor Sansovino. El interior octogonal data de 1645. Se gira a la derecha para bajar por Via Canova (cuyo nombre hace referencia al escultor Antonio Canova), donde se puede ver, en el nº 16, el exterior de su estudio ⑧, un edificio abarrotado de antiguas esculturas y tallas. A continuación, se gira a la izquierda en Via del Corso ⑨. En esta avenida de 1,5 km llena de *palazzi* y tiendas, se han organizado durante siglos desfiles, carnavales, carreras y procesiones, y aún hoy sigue siendo el principal escenario de la *passeggiata,* el paseo vespertino. Una vez que se deja a la izquierda el Ospedale di San Giacomo (fundado en 1339 como hospicio, y actualmente

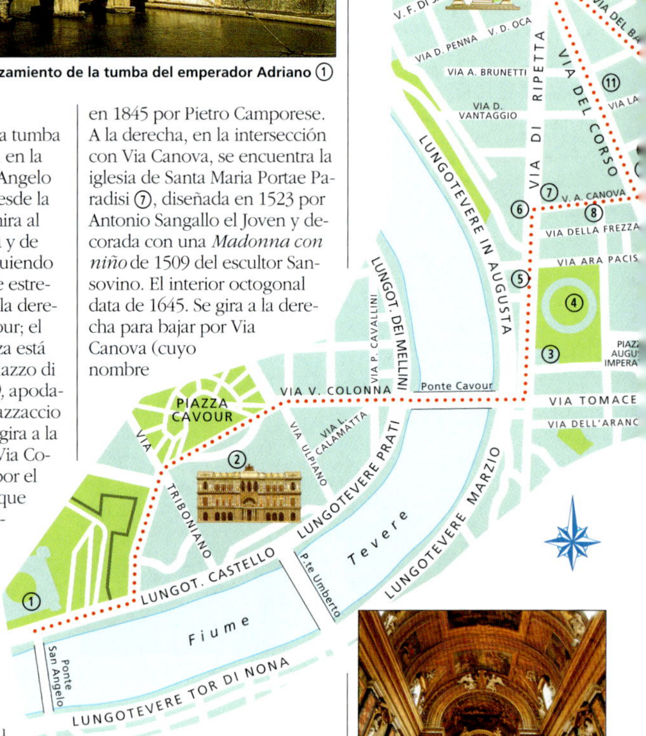

0 metros 200

SIMBOLOGÍA

• • • Itinerario sugerido

M Estación de Metro

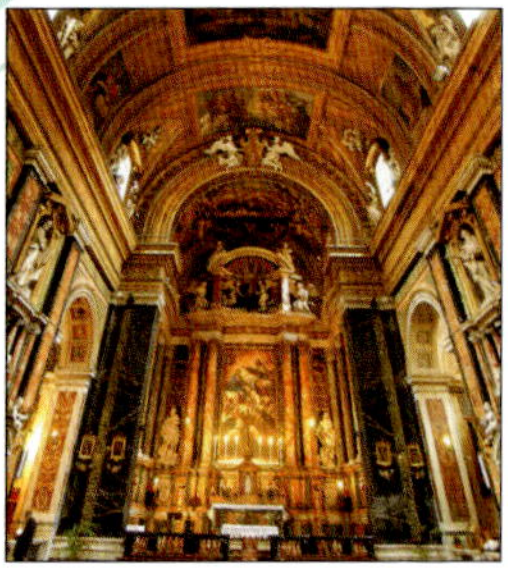

Magnífico interior barroco de la Chiesa di Gesù e Maria ⑩

La Piazza di Spagna con su famosa escalinata, habitualmente repleta de gente y en escasas ocasiones tranquila ⑱

ALGUNOS CONSEJOS

Punto de partida: *Castel Sant'Angelo.*
Recorrido: *3,6 km.*
Cómo llegar: *autobús 30, 34, 40, 49, 62, 70, 87, 130, 186, 224, 280, 492, 913, 926 o 990.*
Cuándo ir: *por la tarde, cuando la zona empieza a animarse.*
Altos en el camino: *Piazza del Popolo está flanqueada por dos estupendos cafés con claras tendencias políticas –Rosati* (ver p. 329), *en el lado oeste, de izquierdas, y Canova, en el lado este, de derechas–. Alrededor de la escalinata de Piazza di Spagna hay diversos restaurantes, algunos de comida rápida* (ver pp. 318-319).

un importante hospital), se puede ver a la derecha la Chiesa di Gesù e Maria ⑩, obra maestra del barroco construida en 1675 por Carlo Rinaldi. Más adelante, en el nº 18, se halla la Casa di Goethe ⑪ *(ver p. 136)*. Via del Corso termina en la gran Piazza del Popolo ⑫ *(ver p. 137)*. Esta plaza tomó su nombre de la iglesia situada en el extremo norte, Santa Maria del Popolo ⑬ *(ver pp. 138-139)*. Este templo, rico en tesoros artísticos, fue bautizado con este nombre porque, con su construcción, se intentó exorcizar al fantasma de Nerón del bosque de nogales que ocupaba este lugar, antigua finca familiar de Nerón donde el emperador fue enterrado en secreto. La finca abarcaba las laderas de lo que hoy son los jardines Pincio ⑭ *(ver p. 136)*, sobre el extremo este de la *piazza*, y los habitantes de la zona afirman que los gritos de los cuervos son los del emperador. Se sale de la Piazza del Popolo por su esquina sureste para bajar por Via del Babuino ⑮, una calle repleta de galerías de arte donde se pueden encontrar desde *madonnas* de antiguos maestros hasta cuadros abstractos. Se toma la tercera calle a la izquierda y luego se gira a la derecha hacia la tranquila Via Margutta ⑯, sede de estudios de arte y galerías. Hay que desviarse de nuevo a la derecha, para bajar por Via Orto di Napoli y regresar a Via del Babuino, y luego a la izquierda.

A la derecha se encuentra una de las estatuas más respetadas de Roma. El Babuino ⑰ (como el famoso Pasquino) ha servido de tarima para expresar descontentos políticos y sociales durante siglos. Via del Babuino finaliza en Piazza di Spagna ⑱ *(ver p. 133)*. El edificio rosa que hay a la derecha de la escalinata es la Casa-Museo Keats-Shelley ⑲ *(ver p. 134)*. En su interior, se puede ver la máscara funeraria de Keats.

De la escalinata de Piazza di Spagna a la cripta capuchina

Subiendo la famosa escalinata ⑳ *(ver pp. 134-135)*, se llega hasta Trinità dei Monti ㉑ *(ver p. 135)*. A continuación, se gira a la derecha para bajar por Via Gregoriana hasta el nº 28, donde el pintor Frederico Zuccari convirtió en monstruos los marcos de las puertas y ventanas de su Palazzetto Zuccari ㉒. Al final de Via Gregoriana, se gira a la izquierda para subir por Via F. Crispi y luego a la derecha para bajar por Via Sistina hasta la Piazza Barberini ㉓, donde se halla una fuente de Bernini *(ver p. 252)*. En la parte alta de la plaza, se gira a la izquierda, se cruza Via V. Veneto y se gira de nuevo a la izquierda.

A unos pasos se encuentra, a la derecha, la escalinata de la iglesia de Santa Maria della Concezione. Por último, se sube hasta el primer rellano para entrar en la escalofriante cripta capuchina ㉔ *(ver p. 254)*, con cuatro capillas. Al salir de la cripta, se regresa a Piazza Barberini, donde hay una estación de metro.

Huesos y calaveras de monjes decoran la cripta capuchina ㉔

Un paseo de 2 horas por el Trastevere y el Gianicolo

Este paseo comienza en el empedrado laberinto de calles medievales del Trastevere, un barrio muy popular; se centra en las joyas ocultas de la zona más que en sus principales monumentos. Por la mañana, se puede disfrutar de los mosaicos y frescos de las iglesias locales antes de comer en el centro del Trastevere. A continuación, se recomienda subir tranquilamente al Gianicolo, o monte Janiculum, una cima que se alza paralela al Tíber que ofrece las mejores vistas panorámicas de Roma. Al atardecer, se convierte en un lugar muy romántico.

Altar mayor de San Benedetto ③

Sur del Trastevere

Se empieza en Santa Cecilia in Trastevere ① *(ver p. 211)*, una iglesia cuyo mayor atractivo –las excavaciones de la casa de santa Cecilia y el único fresco de Pietro Cavallini que se conserva en Roma– permanece oculto tras un sencillo interior del siglo XVIII. Al salir de la iglesia, se gira a la izquierda, de nuevo a la izquierda en Via dei Salumi, y luego a la derecha en Via in Piscinula para llegar a la Piazza in Piscinula ②, cuyo nombre hace referencia a la piscina sobre la que se construyó. En el extremo sur de la *piazza,* bajo una torre con reloj del siglo XI, se encuentra la diminuta iglesia de San Benedetto in Piscinula ③. En su interior, se conserva parte de un hermoso mosaico, frescos del siglo XIII y la celda del santo. A continuación, se sigue hacia el oeste por Via della Lungaretta y se cruza Viale di Trastevere para visitar las excavaciones de una basílica del siglo V y fragmentos de los últimos frescos de San Crisogono ④ *(ver p. 210).*

Centro del Trastevere

Al salir de la iglesia, se gira a la izquierda y de nuevo a la izquierda para continuar por Via della Lungaretta hasta la Piazza Santa Maria in Trastevere ⑤, una plaza llena de cafés, músicos callejeros y visitantes de la iglesia Santa Maria in Trastevere ⑥ *(ver pp. 212-213).* Se abandona la plaza por su extremo sur en dirección a la pequeña Piazza San Callisto, y se toma el desvío de la derecha para bajar por Via di San Cosimato hasta la amplia Piazza di San Cosimato ⑦, una plaza con un mercado al aire libre. Se regresa a la Piazza Santa Maria in Trastevere, en cuyo extremo norte hay una pequeña calle llamada Fonte d'Olio, que da acceso al laberinto de callejones y edificios cubiertos de hiedra que forman el corazón del Trastevere. La calle gira hacia la izquierda, pero hay que desviarse a la derecha en Vicolo del Piede para llegar a la pequeña Piazza de'Renzi, rodeada de casas medievales. Se gira a la izquierda para continuar por Via della Pelliccia, y de nuevo a la izquierda en el cruce peatonal. De este modo, se llega a la alargada Piazza San Egidio ⑧, una plaza triangular repleta de cafés y bares. En el nº 9, una pequeña escalinata conduce al Museo di Roma in Trastevere ⑨ *(ver p. 210),* dedicado a la vida cotidiana. Se sale de la *piazza* por su esquina noroeste, se cruza Vicolo del Cedro y se continúa recto por Via della Scala, pasando junto a tiendas y bares

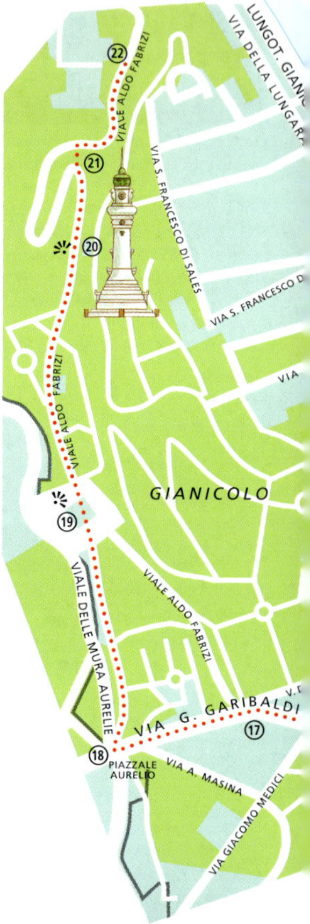

Piazza Santa Maria in Trastevere y su encantadora iglesia ⑤

La Galatea de Rafael, en Villa Farnesina ⑬

ALGUNOS CONSEJOS

Punto de partida: *Santa Cecelia in Trastevere.*
Recorrido: *4,7 km.*
Cómo llegar: *autobús 23, 44 o 280.*
Cuándo ir: *acudir martes o jueves (para ver el fresco Cavallini) y empezar a última hora de la mañana, cuando las iglesias del sur del Trastevere aún están abiertas.*
Altos en el camino: *El Trastevere es el barrio con más restaurantes, por lo que hay muchos lugares para comer y bares* (ver pp. 324-325).

hasta la Piazza della Scala, donde se puede visitar el convento carmelita de Santa Maria della Scala ⑩ *(ver p. 210).*

Norte del Trastevere

En la primera calle que hay a la derecha antes de la Porta Settimiana ⑫ *(ver p. 218),* situada en la lejana zona norte del Trastevere, entre el Gianicolo y el río, se encuentra la Casa della Fornarina ⑪ *(ver p. 210),* donde el pintor Rafael coqueteaba con la hija de un panadero. Se cuenta que, en vez de trabajar en los frescos de Villa Farnesina ⑬ *(ver pp. 220-221),* al final de Via della Lungara, pasó tanto tiempo con su amante que la pintura de Cupido y Psique fue realizada en gran parte por sus ayudantes. Frente a Farnesina se sitúan el Palazzo Corsini y la Galleria Nazionale d'Arte Antica ⑭ *(ver p. 218).* Tras la galería, se halla el jardín Botánico ⑮ *(ver p. 218)* –para entrar, hay que regresar a Via della Lungara y girar a la derecha en Via Corsini–.

SIMBOLOGÍA

• • • Itinerario sugerido

Punto panorámico

El Gianicolo

Se continúa retrocediendo hacia el sur por Via della Lungara hasta cruzar la Porta Settimiana, y se gira a la derecha en Via G. Garibaldi para subir el monte Gianicolo. Cuando la carretera forma una curva, se gira a la derecha y se sube por un tramo de escaleras hasta San Pietro in Montorio, donde se encuentra el Tempietto di Bramante ⑯ *(ver p. 219).* Se sigue subiendo por Via G. Garibaldi hasta llegar a la gran pila de la Fontana dell'Acqua Paola ⑰ *(ver p. 219),* y luego hasta la Porta San Pancrazio ⑱; esta puerta, erigida en 1644, tuvo que ser reconstruida en 1849 a causa de los cañonazos *(ver pp. 36-37).* Se gira a la derecha en Passeggiata del Gianicolo para entrar en el parque, cuyo primer espacio abierto con vistas panorámicas de Roma es la Piazzale Garibaldi ⑲ *(ver p. 218).* Los senderos del parque están bordeados con bustos de mármol de otros héroes del Risorgimento. Cuando se alcanza el faro de Manfredi ⑳ *(ver p. 216),* se divisa al norte la cúpula de San Pedro. Hay que bajar por los escalones que se encuentran en la primera curva de la Passeggiata para ver los restos del roble de Tasso ㉑ *(ver p. 216).* Al final de la escalera, se encuentra de nuevo la Passeggiata. El recorrido finaliza algo más arriba, en la encantadora iglesia de Sant'Onofrio ㉒ *(ver p. 219).* En Viale Aldo Fabrizi se toma el autobús nº 870 para regresar al centro de la ciudad.

Escalinata del tranquilo jardín Botánico ⑮

Un paseo de 2 horas por el Aventino

Frente al Circus Maximus y el monte Palatino, se eleva el monte Aventino, un arbolado paraíso de villas y mansiones desde la época imperial. Esta colina, la más meridional de las siete legendarias colinas de Roma, sigue siendo un oasis donde el ruido del tráfico llega a desaparecer. Sin embargo, son pocas las personas que la visitan –a pesar del atractivo de sus hermosas iglesias, las encantadoras vistas de la ciudad y las ruinas antiguas–. En este paseo, también figura el Testaccio, con mucho ambiente y una pirámide romana.

Gimnasio en la parte noroeste de las termas de Caracalla ①

El Aventino

El paseo empieza en uno de los yacimientos antiguos más impresionantes de Roma, las termas de Caracalla ① *(ver p. 197)*. Junto a la entrada de los baños, se encuentra la iglesia de Santi Nereo e Achilleo ② *(ver p. 194)*, decorada con mosaicos del siglo IX. Al otro lado de Viale delle Terme di Caracalla se halla el pequeño San Sisto Vecchio ③, el primer convento de monjas dominicas *(ver p. 193)*. Desviándose al noroeste por Viale delle Terme di Caracalla, hay que tomar la primera calle a la derecha hacia Via di Valle delle Camene, bordeada de árboles y paralela a la calle principal. Se gira a la derecha en Salita di San Gregorio y se sube por la imponente escalera de San Gregorio Magno ④ *(ver p. 192)* para disfrutar de unas bonitas vistas del Palatino.
En la capilla de santa Bárbara, el flanco izquierdo de la iglesia, se puede ver la mesa de mármol del siglo III en la que san Gregorio Magno comía con los pobres. Se gira a la izquierda para bajar por Via di San Gregorio y se cruza la ancha Piazza di Porta Capena, manteniendo el largo y polvoriento óvalo del Circo Maximo ⑤ *(ver p. 205)* a la derecha. A la entrada de Viale Aventino se alza el edificio de la FAO ⑥, destinado a albergar el Ministerio del África Italiana cuando Mussolini comenzó su conquista del cuerno de África. Desde su finalización en 1952, alberga la Organización de las Naciones Unidas para la Agricultura y la Alimentación.

A través del Aventino

Hay que desviarse a la derecha en Via del Circo Massimo e inmediatamente a la izquierda en Via della Fonte di Fauno para empezar a subir el monte Aventino. Esta calle conduce hasta una pequeña *piazza* que hay antes de la iglesia de Santa Prisca ⑦, construida en el siglo III sobre la casa donde los padres de la santa mártir alojaron a san Pedro. La iglesia actual data en gran parte de una remodelación renacentista y alberga un retablo de Passignano. Se continúa hacia el norte por Via di Santa Prisca, se gira a la izquierda a través de Largo Arrigo VII, se gira a la izquierda en Via Eufemiano e inmediatamente a la derecha en Via Sant'Alberto Magno. Esta última calle lleva directamente hasta Parco Savello ⑧, un jardín de naranjos con una amplia vista fluvial sobre el Trastevere. Al salir del parque, hay que desviarse a la derecha en Via di Santa Sabina

Ábside de Santa Prisca ⑦

para llegar a la basílica de Santa Sabina ⑨ *(ver p. 204)*, con puertas de madera del siglo V. Se continúa por Via di Santa Sabina para contemplar el estupendo trabajo de estilo cosmatense en Santi Bonifacio e Alessio ⑩ *(ver p. 204)*. Esta calle termina en la Piazza dei Cavaliere di Malta ⑪ *(ver p. 204)*, donde se puede disfrutar de una diminuta imagen de la cúpula de San Pedro a través del ojo de la cerradura del nº 3. A continuación, se gira a la izquierda para bajar por Via di Porta Lavernate, pasando junto a la fachada de Sant'Anselmo ⑫. Esta iglesia, construida en 1900, posee un mosaico del siglo III con una escena de Orfeo. Desde la Piazza dei Servili, se gira a la derecha en Via Asinio Pollione para bajar el Aventino.

Tumba de Keats en el cementerio protestante de Via Cayo Cestio ⑮

Testaccio y el sur

Se cruza Via Marmorata y se continúa bajando por Via Galvani. Al atravesar Via Nicola Zabaglia, la zona izquierda se eleva formando el Monte Testaccio ⑬ *(ver p. 204)*, un antiguo vertedero, realizado por completo con trozos de cerámica. El monte está rodeado por docenas de restaurantes, que almacenan el vino aprovechando la temperatura fresca y constante de la terracota. Se gira a la izquierda en Piazza Orazio Giustiniani y se continúa rodeando la colina por Via di Monte Testaccio. Al otro lado de la calle, se pueden ver los arcos ciegos del Ex-Mattatoio ⑭, un antiguo matadero donde los trabajadores recibían como parte del sueldo los despojos del día. Los matarifes llevaban este *quinto quarto* (quinto cuarto) del animal a los antiguos restaurantes de Testaccio, al otro lado de la calle, donde lo convertían en manjares, hoy clásicos, como el guiso de rabo de buey y la *pajata* (tripas de ternera). Se continúa por Via di Monte Testacci, que se convierte en Via Cayo Cestio, hasta el cementerio protestante ⑮ *(ver p. 205)*, donde descansan en paz viajeros insignes como Keats y Shelley. En Via Marmorata, se gira a la derecha para cruzar la Porta San Paolo ⑯, del 402 d.C. Se continúa avanzando entre los restos de la muralla aureliana hacia Piazzale Ostiense, sin olvidarse de visitar la pirámide de Cayo Cestio ⑰ *(ver p. 205)*, situada a la derecha. La última etapa es un largo paseo por Via Ostiense o, como alternativa, un recorrido en el autobús nº 23, 271 o 769 hasta su última parada para contemplar la peculiar Centrale Montemartini ⑱, una central eléctrica de la primera etapa industrial hoy llena de antiguas esculturas. Los autobuses 23 y 769 pasan muy cerca de la estación de metro Piramide.

ALGUNOS CONSEJOS

Punto de partida: *la entrada a las termas de Caracalla está en Viale delle Terme di Caracella 52.*
Recorrido: *5,3 km.*
Cómo llegar: *se puede caminar desde la estación de metro Circo Massimo o con el autobús 118 o 628.*
Cuándo ir: *comenzar por la mañana, planificando el paseo para comer en Testaccio.*
Altos en el camino: *las opciones son innumerables en Testaccio, donde existen multitud de restaurantes, desde baratos locales de pizza hasta algunos de los mejores establecimientos.*

SIMBOLOGÍA

- • • • Itinerario sugerido
- M Estación de metro
- Punto panorámico

Esculturas antiguas expuestas en la Centrale Montemartini ⑱

VIVIR ROMA

ALOJAMIENTO

Roma ha sido importante meca turística desde la Edad Media, cuando peregrinos de toda Europa acudían a visitar la cuna del catolicismo y sus iglesias llenas de reliquias. Los nostálgicos pueden elegir entre dormir en un hotel del siglo XV u hospedarse en las cercanías de Campo de' Fiori, donde los visitantes eclesiásticos alternaban con cortesanos en la época del Renacimiento. Para aquellos que prefieran algo más austero, existen antiguos monasterios y conventos donde es posible alojarse. Los románticos podrán optar por la casa donde en otro tiempo vivió Keats, y los mitómanos por los viejos palacios donde se hospedaron, y aún lo hacen, personajes famosos.

Portero del hotel Majestic

Roma ofrece alojamiento de todo tipo, en su mayor parte en edificios históricos. Las *pensioni* ya no constituyen una categoría oficial, pero en la práctica muchas conservan el nombre y la personalidad que las han hecho tan populares entre miles de viajeros. Otras posibilidades son los hostales, residencias y apartamentos.

Los establecimientos descritos *(pp. 300-309)* están organizados según sus categorías y precios, y por zonas. En la página 297 hay un listado de símbolos que describen las instalaciones de los hoteles.

SU ELECCIÓN

En los alrededores de Piazza di Spagna se hallan algunos de los pequeños hoteles más exclusivos. Por todo el centro de la ciudad, al oeste de la Via del Corso, existen establecimientos similares.

Aunque es difícil encontrar en Roma alojamiento a precios económicos, no hay que subestimar la ventaja que supone estar a unos pocos minutos de los principales puntos de interés de la ciudad. Si los hoteles céntricos de precios más razonables que se recomiendan aquí están llenos, entonces pruebe en el Borgo –cerca del Vaticano– o en el animado barrio del Trastevere.

Para aquellos ávidos de lujo y *glamour*, Via Veneto, donde se encuentran los mejores hoteles. Si lo que busca, en cambio, es un lugar retirado del mundanal ruido, pruebe en la zona de la colina Aventino o en alguno de los cercanos al parque de Villa Borghese.

Aunque los alrededores de la estación Termini resulten algo peligrosos, lo cierto es que la zona está bien comunicada y posee muchos de los hoteles más baratos. Los seleccionados aquí están situados a una distancia prudencial de la estación. Desde Termini y en dirección al centro hay numerosos hoteles apropiados para el viajero de negocios.

El salón Verdi del hotel Majestic, en Via Veneto *(ver p. 309)*

PRECIOS

Los precios de los hoteles en Roma se fijan por el Estado, y en la puerta de cada habitación se muestran las tarifas oficiales. El IVA suele estar incluido, y ha sido tenido en cuenta en los precios que aparecen en la página 297.

Por lo general, los hoteles en Roma varían sus tarifas en temporada alta y baja, así que puede no ser mala idea intentar negociar el precio según la época del año en que se efectúe la reserva, ya que le darán la tarifa oficial incluso en los meses después de Navidad, cuando la competencia es menos fuerte. A menudo es posible lograr descuentos especiales para grupos o estancias de larga duración y si las reservas se efectúan por internet.

Las habitaciones sin baño pueden costar un 30% menos. Es difícil encontrar algunas veces habitaciones individuales, y aunque en ocasiones los que viajen solos obtengan una doble por el 60% de su precio, lo normal es que le cobren un 70% o hasta un 90%.

Si bien el desayuno está incluido en el precio de la habitación, puede solicitar

◁ **Vista panorámica de los tejados de Roma**

Gran Hotel de la Minerva *(ver p. 301)*

que se lo descuenten si así lo desea.

EXTRAS

Aunque en el precio de la habitación esté incluido el servicio, es costumbre dar una propina a la camarera de la habitación y al botones.

Los hoteles suelen cobrar un extra por las llamadas internacionales, así como por aparcamiento y aire acondicionado. El costo de las bebidas del minibar puede ser elevado.

INSTALACIONES Y SERVICIOS

Los servicios de los establecimientos hoteleros han mejorado recientemente, y no es difícil encontrar habitaciones con aire acondicionado o cuartos de baño provistos de secador de pelo en hoteles de categoría intermedia, así como teléfonos con línea directa en establecimientos económicos. Con todo, los viajeros que se hospeden en hoteles modestos no deben esperar mucho más que un aposento limpio.

Hotel Portoghesi *(ver p. 301)*

Debido a que la mayoría de los hoteles ocupa edificios antiguos, el tamaño de las habitaciones puede variar (lo que suele reflejarse en el precio), así que no tenga reparos a la hora de pedir que se la muestren antes de efectuar su reserva. Por idéntica razón, los que disponen de piscina escasean, si bien muchos cuentan con parques y jardines.

Los de más categoría suelen disponer de estancias totalmente insonorizadas; de otro modo, el ruido de la calle puede ser realmente molesto, así que no olvide pedir una habitación que no dé a la calle.

El aparcamiento en el centro de Roma constituye un problema, aunque algunos hoteles poseen el suyo propio.

Los que se hallen en Roma por negocios encontrarán facilidades, desde fax e internet hasta salas para reuniones.

RESERVAS

El servicio de correos italiano es poco fiable, así que resulta recomendable hacer la reserva por teléfono o fax. Conviene hacerlo con al menos dos meses de antelación, si es que quiere un hotel determinado en mayo, junio, septiembre u octubre; Semana Santa y Navidad son también temporada alta. Si se desea una habitación especial, como que tenga terraza o buenas vistas, conviene que se lo confirmen por escrito cuando se reserve para asegurarse de que dispondrá de ella a la llegada.

Si le piden una cantidad como depósito, podrá pagarla con tarjeta de crédito o un giro postal. Las leyes italianas estipulan que una reserva es válida siempre que se haya entregado un depósito, así que en caso de que usted la cancele es probable que pierda el dinero. Muchos hoteles ejercen una dura política de cancelaciones y si no se está muy contento con la habitación, o no es la que se había reservado, se pueden exigir todos los cambios para la siguiente noche, e incluso

Jardín de Villa San Pio *(ver p. 306)*

decidir no permanecer en el hotel. Otra razón para comprobar la reserva antes de la llegada es que algunos hoteles sobrepasan sus reservas y luego ofrecen alternativas que no cumplen unas condiciones satisfactorias. Si llega en tren, encontrará en la estación múltiples personas ofreciéndole alojamiento. Lo más aconsejable, en caso de que no tenga usted reserva, es acudir a una oficina de turismo *(ver p. 297)*, donde le proporcionarán una habitación acorde con su presupuesto.

El Locarno *(ver p. 302)*

Muchos hoteles, para pagar menos impuestos, exigen el pago en metálico. Sin embargo, el cliente tiene derecho a negarse.

REGISTROS Y SALIDAS

En los hoteles italianos es obligatorio pasar la lista de los huéspedes a la policía, al igual que en España; de ahí que le pidan su carné o pasaporte a la hora de registrarse. Suelen quedárselo unas horas, por lo que conviene llevar fotocopia de la documentación. En Italia, como en España, es obligatorio llevar algún tipo de identificación.

En algunas de las pensiones más baratas no se sorprenda si le piden el dinero por adelantado. Con objeto de agilizar los trámites de salida, comunique con tiempo si piensa pagar con tarjeta de crédito.

Recepción del Regina Hotel Baglioni *(ver p. 309)*

VIAJEROS DISCAPACITADOS

En Roma existen pocas instalaciones para viajeros discapacitados. En muchos hoteles pequeños, que ocupan parte de edificios, hay que subir escaleras para acceder a las habitaciones, mientras que otros sólo pueden acomodar a los huéspedes impedidos en la planta baja, o tan sólo disponen de una o dos estancias apropiadas. Es difícil encontrar rampas, puertas anchas o cuartos de baño con asideros.

En la relación de hoteles se ha incluido la información referente a instalaciones para discapacitados, según los datos facilitados por los propios establecimientos.

En la oficina de turismo italiano en Madrid se puede adquirir información sobre hoteles y establecimientos para discapacitados. También se recomienda visitar la página web www.romapertutti.it, muy útil, dedicada exclusivamente al tema de la movilidad dentro de la ciudad de Roma y de la región del Lazio. Para más información llamar al teléfono 800 27 10 27.

VIAJAR CON NIÑOS

Los niños suelen ser bien recibidos en todos los hoteles. En la mayoría le facilitarán cunas o camas pequeñas, pero es más difícil encontrar tronas, comidas especiales o servicios de canguro. Estos servicios e instalaciones especiales se muestran en los símbolos *(ver p. 297)*. No obstante, y sobre todo en los establecimientos de tipo familiar, el personal se esforzará por prestarle ayuda.

En muchos hoteles no disponen de tarifas especiales para niños, particularmente en temporada alta, y si pide una cama pequeña extra se la cobrarán al precio estipulado, que puede oscilar desde unos euros hasta el 40% de la habitación. Los matrimonios con hijos mayores pueden optar en ocasiones por *suites* de dos estancias.

OTROS ALOJAMIENTOS

Cualquiera que piense permanecer en Roma más de dos semanas debería considerar la posibilidad de alquilar un apartamento, lo que podrá hacer a través de una agencia.Ver lista de agencias especializadas en España.

AGENCIAS EN ESPAÑA

Interhome
Guitard 45,
1°, 08014 Barcelona.
Tel *93 409 05 22; 91 758 08 62 (Madrid); 902 302 306 (reservas).*
www.interhome.es

Italy Home
Plaza de España 12
28008 Madrid.
Tel *91 559 05 60.*
@ info@italyhome.org
www.italyhome.org

Villas y Vacaciones
Ángel Yagüe 1, local 7
28250 Torrelodones (Madrid)
Tel *902 22 66 88.*
www.villasyvacaciones.com

RESIDENCIAS

Si se busca el confort y la intimidad de un apartamento, unidos a las comodidades de un hotel, puede hospedarse en una *residenza*. Los precios oscilan entre 300 € hasta 3.000 € por una semana en habitación doble, aunque en algunas residencias sólo las alquilan por 15 días o un mes. Algunas de las más céntricas son:

Di Ripetta
Via di Ripetta 231, 00186.
Tel *06 323 11 44.*
Fax *06 320 39 59.*
www.ripetta.it

In Trastevere
Vicolo Moroni 35-36, 00153.
Tel *06 808 3375.*
Fax *06 808 4947.*

Residencia Babuino
Via del Babuino 172, 00187.
Tel** y **Fax *06 361 16 63.*

Vittoria
Via Vittoria 60, 00187.
Tel *06 679 75 33.*
Fax *06 679 21 85.*

INSTITUCIONES RELIGIOSAS

Si no le importa tener que retirarse antes que el resto de la gente, tal vez quiera hospedarse en una institución religiosa. Para ello no es necesario considerarse una persona católica practicante, pero asegúrese de hacer la reserva con antela-

Residenza Cellini *(ver p. 305)*

ción, ya que todos los lugares que se mencionan a continuación suelen acoger a grupos de estudiantes y peregrinos.
Hay un convento, **Il Rosario,** cerca del Coliseo. **Nostra Signora di Lourdes** y la **Casa di Santa Brigida** se sitúan ambas en el centro. Los precios son similares a los de los hoteles más económicos.

Fachada del Excelsior *(ver p. 309)*

Casa di Santa Brigida
Piazza Farnese 96, 00186.
Tel *06 6889 2596.*

Casa Il Rosario
Via Sant'Agata dei Goti 10, 00184.
Tel *06 679 2346.*

Nostra Signora di Lourdes
Via Sistina 113, 00187.
Tel *06 474 5324.*

ALOJAMIENTO ECONÓMICO

Incluso a precios muy económicos es posible encontrar una habitación decente en Roma, en establecimientos como **Ottaviano.** Los albergues juveniles constituyen también una buena opción –y no sólo para los jóvenes–. En el **Ostello del Foro Italico** ofrecen cama, ducha y desayuno a precios muy razonables. Las mujeres tienen la opción de alojarse en una habitación individual, doble o triple en la **YWCA** (Asociación para Jóvenes Mujeres Cristianas).
La ubicación, cerca de la estación Termini, es cómoda pero algo peligrosa, así que conviene tener cuidado, especialmente por la noche. Las personas que deseen alojarse en un establecimiento económico deberán ponerse en contacto con la organización lo antes posible, aunque en algunas ocasiones no se aceptan reservas con demasiada antelación.

DIRECCIONES

Associazione Italiana Alberghi per la Gioventù
Via Cavour 44, 00184.
Tel *06 487 11 52.*
Fax *06 488 04 92.*
www.ostellionline.org

Ostello del Foro Italico
Viale delle Olimpiadi 61, 00194.
Tel *06 323 62 67.*
Fax *06 324 26 13.*
www.hostelbooking.com.

Ottaviano
Via Ottaviano 6, 00192.
Tel *06 39 73 8138.*
@ info@otavianohostel.com
www.ottavianohostel.com

YWCA
Via C. Balbo 4, 00184.
Tel *06 488 39 17.*
www.ywca-ucdg.it

CÁMPING

La mayoría de los cámpings se hallan bastante alejados de la ciudad, con la excepción de **Flaminio Village,** que se encuentra cerca de la Villa Olímpica, sólo a 6 km al norte desde el centro.

Flaminio Village
Via Flaminia Nuova 821, 00189.
Tel *06 333 26 04.* ***Fax*** *06 333 06 53.*
www.villageflaminio.com

OFICINAS DE TURISMO

Aconsejan sobre la mejor opción de alojamiento. **Hotel Reservation** es un servicio de reservas en Termini y aeropuertos.

APT Roma
Via Parigi 5, 00185. ***Tel*** *06 48 89 91.*
Abierta *9.00-19.00 lu-sá.*

Aeropuerto Leonardo da Vinci, Fiumicino. ***Tel*** *06 6595 5423.*
Abierta *8.15-19.00 todos los días.*

Estación de trenes Termini
Piazza dei Cinquecento, 00185.
Tel *06 8205 9127.*
Abierta *8.00-21.00 todos los días.*
www.romaturismo.it

Hotel Reservation
Tel *06-9774 5469. Abierta 7.00-22.00 lu-do.* **www.**hotelreservation.it

SÍMBOLOS UTILIZADOS

Los hoteles de las páginas 300-309 se relacionan según zonas y precios. Los símbolos corresponden a los servicios de cada uno de ellos.

- no tarjetas de crédito
- ascensor
- P aparcamiento
- restaurante
- cunas y servicio de canguros
- gimnasio
- aire acondicionado en todas las habitaciones
- acceso para discapacitados

Precio de una habitación doble con desayuno, servicios e impuestos incluidos.

€ menos de 100 €
€€ 101-180 €
€€€ 181-280 €
€€€€ 281-380 €
€€€€€ más de 380 €

La piscina en el jardín del Aldrovandi Palace *(ver p. 309)*

Lo mejor de Roma: hoteles

Los hoteles romanos pueden ser palacios decorados con frescos, decadentes mansiones fin de siglo o incluso casas familiares de huéspedes. La mayoría cuenta con restaurantes, tiendas y transporte en las proximidades. Todos los hoteles que aparecen en este plano poseen algún encanto especial, ya sea un buen emplazamiento o una terraza en la azotea con vistas. El único inconveniente es que tanto estos establecimientos como los que figuran en las páginas 300-309 son excepciones dentro de la oferta hotelera, así que si desea hospedarse en ellos hay que reservar con antelación.

Locarno
Este acogedor hotel art déco *está situado junto a la Piazza del Popolo y algunas tiendas selectas* (ver p. 302).

Raphael
Con una fachada cubierta de hiedra, el céntrico hotel Raphael está repleto de arte y antigüedades, desde piezas de cerámica de Picasso hasta algunos objetos renacentistas (ver p. 301).

Campo de' Fiori
Hotel céntrico que ofrece pequeñas habitaciones excelentemente amuebladas y espléndidas vistas desde la azotea (ver p. 303).

Grand Hotel de la Minerve
Interiores elegantes y posmodernos adornan este hotel internacional (ver p. 301).

Sant'Anselmo
Si desea hospedarse en esta villa romana de tranquilo emplazamiento deberá efectuar su reserva con mucha antelación. Lo mejor es el jardín (ver p. 306).

Hassler
Lujosas suites *y un aire de apagado esplendor recuerdan la época dorada del Hassler. El restaurante de la última planta es uno de los más famosos de Roma* (ver p. 303).

Hotel Eden
Es uno de los hoteles más antiguos de Roma; ofrece una decoración elegante y una cocina innovadora (ver p. 308).

Boscolo Aleph
Con una decoración atrevida, en la que destaca el color rojo, este alojamiento es especialmente lujoso y, al mismo tiempo, poco convencional (ver p. 308).

St Regis Grand Hotel
Buen servicio y abundantes instalaciones en este lujoso hotel a la antigua usanza (ver p. 305).

Fontana
Su magnífica ubicación frente a la Fontana di Trevi y la terraza de la azotea convierten a este antiguo monasterio en un alojamiento predilecto (ver p. 304).

Elegir un hotel

Los hoteles que figuran en esta guía han sido seleccionados de acuerdo a la calidad de sus instalaciones y servicio, además de su ubicación. El listado de hoteles abarca todas las zonas y precios y aporta información adicional para elegir el más adecuado a las distintas necesidades. Dentro del mismo precio, los hoteles están ordenados alfabéticamente.

PRECIOS
Habitación doble con desayuno, servicio e impuestos incluidos.

€ menos de 100 €
€€ 101-180 €
€€€ 181-280 €
€€€€ 281-380 €
€€€€€ más de 380 €

FORO

Lancelot — €€
Via Capo d'Africa 47, 00184 ***Tel*** *06-7045 0615* ***Fax*** *06-7045 0640* ***Habitaciones*** *60* ***Plano*** *9 A1*

Este popular hotel se encuentra cerca del Coliseo y tiene un personal muy amable y servicial. Las habitaciones son amplias y agradables. Algunas disponen de terraza con vistas y dos están adaptadas para discapacitados. Se ofrece media pensión; el suculento desayuno se sirve en el patio ajardinado. **www.lancelothotel.com**

Nicolas Inn — €€
Via Cavour, 295 Scala A, Int. 1, 00184 ***Tel*** *06-9761 8483* ***Habitaciones*** *3* ***Plano*** *5 B5*

Este pequeño Bed & Breakfast se sitúa a un corto paseo del Foro y Piazza Venezia. Sus amables propietarios ofrecen habitaciones de buen tamaño, todas con aire acondicionado y calefacción central. Los desayunos son generosos y la recepción permanece abierta de 8.00 a 16.00. No se admiten menores de 5 años. **www.nicolasinn.com**

Paba — €€
Via Cavour 266, 2° piso, 00184 ***Tel*** *06-478 24902* ***Fax*** *06-4788 1225* ***Habitaciones*** *7* ***Plano*** *5 B5*

Esta pequeña *pensione,* dirigida por una agradable señora, ocupa el segundo piso de un elegante edificio, cercano a la Piazza Venezia y el Foro. Las habitaciones, limpias, espaciosas e insonorizadas, tienen suelos de parqué, frigorífico y tetera para preparar bebidas calientes. **www.hotelpaba.com**

Forum — €€€
Via Tor de' Conti 25, 00184 ***Tel*** *06-679 2446* ***Fax*** *06-678 6479* ***Habitaciones*** *80* ***Plano*** *5 B5*

Este antiguo convento ofrece elegancia tradicional e inmejorables vistas del Foro y el mercado de Trajano. El desayuno tipo bufé se sirve en la terraza de la azotea, que también alberga un bar y un buen restaurante. Las habitaciones están muy limpias y son espaciosas. El vestíbulo está decorado con antigüedades. **www.hotelforumrome.com**

Hotel Celio — €€€
Via SS Quattro 35C, 00184 ***Tel*** *06-7049 5333* ***Fax*** *06-709 6377* ***Habitaciones*** *20* ***Plano*** *9 A1*

El hotel Celio tiene una decoración suntuosa, una magnífica ubicación y un personal cordial. Los dormitorios, amueblados con gusto, lucen frescos que imitan el estilo pictórico de artistas como Tiziano y Cellini. Las habitaciones de la planta alta disponen de *jacuzzi* y la *suite,* de una terraza privada. En la azotea hay también un jardín. **www.hotelcelio.com**

PIAZZA DELLA ROTONDA

Mimosa — €€
Via di Santa Chiara 61, 00186 ***Tel*** *06-6880 1753* ***Fax*** *06-683 3557* ***Habitaciones*** *12* ***Plano*** *4 F4, 12 D3*

Este hotel, familiar y agradable, ofrece habitaciones sencillas y amplias, cinco de ellas con aire acondicionado. También dispone de habitaciones más baratas con baño compartido. Es popular entre viajeros con presupuesto reducido y su ubicación resulta perfecta para visitar la zona circundante. Los desayunos son bastante abundantes. **www.hotelmimosa.net**

Pantheon View B&B — €€
Via del Seminario 87, 00186 ***Tel*** *06-699 0294* ***Fax*** *06-699 0294* ***Habitaciones*** *3* ***Plano*** *4 F4, 12 D3*

El Pantheon, un atractivo Bed & Breakfast, resulta acogedor y muy agradable. Ofrece habitaciones bien amuebladas, dos de ellas con un pequeño balcón donde los huéspedes pueden sentarse al aire libre. Aunque la vista del Panteón no es muy buena, la ubicación resulta excelente. Se encuentra en el cuarto piso de un *palazzo.* **www.pantheonview.it**

Rinascimento — €€
Via del Pellegrino 112, 00186 ***Tel*** *06-687 4813* ***Fax*** *06-683 3518* ***Habitaciones*** *19* ***Plano*** *4 E4, 11 B3*

Este hotel pequeño, familiar y bien situado ha sido remodelado recientemente y ofrece confort tradicional para estancias largas o cortas. Las habitaciones tienen diferentes precios y tamaños –algunas resultan oscuras y algo pequeñas–. Hay una pequeña estancia doble con terraza y otra de mayor calidad con salón. **www.hotelrinascimento.com**

Simbología *ver solapa trasera*

Albergo del Senato €€€

Piazza della Rotonda 73, 00186 **Tel** *06-678 4343* **Fax** *06-6994 0297* **Habitaciones** *56* **Plano** *4 F4, 12 D3*

Este antiguo hotel proporciona vistas laterales del Panteón y la *piazza*. Las habitaciones resultan elegantes y el servicio, tradicional y reservado. Algunas habitaciones disponen de bañera o terraza privada y la *suite* luce un precioso fresco en el techo. Las ventanas están insonorizadas y hay un bonito jardín en la azotea. **www.albergodelsenato.it**

Cesari €€€

Via di Pietra 89a, 00186 **Tel** *06-674 9701* **Fax** *06-6749 7030* **Habitaciones** *47* **Plano** *12 E2*

El histórico Cesari, de cuatro plantas, se encuentra en una encantadora y romántica plaza, a unos pasos del Panteón y el templo de Adriano. El edificio, convertido en hotel en 1787; fue uno de los establecimientos preferidos de Stendhal. Posee habitaciones espaciosas, plantas para no fumadores y acceso a internet gratuito. **www.albergocesari.it**

Santa Chiara €€€

Via di Santa Chiara 21, 00186 **Tel** *06-687 2979* **Fax** *06-687 3144* **Habitaciones** *96* **Plano** *4 F4, 12 D3*

Este destacado hotel familiar ocupa un *palazzo* de color anaranjado. Tras el elegante vestíbulo de mármol con lámparas de cristal, se encuentran habitaciones cómodas con suelos de parqué y decoración tradicional. En la planta alta, hay tres pequeños apartamentos con terraza. **www.albergosantachiara.com**

Grand Hotel de la Minerve €€€€€

Piazza della Minerva 69, 00186 **Tel** *06-695 201* **Fax** *06-679 4165* **Habitaciones** *135* **Plano** *4 F4, 12 D3*

Los primeros viajeros que visitaron Italia, y las generaciones que llegaron detrás, frecuentaban el carismático Minerve, una fusión de elegancia europea y estilo contemporáneo. Abundan el mármol, las arañas de luces y los frescos, bien combinados con el diseño de vanguardia. Excelentes bar y restaurante en la azotea. **www.grandhoteldelaminerve.com**

PIAZZA NAVONA

Due Torri €€€

Vicolo del Leonetto 23, 00186 **Tel** *06-687 6983* **Fax** *06-686 5442* **Habitaciones** *26* **Plano** *4 E3, 11 C1*

Due Torri se encuentra escondido en una tranquila calle adoquinada que se dirige al río. Luce una decoración de terciopelo rojo y brocados sobre paredes doradas, mármol y parqué. Esta antigua residencia de cardenales dispone de habitaciones pequeñas, algunas con terraza privada y otras con preciosos balcones con vistas. **www.hotelduetorriroma.com**

Fontanella Borghese €€€

Largo Fontanella Borghese 84, 00186 **Tel** *06-6880 9504* **Fax** *06-686 1295* **Habitaciones** *29* **Plano** *4 F3, 12 D1*

Este hotel, dirigido por el mismo propietario del Due Torri, dispone de habitaciones más grandes, pero su decoración no es tan atractiva. Todas las estancias están distribuidas en la segunda y tercera planta de un *palazzo,* y poseen instalaciones modernas. Algunas miran al tranquilo patio y otras, más ruidosas, tienen vistas a la calle. **www.fontanellaborghese.com**

Portoghesi €€€

Via dei Portoghesi 1, 00186 **Tel** *06-686 4231* **Fax** *06-687 6976* **Habitaciones** *27* **Plano** *4 E3, 11 C2*

Al norte de la *piazza,* junto a Via della Scrofa, está el pequeño Portoghesi, ubicado en un lugar perfecto para realizar las visitas de interés. Las habitaciones son algo pequeñas y no destacan por su decoración, pero resultan cómodas y disponen de instalaciones modernas. El servicio es amable y la terraza de la azotea, fantástica. **www.hotelportoghesiroma.com**

Teatropace33 €€€

Via del Teatro Pace 33, 00186 **Tel** *06-687 9075* **Fax** *06-6819 2364* **Habitaciones** *23* **Plano** *11 C3*

El Teatropace, abierto en 2004, se encuentra a la vuelta de la esquina desde la *piazza*. Este hermoso *palazzo* color ocre ha conservado sus características originales: vigas de madera, estucos y una escalera de caracol. Hay diversos tipos de habitaciones, pero todas son espaciosas. La *suite* posee una pequeña terraza. Buen servicio. **www.hotelteatropace.com**

Raphael €€€€

Largo Febo 2, 00186 **Tel** *06-682 831* **Fax** *06-687 8993* **Habitaciones** *59* **Plano** *11 C2*

Raphael es un hotel romántico y con estilo que ocupa un encantador *palazzo* cubierto de hiedra y luces de colores. Hay unas vistas impresionantes desde la terraza de la azotea, donde se sirven las comidas en verano. Las habitaciones, algo pequeñas, lucen una bonita decoración. El vestíbulo está adornado con obras de arte. **www.raphaelhotelrome.com**

PIAZZA DI SPAGNA

Jonella €

Via della Croce 41, 00187 **Tel** *06-679 7966* **Fax** *06-446 2368* **Habitaciones** *4* **Plano** *4 F2*

Jonella es perfecto para los viajeros con presupuesto ajustado o los que prefieran gastar su dinero en Via Condotti. Dispone de cuatro habitaciones dobles sencillas, todas con baño compartido, y no tiene ascensor ni aire acondicionado. Los huéspedes deben reservar con antelación y no hay recepción. El hotel dispone de una pensión cercana.

Panda — €

Via della Croce 35, 00187 ***Tel*** *06-678 0179* ***Fax*** *06-6994 2151* ***Habitaciones*** *28* ***Plano*** *5 A2*

Panda, un hotel pequeño y atractivo con una fiel clientela, ofrece alojamiento sencillo y barato en una de las zonas más caras de Roma. Las habitaciones, con o sin baño, están limpias y todas incluyen aire acondicionado, teléfono y acceso a internet. Hay un par de estancias con frescos del siglo XIX. Personal amable. **www.hotelpanda.it**

Erdarelli — €€

Via Due Macelli 28, 00187 ***Tel*** *06-679 1265* ***Fax*** *06-679 0705* ***Habitaciones*** *28* ***Plano*** *5 A3, 12 F1*

Erdarelli es un pequeño hotel familiar situado a medio camino entre la Fontana di Trevi y Piazza di Spagna. Es ideal para personas con presupuesto reducido que busquen un lugar céntrico. Las habitaciones son sencillas, pero están muy limpias. Se puede solicitar aire acondicionado (se paga aparte) y algunas habitaciones tienen balcón. **www.erdarelliromehotel.com**

Hotel Suisse — €€

Via Gregoriana 54, 00187 ***Tel*** *06-678 3649* ***Fax*** *06-678 1258* ***Habitaciones*** *12* ***Plano*** *5 A2, 12 F1*

Cerca de la parta alta de la escalinata de Piazza di Spagna se encuentra este hotel dirigido por una familia suiza desde la década de 1920. Las habitaciones miran hacia un patio interior, ideal para un buen descanso nocturno después de un largo día de turismo. No todas las habitaciones tienen aire acondicionado. **www.hotelsuisserome.com**

Margutta — €€

Via Laurina 34, 00187 ***Tel*** *06-322 3674* ***Fax*** *06-320 0395* ***Habitaciones*** *24* ***Plano*** *4 F1*

Margutta disfruta de una buena ubicación entre la Piazza del Popolo y la escalinata di Piazza di Spagna. Es un hotel modesto con una pequeña sala para el desayuno. Sin embargo, los dormitorios son luminosos y están bien amueblados. Tres de las habitaciones superiores tienen acceso a la terraza. Reservar con bastante antelación. **www.hotelmargutta.it**

Parlamento — €€

Via delle Convertite 5, 00187 ***Tel*** *y* ***Fax*** *06-6992 1000* ***Habitaciones*** *23* ***Plano*** *12 E1*

Este encantador hotel ocupa la última planta de un edificio situado junto a la Via del Corso. Su afable propietario mantiene un estricto control y ofrece habitaciones tradicionales y espaciosas que disponen de baño. Se puede solicitar aire acondicionado. Posee una agradable terraza en la azotea. **www.hotelparlamento.it**

San Carlo — €€

Via delle Carozze 93, 00187 ***Tel*** *06-678 4548* ***Fax*** *06-6994 1197* ***Habitaciones*** *50* ***Plano*** *5 A2*

San Carlo se sitúa en una atractiva calle junto a Via del Corso y a un corto paseo de la escalinata de Piazza di Spagna, en la principal zona comercial de Roma. Ofrece una buena relación calidad/precio para su ubicación. Hay habitaciones de varios tipos: las de las plantas superiores tienen más categoría y algunas incluyen terraza. **www.hotelsancarloroma.com**

Casa Howard — €€€

Via Capo le Case 18, 00187 ***Tel*** *06-6992 4555* ***Fax*** *06-679 4644* ***Habitaciones*** *5* ***Plano*** *5 A3, 12 F1*

Este moderno hotel con encanto, propiedad de un inglés, se encuentra cerca de la escalinata de Piazza di Spagna. Las habitaciones lucen una impresionante decoración individual, aunque son algo pequeñas. Los huéspedes reciben una cuidadosa atención por parte del personal. Entre sus instalaciones figuran la sauna y un *hammam*. **www.casahoward.com**

Concordia — €€€

Via Capo le Case 14, 00187 ***Tel*** *06-679 1953* ***Fax*** *06-679 5409* ***Habitaciones*** *24* ***Plano*** *5 A3, 12 F1*

El Concordia, propiedad de una amable familia, tiene muchos años de experiencia y una fiel clientela. Las habitaciones están limpias y cuenta, además, con una encantadora sala para el desayuno y una pequeña terraza en la azotea. Bien situado para visitar la Piazza di Spagna y la Fontana di Trevi. Buena relación calidad/precio y personal atento. **www.concordiahotel.it**

La Lumière di Piazza di Spagna — €€€

Via Belsiana 72, 00187 ***Tel*** *06-6938 0806* ***Fax*** *06-6929 4231* ***Habitaciones*** *10* ***Plano*** *4 F2*

La Lumière, un recién llegado a la zona, hace esquina con Via Condotti. Los dormitorios son espaciosos y están bien decorados. La *suite* dispone de terraza privada. Los baños resultan algo pequeños, aunque algunos poseen *jacuzzi*. En verano, el desayuno se sirve en la terraza de la azotea. **www.lalumieredipiazzadispagna.com**

Locarno — €€€

Via della Penna 22, 00186 ***Tel*** *06-361 0841* ***Fax*** *06-321 5249* ***Habitaciones*** *66* ***Plano*** *4 F1*

El Locarno, situado junto a Piazza del Popolo, es un hotel *art déco* con muchos detalles originales en las zonas comunes y dormitorios. Este alojamiento, algo más que un sitio para dormir, ofrece un agradable salón con chimenea, un patio lleno de flores y un jardín en la azotea. Prestan bicicletas. **www.hotellocarno.com**

Manfredi — €€€

Via Margutta 61, 00187 ***Tel*** *06-320 7676* ***Fax*** *06-320 7736* ***Habitaciones*** *18* ***Plano*** *5 A2*

Manfredi, un hotel bien gestionado y situado en la tercera planta de un atractivo edificio, posee habitaciones de varios tamaños, todas ellas decoradas con suntuosos papeles de pared y alfombras. Los baños tienen bañera o ducha. Hay una pequeña sala para el desayuno y un balcón con mesas que se utiliza de bar. **www.hotelmanfredi.it**

Art — €€€€€

Via Margutta 56, 00187 ***Tel*** *06-328 711* ***Fax*** *06-3600 3995* ***Habitaciones*** *46* ***Plano*** *4 F1, 5 A2*

Este hotel elegante y actual se halla en una de las calles bohemias más famosas de Roma, donde vivió Fellini en los años cincuenta. Tiene un jardín interior y esculturales muebles. Su popular y animado restaurante-bar, donde se sirve el *brunch* y aperitivos, ocupa una capilla remodelada. Las habitaciones, aunque pequeñas, resultan muy atractivas. **www.hotelart.it**

Precios *ver p. 300* **Simbología** *ver solapa trasera*

Hotel Piranesi €€€€

Via del Babuino 196, 00187 ***Tel*** *06-328 041* ***Fax*** *06-361 0597* ***Habitaciones*** *32* ***Plano*** *4 F1*

El Piranesi se encuentra junto a la Piazza del Popolo, en un *palazzo* construido por Valadier que ha sido recientemente restaurado para devolverle su antiguo esplendor. Este nuevo hotel con encanto dispone de una preciosa terraza en la azotea, gimnasio y sauna. Las habitaciones son grandes y están lujosamente decoradas. **www.hotelpiranesi.com**

De Russie €€€€€

Via del Babuino 9, 00187 ***Tel*** *06-328 881* ***Fax*** *06-3288 8888* ***Habitaciones*** *122* ***Plano*** *4 F1*

De Russie, uno de los mejores hoteles de Roma, disfruta de una magnífica ubicación junto a Piazza del Popolo. A los huéspedes les encantan sus atractivos jardines, el tranquilo *spa* y el romántico restaurante. Las paredes de las habitaciones están decoradas con fotografías de Mapplethorpe; los baños son de mosaico o mármol. **www.hotelderussie.it**

Hassler €€€€€

Piazza Trinità dei Monti 6, 00187 ***Tel*** *06-699 340* ***Fax*** *06-678 9991* ***Habitaciones*** *98* ***Plano*** *5 A2*

Este hotel, situado en lo alto de la escalinata de Piazza di Spagna, es el preferido de los famosos. El servicio resulta impecable y las zonas comunes muestran una lujosa decoración. Las habitaciones y *suites* son elegantes, están decoradas de forma individual y la mayoría tiene vistas. Legendario restaurante en la azotea. **www.hotelhasslerroma.com**

CAMPO DE' FIORI

Arenula €€

Via S Maria de' Calderari 47, 00186 ***Tel*** *06-687 9454* ***Fax*** *06-689 6188* ***Habitaciones*** *50* ***Plano*** *12 D5*

Este modesto hotel, con una buena relación calidad/precio, disfruta de una excelente ubicación cerca de las ruinas de Largo Argentina, entre Campo de' Fiori y Piazza Venezia y no muy lejos del Trastevere. Las habitaciones son luminosas y amplias, y la decoración y los muebles mejores de lo habitual. Aire acondicionado. **www.hotelarenula.com**

Della Lunetta €€

Piazza del Paradiso 68, 00186 ***Tel*** *06-686 1080* ***Fax*** *06-689 2028* ***Habitaciones*** *35* ***Plano*** *4 E4, 11 C4*

Este histórico hotel se encuentra en una bonita plaza alejada del bullicioso Campo de' Fiori. Las habitaciones lucen una decoración bonita pero escasa –algunas de ellas con baño incluido–. Muchos de sus huéspedes son estudiantes extranjeros con estancias largas. Magnífica terraza en la azotea y aire acondicionado adicional. **www.albergodellalunetta.it**

Smeraldo €€

Vicolo dei Chiodaroli 9, 00186 ***Tel*** *06-687 5929* ***Fax*** *06-6880 5495* ***Habitaciones*** *50* ***Plano*** *12 D4*

Smeraldo se halla en un lugar encantador a medio camino entre Campo de' Fiori y Largo Argentina. Las habitaciones son algo pequeñas pero agradables; una de ellas está adaptada para discapacitados. La terraza de la azotea, aunque ruidosa, resulta ideal para tomar algo al aire libre. Los desayunos son suculentos. **www.smeraldoroma.com**

Sole €€

Via del Biscione 76, 00186 ***Tel*** *06-6880 6873* ***Fax*** *06-689 3787* ***Habitaciones*** *59* ***Plano*** *11 C4*

Popular alojamiento económico cerca del Campo de' Fiori. Algunas habitaciones disponen de baño privado y otras lo comparten. El pequeño jardín interior y la sinuosa terraza de la azotea mantienen fresco el edificio. Las habitaciones son bastante grandes. Una habitación doble tiene terraza privada. **www.solealbiscione.it**

Suore di Santa Brigida €€

Piazza Farnese 96, 00186 ***Tel*** *06-6889 2596* ***Fax*** *06-6889 1573* ***Habitaciones*** *20* ***Plano*** *4 E4, 11 C4*

Las monjas de este alojamiento, situado en la prestigiosa Piazza Farnese, ofrecen habitaciones dobles con baño. También se puede elegir Bed & Breakfast y media pensión. El aire acondicionado y el acceso a la capilla y la biblioteca son otras de sus instalaciones. Al contrario que en muchas otras instituciones religiosas, no hay hora de cierre. **www.brigidine.org**

Campo De' Fiori €€€

Via del Biscione 6, 00186 ***Tel*** *06-6880 6865* ***Fax*** *06-687 6003* ***Habitaciones*** *28* ***Plano*** *4 E4, 12 D4*

Este hotel, ubicado en un *palazzo* de color rosa en una esquina del Campo de' Fiori, dispone de una encantadora terraza en la azotea con bonitas vistas. Sólo la mitad de las habitaciones posee baño privado y pueden resultar ruidosas. Las estancias tienen distintos tamaños. Cuenta con 15 apartamentos de alquiler en los alrededores. **www.hotelcampodefiori.com**

Locanda Cairoli €€€

Piazza Benedetto Cairoli 2, 00186 ***Tel*** *06-6880 9278* ***Fax*** *06-6889 2937* **Habitaciones** 15 ***Plano*** *12 D4*

El Cairoli ocupa un antiguo *palazzo* cercano a Largo Argentina y proporciona una experiencia única tanto a viajeros de negocios como a turistas. Sus 15 habitaciones están decoradas individualmente con antigüedades, arte moderno y diferentes colores. Hay servicio de mayordomo para huéspedes exigentes. Magnífico desayuno. **www.locandacairoli.it**

Teatro di Pompeo €€€

Largo del Pallaro 8, 00186 ***Tel*** *06-687 2812* ***Fax*** *06-688 05531* ***Habitaciones*** *12* ***Plano*** *11 C4*

Pequeño y encantador hotel construido sobre los restos de un antiguo teatro que ostentaba el mismo nombre. Las habitaciones son grandes y cómodas y lucen vigas de madera y muebles oscuros. El desayuno se sirve en el sótano, bajo una bóveda antigua. **www.hotelteatrodipompeo.it**

Ponte Sisto €€€€

Via dei Pettinari 64, 00186 ***Tel*** *06-686 310* ***Fax*** *06-6830 1712* ***Habitaciones*** *103* ***Plano*** *4 A5, 11 C5*

Ponte Sisto disfruta de una ubicación estupenda para visitar Campo de' Fiori y el Trastevere. Este hotel, especialmente accesible para discapacitados, ocupa un complejo monástico remodelado con varias terrazas y un encantador claustro con restaurante y bar. La *suite* Belvedere se reserva rápidamente. **www.hotelpontesisto.com**

Residenza Farnese €€€€

Via del Mascherone 59, 00186 ***Tel*** *06-6821 0980* ***Fax*** *06-8032 1049* ***Habitaciones*** *31* ***Plano*** *4 E4, 11 B4*

La pequeña y encantadora Residenza Farnese está situada en una tranquila calle secundaria que discurre por detrás de Piazza Farnese en dirección al Tíber. Las zonas comunes de este *palazzo* renacentista son espléndidas y hay una mesa de billar en el bar. El desayuno se sirve en bonitas tazas de porcelana china. Buen servicio. **www.residenzafarneseroma.it**

QUIRINAL

B&B Fellini €

Via Rasella 55, 00187 ***Tel*** *06-427 42732* ***Fax*** *06-4239 1648* ***Habitaciones*** *6* ***Plano*** *5 B3*

Este Bed & Breakfast, dirigido por un francés, es un recién llegado a la zona. Dispone de dormitorios con y sin baño privado y se puede solicitar aire acondicionado. Las habitaciones tienen techos altos, suelos de parqué y decoración en verde o dorado. Se puede reservar con tarjeta de crédito pero se prefiere el dinero en efectivo. **www.fellinibnb.it**

Daphne Inn €€

Via degli Avignonesi 20, 00187 ***Tel*** *06-8745 0087* ***Fax*** *06-2332 40967* ***Habitaciones*** *10* ***Plano*** *5 B3*

Daphne Inn se sitúa entre Trevi y Veneto, a un corto paseo de ambos. Las habitaciones tienen diferentes tamaños y precios; las que incluyen baño están especialmente solicitadas. Todas las estancias, amuebladas con estilo, poseen camas cómodas. Los huéspedes consideran su servicio de conserjería muy útil. **www.daphne-rome.com**

Giardino €€

Via XXIV Maggio 51, 00187 ***Tel*** *06-679 4584* ***Fax*** *06-679 5155* ***Habitaciones*** *11* ***Plano*** *5 B4*

Giardino se encuentra cerca de la Fontana di Trevi y el Foro, y comparte una calle con el palacio Quirinal, la residencia del Presidente de la República. Las habitaciones son espaciosas y están bien amuebladas. Se puede solicitar aire acondicionado. El desayuno se sirve en una bonita sala que mira a un pequeño patio ajardinado. **www.hotel-giardino-roma.com**

Julia €€

Via Rasella 29, 00187 ***Tel*** *06-488 1637* ***Fax*** *06-481 7044* ***Habitaciones*** *33* ***Plano*** *5 B3*

Julia, un pequeño y agradable hotel, disfruta de una buena ubicación en una calle tranquila, a un corto paseo de la Fontana di Trevi. Las habitaciones son agradables e incluyen suelos de parqué, paredes amarillas y frescos modernos. También dispone de dos apartamentos con habitaciones de mayor calidad –la Domus Julia–. **www.hoteljulia.it**

Fontana di Trevi €€€

Piazza di Trevi 96, 00187 ***Tel*** *06-678 6113* ***Fax*** *06-679 0024* ***Habitaciones*** *25* ***Plano*** *12 F2*

Está ubicado frente a la Fontana di Trevi, cerca de la estación Termini. Antes de convertirse en hotel hacia 1700, el edificio era un monasterio y esto se refleja en las habitaciones: no todas disponen de aire acondicionado. Es un establecimiento tradicional, con servicio carismático y una encantadora terraza en la azotea. Las vistas son magníficas. **www.hotelfontana-trevi.com**

Tritone €€€

Via del Tritone 210, 00187 ***Tel*** *06-6992 2575* ***Fax*** *06-678 2624* ***Habitaciones*** *43* ***Plano*** *5 A3, 12 F1*

Tritone, un hotel cercano a Piazza Barberini y la Fontana di Trevi, posee habitaciones cómodas y una bonita decoración. Las mejores estancias, redecoradas en 2003, lucen paredes forradas en madera, televisión de pantalla plana, MP3 y estupendos baños con buenas duchas. En verano, el desayuno se sirve en la terraza de la azotea. **www.tritonehotel.com**

TERMINI

Beehive €

Via Marghera 8, 00185 ***Tel*** *06-4470 4553* ***Fax*** *06-8032 1049* ***Habitaciones*** *8* ***Plano*** *6 E3*

Beehive, dirigido por una pareja estadounidense, es probablemente el alojamiento ideal para las personas que les encantan los gatos. Este paraíso para viajeros con presupuesto ajustado ofrece acceso a la cocina y un encantador patio. Hay también apartamentos de alquiler. **www.the-beehive.com**

Italy B&B €

Via Palestro 49, 00185 ***Tel*** *06-445 2629* ***Fax*** *06-445 7416* ***Habitaciones*** *3* ***Plano*** *5 E2*

Animados por sus antiguos huéspedes, la familia siciliana Restivo ha abierto un pequeño Bed & Breakfast a la vuelta de la esquina de su antigua *pensione*. La calidad sigue siendo alta, y ofrecen habitaciones extremadamente limpias y bien cuidadas con y sin baño. Hay ofertas especiales para estancias largas de estudiantes. **www.italybnb.it**

Precios *ver p. 300* **Simbología** *ver solapa trasera*

Dolomiti
€€

Via San Martino della Battaglia 11, 00185 ***Tel*** *06-491 058* ***Fax*** *06-445 4665* ***Habitaciones*** *22* ***Plano*** *6 E2*

Dolomiti, situado cerca de la estación de metro Castro Pretorio, ofrece habitaciones espaciosas y cómodas con muebles de madera y tejidos cálidos. Las habitaciones, insonorizadas, modernas y acogedoras, incluyen un minibar. También dispone de una habitación familiar de buen tamaño. **www.hotel-dolomiti.it**

Fiori
€€

Via Nazionale 163, 00184 ***Tel*** *06-679 7212* ***Fax*** *06-679 5433* ***Habitaciones*** *19* ***Plano*** *5 B4*

Fiori es un hotel agradable, que se encuentra en una calle bulliciosa, pero bien situada para visitar el Foro y otros monumentos. La sala para el desayuno mira hacia los cercanos jardines de Villa Aldobrandini. Sus amplias habitaciones están insonorizadas y muy limpias. Se puede solicitar aire acondicionado. **www.travel.it/roma/hotelfiori**

Des Artistes
€€

Via Villafranca 20, 00185 ***Tel*** *06-445 4365* ***Fax*** *06-446 2368* ***Habitaciones*** *40* ***Plano*** *6 E2*

Este atractivo hotel dispone de alojamiento para todos los bolsillos. Los dormitorios, con baños privados o compartidos, están decorados con tejidos cálidos, arte moderno y muebles de caoba. El personal es joven y servicial. También dispone de una terraza en la azotea. **www.hoteldesartistes.com**

Oceania
€€

Via Firenze 38, 00184 ***Tel*** *06-482 4696* ***Fax*** *06-488 5586* ***Habitaciones*** *9* ***Plano*** *5 C3*

Oceania, un hotel pequeño pero muy popular, disfruta de una buena ubicación frente al teatro de la Ópera. Las habitaciones, grandes e inmaculadas, lucen una atractiva decoración. Todas incluyen baño, calefacción y aire acondicionado. Los huéspedes también disponen de garaje. El personal es amable. **www.hoteloceania.it**

Palladium Palace
€€

Via Gioberti 36, 00185 ***Tel*** *06-446 6917* ***Fax*** *06-446 6937* ***Habitaciones*** *81* ***Plano*** *6 D4*

El Palladium, bien ubicado para acceder a Termini y los transportes públicos, se encuentra a un corto paseo de Santa Maria Maggiore y el monte Esquilino. Las habitaciones son amplias y están decoradas con gusto; las de mayor calidad incluyen *jacuzzi*. Hay también una terraza en la azotea. Magnífico personal. **www.hotelpalladiumpalace.it**

Canada
€€€

Via Vicenza 58, 00185 ***Tel*** *06-445 7770* ***Fax*** *06-445 0749* ***Habitaciones*** *70* ***Plano*** *6 E2*

Canada, con encantadoras habitaciones y un excelente servicio, albergaba originalmente a los oficiales de los cuarteles cercanos. Las habitaciones tienen varios tamaños. Las más lujosas son románticas y están llenas de detalles. La estación Termini se halla muy cerca. **www.hotelcanadaroma.com**

Hotel Columbia
€€€

Via del Viminale 15, 00185 ***Tel*** *06-448 3509* ***Fax*** *06-474 0209* ***Habitaciones*** *45* ***Plano*** *5 C3*

Este hotel se encuentra cerca de la Stazione Termini. Cuenta con una buena red de transporte para moverse por toda la ciudad. Decoración de estilo mediterráneo. El desayuno bufé se puede disfrutar en la magnífica terraza de la azotea. **www.hotelcolumbia.com**

Hotel Art Deco
€€€€

Via Palestro 19, 00185 ***Tel*** *06-445 7588* ***Fax*** *06-444 1483* ***Habitaciones*** *68* ***Plano*** *6 D2*

Como su nombre indica, este hotel muestra detalles *art déco* –algunos originales y otros no–. Las habitaciones son amplias y cómodas y poseen una agradable decoración con muebles de madera y toques personalizados. Muchos de los baños incluyen *jacuzzi*. Situado en una zona elegante cerca de Termini. **www.travel.it/roma/artdeco**

Residenza Cellini
€€€

Via Modena 5, 00185 ***Tel*** *06 478 25204* ***Fax*** *06-4788 1806* ***Habitaciones*** *6* ***Plano*** *5 C3*

El Cellini, cercano a Piazza della Repubblica, es un verdadero hallazgo, aunque su exterior resulte poco atractivo. Esta *pensione*, romántica y muy atractiva, dispone de seis habitaciones decoradas con sumo cuidado: antigüedades, flores frescas y otros muchos detalles. El personal es muy servicial. **www.residenzacellini.it**

Radisson SAS
€€€€

Via Filippo Turati 171, 00185 ***Tel*** *06-444 841* ***Fax*** *06-4434 1396* ***Habitaciones*** *235* ***Plano*** *6 E4*

El Radisson es un fabuloso hotel, con una resplandeciente decoración en vidrio, madera y acero e iluminación de colores por la noche. Desde el moderno bar-restaurante de la azotea, junto a una piscina al aire libre (con gimnasio y *spa*), tiene aspecto de trasatlántico. Habitaciones modernas. Situado junto a la Estación de Termini. **www.radissonsas.com**

Boscolo Exedra
€€€€

Piazza Repubblica 47, 00185 ***Tel*** *06-489 381* ***Fax*** *06-4893 8000* ***Habitaciones*** *240* ***Plano*** *5 C3*

Este hotel, recientemente remodelado, se halla en la Piazza della Repubblica y tiene una magnífica terraza en la azotea con estupendas vistas de los baños de Diocleciano y la fuente de las Náyades. Las habitaciones son lujosas y de diseño actual. Tiene además una de las pocas piscinas de hotel en Roma, además de *spa*. Personal muy atento. **www.boscolohotels.com**

St Regis Grand Hotel
€€€€€

Via Vittorio Emanuele Orlando 3, 00185 ***Tel*** *06-47091* ***Fax*** *06-474 7307* ***Habitaciones*** *161* ***Plano*** *5 C3*

Este magnífico establecimiento se construyó en 1894 como el primer hotel de lujo de Roma. Ahora, completamente remodelado, es uno de los hoteles más elegantes del mundo y atrae a jefes de Estado, famosos, miembros de la realeza y grandes empresarios. Su restaurante, Vivendo, es considerado uno de los mejores. **www.starwoodhotels.com/stregis**

AVENTINO

Casa Kolbe €

Via di San Teodoro 44, 00186 ***Tel*** *06-679 4974* ***Fax*** *06-699 41550* ***Habitaciones*** *63* ***Plano*** *8 E1*

Este antiguo monasterio franciscano, muy bien situado para visitar el Palatino y el Foro, es algo espartano pero es ideal para viajeros con presupuesto reducido. Suelen acudir grupos, por lo que resulta algo ruidoso. Las habitaciones que miran al jardín interior y a los claustros son más tranquilas. Bonita zona exterior y media pensión.

Aventino €€€

Via San Domenico 10, 00153 ***Tel*** *06-570 057* ***Fax*** *06-578 3604* ***Habitaciones*** *21* ***Plano*** *8 D2*

El Aventino, dirigido por los mismos propietarios del Sant'Anselmo, es un establecimiento más modesto con habitaciones grandes pero sencillas. El frondoso jardín resulta magnífico y la sala para el desayuno luce un bonito armario y vidrieras. Existe un buen servicio de autobuses. Cercano a Testaccio y Trastevere. **www.aventinohotels.com**

Domus Aventina €€€

Via di Santa Prisca 11b, 00153 ***Tel*** *06-574 6135* ***Fax*** *06-5730 0044* ***Habitaciones*** *26* ***Plano*** *8 E2*

Domus Aventina es un precioso hotel que ocupa un convento del siglo XIV situado a los pies del monte Aventino. Las habitaciones son amplias y lucen una decoración sencilla en tonos pastel. Desde muchas de sus habitaciones y desde la amplia terraza, se consiguen bonitas vistas de la colina Celia. **www.hoteldomusaventina.com**

Sant'Anselmo €€€

Piazza di Sant'Anselmo 2, 00153 ***Tel*** *06-570 057* ***Fax*** *06-578 3604* ***Habitaciones*** *45* ***Plano*** *8 D2*

Esta bonita villa, situada en los jardines del tranquilo Aventino, se encuentra cerca del Coliseo. El vestíbulo está decorado con guirnaldas de flores, hay arañas de luces y los suelos de los pasillos tienen incrustaciones en mármol. El salón mira hacia el jardín del hotel y muchas de las habitaciones poseen terraza. Servicio cálido. **www.aventinohotels.com**

Villa San Pio €€€

Via di San Melania 19, 00153 ***Tel*** *06-570 057* ***Fax*** *06-574 1112* ***Habitaciones*** *78* ***Plano*** *8 E3*

Villa San Pio se halla en un jardín con estatuas. El vestíbulo está decorado con sillas de terciopelo y brocado y tapices del siglo XVIII. Algunas habitaciones poseen muebles con guirnaldas de flores. Los baños son de mármol y muchos incluyen *jacuzzi*. Algunas estancias tienen terraza. **www.aventinohotels.com**

FortySeven €€€€

Via Petroselli 47, 00186 ***Tel*** *06-678 7816* ***Fax*** *06-6919 0726* ***Habitaciones*** *61* ***Plano*** *8 E1*

FortySeven mira hacia el templo de Hércules y la encantadora iglesia de Santa Maria in Cosmedin. Se trata de un hotel moderno, que dispone de una magnífica terraza panorámica con bar en la azotea. Las habitaciones son espaciosas, con muchos detalles lujosos. **www.fortysevenhotel.com**

TRASTEVERE

Cisterna €€

Via della Cisterna 7–9, 00153 ***Tel*** *06-581 7212* ***Fax*** *06-581 0091* ***Habitaciones*** *20* ***Plano*** *7 C1*

Cisterna, situado en el corazón del Trastevere, es un hotel cómodo con un pequeño patio y una tranquila terraza en la azotea. Las habitaciones resultan bastante espaciosas y, aunque son sencillas, disponen de aire acondicionado y baño privado. El mobiliario es monótono pero adecuado, y el servicio, amable. **www.cisternahotel.it**

Domus Tiberina €€

Via in Piscinula 37, 00153 ***Tel*** *y* ***Fax*** *06-580 3033* ***Habitaciones*** *10* ***Plano*** *8 D1*

No muy lejos del río y de Isola Tiberina se encuentra Domus Tiberina, un hotel con aire acondicionado, baño y servicio de recepción las 24 horas en sus 10 estancias. Las habitaciones resultan acogedoras y están lujosamente decoradas con colchas de brocado, paredes en tono amarillo cálido y vigas de madera originales. **www.domustiberina.com**

Hotel Trastevere €€

Via Luciano Manara 24a, 00153 ***Tel*** *06-581 4713* ***Fax*** *06-588 1016* ***Habitaciones*** *9* ***Plano*** *7 B1*

El Trastevere, un hotel antiguo con nombre nuevo, ofrece habitaciones amplias y decoradas de forma sencilla con muebles recios. Todas las estancias, con vistas a la plaza de San Cosimato, disponen de baño privado y las dobles, de aire acondicionado. El hotel tiene además un restaurante muy cerca, Carlo Menta, y ofrece media pensión. **www.hoteltrastevere.net**

Villa della Fonte €€

Via della Fonte dell'Olio 8, 00153 ***Tel*** *06-580 3797* ***Fax*** *06-580 3796* ***Habitaciones*** *5* ***Plano*** *7 C1*

Villa della Fonte, un atractivo Bed & Breakfast supervisado por su agradable propietario, se encuentra a unos minutos a pie de Piazza Santa Maria di Trastevere. Las habitaciones son bonitas y disponen de baño y aire acondicionado. El desayuno se sirve en un encantador patio con flores, donde los huéspedes pueden relajarse durante el día. **www.villafonte.com**

Precios *ver p. 300* **Simbología** *ver solapa trasera*

San Francesco

€€€

Via Jacopa de' Settesoli 7, 00153 **Tel** *06-5830 0051* **Fax** *06-5833 3413* **Habitaciones** *24* **Plano** *7 C2*

Este encantador hotel se encuentra lejos del bullicio y cuenta con una estupenda azotea. Sus habitaciones, modernas y con estilo, ocupan un convento franciscano remodelado. Hay un diminuto autobús de enlace que lleva desde la plaza adyacente hasta el corazón del Trastevere y un tranvía que cruza el río en dirección al centro. **www.hotelsanfrancesco.net**

Santa Maria

€€€

Vicolo del Piede 2, 00153 **Tel** *06-589 4626* **Fax** *06-589 4815* **Habitaciones** *19* **Plano** *7 C1*

Santa Maria es un oasis de tranquilidad situado en una zona relativamente respetada por el paso del tiempo. Las habitaciones, repartidas en la planta baja alrededor de un patio, tienen mesas y sillas en el exterior, lo que crea un ambiente relajante. El bar sirve aperitivos y bebidas. Hay una habitación adaptada para discapacitados. **www.hotelsantamaria.info**

VATICANO

Pensione Paradise

€

Viale G Cesare 47, 00192 **Tel** *06-3600 4331* **Fax** *06-3609 2563* **Habitaciones** *10* **Plano** *4 D1*

Este pequeño hotel, situado junto a la estación de metro Lepanto, está dirigido por el mismo equipo que la *pensione* Panda, cercana a la escalinata de Piazza di Spagna. Las habitaciones están muy limpias. Los huéspedes pueden elegir entre habitaciones con baño privado o compartido. Buena relación calidad/precio. **www.pensioneparadise.com**

Adriatic

€€

Via Vitelleschi 25, 00193 **Tel** *06-6880 8080* **Fax** *06-689 3552* **Habitaciones** *42* **Plano** *3 C2*

Adriatic, situado en una calle tranquila a sólo tres manzanas de San Pedro, ofrece habitaciones con y sin baño privado a un precio muy razonable. Las estancias están pintadas en colores alegres. Las *suites,* algo más caras, tienen balcón. El aire acondicionado se paga aparte. Posee un patio soleado. **www.adriatichotel.com**

Colors

€€

Via Boezio 31, 00192 **Tel** *06-687 4030* **Fax** *06-686 7947* **Habitaciones** *7* **Plano** *4 D2*

Colors es un hotel económico, muy popular y perfectamente ubicado para visitar el Vaticano. Dispone de habitaciones, algunas con baño compartido. La decoración, con un divertido juego de colores, resulta alegre y atractiva. Se puede utilizar la cocina y la lavandería y hay una terraza en la azotea. Su personal es atento. **www.colorshotel.com**

Florida

€€

Via Cola di Rienzo 243, 00192 **Tel** *06-324 1872* **Fax** *06-324 1857* **Habitaciones** *9* **Plano** *3 C2*

Florida, un lugar tranquilo para descansar, ocupa la segunda planta de un edificio residencial, muy cerca de San Pedro. Decoración atractiva a muy buenos precios, sobre todo fuera de temporada. Se ofrecen habitaciones con y sin baño. Todos los dormitorios con baño tienen aire acondicionado, pero el precio no incluye el desayuno. **www.hotelfloridaroma.it**

Lady

€€

Via Germanico 198, 00192 **Tel** *06-324 2112* **Fax** *06-324 3446* **Habitaciones** *7* **Plano** *3 C1*

Lady, una *pensione* tradicional situada junto a la estación de metro Lepanto, destaca por su limpieza y decoración rústica. Algunas habitaciones disponen de baño compartido a un precio más barato, pero hay otras más caras con baño privado. Se proporcionan ventiladores. Sirven un buen desayuno. **www.hotelladyroma.it**

Residenza dei Quiriti

€€

Via Germanico 198, 00192 **Tel** *06-3600 5389* **Fax** *06-3679 0487* **Habitaciones** *10* **Plano** *3 C1*

Este pequeño hotel, una opción de precio medio, ocupa la cuarta planta de un edificio residencial. Los dormitorios son elegantes y los baños están algo anticuados, aunque algunos tienen bañera. Situado a medio camino entre dos estaciones de metro y a un corto paseo del Vaticano. **quiriti.hotel-roma.net**

Bramante

€€€

Vicolo delle Palline 24, 00192 **Tel** *06-6880 6426* **Fax** *06-6813 3339* **Habitaciones** *16* **Plano** *3 C3*

Bramante disfruta de una ubicación perfecta para visitar San Pedro y evitar las largas colas del Vaticano. Fue el primer hotel que abrió en la zona, a finales de la década de 1870. Las habitaciones, situadas en un edificio del siglo XVI restaurado y en una calle tranquila, son muy cómodas y elegantes, e incluyen todos los servicios modernos. **www.hotelbramante.com**

Dei Mellini

€€€€

Via Muzio Clementi 81, 00193 **Tel** *06-324 771* **Fax** *06-3247 7801* **Habitaciones** *80* **Plano** *4 E2*

Dei Mellini, un cómodo hotel con ambiente selecto, combina el arte moderno con la elegancia tradicional. Las habitaciones son espaciosas e incluyen baños de mármol, algunos con bañera. Encantadora terraza con bar en la azotea. Los desayunos son copiosos. Situado cerca del Castel Sant' Angelo y bien comunicado en transporte público. **www.hotelmellini.com**

Farnese

€€€

Via A Farnese 30, 00192 **Tel** *06-321 2553* **Fax** *06-321 5129* **Habitaciones** *23* **Plano** *4 D1*

Farnese es un pequeño hotel situado cerca de la estación de metro de Lepanto y a un corto paseo del Vaticano. Tiene suelos de parqué, muebles de nogal y buenos baños. La bonita terraza de la azotea ofrece incomparables vistas de la cúpula de San Pedro. **www.hotelfarnese.com**

Il Gattopardo Relais €€€

Viale G Cesare 94, 00192 **Tel** *06-3735 8480* **Fax** *06-3750 1019* **Habitaciones** *6* **Plano** *3 C1*

El Relais, abierto en 2003, es un hotel pequeño y encantador dirigido por una pareja siciliana. Los dormitorios están decorados individualmente. Delicioso desayuno preparado con productos orgánicos. Cerca de la estación Ottaviano y a cinco minutos a pie del Vaticano. **www.ilgattopardorelais.it**

La Rovere €€€

Vicolo Sant'Onofrio 4, 00165 **Tel** *06-6880 6739* **Fax** *06-6880 7062* **Habitaciones** *20* **Plano** *3 C4*

El tranquilo hotel familiar La Rovere se encuentra al sur de Piazza Rovere, en la baja ladera del Gianicolo, a medio camino entre el Vaticano y el Trastevere. Las habitaciones, con techos de madera, son agradables. En verano, abren la terraza de la azotea. El *centro storico* se encuentra a un paseo, al otro lado del puente más cercano. **www.hotellarovere.com**

Palazzo Cardinal Cesi €€€

Via della Conciliazione 51, 00193 **Tel** *06-6848 7500* **Fax** *06-6813 6244* **Habitaciones** *29* **Plano** *3 C3*

Este antiguo palacio cardenalicio, recientemente restaurado, pertenece a una asociación cultural que organiza eventos culturales y proporciona alojamiento cerca de la basílica. Esta verdadera joya está decorada en cálidos tonos y tiene suelos de parqué. Las habitaciones están dotadas con instalaciones modernas. **www.palazzocesi.it**

Sant'Anna €€€

Borgo Pio 133, 00193 **Tel** *06-6880 1602* **Fax** *06-6830 8717* **Habitaciones** *20* **Plano** *3 C3*

Este encantador hotel familiar ocupa un edificio del siglo XV de color naranja en una calle agradable. Los dormitorios resultan románticos y lucen una bonita decoración con trampantojos en tonos pastel y baños de mármol. Las habitaciones superiores tienen terraza. El desayuno se sirve en una bodega con murales o en el soleado patio. **www.hotelsantanna.com**

Spring House €€€

Via Mocenigo 7, 00192 **Tel** *06-3972 0948* **Fax** *06-3972 1047* **Habitaciones** *51* **Plano** *3 A1*

El moderno Spring House se encuentra a un corto paseo de los Museos Vaticanos. Los espacios comunes son alegres y atractivos y las habitaciones lucen una decoración sencilla de varios colores. Dispone de habitaciones parcialmente adaptadas para discapacitados. Buenas comunicaciones en transporte público. **www.hotelspringhouse.com**

Hilton Cavalieri €€€€€

Via Cadlolo 101, 00136 **Tel** *06-35091 2031* **Fax** *06-3509 2241* **Habitaciones** *370*

Aunque está situado a unos 15 minutos en coche del centro, Hilton Cavalieri es uno de los principales hoteles de la ciudad y cuenta con un magnífico restaurante, La Pergola. Dispone de 6 ha de frondosos jardines, una enorme piscina y un *spa*. Algunas habitaciones ofrecen espectaculares vistas. Los extras resultan caros. **www.cavalierihilton.it**

VIA VENETO

Lilium €€

Via XX Settembre 58a, 00187 **Tel** *06-474 1133* **Fax** *06-2332 8387* **Habitaciones** *14* **Plano** *6 D2*

Lilium es un hotel pequeño y con encanto que ocupa la tercera planta de un edificio residencial, a medio camino entre Termini y Via Veneto. Cada una de las habitaciones, de tamaño pequeño, lleva el nombre de una flor y está pintada en consonancia. La sala para el desayuno y el salón son agradables. Excelente personal. **www.liliumhotel.it**

La Residenza €€€

Via Emilia 22, 00187 **Tel** *06-488 0789* **Fax** *06-485 721* **Habitaciones** *26* **Plano** *5 B2*

Este pequeño hotel se encuentra en una calle tranquila en lo alto de la colina Via Veneto, no muy lejos de Villa Borghese y la escalinata de Piazza di Spagna. Ofrece un buen servicio y habitaciones confortables, algunas con balcón. Una relativa ganga en esta prestigiosa zona. El desayuno es generoso y posee un jardín en la azotea. **www.hotel-la-residenza.com**

Oxford €€€

Via Boncompagni 89, 00187 **Tel** *06-420 3601* **Fax** *06-4281 5349* **Habitaciones** *56* **Plano** *5 C1*

Oxford se encuentra en una tranquila calle residencial junto a Piazza Fiume, a un corto paseo de Via Veneto. El hotel ofrece también dos apartamentos para estancias breves o largas. Dispone de un buen restaurante y un bar. Los dormitorios son cómodos y las elegantes zonas comunes con sofás invitan al descanso. **www.hoteloxford.com**

Boscolo Aleph €€€€

Via di San Basilio 15, 00187 **Tel** *06-422 901* **Fax** *06-4229 0000* **Habitaciones** *96* **Plano** *5 B2*

Este moderno hotel situado junto a la Piazza Barberini posee una decoración muy singular. A partir de su entrada con iluminación roja, el objetivo es seducir a los huéspedes con los placeres de la vida. Su *spa* ofrece una experiencia muy grata. Quizás no le guste a todo el mundo, pero sin duda resulta llamativo. **www.boscolohotels.it**

Regina Hotel Baglioni €€€€

Via Veneto 72, 00187 **Tel** *06-421 111* **Fax** *06-4201 2130* **Habitaciones** *143* **Plano** *5 B2*

El Baglioni, con su exuberante estilo *liberty (art nouveau* italiano), presenta una lujosa decoración. En la recepción, hay una fabulosa escalera de hierro forjado presidida por una estatua de Neptuno. Posee además una encantadora *suite art déco*. Habitaciones acogedoras, servicio excelente y buena ubicación. **www.baglionihotels.com**

Precios *ver p. 300* **Simbología** *ver solapa trasera*

Hotel Eden €€€€€

Via Ludovisi 49, 00187 ***Tel*** *06-478 121* ***Fax*** *06-482 1584* ***Habitaciones*** *121* ***Plano*** *5 B2*

El Eden, uno de los hoteles históricos de Roma con huéspedes ilustres, luce una decoración atractiva y funciona a la perfección. Las habitaciones y *suites* brillan y el servicio de conserjería es impecable. El jardín de la azotea disfruta de una magnífica vista y posee un elogiado restaurante. Los precios son muy altos. **www.hotel-eden.it**

Majestic €€€€€

Via Veneto 50, 00187 ***Tel*** *06-421 441* ***Fax*** *06-488 0984* ***Habitaciones*** *93* ***Plano*** *5 B2*

Este hotel, fundado en 1889, es el más antiguo de la zona y ha recibido a personalidades como Pavarotti. La mayoría de los muebles y gran parte de la decoración de las áreas comunes es original. Los dormitorios y pasillos lucen una decoración alegre y atrevida. Cuenta también con un nuevo y vanguardista gimnasio. **www.hotelmajestic.com**

Westin Excelsior €€€€€

Via Veneto 125, 00187 ***Tel*** *06-47081* ***Fax*** *06-482 6205* ***Habitaciones*** *317* ***Plano*** *5 B2*

Los balcones con cariátides esculpidas anuncian la presencia de este singular hotel en Via Veneto. En su interior, hay boutiques, un magnífico *spa* con piscina, un excelente restaurante con vistas, bar, e incluso un club para niños. Las habitaciones son lujosas, con una decoración clásica. **excelsior.hotelinroma.com**

VILLA BORGHESE

Buenos Aires €€€

Via Clitunno 9, 00198 ***Tel*** *06-855 4854* ***Fax*** *06-841 5272* ***Habitaciones*** *50* ***Plano*** *2 F5*

Buenos Aires, un pequeño hotel nuevo en el corazón de la zona residencial de Parioli, se halla al norte de Villa Borghese, sólo a 10 minutos a pie. Las habitaciones son muy elegantes y cuentan con todos los servicios. Recibe muchos viajeros de negocios, por lo que suele haber ofertas de fin de semana. Buenas comunicaciones. **www.hotelbuenosaires.it**

Degli Aranci €€€

Via Barnaba Oriani 11, 00197 ***Tel*** *06-807 0202* ***Fax*** *06-807 0704* ***Habitaciones*** *58* ***Plano*** *2 D2*

En Parioli, la zona que rodea Villa Borghese, se encuentra Degli Aranci, rodeado por un bonito jardín con encinas, naranjos y una fuente. Sus cómodas habitaciones, de una relajante gama de colores, poseen antigüedades e instalaciones modernas. Algunas estancias tienen *jacuzzi* o balcón. **www.gruppoloan.it**

Villa Borghese €€€

Via Pinciana 31, 00198 ***Tel*** *06-8530 0919* ***Fax*** *06-841 4100* ***Habitaciones*** *32* ***Plano*** *2 F5*

El antiguo y agradable Villa Borghese, de estilo *art nouveau,* está bien situado para visitar el museo de Villa Borghese y dar un paseo por Via Veneto. Los huéspedes pueden relajarse en un bar tradicional, una cómoda zona de salón y un atractivo patio ajardinado. Hay habitaciones de varios tipos, pero con una decoración algo anticuada. **www.hotelvillaborghese.it**

Villa Mangili €€€

Via G Mangili 31, 00197 ***Tel*** *06-321 7130* ***Fax*** *06-322 4313* ***Habitaciones*** *12* ***Plano*** *2 D4*

Villa Mangili se halla en una zona de Parioli tranquila y agradable, cerca del parque de Villa Borghese, del nuevo auditorio y de Villa Giulia. Aunque es pequeña, ofrece habitaciones espaciosas y bien decoradas. El desayuno se sirve en un precioso jardín. El hotel exhibe y vende obras de artistas. **www.hotelvillamangili.it**

Aldrovandi Palace €€€€€

Via Aldrovandi 15, 00197 ***Tel*** *06-322 3993* ***Fax*** *06-322 1435* ***Habitaciones*** *121* ***Plano*** *2 E4*

Si se prefiere un alojamiento lejos del bullicioso centro de Roma, este hotel tranquilo, lujoso y con una excelente ubicación junto a los jardines de Villa Borghese es perfecto. Las habitaciones poseen una decoración elegante. Sin embargo, sus principales atractivos son la fantástica piscina y su magnífico restaurante, Baby. **www.aldrovandi.com**

TIVOLI

Sibilla Resort B&B €

Via della Sibilla 15, 00019 ***Tel*** *y* ***Fax*** *0774-333 418* ***Habitaciones*** *2*

Sibilla, situado en el corazón del viejo Tivoli, ocupa un edificio del siglo XIV restaurado y decorado con mobiliario actual. La entrada independiente y la cocina lo convierten en un lugar ideal para estancias breves o largas. Se puede solicitar desayuno. Roma se halla a 45 minutos en tren. Uno de los dos apartamentos está adaptado para discapacitados. **www.sibillaresort.it**

Adriano €€

Largo Yourcenar 2, 00010 ***Tel*** *0774-535 028* ***Fax*** *0774-535 122* ***Habitaciones*** *10*

Este hotel con ilustre clientela, situado junto a la villa de Adriano, resulta muy cómodo y dispone de un buen restaurante. Una de las *suites* disfruta de estupendas y románticas vistas del recinto romano. El desayuno se sirve en una bonita sala interior o en el patio al aire libre. **www.hoteladriano.it**

RESTAURANTES Y CAFÉS

Comer en Roma puede constituir al mismo tiempo un placer y un entretenimiento. En las cálidas noches de verano todos los restaurantes sacan sus mesas al aire libre y los clientes se sientan en ellas a disfrutar de la cena mientras contemplan a la gente pasar. Aunque los romanos siempre han sido amantes de las largas sobremesas, los opulentos banquetes de la Antigua Roma han dado paso a una cocina más sencilla y de temporada, donde destaca la frescura de los ingredientes locales. La comida rápida se abre paso poco a poco, pero sigue siendo algo ajeno al modo de vida y temperamento romanos.

Camarero del Alberto Ciarla *(ver p. 325)*

Los restaurantes comentados en las páginas siguientes han sido seleccionados entre lo mejor que Roma puede ofrecer a distintos precios. Sus descripciones, remarcadas con símbolos, proporcionan una información detallada de sus instalaciones y servicios, que facilitan al visitante la elección del más conveniente. En la sección de *Comidas ligeras y bebidas*, páginas 328-333, se incluyen cafés recomendados, pizzerías y otros lugares donde disfrutar de una comida informal.

DÓNDE ENCONTRAR BUENOS RESTAURANTES

Cada zona de la ciudad posee sus propias especialidades gastronómicas. La verdadera cocina romana puede encontrarse en el área de Testaccio y el barrio judío (el gueto), cerca de Campo de' Fiori. En las proximidades de la Universidad, en San Lorenzo, hallará las pizzerías y *trattorie* más baratas.

Cerca de la estación Termini hay una buena selección de restaurantes de comida africana (especialmente etíope). Para cenar al aire libre, lo que por lo general implica la existencia de bellas plazas o zonas antiguas de la ciudad, pruebe en el Trastevere (barrio antiguo de los artistas), Campo de' Fiori o en Via Appia Antica.

El interior del Sapori del Lord Byron *(ver p. 327)*

TIPOS DE RESTAURANTES

En general, una *trattoria* es un establecimiento familiar de comida sencilla, mientras que por *ristorante* se entiende algo más elaborado, elegante y, por tanto, más caro.

Hay muchos lugares donde se puede comer y que no tienen nombre. En estos sitios los manteles de papel le darán una idea de lo económico de los precios. Por lo general, encontrará una puerta abierta y una comida sencilla, pero normalmente deliciosa. Otros ofrecen mucho más, y las posibilidades de saborear la verdadera cocina italiana son aquí mayores que en cualquier otro lugar.

Las alcachofas son una especialidad romana

Habrá momentos en los que no quiera usted tomar una comida completa; para esos casos Roma posee una amplia oferta de lugares donde disfrutar de un tentempié *(ver p. 328-333)*. La enoteca es un establecimiento donde, además de vinos, se sirven sustanciosas comidas; dispone también de una tienda de vinos que satisfará a los más exigentes.

El cartel de *Vino e cucina,* que por desgracia está desapareciendo rápidamente, significa lo mismo. Otros establecimientos donde disfrutar de un almuerzo informal son las *birrerie,* donde no sólo se sirve cerveza, sino pizzas e incluso comidas a base de tres platos. Hay múltiples comercios donde se vende comida lista para llevar, y por toda la ciudad es posible comprar *pizza rústica* o *pizza al taglio* (pizza por porciones). Si lo que quiere es una completa, busque los lugares con horno de leña *(forno a legna)*. Entre otras viandas para llevar figuran los pollos asados, patatas o *supplì* (croquetas de arroz fritas) en las *rosticerie*. En los *tavola calda* disponen de gran variedad de platos; son ideales para un almuerzo ligero.

COMIDA VEGETARIANA

Los restaurantes exclusivamente vegetarianos escasean en Roma, pero en todas partes encontrará platos a base de pasta o arroz *(risotto)* con interesantes combinaciones de ensaladas y verduras, e incluso, estas últimas rellenas y cocinadas al horno. Los menús puden adaptarse a todos los gustos.

PRECIOS

Los precios por lo general dependen del tipo de establecimiento. En una *tavola calda* o una pizzería, por ejemplo, a menudo se puede comer por 10 €. En una *trattoria* tal vez por 20 €, mientras que en un restaurante una comida cuesta a partir de 30 €.

El vino embotellado usualmente es más caro que el de la casa, pero ofrece mayor variedad *(ver p. 314)*. El vino de la casa, sin embargo, suele ser aceptable y a un precio más económico.

CÓMO LEER LA CARTA

No todos los restaurantes cuentan con menú –en ocasiones el mismo camarero le indicará cuáles son los platos del día *(piatti del giorno)*, que, por lo general, no aparecen en la carta pero son muy recomendables–. En todo caso, siempre puede solicitar la carta y después pedir que le aconsejen.

Una comida suele empezar con *antipasti* (entrantes) o *primi piatti,* que consisten en *pasta asciutta* (pasta con algún tipo de salsa), *pasta in brodo* (caldo con pasta), *pasta al forno* (al horno), *risotto* (arroz guisado) o algún tipo de sopa consistente. Después se pasa a los *secondi,* que suelen ser carne o pescado. Si desea algún tipo de verdura como guarnición deberá pedirla *(contorni)*. De postre, podrá escoger entre *fromaggi* (quesos), *frutta* o *dolci,* y para terminar un café expreso y tal vez una copa de licor *(amaro o digestivo)*. Los romanos acostumbran a tomar queso con diversas frutas, como peras, melón o higos *(ver p. 315)*. Quizá quiera usted saltarse el primer plato o sustituirlo por una ensalada o verduras. La pasta, generalmente, no constituye una comida por sí sola.

Uno de los cafés del Trastevere

Terraza de un café en la plaza de Santa Maria in Trastevere

HORARIOS

Los restaurantes suelen abrir desde las 12.00 hasta las 15.00 y desde las 20.00 hasta las 23.00 o más tarde. Las horas de mayor afluencia son las 21.00-21.30 para la cena y entre las 13.00 y 13.30 para la comida. La cena constituye normalmente una comida más relajada, especialmente en verano, época en que se realiza más tarde, cuando descienden un poco las temperaturas. Los bares abren todo el día y sirven todo tipo de bebidas y aperitivos. El mes más tranquilo es agosto, cuando muchos restaurantes cierran y cuelgan los carteles de *chiuso per ferie*.

RESERVAR UNA MESA

Resulta aconsejable efectuar reserva *(prenotazione),* sobre todo, los sábados por la noche y los domingos a mediodía. Muchos establecimientos cierran los lunes, y los domingos por la noche puede haber también mucho público.

En verano trate de conseguir una mesa al aire libre, puesto que no todos los restaurantes tienen aire acondicionado.

ACCESO PARA DISCAPACITADOS

Poco a poco se están adaptando los establecimientos para facilitar el acceso de las sillas de ruedas, pero conviene telefonear antes para asegurarse de que le pueden proporcionar una mesa apropiada.

COMER FUERA CON NIÑOS

Los niños suelen ser muy bien recibidos, especialmente en establecimientos familiares. Por lo general se sirve media ración y siempre puede pedirse un plato más para que compartan. Algunos restaurantes proporcionan también sillas altas *(seggioline)*.

TABACO

Desde 2005, los bares y restaurantes deben disponer de una zona para los no fumadores. Las personas que fumen en esta parte pueden ser multados. En los cafés y restaurantes que no dispongan de esta zona reservada, sólo está permitido fumar en las mesas del exterior.

SÍMBOLOS UTILIZADOS

Significado de los símbolos en pp. 316-327.

- no tarjetas de crédito
- comidas para niños
- aire acondicionado
- acceso para discapacitados
- música en vivo
- chaqueta y corbata

Precio de una comida de tres platos con media botella de vino, impuestos y servicio incluidos.

- € menos de 25 €
- €€ 25-45 €
- €€€ 45-65 €
- €€€€ 65-80 €
- €€€€€ más de 80 €

Qué comer

Existen pocos placeres tan perdurables como degustar tranquilamente una comida al aire libre en una *piazza* de la ciudad eterna. La cocina romana es sabrosa, nutritiva, sencilla y muy variada. Los menús suelen ser de temporada y hay incluso especialidades que se sirven en un determinado día de la semana. El jueves es, tradicionalmente, el día de los *gnocchi,* el viernes el del bacalao salado *(baccalà)* y el sábado el de los callos. La comida desprende aroma a hierbas, aceite de oliva, ajo y cebolla y existen muchos recetas originales. Sin embargo, la cocina romana más auténtica tiene sus orígenes en los despojos, que se transforman en deliciosos y sabrosos platos.

Aceite de oliva y aceitunas

Pasta elaborada artesanalmente al estilo tradicional

'CUCINA ROMANA'

La cocina tradicional romana nació en la zona de Testaccio, cerca del antiguo matadero, donde los carniceros *(vaccinari)* cobraban parte en metálico y parte en carne –o más bien en despojos–. El *quinto quarto* (quinto cuarto) incluía cabeza, patas, rabo, tripas, sesos y otras vísceras del animal que, cocinadas con cuidado y aderezadas con hierbas y especias, se convertían en delicias culinarias. Estos suculentos platos, como el *coda alla vaccinara* (literalmente, rabo de buey al estilo del matarife), aún aparecen en los menús de muchos de los principales restaurantes.

Los comensales carnívoros también pueden pedir el popular cordero, que se suele servir simplemente asado. La ternera es otra de las especialidades, al igual que el cochinillo con hierbas. La auténtica *cucina romana* hunde también sus raíces en la cocina judía del gueto, cuyos orígenes se remontan más de 400 años. Las alcachofas se fríen enteras en aceite de oliva *(carciofi alla giudea)* o se sirven *alla romana,* con aceite, hierbabuena y ajo. Las flores de calabacín también se fríen en mucho aceite, como los filetes de bacalao salado *(filetti di baccalà)* al estilo judío.

Los restaurantes de marisco y pescado están entre los

Deliciosos *antipasti* (aperitivos) típicamente romanos

PLATOS Y ESPECIALIDADES REGIONALES

Bruschetta

En el aperitivo, la *bruschetta* (pan ligeramente tostado) se suele acompañar con diversos ingredientes de intenso sabor. Las crujientes verduras fritas o marinadas son otros típicos *antipasti.* Uno de los platos de pasta preferidos es *bucatini all'amatriciana* –macarrones con una especiada salsa de tomate y salchichas o beicon, espolvoreada con penetrante queso *pecorino* rallado–. La ternera es muy apreciada y se prepara en platos como el *rigatoni alla pajata* (pasta con intestinos de ternera). El cordero es también muy popular, como el *abbacchio al forno* (cordero lechal al horno) o *alla cacciatore* (al estilo cazador con salsa de anchoas). La palabra que denomina los despojos es *animelle;* algunos manjares incluyen *cervelle* (sesos de ternera), *pajata* (intestinos de ternera) y *trippa* (callos).

Supplì *Estas sabrosas croquetas de arroz frito están rellenas de queso* mozzarella.

Comprando verduras frescas en un mercado del centro de Roma

mejores de Roma, aunque pueden resultar caros. Sirven de todo, desde bandejas de marisco hasta pescaditos capturados en la costa del Lazio y servidos fritos o en sopa, además de fantásticas lubinas a la romana con setas *porcini*.

PASTA

La pasta, y sobre todo los espagueti, es la base de la comida romana.
Los *spaghetti alla carbonara*, preparados con panceta o *guanciale* (morro de cerdo), yemas de huevo y queso, son un típico plato romano, como los *spaghetti alle vongole*, con almejas.

Existe incluso un museo dedicado a la pasta.
El Museo Nazionale delle Pasta Alimentari *(ver p. 160)* muestra la historia y las formas de un tipo de pasta para cada día del año.
Muchas variedades tienen nombres hermosamente descriptivos o poéticos, como los *capelli d'angelo* (cabello de ángel) o *ziti* (novios).
El lema del museo es: *la pasta è gioia di vivere* (la pasta es la alegría de vivir).

Quesos *pecorino* listos para cortar y degustar

'LA DOLCE VITA'

Las personas golosas pueden disfrutar de suculentos y deliciosos dulces elaborados con frutos secos, fruta y el versátil queso *ricotta*. El helado es un elemento típico de Roma, donde algunas heladerías elaboran más de cien sabores diferentes, desde la clásica *crema* y *frutta* hasta la *grattachecca* (agua helada), o desde el *semifreddo* (un esponjoso pudin semifrío con una consistencia parecida al *tiramisù*) hasta el *granità* (granizado). El soberbio *gelato* es uno de los grandes placeres para disfrutarlo a cualquier hora del día –y de la noche–.

LA CARTA

Abbacchio alla cacciatore
Cordero guisado en vino Castelli Romani con anchoas, ajo, romero y aceite de oliva.

Bruschetta Pan tostado que se frota con ajo, se rocía con aceite de oliva y se sirve con diversos ingredientes.

Gnocchi alla romana Pequeñas bolas de patata, que se sirven con salsa de tomate o *ragù*, o simplemente mantequilla.

***Pecorino* romano** Este tradicional queso se elabora con leche de oveja.

Spigola alla romana Lubina con setas *porcini*, chalotas, ajo, vino Castelli Romani y aceite de oliva.

Spaghetti alla carbonara *La cremosa salsa espesa conforme la pasta caliente se mezcla con las yemas y el queso.*

Saltimbocca alla romana *Filetes de ternera rellenos con* prosciutto *y salvia.* Saltimbocca *significa salta en la boca.*

Crostata di ricotta *Esta tarta de queso al horno se prepara con* ricotta *y se le da sabor con Marsala y limón.*

Qué beber

Mosaico de pájaro y viñedos

Italia es uno de los principales países productores de vino de Europa, siguiendo una tradición iniciada, hace más de 2.000 años, en las colinas que rodean la ciudad. En la actualidad, el vino suele tomarse como acompañamiento de las comidas y, probablemente, sea suficiente distinguir entre vino tinto *(rosso)* y blanco *(bianco)*. En todas partes sirven además cerveza y una amplia variedad de aperitivos y digestivos. El agua romana procedente de los acueductos es particularmente buena y abundante.

Viñedos de Frascati, al sureste de Roma

Orvieto Frascati

VINO BLANCO

Los viñedos son numerosos en el cálido clima del Lacio, región que rodea Roma, proveyendo de abundantes caldos blancos, a precios económicos, a los bares, cafés y restaurantes de la ciudad. Por lo general, se venden por garrafas. De los vinos locales embotellados el más conocido es el Frascati, pero el Castelo Marino, el Coli Albani y el Velletri son muy similares. Todos se hacen a partir de una única variedad de uva, la *trebbiano*, aunque las mejores versiones contienen una pizca de malvasía, que les da sabor y aroma. Otros vinos blancos de Italia central destacables son el Orvieto y Verdicchio. Además, es posible encontrar en Roma vinos de calidad procedentes de otras regiones de Italia.

El Calcaia procede de Barberani, famoso productor de Orvieto.

Bigi produce Orvieto de buena calidad, en especial el Torricella.

Casal Pilozzo es un vino blanco ligero de los productores de Frascati, Colli di Catone. Elija la añada más joven.

Colle Gaio, con su toque afrutado, es de los mejores Frascati secos.

TIPO DE VINO	BUENAS COSECHAS	BUENOS PRODUCTORES
VINO BLANCO		
Friuli (Pinot blanco, Chardonnay, Pinot Grigio, Sauvignon)	**La más reciente**	**Gravner, Jermann, Puiatti, Schiopetto, Volpe Pasini**
Orvieto/ Orvieto Classico	**La más reciente**	**Antinori, Barberani, Bigi, Il Palazzone**
VINO TINTO		
Chianti/Chianti Classico/ Chianti Rufina	**2001, 2002, 99, 97, 95, 90, 88, 85**	**Antinori, Castello di Ama, Castello di Cacchiano, Castello di Volpaia, Felsina Berardenga, Fontodi, Frescobaldi, Isole e Olena, Il Palazzino, Riecine, Rocca delle Macie, Ruffino, Vecchie Terre di Montefili, Villa Cafaggio**
Brunello di Montalcino/ Vino Nobile di Montepulciano	**2001, 99, 97,95, 90, 88, 85**	**Altesino, Avignonesi, Biondi Santi, Caparzo, Case Basse, Lisini, Il Poggione, Poliziano, Villa Banfi**
Barolo/Barbaresco	**2004, 2000, 99, 98, 97, 95, 90, 89, 88, 85, 82, 78**	**Aldo Conterno, Altare, Ceretto, Clerico, Gaja, Giacomo Conterno, Giacosa, Mascarello, Ratti, Voerzio**

Vino de mesa toscano

Barolo

VINO TINTO

Aunque existe algún vino tinto de producción local, la mayoría procede de otras partes de Italia. En las regiones de Toscana y Piamonte producen buen vino de mesa, además de caldos de primera calidad como el Barolo. Los precios deben reflejar la calidad –pruebe Dolcetto, Rosso di Montalcino o Montepulciano–.

Montepulciano d'Abruzzo, tinto rico y jugoso de buena calidad. Se produce en la región de Abruzzo, al este de Roma.

El Chianti Classico Riserva es más añejo y fuerte que un Chianti Classico normal.

El Torre Ercolana se produce en pequeñas cantidades y es considerado como uno de los mejores vinos del Lacio. Está hecho a partir de uvas *cesarene* y *cabernet,* y requiere cinco años para envejecer.

CÓMO LEER LA ETIQUETA

Italia tiene dos sistemas de calificar el vino. DOC *(Denominazione di origine controllata)* significa que el vino procede de la región que figura en la etiqueta y está hecho de variedades de uva con denominación. Una clasificación superior –DOCG *(Denominazione di origine controllata e garantita)*– se otorga a vinos de primera calidad, como los tintos Barolo, Barbaresco, Chianti Classico y Brunello di Montalcino.

Chianti Classico

APERITIVOS Y OTRAS BEBIDAS

Bebidas amargas y aderezadas con hierbas, como el Martini, Campari o Aperol son los aperitivos más populares (si desea uno sin alcohol pida un *analcolico*). Los italianos los toman solos o con hielo y soda. Después de una comida pesada resulta ideal tomar un licor digestivo *(digestivi* o *amari)* como el Amaretto. El coñac italiano es de buena calidad, y la cerveza muy popular para acompañar la pizza.

Campari

REFRESCOS

Los zumos de fruta son buenos y en casi todos los bares podrá tomar naranja fresca exprimida *(spremuta di arancia).* Tanto el té como el café con hielo resultan refrescantes en verano, y el té con sabor a frutas es muy popular.

Almacén refrigerado de vino y cerveza

BEBER AGUA

A diferencia de muchas ciudades mediterráneas, Roma disfruta de una reserva continua de agua fresca que llega desde las colinas a través de un sistema de cañerías y acueductos que ha variado poco desde la Antigüedad. El letrero de *acqua non potabile* lo encontrará de vez en cuando.

Una de las muchas fuentes de Roma de agua potable

El café para los romanos es casi más importante que el vino. Si quiere café solo pida un *espresso;* para desayunar o a media tarde un *cappuccino,* y un *caffelatte* si lo desea con mucha leche.

Espresso

Cappuccino

Caffè latte

Elegir un restaurante

Los restaurantes de esta guía se han elegido por su buena relación calidad/precio, su cocina y su atractivo interior. Aparecen ordenados por zonas, y dentro de cada una por precio y en orden alfabético. Para más información, ver *Comidas ligeras y bebidas* en las pp. 328-333.

PRECIOS
Cena de tres platos, con media botella de vino de la casa, servicio e impuestos incluidos.
€ menos de 25 €
€€ 26-44 €
€€€ 45-64 €
€€€€ 65-80 €
€€€€€ más de 80 €

PIAZZA DELLA ROTONDA

Enoteca Corsi — €

Via del Gesù 87/88, 00186 ***Tel*** *06-679 0821* — **Plano** 4 F4, 12 E3

Enoteca Corsi es un agradable bar de vinos con ambiente desenfadado, cuyas estanterías de madera están repletas de botellas de vino. Su amable personal ayuda a elegir entre los platos del día escritos en la pizarra. *Pasta e fagioli, zuppa di farro* (sopa de espelta), *orecchiette pasta con carciofi* (alcachofas) o *pollo con peperoni* son algunos de sus platos típicos.

Le Cornacchie — €€

Piazza Rondanini 53, 00186 ***Tel*** *06-6819 2096* — **Plano** 12 D2

Le Cornacchie, cercano al Panteón, ofrece típica cocina romana a una heterogénea clientela. De primer plato, se sirven grandes fuentes de clásicos locales, como los *spaghetti alla carbonara* y *bucatini alla amatriciana* (una especiada salsa de beicon y tomate), seguidos de *trippa alla romana* (callos). En los meses calurosos, se puede comer al aire libre.

Alle Due Colonne — €€

Via del Seminario 122, 00186 ***Tel*** *06-678 1449* — **Plano** 4 F4, 12 D3

La decoración de este restaurante, que evoca la Antigua Roma, incluye dos columnas imperiales, de las que toma su nombre, y una fuente. Su cocina es rica en sabores mediterráneos y la mayoría de los platos se preparan en el momento. La *spigola alla griglia* (lubina a la parrilla) y la *mozzarrella* de búfala a la brasa con *radicchio* son especialmente buenas.

Da Gino — €€

Vicolo Rosini 4, 00186 ***Tel*** *06-687 3434* — **Plano** 4 F3, 12 D1

Da Gino es un restaurante muy agradable al que acuden multitud de políticos y periodistas. Cuando hace buen tiempo, su antiguo interior con frescos se abre hacia una agradable pérgola. Sirven, entre otros clásicos romanos, *spaghetti alla carbonara, l'abbacchio alla cacciatora* (un plato de cordero), *seppie con piselli* (sepia con guisantes) y conejo.

Il Bacaro — €€

Via degli Spagnoli 27, 00186 ***Tel*** *06-687 2554* — **Plano** 4 F3, 12 D2

El pequeño y romántico Il Bacaro, situado en una callejuela, ofrece una cocina imaginativa. Entre sus platos figuran *risotto* con queso Castelmagno y vino tinto, *gnocchi* con queso y nueces, filete con salsa de Merlot y *carpaccio* de mero con orégano y tomate. La *mousse* de chocolate con salsa de chocolate caliente es uno de los favoritos. Reservar con antelación.

La Campana — €€

Vicolo della Campana 18, 00186 ***Tel*** *06-686 7820* — **Plano** 12 D1

Esta *trattoria* histórica, una de las más antiguas, se inauguró en 1518. El exterior, algo desalentador, esconde tras de sí una joya. Tras la *galantina* de pollo, la pasta con brócoli y caldo de raya, los callos o el pollo a la pimienta, se sirven deliciosas cerezas con helado. Excelente servicio y buena carta de vinos.

L'Eau Vive — €€

Via Monterone 85, 00186 ***Tel*** *06-688 01095* — **Plano** 12 D3

L'Eau Vive ofrece cocina clásica francesa preparada y servida por hermanas legas de una orden religiosa de Francia; todos los beneficios se destinan a misiones en África e India. El *quiche lorraine,* la sopa de cebolla y el pato a la naranja son platos habituales, aunque también se incluyen cuscús y recetas internacionales. Bonitos comedores con frescos.

La Matricianella — €€

Via del Leone 2-4, 00186 ***Tel*** *06-683 2100* — **Plano** 4 F3, 12 D1

Matricianella, situado a un corto paseo del Parlamento, está rodeado de típicos locales para turistas. Es una antigua *trattoria* famosa por su cocina tradicional, ambiente relajado y diligente servicio. El menú, típicamente romano, incluye mollejas fritas, *fettucine* con hígado y guiso de cordero. Buenos vinos y quesos. En verano, hay mesas al aire libre.

Myosotis — €€

Piazza delle Coppelle 49, 00186 ***Tel*** *06-686 5554* — **Plano** 12 D2

El cocinero de este atractivo restaurante forrado de madera utiliza los mejores ingredientes para combinar recetas tradicionales con toques creativos. Entre sus platos figuran *foccacia* con *ricotta di bufala, spaghetti alla carbonara, frittura di pesce* (pescado frito), *trofiette* (pasta) con capón y brócoli o una sabrosa sopa de pescado con judías y endivias. Personal amable.

Simbología *ver solapa trasera*

Vecchia Locanda — €€

Vicolo Sinibaldi 2, 00186 **Tel** *06-6880 2831* — **Plano** *4 F4, 12 D3*

Vecchia Locanda disfruta de una estupenda ubicación cerca de Largo Argentina y tiene un agradable comedor, *cantina* (bodega) y mesas al aire libre en verano. Los tradicionales platos *terra e mare,* que combinan literalmente los frutos de la tierra y el mar, se preparan con sumo cuidado. El servicio es acogedor.

Boccondivino — €€€

Piazza Campo Marzio 6, 00186 **Tel** *06-6830 8626* — **Plano** *4 F3, 12 D2*

El bocado divino ofrece cocina italiana para la comida (menú fijo con buena relación calidad/precio) y una carta más internacional por la noche. Se presta gran atención tanto a los platos como a la decoración, que con sus sillas de cebra resulta muy moderna. Platos de temporada y para todos los gustos.

Clemente alla Maddalena — €€€

Piazza della Maddalena 4/5, 00186 **Tel** *06-683 3633* — **Plano** *4 F3, 12 D2*

Este *palazzo* del siglo XVI, situado frente a la iglesia Maddalena, ofrece agradables comedores forrados en madera y una atractiva terraza para el verano. Su creativo menú incluye tarta de anchoas, orégano y tomate, *paccheri* (pasta) con gambas y nabo, espagueti con pesto de endivia y gallina con polenta. Excelente carta de vinos y servicio atento.

Fortunato al Pantheon — €€€

Via del Pantheon 55, 00186 **Tel** *06-679 2788* — **Plano** *4 F4, 12 D2*

A pesar de su anticuada decoración, Fortunato al Pantheon atrae a políticos de los cercanos edificios del Parlamento gracias a su excelente cocina y ubicación. Este restaurante de larga tradición renueva constantemente el menú, ofreciendo espléndidos platos de temporada a precios razonables.

Sangallo — €€€

Vicolo della Vaccarella 11A, 00186 **Tel** *06-686 5549* — **Plano** *4 F3*

Sangallo, un elegante restaurante, sirve un menú basado en las capturas del día. Todos los platos se preparan con estupendas verduras, frutas y hierbas. Tras los *antipasti,* como el *carpaccio* de besugo, las gambas con naranja y aceitunas o las alcachofas con *calamari,* se sirven deliciosos platos de pasta, carnes y los pescados más frescos. Amplia carta de vinos.

El Toulà — €€€€

Via della Lupa 29B, 00186 **Tel** *06-687 3498* — **Plano** *4 F4, 12 D2*

El Toulà, considerado uno de los restaurantes más exclusivos y lujosos de Roma, prepara cocina mediterránea con una fuerte influencia de la región del Véneto. Su elegante comedor abovedado y el excelente servicio resultan perfectos para una comida o una cena especial. Los *risottos* y platos de pasta, pescado y carne cambian con la temporada.

La Rosetta — €€€€€

Via della Rosetta 8, 00186 **Tel** *06-6830 8841* — **Plano** *4 F3, 12 D2*

En La Rosetta, uno de los mejores restaurantes de pescado, es imprescindible reservar. Su cocina, de fama internacional, puede resultar cara, aunque ofrece un menú más barato en la comida. Ingredientes como las ostras, el atún, la sepia y el mero se envían a diario desde Sicilia en avión. La comida es sencilla, pero se prepara por una mano experta. Vinos excelentes.

PIAZZA NAVONA

Cul de Sac — €

Piazza Pasquino 73, 00186 **Tel** *06-6880 1094* — **Plano** *4 E4, 11 C3*

Con 30 años de experiencia, Cul de Sac es el bar de vinos más antiguo de Roma. Su carta incluye miles de caldos italianos y extranjeros, y el menú ofrece una selección igual de amplia. Se puede disfrutar de una comida a base de pez espada ahumado, lentejas rojas con nata, tomates secos, salchichas de garbanzos, queso, *salumi* y patés.

Fraterna Domus — €

Via di Monte Brianzo 62 (esquina con Via del Cancello), 00186 **Tel** *06-6880 2727* — **Plano** *11 C1*

En Fraterna Domus, un pequeño hostal dirigido por monjas, se sirven abundantes bandejas de pasta y primeros platos. Se recomienda el *pollo arrosto* (pollo asado) –si está en el menú–, mucho más barato que en cualquier otro restaurante del *centro storico.* Reservar con antelación. Se aceptan tarjetas de crédito, excepto American Express. Cerrado jueves.

Da Luigi — €€

Piazza Sforza Cesarini 24, 00186 **Tel** *06-686 5946* — **Plano** *11 B3*

El cocinero de Da Luigi ofrece en su arbolada plaza una cocina tradicional romana. El atractivo menú de este restaurante es realmente completo. Se sirven varios tipos de ensalada y *carpaccio* de pescado, ostras frescas, pasta, platos de pescado y carne a la brasa, además de recetas típicas como los sesos fritos y el cordero al horno.

Il Primoli — €€

Via dei Soldati 22, 00186 **Tel** *06-6813 5112* — **Plano** *11 C2*

El elegante Primoli, ubicado en la planta baja del Museo Napoleonico en el Palazzo Primoli, posee una decoración moderna, imágenes de fin de siglo y mesas con velas. La carta típica incluye ternera seca con flores de calabacín y queso *robiola, rigatoni* con *ricotta* y espárragos, tempura de pescado y suflé de chocolate. Buena relación calidad/precio.

La Focaccia — €€

Via della Pace 11, 00186 ***Tel*** *06-6880 3312* — **Plano** *11 C3*

La Focaccia, situado en una bonita calle detrás de Piazza Navona, es un local bullicioso y elegante con un impresionante comedor y mesas al aire libre en verano. Ofrece comida sencilla. La carta típica incluye *zeppole* (buñuelos), pasta y guisos. Atrae a una clientela cosmopolita y es un lugar estupendo para contemplar a la gente.

La Taverna da Giovanni — €€

Via del Banco di Spirito Santo 58, 00186 ***Tel*** *06-6813 4347* — **Plano** *4 D3, 11 A2*

Da Giovanni, una agradable taberna antigua ubicada al otro lado del río desde Castel Sant'Angelo, pertenece a la misma familia desde hace generaciones. Su principal atractivo es la deliciosa cocina casera y tradicional. Las especialidades del día se añaden a un menú de sopas, pasta, carne y pescado. Las paredes del comedor están decoradas con frescos.

Il Cantuccio — €€€

Corso Rinascimento 71, 00186 ***Tel*** *06-6880 2982* — **Plano** *4 E3, 11 C2*

Il Cantuccio, frecuentado por ricos y famosos, resulta deslumbrante por la noche con las velas y los espejos. Se recomienda la pasta o la sopa de patata, aderezada con huevas de bacalao y queso *pecorino;* seguido de rodaballo al horno con costra de patata, tomate y aceitunas, y para terminar profiteroles o *Vin Santo* con *ciambelli.* Buen servicio.

Hostaria dell' Orso — €€€€€

Via dei Soldati 25c, 00186 ***Tel*** *06-6830 1192* — **Plano** *11 C2*

Este elegante restaurante ubicado en un histórico *palazzo* del siglo XIV ofrece una comida fantástica, un excelente servicio y una extensa carta de vinos. Hay además un piano bar y un club en la planta alta. Se sirve un menú degustación de cuatro platos. El atún a la brasa con tomates y aceitunas Taggia y el cochinillo con leche dulce son dos platos típicos. Sólo cenas.

PIAZZA DI SPAGNA

Tad Café — €

Via del Babuino 155a, 00187 ***Tel*** *06-3269 5123* — **Plano** *5 A2*

Este moderno y elegante café con un pintoresco patio ajardinado disfruta de una buena ubicación cerca de Piazza del Popolo. Sus especialidades del día y comidas ligeras son muy populares entre los romanos adinerados después de una mañana de compras. La cocina combina influencias italiana y oriental. Especialmente recomendado el *brunch* del domingo.

Buca di Ripetta — €€

Via di Ripetta 36, 00186 ***Tel*** *06-321 9391* — **Plano** *4 F1*

Junto a la tienda de vinos y alimentación, Buca di Ripetta tiene algunas mesas rodeadas de estanterías repletas de vinos de todo el mundo y bonitas lámparas de hierro forjado. El vino se puede pedir por copa o en botella; hay deliciosos platos del día, además del menú de ensaladas, pasta y queso o *salumi.* El personal es eficiente.

Edy — €€

Vicolo del Babuino 4, 00187 ***Tel*** *06-3600 1738* — **Plano** *4 F1*

Edy es un local agradable para comer, con un ambiente atractivo, aunque resulta, a veces, algo ruidoso. Los precios, teniendo en cuenta la zona, son muy razonables. Las especialidades del día, como *fettucine ai funghi porcini, scamorza* (queso ahumado) *al prosciutto,* gambas a la parrilla o chuletas de ternera, se escriben en una pizarra junto a la puerta.

Fiaschetteria Beltramme — €€

Via della Croce 39, 00187 — **Plano** *5A2*

Este maravilloso mesón se inauguró en 1886 y aún conserva su atractivo. El local es agradable e informal, aunque en ocasiones algo bullicioso, y las paredes están llenas de cuadros. No se pueden hacer reservas y tal vez haya que compartir la mesa. Los viernes se sirve pescado. La cocina es típicamente romana.

'Gusto — €€

Piazza Augusto Imperatore 9, 00186 ***Tel*** *06-322 6273* — **Plano** *4 F2*

'Gusto, un emporio familiar con bar de vinos, *osteria,* pizzería y restaurante, es muy popular. Ofrece una comida de gran calidad y tal vez haya que hacer cola. Abierto todos los días del año. El *brunch* del domingo tiene una estupenda relación calidad/precio. En el exterior, hay una zona resguardada con mesas. El personal es joven y muy amable.

Il Giardino — €€

Via Zucchelli 29, 00187 ***Tel*** *06-488 5202* — **Plano** *5 B3*

Junto a los comedores de este restaurante, situado a un paseo de Piazza Barberini, se extiende el bonito jardín que le da nombre. Se puede comer en él tanto en invierno como en verano. El menú incluye excelentes platos de pasta como los *spaghetti con vongole veraci* (almejas) o los *linguini al limone.* Precios razonables para la zona y buena cocina.

Le Sorelle — €€

Via Belsiana 30, 00187 ***Tel*** *06-679 4969* — **Plano** *4 F2*

Le Sorelle, dirigido por dos hermanas, cuenta con una fiel clientela y un segundo local en Laterano. El ambiente es acogedor y la cocina, creativa y mediterránea. Algunos de sus platos típicos son el puré de calabaza con gambas, sopa de *farro* (espelta) con trufas, *pappardelle* con *radicchio* y panceta y paté de rabo de buey. Buena carta de vinos.

Precios *ver p. 316* **Simbología** *ver solapa trasera*

Margutta Vegetariana €€

Via Margutta 118, 00187 ***Tel*** *06-3265 0577* **Plano** 4 F1

Éste fue el primer restaurante vegetariano de Roma y es uno de los mejores. Su comedor, con banda sonora de jazz, está lleno de plantas y obras de arte moderno. Ofrece un suculento bufé para la comida y los domingos un *brunch* con una excelente relación calidad/precio. El restaurante adyacente prepara comidas vegetarianas con un toque creativo más caras.

Casina Valadier €€€

Piazza Bucarest, 00187 ***Tel*** *06-6992 2090* **Plano** 5 A1

Este palacio histórico, abierto tras una larga y costosa restauración, se encuentra dentro de Villa Borghese, a 10 minutos a pie de la parte alta de la escalinata de Piazza di Spagna. La comida, italiana y creativa, se sirve en comedores repartidos en dos plantas. Hay una agradable y espaciosa terraza con estupendas vistas.

Dal Bolognese €€€

Piazza del Popolo 1, 00187 ***Tel*** *06-361 1426* **Plano** 4 F1

Este restaurante de larga tradición, con una ubicación excelente, sirve una buena comida. El menú incluye platos de temporada, como los *tagliatelli al tartufo* (trufa) y los *pappardelle* con ragú de pato. Frecuentado por políticos y famosos italianos. El servicio es rápido y la carta de vinos, extraordinaria.

La Penna d'Oca €€€

Via della Penna 53, 00126 ***Tel*** *06-320 2898* **Plano** 4 F1

La Penna d'Oca, cercana a Piazza del Popolo, es una agradable *trattoria* con un comedor acogedor y elegante y una atractiva terraza en verano. Sus encantos son una creativa cocina italiana, un amable servicio y una excelente carta de vinos. La tarta de *farro* y ganso, los ravioli de langosta con lentejas y el rodaballo con salvia son platos típicos. Sólo sirve cenas.

Nino dal 1934 €€€

Via Borgognona 11, 00187 ***Tel*** *06-679 5676* **Plano** 5 A2, 12 E1

Nino, un elegante restaurante familiar, sirve cocina toscana y atrae a una clientela fiel. Se recomienda la deliciosa sopa de espinacas, judías y tomate, el *salumi* o la pasta para empezar, y los filetes Fiorentina, la caza de temporada o la captura del día como segundo plato. Servicio tradicional. Carta de vinos exclusivamente italianos, con predominio de los toscanos.

Porto €€€

Via San Sebastianello 6B, 00187 ***Tel*** *06-678 0546* **Plano** 5 A2

Porto, concurrido y agradable por el día y fascinante por la noche, tiene una entrada en rampa que rodea un enorme acuario lleno de langostas, gambas y peces. La carta incluye *strozzapreti all'amatriciana di mare* (pasta con pescado fresco y tomate) y los precios se calculan según el peso.

Hassler-Roof Garden €€€€€

Piazza Trinità dei Monti 6, 00187 ***Tel*** *06-699 340* **Plano** 5 A2

Este restaurante, situado en la planta alta del hotel Hassler, mira hacia la escalinata di Piazza di Spagna y ofrece vistas panorámicas de la Antigua Roma. El servicio es impecable y la comida deliciosa, por lo que resulta ideal para una comida romántica. Música de piano por las tardes y un popular *brunch* los domingos.

Le Jardin du Russie €€€€€

Via del Babuino 9, 00187 ***Tel*** *06-3288 8870* **Plano** 4 F1

La comida italiana de Le Jardin, rodeado de hermosos jardines, no decepciona. El menú, en constante cambio, incluye platos tentadores como *foie gras* con hojas de mostaza, *gnocchi* de patata con brócoli y salchicha siciliana, pescado con hierbas y parmesano y peras con miel en vino tinto. Hay también menú infantil.

CAMPO DE' FIORI

Da Sergio €

Vicolo delle Grotte 27, 00186 ***Tel*** *06-686 4293* **Plano** 11 C4

Situado en una calle secundaria junto al Campo de' Fiori, el agradable Da Sergio sirve abundantes raciones de buena cocina casera con especialidades del día. Entre los platos de pasta figuran *bucatini all'amatriciana* (salsa de beicon y tomate) y *penne'all'arabbiata*. También se pueden pedir filetes y *straccetti* (tiras de ternera), además de tentadores postres.

Sora Margherita €

Piaza delle Cinque Scale 30, 00186 ***Tel*** *06-687 4216* **Plano** 12 D 5, 12 D5

Esta *trattoria* es toda una institución en Roma. Los platos tradicionales romano-judíos, como *carciofi alla giudia* (alcachofas fritas), se sirven junto a platos más modernos, como la *pasta cacio e pepe* (pasta con queso y pimiento) o el sabrosísimo *ossobucco* (rabo de buey guisado).

Al Pompiere €€

Via S. M. del Calderari 38, 00186 ***Tel*** *06-686 8377* **Plano** 4 F5, 12 D5

Al Pompiere, ubicado en la primera planta del Palazzo Cenci en el Gueto, dispone de un comedor con frescos y vigas de madera. Su auténtico menú romano-judío incluye *carciofi alla giudia* (alcachofas fritas), *rigatoni con la pajata* (intestinos de ternera), guiso de ternera con limón o cordero. Destaca la *crema fritta* (especie de natillas).

Ar Galletto €€

Piazza Farnese 102, 00186 ***Tel*** *06-686 1714* ***Plano*** *4 F5, 12 D5*

El principal atractivo de este restaurante es su ubicación. En los meses más calurosos se puede cenar en la terraza que hay en la Piazza Farnese. El menú ofrece platos tradicionales de pasta entre los que destaca los *penne all'arrabbiata* (pasta con salsa de tomate picante).

Da Giggetto €€

Via Portica d'Ottavia 21, 00186 ***Tel*** *06-686 1105* ***Plano*** *4 F5, 12 D5*

Da Giggetto, un local tradicional, ofrece un servicio atento. En verano, colocan las mesas al aire libre, mirando a la Portica d'Ottavia. Su cocina sigue la tradición romano-judía: las *carciofi alla giudia* son el orgullo del restaurante. Popular entre visitantes y locales.

Da Pancrazio €€

Piazza del Biscione 92, 00186 ***Tel*** *06-686 1246* ***Plano*** *11 C4*

El principal atractivo de este local es su comedor subterráneo, que formaba parte del antiguo teatro de Pompeyo. El menú es típico romano: *pasta alla amatriciana* (una especiada salsa de beicon y tomate), *saltimbocca* (escalopes de ternera con jamón de Parma y salvia) y *abbacchio* (cordero) asado. Cerrado miércoles.

Ditirambo €€

Piazza della Cancelleria 74-75, 00186 ***Tel*** *06-687 1626* ***Plano*** *11 C4*

Este restaurante popular utiliza productos orgánicos en su cocina italiana clásica y original. Ofrece buenos quesos y fiambre y platos más elaborados como los *ravioli alla zucca* (de calabaza) y *baccalà* (bacalao) con sésamo. El servicio es eficiente. Se recomienda reservar.

Il Drappo €€

Vicolo del Malpasso 9, 00186 ***Tel*** *06-687 7365* ***Plano*** *4 D4, 11 B3*

El pequeño e íntimo Drappo está decorado con plantas y velas, y en el exterior tiene un acogedor patio ajardinado y una terraza. Sirve auténtica cocina sarda, con opciones de *terra e mare.* Entre sus platos básicos figuran *ricotta,* espinacas y ravioli de menta, *aragosta* (langosta) *alla catalana* y pato con manzana y arándanos.

Il Gonfalone €€

Via del Gonfalone 7, 00186 ***Tel*** *06-6880 1269* ***Plano*** *11 A3*

Il Gonfalone, ubicado en un *palazzo* renacentista junto a Via Giulia, resulta especialmente atractivo en verano, cuando se puede comer al aire libre. Este bonito local está decorado por las noches con velas en las mesas y posee una amplia carta de vinos. El cocinero elabora una cocina italiana creativa con ingredientes frescos.

Monserrato €€

Via Monserrato 96, 00186 ***Tel*** *06-687 3386* ***Plano*** *4 D4, 11 B4*

Monserrato, un local popular y bien ubicado, es famoso por la calidad de sus pescados y mariscos. El *bigoli* con gambas y espárragos y la lubina a la sal son excelentes. También se pueden pedir sabrosos filetes y platos de carne. En verano dispone de mesas al aire libre. El servicio resulta impecable.

Thien Kim €€

Via Giulia 201, 00186 ***Tel*** *06-6830 7832* ***Plano*** *4 E5, 11 C5*

Este restaurante vietnamita está abierto desde 1974 y su comida auténtica atrae a una fiel clientela. La carta incluye rollitos de primavera, fideos y platos de arroz con cerdo, gambas, pollo, pato y ternera, aderezados con lima, chile y leche de coco. Sólo abre por la tarde.

Piperno €€€

Via Monte de' Cenci 9, 00186 ***Tel*** *06-6880 6629* ***Plano*** *4 F5, 12 D5*

Este local ha sido un restaurante desde mediados de la década de 1800, aunque el Piperno original desapareció hace tiempo. Aún conserva un gran prestigio como uno de los mejores restaurantes de cocina romano-judía. La pasta se elabora a diario. El vino de la casa es un delicioso Frascati. Se recomiendan las *carciofi alla giudia.* Reservar con antelación.

Il Sanpietrino €€€

Piazza Costaguti 15, 00186 ***Tel*** *06-6880 6471* ***Plano*** *12 D5*

Il Sanpietrino, situado muy cerca de la sinagoga en el corazón del gueto, sirve deliciosa y auténtica comida del repertorio judío romano. Los *pezzetti fritti* (verduras fritas) y los *antipasti* de marisco son excelentes. Los platos principales se basan sobre todo en la carne y el pescado. Se recomienda la *baccalà* (bacalao salado) y los deliciosos postres.

Sora Lella €€€

Via Ponte Quattro Capi 16, 186 ***Tel*** *06-686 1601* ***Plano*** *8 D1*

El impresionante Sora Lella, fundado en 1959 por una famosa actriz, disfruta de una ubicación envidiable en la encantadora Isola Tiberina. Su oferta básica incluye excelentes platos romanos, como los *fettuccine* con mollejas y el rabo de buey con canela y clavo. Hay también deliciosos menús vegetarianos y de pescado. El servicio es amable.

Camponeschi €€€€

Piazza Farnese 50, 00186 ***Tel*** *06-687 4927* ***Plano*** *4 E5, 11 C4*

Camponeschi, uno de los mejores restaurantes de Roma, ofrece magníficas vistas de la Piazza Farnese. Su menú, una fusión de cocina italiana, mediterránea y francesa, es muy refinado y presenta fantásticos platos de pescado y carne. En la *cantina* (bodega) se guardan más de 400 vinos, incluida la prestigiosa marca del viñedo familiar. Sólo sirve cenas.

Precios *ver p. 316* **Simbología** *ver solapa trasera*

QUIRINAL

Abruzzi ai SS Apostoli €€

Via del Vaccaro 1, 00187 ***Tel*** *06-679 3897* ***Plano*** *12 F3*

Este restaurante tradicional, cercano a la iglesia de los Santos Apóstoles, ofrece cocina típica del Abruzzo y un servicio amable. Destacan la *pasta amatriciana* (tomate y panceta) y el *risotto* con hierbas. Los platos de pescado fresco y cerdo son también especialidad. Se recomienda tomar un típico *amaro* de naranja después de comer.

Antica Birreria Peroni €

Via di San Marcello 19, 00187 ***Tel*** *06-679 5310* ***Plano*** *5 A4, 12 F3*

Esta cervecería *art nouveau,* abarrotada a la hora de la comida y popular entre los grupos grandes, ofrece buena comida y raciones generosas. Las fuentes de queso y *salumi,* ensaladas, pasta, salchichas, hamburguesas y *goulash* son algunos de los platos típicos; la cerveza Peroni es excelente. El servicio se muestra eficiente. Buena ubicación.

Il Cuore di Napoli €

Via Cernaia 31, 00185 ***Tel*** *06-4434 0252* ***Plano*** *6 D2*

Esta sencilla *trattoria*-pizzería se encuentra cerca de Termini y sirve cocina típica de Nápoles. Merece la pena probar los *antipasti* de marisco y la *mozzarella* de búfala. Hay una buena oferta de platos de pasta, pescado fresco a la brasa y pizzas. De postre, se recomienda la deliciosa *babà.* El vino es de la región de Campania. Menús fijos muy económicos.

Colline Emiliane €€

Via degli Avignonesi 22, 00187 ***Tel*** *06-481 7538* ***Plano*** *5 B3*

Colline Emiliane es una *trattoria* familiar, tranquila y elegante. Tiene fama de servir una excelente comida y vino procedente de la región de Emilia-Romagna. Los *tortellini* caseros con calabaza y Parmesano, el jamón de Parma y las deliciosas carnes cocidas o asadas son algunos de sus platos habituales. Se recomienda reservar.

F.I.S.H. €€

Via dei Serpenti 16, 00184 ***Tel*** *06-4782 4962* ***Plano*** *5 B4*

F.I.S.H., uno de los restaurantes más modernos, está dirigido por dos hermanos italianos que pasaron varios años en Oceanía. L'Aqua Bar, decorado en negro y rojo, es un buen lugar para tomar un aperitivo de ostras. El Sushi Bar ofrece cerveza japonesa con *sushi* y *sashimi* y el Grill Lounge prepara a la perfección el pescado fresco.

Ristorante del Giglio €€

Via Torino 137, 00184 ***Tel*** *06-488 1606* ***Plano*** *5 C3*

Este tradicional restaurante familiar, situado cerca de la Ópera y Via Nazionale, es una verdadera joya. Servicio eficiente, buenos vinos y platos clásicos como *fettucine alla Tosca* con *ricotta* y tomate fresco, *sfogliatine di manzo al radicchio* (láminas finísimas de carne de vaca junto con ensalada roja). y rodaballo al horno con patatas y tomate.

Al Moro €€€

Vicolo delle Bollette 13, 00187 ***Tel*** *06-678 3495* ***Plano*** *5 A3, 12 F2*

Al Moro, una *trattoria* de 1929, sirve comida típica romana preparada a la perfección. Como en muchos restaurantes, ciertos platos se ofrecen de forma rotativa: por ejemplo, *gnocchi* los jueves y cordero o bacalao asado los viernes. Los *spaghetti alla carbonara* de la casa son excelentes y siempre hay pescado fresco. El menú incluye dulces caseros.

Al Presidente €€€

Via in Arcione 95, 00187 ***Tel*** *06-679 7342* ***Plano*** *5 A3*

Al Presidente, uno de los mejores restaurantes, ofrece una estupenda cocina romana actual, decoración elegante y buen vino, ideal para veladas íntimas. Está cerca de la Fontana di Trevi y dispone de terraza al aire libre. Los ingredientes se seleccionan con esmero. Buena relación calidad/precio en la comida; tres menús degustación para la cena.

TERMINI

Da Vincenzo €€

Via Castelfidardo 4/6, 00185 ***Tel*** *06-484 596* ***Plano*** *6 D2*

El pescado es la especialidad de Da Vincenzo, un restaurante de barrio cercano a Termini. Se puede empezar por unos excelentes *antipasti* de marisco o pez espada ahumado. De primer plato, se recomienda *tonnarelli all'astice* (pasta con langosta) y lubina o rodaballo al horno con patatas. Hay también *bucatini all'arrabbiata* o cordero asado. Deliciosos postres.

Vivendo €€€€€

Via V Emanuele Orlando 3, 00185 ***Tel*** *06-4709 2736* ***Plano*** *5 C3*

Vivendo, un local moderno y elegante, es uno de los principales restaurantes de Roma. Su cocina es italiana e internacional –una deliciosa combinación de platos tradicionales con ingredientes inusuales–. Hay un menú degustación y otro infantil. El servicio es fantástico y la carta de vinos, extensa.

ESQUILINO

Cavour 313 €
Via Cavour 313, 00184 ***Tel*** *06-678 5496* ***Plano*** *5 B5*

Cavour, una agradable enoteca, se encuentra al final de Via Cavour, muy cerca del Foro. Su extenso menú cuenta con ensaladas, *carpaccio*, quesos, *salumi* selectos y varias especialidades del día calientes. Los ingredientes están bien seleccionados y, por supuesto, la carta de vinos es excelente. Personal agradable.

Hostaria da Nerone €
Via delle Terme di Tito 96, 00184 ***Tel*** *06-481 7952* ***Plano*** *5 C5*

Un buen lugar para almorzar después de visitar el Foro o el Coliseo. Aunque es popular entre los turistas, el cocinero sirve cocina típica romana. Amplia selección de *antipasti* y pasta recién hecha, como ravioli o *fettucine alla Nerone*, con salami, jamón, guisantes y *funghi*, además de pollo y conejo al horno.

La Gallina Bianca €
Via Antonio Rosmini 9, 00184 ***Tel*** *06-474 3777* ***Plano*** *6 D4*

La Gallina Bianca, muy cerca de Termini, tiene una agradable terraza y un espacioso comedor. Es especialmente popular por sus gruesas y crujientes pizzas napolitanas, cocinadas en horno de leña. El servicio es rápido y agradable y ofrece un estupendo bufé de *antipasti*, pasta y filetes. Los postres son caseros: se recomienda el *tiramisù*.

Scoglio di Frisio €€
Via Merulana 256, 00185 ***Tel*** *06-487 2765* ***Plano*** *9 C1*

Este animado restaurante napolitano, muy frecuentado por turistas, sirve cocina auténtica en un ambiente estupendo. Excelentes pizzas y marisco. Se recomienda la *spigola all'acqua pazza* (lubina cocida con hierbas), con vino de Campania y una deliciosa *babà* de postre. Canción napolitana por las noches.

Baires €€
Via Cavour 315, 00184 ***Tel*** *06-6920 2164* ***Plano*** *5 B5*

Baires promete cocina típica argentina, vino y cerveza suramericanos y tango en directo entre semana. Entre sus platos habituales hay empanadas, pollo *all'escabeche*, matambre (ternera rellena) y filetes a la brasa. Los menús *express* de la comida poseen una estupenda relación calidad/precio.

Monti €€
Via di San Vito 13 A, 00185 ***Tel*** *06-446 6573* ***Plano*** *6 D4*

Esta *trattoria* familiar sirve cocina de la región de Le Marche. Los platos típicos son la *lasagnette* de verdura, conejo o pollo con hierbas y pavo en vinagre balsámico. El servicio es competente, la carta de vinos excelente y los postres deliciosos. Los viernes se sirve pescado. Se recomienda reservar.

Agata e Romeo €€€€€
Via Carlo Alberto 45, 00185 ***Tel*** *06-446 6115* ***Plano*** *6 D4*

Este restaurante de fama internacional era originalmente una *trattoria*. Su cocinera utiliza los mejores ingredientes en un menú siempre innovador, basado en recetas romanas y del sur de Italia. Su marido es un experto sumiller y se asegura de que los vinos combinen perfectamente con los platos. El menú degustación (con y sin vino) es excepcional.

LATERANO

Arancia Blu €€
Via dei Latini 55, 00185 ***Tel*** *06-445 4105* ***Plano*** *6 F4*

En el bohemio barrio de San Lorenzo, al este de Termini, se encuentra Aracia Blu, que sirve platos, en su mayoría vegetarianos, preparados con productos orgánicos. Destacan el *risotto* con *gorgonzola* y azafrán, patatas con ravioli de menta, bolas de verdura con salsa de tomate especiada y *cannelloni* de berenjena. Buena carta de vinos.

Charly's Saucière €€
Via San Giovanni in Laterano 270, 00184 ***Tel*** *06-7049 5666* ***Plano*** *9 B1*

Charly's Saucière, un restaurante franco-suizo de larga tradición, resulta especialmente tentador en las frías noches de invierno. Agradable interior con velas en las mesas, deliciosa comida y vinos sobre todo franceses. Entre sus platos típicos figuran paté de hígado de ganso, consomé, suflé de queso, *fondue* suiza, *boeuf bourgignonne, crêpes suzette* y quesos.

I Clementini €€
Via San Giovanni in Laterano 106, 00184 ***Tel*** *06-7045 0935* ***Plano*** *9 B1*

Il Clementini es popular entre los residentes del cercano San Clemente. Esta agradable y antigua *trattoria* de barrio sirve cocina típica romana. Algunos de sus platos habituales son *spaghetti alla carbonara, bucatini all'amatriciana* (una salsa especiada de tomate y beicon), *carciofi alla romana* (alcachofas con menta) y conejo o cordero.

Precios *ver p. 316* **Simbología** *ver solapa trasera*

Il Dito e La Luna €€

Via dei Sabelli 51, 00185 ***Tel*** *06-494 0726* ***Plano*** *6 F4*

El propietario de esta *trattoria* siciliana es de Palermo y sirve platos clásicos con un toque creativo. Entre las especialidades del día se incluyen *caponata* (pisto), cuscús con pescado y verdura, *vermicelli con la molluca* (anchoas, cáscara de naranja y pan rallado) o *paccheri alla norma* (pasta con *ricotta).* Excelentes postres.

Roberto e Loretta €€

Via Saturnia 18-24, 00183 ***Tel*** *06-7720 1037* ***Plano*** *10 D3*

Esta *trattoria,* tiene una pérgola para comer al aire libre. El comedor resulta agradable. Los platos regionales –preparados con productos de temporada– se sirven en raciones generosas, por lo que ofrecen una excelente relación calidad/precio. También hay pescado y carne. El servicio es muy amable.

Tram Tram €€

Via dei Reti 44-46, 00185 ***Tel*** *06-490 416*

Tram Tram está decorado como un tranvía antiguo y se encuentra frente a las vías del tranvía en el corazón del barrio de San Lorenzo. Es un lugar bullicioso y divertido para comer lejos de las zonas turísticas. El menú, con influencias de Puglia y Sicilia, presenta sobre todo platos de pescado y marisco, además de filetes y pasta con carne. Buena carta de vinos.

Crab €€€

Via Capo d'Africa 2, 00184 ***Tel*** *06-7720 3636* ***Plano*** *9 A1*

El marisco es el rey de Crab, que ofrece una gran selección de moluscos y crustáceos frescos preparados de forma sencilla y muy bien presentados. El menú incluye *ostriche* (excelentes ostras de Bretaña), *capesante* (vieiras), *aragosta* (langosta) y, por supuesto, *granchio* (cangrejo). De postre hay frutas exóticas. Buena iluminación y decoración en rojo y amarillo.

CARACALLA

Tramonti & Muffati €€

Via di Santa Maria Ausiliatrice 105, 00181 ***Tel*** *06-780 1342* ***Plano*** *10 F4*

Esta agradable *enoteche* se encuentra cerca de Via Appia y la estación de metro Furio Camillo. Sus excelentes vinos complementan las especialidades del día y los *salumi* y quesos selectos. Sus combinaciones creativas y sorprendentes gustan mucho. Sólo sirve cenas. Se recomienda reservar.

AVENTINO

Divinare €€

Via A Manunzio 13, 00153 ***Tel*** *06-5725 0432* ***Plano*** *8 D3*

Divinare, un bar de vinos con restaurante elegante, ocupa casi una manzana entera en el barrio de Testaccio. Los deliciosos vinos de su amplia carta se acompañan con *spuntini* (aperitivos), fuentes de *formaggi e salumi* (queso y embutidos) o ensaladas. También hay platos del día calientes.

Né Arte Né Parte €

Via Luca della Robbia 15-17, 00153 ***Tel*** *06-575 0279* ***Plano*** *8 D3*

Trattoria sencilla que sirve platos romanos clásicos como *saltimbocca* (ternera rellena con jamón de Parma) y otros regionales como la *zuppa di fave* (sopa de alubias) y su especialidad, la pasta con calabacín y queso curado. La amplia carta de entrantes es una buena opción para un almuerzo ligero.

Da Oio a Casa Mia €€

Via Galvani 43, 00153 ***Tel*** *06-578 2680* ***Plano*** *8 D3*

Esta *trattoria* familiar ofrece cocina típica romana. Su menú, uno de los mejores de Testaccio, presenta *bucatini alla amatriciana, alla gricia* (beicon y *pecorino)* o *alla carbonara; tonnarelli cacio e pepe (pecorino* y pimiento), y *rigatoni con la pajata* (callos), *coda alla vaccinara* (rabo de buey) o *abbacchio* (cordero). Buena selección de vinos.

DOC €€

Via B Franklin 9, 00153 ***Tel*** *06-574 4236* ***Plano*** *7 C3*

DOC, dirigido por un joven cocinero, tiene dos pequeños comedores con mesas de madera y las paredes forradas de estanterías llenas de botellas de vino. El pescado es su especialidad, aunque se otorgan algunas concesiones a los carnívoros. El menú, con productos frescos del mercado, cambia a diario. Los postres son fantásticos.

Tuttifrutti €€

Via Luca della Robbia 3a, 00153 ***Tel*** *06-575 7902* ***Plano*** *8 D3*

Tuttifrutti, dirigido por una asociación cultural de Testaccio, es un local animado para comer; precios adecuados, servicio agradable y cocina italiana creativa. Los *antipasti* son muy buenos y los platos de pasta, carne y pescado cambian a diario. El restaurante, bullicioso y a veces con música en directo, sólo sirve cenas.

Checchino dal 1887 €€€
Via di Monte Testaccio 30, 00153 ***Tel*** *06-574 6318* ***Plano*** *8 D4*

La especialidad de Checchino dal 1887 es la *cucina romana* con *quarto quinto* (despojos). Estos cortes, originalmente desechados en el matadero, se convirtieron en un manjar de la cocina popular. El menú incluye *rigatoni alla pajata, coda alla vaccinara* (rabo de buey) y *carciofi alla romana,* además de una peculiar ensalada con manitas de cerdo.

TRASTEVERE

Artù Café €
Largo M. D. Fumasoni Biondi 5, 00153 ***Tel*** *06-588 0398* ***Plano*** *7 C1*

Este agradable *gastropub,* a medio camino entre las culturas anglosajona e italiana, ofrece estupendas cenas consistentes en bocadillos, pasta y filetes y un buen bufé para el aperitivo. Ocupa el interior de un antiguo presbiterio situado junto a Santa Maria di Trastevere, con vidrieras. Buena cerveza de grifo.

Da Lucia €
Vicolo del Mattonato 2b, 00153 ***Tel*** *06-580 3601* ***Plano*** *7 B1*

Da Lucia, una pequeña *trattoria* familiar situada en una de las calles más bonitas del Trastevere, dispone sólo de varias mesas; en verano se come al aire libre. La cocina es excelente, aunque la oferta diaria es limitada. La carta suele incluir *alici al limone* (anchoas con zumo de limón), pasta con brócoli y raya, y conejo, callos o ternera con cebolla.

Sicilia al Tappo €
Via Garibaldi 68/69, 00153 ***Tel*** *06-5833 5490* ***Plano*** *7 B1*

Sicilia al Tappo, un alegre bar de vinos siciliano, se encuentra cerca de la carretera que sube al Gianicolo. Las mesas de madera y la cerámica de Caltagirone, combinadas con un cálido recibimiento y una excelente cocina siciliana, lo convierten en un local muy popular. Ofrece más de 250 vinos sicilianos, además de *sfizi* (aperitivos), ensaladas y *focaccie.*

Alle Fratte di Trastevere €€
Via delle Fratte di Trastevere 49, 00153 ***Tel*** *06-583 5775* ***Plano*** *7 C1*

Este restaurante familiar, situado en el corazón del Trastevere, prepara una cocina de inspiración romano-napolitana. En su extenso menú figuran platos de pasta, pescado y carne, como el *carpaccio* de pulpo, la lubina al horno o una simple *bruschetta.* Popular, sencillo y con raciones abundantes.

Il Boom €€
Via dei Fienaroli 30a, 00153 ***Tel*** *06-589 7196* ***Plano*** *7 C1*

Animado local con decoración original. Las sillas multicolores, las grandes fotografías en blanco y negro de Roma de la década de 1960 y la antigua gramola con música italiana de la época resultan encantadores. El cocinero calabrés da un toque sureño al menú, que cambia cada día y por temporada.

Ripa 12 €€
Via di San Francesco a Ripa 12, 00153 ***Tel*** *06-580 9093* ***Plano*** *7 C2*

Ripa 12 está al sur del Trastevere, fuera de las zonas turísticas, y sirve una excelente cocina calabresa basada en el pescado. El *carpaccio* de lubina marinada es el entrante de la casa, seguido de pescado fresco del día o de una bandeja de marisco. Uno de los favoritos entre los locales.

Vizi Capitali €€
Vicolo della Renella 94, 00153 ***Tel*** *06-581 8840* ***Plano*** *7 C1*

Vizi Capitali tiene un elegante comedor decorado con los siete pecados capitales. Entre sus especialidades figuran el *carpaccio* de pulpo con naranja, hinojo y aceitunas de Taggia; tocino de Arnad con pan caliente y miel de castaño; alcachofas y *gnocchetti* de marisco; cerdo con salsa de manzana y arándanos, y tarta de limón y chocolate.

Antica Pesa €€€
Via Garibaldi 18, 00153 ***Tel*** *06-580 9236* ***Plano*** *4 D5, 11 B5, 7 B1*

Antica Pesa ocupa la casa de aduanas del siglo XVII del Estado pontificio. Su bonito patio ajardinado fue una popular bolera durante el siglo XIX. El menú, de excelente cocina mediterránea, cambia a capricho del cocinero y de la temporada. Extensa carta de vinos. Un lugar encantador para comer y relajarse.

Asinocotto €€€
Via dei Vascellaro 48, 00153 ***Tel*** *06-589 8985* ***Plano*** *8 D1, 11 B5, 7 B1*

Giuliano Brenna's se encuentra en el Trastevere. Elegante y agradable ofrece una carta creativa con productos siempre frescos. El menú cambia según temporada y cabe destacar la pasta fresca con *ragú* de pato, el cordero asado y la pularda a la miel. Sólo tardes.

Da Paris €€€
Piazza San Calisto 7a, 00153 ***Tel*** *06-581 5378* ***Plano*** *7 C1*

Da Paris, situado en una romántica plaza a unos pasos de Santa Maria di Trastevere, sirve cocina romana elaborada con antiguas recetas familiares. *Fritto alla romano, bucatini all'amatriciana, pasta e fagioli* (judías), callos y cordero asado son algunos de sus platos habituales y el *palle fritte* (chocolate y bolas de *ricotta),* su principal postre. El servicio es impecable.

Precios *ver p. 316* **Simbología** *ver solapa trasera*

Enoteca Ferrara
€€€

Via del Moro 1a, 00153 ***Tel*** *06-5833 3920* ***Plano*** *4 E5, 11 B5*

Enoteca Ferrara ocupa un *palazzo* del siglo XVII escondido tras la Piazza Trilussa, cerca de Ponte Sisto. Este bar de vinos, tienda y restaurante ofrece un excelente y acogedor servicio en sus cinco salas. La cocina es muy buena y creativa y se acompaña de una carta de vinos con más de 1.000 marcas.

Alberto Ciarla
€€€€

Piazza San Cosimato 40, 00153 ***Tel*** *06-581 8668* ***Plano*** *7 C1*

Este legendario restaurante, magnífico para comer pescado fresco, sigue siendo muy popular. El chef, formado en la cocina clásica, utiliza toques creativos para elaborar deliciosos platos nuevos. Además de la carta, se ofrecen tres menús degustación, todo ello acompañado de una buena selección de vinos. Imaginativo comedor y terraza. Sólo sirve cenas.

GIANICOLO

Lo Scarpone
€€

Via San Pancrazio 15, 00152 ***Tel*** *06-581 4094* ***Plano*** *7 A1*

Desde lo alto del monte Gianicolo, a medio camino entre la ciudad y el campo, se obtiene una vista de toda Roma. El pequeño jardín que hay dentro de este elegante restaurante resulta muy agradable en verano. La atractiva decoración interior es rústica. Buena comida tradicional, con el pescado como especialidad.

VATICANO

Osteria dell'Angelo
€

Via G Bettolo 24-32, 00195 ***Tel*** *06-372 9470* ***Plano*** *3 B1*

Dell'Angelo sirve cocina intemporal en una típica *trattoria* –desenfadada y bulliciosa–. Los *spaghetti cacio e pepe (pecorino* y pimiento) o *alla gricia (pecorino* y beicon), la tarta de anchoas, la *baccalà* (bacalao salado) y otros platos típicos del repertorio romano se acompañan de *vin santo* y galletas. Menú excelente y económico. Es imprescindible reservar.

Borgo Antico
€€

Borgo Pio 21, 00193 ***Tel*** *06-686 5967* ***Plano*** *3 C3*

Borgo Antico, una taberna del siglo XVII, ofrece platos de *salumi* y *formaggi* preparados con mucho estilo y originalidad. Las recetas antiguas se elaboran con los mejores ingredientes. La *pitina friulana* combina el *salumi* ahumado y la carne picada de ternera con cerdo, cabrito y añojo. Fantásticas *bruschette, pasta casera* y polenta. Excelentes vinos, servidos por copa o botella.

Da Cesare
€€

Via Crescenzio 13, 00193 ***Tel*** *06-686 1227* ***Plano*** *4 D2*

Este restaurante sirve una cocina clásica elaborada con los mejores ingredientes. Su elegante comedor tiene techos abovedados, el servicio es atento y la carta de vinos, satisfactoria. Entre sus manjares, se incluyen pescado ahumado, *prosciutto* de jabalí o venado, sopa de pescado, langosta o pescado fresco y ternera de Val di Chiana. Buen menú fijo.

Il Bar Sotto il Mare
€€

Via Santamaura 88, 00192 ***Tel*** *06-3973 8954* ***Plano*** *3 B2*

El menú de Il Bar Sotto il Mare está dominado por el marisco. Tras los *antipasti,* principalmente de marisco y crustáceos, se sirven imaginativos platos de pasta y excelentes pescados a la brasa. Este restaurante familiar, con un servicio amable, se encuentra casi frente a los Museos Vaticanos. Sólo sirve cenas.

La Piccola Irpinia
€€

Via Pietro Cavallini 23, 00193 ***Tel*** *06-320 4508* ***Plano*** *4 E2*

La Piccola, cerca de Piazza Cavour y Castel Sant'Angelo, está dirigido por una familia de Irpinia, en la provincia de Avellino, cerca de Nápoles. El menú presenta platos de *terra e mare,* preparados con esmero y con productos de temporada, como las castañas de Montella. Se recomienda especialmente la pasta casera.

Siciliainbocca
€€

Via E Faà di Bruno 26, 00195 ***Tel*** *06-3751 2485*

Siciliainbocca, un fantástico restaurante siciliano, está pintado de color amarillo y decorado con cerámica de Caltagirone. Excelentes platos procedentes de toda Sicilia: *pasta alla Norma* (con berenjena, tomate y *ricotta)* o *pasta con le sarde* (sardinas, hinojo y piñones). Los platos principales incluyen carne y pescado. Los postres son exquisitos.

Taverna Angelica
€€

Piazza A. Capponi 6, 00193 ***Tel*** *06- 687 4514* ***Plano*** *3 C2*

En este moderno restaurante, se sirve una creativa cocina regional. Entre sus especialidades están el *carpaccio* de pescado, *strangozzi pasta* (pasta con gambas y pimientos), pechuga de pato a la naranja y rodaballo con hierbas. Los postres, como el helado de pera y cilantro, tientan incluso a los menos golosos.

Da Benito e Gilberto €€€
Via del Falco 19, 00193 ***Tel*** *06-686 7769* **Plano** 3 C2

Las paredes de este pequeño y elegante restaurante están llenas de cuadros. La comida es muy buena y sólo se sirven los pescados y mariscos más frescos, a la vista en una vitrina refrigerada. Los platos son sencillos pero están muy bien preparados, la carta de vinos es buena y el servicio, extremadamente cordial. Se recomienda reservar. Sólo sirve cenas.

Dal Toscano €€€
Via Germanico 58, 00192 ***Tel*** *06-3972 5717* **Plano** 3 B2

Dal Toscano, un restaurante muy popular, coloca mesas al aire libre en verano y tiene un comedor forrado con madera. Lo habitual es encontrar un servicio tradicional, platos de carne muy bien elaborados y excelentes vinos tintos. *Pappardelle pasta sulla lepre* (salsa de liebre), polenta y setas *porcini* o *bistecca alla Fiorentina*.

Velando €€€
Borgo Vittorio 26, 00193 ***Tel*** *06-6880 9955* **Plano** 3 C3

Este restaurante combina la cocina tradicional y moderna de la región lombarda de Val Camonica. Ofrece un menú lleno de sorpresas y un excelente servicio. *Risotto* con fresas silvestres, pescado de agua dulce, gallina de Guinea con pera y platos elaborados con castañas, quesos y setas de la región. Deliciosos postres.

Veranda €€€€
Hotel Columbus, Borgo Santo Spirito 73, 00193 ***Tel*** *06-687 2973* **Plano** 3 C3

Veranda es el restaurante del elegante hotel Palazzo della Rovere. El techo del comedor está decorado con frescos de Pinturicchio. El servicio es atento y la cocina, italiana y creativa, con un menú cambiante. Los platos típicos son *trofie* (pasta) con langosta y guisantes *orecchiette* (pasta) con sepia y *ricotta*. El menú fijo de la comida es una ganga.

La Pergola €€€€€
Via A Cadlolo 101, 00136 ***Tel*** *06-3509 2152*

Para llegar a La Pergola, situado en una colina sobre el Vaticano, hay que tomar un taxi. Uno de los mejores de Roma, está dirigido por el famoso cocinero alemán Heinz Beck. Su fantástica comida, servida en la preciosa terraza panorámica de la azotea, gusta incluso a los más críticos. Hay un excelente menú degustación y los vinos armonizan con la comida.

VIA VENETO

Da Giovanni €€
Via Antonio Salandra 1, 00187 ***Tel*** *06-485 950* **Plano** 5 C2

Da Giovanni, situado en la intersección de Via XX Settembre y Via Salandra, es un típico restaurante familiar con cocina clásica. Merece la pena probar los *agnolotti* y los *canelloni*. Los platos de carne, como el *pollo arrosto* (pollo asado) y el escalope de ternera, son deliciosos. El pescado del día se prepara al gusto, a la brasa o hervido.

Edoardo €€
Via Lucullo 2, 00187 ***Tel*** *06-486 428* **Plano** 5 C2

Este elegante restaurante es popular entre turistas y empresarios. Su menú cambiante combina platos típicos e ingredientes inusuales. El *risotto* con cerezas, los *fusilli ai carciofi*, el pescado a la parrilla y el conejo con albaricoques no decepcionan. Mejores precios en la comida. Piano bar viernes y sábados por las noches y magnífica terraza.

Taverna Flavia €€
Via Flavia 9, 00187 ***Tel*** *06-474 5214* **Plano** 5 C2

Junto a Via XX Settembre se encuentra la antigua y famosa Taverna Flavia, un local nostálgico con fotografías autografiadas por estrellas de cine estadounidenses en las paredes. Elizabeth Taylor y Richard Burton solían comer aquí durante el rodaje de *Cleopatra*. Sus platos, excelentes, llevan nombres de famosas musas.

Asador Café Veneto €€€
Via V Veneto 116, 00187 ***Tel*** *06-482 7107* **Plano** 5 B2

Café Veneto, un elegante restaurante de carne argentino, recibe la ternera de la finca que el propietario tiene en La Pampa. La ternera, el pato, el cordero y las salchichas se preparan *sulla parrilla*. Ofrece un buen menú y un impecable servicio a precios elevados. Ideal para contemplar a la gente en Via Veneto

Coriolano €€€
Via Ancona 14, 00187 ***Tel*** *06-4424 9863* **Plano** 6 D1

Al final de Via XX Settembre, cerca de Porta Pia y a 10 minutos a pie de Termini, se sitúa Coriolano, un excelente restaurante con elegantes comedores. Su cocina típica romana presenta *tagliolini* con langosta o calamares, *coda alla vaccinara (rabo de buey)*, cabrito asado y sesos de corderos fritos con alcachofas. Se recomienda pedir degustación de postres.

Girarrosto Fiorentino €€
Via Sicilia 46, 00187 ***Tel*** *06-4288 0660* **Plano** 5 C1

El Fiorentino, un elegante restaurante con más de 30 años de experiencia, sirve platos de pescado y carne típicos de la Toscana. El *salumi toscano* y el *prosciutto crudo* son excelentes, al igual que la *ribollita* (sopa de pan toscana) o la *zuppa Senese* con setas *porcini*. El plato estrella es el filete Fiorentina, aunque también destaca la lasaña de pescado.

Precios *ver p. 316* **Simbología** *ver solapa trasera*

Papà Baccus
€€€

Via Toscana 36, 00187 ***Tel*** *06-4274 2808* — ***Plano*** *5 C1*

Uno de los mejores restaurantes de la ciudad para degustar la cocina toscana. Sirve desde la clásica *ribollita* (sopa de alubias, verduras y pan) a las diversas carnes de vacuno de Chianina. Los aficionados al pescado pueden deleitarse con un plato de rodaballo al horno o de bacalao.

George's
€€€€€

Via Marche 7, 00187 ***Tel*** *06-4208 4575* — ***Plano*** *5 B1*

Restaurante de gran calidad con cocina clásica y un repertorio de platos regionales de la región del Lazio. Sus elegantes comedores, el servicio impecable y una estupenda carta de vinos complementan platos como la trucha con *mousse* de caviar, riñones de ternera, ternera asada o pescado fresco. Los postres son deliciosos. Música en directo.

La Terrazza, Hotel Eden
€€€€€

Via Ludovisi 49, 00187 ***Tel*** *06-4781 2752* — ***Plano*** *5 B2*

Gracias a su magnífica vista de la ciudad, La Terrazza es posiblemente uno de los restaurantes más atractivos de Roma y, para algunas personas, merece la pena pagar sus elevados precios. El servicio es de primera y su joven cocinero combina la cocina internacional con toques mediterráneos. Menú degustación con vino incluido.

Mirabelle
€€€€€

Via di Porta Pinciana 14, 00187 ***Tel*** *06-4216 8838* — ***Plano*** *5 B1*

Mirabelle, un restaurante con terraza, un agradable comedor y un servicio profesional, ocupa la séptima planta de un elegante hotel, en la parte alta de Via Veneto. Su carta de vinos riega platos como los *panzerotti di erbette con pesto* (pasta de hierbas con pesto), el pato a la naranja o el pichón estofado. Reservar con antelación para comer en la terraza.

VILLA BORGHESE

Caffè delle Arti
€

Via A Gramsci 73, 00197 ***Tel*** *06-3265 1236* — ***Plano*** *1 B4*

Este café-restaurante, un local tranquilo para relajarse, se encuentra en los alrededores del Museo de Arte Moderno, en lo alto de Villa Borghese. Sus encantadores comedores y jardines resultan perfectos no sólo para tomar un café o una copa, sino también buenos aperitivos y platos del día.

Duke's
€€

Viale Parioli 200, 00197 ***Tel*** *06-8066 2455* — ***Plano*** *2 E3*

Duke's atrae a la gente guapa de Roma cada noche. Es al mismo tiempo un bar para tomar un aperitivo, un local nocturno y un excelente restaurante. Su cocina muestra influencias de Oriente, México y el Mediterráneo. El servicio es muy profesional y la terraza exterior, fascinante.

Al Ceppo
€€€

Via Panama 2, 00198 ***Tel*** *06-841 9696* — ***Plano*** *2 F3*

Este restaurante, abierto hace 35 años por dos hermanas de la región de Le Marche, no ha perdido su atractivo y sigue atrayendo a una clientela habitual. El menú cambia con regularidad y el servicio es impecable. Entre sus platos habituales figuran el *strudel* de verdura con jamón ahumado y *ricotta, pappardelle* con *ragù* de pato y riñones de ternera.

Baby
€€€€€

Via U Aldrovandi 15, 00197 ***Tel*** *06-321 6126* — ***Plano*** *2 D4*

Baby, un recién llegado a la escena culinaria romana, está dirigido por el famoso equipo de Don Alfonso (uno de los mejores restaurantes de Italia), en la costa de Amalfi. Su estupenda cocina de inspiración napolitana se sirve en el fantástico comedor con terraza de uno de los principales hoteles de la ciudad.

Sapori del Lord Byron
€€€€€

Via Giuseppe de Notaris 5, 00197 ***Tel*** *06-322 0404* — ***Plano*** *2 D4*

Este pintoresco restaurante, ubicado en uno de los mejores hoteles de Parioli, en los límites de Villa Borghese, sirve alta cocina a precios elevados. Platos italianos con influencias internacionales y toques creativos en recetas tradicionales. El servicio resulta eficiente, el emplazamiento, atractivo y el vino, excelente.

TIVOLI

Adriano
€€€

Largo Yourcenar 2, 00010 ***Tel*** *0774-382 235*

Este agradable restaurante es ideal para visitar Villa Adriana y otros lugares de interés de Tivoli. La comida, servida en el jardín, es tradicional y el vino procede de los viñedos locales. Algunos de sus platos típicos son *fettucine* con hierbas aromáticas, queso de cabra Pienza y pimienta negra con alcachofas fritas y cordero con enebro. Es imprescindible reservar.

Comidas ligeras y bebidas

Roma puede deleitar al *gourmet* más exigente y satisfacer el mayor de los apetitos a cualquier hora del día. Su tentadora variedad de *gelaterie, pasticcerie, pizzerie, enoteche, rosticcerie* y *gastronomie* ofrece la oportunidad de encontrar buena comida y bebida a la vuelta de la esquina.

En los hoteles, los desayunos no suelen destacar especialmente; lo mejor es empezar el día con un verdadero desayuno italiano en un bar local: un capuchino o café con leche con un *cornetto* (cruasán) o un *fagottino* (parecido a un pan con chocolate) caliente. Si se visita Italia a finales del invierno, en temporada de naranjas rojas de Sicilia, se puede pedir una *spremuta,* un zumo de naranja.

Después de una dura mañana de visitas, llega el momento de tomar un café o un aperitivo en uno de los elegantes bares decimonónicos, para almorzar a continuación en un bar de vinos o un local de comida típico romano. Más tarde, se puede disfrutar de un té en una tetería o de un café con pastas en una *pasticceria.* Una vez que el sol se pone, existen diversos locales para tomarse una copa, degustar un helado o planificar otro magnífico día en la ciudad.

PIZZERÍAS

Las pizzerías, unos locales con bastante ruido y animación, son la opción lógica cuando se quiere disfrutar de una comida informal. Sin embargo, muchas abren sólo por la tarde. Conviene buscar las que tengan el cartel de *forno a legno* (horno de leña), ya que los hornos eléctricos no ofrecen el mismo resultado. En las mejores pizzerías, las grandes tablas de mármol donde los *pizzaioli* estiran la masa están a la vista y se puede ver cómo meten y sacan las pizzas del horno en paletas de mango largo. El servicio es rápido y las colas, habituales, por lo que no se suele permanecer mucho en la mesa después de comer.

Las opciones son bastante sencillas: para empezar, se suele pedir una *bruschetta* (pan tostado con tomate o ajo) y unos *supplì* (bolas de arroz fritas) o *fiori di zucca* (flores de calabacín rebozadas y rellenas con *mozzarella* caliente y una anchoa). Como alternativa, se puede probar el *filetti di baccalà* (filete de bacalao rebozado) o tal vez un plato de judías *cannellini* con aceite. A continuación, se puede pedir un *calzone* o la clásica pizza romana –redonda, fina y crujiente– con diversos ingredientes: la sencilla *margherita* (tomate y mozzarella), *napoletana* (tomate, anchoas y *mozzarella), capricciosa* (jamón, alcachofas, huevo y aceitunas) o cualquier otra combinación que el *pizzaiolo* prepare. La cerveza de grifo o *birra alla spina* es la bebida típica, aunque siempre se puede pedir vino. Esta comida suele costar unos 12 € por persona.

Las pizzerías romanas más representativas son **Da Baffetto,** fácilmente localizable por la cola que hay a su puerta, y su hermana, **La Montecarlo. Remo** en Testaccio, y **Dar Poeta** y **Pizzeria Ivo** en el Trastevere, cuyas mesas ocupan la acera en verano, son también típicamente romanas. Otra pizzería de visita obligada es **Panattoni - I Marmi,** donde una heterogénea clientela espera pacientemente para conseguir una mesa al aire libre en Viale Trastevere en verano, o una de las mesas de mármol del interior. Para disfrutar de un local elegante y pizzas napolitanas (gruesas), se recomienda **'Gusto** o **PizzaRé,** donde igualmente se forman colas.

ENOTECAS

Las enotecas o bares de vinos ofrecen una estupenda selección de caldos, principalmente italianos, pero también internacionales. Muchos de estos locales, normalmente dirigidos por expertos, son sencillas tiendas donde ojear y comprar una botella de su ingente oferta. Otras, como **Achilli al Parlamento** *(ver p. 351)* y **Bevitoria Navona,** ofrecen la típica *mescíta:* degustación de vino o champán acompañada de aperitivos y canapés. Los precios son bastante razonables: unos 3 € por una copa de vino corriente, de 4 € en adelante por un vino de calidad, y alrededor de 5 € por un *prosecco* o *spumante,* vino espumoso italiano. **La Vineria** *(ver p. 350),* en Campo de' Fiori, es un local típico para tomar *mescíta,* especialmente por la noche. Muy cerca están **L'Angolo Divino** *(ver p. 362)* e **Il Goccetto,** con sus originales techos pintados, donde se sirven excelentes vinos y deliciosa comida.

Algunos de los bares de vinos más antiguos ocupan edificios históricos, como **Caffè '900,** que sirve una excelente comida, en su mayoría vegetariana. La **Caffeteria D'Art al Chiostro del Bramante** se encuentra en la parte alta de un bonito claustro. La **Antica Locanda** está en el interior de un *palazzo* del siglo XVII, y **La Curia di Bacco** es una cueva iluminada con velas que data del año 70 a.C.

Para degustar una comida más sustanciosa, de unos 13 € por persona, se puede acudir a una *enoteche* tipo restaurante, abiertas desde la comida hasta tarde. Se recomiendan especialmente el innovador **Cul de Sac, Trimani** *(ver p. 351),* el pequeño **Il Tajut,** con sus especialidades de Friuli, y **Cavour 313.** El emporio culinario **'Gusto** *(ver p. 351)* incluye un bar de vinos con una magnífica selección de quesos, mientras que la especialidad de **Al Bric** es el *sarcofage bretone* (ternera *stroganoff* con vino Barolo y una aguaturma). El **Antico Forno Roscioli** ofrece platos muy creativos, como la pasta con *radicchio* y cáscara de naranja y la tarta de pera con coco.

Las enotecas suelen concentrarse junto a los monumentos más importantes o en lugares peculiares. **Vinando** está muy cerca del Capitolio y la toscana **Vineria Il Chianti,** de la Fontana di Trevi. **Libreria Caffè Bohemien** se encuentra dentro de una librería de arte y ofrece amplia selección de quesos franceses e italianos y, por las tardes, comidas calientes. Hay un número creciente de vinotecas junto al río. Destacan la popular y siempre abarrotada **Enoteca Trastevere** y la **Cantina Paradiso,** más tranquila y con un razonable menú. Cuando cae la noche, se recomienda **In Vino Veritas Art Bar,** en el Gianicolo, o **Enojazz,** en Parioli, para disfrutar de vino, comida y música en directo.

CERVECERÍAS

Las *birrerie* o cervecerías, a menudo decoradas con suntuosos interiores y vidrieras, vivieron su etapa de apogeo a principios de 1900. Aunque muchas de ellas cerraron, su creciente popularidad entre los jóvenes italianos está motivando cierto resurgimiento de este tipo de locales. También se han abierto muchos *pubs* estilo británico e irlandés. En las cervecerías alemanas se puede disfrutar de una cerveza con sabrosos aperitivos en tradicionales locales de madera. El *pub* **Old Bear** es un precioso local dentro de un convento del siglo XVII, con romántica luz de velas y excelente comida y cerveza. **Lowenhaus** está decorada con óleos antiguos que representan típicas escenas bávaras, además de iluminación tenue para una noche tranquila. También merece la pena visitar la bulliciosa **Birreria Peroni** y disfrutar de una cerveza local y su atractiva decoración. La **Birreria Viennese/Wiener Bierhaus** atrae a italianos y extranjeros con sus excelentes especialidades de Transilvania, que se sirven en raciones generosas sobre platos de madera. Una comida en este local, o en la igualmente atractiva **L'Oasi della Birra,** suele costar unos 25 €. Hay otras cervecerías con ambiente estupendo, comida y horarios dilatados, como **Tumbler,** donde suele haber música en directo, **La Pace del Cervello** o **Trinity College,** una de las favoritas entre los extranjeros y romanos.

COMIDA RÁPIDA

En Roma, el término comida rápida engloba una gran variedad de opciones. Los establecimientos más numerosos son los de *pizza a taglio,* donde se venden trozos de pizza recién hecha a 1 o 2 € –se cobra por peso–. Muchos de estos locales también ofrecen pollo asado en espetón *(pollo allo spiedo), supplì* y otras frituras. **Frontoni's** y **Forno La Renella,** en el Trastevere, son dos de los mejores. La pizza con higos y jamón o patatas y romero son dos de sus opciones típicas. **La Pratolina,** cerca del Vaticano, incluye en su menú pizza con salchichas, patatas y trufa. **Chagat,** en el gueto, sirve comida *kosher* y **Shams** en Testaccio está especializada en comida picante y muy especiada.

Las *rosticcerie* y *gastronomie* también venden pollo y patatas asados, además de platos precocinados de pasta, verduras cocinadas *sott'olio* (con aceite), ensaladas y postres –ideal para comidas al aire libre–. Muchas disponen de taburetes y estrechas barras donde comer lo que se ha comprado. Cerca del Vaticano están algunas de las mejores: **Franchi** *(ver p. 350),* **Volpetti Più** y **Ercoli dal 1928.**

Para tomarse un aperitivo sentado, los bares con *tavola calda* disponen de una oferta similar, sobre todo a la hora de la comida. Uno de los más grandes y populares es **Brek,** en Largo Argentina. La cadena belga de panaderías **Le Pain Quotidien** tiene una sucursal en Via Tomacelli –abarrotada a mediodía– con buenas ensaladas, bocadillos y deliciosos pasteles. En la **Galleria Alberto Sordi,** frente a Piazza Colonna, hay dos estupendos cafés que sirven comidas frías y calientes hasta las 22.00.

En la mayoría de los *alimentari* (típica tienda de alimentación italiana) o *salumerie* (charcutería) se preparan *panini* (bocadillos). Los elaborados con pan de pita de **Lo Zozzone,** rellenos con productos del mostrador, son especialmente buenos, y además se pueden acompañar con un vaso de vino. Si se ve un cartel de *porchetta – rosette* (bocadillos de pan de pueblo rellenos con aromáticas lonchas de panceta de cerdo asada), conviene probar esta especialidad local. Un buen lugar para probarlo es el puesto que hay en la parada del tranvía de Viale Carlo Felice, frente a San Giovanni in Laterano. También se puede acudir al diminuto **Er Buchetto,** donde es posible sentarse con relativa comodidad frente a un vaso de vino. Para disfrutar de un tentempié realmente romano, se puede dar un rodeo a última hora de la tarde hasta **Filetti di Baccalà** que, como su nombre indica, sirve filetes de bacalao fritos.

Para tomar queso, se recomienda **Obiká,** cerca del Panteón. Este bar ofrece una gran selección de *mozzarella* fresca de búfala y vaca, que se puede comer sin cocinar o preparada de diversas y creativas formas.

Termini cuenta ahora con dos buenas opciones para los que esperan el tren o se apresuran a cogerlo: el autoservicio **Chef Express** y **Vyta** *(ver p. 350),* que prepara buenos bocadillos para llevar.

BARES, CAFÉS Y TETERÍAS

Los bares romanos son los principales lugares de encuentro: para comer, beber, telefonear o encontrar un baño. Algunos son locales pequeños y sencillos para tomarse rápidamente un *cornetto* y un capuchino; otros, más lujosos, funcionan también como pastelería, heladería, tetería, *tavola calda* o una combinación de todos ellos. La mayoría abre pronto, alrededor de las 7.30, y cierra tarde, sobre todo los fines de semana, en torno a medianoche o las 2.00. En las mesas, el servicio del camarero hay que pagarlo. En las horas punta o en los bares más populares, hay largas colas en la barra y se debe esperar turno. Si se permanece de pie, se paga la bebida en la caja por adelantado. Una pequeña propina (5 o 10 céntimos por bebida) puede incrementar las posibilidades de un servicio rápido. En verano, las mesas ocupan todo el espacio disponible al aire libre, y los sitios a la sombra son los más solicitados.

Entre los bares tradicionalmente elegantes –y caros– para contemplar a la gente, están **Roseti** y **Doney,** muy bien ubicados, **Caffè Greco,** refugio en el siglo XIX de artistas, escritores y compositores *(ver p. 133)*, y **La Caffettiera,** un local cuidadosamente restaurado cerca del Panteón. Otros bares populares son el **Antico Caffè della Pace** y **Café Romano,** ambos recomendados para bebidas nocturnas. En **Zodiaco** la gente se aglomera para disfrutar de sus vistas panorámicas, igual que en **Oppio Café,** cerca de la Domus Aurea. En **Stravinsky,** en el Hotel de Rusie, se puede disfrutar de un magnífico martini o de un café en un ambiente de elegancia decadente.

Las teterías se están haciendo cada vez más populares.**Babington's Tea Rooms** *(ver p. 134)*, en Piazza di Spagna, sirve tazas de té y *scones* en un local atractivo, mientras que **Dolci e Doni** resulta más relajado. **Russian Tea Room, Il Giardino del Te** y **Makasar** han abierto hace relativamente poco y ofrecen una relación calidad/precio mucho mejor. El **Grand Bar,** en el St Regis Grand *(ver p. 299)*, ofrece la oportunidad de degustar un té completo rodeado de lujo.

Los aficionados al café deben probar un *gran caffè speciale* en la barra del **Caffè Sant'Eustachio,** o uno de los mejores *espressos* de Roma en **La Tazza d'Oro** *(ver p. 104)*. Los excelentes **Antico Caffè del Brasile** *(ver p. 351)*, **Bar del Cappuccino, Ciamei** o **Spinelli** son menos populares entre los turistas. **Ciampini al Café du Jardin,** situado en una azotea ajardinada con vistas, resulta inigualable en verano, sobre todo a la hora del aperitivo, como **Caffè Parnaso** en Parioli. En Roma, los cafés-librería –como **Caffè la Feltrinelli** y **Biblioteq**– y los cafés-museo se están convirtiendo poco a poco en algo habitual. El bar de los Museos Capitolinos ofrece unas vistas impresionantes, aunque la comida no es espectacular, mientras que el café del **Palazzo delle Esposizioni** *(ver p. 164)* está abierto todo el día y cuenta con una buena selección de aperitivos y bebidas.

PASTELERÍAS

Los domingos por la mañana, es habitual ver a los romanos saliendo de las pastelerías o *pasticceria* locales con paquetes. En ellos pueden llevar delicados pasteles individuales, tartas o pasteles, tradicionales *colombe* (palomas) de Pascua o el navideño *panettone* –un enorme bizcocho con pasas y fruta escarchada–, todo para comérselo con los amigos o familiares después de comer. Los escaparates de las pastelerías suelen ser maravillosos, lo que unido al olor del café recién hecho puede tentar incluso a los que aseguran no ser golosos. La oferta es amplia e incluye desde el *cornetto* o *brioche* caliente de la mañana, la *pizzeta* de mediodía o el pastel salado del almuerzo, hasta la pasta *choux* o la tarta de fruta de la tarde. **Cipriani** *(ver p. 347)*, abierta desde 1906, elabora deliciosas galletas, pasteles de *ricotta* y tartas de manzana. La cercana **Regoli** ofrece magníficas *mille feuilles* y *torta con crema e pinoli* (piñones). **Dagnino** presenta cientos de especialidades sicilianas cada día y **Bella Napoli,** diversas tartas y dulces típicos de Nápoles, como el *sfogliatelle* o la *babà*. Hay muchas pastelerías que venden, además de tartas, chocolate. En algunas, como **Cioccolati** y **Rivendita dei Ciococolati e Vino** *(ver p. 350)*, se puede degustar una taza de café o una copa de vino mientras se decide la compra.

HELADERÍAS

El helado *(gelato)* es uno de los mayores placeres del verano y en las heladerías de Roma, se puede disfrutar de un estupendo festín. Para degustar los mejores, hay que buscar la palabra *artigianale*. La variedad es infinita: sorbetes hechos con gran variedad de frutas, *granite* (granizados) de limón y café y helados más exóticos como el de arroz con leche, *zuppa inglese*, *zabaglione* y *tiramisù*. Se pueden elegir tantos sabores como quepan en el cucurucho o la copa, cubrirlo con un poco de nata *(panna)* y disfrutar de un paseo, o tomarlo en una mesa y descansar mientras nos sirven una creación de tamaño descomunal (e igual precio). Las *gelaterie* están abiertas todo el día, muchas hasta bien entrada la noche, y son una parte importante de la vida social de Roma. **Tre Scalini,** en Piazza Navona, es una famosa heladería donde se puede disfrutar de un caro, pero delicioso, *tartuffo* (trufa) de chocolate, mientras que una tarde de verano en EUR, especialmente si se va con niños, suele acabar con una visita a **Giolitti,** una histórica marca de helados. Su primera heladería, abarrotada y estratégicamente situada cerca del Panteón, merece al menos una visita. Los verdaderos aficionados al *gelato* deberían visitar **San Crispino,** que ofrece manjares caseros elaborados con los mejores ingredientes. Su *zabaglione* se prepara con Marsala de reserva. En verano, se recomienda probar el maravilloso sabor a *susine* (ciruela amarilla) y en invierno, la *arancia selvatica* (naranja silvestre).

Los adultos tal vez prefieran degustar su manjar nocturno en **Chalet del Lago,** también en EUR, sentados junto al lago. Si se encuentra un quiosco de *grattachecche* (sobre todo en el Trastevere y Testaccio), no hay que dejar de probar una de las tradiciones más antiguas de Roma: hielo picado a mano y con diversos sabores clásicos.

Cada persona tiene su sabor favorito y su *gelateria* preferida, pero la búsqueda de la perfección resulta un placer continuo. Para probar estupendos *zabaglione,* se recomienda **Fiocco di Neve, Giolitti** en Via Vespucci o **Petrini dal 1926. Santa Barbara** tiene rarezas como higo o mora *(gelso)* además de fantásticos *cremolati* (sorbetes cremosos). **Palazzo del Freddo** elabora un excepcional helado de arroz con leche y su propia *La Caterinetta* –uno de los ingredientes secretos es la miel–. **Al Settimo Gelo,** un ingenioso juego de palabras *(settimo* significa séptimo, *cielo* es cielo y *gelo,* hielo), prepara excitantes sorbetes de castaña, chocolate con *pepperoncino,* jengibre y helado de yogur griego. Los alérgicos a los lácteos pueden visitar la *gelateria* siciliana **Gelarmony,** que ofrece 14 sabores con leche de soja. **Duse,** en Parioli, es famoso por su chocolate blanco o negro *(fondente)*. Menos habitual es su helado con hojas tiernas de ortiga *(ortica)*, normalmente a la venta a principios de primavera.

INFORMACIÓN GENERAL

CAPITOLIO

BARES, CAFÉS Y TETERÍAS

Caffè Capitolino
Piazzale Caffarelli.
Plano 12 F5.

PIAZZA DELLA ROTONDA

PIZZERÍAS

Barroccio
Via dei Pastini 13.
Plano 12 D2.

Er Faciolaro
Via dei Pastini 123.
Plano 12 D2.

Il Leoncino
Via del Leoncino 28.
Plano 12 E1.

ENOTECAS

Achilli al Parlamento
Via dei Prefetti 15.
Plano 12 D1.

Corsi
Via del Gesù 88.
Plano 12 E3.

Spiriti
Via di Sant'Eustachio 5.
Plano 12 D3.

CERVECERÍAS

Trinity College
Via del Collegio Romano 6. **Plano** 12 E3.

COMIDA RÁPIDA

Obikà
Piazza Firenze 28.
Plano 12 D1.

BARES, CAFÉS Y TETERÍAS

La Caffettiera
Piazza di Pietra 65.
Plano 12 E2.

Ciampini
Piazza S. Lorenzo in Lucina 29. **Plano** 12 D1.

Caffè Sant'Eustachio
Piazza Sant'Eustachio 82.
Plano 12 D3.

La Tazza d'Oro
Via degli Orfani 82/84.
Plano 12 D2.

Vitti
Piazza San Lorenzo in Lucina. **Plano** 12 E1.

HELADERÍAS

Fiocco di Neve
Via del Pantheon 51.
Plano 12 D2.

Giolitti
Via degli Uffici del Vicario 40.
Plano 12 D2.

PIAZZA NAVONA

PIZZERÍAS

Da Baffetto
Via del Governo Vecchio 114. **Plano** 11 B3.

Da Francesco
Piazza del Fico 29.
Plano 11 B2.

La Montecarlo
Vicolo Savelli 12/13.
Plano 11 C3.

ENOTECAS

Bevitoria Navona
Piazza Navona 72.
Plano 11 C2.

Caffè Novecento
Via del Governo Vecchio 12. **Plano** 11 B3.

Caffeteria D'Art al Chiostro del Bramante
Via della Pace.
Plano 11 C2.

Cul de Sac
Piazza Pasquino 73.
Plano 11 C3.

Enoteca del Corso
Corso Vittorio Emanuele 293. **Plano** 11 B3.

Giulio Passami l'Olio
Via di Monte Giordano 28.
Plano 11B2.

CERVECERÍAS

Old Bear
Via dei Gigli d'Oro 2.
Plano 11 C2.

COMIDA RÁPIDA

Lo Zozzone
Via del Teatro Pace 32.
Plano 11 B3.

BARES, CAFÉS Y TETERÍAS

Antico Caffè della Pace
Via della Pace 5.
Plano 11 C3.

PASTELERÍAS

Bella Napoli
Corso Vittorio Emanuele II 246.
Plano 11 B3.

La Deliziosa
Vicolo Savelli 50.
Plano 11 B3.

HELADERÍAS

Bar Navona
Piazza Navona 67.
Plano 11 C3.

Da Quinto
Via di Tor Millina 15.
Plano 11 C3.

Tre Scalini
Piazza Navona 28.
Plano 11 C3.

PIAZZA DI SPAGNA

PIZZERÍAS

PizzaRé
Via di Ripetta 14.
Plano 4 F1.

'Gusto
Piazza Augusto Imperatore 9.
Plano 4 F2.

ENOTECAS

Antica Enoteca di Via della Croce
Via della Croce 76B.
Plano 5 A2.

Il Brillo Parlante
Via della Fontanella 12.
Plano 4 F1.

Buccone
Via di Ripetta 19.
Plano 4 F1.

'Gusto
Ver pizzerías.

CERVECERÍAS

Birreria Viennese/ Wiener Bierhaus
Via della Croce 21.
Plano 5 A2.

Lowenhaus
Via della Fontanella 16B.
Plano 4 F1.

COMIDA RÁPIDA

Difronte A
Via della Croce 38.
Plano 4 F2.

Fratelli Fabbi
Via della Croce 27.
Plano 4 F2.

Le Pain Quotidien
Via Tomacelli 24/25.
Plano 12 D1.

BARES, CAFÉS Y TETERÍAS

Babington's Tea Rooms
Piazza di Spagna 23.
Plano 5 A2.

Caffè Greco
Via Condotti 86.
Plano 5 A2.

Café Romano
Via Borgognona 4.
Plano 12 E1.

Ciampini al Café du Jardin
Viale Trinità dei Monti.
Plano 5 A2.

Dolci e Doni
Via delle Carrozze 85B.
Plano 4 F2.

Rosati
Piazza del Popolo 5.
Plano 4 F1.

Stravinsky Bar
Hotel de Russie, Via del Babuino 9.
Plano 5 A2.

HELADERÍAS

Caffetteria-Gelateria Barcaccia
Piazza di Spagna 71.
Plano 5 A2.

CAMPO DE' FIORI

PIZZERÍAS

Acchiappafantasmi
Via dei Cappellari 66.
Plano 11 B3.

ENOTECAS

Al Bric
Via del Pellegrino 51.
Plano 11 B3.

Antico Forno Roscioli
Via dei Giubbonari 21.
Plano 11 C4.

La Curia di Bacco
Via del Biscione 79.
Plano 11 C4.

INFORMACIÓN GENERAL

Il Goccetto
Via dei Banchi Vecchi 14.
Plano 11 B3.

L'Angolo Divino
Via dei Balestrari 12.
Plano 11 C4.

Vinando
Piazza Margana 23.
Plano 12 E4.

La Vineria
Piazza Campo de' Fiori 15.
Plano 11 C4.

COMIDA RÁPIDA

Da Benito
Via dei Falegnami 14.
Plano 12 D4.

Chagat
Via Santa Maria del Pianto 66. **Plano** 12 D5.

Filetti di Baccalà
Largo dei Librari 88.
Plano 11 C4.

Forno Campo de' Fiori
Piazza Campo de' Fiori 22.
Plano 11 C4.

Pizza Florida
Via Florida 25. **Plano** 12 D4.

BARES, CAFÉS Y TETERÍAS

Alberto Pica
Via della Seggiola 12.
Plano 12 D5.

Bar del Cappuccino
Via Arenula 50.
Plano 12 D4.

Bernasconi
Piazza Cairoli 16.
Plano 12 D4.

Bibliotèq
Via dei Banchi Vecchi 124.
Plano 11 B3.

Caffè la Feltrinelli
Largo Torre Argentina 5.
Plano 12 D4.

Russian Tea Room
Via de' Falegnami 7.
Plano 12 D4.

PASTELERÍAS

Boccione
Via del Portico d'Ottavia 1.
Plano 12 E5.

La Dolceroma
Via del Portico d'Ottavia 20B. **Plano** 12 E5.

HELADERÍAS

Blue Ice
Via dei Baullari 130 y 141. **Plano** 11 C4.

Santa Barbara
Largo dei Librari 86.
Plano 11 C4.

QUIRINAL

PIZZERÍAS

Al Giubileo
Via del Boschetto 44.
Plano 5 B4.

Est! Est! Est!
Via Genova 32. **Plano** 5 C4.

ENOTECAS

Antica Locanda
Via del Boschetto 85.
Plano 5 B4.

Cavour 313
Via Cavour 313. **Plano** 5 B5.

Libreria Caffè Bohemien
Via degli Zingari 36.
Plano 5 C4.

Vineria Il Chianti
Via del Lavatore 81.
Plano 12 F2.

CERVECERÍAS

The Albert
Via del Traforo 132.
Plano 5 B3.

Birreria Peroni
Via San Marcello 19.
Plano 12 F3.

COMIDA RÁPIDA

Er Buchetto
Via Viminale 2. **Plano** 5 C3.

Galleria Alberto Sordi
(frente a Piazza Colonna).
Via del Corso. **Plano** 12 E2.

Nadia e Davide
Via Milano 33. **Plano** 5 B4.

BARES, CAFÉS Y TETERÍAS

Antico Caffè del Brasile
Via dei Serpenti 23.
Plano 5 B4.

Caffetteria Nazionale
Via Nazionale 26–27.
Plano 5 C3.

Il Giardino del Tè
Via del Boschetto 112A.
Plano 5 B4.

Palazzo delle Esposizioni
Via Milano 9. **Plano** 5 B4.

Spinelli
Piazza del Viminale 18.
Plano 5 C3.

PASTELERÍAS

Dagnino
Galleria Esedra, Via Vittorio Emanuele Orlando 75. **Plano** 5 C2.

HELADERÍAS

San Crispino
Via della Panetteria 42.
Plano 12 F2.

TERMINI

PIZZERÍAS

La Bruschetta
Via Sardegna 39.
Plano 5 B1.

Formula Uno
Via degli Equi 13.
Plano 6 F4.

ENOTECAS

Trimani
Via Cernaia 37B.
Plano 6 D2.

CERVECERÍAS

Tumbler
Via degli Equi 22.
Plano 6 F4.

COMIDA RÁPIDA

Chef Express
Galleria Termini - salida por Via Marsala. **Plano** 5 D3.

Vyta
Galleria Termini - salida por Marsala. **Plano** 5 D3.

BARES, CAFÉS Y TETERÍAS

Grand Bar
St Regis Grand
Via Vittorio Emanuele Orlando 3.
Plano 5 C3.

ESQUILINO

CERVECERÍAS

The Fiddler's Elbow
Via dell'Olmata 43.
Plano 6 D4.

Old Marconi
Via di Sante Prassede 9c.
Plano 6 D4.

COMIDA RÁPIDA

Panella
Via Merulana 54.
Plano 6 D5.

BARES, CAFÉS Y TETERÍAS

Ciamei
Via Emanuele Filiberto 57.
Plano 6 E5.

Oppio Café
Via delle Terme di Tito 72.
Plano 5 C5.

PASTELERÍAS

Cipriani
Via C. Botta 21.
Plano 6 D5.

Regoli
Via Dello Statuto 60. **Plano** 6 D5.

HELADERÍAS

Palazzo del Freddo
Via Principe Eugenio 65/67. **Plano** 6 E5.

LATERANO

CERVECERÍAS

La Pace del Cervello
Via dei SS Quattro 63.
Plano 9 A1.

COMIDA RÁPIDA

Porchetta Stall
Viale Carlo Felice.
Plano 10 D1.

PASTELERÍAS

Paci
Via dei Marsi 35.
Junto al **Plano** 6 F4.

HELADERÍAS

Premiate Gelaterie Fantasia
Via La Spezia 100/102.
Plano 10 E1.

San Crispino
Via Acaia 56
Plano 9 C4.

AVENTINO

PIZZERÍAS

Remo
Piazza Santa Maria Liberatrice 44. **Plano** 8 D3.

CERVECERÍAS

L'Oasi della Birra
Piazza Testaccio 41.
Plano 8 D3.

COMIDA RÁPIDA

Shams
Via galvani 12
Plano 8 D3.

Di Pietro
Piazza Porta San Paolo 6A–9.
Plano 8 E4.

Volpetti Più
Via Alessandro Volta 8.
Plano 8 D3.

HELADERÍAS

Café du Parc
Piazza di Porta San Paolo (metro Piramide).
Plano 8 E4.

Giolitti
Via Vespucci 35.
Plano 8 D3.

TRASTEVERE

PIZZERÍAS

Da Vittorio
Via di S. Cosimato 14a.
Plano 7 C1.

Dar Poeta
Vicolo del Bologna 45.
Plano 11 B5.

Panattoni – I Marmi
Viale Trastevere 53.
Plano 7 C1.

Pizzeria Ivo
Via S. Francesco a Ripa 158. **Plano** 7 C1.

ENOTECAS

Cantina Paradiso
Via San Francesco A Ripa
Plano 7 C2.

Ferrara
Via del Moro 1A.
Plano 7 C1.

Trastevere
Via della Lungaretta 86.
Plano 7 C1.

COMIDA RÁPIDA

Forno La Renella
Via del Moro 15.
Plano 7 C1.

Frontoni
Viale Trastevere 52.
Plano 7 C1.

BARES, CAFÉS Y TETERÍAS

Sala da Tè Trastè
Via della Lungaretta 76.
Plano 7 C1.

PASTELERÍAS

Innocenti
Via della Luce 21.
Plano 7 C2.

Pasticceria Trastevere
Via Natale del Grande 49.
Plano 7 C1.

Rivendita di Cioccolata e Vino
Vicolo del Cinque 11.
Plano 11 B5.

HELADERÍAS

La Fonte della Salute
Via Cardinale Marmaggi 2–4. **Plano** 7 C1.

Sacchetti
Piazza San Cosimato 62.
Plano 7 C1.

GIANICOLO

ENOTECAS

In Vino Veritas Art Bar
Via Garibaldi 2a.
Plano 11 B5.

VATICANO

PIZZERÍAS

Pizzeria San Marco
Via Tacito 29.
Plano 4 D2.

Napul'è
Viale Giulio Cesare 91.
Plano 3 C1.

ENOTECAS

Del Frate
Via degli Scipioni 118.
Plano 3 C1.

Il Simposio di Piero
Costantini Piazza Cavour 16. **Plano** 4 E2.

CERVECERÍAS

Cantina Tirolese
Via Vitelleschi 23.
Plano 3 C2.

COMIDA RÁPIDA

Ercoli dal 1928
Via Montello 26.
Junto al **Plano** 1 A5.

Franchi
Via Cola di Rienzo 200.
Plano 4 D2.

La Pratolina
Via degli Scipioni 248.
Plano 3 C1.

BARES, CAFÉS Y TETERÍAS

Faggiani
Via G. Ferrari 23.
Plano 1 A5.

Makasar
Via Plauto 33.
Plano 3 C3.

PASTELERÍAS

Antonini
Via Sabotino 21–29.
Junto al **Plano** 1 A5.

Cioccolati
Via M Dionigi 36.
Plano 4 E2.

Gran Caffè Esperia
Lungotevere Mellini 1.
Plano 4 E1.

HELADERÍAS

Al Settimo Gelo
Via Vodice 21°.
Junto al **Plano** 1 A5.

Gelarmony
Via Marcantonio Colonna 34. **Plano** 4 D1.

Pellacchia
Via Cola di Rienzo 105.
Plano 4 D2.

VIA VENETO

ENOTECAS

Semidivino
Via Alessandria 230.
Plano 6 D1.

PIZZERÍAS

PizzaRé
Via Lucullo 22. **Plano** 5 C2.

BARES, CAFÉS Y TETERÍAS

Cine Caffè
Largo M. Mastroianni 1.
Plano 5 B1.

Doney
Via Veneto 145.
Plano 5 B2.

EUR

ENOTECAS

La Cave des Amis
Piazzale Ardigò 27–29.

CERVECERÍAS

Il Barone Rosso
Via Libetta 13.
Junto al **Plano** 8 E5.

PASTELERÍAS

Dulcis In Fundo
Via Tommaso Odescalchi 13.

HELADERÍAS

Chalet del Lago
Lago, EUR.

Giolitti
Casina dei Tre Laghi, Viale Oceania 90.

LAS AFUERAS

PIZZERÍAS

Al Forno della Soffita
Via Piave 62.
Plano 6 D1.

ENOTECAS

Enojazz
Via Bertoloni 1b.
Plano 2 E4.

Il Tajut
Via Albenga 44.
Plano 10 E3.

BARES, CAFÉS Y TETERÍAS

Caffè Parnaso
Piazza dellle Muse 22.
Plano 2 E2.

Zodiaco
Viale Parco Mellini 90.
Junto al **Plano** 3 A1.

PASTELERÍAS

Euclide
Via Filippo Civinini 119.
Plano 2 D3.

HELADERÍAS

Duse
Via Eleonora Duse 1B.
Plano 2 F2.

Petrini dal 1926
Piazza dell'Alberone 16.
Plano 10 F4.

COMPRAS

Desde la Antigüedad Roma ha constituido un importante centro cosmopolita del comercio. En pleno auge del Imperio Romano los mejores artesanos acudían a esta ciudad, y de todos los rincones se importaban los más variados productos, como oro, pieles y vino, al igual que se traían esclavos, con objeto de satisfacer las necesidades de sus habitantes.

Escaparate de una *boutique*

Ir de compras en Roma sigue siendo un reflejo, en muchos aspectos, de esta antigua tradición. Los diseñadores italianos gozan de prestigio internacional por sus creaciones en moda, elegantes y lujosas, sus prendas de punto y artículos de piel (en especial bolsos y zapatos). También tiene fama el diseño de interiores, telas, cerámica y vidrio. La tradición artesanal es fuerte, y el amor al diseño se halla presente hasta en los objetos más insignificantes. En Roma no encontrará gangas, pero el placer de contemplar los escaparates suele compensar.

QUÉ COMPRAR

Hay una gran oferta de artículos de piel de todo tipo, incluyendo bolsos y zapatos. La ropa *prêt-à-porter* de diseñadores italianos no es barata, pero sí resulta más económica que en otros países. Los pantalones vaqueros de Armani son un buen ejemplo *(ver p. 339)*. También existen accesorios de marca a precios interesantes. Tanto la cerámica italiana tradicional como la moderna pueden ser muy bellas, y, si tiene tiempo para callejear, a menudo encontrará objetos para regalo realmente originales.

REBAJAS

La época de rebajas *(saldi)* va desde mediados de julio a mediados de septiembre y desde antes de Navidad hasta la primera semana de marzo. Los grandes diseñadores *(ver p. 338)* reducen los precios a la mitad, pero, aun así, su ropa sigue resultando cara. Hay buenas oportunidades en las tiendas de jóvenes diseñadores *(ver p. 339)*, y se pueden encontrar, a precios económicos, tallas grandes de zapatos de buena calidad (la mayor parte de los italianos tiene los pies pequeños). En general, no obstante, las rebajas en Roma no implican descuentos notables.

En cada artículo rebajado debe aparecer su precio original y el rebajado. Las *liquidazioni* suelen ser genuinas y a menudo suponen buenas oportunidades. Desconfíe en cambio de los carteles de *vendite promozionali* o *sconti;* a menudo son una mera treta para atraer clientela. El letrero de *entrata libera* significa que se puede entrar tan sólo a mirar, sin tener la obligación de comprar algún artículo.

Antigüedades en Accanto *(ver p. 348)*

HORARIOS

Las tiendas suelen abrir de 9.00 a 13.00 y de 15.30 a 19.30 (16.00 a 20.00 los meses de verano). Algunos de los comercios del centro permanecen abiertos todo el día, entre 10.00 y 19.30. La mayoría cierra en domingo (excepto los días que preceden a Navidad). Algunos cierran los lunes por la mañana, excepto las tiendas de alimentación que lo hacen los jueves por la tarde en invierno y la tarde de los sábados en verano.

Antes, Roma prácticamente se paralizaba en agosto al marcharse sus habitantes, pero actualmente los romanos escalonan sus vacaciones. Gran parte de los comercios cierran durante al menos dos semanas alrededor del 15 de agosto, fiesta nacional.

Puestos de flores en Piazza Campo de' Fiori *(ver p. 352)*

CONSEJOS PARA COMPRAR

Aparte de unos cuantos grandes almacenes, las tiendas en Roma suelen ser pequeños comercios especializados. A los clientes, por lo general, se les atiende mejor si van vestidos con elegancia –el viejo proverbio de *fare la bella figura* (dar una buena impresión)–.

Las tallas no son siempre uniformes, así que conviene probarse las prendas antes de comprarlas, pues no se devuelve el dinero ni se cambian los artículos.

Elegantes guantes de piel

CÓMO PAGAR

Casi todas las tiendas aceptan las principales tarjetas de crédito, y así lo indican en la puerta. Algunas admiten también otras, además del euro (€), divisas, aunque el cambio puede no ser siempre favorable. Cuando efectúe una compra conviene que exija una *ricevuta fiscale* (recibo). Si paga en efectivo siempre puede intentar que le hagan descuento, aunque muchos comercios muestran el cartel de *prezzi fissi* (precios fijos).

IVA

El impuesto sobre el valor añadido o IVA va desde del 12% en prendas de vestir hasta un 35% en artículos de lujo, como joyas o pieles. Los precios marcados suelen llevar por lo general el IVA incluido.

Una tienda de diseño en los alrededores de Piazza di Spagna

DISEÑO DE MENAJE E INTERIORES

El diseño de interiores es otro sector italiano donde los grandes nombres requieren altos precios, con muchas tiendas de estilo moderno y de alta tecnología. Hay tiendas de menaje en las ciudades de todo el país. Los artículos de cocina italianos son sorprendentes, con sus cazuelas, sartenes y utensilios de acero inoxidable y cobre. Puesto que la pizza es un plato muy extendido incluso fuera de Italia, la visita a Roma puede ser una buena ocasión para llevarse a casa un auténtico y útil corta pizzas. Para precios más bajos evite las tiendas para turistas, e intente comprar directamente del fabricante. Entre los artículos más baratos están las típicas tazas marrones de *espresso* y *cappuccino* que venden en todos los mercados. *(Ver pp. 344-345).*

Mercato delle Stampe ***(ver p. 352)***

GRANDES ALMACENES Y CENTROS COMERCIALES

Los grandes almacenes o *grandi magazzini* escasean en Roma. **La Rinascente** y **Le Coin** tienen una buena oferta en prendas de vestir, ropa de casa y mercería, así como perfumes. La Rinascente hace un 10% de descuento a turistas en perfumes y cosméticos, previa presentación de la documentación. En los almacenes **Oviesse** y **Upim** venden ropa y artículos para el hogar a precios moderados. Otra alternativa es acudir a uno de los dos centros comerciales de Roma. **Cinecittà Due Centro Commerciale,** construido en 1988, cuenta con alrededor de 100 tiendas, además de bares, bancos y restaurantes, y es fácilmente accesible desde el centro en metro (línea A a Cinecittà). Otro centro aún más grande, llamado **I Granai,** se ha inaugurado en Via Laurentina, y se puede llegar a él en metro (línea B hasta Laurentina).

Artículos de ocasión en Via Sannio

Cinecittà Due Centro Commerciale
Viale Palmiro Togliatti 2.
Tel *06 722 09 10.*

Coin
Piazzale Appio 7.
Plano 10 D2.
Tel *06 708 00 20.*

Via Cola di Rienzo 173.
Plano 3 C2.
Tel *06 36 00 42 98.*

La Rinascente
Via del Corso 189. **Plano** 5 A3 y 12 E2. ***Tel*** *06 679 76 91.*

Piazza Fiume. **Plano** 6 D1.
Tel *06 884 12 31.*

Oviesse
Viale Trastevere 62. **Plano** 7 C2.
Tel *06 5833 36 33.*

Via Appia Nuova 181–185.
Plano 10 D2. ***Tel*** *06 702 32 14.*

Upim
Via del Tritone 172. **Plano** 5 A3.
Tel *06 678 33 36.*

Estación Termini. **Plano** 6 D3.
Tel *06 4782 59 09.*

Piazza Santa Maria Maggiore.
Plano 6 D4. ***Tel*** *06 446 55 79.*

Lo mejor de Roma: calles comerciales y mercados

Las tiendas más interesantes de Roma se encuentran en el casco antiguo, de forma que resulta fácil combinar las compras con las visitas turísticas. Las tiendas se hallan a menudo situadas en edificios medievales o renacentistas, y contemplar sus escaparates puede ser una experiencia exquisita. Al igual que sus antecesores, los modernos comerciantes tienden a especializarse en un sólo tipo de artículos. Los nombres de las calles se refieren muchas veces a los antiguos comerciantes del pasado: cerrajeros en Via dei Chiavari, curtidores en Via del Giubbonari, de sillas en Via del Sediari y antiguos artesanos alrededor de Campo de' Fiori y Piazza Navona. En el área de Via Condotti se concentran las tiendas de los grandes diseñadores.

Via Cola di Rienzo
Situada cerca de los Museos Vaticanos, esta larga y ancha calle posee las mejores tiendas de alimentación, libros y regalos.

Via dei Coronari
Los amantes de las antigüedades disfrutarán curioseando en las tiendas de esta encantadora calle al noroeste de Piazza Navona. Aunque los precios suelen ser muy elevados.

Via del Pellegrino
Muy próxima al antiguo centro de los artesanos, esta calle cuenta con buenas librerías y tiendas de arte. Destaca el pasaje lleno de espejos junto a Campo de' Fiori.

Via dei Cappellari
Esta estrecha calle medieval es un excelente lugar para observar a los restauradores de muebles y otros artesanos trabajando al aire libre.

Porta Portese
Los domingos por la mañana podrá comprar en este mercadillo del Trastevere cualquier cosa, desde antigüedades hasta un silbato de latón (ver p. 353).

Via Margutta

Los anticuarios alternan con elegantes restaurantes en esta tranquila calle empedrada.

Via del Babuino

Esta calle es famosa por sus artículos de diseño, que incluyen muebles y objetos de cristal, así como por sus tiendas de antigüedades.

TIENDAS DE DISEÑADORES

Todas las grandes estrellas de la moda italiana, además de joyerías exclusivas, tiendas de regalo, zapaterías de diseño y modistos se concentran en las elegantes calles que rodean la Piazza di Spagna *(ver pp. 338-343)*. A los romanos les encanta pasear por esta zona a primera hora de la tarde.

Via Borgognona

La gente acude en masa a esta calle, ya sea para comprar o para contemplar los escaparates con moda de alta costura.

Mercado de Testaccio

Una verdadera fiesta visual de frutas y verduras saluda al visitante de este animado mercado (ver p. 352).

Moda masculina y femenina

Italia es uno de los países líderes en el mundo de la moda. Muchos de los grandes diseñadores están establecidos en Milán, pero en Roma se concentra un gran número de casas de moda internacionalmente famosas. También hay una fantástica selección de tiendas de moda exclusiva, e, incluso para los visitantes que no puedan permitirse comprar nada, resulta divertido observar sus escaparates, que en ocasiones son espectaculares.

Con todo, los diseñadores también realizan creaciones más al alcance del bolsillo que, sin ser baratas, cuestan mucho menos que la ropa hecha de encargo.

exclusiva de estilistas de alta costura de vanguardia, como Dolce & Gabbana y Moschino, además de otros no italianos, entre ellos Jean-Paul Gaultier. **Max Mara** también dispone de unas cuantas sucursales en la ciudad, y la calidad de sus telas es en verdad soberbia; encontrará trajes por alrededor de 500 €, un precio mucho más bajo que el de otros diseñadores de líneas *prêt-a-porter.*

MODA FEMENINA

El diseñador romano más famoso a nivel internacional es probablemente **Valentino,** cuyo taller domina la Piazza Mignanelli. No obstante, una de las casas que primero dieron a Roma un nombre dentro de la alta costura fue **Sorelle Fontana,** el salón de modas más prestigioso durante la época de la *dolce vita,* los años cincuenta. Sorelle Fontana ha vestido a la alta sociedad desde la década de los treinta y sigue ofreciendo una amplia selección de moda *prêt-à-porter* al igual que todo tipo de complementos.

Fendi ocupa un *palazzo* del siglo XIX en Largo Goldini. Esta casa se dio a conocer por sus pieles de alta costura, para, más tarde, pasar a diseñar artículos de cuero, accesorios y *prêt-à-porter,* colaborando con Karl Lagerfield, creador del logo con la doble F que muestra todas sus prendas. Hay una tercera generación en la familia que diseña la línea Fendissime, más juvenil y asequible.

Durante más de una década, **Laura Biagiotti** ha sido la reina de la alta costura romana en su versión más discreta y conservadora. Desde su "cuartel general" en un castillo a las afueras de la capital, esta mujer diseña una amplia gama de prendas tradicionales de punto y seda para las mujeres no dispuestas a sacrificar la comodidad por la elegancia. Es famosa por su utilización del cachemir y el color blanco, así como por la calidad de sus acabados. La tienda que posee en Via Borgognona expone su colección al completo, que ahora incluye también medias, perfumes, bañadores y artículos de piel. Sus fulares son ideales como regalo, y a menudo están a buen precio durante las rebajas; en la tienda también encontrará modelos procedentes de temporadas pasadas con sustanciales descuentos. También en Via Condotti, el templo de las creaciones de **Salvatore Ferragamo.**

Otros diseñadores de fama mundial con base en Roma son **Renato Balestra,** célebre por sus trajes sastre y sus espectaculares vestidos de noche, y **Roberto Capucci,** quien en sus siempre elegantes creaciones emplea maravillosos tejidos.

Prada se encuentra en Via Condotti, con ropa, zapatos y accesorios. Entre otras figuras de la moda con tiendas en Roma se cuentan **Giorgio Armani, Gianni Versace, Trussardi** y **Dolce & Gabbana.** Una nueva estrella del *prêt-à-porter* es **Roberto Cavalli.** Su equipo crea colecciones realmente elegantes e imaginativas.

Si lo que busca es ropa de diseño poco convencional, entonces vaya a **Gente,** cuyas tiendas en Roma tienen la

ROPA PARA HOMBRES

Los hombres italianos viven tan pendientes de la moda como las mujeres, y la oferta existente es muy amplia. Los trajes suelen costar a partir de 620 €, las chaquetas de 415 €, y los pantalones 155 €.

Casi todos los grandes diseñadores de alta costura tienen tiendas de ropa para hombres, como **Valentino, Prada** y **Gianni Versace.** Los diseños resultan menos atrevidos que los de la ropa femenina, y el acento se pone en la elegancia con un toque de deportividad. Los complementos de Valentino, por otra parte, son relativamente asequibles.

Battistoni es probablemente el diseñador más prestigioso en moda masculina. Sus camisas y trajes han vestido a estrellas de la pantalla y miembros de la alta sociedad durante más de 50 años. **Etro** vende ropa y accesorios para hombre y mujer en un diseño italiano con influencias exóticas.

En el palacete barroco donde se exponen las creaciones de **Ermenegildo Zegna,** encontrará numerosos mode-

VALENTINO

Una de las grandes figuras de la moda italiana, **Valentino Garavani,** abrió las puertas de su estudio romano, en 1959, a una distinguida clientela, entre la que se contaban personalidades como Sofía Loren, Audrey Hepburn y Jackie Kennedy, y, desde entonces, se ha mantenido en la cumbre. Ha creado algunos de los trajes de noche más audaces y seductores de las últimas cuatro décadas. En los años setenta comenzó a diseñar prendas *prêt-à-porter* para hombres y mujeres, además de seguir con sus colecciones de alta costura; hoy día puede encontrarse su característico logo de una "V" en todo tipo de complementos. La casa central de Valentino se halla en un gran *palazzo* en Piazza Mignanelli.

los *prêt-à-porter*, y el modisto Gaetano también le hará trajes a medida. Por otra parte, **Davide Cenci,** desde 1926, ha constituido la meca de aquellos que buscaban ropa al estilo clásico inglés, mientras que **Brioni** ofrece ropa de caballeros hecha a medida y *prêt-à-porter*. **Trussardi** vende clásicos de magnífica confección, **Testa** presenta impecables trajes a medida para jóvenes. **Degli Effetti** tiene a la venta las creaciones de diseñadores más vanguardistas, como Romeo Gigli y Jean-Paul Gautier.

ROPA PARA JÓVENES

Hay una inmensa oferta en moda para gente joven. Grandes diseñadores como Valentino y Armani ofrecen sus particulares creaciones adaptadas a líneas más asequibles en **Valentino Sport** y **Emporio Armani** (los vaqueros de Armani cuestan alrededor de los 70 €). **Fendi** cuenta con su línea Fendissime, **Roberto Cavalli** también tiene una *boutique* en Piazza di Spagna, y los modelos más juveniles de Prada pueden encontrarse en **Prada Casual.** Dirigidas a un público juvenil, estas tiendas venden originales creaciones. **Timberland** es otro muy popular. Los precios aproximados son de 52 € por una camisa, 210 € por una gabardina y 415 € por un traje.

Energie, extremadamente popular, posee dos tiendas con algunos de los escaparates más llamativos de la ciudad de Roma. Se encuentran siempre llenas de adolescentes que acuden en busca de pantalones vaqueros y camisetas. La línea joven de Trussardi se encuentra en **Tru Trussardi,** y **Aria, Diesel, SBU** y **Uniform** son también muy conocidas entre los jóvenes.

Eventi representan las tendencias más avanzadas, que fusionan los estilos gótico, actual y *punk,* con escaparates realmente llamativos. **Arsenale, Luna e L'altra** y **Maga Morgana** son establecimientos que ofrecen ropa de diseño juvenil.

MODA ASEQUIBLE

Roma no es un buen lugar donde comprar ropa de diario, ya que apenas existen comercios de precios intermedios entre las casas de los grandes diseñadores y los mercados de gangas *(ver pp. 352-353)*. Existen tiendas de bajo presupuesto, pero la calidad de sus artículos a menudo deja mucho que desear. De todas formas, siempre puede probar en Via del Corso, Via del Tritone,Via Nazionale, Via Cavour, Via Cola di Rienzo, Via Ottaviano o Via dei Giubbonari.

Los mejores lugares para comprar suelen ser los grandes almacenes, como La Rinascente, Coin y Upim *(ver p. 335)*. No es muy emocionante, pero siempre se puede curiosear y acabar encontrando alguna ganga. También conviene intentar en las tiendas mencionadas en el apartado de *Ropa para jóvenes* –en especial las líneas más económicas de los grandes modistos como **Emporio Armani–.** En las numerosas franquicias de **Discount dell'Alta Moda** encontrará ropa de diseñadores al 50% a final de temporada. **Scala Quattoridici** es un buen lugar donde comprar sencillos vestidos diseñados por el mismo dueño. Y, aunque ya no es necesario ir a Roma para comprar en **Benetton,** no olvide que aquí proliferan sus tiendas.

PRENDAS DE PUNTO

La ropa de punto recibe gran atención dentro del diseño italiano, y en Roma existen multitud de tiendas especializadas. **Laura Biagiotti** es famosa por sus conjuntos de cachemir, y **Missoni** por sus estampados llenos de dibujos y colores.

Krizia ya no tiene tienda en Roma pero sus sofisticadas prendas pueden encontrarse en **Liz.**

Choses de Cachemire tiene chaquetas, jerséis y trajes de punto. Otras tiendas, como las de **Luisa Spagnoli,** cuentan con una selección más amplia, con prendas a precios que resultan muy interesantes.

ROPA INTERIOR

He aquí otra especialidad italiana que destaca por su estilo y calidad, con líneas mundialmente conocidas como La Perla.

La lencería se vende por lo general en tiendas especializadas *(ver p. 345)* –**Cesari,** por ejemplo, es la principal tienda donde comprar prendas de la firma La Perla–.

Liberti ofrece ropa de baño, lencería, pijamas y camisones de señora.

De **Brighenti** se dice que a él acuden las estrellas de la pantalla a comprar su ropa interior. **Schostal** dispone de lencería más tradicional; además cuenta con una sección dedicada a ropa interior para hombre.

ROPA DE SEGUNDA MANO

Aquellos dispuestos a curiosear encontrarán una gran variedad de prendas de segunda mano a precios muy económicos. Aparte de los mercados de Via Sannio y Porta Portese *(ver p. 353)*, que tienen muchos puestos de ropa usada, el centro principal es la Via del Governo Vecchio. La mejor tienda de esta calle antigua, cerca de Piazza Navona, es **Mado,** sobre todo con vestidos de los años veinte y algunos sombreros y bisutería.

Le Gallinelle cuenta con una maravillosa selección de sombreros de época. A los que les guste adquirir ropa de segunda mano también pueden acudir aquí.

En **Via dei Chiavari 40** encontrará originales modelos de los años veinte en adelante, y la propietaria, Solange, en ocasiones confecciona prendas que después vende a precios razonables.

La Via del Pellegrino es también una buena calle donde comprar ropa de segunda mano.

Zapatos y complementos

La industria italiana de la piel es mundialmente famosa, y los bolsos, zapatos y cinturones constituyen siempre una buena opción para regalar. Los romanos, en general, consideran éstos y otros complementos como parte integrante de su indumentaria. Existe una amplia oferta de joyas, pañuelos, corbatas y demás artículos de este tipo.

ZAPATOS

Roma está llena de zapaterías, que van desde establecimientos de alta calidad en el área de Via Condotti (donde los precios empiezan partir de los 155 €) hasta las tiendas más económicas de los alrededores de la Fontana di Trevi. Además, todo mercadillo que se precie cuenta con algún puesto de zapatos.

Probablemente la tienda más conocida es **Ferragamo** –una de las mejores del mundo–. En ella encontrará zapatos clásicos pero siempre de moda, así como ropa de mujer y artículos de piel –en concreto son famosos sus pañuelos de seda–.

Fratelli Rossetti es uno de sus principales competidores. Fundado por los hermanos Renzo y Renato hace unos 50 años, esta compañía produce bellos y clásicos zapatos de hombre y elegantes modelos de tacón bajo para mujer, que reflejan las últimas tendencias de la moda. Sus precios, claro está, resultan exorbitantes. **Barrilà,** cerca de Piazza di Spagna, vende zapatos de señora más asequibles.

Boccanera es una tienda *outlet* que vende zapatos de estilo inglés y de grandes diseñadores italianos a buenos precios.

Con diez años en el negocio, **Carlotto Rio** es una de las zapaterías romanas más afianzadas, aunque no puede competir con Domus, inaugurada en 1938. Carlotto Rio vende zapatos a medida tanto para hombre como para mujer, concretamente zapatos para ocasiones especiales, y también hace bolsos siguiendo las indicaciones del comprador.

Domus vende calzado de alta calidad y se especializa en zapatos clásicos para mujer. También ofrece una selección limitada de bolsos.

De Bach dispone de los más variados modelos para mujeres.

En Via Frattina también hay otras zapaterías más asequibles para el turista de a pie, como **Pollini,** que fabrica botas y bolsos para hombres y mujeres en estilos imaginativos, mientras que **Fausto Santini** ofrece diseños originales para jóvenes a precios razonables. Lo mismo ocurre con **Cervone,** especializado en creaciones para la mujer. **Borini** tiene diseños de tacón bajo simples y elegantes. **Mr Boots** ofrece una gran variedad de botas de moda y zapatos informales para hombre y mujer, mientras que **Dominici** vende calzado elegante y accesible para mujer.

ARTÍCULOS DE PIEL

La firma de artículos de piel más famosa de Roma es **Gucci,** que vende bolsos, maletas, carteras, cinturones y demás complementos. Posee una boutique para hombres y mujeres y es famosa por sus pañuelos y corbatas de seda. **Fendi** también cuenta con exquisitos artículos de piel, así como otras líneas más económicas, para las que utiliza materiales sintéticos, y una amplia gama de objetos de regalo. Aunque los famosos bolsos de piel rayada en su versión sintética cuestan nada menos que 130 € (y los de piel a partir de los 155 €), resultan más baratos aquí que en el extranjero. **Skin** se halla en la zona de Via Sistina. A un corto paseo y cerca de la Fontana di Trevi está **La Sella.** Vende artículos de piel: zapatos, maletas, bolsos y cinturones en el área de Via Sistina. Los bolsos y maletas de tela de brillantes colores de **Mandarina Duck** están muy de moda, y constituyen una buena alternativa a los tradicionales estilos de piel.

Para encontrar bolsos de última moda hay que dirigirse a las famosas marcas como **Furla** o a **Alviero Martini,** ambas especializadas por sus trabajos en piel.

Si busca un regalo especial para hombre, vaya a **La Cravatta,** en Trastevere. Además de su selección de corbatas clásicas hechas a mano, también hacen corbatas al gusto del cliente. Puede elegir el diseño, el material, la medida y la forma de la corbata, para hacer un regalo perfecto.

JOYERÍA CLÁSICA

Bulgari es a Roma lo que Cartier a París, Tiffany & Co a Nueva York y Asprey's a Londres. Los escaparates de esta joyería, internacionalmente reverenciada, están siempre llenos de curiosos que se deleitan con las únicas y maravillosas creaciones allí expuestas. Estos escaparates son en realidad pequeñas cajas de cristal insertadas en una pared con una o dos piezas de joyería dentro de cada una, lo que acentúa su parecido a las vitrinas de un museo.

Los relojes de Bulgari, en especial los de caballero, son muy populares y elegantes, tanto como sus famosos collares. Se especializa en piedras de gran tamaño con engarces típicamente renacentistas, pero también produce diseños más contemporáneos. Una de las tiendas favoritas de Andy Warhol era, desde luego, la de aspecto más palaciego de toda la Via Condotti. Una vez en el interior, la atmósfera invita a la pura contemplación.

Bucellati es una rama de la famosa dinastía de joyeros florentinos que comenzó con Mario Bucellati en los años veinte, a partir de la inspiración del poeta Gabriele D'Annunzio. Sus diseños cuidadosamente grabados se inspiran en el Renacimiento italiano, verdaderos clásicos que revelan una auténtica mano maestra.

Las creaciones de **Ansuini** son también tradicionales, pero con innovadores temas que se introducen en cada nueva colección. **Massoni,** fundada en 1790, es una de las joyerías más antiguas de Roma. Sus refinados broches se pueden considerar verdaderamente espléndidos. En **Moroni Gioielli** encontrará joyas artesanas de la mejor calidad. **Petochi,** joyero de la monarquía italiana (1861-1946), la Casa de Savoya, expone diseños tanto clásicos como contemporáneos.

Peroso es una tienda a la vieja usanza que lleva abierta desde 1891 y se especializa en joyas antiguas y objetos de plata. **Boncompagni Sturni** vende diseños tradicionales con especial énfasis en la calidad y el aspecto artesanal. En ambas tiendas hay que llamar al timbre si se quiere entrar, y resultan extremadamente caras.

JOYERÍA MODERNA

Para gustos menos convencionales existen varias tiendas donde se venden joyas de diseño innovador y vanguardista, a menudo combinando gemas y piedras semipreciosas. Se recomienda visitar **Via del Coronari 193.**

Tempi Moderni tiene una interesante colección de joyas de los periodos *art déco* y *art nouveau*. También posee una serie de piezas con diseños de los años cincuenta y sesenta. En cuanto a **Bozart,** es el lugar indicado para joyería llamativa y moderna. En **Siragusa** engarzan bellísimas cuentas de los siglos III y IV a.C. en cadenas de oro, en una tienda que más parece un museo, situada junto a Piazza di Spagna.

ORFEBRES TRADICIONALES

El punto fuerte de la industria de joyas en Roma sigue siendo la orfebrería artesana tradicional, que se realiza en diminutos talleres-estudio.

Éstos se concentran sobre todo en el gueto judío, la zona de Campo de' Fiori, el Ponte Sisto cerca de la Via Giulia, y en Montepietà (donde viven los prestamistas). También hay joyería artesanal en Via dei Coronari, Via dell'Orso y Via del Pellegrino.

Los joyeros crean piezas individuales de acuerdo con sus propios diseños y a menudo han aprendido la profesión de sus padres y abuelos. Asimismo, realizan reparaciones o creaciones de encargo fundiendo antiguas joyas de oro. **Gioie d'Arte** vende joyas de fabricación artesanal y siempre trabaja siguiendo instrucciones del cliente.

GUANTES, SOMBREROS Y MEDIAS

En la capital de Italia no resulta difícil adquirir todo tipo de accesorios que hagan juego con los trajes de alta costura o con ropa más desenfadada. Si lo que busca son artículos de primera calidad, encontrará guantes y pañuelos a precios elevados en **Di Cori** y **Sermoneta.** Son dos establecimientos donde se venden todos los modelos de guantes que usted pueda imaginar. Para encontrar guantes de piel que hagan juego con zapatos o bolsos, hay que acudir a **Settimio Mieli;** además una ventaja es que no le costarán una fortuna.

Catello d'Auria es un establecimiento que está especializado fundamentalmente en guantes y medias. Para sombreros resulta interesante **Borsalino,** y en **Calza e Calze** hallará la mejor selección de medias y calcetines de toda la ciudad –sus amables dependientes le mostrarán con gusto su gama de artículos en cualquier color que desee–.

PRINCIPALES BARRIOS COMERCIALES

En líneas generales, las tiendas de ropa en Roma se hallan concentradas en zonas determinadas, que pueden recorrerse a pie sin necesidad de recurrir a los transportes públicos. Así, los más famosos diseñadores han establecido sus boutiques en la zona de Piazza di Spagna y Via Condotti. Laura Biagiotti, Gianni Versace y Gianfranco Ferrè lo han hecho en Via Borgognona, mientras que en la Via Bocca di Leone se ubica el célebre Valentino. Si lo que busca es ropa de los creadores Armani o Missioni, entonces deberá ir a la Via del Babuino, y en las cercanas Via Gregoriana y Via Sistina están las tiendas de otros diseñadores de moda. Por último, para precios más asequibles, se encuentran Via del Corso y otras calles adyacentes, como Via del Gambero o Via Fratina, que cuentan con multitud de pequeñas tiendas.

La segunda gran zona comercial comienza en la Via del Tritone, con todo tipo de tiendas en las que comprar desde mobiliario hasta las últimas tendencias en el vestir, y continúa en Via Veneto, donde, además de tiendas de alta costura y zapaterías, hay interesantes librerías y quioscos en los cuales, por cierto, podrá adquirir la prensa española.

Algo más asequibles resultan los precios en la cercana Via Nazionale, con atractivas tiendas de ropa masculina y femenina.

INFORMACIÓN GENERAL

ALTA COSTURA FEMENINA

Dolce & Gabbana
Via Condotti 51-52.
Plano 5 A2.
Tel *06 6992 4999.*

Fendi
Largo Goldoni
Plano 12 E1.
Tel *06 69 66 61.*

Gente
Via del Babuino 80.
Plano 4 F1.
Tel *06 320 7671.*
También: Via Frattina 70.
Plano 5 A2.
Tel *06 678 9132.*

Gianni Versace
Via Bocca di Leone 27.
Plano 5 A2.
Tel *06 678 0521.*

Giorgio Armani
Via Condotti 77.
Plano 5 A2.
Tel *06 699 1461.*
Via del Babuino 140.
Plano 4 F1.
Tel *06 3600 2197.*

Laura Biagiotti
Via Borgognona 43–44.
Plano 5 A2.
Tel *06 679 1205.*

Max & Co
Via Condotti 46.
Plano 5 A2.
Tel *06 678 7946.*

MaxMara
Via Frattina 28.
Plano 5 A2.
Tel *06 679 3638.*

Prada
Via Condotti 92–95.
Plano 5 A2.
Tel *06 679 0897.*

Renato Balestra
Via Sistina 67.
Plano 5 A2.
Tel *06 679 5537.*

Roberto Capucci
Via Gregoriana 56.
Plano 5 A2.
Tel *06 679 5180.*

Roberto Cavalli
Via Borgognona 27.
Plano 5 A2.
Tel *06 6992 5469.*

Salvatore Ferragamo
Via Condotti 73–74.
Plano 5 A2.
Tel *06 679 1565.*

Sorelle Fontana
Via della Fontanella di Borghese 67–68.
Plano 12 E1.
Tel *06 6813 5406.*

Trussardi
Via Condotti 49–50.
Plano 5 A2.
Tel 06 679 2151.

Valentino
Via Condotti 13.
Plano 5 A2.
Tel *06 673 9420.*

ROPA PARA HOMBRES

Battistoni
Via Condotti 61A.
Plano 5 A2.
Tel *06 697 61 11.*

Brioni
Via Condotti 21A.
Plano 5 A2.
Tel *06 678 3428.*

Davide Cenci
Via Campo Marzio 1–7.
Plano 4 F3 y 12 D2.
Tel *06 699 0681.*

Degli Effetti
Piazza Capranica 79.
Plano 4 F3 y 12 D2.
Tel *06 679 0202.*

Ermenegildo Zegna
Via Borgognona 7 E.
Plano 5 A2.
Tel *06 678 9143.*

Etro
Via del Babuino 102.
Plano 5 A2.
Tel *06 678 8257.*

Gianfranco Ferrè
Piazza di Spagna 70.
Plano 5 A2.
Tel *06 679 1451.*

Gianni Versace
Via Bocca di Leone 27.
Plano 5 A2.
Tel *06 678 0521.*

Gucci
Via Condotti 8.
Plano 5 A2.
Tel *06 679 0405.*

Testa
Via Borgognona 13.
Plano 12 E1.
Tel *06 679 0660.*
También: Piazza Euclide 27.
Plano 2 D2.
Tel *06 807 0118.*

Trussardi
Ver Alta costura femenina.

Valentino
Via Bocca di Leone 16.
Plano 5 A2.
Tel *06 673 9430.*

ROPA PARA JÓVENES

Aria
Via Nazionale 239.
Plano 5 C3.
Tel *06 48 44 21.*

Arsenale
Via del Governo Vecchio 64. **Plano** 4 E4 y 11 B3.
Tel *06 686 1380.*

Diesel
Via del Corso 186.
Plano 4 F3 y 12 E1.
Tel *06 678 3933.*

Emporio Armani
Via del Babuino 140.
Plano 4 F1.
Tel 06 3600 2197.

Energie
Via del Corso 486.
Plano 4 F2.
Tel *06 322 7046.*

Eventi
Via dei Serpenti 134.
Plano 5 B4.
Tel *06 48 49 60.*

Luna e L'Altra
Piazza Pasquino 76.
Plano 4 E4 y 11 C3.
Tel *06 6880 4995.*

Maga Morgana
Via del Governo Vecchio 27 y 98.
Plano 4 E4 y 11 C3.
Tel *06 687 9995.*

Prada Casual
Via del Babuino 91. **Plano** 4 F1. ***Tel*** *06 3600 4884.*

Roberto Cavalli
Piazza di Spagna 82.
Plano 5 A2.
Tel *06 679 2294.*

SBU
Via S. Pantaleo 68.
Plano 11 C3.
Tel *06 6880 2547.*

Timberland
Via del Corso 488.
Plano 4 F2.
Tel *06 322 7266.*

Tru Trussardi
Via Frattina 42.
Plano 5 A2.
Tel *06 6938 0855.*

Valentino
Via del Babuino 61.
Plano 4 F1.
Tel *06 3600 1906.*

OTRAS TIENDAS

Benetton
Via del Corso 422.
Plano 12 E1.
Tel *06 6810 2520.*

Discount dell'Alta Moda
Via di Gesù e Maria 14 y 16A. **Plano** 4 F2.
Tel *06 361 3796.*
También en:
Via dei Serviti 27.
Plano 5 B3.
Tel *06 482 7790.*

Emporio Armani
Ver *Ropa para jóvenes.*

Onyx
Via Cola di Rienzo 225.
Plano 4 D2.
Tel *06 3600 6073.*

PRENDAS DE PUNTO

Choses de Cachemire
Via del Babuino 105.
Plano 4 F1.
Tel *06 679 8488.*

Laura Biagiotti
Ver Alta costura femenina.

Liz
Via Appia Nuova 90.
Plano 10 D2.
Tel *06 700 3609.*

Luisa Spagnoli
Via del Tritone 30.
Plano 5 A3 y B3 y 12F1.
Tel *06 6992 2769.*
También: Via Vittorio Veneto 130. **Plano** 5 B1.
Tel *06 4201 1281.*
También: Via Frattina 84B.
Plano 5 A2.
Tel *06 699 1706.*

Missoni
Piazza di Spagna 78.
Plano 5 A2.
Tel *06 679 2555.*

ROPA INTERIOR

Brighenti
Via Frattina 7–8.
Plano 5 A2.
Tel *06 679 1484.*
También: Via Borgognona 27. **Plano** 5 A2.
Tel *06 678 3898.*

Cesari
Via del Babuino 193.
Plano 5 B3.
Tel *06 638 1241.*

Liberti
Via del Tritone 101.
Plano 12 F1.
Tel *06 488 2246.*

Schostal
Via del Corso 158.
Plano 4 F3 y 12 E1.
Tel *06 679 1240.*

ROPA DE SEGUNDA MANO

Le Gallinelle
Via del Boschetto 76.
Plano 5 B4.
Tel *06 488 1017.*

Mado
Via del Governo Vecchio 89A. **Plano** 4 E4 y 11 B3.
Tel *06 687 5028.*

ZAPATOS

Barrilà
Via del Babuino 33A.
Plano 4 F1.
Tel *06 3600 1726.*

Boccanera
Via Luca della Robbia 34–36.
Plano 8 D3.
Tel *06 575 6804.*

Borini
Via dei Pettinari 86–87.
Plano 4 E5 y 11 C5.
Tel *06 687 5670.*

Campanile
Via Condotti 58.
Plano 5 A2.
Tel *348-0154 326.*

Carlotto Rio
Via dell'Arco della Ciambella 8.
Plano 12 D3.
Tel *06 687 2308.*

Cervone
Via del Corso 99.
Plano 4 F2.
Tel 06 678 3522.

De Bach
Via del Babuino 123.
Plano 4 F1.
Tel *06 678 3384.*

Dominici
Via del Corso 14.
Plano 12 E1.
Tel *06 361 0591.*

Domus
Via Belsiana 52.
Plano 4 F2.
Tel *06 678 9083.*

Fausto Santini
Via Frattina 120.
Plano 5 A2.
Tel *06 678 4114.*

Ferragamo
Via Condotti 73–74.
Plano 5 A2.
Tel *06 679 1565.*
También: Via Condotti 66.
Plano 5 A2.
Tel *06 678 1130.*

Fratel li Rossetti
Via Borgognona 5A.
Plano 5 A2.
Tel *06 678 2676.*

Mr Boots
Piazza Re di Roma 10.
Plano 10 D3.
Tel *06 7720 8672.*
También: Via A Brunetti 2.
Plano 4 F1.
Tel 06 321 5733.

Pollini
Via Frattina 22–24.
Plano 5 A2 y 12 E1.
Tel *06 679 8360.*

ARTÍCULOS DE PIEL

Alviero Martini
Via Borgognona 4G.
Plano 5 A2.
Tel *06 6992 3381.*

Furla
Via Condotti 56. **Plano** 5 A2. ***Tel*** *06 679 1973.*

Gucci
Via Borgognona 7D.
Plano 5 A2.
Tel *06 6920 2077.*

Mandarina Duck
Via Due Macelli 59F/G.
Plano 12 F1.
Tel *06 678 6414.*

La Sella
Via del Lavatore 56.
Plano 5 A3 y 12 F2.
Tel *06 679 6654.*

Skin
Via Capo le Case 41.
Plano 5 A3 y 12 F1.
Tel *06 678 5531.*

JOYERÍA CLÁSICA

Ansuini
Corso Vittorio Emanuele 151. **Plano** 4 E4 y 11 C3.
Tel *06 689 2193.*

Boncompagni
Via Vittoria 4A.
Plano 4 F2.
Tel *06 321 3950.*

Buccellati
Via Condotti 31. **Plano** 5 A2. ***Tel*** *06 679 0329.*

Bulgari
Via Condotti 10. **Plano** 5 A2. ***Tel*** *06 679 3876.*

Massoni
Via Margutta 64.
Plano 4 F1.
Tel *06 321 6916.*

Moroni Gioielli
Via Belsiana 32A. **Plano** 4 F2. ***Tel*** *06 678 0466.*

Peroso
Via Sistina 29A.
Plano 5 B3.
Tel *06 474 7952.*

Petochi
Piazza di Spagna 23.
Plano 5 A2.
Tel *06 679 1128.*

JOYERÍA MODERNA

Bozart
Via Bocca di Leone 4.
Plano 5 A2.
Tel *06 678 1026.*

Granuzzo
Via dei Coronari 193.
Plano 4 E3 y 11 B2.
Tel *06 6880 1503.*

Siragusa
Via delle Carrozze 64.
Plano 5 A2.
Tel *06 679 7085.*

Tempi Moderni
Via del Governo Vecchio 108.
Plano 4 E4 y 11 B3.
Tel *06 687 7007.*

ORFEBRES TRADICIONALES

Gioie d'Arte
Via de' Gigli d'Oro 10.
Plano 4 E3 y 11 C2.
Tel *06 687 7524.*

GUANTES, SOMBREROS Y MEDIAS

Borsalino
Piazza del Popolo 20.
Plano 4 F1.
Tel *06 3265 0838.*
También:
Via Sistina 58A.
Plano 5 B2.
Tel *06 6994 1223.*

Calza e Calze
Via della Croce 78.
Plano 4 F2.
Tel *06 678 4281.*

Catello d'Auria
Via dei Due Macelli 55.
Plano 5 A2 y 12 F1.
Tel *06 679 3364.*

Di Cori
Piazza di Spagna 53.
Plano 5 A2.
Tel *06 678 4439.*

La Cravatta
Via di Santa Cecilia 12.
Plano 8 D1.
Tel *06 581 6676.*

Fendi
Ver Alta costura femenina.

Sermoneta
Piazza di Spagna 61.
Plano 5 A2.
Tel 06 679 1960.

Settimio Mieli
Via San Claudio 70.
Plano 5 A3 y 12 E2.
Tel *06 678 5979.*

Diseño de interiores

El diseño de interiores italiano forma parte de una antigua tradición basada en la habilidad del maestro artesano; de hecho, la historia de algunas firmas se remonta a cientos de años. Visitar estas elegantes tiendas de Roma y conocer su ambiente constituye toda una experiencia, que, además, puede darle ideas para decorar su propio hogar y, por qué no, animarle a comprar algún artículo especialmente bello u original.

MUEBLES

Aunque en Roma no hay zonas famosas por sus tiendas de mobiliario, muchas de las mejores están situadas al norte del centro de la ciudad.

Eche un vistazo en **Studio Punto Tre** si busca algo distinto: aquí encontrará los objetos más dispares, desde cómodas pintadas en extrañas combinaciones de colores hasta objetos de estilo egipcio y otros pequeños ideales para regalar. **Decoration 2000** ofrece piezas delicadas y de hierro forjado toscano, así como muebles pintados.

Spazio Sette, cerca de Largo Argentina, posee una sala de exposiciones espectacular que ocupa tres plantas del Palazzo Lazzaroni, antigua residencia cardenalicia. Se trata de una de las tiendas de muebles más importantes de Roma, y en ella seguramente encontrará buenos artículos para regalo. Los muebles –modernas sillas en contrachapado, así como jarrones, vasos y otros utensilios de cocina– forman un batiburrillo fascinante.

Cerca, en Via dei Chiavari, está **Paola Agostara,** otra tienda con un impresionante surtido de objetos para la casa. Aquí se vende desde muebles pintados a mano hasta objetos de cristal del este de Europa, pasando por una colección de telas y muebles diseñados por Paola Agostara.

Benedetti, que se encuentra situada en Via Marmorata, es una tienda larga y estrecha que ofrece una espléndida colección de bonitos muebles en madera.

Compagnia del Mobile da un toque moderno a piezas de los años setenta.

LÁMPARAS

Las lámparas constituyen uno de los objetos para la casa más fáciles de transportar, y encontrará variadísimos modelos en las tiendas siguientes. **Flos** es el resultado de la fusión de dos casas diseñadoras y en ella las lámparas se hallan expuestas como si fueran piezas de museo. Se trata de un estilo que utiliza abundantemente el blanco y negro, cromo y acero.

Muy cerca se encuentra **Artemide** que, al igual que Flos, es también casa de diseño famosa internacionalmente. Su tienda en Roma rebosa elegancia, con objetos futuristas de elevados precios. **Borghini** vende diseños de firmas menos conocidas y, por tanto, tiene precios más económicos.

Para ver lámparas realizadas en cualquier parte de Italia conviene entrar en **Obor,** donde hay artículos de alta calidad y con diseños más tradicionales. Algunos artesanos independientes elaboran magníficas pantallas de diseño. **Paolo Marj,** por ejemplo, es un escultor que trabaja mezclando distintos materiales (cristal, madera, plástico) para crear lámparas que son auténticas obras de arte. Vende también esculturas originales del artista.

Las lámparas italianas se fabrican para 220 voltios, y, por lo general, llevan bombillas corrientes, aunque si son especiales siempre se pueden encargar repuestos en la misma tienda.

COCINAS Y CUARTOS DE BAÑO

Aunque no podrá llevárselas consigo, tal vez le interese visitar los modelos de modernísimas cocinas que hay en Roma. Para conocer los últimos diseños vaya a **Arclinea,** que está situada cerca de Ponte Garibaldi, y que cuenta con una selecta exposición de cocinas ultramodernas. Igualmente inspiradoras son las cocinas que se exponen en **Emporio Cucina,** junto a Piazza Navona.

Las tiendas que venden cuartos de baño en Roma ofrecen, sobre todo, diseño moderno. En la cercana **Ravasini** se encuentra todo tipo de accesorios en los que predominan los motivos florales, y **Andreucci** también tiene un departamento con los últimos estilos en cuartos de baño.

BALDOSAS

Italia cuenta con una gran tradición en baldosas de cerámica. En las tiendas de muebles de cocina y cuartos de baño suele haber una gran variedad, pero también existen establecimientos especializados.

Ceramiche Musa está especializada en diseños modernos con motivos decorativos florales y romanos, muy populares entre los turistas, especialmente los visitantes extranjeros.

CRISTAL

Una compra muy generalizada en Roma es la de objetos decorativos de cristal. **Murano Più** está justo detrás de la Piazza Navona y vende Murano y otros cristales a precios razonables. Esta tienda es uno de los pocos establecimientos que abre los domingos, lo que resulta muy útil para los que visiten Roma en viajes de fin de semana.

Archimede Seguso también está especializada en cristal de Murano, pero ofrece objetos de menor tamaño, que resultan ideales para regalar.

Arteque es una bella tienda que ofrece el estilo más tradicional de objetos realizados en cristal.

Para regalos a precios más asequibles pruebe en **Stilvettro;** lugar idóneo para encontrar desde preciosas y útiles fuentes y objetos de cristal hasta cerámica.

Una ventaja importante que hay que tener muy en cuenta es que casi todos estos establecimientos le envían sus compras a casa si así lo desea, sin que se tenga que preocupar de cómo transportar los objetos delicados.

TELAS

Preciosas telas y papel para decorar paredes es lo que ofrece **Il Sigillo,** que cuenta con un magnífico surtido de muestras.

En **Emporio Triestino** se puede encontrar una gran variedad de telas, no solamente tejidos normales sino también de grandes diseñadores.

Si lo que busca son gangas, entonces dése una vuelta por el barrio judío, que va desde Largo Argentina hasta el Tíber; está lleno de tiendas de telas a precios económicos, como **Paganini.** Para los visitantes que deseen aprovechar la época de rebajas *(ver p. 334)* pueden encontrarse piezas sueltas *(scampoli)* a precios muy interesantes.

ROPA DE CASA Y ACCESORIOS DE COCINA

En **Frette** encontrará un bonito surtido de sábanas y ropa de casa. Si le gustan los accesorios de cocina de diseño, no se pierda **C.u.c.i.n.a.,** en el 65 de Via Mario de'Fiori. Vende todo tipo de objetos modernos y de estilo rústico, de cualquier país del mundo, así como numerosos accesorios culinarios que ayudan a ganar espacio en la cocina.

Saliscendi está especializada en diseños de acero inoxidable y tiene colecciones de aire minimalista para la cocina, el baño o cualquier otra estancia de la casa.

La pizzería **'Gusto** *(ver p. 331)* ofrece una interesante selección de utensilios de cocina en su tienda de la planta baja.

Limentani, tienda situada en la zona del antiguo gueto, ofrece artículos de regalo a precios reducidos. Aquí se puede adquirir una gran variedad de artículos para la casa y utensilios de cocina, como piezas de plata, porcelana y cristal.

INFORMACIÓN GENERAL

MUEBLES

Benedetti
Via Marmorata 141.
Plano 8 D3.
Tel *06 574 6610.*

Compagnia del Mobile
Via Arenula 56.
Plano 12 D5.
Tel *06 6813 6615.*

Decoration 2000
Via dei Prefetti 3.
Plano 4 F3 y 12 D1.
Tel *06 687 3742.*
También: Piazza Nicosia 33. **Plano** 11 C1.
Tel *06 6839 2064.*

Paola Agostara
Via dei Chiavari 8.
Plano 4 E4 y 11 C4.
Tel *06-6869 547.*

Spazio Sette
Via dei Barbieri 7.
Plano 4 F5 y 12 D4.
Tel *06 6880 4261.*

LÁMPARAS

Artemide
Via Margutta 107.
Plano 4 F1.
Tel *06 3600 1802.*

Borghini
Via Belsiana 87-89.
Plano 4 F2.
Tel *06 679 0629.*

Flos
Via del Babuino 84.
Plano 5 A2.
Tel *06 320 7631.*

Obor
Piazza San Lorenzo in Lucina 28.
Plano 12 E1.
Tel *06 687 1496.*

Paolo Marj
Piazza del Fico 21a.
Plano 11 B3.
Tel *06 6880 7707.*

COCINAS Y CUARTOS DE BAÑO

Andreucci
Via Po 39 y 94.
Plano 2 F5.
Tel *06 855 0265.*

Arclinea
Lungotevere dei Cenci 4b.
Plano 4 F5 y 12 D5.
Tel *06 686 5104.*

Emporio Cucina
Piazza delle Cinque Lune 74. **Plano** 11 C2.
Tel *06 6880 3685.*

Ravasini
Via di Ripetta 71.
Plano 4 F2.
Tel *06 322 7096.*

BALDOSAS

Ceramiche Musa
Via Campo Marzio 39.
Plano 4 F3 y 12 D1.
Tel *06 687 1242.*

CRISTAL

Archimede Seguso
Via dei Due Macelli 56.
Plano 5 A2.
Tel *06 679 1781.*

Arteque
Via Giulia 13.
Plano 4 D4 y 11 A3.
Tel *06 687 7388.*

Murano Più
Corso Rinascimento 43-45.
Plano 4 E3.
Tel *06 6880 8038.*

Stilvetro
Via Frattina 56.
Plano 5 A2.
Tel *06 679 0258.*

TELAS

Emporio Triestino
Corso Vittorio Emanuele 9.
Plano 12 D4.
Tel *06 679 2773.*

Paganini
Via Aracoeli 23.
Oscure 50.
Plano 4 F5 y 12 E4.
Tel *06 678 6831.*

Il Sigillo
Via Laurina 15.
Plano 4 F1.
Tel *06 361 3247.*

ROPA DE CASA Y ACCESORIOS DE COCINA

C.u.c.i.n.a.
Via Mario de' Fiori 65.
Plano 5 A2.
Tel *06 679 1275.*

Saliscendi
Via Francesco Crispi 45–47.
Plano 5 B2.
Tel *06 679 0272.*

Frette
Piazza di Spagna 10.
Plano 5 A2.
Tel *06 679 0673.*

'Gusto
Piazza Augusto Imperatore 7.
Plano 4 F2.

Limentani
Via del Portico D'Ottavia 48.
Plano 12 E5.
Tel *06 6880 6949.*

Libros y regalos

Roma ofrece muchas posibilidades para comprar regalos, tanto en las tiendas turísticas del *centro storico* como en comercios más pequeños situados en partes de la ciudad menos frecuentadas. Buscar estos establecimientos puede resultar una aventura en sí misma, ya que muchos se sitúan en atractivas zonas que de otro modo no se visitarían.

Hay inusuales cerámicas artesanales, maravillosos libros de arte y arquitectura, objetos de papelería, carteles de películas italianas, bonitos grabados con vistas históricas de Roma, caramelos y pasteles que sirven de fantásticos recuerdos. Las obras maestras de Miguel Ángel, Rafael y Caravaggio son temas populares en camisetas, estatuillas y postales, y además, como esta ciudad es sede papal, se pueden encontrar objetos religiosos.

LIBRERÍAS

En Roma abundan las librerías, tanto generales como muy especializadas. Los libros italianos, en tapa dura o blanda, suelen ser muy sugerentes pero también caros.

Feltrinelli, la principal cadena de librerías de Italia, dedica su amplio espacio de estanterías a la literatura italiana clásica y moderna, e incluye además una amplia selección de títulos de divulgación. **Feltrinelli International,** en Via Emanuele Orlando, dispone de una excelente oferta de libros en lengua extranjera de ficción y temas diversos como arte, cocina, viajes e historia. También vende magníficos carteles de fotografía, arte y cine, revistas y objetos de papelería. Tiene un tablón de anuncios donde se reseñan habitaciones de alquiler y cursos de italiano.

Si se desea practicar el inglés, dos de las librerías especializadas son **The Lion Bookshop** y **Anglo-American Book Co.,** ambas cerca de Piazza di Spagna. En el Trastevere, **Almost Corner Bookshop,** aunque es pequeña, dispone probablemente de la mayor selección de libros en inglés de la capital, tanto novela como temas de divulgación –de la Antigua Roma a cultura y política de la Italia actual–.

La milanesa **Franco Maria Ricci** vende preciosos libros de arte y su propia revista ilustrada, *FMR*. En **Librería Godel** se pueden hojear los libros y **Remainder** ofrece artículos a mitad de precio y juegos para niños. Los futuros cocineros pueden encontrar fantásticos libros de cocina italiana e internacional en **Emporio Libreria 'Gusto** *(ver p. 351)*, en Piazza Augusto Imperatore.

Como alternativa a las librerías tradicionales, hay montones de ofertas en los puestos de libros de segunda mano de Via delle Terme di Diocleziano y Largo della Fontanella di Borghese.

MULTIMEDIA Y MÚSICA

La tienda de **Feltrinelli** de la Galleria Alberto Sordi, en Via del Corso, y su tienda gemela en Largo Argentina son lo más parecido a una tienda multimedia. En ambas, además de libros de ficción y divulgación, se ofrece una razonable selección de discos compactos y DVDs que cubren la demanda comercial.

Para comprar álbumes más difíciles de encontrar, se puede acudir a **Ricordi,** considerada la mayor tienda especializada en música de Roma. Además de una buena colección de discos, cassettes y discos compactos, vende instrumentos musicales y partituras en sus cuatro tiendas del centro.

PAPELERÍAS Y PAPEL ARTESANO

Cerca del Panteón, la florentina **Il Papiro** vende una gran variedad de preciosos artículos de papelería, como cuadernos, diarios, sobres y bonitos conjuntos de sello y lacre que sirven de regalo. En la misma línea, **Laboratorio Scatole** ofrece una amplia selección de cuadernos, papel de cartas, carpetas y cajas en varios tamaños. **Pineider,** la papelería de la nobleza romana, imprime exquisitas tarjetas de visita personalizadas. **Vertecchi,** una tienda más moderna, está llena de originales regalos en papel, como cajas de todas las formas y tamaños, mientras **Fabriano** destaca por su propia línea de artículos de escritorio y de cuadernos.

CARTELES Y GRABADOS

L'Image, en Piazza Navona ofrece una amplia selección de carteles de arte, fotografía y cine, además de una buena gama de objetos de papelería, recuerdos y calendarios. **Galleria Raffaello,** cerca del Panteón, está dirigida a los amantes del arte, a los que ofrece grabados de gran calidad y a precios muy razonables con vistas de Roma del siglo XVII, así como reproducciones pictográficas de algunas de las obras de arte más prestigiosas de Italia.

Para adquirir fantásticos carteles de exposiciones antiguas y elegantes recuerdos y postales, se puede acudir a las tiendas de los museos de Roma, por ejemplo, **Il Chiostro Del Bramante** cerca de Piazza Navona, o **Complesso del Vittoriano** junto al Foro.

ARTESANÍA Y DISEÑO

La céntrica Via del Pellegrino es una calle repleta de pequeñas tiendas *outlet* tales como **Le Tre Ghinee,** donde se venden piezas de cerámica y objetos de cristal. **Solo** es un interesante taller de artesanía y de joyería. También trabajan el cuero.

Si se prefiere el diseño contemporáneo, se puede visitar el **Palazzo delle Esposizioni** *(ver p. 164)*, donde se ofrece una amplia selección de piezas de diseñadores famosos. Para conseguir un regalo realmente original, se recomienda acudir a **Buendia Mosaici,** un taller que reproduce antiguos mosaicos romanos y pompeyanos y recrea cualquier diseño que se elija.

RECUERDOS Y OBJETOS RELIGIOSOS

La mayoría de los estancos de Roma vende postales, sellos y diversos recuerdos. Algunas veces, se pueden encontrar recuerdos bonitos y baratos en los puestos ambulantes que se colocan alrededor de los principales lugares de interés.

Las librerías cercanas a las grandes basílicas, como **Libreria Belardetti,** tienen recuerdos y objetos religiosos. Existen otras tiendas especializadas en artículos religiosos para clérigos y legos. Frente a las puertas del Vaticano, en Via di Porta Angelica, se sitúan varias, como **Al Pellegrino Cattolico,** que vende artículos para los peregrinos.

DULCES Y GALLETAS

Además de los bares y cafés que venden pasteles y galletas para llevar *(da portare via),* existen diversas tiendas especializadas que merece la pena visitar.

Cerca de Piazza Navona, en el centro, está **La Deliziosa** *(ver p. 331),* que aunque es pequeña ofrece una estupenda variedad de tartas y postres típicos italianos; destacan los de *ricotta.* En las afueras, en lo alto de Via Gregorio XII, que corre paralela a la muralla del Vaticano, está **Siciliana Svizzera,** famosa en Roma por sus dulces sicilianos, como los *cannoli* y *cassate.*

Para encontrar una magnífica variedad de apetitosas galletas italianas recién hechas y para todas las ocasiones y gustos, se puede acudir a **Cipriani** *(ver p. 330)* en Esquilino, cerca de la estación Termini, o a **Innocenti** *(ver p. 331),* una antigua *pasticcerie* donde las galletas se elaboran con diversos ingredientes, como almendras, piñones y miel. Innocenti se encuentra en el Trastevere, al otro lado del Tíber desde el *centro storico.*

INFORMACIÓN GENERAL

LIBRERÍAS

Almost Corner Bookshop
Via del Moro 45.
Plano 7 C1.
Tel *06-583 6942.*

Anglo-American Book Co.
Via delle Vite 102.
Plano 12 E1.
Tel *06-679 5222.*

Emporio Libreria 'Gusto
Piazza Augusto Imperatore 7. **Plano** 4 F2.
Tel *06-323 6363.*

Feltrinelli
Largo Argentina 5A.
Plano 4 F4.
Tel *06-6880 3248.*
También: Galleria Alberto Sordi 31–35.
Plano 12 E2.
Tel *06-6975 5001.*

Feltrinelli International
Via E. Orlando 84–86.
Plano 5 C3.
Tel *06-482 7878.*

Franco Maria Ricci
Via dell Plebiscito 102.
Plano 12 E4.
Tel *06-697 6491.*

Libreria Godel
Via Poli 45.
Plano 12 F2.
Tel *06-679 8716.*

The Lion Bookshop
Via dei Greci 33–36.
Plano 4 F2.
Tel *06-3265 4007.*

Remainder
Piazza San Silvestro 28.
Plano 12 E1.
Tel *06-679 2824.*

MULTIMEDIA Y MÚSICA

Feltrinelli
Ver librerías.

Ricordi
Via del Corso 506.
Plano 12 E1.
Tel *06-361 2370.*

PAPELERÍAS Y PAPEL ARTESANO

Fabriano
Via del Babuino 173.
Plano 4 f2.
Tel *06-3260 0361.*

Laboratorio Scatole
Via della Stelletta 27.
Plano 12 D2.
Tel *06-6880 2053.*

Il Papiro
Via del Pantheon 50 (en dirección a Via d'Orfani).
Plano 12 D2.
Tel *06-679 5597.*

Pineider
Via dei Due Macelli 68.
Plano 12 F1.
Tel *06-679 5884.*

Vertecchi
Via della Croce 70. **Plano** 4 F2. ***Tel*** *06-332 2821.*

CARTELES Y GRABADOS

Il Chiostro del Bramante
Via della Pace 5. **Plano** 11 C2. ***Tel*** *06-880 9098.*

Complesso del Vittoriano
Via San Pietro In Carcere.
Plano 5 A5.
Tel *06-678 0664.*

Galleria Raffaello
Piazza della Minerva 78.
Plano 12 D3.
Tel *06-687 8308.*

L'Image
Via della Scrofa 67. **Plano** 12 D2. ***Tel*** *06 686 4050.*

ARTESANÍA Y DISEÑO

Buendia Mosaici
Vicolo della Palomba 1a.
Plano 11 C2.
Tel *06-6880 2762.*

Le Tre Ghinee
Via del Pellegrino 53.
Plano 11 B3.
Tel *06 687 2739.*

Palazzo delle Esposizioni
Via Milano 9. **Plano** 5 B4.
Tel *06-482 8540.*

Solo
Via dei Baullari 146.
Plano 11 C4.
Tel *06-687 2467.*

RECUERDOS Y OBJETOS RELIGIOSOS

Al Pellegrino Cattolico
Via di Porta Angelica 83.
Plano 3 C2.
Tel *06-6880 2351.*

Libreria Belardetti
Via della Conciliazione 4A.
Plano 3 C3.
Tel 06-686 5502.

DULCES Y GALLETAS

Cipriani
Via C. Botta 21.
Plano 6 D5.
Tel *06-7045 3930.*

La Deliziosa
Vicolo Savelli 50.
Plano 11 B3.
Tel *06-6880 3155.*

Innocenti
Via della Luce 21a.
Plano 7 C2.
Tel *06-580 3926.*

Siciliana Svizzera
Piazza Pio XI 10
(al final de Via Gregorio VII).
Tel *06-637 4974.*

Arte y antigüedades

Las tiendas de Roma de arte y antigüedades van desde establecimientos exclusivos hasta galerías de arte contemporáneo. Como respuesta a la moda de coleccionar objetos de comienzos del siglo XX, nuevos marchantes de arte y galerías se están multiplicando por la ciudad; tanto el cristal de Murano de Venini como las lámparas y los muebles se han hecho muy populares. También hay muchos que venden baratijas de tipo más general y joyas. En Roma no encontrará antigüedades de ocasión, pero es interesante visitar las tiendas de la Via dei Capellari o la Via del Pellegrino, o el mercado de Porta Portese los domingos *(ver p. 353)*.

ANTIGÜEDADES Y PINTURAS DE LOS GRANDES MAESTROS

Hay tiendas de antigüedades desperdigadas por toda la ciudad, aunque las más selectas tienden a concentrarse en áreas determinadas. El discreto regateo con los anticuarios es una práctica extendida, pero asegúrese de que le proporcionan los documentos de exportación pertinentes.

En la famosa Via del Babuino, y en menor medida la Via Margherita, más conocida por sus galerías de arte, se concentran unas 30 tiendas de antigüedades, pinturas de maestros antiguos objetos de arte.

Giulio Lampronti es propiedad de Cesare Lamponti. Junto con su socio Carlo Peruzzi, es uno de los principales marchantes de arte especializado en pinturas europeas de los siglos XVI al XVII, especialmente en los maestros romanos e italianos en general.

Amedeo di Castro, que no guarda aparente relación con los otros cuatro Castro de la misma calle, representa la cuarta generación de marchantes de arte; tiene esculturas en bajorrelieve y exquisitas piezas del siglo XVIII y principios del XIX.

En Via Giulia *(ver p. 153)* hay alrededor de 20 tiendas de antigüedades de primera calidad en donde elegir.

Y, por supuesto, hay que visitar **Antichità Cipriani,** que refleja el gusto de su propietaria, Paola Cipriani, por los muebles sencillos y pinturas de estilo neoclásico. También vende algunas piezas modernas.

Otra tienda que no conviene perderse en la Via Giulia es **Antiquariato Valligiano;** único lugar de Roma donde venden muebles de estilo rural italiano del siglo XIX, todo un antídoto rústico para los que se sientan abrumados por la grandiosidad barroca.

En la calle paralela Via Monserrato se pueden comprar objetos de menor calidad a precios más asequibles.

La zona que está justo al norte de Via Giulia es también un buen lugar para buscar. Aunque **Mario Prilli,** en Via Banchi Nuovi, es minúsculo, no se desanime: cada centímetro está ocupado por una amplia variedad de antigüedades. Merece la pena acercarse a esta tienda fascinante, tanto si quiere comprar como si sólo pretende echar una ojeada. Cerca está **Ad Antiqua Domus,** una joya del mobiliario italiano antiguo. Se venden piezas que datan desde la Antigua Roma hasta el siglo XIX.

La Via dei Coronari está prácticamente dedicada en exclusiva a las antigüedades, con más de 40 tiendas especializadas. La calidad y los precios aquí son muy elevados, pero encontrará elaborados jarrones de estilo barroco e imperio, así como secreteres y consolas.

L'Art Nouveau vende sobre todo mobiliario *art nouveau,* y en **Art Deco Gallery** es posible encontrar muebles y esculturas del mismo periodo.

Piero Taloni ofrece una soberbia colección de lámparas que van desde el periodo barroco hasta el *art déco.*

Antichitá Arredamenti está especializada en luces y candelabros italianos.

Algo más allá se encuentra la Via della Stelletta, con tiendas originales y fascinantes. **Acanto** es una auténtica cueva de Aladino, donde se puede comprar los objetos de arte más dispares a precios razonables, mientras que **Bilenchi** está especializada en imaginativas lámparas de principios de siglo.

Otra zona que conviene explorar es la de Via del Boschietto y Via Panisperna. Aquí las tiendas venden sobre todo objetos del siglo XX, junto con algunas piezas de la época victoriana.

Tad es un buen lugar para pasar el tiempo con grandes colecciones de artículos de originales diseños de todas partes del mundo.

Por supuesto fuera de estas calles hay muchas más tiendas interesantes; el mejor modo de descubrirlas es preguntando o bien paseando. **Antichità Carnovale** es una tienda llena de interesantes lienzos de los siglos XIX y XX mientras que la **Galleria dei Cosmati** es una de las tiendas más antiguas de Roma y, sin duda, una de las mayores. Ofrece una impresionante colección de antigüedades europeas.

Anticaja e Petrella posee una excéntrica colección de artículos usados dibujos y grabados procedentes de Sant'Andrea della Valle *(ver p. 123)*.

ARTE MODERNO

En Roma abundan las galerías de arte vanguardistas con pinturas de los maestros modernos y de las jóvenes generaciones de artistas, en su mayoría italianos.

Por lo general abren de 10.00 a 13.00 y de 17.00 a 20.00 de martes a sábados. Algunas tan sólo por la tarde; otras lo hacen también los lunes por la tarde. Las mejores horas de visita son la primera y la última hora del día.

Al igual que ocurre con las tiendas de antigüedades, las galerías de arte en Roma tienden a concentrarse en zonas específicas. La más amplia abarca el triángulo entre Via del Babuino y Via di Ripietta, así como el conjunto de calles adyacentes, conocido como el Tridente. Via Margutta acoge también muchas galerías de arte prestigiosas.

La **Galleria Valentina Moncada** cuenta con una amplia selección de obras de arte contemporáneas, tanto italianas como internacionales. Destaca asimismo su variada oferta de fotografías con escenas variadas, representativas del siglo XX. En **Monogramma Arte Contemporanea** exponen jóvenes artistas italianos y extranjeros.

No hay que olvidar la feria de arte de Via Margutta *(ver p. 353)*, que suele celebrarse en Navidades y en el transcurso de la primavera.

La emprendedora galería **Fontanella Borghese,** situada en la calle homónima, expone obras de reconocidos artistas extranjeros, como Sam Francis y Andy Warhol. También están presentes pintores italianos, como, por ejemplo, Boetti, Festa y Turcato.

La Via Giulia y sus alrededores es la siguiente zona a explorar. **Galleria Giulia** exhibe obras de Argeles, Boille, Cano, Cascella, Echaurren, Erba y Lionni, así como artistas de la Bauhaus y expresionistas alemanes.

L'Attico expone las últimas tendencias de arte italiano con artistas como Corsini y Fabiani.

El Trastevere es el lugar donde encontrar las últimas tendencias. La **Galleria Bonomo,** que abrió en 1987, presenta jóvenes artistas italianos y extranjeros, entre ellos Schifano, Boetti, Twombly, Nunzio, Tremlett y LeWitt.

A un lado del río Tiber, la **Galleria Lorcan O'Neill** exhibe obras de arte italiano contemporáneo y arte internacional. La galería ha expuesto obras de artistas de la talla de Tracy Emin.

GRABADOS ANTIGUOS Y FOTOGRAFÍAS

La justamente famosa **Nardecchia,** llamada así por su propietario, Plinio, es el mejor lugar donde adquirir grabados antiguos. Pregunte por los originales del siglo XVIII de Piranesi, y por los dibujos de la ciudad y de antiguas escenas de la vida cotidiana en Roma.

Otra institución en la materia la constituye **Casali,** con una tradición de 100 años. La familia regenta en la actualidad dos tiendas donde venden grabados y dibujos de los siglos XVI, XVII y XVIII con escenas romanas.

La familia **Alinari,** con base en Florencia, es célebre por sus fotografías antiguas de Italia de 1890 en adelante, incluyendo instantáneas de la Roma de principios de siglo. En la tienda que posee en la ciudad, las fotografías sacadas de las planchas originales cuestan a partir de los 16 €, y las que son montaje a partir de los 260 €. Las grandes incluso las enmarcan.

Otro lugar donde encontrar maravillosos grabados de Roma es, sin lugar a dudas, el **Mercato delle Stampe** *(ver p. 352)*.

INFORMACIÓN GENERAL

ANTIGÜEDADES Y PINTURAS DE LOS GRANDES MAESTROS

Acanto
Via della Stelletta 10.
Plano 4 F3 y 12 D2.
Tel *06 686 5481.*

Ad Antiqua Domus
Via dei Coronari 39-43.
Plano 4 E3 y 11 B2.
Tel *06 686 1186.*

Amedeo di Castro
Via del Babuino 77–78.
Plano 4 F1.
Tel *06 320 7650.*

Anticaja e Petrella
Via Monte della Farina 62.
Plano 4 F5 y 12D4.

Antichità Arredamenti
Via dei Coronari 218.
Plano 4 E3.
Tel *06 6880 1254.*

Antichità Carnovale
Via del Governo Vecchio 71.
Plano 11 C3.
Tel *06 686 4850.*

Antichità Cipriani
Via Giulia 122.
Plano 4 D4 y 11 A3.
Tel *06 6830 8344.*

Antiquariato Valligiano
Via Giulia 193. **Plano** 4 E5 y 11 B5. ***Tel*** *06 686 9505.*

Art Deco Gallery
Via dei Coronari 14.
Plano 4 E3 y 11 C2.
Tel *06 686 5330.*

L'Art Nouveau
Via dei Coronari 221.
Plano 4 E3 y 11 C2.
Tel *06 6880 5230.*

Bilenchi
Via della Stelletta 17.
Plano 4 F3 y 12 D2.
Tel *06 687 5222.*

Galleria dei Cosmati
Via Cavallini 8. **Plano** 4 E2.
Tel *06 361 1141.*

Giulio Lampronti
Via del Babuino 67. **Plano** 4 F1. ***Tel*** *06 323 0100.*

Mario Prilli
Via dei Banchi Nuovi 42.
Plano 4 D3 y 11 A2.
Tel *06 686 8816.*

Piero Taloni
Via dei Coronari 135.
Plano 4 E3 y 11 B2.
Tel *06 687 5450.*

Tad
Via San Giacomo 5. **Plano** 4 F2. ***Tel*** *06 3600 1679.*
También: Via del Babuino 155A. **Plano** 4 F1.
Tel *06 3269 5125.*

ARTE MODERNO

L'Attico
Via del Paradiso 41.
Plano 4 E4 y 11 C4.
Tel *06 686 9846.*

Fontanella Borghese
Via Fontanella Borghese 31.
Plano 12 D1.
Tel *06 687 3741.*

Galleria Bonomo
Via del Gesù 62. **Plano** 12 E3.***Tel*** *06 6992 5858.*

Galleria Giulia
Via della Barchetta 13.
Plano 4 D4 y 11 B4.
Tel *06 686 1443.*

Galleria Lorca O'Neill
Via Orti D'Alibert 1E. **Plano** 4 D4. ***Tel*** *06 6889 2980.*

Galleria Valentina Moncada
Via Margutta 54. **Plano** 5 A2. ***Tel*** *06 320 7956.*

Monogramma Arte Contemporanea
Via Margutta 57. **Plano** 5 A2. ***Tel*** *06 3265 0297.*

GRABADOS ANTIGUOS Y FOTOGRAFÍAS

Alinari
Via Alibert 16 A. **Plano** 5 A2. ***Tel*** *06 679 2923.*

Casali
Piazza della Rotonda 81 A/82. **Plano** 4 F4 y 12 D3. ***Tel*** *06 678 3515.*
También: Via dei Coronari 115. **Plano** 11 B2.
Tel *06 687 3705.*

Nardecchia
Piazza Navona 25.
Tel *06 686 9318.*

Comida y bebida

Una vez que se ha degustado la cocina local durante la estancia en Roma, lo más probable es que se quiera regresar a casa con algunos manjares típicos italianos. Los *alimentari,* las tiendas de alimentación tradicionales, ofrecen una amplia selección de productos y son un buen lugar para empezar. Sin embargo, también merece la pena visitar las tiendas especializadas. Se puede elegir entre muchos productos típicos italianos, por ejemplo, queso *pecorino,* jamón de Parma, aceite de oliva extra virgen, setas *porcini* secas, tomates secos, aceitunas y *grappa,* además de fantásticos vinos del Lazio y otras zonas. Si el café o el chocolate están también en la lista de preferencias, hay multitud de sitios donde satisfacer esos deseos.

Cuando se va de compras, es muy útil llevar un buen diccionario de bolsillo para entenderse con los vendedores.

'ALIMENTARI'

Fratelli Fabbi, una tienda bien surtida cerca de Piazza di Spagna, ofrece una excepcional selección de deliciosos embutidos y quesos procedentes de todos los rincones de Italia, además de vinos y espumosos de calidad cuidadosamente seleccionados para acompañarlos. **Focacci,** algo más abajo en Via della Croce, es un duro competidor con su magnífica gama de manjares italianos, mientras que la cercana **Cambi** ofrece a su fiel clientela una oferta similar de primera calidad.

En otra zona del centro, cerca de Campo de' Fiori, se halla **Roscioli** *(ver p. 329),* con fama de calidad y amable servicio y una de las favoritas entre los locales.

En Prati, hacia las afueras, está **Franchi** *(ver p. 329),* considerada una de las mejores tiendas de productos de calidad de la capital por su tentador escaparate con bandejas de marisco, patés, quesos regionales y embutidos que siguen atrayendo a una numerosa clientela. La histórica y cara **Volpetti,** en Testaccio, es sinónimo de gran servicio y calidad. Su especialidad son los quesos, aceites de oliva, vinagres y una fabulosa selección de cestas de alimentos, pero también ofrece diversos tipos de manteca italiana y caviar –se puede incluso probar antes de comprarlo–. **La Fromagerie** es muy recomendable, pero los que prefieren los productos orgánicos se pueden dirigir a **Canestro.** **Ferrara Store,** en el Trastevere, vende desde pasta fresca hasta chocolate, además de una increíble selección de jamones y quesos y buenos vinos para acompañar. En los alrededores de Via Veneto está **Carlo Gargani,** con una gran variedad de comestibles.

Vyta *(ver p. 329),* situada dentro de la estación Termini, es frecuentada por viajeros y turistas; se puede elegir uno de sus apetecibles bocadillos o una copa de vino *(alla mescita)* y degustarlo en el bar. Es posible incluso comprar un regalo de última hora entre su gran oferta de conservas, pastas y vinos. Permanece abierta los domingos.

QUESO

Los verdaderos amantes del queso pueden encontrar una amplia variedad de quesos regionales y nacionales, incluida la mejor *mozzarella* de búfala de la ciudad, en un selecto número de tiendas especializadas. En el distrito de Pinciano, **Casa dei Latticini Micocci** vende una completa gama de quesos procedentes incluso de las regiones más remotas de Italia. En el Trastevere, la tienda familiar **Antica Caciara Trasteverina** ofrece también una gran selección de productos locales y regionales, entre los que figuran *ricotta* de oveja y el piamontés *toma del fen.* En **Cisternino** se encuentra todo tipo de quesos locales.

CHOCOLATE

La capital cuenta actualmente con una serie de tiendas especializadas diseñadas para satisfacer las necesidades de un lujoso mercado de la alimentación en constante expansión. **Chocolat,** en el *centro storico,* vende chocolates de marca y artesanos y, en ocasiones, organiza degustaciones y cenas para entendidos. **L'Albero del Cacao,** cerca de Piazza di Spagna, está especializado en chocolate negro, con leche, frutos secos y cereales; cerca del Panteón, la famosa **Moriondo e Gariglio** sirve únicamente delicias piamonteses. Al otro lado del Tíber, en el Trastevere, **La Fabbrica del Cioccolato** elabora combinaciones extrañas pero interesantes como chocolate blanco con relleno de licor de limón y chocolate negro envuelto en jengibre. También se recomienda la selección de **Rivendita di Cioccolato e Vino** *(ver p. 330).*

ENOTECAS

Aunque la mayoría de los *alimentari* y supermercados cuenta con una adecuada selección de vinos italianos a precio razonable, las numerosas *enoteche (ver p. 328)* ofrecen una alternativa más característica y gratificante. Además de funcionar como bares de vinos y algunas veces incluso como restaurantes, también venden vinos cuidadosamente seleccionados, licores y cervezas para llevar.

En el centro, el bullicioso pero agradable **Mr Wine** dispone de una fantástica selección de vinos, sobre todo italianos y algunos franceses, así como multitud de vinos espumosos, whiskys, *grappa,* ron, licores y algunos alimentos italianos típicos. **La Vineria** *(ver p. 328),* en Campo de' Fiori, mantiene su carácter de institución entre muchos bebedores, pero es también una tienda de vinos bien abastecida y con precios competitivos.

Más conocida por su pizzería, su elegante restaurante y su animado bar de vinos, **'Gusto** *(ver p. 328),* en Piazza Augusto

Imperatore, dispone también de una impresionante selección de vinos para vender. No hay que perderse tampoco la tienda, llena de accesorios de cocina de diseño y libros de cocina con recetas italianas e internacionales.

La céntrica **Achilli Enoteca al Parlamento** *(ver p. 328)* y **Enoteca del Corso** son una alternativa refinada, especialmente si se desea disfrutar de un aperitivo tranquilamente mientras se seleccionan los vinos que se van a comprar. **Ferrazza** *(ver p. 362),* en San Lorenzo, e **Il Vinaletto,** cerca del Campo de' Fiori, merecen también una mención especial por sus extensas cartas de vinos y su atractivo ambiente.

En el Trastevere, la sencilla licorería **Bernabei** ofrece una buena relación calidad/precio, al igual que la familiar **Trimani** *(ver p. 328),* cerca de Termini, que dispone de una impresionante variedad de vinos y licores.

Entre otros establecimientos destacables, figuran **Costantini** en Piazza Cavour, la cervecería **Palombi** en Testaccio y **Marchetti** en Pinciano, un local muy frecuentado por los aficionados al vino.

CAFÉ

El café italiano se vende en infinidad de países desde hace muchos años, pero si se busca algo más peculiar o exótico entonces se recomienda acudir a **Antico Caffè del Brasile** *(ver p. 330),* en Monti. Ofrece cuatro exquisitas mezclas, desde la joya brasileña (90% variedad pura) hasta las más económicas y corrientes. Junto al Panteón, la histórica **Tazza d'Oro** *(ver p. 104)* también vende una fantástica selección de mezclas, incluida la Reina de los Cafés y Montaña Azul Jamaicana.

INFORMACIÓN GENERAL

'ALIMENTARI'

Cambi
Via del Leoncino 30.
Plano 12 D1.
Tel *06-687 8081.*

Canestro
Via Luca della Robbia 12.
Plano 8 D2.
Tel *06-574 6287.*

Carlo Gargani
Via Lombardia 15.
Plano 5 B2.
Tel *06-474 0865.*

Ferrara Store
Via del Moro 3.
Plano 7 C1.
Tel *06-5833 3920.*

Focacci
Via della Croce 43.
Plano 4 F2.
Tel *06-679 1228.*

Franchi
Via Cola di Rienzo 200.
Plano 3 C2.
Tel *06-687 4651.*

Fratelli Fabbi
Via della Croce 27.
Plano 4 F2.
Tel *06-679 0612.*

La Fromagerie
Piazza Testaccio 35.
Plano 8 D2.
Tel *06 5725 0185.*

Roscioli
Via dei Giubbonari 21.
Plano 11 C4.
Tel *06-687 5287.*

Volpetti
Via Marmorata 47.
Plano 8 D2.
Tel *06-574 2352.*

Vyta
Galleria Termini (estación Termini).
Plano 6 D3.
Tel *06-4201 4301.*

QUESO

Antica Caciara Trasteverina
Via San Francesco a Ripa 140a/b. **Plano** 7 C1.
Tel *06-581 2815.*

Casa dei Latticini Micocci
Via Collina 14-16.
Plano 6 D2.
Tel *06-474 1784.*

Cisternino
Vicolo del Gallo 20.
Plano 11 C4.
Tel *06-687 2875.*

CHOCOLATE

L'Albero del Cacao
Via di Capo le Case 21.
Plano 12 F1.
Tel *06-679 5771.*

Chocolat
Via della Dogana Vecchia 12. **Plano** 12 D3.
Tel *06-6813 5545.*

La Fabbrica del Cioccolato
Via San Francesco a Ripa 27. **Plano** 7 C1.
Tel *06-5833 4043.*

Moriondo e Gariglio
Via del Piè di Marmo 21.
Plano 12 E3.
Tel *06-699 0856.*

Rivendita di Cioccolato e Vino
Vicolo del Cinque 11a.
Plano 11 B5.
Tel *06-5830 1868.*

ENOTECAS

Achilli Enoteca al Parlamento
Via dei Prefetti 15.
Plano 12 D1.
Tel *06-687 3446.*

Bernabei
Via San Francesco a Ripa 48.
Plano 7 C1.
Tel *06 5812818*

Costantini
Piazza Cavour 16.
Plano 11 B1.
Tel *06-321 3210.*

Enoteca del Corso
Corso Vittorio Emanuele II 293-295.
Plano 11 A2.
Tel *06-6880 1594.*

Ferrazza
Via dei Volsci 59.
Plano 6 F4.
Tel *06-490 506.*

'Gusto
Piazza Augusto Imperatore 9.
Plano 4 F2.
Tel *06-322 6273.*

Marchetti
Via Flavia 28.
Plano 5 C2.
Tel *06-474 1745.*

Mr Wine
Piazza del Parlamento 7.
Plano 12 E1.
Tel *06-6813 4141.*

Palombi
Piazza Testaccio 38.
Plano 8 D3.
Tel *06-574 6122.*

Trimani
Via Goito 20.
Plano 6 D2.
Tel *06-446 9661.*

Il Vinaietto
Via Monte della Farina 38.
Plano 12 D4.
Tel *06-6880 6989.*

La Vineria
Campo de' Fiori 15.
Plano 11 C4.
Tel *06-6880 3268.*

CAFÉ

Antico Caffè del Brasile
Via dei Serpenti 23.
Plano 5 B4.
Tel *06-488 2319.*

Tazza d'Oro
Via degli Orfani 84.
Plano 12 D4.
Tel *06-678 9792.*

Mercados callejeros

Los mercados al aire libre de Roma son una visita esencial si está usted interesado en empaparse de la exuberancia y cosmopolitismo que dan fama a los romanos. Constituyen, además, toda una experiencia, ya que los italianos son maestros a la hora de crear un espectáculo a partir del objeto más insignificante. La ciudad se encuentra llena de pequeños mercados populares de productos alimenticios, y, cerca del centro, hay varios mercados de larga tradición, además del famoso mercadillo del Trastevere.

Vigile sus bolsillos, pues en estos lugares se da algún robo, pero no deje que esta preocupación le impida pasar un buen rato y disfrutar de una de las principales distracciones que ofrece Roma a sus visitantes.

Si tiene ocasión acuda a alguno de los mercadillos ocasionales que se celebran a lo largo de todo el año; en ellos encontrará toda clase de objetos típicos, así como artesanía y prendas de vestir. Hay también ferias de temporada, especialmente en la época navideña, cuando podrá adquirir los clásicos adornos en su versión italiana.

Campo de' Fiori

Piazza Campo de' Fiori. **Plano** 4 E4 y 11 C4. *40, 46, 62, 64, 70, 81, 116, 492, 628. 8. **Abierto** 7.00-13.30 lu-sá.* *Ver p.146.*

Justo en el corazón del casco viejo, el mercado más pintoresco de Roma es también el más antiguo. Su nombre, Campo de' Fiori, que significa "campo de flores", se dice que deriva de Campus Florae (plaza de Flora –Flora fue la amante del general romano Pompeyo–). Este mercado ha existido en esta plaza, actualmente con una imagen algo descuidada pero no exenta de encanto, desde hace muchos siglos.

Cada mañana, a excepción de los domingos, la *piazza* se llena de puestos donde se encuentran todo tipo de alimentos variados, como, por ejemplo, verduras, carnes, aves de corral y pescado. Hay algunos puestos especializados en arroz y frutos secos, y en los situados cerca de la fuente se venden flores. Sin embargo, la principal atracción la constituyen los enormes cestos con brócoli, espinacas, verduras para la sopa *minestrone* y lechugas. Proporcionan una auténtica fiesta para los sentidos.

Las tiendas de *delicatessen* y panaderías situadas en la plaza constituyen el complemento excelente para el mercado, y resultan ideales si se quieren comprar provisiones para una comida campestre. Los sábados el mercado se llena de gente, por lo cual el visitante debe estar preparado para abrirse un hueco entre la multitud.

Mercato delle Stampe

Largo della Fontanella di Borghese. **Plano** 4 F3 y 12 D1. *81, 116, 117, 492, 628. **Abierto** 7.00-13.00 lu-sá.*

Este mercado es el paraíso de los amantes de los grabados antiguos, libros de viejo, revistas, etc. La calidad fluctúa (desde auténticas publicaciones antiguas hasta libros de segunda mano más recientes) pero se trata de un mercado mucho más completo que cualquiera de los *banche* o puestos cerca de la estación Termini, más enfocados a los turistas. Los coleccionistas que hablen italiano disfrutarán hojeando números atrasados de revistas especializadas. Otros visitantes tal vez prefieran la fantástica selección de libros de arte o de antiguos grabados de Roma. Aproveche para adquirir su grabado favorito de Piranesi o de una vista de la ciudad en particular.

Mercato dei Fiori

Via Trionfale. **Plano** 3 B1. M *Ottaviano S. Pietro. 23, 51, 70, 490. **Abierto** 10.30-13.00 ma.*

Esencialmente destinado al comercio, el mercado de flores justo al norte de la Via Andrea Doria sólo se abre al público los martes. Emplazado en un vestíbulo cubierto, tiene dos pisos, rebosante de flores el superior y de plantas de todo tipo el inferior. Los visitantes que muestran un interés especial por las flores pueden disfrutar de una interesante selección de especias mediterráneas a precios bajos.

Mercato Andrea Doria

Via Andrea Doria. **Plano** 3 B1. M *Ottaviano S. Pietro. 23, 70, 490. **Abierto** 7.00-13.30 lu-sá.*

Este mercado solía ocupar toda la ancha avenida de Andrea Doria, pero en la actualidad ha sido reorganizado en una gran plaza entre la Via Santamaura y la Via Tunisi. Aparte de los magníficos y coloridos puestos de frutas y verduras, tiene establecimientos de carne, aves de corral y pescado, además de ropa y zapatos. Emplazado al noroeste de los Museos Vaticanos, se encuentra algo alejado de las rutas habituales. Sin embargo, es uno de los mercados de Roma que frecuenta gran parte de la población local.

Nuovo Mercato Esquilino

Via Principe Amedeo. **Plano** 6 E5. M *Vittorio Emanuele. 105. **Abierto** 7.00-14.00 lu-sá.* *Ver p.174.*

Este mercado era, hasta hace poco, el mayor y más típicamente romano.

Ahora ha sido rebautizado y trasladado a una zona cubierta, pero sigue siendo el lugar donde acuden los *popolari* (compradores) para comprar la comida que sirven en sus restaurantes. Es posible adquirir a buen precio cantidades grandes, pero vigile que no le den fruta en malas condiciones.

El mercado se ha vuelto más internacional, y se puede encontrar productos de Asia y de África.

Este hecho ha atraído a diferentes grupos étnicos. En definitiva, un lugar para saborear la atmósfera de una ciudad tradicional y, a la vez, cambiante.

Mercato di Testaccio

Piazza Testaccio. **Plano** 8 D3. M *Piramide. 23, 75, 280. 3. **Abierto** 7.30-13.30 lu-sá.*

El mercado cubierto de Testaccio ocupa el área central de la plaza del mismo nombre. Los puestos de ropa y zapatos a precios muy bajos situados a la entrada carecen de todo interés, sin embargo, su interior sí resulta sugerente para el viajero. El principal atractivo lo constituyen los puestos de frutas y verduras, que están mezclados con los de carne y pescado; es un escenario repleto de colorido y de diferentes texturas. Se trata de un mercado muy frecuentado por los residentes que desean comprar productos muy frescos, de alta calidad y a precios razonables.

Porta Portese

Via Portuense y Via Ippolito Nievo. **Plano** 7 C3. *H, 23, 44, 75.* *3, 8.* ***Abierto** 6.30-14.00 do.*

El mercato delle *pulci* o rastro es un invento relativamente nuevo para los romanos. Establecido poco después de la II Guerra Mundial, se dice que nació a partir del mercado negro que operaba en Tor di Nona, frente al Castel Sant'Angelo durante esos años. Los vendedores proceden de Nápoles y montan cada día sus puestos a primera hora de la mañana. Si el visitante se encuentra en la zona tras pasar la noche en el Trastevere, es muy posible que, de vuelta al alojamiento, se tope con estos madrugadores vendedores.

Aquí se vende absolutamente de todo: ropa, zapatos, bolsos, maletas, sábanas, toallas, sartenes, cazuelas, utensilios de cocina, plantas, animales domésticos, cintas de música, discos compactos y otros discos antiguos, etcétera...

Los puestos de muebles se concentran alrededor de Piazza Ippolito Nievo. Aunque todos son supuestamente antigüedades, probablemente tendrá que rebuscar entre baratijas sin valor antes de encontrar algo que realmente merezca la pena. Y, después, no olvide regatear. La estrategia consiste en ofrecer al vendedor la mitad del precio que pide por el objeto que se desea adquirir, y, si no acepta, irse. La mayoría de la gente suele ir al mercado con la única intención de ojear, pero, al final, siempre se compra algo.

Hay también ropa de segunda mano –abrigos y chaquetas de piel, cuero y ante desde 10 €–.

En los últimos años el mercado de Porta Portese se ha convertido en uno de los más frecuentados por la creciente población inmigrante de la capital italiana. Si se dispone de una mañana de domingo libre, la visita a este mercado puede resultar una de las experiencias más cosmopolitas que ofrece Roma.

Mercato di Via Sannio

Via Sannio. **Plano** 9 C2. *San Giovanni.* *16, 81, 87.* ***Abierto** 8.00-13.00 lu.-vi, 8.00-18.00 sá.*

En los años sesenta y setenta este mercado era una de las principales zonas comerciales de Roma. Hoy, a simple vista, no parece ofrecer nada fuera de lo común –puestos que venden ropa a precios económicos, casetes, bolsos, bisutería, juguetes y utensilios de cocina–. Sin embargo, hacia el final de la calle, existe una amplia sección cubierta que se extiende hasta la muralla Aureliana *(ver p.196)* con numerosos puestos llenos de ropa de segunda mano a precios verdaderamente interesantes.

Hay también una sección donde se vende ropa militar, material de acampada y para la práctica de la pesca. Algunos puestos se trasladan al mercado de Porta Portese los domingos por la mañana.

Mercados locales

***Abiertos** 7.00-13.00 lu-sá.*

Piazza delle Coppelle (**plano** 4 F3 y 12 D2), cerca del Panteón, es probablemente el más pintoresco de los mercados de comida que hay en la ciudad. Sus puestos de frutas y verduras ponen una nota de color en el corazón de Roma.

En el de **Piazza San Cosimato** (**plano** 7 C1) en el Trastevere, encontrará un tentador surtido de quesos y salamis.

Hay un mercado bastante grande en la **Via Alessandria** (**plano** 6 D1), en Nomentana y otros más pequeños en la **Via della Pace** (**plano** 4 E4 y 11 C3) cerca de Piazza Navona, y en **Via Balbo** (**plano** 5 C4) y **Via Milazzo** (**plano** 6 E3), junto a la estación Termini. Todos los mercados tienen normalmente, por lo menos, un puesto donde se venden objetos de decoración y menaje de cocina de diseño italiano.

MERCADILLOS Y FERIAS OCASIONALES

El **Expo Trastevere** tiene lugar cada año, entre mediados de junio y mediados de julio, a ambos lados del río, entre los puentes de Sant'Angelo y Cavour. En él se vende arte regional italiano además de pasta, jamón, aceite de oliva, vinos y licores. También abre por las tardes y noches (18.00-1.00). El precio de entrada a veces incluye el transporte en transbordador.

Hay dos ferias de antigüedades, ambas conocidas como **Fiera dell'Antiquariato** en la Via dei Coronari. La primera comienza en la segunda mitad de mayo, 10.00-13.00 y 16.00-23.00 todos los días. Por las noches resulta un espectáculo verdaderamente bello cuando la luz de las antorchas ilumina la calle alfombrada. El segundo tiene lugar en la Via dell'Orso, y suele celebrarse a mediados de octubre (ocasionalmente a finales de septiembre), lu-ju 15.00-23.00 y vi-do 10.00-23.00. En él se vende, además, objetos de piel, bisutería y artículos de regalo.

La **Feria de Arte de Via Margutta** suele celebrarse en Navidad y en primavera. Localizada en una de las calles más encantadoras de la ciudad, es un acontecimiento que no debería perderse, aunque sólo sea para mirar, puesto que los precios resultan elevados.

El **Desfile de Moda** de la escalinata de Trinità dei Monti es de creación reciente y no tiene una fecha fija. El número de asientos es limitado y para entrar es imprescindible llevar invitación. La gente, sin embargo, suele apiñarse detrás para disfrutar de este despliegue de alta costura italiana. Hasta el momento ha venido celebrándose en la segunda quincena de julio.

Befana, la tradicional feria navideña en Piazza Navona (mediados de diciembre hasta el 6 de enero) ha decaído un tanto en los últimos años, pero sigue siendo fascinante para aquellos que no la han visto nunca o para los niños. Los puestos que venden figurillas de barro para nacimientos y caramelos que parecen trozos de coral constituyen el principal atractivo.

Natale Oggi es un acontecimiento tradicional que tiene lugar alrededor de Navidad en la Nueva Feria de Roma, en el distrito Portuense, y que destaca por su gran oferta de adornos navideños.

En la **Via Giulia** se celebran ferias de artesanía de cuando en cuando, y hay noches en que las tiendas de antigüedades permanecen abiertas hasta tarde, ofreciendo a sus visitantes vino y comida.

Cada año el Trastevere celebra su propio carnaval, conocido como **Festa di Noantri,** hacia finales de julio *(ver p. 355).*

La información que se proporciona aquí podría variar; consulte también en las oficinas de turismo *(ver p. 375).*

TIEMPO DE OCIO

Hay algo especialmente emocionante en las distracciones que ofrece Roma. El fútbol y la ópera, por ejemplo, constituyen toda una experiencia, aunque sólo sea por la atmósfera que reina en ellos. La oferta de jazz resulta particularmente buena, con estrellas internacionales aparte de los talentos locales. Los conciertos y el cine adquieren una nueva dimensión cuando tienen lugar en los muchos teatros al aire libre que hay por toda la ciudad. Por extraño que parezca, el verano, cuando cierra la mayoría de los restaurantes y tiendas, es el momento de mayor actividad cultural en Roma. En sus plazas renacentistas, frondosos parques y jardines, y ruinas clásicas se celebran importantes festivales. Y si prefiere los deportes o desea visitar algún club nocturno, comprobará que la selección es amplia.

Audrey Hepburn y Gregory Peck en *Vacaciones en Roma*

INFORMACIÓN PRÁCTICA

La principal fuente de información sobre ocio es *Trovaroma,* suplemento semanal del periódico *La Reppublica* que sale los jueves. En ella encontrará todo lo que necesite saber sobre

Saxofonista en el Alpheus *(ver p. 358)*

cines, teatros, restaurantes, música, exposiciones, visitas turísticas con guía y actividades para niños. Los diarios como *Il Messaggero, Il Manifesto,* y *La Reppublica* suelen incluir información sobre espectáculos nocturnos. Además está la revista mensual *Carnet di Roma,* que le proporcionarán gratuitamente en cualquier oficina de la APT (Agenzia Provinziale per il Turismo), y el folleto *Guest in Rome (Huésped en Roma),* entregado también de forma gratuita en los mostradores de recepción de los hoteles. Así mismo puede consultar en **www.**romapreview.com y otras webs.

Los romanos no son precisamente famosos por su puntualidad, así que no se sorprenda si los espectáculos empiezan algo más tarde de la hora anunciada.

RESERVAS

La reserva con antelación no es costumbre inherente al modo de vida romano. Hay dos agencias que por un módico precio le reservarán entradas para espectáculos: **Orbis** y, a través de internet, **Ticketeria.** Como norma, los teatros no suelen aceptar reservas por teléfono, así que tendrá que ir personalmente a buscar las localidades. Si se compran con antelación llevan un suplemento de aproximadamente el 10% por *prevendita.* El precio para ver una obra de teatro oscila entre los 8 € y los 52 €.

Las correspondientes a conciertos de música clásica suelen venderse en el lugar donde se celebran, y, en ocasiones, sólo para esa noche, lo que favorece las decisiones de última hora. La ópera es una excepción. Las localidades se ponen a la venta con meses de antelación, y sólo se reservan

El Caffé Latino *(ver pp. 358-359)*

algunas para dos días antes de la representación.

Por lo general, resulta más fácil (y más barato) conseguirlas para el festival de Caracalla, que se celebra en verano.

En las taquillas del **Teatro dell'Opera** *(ver p. 357)* se venden tanto para la temporada de invierno como para la de verano, y poseen un sistema de reservas informatizado que permite señalar con códigos de colores los asientos aún sin vender.

Las entradas para conciertos de rock las podrá adquirir en **Orbis,** y en las grandes tiendas de discos, como **Ricordi.**

Recuerde que, si las correspondientes a un determinado espectáculo se han agotado, es difícil que consiga alguna por medios no oficiales; la reventa no existe prácticamente en Roma, salvo para

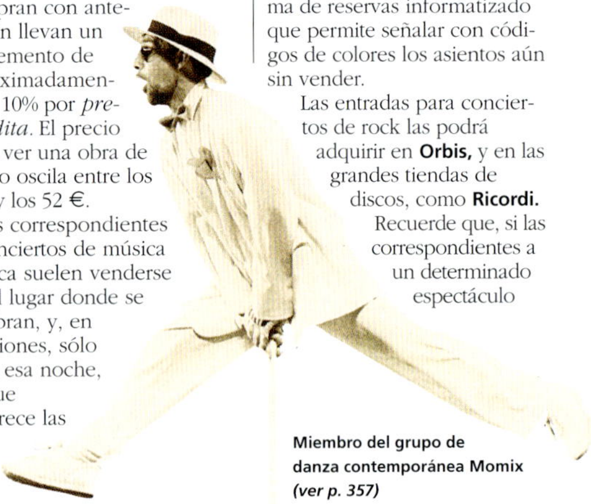

Miembro del grupo de danza contemporánea Momix *(ver p. 357)*

las finales de importantes partidos de fútbol.

PRECIOS REDUCIDOS

Por regla general no se hacen descuentos en representaciones de teatro o conciertos, si bien hay un servicio **(Sportello Last Minute)** donde se ofrecen entradas para ese día de representación con un 50% de descuento. Los cines, en cambio, ofrecen un 30% en días laborables, a personas mayores de 60 años y a minusválidos.

Muchos cines ofrecen a veces precios reducidos una tarde laborable a la semana y los miércoles. Algunos clubes nocturnos tienen descuentos; pregunte por el cupón *due per uno,* que permite entrar a dos personas con una sola localidad.

ACCESO A DISCAPACITADOS

Los discapacitados se sentirán algo frustrados al descubrir que su acceso a este tipo de actividades es bastante limitado.

En verano, la situación mejora ligeramente, ya que muchas de las actividades se celebran en lugares al aire libre. Las termas de Caracalla cuentan con acceso para las sillas de ruedas, al igual que los conciertos de música clásica celebrados en los bellos jardines de la Villa Giulia *(ver pp. 262-263).* Para información más general sobre servicios para discapacitados, consultar la página 375.

Teatro dell'Opera *(ver p. 356)*

Representación en las termas de Caracalla

TIEMPO DE OCIO AL AIRE LIBRE

Desde finales de junio hasta finales de septiembre hay cine, ópera, conciertos de música clásica y jazz al aire libre. Estas representaciones pueden resultar maravillosas, con escenarios espectaculares y una audiencia entusiasta. Algunos de ellos constituyen todo un acontecimiento, pero hasta los espectáculos más íntimos pueden llegar a ser emocionantes, como un concierto de guitarra en el claustro de Santa Maria della Pace *(ver p. 121)* o uno de jazz en los bellos jardines de Villa Celimontana *(ver p. 193).*

Cantantes representando *El Barbero de Sevilla*

Muchos cines descubren sus salas en verano y otros se trasladan fuera; además hay festivales anuales de cine al aire libre. El Cineporto, junto al Tíber, y el Festival di Massenzio ofrecen cine, comida y pequeñas exposiciones en julio y agosto. También el teatro se traslada al aire libre en verano. En Ostia Antica *(ver p. 270)* se representan obras clásicas griegas y romanas; también hay funciones en el Anfiteatro del Tasso *(ver p. 361).*

El festival de artes más importante de Roma, en otoño, es el de Roma Europa, que se celebra en los jardines de Villa Medici. Existen otros festivales menores, pero las fechas y los escenarios varían, así que fíjese en los carteles distribuidos por la ciudad o consulte en los periódicos para obtener información actualizada. Más tradicional es el festival de la comunidad del Trastevere, la Festa di Noantri *(ver p. 59),* con música, fuegos artificiales y procesiones. Este acontecimiento religioso se celebra el 16 de julio, pero los festejos se prolongan hasta bien entrado agosto. La Festa dell'Unità, que organiza el PDS (antiguo partido comunista), se celebra por lo general en septiembre, y sus actividades no son estrictamente políticas; el programa incluye juegos, tenderetes, comida y bebida.

Por último, siempre le queda el recurso de incorporarse a la típica *passeggiata* romana (paseo a última hora de la tarde); los sitios preferidos son Piazza Navona *(ver p. 120)* y la Via del Corso.

AGENCIAS DE ENTRADAS

Oficina (en el interior de Feltrinelli)
Galleria Alberto Sordi 31-35.
Plano 12 E2. ***Tel*** *06 679 4957.*
Conciertos de música clásica, pop, rock, jazz y algunos acontecimientos deportivos.

Orbis
Piazza dell'Esquilino 37.
Plano 6 D4. ***Tel*** *06 474 4776.*

Sportello Last Minute
Via Bari 20. **Plano** 6 F1 (cerca de Piazza Salerno). ***Tel*** *06 4418 0212.*
Abierto *14.00-20.00 ma-sá, 12.00-16.00 do.*

PÁGINAS WEB

www.listicket.it
www.ticketeria.it
www.romaturismo.it
www.helloticket.it

Música clásica y danza

Hay conciertos de música clásica en los lugares más sorprendentes: puede ser difícil conseguir entradas para estrenos de ópera, pero los recitales y actuaciones de grupos y orquestas que tocan en jardines, iglesias, villas o ruinas suelen resultar más accesibles. Solistas y orquestas mundialmente famosas actúan durante todo el año, y entre las estrellas que han pasado por Roma se encuentran Luciano Pavarotti, Plácido Domingo, la Filarmónica de Berlín y la *prima ballerina* Sylvie Guillen.

La programación es generalmente internacional, pero en ocasiones se celebra algún festival monográfico dedicado a una figura italiana, como Palestrina, el gran maestro del siglo XVI de la música religiosa polifónica, o Arcangelo Corelli, creador del *concerto grosso* barroco.

MÚSICA EN IGLESIAS

Es uno de los grandes atractivos que ofrece Roma a los amantes de la música clásica. Siempre sacra (por decreto de Juan Pablo II), la música se interpreta tanto en conciertos como durante las misas.

Encontrará información sobre los programas en carteles repartidos por toda la ciudad. Los grandes músicos suelen tocar en los templos más importantes, mientras que en los pequeños es frecuente escuchar a artistas noveles o coros de aficionados.

En **San Pedro** *(ver p. 230)* tiene lugar un concierto de la RAI cada 5 de diciembre, al que asiste el Papa y cuya entrada es gratuita. La basílica tiene dos coros permanentes. El Coro della Capella Giulia canta en las misas de las 10.30 y las 17.00 del domingo. El Coro de la Capella Sistina lo hace cada vez que el Pontífice celebra misa aquí, como por ejemplo el 29 de junio (santos Pedro y Pablo).

También hay importantes misas corales el 25 de junio en **San Pablo Extramuros** *(ver p. 267)*, con asistencia del Papa, el 24 de junio en **San Juan de Letrán** *(p. 182)* y el 31 de diciembre en **Il Gesù** *(pp. 114-115)*, con el *Te Deum*. La iglesia de **San Ignacio de Loyola** *(p. 106)* asimismo es escenario de bellos conciertos corales.

Canto gregoriano en **Sant'Anselmo** *(ver p. 204)* a las 8.30 los domingos y a las 19.15 las vísperas de festividades religiosas.

En Semana Santa y Navidad se celebran multitud de conciertos con entradas a precios económicos.

MÚSICA SINFÓNICA, DE CÁMARA Y CORAL

Sin duda, el mayor acontecimiento cultural de la década fue la inauguración del **Parco della Musica** diseñado por Renzo Piano, en 2002. Hasta entonces, el **Auditorium Conciliazione** y el **Teatro dell'Opera** constituían los dos auditorios principales de Roma, con su orquesta y coro propios. Ambos ofrecen interesantes representaciones musicales con grupos y solistas de todo el mundo. La Orchestra e Coro dell'Accademia di Santa Cecilia, cuya sede oficial está en Via della Conciliazione, se puede escuchar en esta nueva dirección.

La temporada en el **Teatro Olimpico** incluye por lo general música de cámara de calidad, algunos conciertos sinfónicos y ballet, con al menos un concierto a la semana.

La **Accademia Filarmonica Romana,** donde se presentan todo tipo de conciertos clásicos, hace especial hincapié en la música de cámara y coral, ofreciendo una famosa serie de conciertos desde mediados de octubre a mediados de mayo. Las representaciones tienen lugar en la Sala Casella, que tiene unas 180 plazas.

Los precios de las entradas para conciertos de música clásica dependen de los intérpretes y del local en que se celebren. El **Auditorium del Foro Italico** vende entradas para casi todos los conciertos a un precio inferior a los 15 €; una localidad para el **Teatro Olimpico** cuesta entre 12 € y 25 €, pero los mejores asientos para el **Teatro dell'Opera** pueden valer hasta 80 €.

La Associazione Musicale Romana organiza tres festivales anuales en el **Palazzo della Cancelleria** *(ver p. 149):* el Festival Internazionale di Cembalo en marzo, Música al Palazzo en mayo y el Festivale Internazionale di Organo en septiembre. Para los entusiastas de la música clásica, está el **Teatro Argentina** y el **Teatro Valle** *(ver p. 361)* con representaciones de la orquesta de Roma y del Lazio.

Consulte quién toca en el **Teatro Ghione,** el **Oratorio del Gonfalone** y el **Aula dell'Università La Sapienza.**

CONCIERTOS AL AIRE LIBRE

En verano, los amantes de la música tienen a su alcance conciertos en claustros, patios de palacios y antiguas ruinas. Pueden ser acontecimientos aislados o parte de algún festival, con programas fijos o improvisaciones. Imite a los romanos, no planee nada hasta el último momento y esté atento a la cartelera *(ver p. 354)*.

Hay ópera al aire libre y danza en varios auditorios de Roma. Festivales, como el de RomaEuropa *(ver p. 355)*, suelen incluir conciertos de música clásica, aunque también hay una serie de festivales al aire libre. Entre los más interesantes figura la Stagione Estiva dell'Orchestra dell'Academia di Santa Cecilia en el Ninfeo de **Villa Giulia** *(ver p. 263)*. Estos conciertos se inician en julio y las entradas cuestan menos de 12 €.

La Associazione Musicale Romana organiza Serenate in Chiostro, variado programa de conciertos celebrados en julio en el claustro de **Santa Maria**

della Pace *(ver p. 121)*, con entradas a precios razonables.

Concerti del Tempietto es una serie de conciertos que tienen lugar cada noche de julio a septiembre en el **Area Archeologica del Teatro di Marcello** *(ver p. 151)* o en el parque de Villa Torlonia.

El Festival Villa Pamphilj in Musica, en julio, consiste en una serie de conciertos en los jardines de **Villa Doria Pamphilj** *(ver p. 267)*. El programa incluye desde ópera cómica o conciertos de jazz hasta música clásica del siglo XX.

En los **jardines del Pincio** *(ver p. 136)* es posible escuchar a bandas de instrumentos de viento los domingos por la mañana, desde finales de abril hasta mediados de julio, normalmente empiezan a tocar sobre las 10.30.

MÚSICA CONTEMPORÁNEA

El Parco della Musica y la **Accademia Filarmonica Romana** (que suele actuar en el **Teatro Olimpico**) incluyen a menudo piezas contemporáneas en su programación, pero estos conciertos son menos populares que los de música clásica, y por tanto no hay un recinto fijo para su interpretación.

Entre los festivales más interesantes, con estrellas internacionales, figuran los que se ofrecen en el **Aula Magna dell'Università La Sapienza,** y el Festival Nuova Consonanza en otoño. Es posible escuchar a compositores italianos modernos en los conciertos de la Rassegna Nuova Musica Italiana, que se celebran dos o tres veces al año. Son también de gran interés los interpretados por los propios estudiantes de la Academia Francesa en **Villa Medici** *(ver p. 135)*.

ÓPERA

Para muchos, ópera e Italia son sinónimos. Los entendidos le dirán que el Teatro dell'Opera no está por encima de La Scala de Milán o el San Carlo de Nápoles. Ello no quiere decir, sin embargo, que no estén presentes las grandes figuras *(ver p. 40)*, sobre todo en estrenos o recitales.

En verano, el espectáculo visual de *Aida* al aire libre es, simplemente, magnífico.

La temporada empieza tarde en el **Teatro dell'Opera,** entre noviembre y enero. En los últimos años la programación se ha concentrado en representaciones populares, más que en producciones experimentales o recuperaciones históricas. El precio de las entradas oscila entre los 17 € y los 130 €.

El Teatro dell' Opera hace representaciones de ópera y ballet en verano en las termas de Caracalla *(ver p. 197)*. Aunque la acústica no es perfecta hay que destacar las representaciones de Verdi y Puccini que se realizan cada año.

DANZA Y BALLET

Las oportunidades de ver danza clásica o contemporánea en Roma son bastante limitadas. La compañía Corpo di Ballo del Teatro dell'Opera interpreta a los clásicos, así como coreografías modernas. Usualmente hay representaciones en el gran **Teatro dell'Opera.**

Si realmente le interesa, podrá deleitarse con danza contemporánea, sobre todo en los festivales de verano, pero también hay compañías extranjeras que actúan en el **Teatro Olimpico.** Entre los visitantes más populares figuran los grupos de danza moderna de la escuela estadounidense Moses Pendleton. El **teatro del Vascello** es otro lugar famoso por su danza experimental y las actuaciones en el verano, al aire libre que son organizadas por el **Festival Roma Europa.**

INFORMACIÓN GENERAL

Para información sobre horarios y precios consulte Trovaroma *o publicaciones similares (ver pp. 354 y 375).*

MÚSICA SINFÓNICA, DE CÁMARA Y CORAL

Accademia Filarmonica Romana
Via Flaminia 118. **Plano** 1 A1. ***Tel*** *06 320 1752.*
www.filarmonica romana.org

Auditórium Conciliazione
Via della Conciliazione 4. **Plano** 3 C3.
Tel *06 4425 2303.* **www**.auditoriumconciliazione.it.

Aula Magna dell' Università La Sapienza
Piazzale Aldo Moro 5.
Tel *06 361 0051.*
www.concertiiuc.it

Oratorio del Gonfalone
Via del Gonfalone 32A.
Plano 4 D4 y 11 A3.
Tel *06 687 5952.*

Parco della Musica
Viale de Coubertin 30.
Plano 1 C2.
Tel *06 8024 1281 (para información);*
Tel *19 910 9783.*
(para comprar entradas con tarjeta de crédito).
www.auditorium.com

Sant'Anselmo
Piazza Cavalieri di Malta 5.
Plano 8 D2.
Tel *06 579 11.*

Teatro Ghione
Via delle Fornaci 37. **Plano** 3 B4. ***Tel*** *06 637 2294.*
www.ghione.it

Teatro Olimpico
Piazza Gentile da Fabriano 17. ***Tel*** *06 326 5991.*

ÓPERA

Teatro dell'Opera
Piazza Beniamino Gigli 1.
Plano 5 C3.
Tel *06 4816 0255.*

DANZA Y BALLET

RomaEuropa Festival
Via XX Settembre 3.
Tel *06 422 961.*
www.romaeuropa.net

Teatro Olimpico
Piazza Gentile da Fabriano 17.
Tel *06 326 5991.*

Teatro dell'Opera
Piazza Beniamino Gigli 1.
Plano 5 C3.
Tel *06 4816 0255.*

Teatro Vascello
Via G Carini 72.
Plano 7 A2.
Tel *06 588 1021.*
www.teatrovascello.it

Rock, jazz, folk y música internacional

La cartelera de la música contemporánea en Roma es muy variada. Podrá disfrutar de todo tipo de ritmos en los diversos clubes, al igual que de espectáculos al aire libre con estrellas internacionales de primera magnitud. En verano se organizan festivales al aire libre de rock, de jazz y de música internacional. La sección *Music Box* de *Trovaroma o Romanc'è (ver p. 354)* le dará una idea de lo que se puede ver. Es una buena idea comprar las entradas en las oficinas de Orbis y Feltrinelli.

No es posible reservar entradas con antelación para los espectáculos menores, por lo que se recomienda acudir con bastante tiempo. No obstante, hay que adquirir una *tessera* (tarjeta de socio), cuyo precio oscila entre los 2 € y los 11 €.

MÚSICA ROCK

Los grandes conciertos de rock se celebran en **Palalottomatica** y en el legendario **Stadio Olimpico.** En **Palladium** y, en Testaccio, **Villaggio Globale** (un matadero reformado, Mattatoio) también organizan conciertos y otros eventos, y el **Parco della Musica** alberga los mejores. Las entradas para ver a los artistas más conocidos pueden costar más de 25 €, pero si no se quiere gastar tanto hay muchas ofertas.
El 1 de mayo se celebra un concierto al aire libre, generalmente en Piazza san Giovanni. Los grupos actúan gratuitamente durante el festival Europeo de Música, alrededor del 21 de junio.
Si se asiste a un concierto multitudinario resulta conveniente acudir como mínimo una hora antes para conseguir un buen sitio.

No lejos del Vaticano, los locales **Fonclea** y **The Place** resultan también muy atractivos para pasar la velada.

Uno de los lugares más interesantes de la ciudad es **Forte Prenestino,** una antigua prisión que los *okupas* tomaron hace unos años y que se convirtió en un peculiar centro social. Actualmente, acoge conciertos de rock, debates y exposiciones de arte.
En el centro de la ciudad se encuentra el emprendedor **Akab-Cave,** con conciertos interesantes durante toda la temporada. Mientras tanto, en **Locanda Atlantide** se paga una entrada y se pueden ver grupos y solistas.

En las discotecas a menudo se celebran conciertos, entre semana puede haber sorpresas en **Piper** y en **Mercati Generali** y los fines de semana en el **Circolo degli Artisti** o en la menos convencional **Brancaleone.**

JAZZ

El gusto de los romanos por el jazz se ha desarrollado a lo largo de los años con la visita de músicos estadounidenses y de otras nacionalidades. Miles Davis hizo aquí una de sus últimas actuaciones; artistas como Pat Metheny, Michael Brecker, Sonny Rollins y Joe Zawinul's Syndicate acuden con frecuencia a la capital italiana.

Los visitantes aficionados a este estilo musical, no deben perderse la recientemente inaugurada **Casa del Jazz.** Los mejores músicos actúan en **Alexanderplatz** o **La Palma,** que también acoge pequeños festivales. **Big Mama,** en el Trastevere, es uno de los clubes legendarios de la ciudad, con música de rock y jazz. Merece la pena echar un vistazo al **Gregory's. Alpheus** ofrece distintos conciertos y festivales con bandas de gran calidad. Asimismo conviene informarse sobre las actuaciones que suceden en **Jazz Café**, **Caffè Latino** y **Caruso - Cafè de Oriente.** Algunos *pubs,* muestran excelentes y nuevos talentos. Si se quiere escuchar música y a la vez comer algo hay que acudir a **'Gusto,** una pizzería-restaurante, con música de jazz en directo la mayoría
de las noches. También se puede comer algún plato en Alexanderplatz, pero hay que reservar con antelación.

Se puede averiguar donde actúa el pianista Antonello Salis, que mezcla jazz, *performances* y ritmos caribeños y el respetado cantante de *soul* Fulvio Tomaino. En el panorama del *blues,* destacan Roberto Gatto y Maurizio Gianmarco, que frecuentan Big Mama.

En verano hay muchas oportunidades de escuchar jazz. El evento principal es el festival Alexanderplatz Jazz Image, que sucede en julio y agosto en el parque Villa Celimontana, detrás del Coliseo. Las entradas cuestan aproximadamente 8 € y se compran en el mismo parque.

Otra gran cita que no hay que olvidar es el Festival de Otoño de Jazz en Roma. Grandes nombres de la escena italiana e internacional se dan cita en **Parco della Musica.**

MÚSICA FOLK

Desde la triste desaparición del histórico Folkstudio, en la ciudad no hay acontecimientos especiales de música folk. A pesar de todo puede haber algún espectáculo interesante en **Four Green Fields, Caffè Latino** e **Lettere Caffè.**

La música tradicional romana casi se ha reducido a las serenatas para los turistas en los restaurantes, mientras los locales nuevos favorecen la música tradicional de otras regiones u otros países. Bandas de varias zonas de Italia, como Mau Mau y Agricantus, han encontrado el éxito con ritmos regionales o cantando en su propio dialecto.

A los italianos les gusta mucho la música irlandesa, que puede escucharse en muchos de los *pubs* irlandeses que se encuentran por toda en la ciudad. Uno de ellos es **Fiddler's Elbow,** cerca de Santa Maria Maggiore.

MÚSICA INTERNACIONAL

Ya que es la capital de un país latino, con fuertes lazos con otras culturas mediterráneas, Roma es un lugar donde florece la música de otros países. Si se busca salsa, ritmos africanos o música árabe nadie quedará decepcionado. La música latinoamericana no es en esta ciudad una moda pasajera, como confirman los festivales, las actuaciones en muchos establecimientos, los bailes escolares y el éxito del artista brasileño Caetano Veloso.

A lo largo de todo el año existen muchas oportunidades de disfrutar de la música latinoamericana. Los fines de semana **Speedy Gonzales** ofrece salsa y una pista de baile, además aquí también se puede comer algo; mientras que en **Arriba Arriba,** un nuevo local, se escuchan ritmos latinos. Conviene informarse de lo que sucede en **Cafè de Oriente,** en Testaccio, donde se puede tomar un cóctel –o dos– mientras se disfruta tranquilamente escuchando música. El verano es la mejor época para disfrutar de estos ritmos. El festival Fiesta se ha convertido en el acontecimiento romano más popular del verano: hay que tener en cuenta que se llegan a vender más de un millón de entradas. Dura dos meses y se celebra en el **Ippodromo delle Capannelle.**

Los interesados en música africana acuden a un festival en Villa Ada (un parque al norte del centro de la ciudad de Roma), durante los meses veraniegos de junio y julio. Los seguidores van cada noche para ver a talentos como Angelique Kidjo y el pianista surafricano Abdullah Ibrahim.

También se escucha música internacional en **Villaggio Globale.**

Si se quiere disfrutar de una experiencia más ecléctica hay que acudir a **Lettere Caffè,** se trata del principal café literario de Roma. Los viernes hay actuaciones muy diversas y para todos los gustos, desde aborígenes australianos hasta los ritmos griegos del *syrtaki*.

INFORMACIÓN GENERAL

Akab-Cave
Via di Monte Testaccio 69.
Plano 8 D4.
Tel *06 5725 0585.*

Alexanderplatz
Via Ostia 9.
Plano 3 B1.
Tel *06 3975 1877.*

Alpheus
Via del Commercio 36–8. **Plano** 8 D5.
Tel *06 574 7826.*

Arriba Arriba
Via delle Capannelle 104.
Tel *06 721 3772.*

Big Mama
Vicolo San Francesco a Ripa 18.
Plano 7 C2.
Tel *06 581 2551.*

Caruso - Café de Oriente
Via di Monte Testaccio 36.
Plano 8 D4.
Tel *06 574 5019.*

Brancaleone
Via Levanna 11 (en Monte Sacro).
Tel *06 8200 4382.*

Caffè Latino
Via di Monte Testaccio 96.
Plano 8 D4.
Tel *06 5728 8556.*

Casa del Jazz
Viale di Porta Ardeatina 55.
Plano 9 A4.
Tel *06 4894 1208.*

Circolo degli Artisti
Via Casilina Vecchia 42.
Plano 10 F1.
Tel *06 7030 5684.*

Charity Cafè
Via Panisperna 68.
Plano 5 C4.
Tel *06 4782 5881.*

Feltrinelli
Galleria Alberto Sordi 31–35. **Plano** 12 E2.
Tel *06 679 4957.*

Fiddler's Elbow
Via dell'Olmata 43.
Plano 6 D4.
Tel *06 487 2110.*

Fonclea
Via Crescenzio 82A.
Plano 3 C2.
Tel *06 689 6302.*

Forte Prenestino
Via F. Delpino (este de la ciudad por Via Prenestina).
Tel *06 2180 7855.*

Four Green Fields
Via Morin 40. **Plano** 3 B1.
Tel *06 372 5091.*

Gregory's
Via Gregoriana 54 D.
Plano 5 A2.
Tel *06 679 6386.*

'Gusto
Via della Frezza 23.
Plano 4 F2.
Tel *06 322 6273.*

Ippodromo delle Capannelle
Via Appia Nuova 1245 (km 12).
Tel *06 718 3143.*

Lettere Caffè
Via San Francesco a Ripa 100.
Plano 7 C1.
Tel *06 5833 4379.*

Locanda Atlantide
Via dei Lucani 22B (distrito de San Lorenzo).
Tel *06 4470 4540.*

Mercati Generali
Via Ostiense 137
Plano 8 E5.
Tel *06 5728 8717.*

Orbis
Piazza Esquilino 37.
Plano 6 D4.
Tel *06 474 4776.*

Palalottomatica
Piazzale dello Sport, EUR.
Tel *199 128 800.*

Palladium
Piazza B. Romano (al sur de la Stazione Ostiense).
Tel *06 5706 7761.*

La Palma
Via dei Mirri 35 (sureste de Stazione Tiburtina).
Tel *06 4359 9029.*

Parco della Musica
Viale de Coubertin 15.
Plano 1 C2.
Tel *06 8024 1350.*
www.auditorium.com

Speedy Gonzales
Via Libetta 13 (sur de Stazione Ostiense).
Tel *06 5728 7338.*

Stadio Olimpico
Viale dei Gladiatori (noroeste de la ciudad, cruza el Tíber por Monte Mario).

The Place
Via Alberico II 27.
Plano 3 C2.
Tel *06 6830 7137.*

Villaggio Globale
Ex-Mattatoio, Lungotevere Testaccio 2.
Plano 8 D4.
Tel *06 575 7233.*

Cine y teatro

Los romanos son muy aficionados al cine; la nueva **Casa del Cinema,** donde se exhiben las películas en versión original, es una prueba de esta gran afición.

La gran mayoría de los cines en Roma proyecta películas de *prima visione* (estreno) y exhibe las últimas novedades internacionales dobladas. Las salas más pequeñas, en cambio, suelen poner películas en versión original.

Las producciones teatrales se realizan en italiano, ya se trate de obras nacionales o extranjeras. Los principales teatros acostumbran a ofrecer obras de los grandes dramaturgos nacionales. Hay también representaciones de cabaré tradicional, teatro vanguardista y danza. Las entradas para el teatro cuestan entre 8 € y 50 € y, por lo general, sólo pueden adquirirse con antelación en las mismas taquillas o a través de agencias de venta de entradas casi en el momento de la representación *(ver p. 355).*

'PRIMA VISIONE'

Hay alrededor de 80 salas de cine de estreno en la ciudad. Las mejores en cuanto a decoración y comodidad son **Fiamma** (dos salas) y **Barberini** (tres).

Como norma, las películas extranjeras se doblan al italiano (los actores italianos de doblaje están considerados entre los mejores del mundo). En versión original se pueden ver en **Metropolitan** (todos los días) y en **Nuovo Olimpia** y **Alcazar** los lunes.

Las entradas para los estrenos suelen costar cerca de 7 € pero algunas salas cobran menos, como **Farnese** y **Reale.** Las personas mayores de 60 años y los discapacitados obtienen una reducción del 30% en días laborables. Todos los miércoles y las tardes laborables, las entradas tienen descuento. Consulte el periódico o *Roma c'è* y *Trovaroma* para más detalles *(ver p. 354).*

CINES DE ARTE Y ENSAYO

Hay dos tipos de cines de arte y ensayo en Roma: el cine-club y el *cinema d'essai*. Ambos son buenos si lo que desea ver son reposiciones de clásicos y novedades extranjeras o a directores italianos contemporáneos.

Los cines *d'essai* exhiben ocasionalmente películas en versión original (busque la indicación v.o. en las carteleras). Pruebe en el **Azurro Scipioni** (uno de los pocos que permanecen abiertos en verano), **Filmstudio** o el **Nuovo Sacher,** de Nanni Moreti. Algunas de las salas pequeñas como **Labirinto** son consideradas cine-clubs, y para entrar en ellos es necesario ser socio.

El centro de medios audiovisuales **Palazzo delle Esposizioni** organiza interesantes ciclos de películas internacionales en la sala Rossellini.

Para los niños, también hay cines cuya programación se centra en este público. Destacan **Dei Piccoli,** con películas de dibujos animados, e **Il Labirinto;** este último con tres pantallas.

En octubre se celebra el Festival Internacional de Cine en Roma. Gran cantidad de acontecimientos y proyecciones se realizan en **Parco della Musica.**

CINES DE VERANO

Muchos cines en Roma tienen techos desmontables que retiran en verano, mientras que otros cierran. El **Nuovo Sacher** cuenta con un recinto al aire libre donde en verano se exhiben películas.

En Roma se celebran varios festivales de cine de verano, como Cineporto y Massenzio. En cada uno de ellos se proyectan varias películas cada noche, desde las 21.00 hasta la madrugada, con venta de comida y bebidas, y a menudo música en directo durante los descansos. **Cineporto** (todas las noches, de julio a septiembre) se celebra siempre en el Parco della Farnesina, pero **Massenzio** cambia de recinto todos los años. Los entusiastas del cine de ciencia ficción no deben perderse el Fantafestival (principios de junio), un festival de cine de ciencia ficción, fantasía y terror.

También conviene consultar las carteleras *(ver p. 354),* donde se anuncian retrospectivas o sesiones de cine vanguardista en el **Azurro Scipioni,** y festivales al aire libre como RomaEuropa *(ver p. 355)* y Festa dell'Unità *(ver p. 355).*

PRINCIPALES TEATROS

El plato fuerte del repertorio de teatro italiano en Roma son las obras de Luigi Pirandello y las comedias del veneciano del siglo XVIII Carlo Goldoni y del napolitano del siglo XX Eduardo de Filippo. A veces se representa también a grandes dramaturgos extranjeros.

Las mejores producciones de teatro clásico pueden verse en **Teatro Argentina, Teatro Quirino, Teatro Valle, Teatro Eliseo** y **Teatro Piccolo Eliseo.** El **Teatro Argentina,** que originalmente estaba dedicado a la ópera, es propiedad del Estado y sede de la compañía de teatro permanente de Roma. En el **Teatro India** representan obras más innovadoras. En **Quirino** y **Valle** se presentan producciones de otras ciudades italianas, y el **Valle** alterna representaciones de clásicos italianos con obras modernistas menos conocidas. En las obras del **Quirino** frecuentemente participan actores italianos famosos, mientras que el **Eliseo** y el **Piccolo Eliseo** son los mejores teatros privados de la ciudad. El **Ambra Jovinelli,** recientemente reformado, está especializado en comedias y monólogos italianos, y el **Teatro Vittoria** suele ofrecer obras de Noël Coward o Raymond Queneau. Por último, el **Teatro Sistina** suele incluir musicales de compañías extranjeras y espectáculos con populares actores italianos.

TEATRO CONTEMPORÁNEO

El teatro contemporáneo se representa fundamentalmente en el siempre dinámico **Vascello** y el **Politecnico,** además de en decenas de pequeñas salas improvisadas en garajes, sótanos, pequeños apartamentos o carpas. En **Colosseo** suelen poner en escena diversas producciones marginales (conocidas aquí como *teatro off*), mientras que el **Vascello** y **Politecnico** y **Palladium** se inclinan más por los autores contemporáneos y ocasionales producciones vanguardistas. Algunos de ellos, como el **Teatro dell'Orologio,** produce obras en otros idiomas.

TEATROS, MUSICALES Y MARIONETAS

Se pueden escuchar canciones folk y de cabaré romanas y napolitanas en cualquiera de los cabarés-restaurantes tradicionales del Trastevere, como **Fantasie di Trastevere,** o **Meo Patacca.**

Las marionetas gozan también de una gran tradición. Las representaciones suelen ser a última hora de la tarde los fines de semana y, en ocasiones, en días laborables en **Teatro Verde, Teatro Mongiovino** y el **Teatro de Marionetas.** En el verano, compañías de, marionetas napolitanas y sicilianas en gira suelen dar representaciones de un día.

TEATROS AL AIRE LIBRE

La temporada de verano de teatro al aire libre incluye por regla general obras clásicas griegas y romanas en **Ostia Antica** *(ver pp. 270-271).*

El **Anfiteatro Quercia del Tasso,** en el parque Gianicolo, toma su nombre del roble bajo el cual el poeta del siglo XVI Tasso solía sentarse. De julio a septiembre se representan comedias, si el tiempo lo permite. En invierno, la compañía actúa en el **Teatro Anfitrione.**

Muy cerca hay un teatro callejero permanente de marionetas, napolitano, con obras de *Pulcinella* (personaje tradicional italiano). Las representaciones suelen tener lugar por las tardes, con sesiones matinales los domingos; a los niños les encantará, y seguro

INFORMACIÓN GENERAL

'PRIMA VISIONE'

Alcazar
Via Card. Merry del Val 14. **Plano** 7 C1. ***Tel*** *06 588 0099.*

Barberini
Piazza Barberini 52. **Plano** 5 B3. ***Tel*** *06 482 7707.*

Casa del Cinema
Largo M. Mastroianni 1. **Plano** 5 B1. ***Tel*** *06 423 601.* **www**.casadelcinema.it

Farnese
Piazza Campo de' Fiori 56. **Plano** 4 E5. ***Tel*** *06 686 4395.*

Fiamma
Via Bissolati 47. **Plano** 5 C2. ***Tel*** *06 482 7100.*

Metropolitan
Via del Corso 7. **Plano** 4 F1. ***Tel*** *06 320 0933.*

Nuovo Olimpia
Via in Lucina 16. **Plano** 12 E1. ***Tel*** *06 686 1068.*

Reale
Piazza Sonnino 7. **Plano**7 C1. ***Tel*** *06 5810 234.*

Warner Village Moderno
Piazza della Repubblica 45. **Plano** 5 C3. ***Tel*** *06 4777 9201.*

CINES DE ARTE Y ENSAYO

Azzurro Scipioni
Via degli Scipioni 82. **Plano** 3 C2. ***Tel*** *06 3973 7161.*

Dei Piccoli
Viale della Pineta 15. **Plano** 5 B1. ***Tel*** *06 855 3485.*

Filmstudio
Via degli Orti d'Alibert 1C. **Plano** 4 D4. ***Tel*** *06 6819 2987.*

Il Labirinto
Via Pompeo Magno 27. **Plano** 4 D1. ***Tel*** *06 321 6283.*

Nuovo Sacher
Largo Ascianghi 1. **Plano** 7 C2. ***Tel*** *06 581 8116.*

Palazzo delle Esposizioni
Via Nazionale 194. **Plano** 5 B4. ***Tel*** *06 474 5903.* **www**.palaexpo.com

Parco della Musica
Viale de Coubertin 30. **Plano** 1 C2. ***Tel*** *06 8024 1281.* **www**.romacinemafest.org

TEATROS

Ambra Jovinelli
Via G. Pepe 41. **Plano** 6 E4. ***Tel*** *06 4434 0262.*

Teatro Argentina
Largo Argentina 56. **Plano** 4 F4. ***Tel*** *06 6880 4601.* **www**.teatrodiroma.it

Teatro Eliseo
Via Nazionale 183. **Plano** 5 B4. ***Tel*** *06 488 2114.* **www**.teatroeliseo.it

Teatro India
Via L. Pierantoni 6. **Plano** 7 C5. ***Tel*** *06 5530 0894.*

Teatro Piccolo Eliseo
Via Nazionale 183. **Plano** 5 B4. ***Tel*** *06 488 2114.*

Teatro Quirino
Via delle Vergini 7. **Plano** 5 A4 y 12 F2. ***Tel*** *06 679 4585.* **www**.teatroquirino.it

Teatro Sistina
Via Sistina 129. **Plano** 5 B2. ***Tel*** *06 420 0711.*

Teatro Valle
Via del Teatro Valle 21. **Plano** 4 F4 y 12 D3. ***Tel*** *06 6880 3794.* **www**.teatrovalle.it

Teatro Vittoria
Piazza S. Maria Liberatrice 8. **Plano** 8 D3. ***Tel*** *06 574 0598.*

TEATROS CONTEMPORÁNEOS

Palladium
Piazza B. Romano 8 (al sur de la Stazione Ostiense). ***Tel*** *06 5706 7761.*

Teatro Anfitrione
Via di San Saba 24. **Plano** 8 E3. ***Tel*** *06 575 0827.*

Teatro Colosseo
Via Capo d'Africa 5A. **Plano** 9 A1. ***Tel*** *06 700 4932.*

Teatro dell'Orologio
Via dei Filippini 17A. **Plano** 11 B3. ***Tel*** *06 687 5550.*

Teatro Politecnico
Via Tiepolo 13A. **Plano** 1 B3. ***Tel*** *06 321 9891.*

Teatro Vascello
Via G. Carini 72. **Plano** 7 A2. ***Tel*** *06 588 1021.*

TEATROS, MUSICALES Y MARIONETAS

Fantasie di Trastevere
Via S. Dorotea 6. **Plano** 4 D5. ***Tel*** *06 588 1671.*

Meo Patacca
P. dei Mercanti 30. **Plano** 8 D1. ***Tel*** *06 581 6198.*

Marionetas
Piazza dei Satiri. ***Tel*** *06 589 6201.*

Teatro Mongiovino
Via Genocchi 15. ***Tel*** *06 513 9405.*

Teatro Verde
Circonvall. Gianicolense 10. **Plano** 7 B4. ***Tel*** *06 588 2034.*

TEATRO AL AIRE LIBRE

Anfiteatro Quercia del Tasso
Passeggiata del Gianicolo. **Plano** 3 C5. ***Tel*** *06 575 0827.*

Vida nocturna

La vida nocturna de Roma nunca ha sido tan variada y animada como en la actualidad. En los últimos años, el número de bares y clubes, dirigidos a una clientela cada vez más exigente, ha aumentado mucho. La capital, que antes sólo contaba con los bares irlandeses cercanos a Termini, los bares antiguos y abarrotados del centro y los popularísimos clubes de Testaccio, ofrece actualmente una amplia gama de opciones para todos los gustos y presupuestos. Se puede acudir primero a un bar elegante, para visitar a continuación alguno de los exclusivos clubes del centro, o simplemente relajarse con los amigos y una botella de buen vino en los sencillos bares de vinos repartidos por las hermosas plazas del centro histórico. Disfrutar de un aperitivo con espectaculares vistas en algún bar ubicado en una azotea es una forma inolvidable de empezar la noche.

El lado negativo es que, a pesar del mayor número de bares y clubes, los precios han aumentado en Roma desde la introducción del euro –se pueden pagar hasta 10 € por un cóctel–. Los bares de San Lorenzo son una alternativa más barata, y lejos de las zonas turísticas.

OFERTA

Como en cualquier ciudad importante, la vida nocturna de Roma está cambiando constantemente. En esta ciudad, los aficionados a los clubes son un grupo extremadamente variado, por lo que la mayoría de los locales organiza noches con temática diferentes para satisfacer todos los gustos –es esencial mantenerse al día consultando las guías del ocio *(ver p. 354)* que llegan a los quioscos los jueves–.

Se pueden conseguir folletos de muchos locales nocturnos en algunas de las plazas con más ambiente del centro y sus alrededores, como Campo de' Fiori y Piazza del Fico. También se distribuyen en los numerosos bares alrededor de Testaccio, como **Il Seme e La Foglia.**

DATOS PRÁCTICOS

Las noches preferidas para salir son el viernes y el sábado, días en que las calles del centro se abarrotan de coches y motos. Los locales más populares pueden tener larguísimas colas en las horas de mayor afluencia (alrededor de medianoche), por lo que conviene acudir aproximadamente una hora antes. Pero, si resulta imposible ir temprano y no apetece esperar, tal vez se pueda llamar con antelación e intentar formar parte de la lista de invitados.

En vez de pagar una entrada, algunos clubes más pequeños requieren una *tessera,* un carné de afiliación mensual o anual que se puede comprar y rellenar en el momento. Si se paga por una sola noche, hay que conservar la entrada, ya que normalmente incluye una primera bebida gratis *(la consumazione);* la segunda puede ser cara y costar hasta 15 €.

Como regla general, hay que recordar que los grupos sólo de hombres rara vez son bien recibidos, y en algunos clubes exclusivos tampoco los hombres solos. Además, para entrar en cualquiera de los locales más selectos es necesario ir acompañado de uno de los clientes habituales y vestir en consonancia.

BARES

A pesar de la creciente competencia, sobre todo del remodelado bar **Il Nolano, La Vineria** *(ver p. 328),* en Campo de' Fiori, sigue siendo un local de culto entre los romanos de todas las edades y clases para disfrutar de un ambiente sencillo y animado a precios adecuados. A la vuelta de la esquina está **L'Angolo Divino** *(ver p. 328),* menos conocido y por lo tanto menos concurrido. No obstante, es un local perfecto para quedar frente a unos buenos vinos y una suculenta comida. Otro de los locales típicos del *centro storico,* aunque para una clientela más adinerada y atenta a la moda, es el moderno **Bar del Fico,** cercano a la Piazza Navona. El **Antico Caffè della Pace** es un popular y relajado establecimiento muy apropiado para ver a gente y dejarse ver. **Fluid,** en Via del Governo Vecchio, es mucho más animado y se ha hecho famoso en la capital como el local perfecto para divertirse antes de los clubes nocturnos. A unos portales de distancia, pero con una ambientación totalmente distinta, se halla **Mimì e Cocò,** un local iluminado con velas perfecto para relajarse (al aire libre o en el interior) y degustar sutiles vinos. Justo al final de la misma calle, y alejándose de Corso Vittorio Emanuele II, está **Giulio Passami l'Olio,** una enoteca cálida, acogedora y animada, lejos de las rutas habituales de la *passaggiata* (paseo). Más cerca de Piazza di Spagna, el impresionante interior y la extensa oferta de vinos por copa del **Antica Enoteca di Via della Croce** lo convierten en un local favorito entre los amantes del vino. Aunque no es barato, merece la pena probar el bufé del bar.

Las románticas calles del Trastevere también están llenas de pequeños bares dirigidos a diferentes tipos de clientes. En las mesas al aire libre de **Ombre Rosse** se puede ver a la gente pasar por la hermosa Piazza Sant'Egidio. Si Ombre Rosse está lleno, **Caffè della Scala,** a unos minutos a pie, es una buena alternativa. Otro de los bares recomendados es **Friends Art Café,** un local perfecto para disfrutar de una bebida refrescante, pero cara, con elaborados aperitivos gratuitos. El sencillo y antiguo **Bar San Callisto,** junto a Piazza Santa Maria, atrae a una clientela nada convencional.

La sofisticada **Ferrazza** *(ver p. 351),* en San Lorenzo, sirve vinos excepcionales a un sofisticado público, mientras que el monumental bar de estudiantes **Rive Gauche** es el mayor *pub* de la zona. El elegante **Duke's,** en Parioli, se encuentra algo alejado del centro, pero merece la pena visitarlo para ver a personajes famosos. Duke's ha intentado frenar su enorme popularidad cerrando los sábados por la noche, pero en vano; sigue siendo el lugar preferido para ser visto en el norte de Roma.

Por último, y para los más románticos, se puede disfrutar de unas impresionantes vistas de Roma desde los espléndidos bares en la terraza del **Hotel Eden** *(ver p. 308),* cerca de Via Veneto, y del recientemente rebautizado **Radisson SAS Hotel** *(ver p. 305),* cerca de Termini. Al atardecer, sobre todo después de un día soleado, estos increíbles locales son el lugar ideal para comenzar una inolvidable noche de fiesta.

CLUBES

Para relacionarse con aspirantes a estrellas de la televisión y jóvenes políticos y empresarios, se puede acudir a **Gilda.** Su atractiva pista de baile y su restaurante lo han convertido en uno de los locales favoritos entre los famosos romanos. **Jackie O,** un club nocturno de los años sesenta, ha sido remodelado recientemente en un estilo espléndido, con un lujoso interior y un restaurante. El cercano **Club 84** es del mismo estilo y conviene reservar con antelación.

Alien es una buena opción con música comercial para los veinteañeros, aunque **Heaven** es ligeramente más original con su marcada preferencia por el *house.* La mejor discoteca tradicional es **Piper,** que cambia de aspecto cada temporada y organiza imaginativos espectáculos y otros eventos. Existen algunos discopubs en el centro de la ciudad que ofrecen una combinación entre bar y club. **Rock Castle Café** es uno de los que sobresalen.

En Testaccio y sus alrededores, el indiscutible corazón de los clubes de Roma, resulta complicado decidir qué local visitar. **Akab** es atractivo y sin duda comercial; el elegante **Caruso - Café de Oriente** se concentra en los sonidos latinos, *R&B* y salsa; el vanguardista **Metaverso** invita a pinchadiscos que ofrecen de *funk* a *reggae,* mientras que el multifuncional **Distillerie Clandestine** es un local para comer, beber, relajarse y bailar. **La Saponeria** revive el estilo y la música de los años setenta. El **Jungle Club** es ideal para disfrutar de una divertida y larga noche de fiesta. El original **LinuXclub** es un amplio local que está inspirado en el programa de software del mismo nombre. Mientras que en el interior del alternativo **Alpheus,** se puede elegir entre tres salas con pinchadiscos completamente diferentes. Por último, y no por eso menos importante, el legendario **Goa** sigue siendo el mejor club romano, al que acuden los principales pinchadiscos italianos e internacionales.

Entre los principales locales del *centro storico* figuran el suntuoso **Supperclub,** un paraíso para los romanos adinerados. Su increíble decoración, cocina internacional, sesiones de arte, masajes gratuitos y música se combinan para ofrecer una noche de ocio muy exclusiva. El selecto **La Maison,** situado muy cerca del anterior y con un espíritu similar, atrae a una clientela algo más mayor con música menos comercial y un ambiente elegante. Si se prefiere una alternativa comercial, gratuita y de fácil acceso, se recomienda **Anima,** donde se puede bailar al ritmo de *hip-hop* y *funk* de calidad.

En las afueras, en Tiburtino, se encuentra **La Palma,** que aunque tiene merecida fama como importante local de jazz en directo, también recibe excelentes pinchadiscos los fines de semana.

AMBIENTE HOMOSEXUAL

Roma ya no es el páramo que solía ser. Esto se refleja claramente en el número cada vez mayor de bares y clubes para homosexuales y en su creciente popularidad. Aunque algunos son sólo para homosexuales, otros atraen a una clientela heterogénea.

En el Trastevere, al otro lado del río desde el *centro storico,* está **La Saponeria** revive el estilo y la música de los años setenta. **Il Giardino dei Ciliegi,** con un ambiente similar pero mucho más caro, es un bar con aspecto de salón que ofrece cócteles, una amplia selección de tés, excitantes ensaladas y un magnífico *brunch* los domingos –incluso en días festivos–. Igual de tranquilo es **Bohemièn,** en Monti, un local favorito entre artistas, actores y aspirantes a ello. Para disfrutar de un ambiente más animado y mezclarse con una clientela menos ostentosa, se puede visitar **Coming Out,** entre San Giovanni y el Coliseo. Muy cerca, se sitúa el bar **Hangar,** sólo para hombres.

En lo que a clubes se refiere, el creciente número de locales para homosexuales, tanto alternativos como comerciales, es en muchos aspectos la mejor opción para beber y bailar hasta altas horas. **Goa,** junto a Via Ostiense, suele organizar noches homosexuales –concretamente, Grogeous los martes y el local para mujeres Venus Rising una vez al mes–; Mucca Assassina atrae a multitudes cada viernes al monumental **Qube,** en Tiburtino; **Locanda Atlantide,** en el barrio estudiantil de San Lorenzo, abre sus puertas a Madame Coq una vez al mes, y la legendaria **Piper** organiza de vez en cuando una noche para homosexuales en fin de semana. A estos clubes se añade la famosa discoteca homosexual **Alibi,** en Testaccio, con su explosiva combinación de música *house* y éxitos de los años setenta.

Durante la fiesta del orgullo gay, que se celebra a finales de junio/principios de julio, los homosexuales invaden las calles durante siete días de fiesta continua. El programa cambia cada año, por lo que conviene consultar las guías del ocio. En verano, los locales para homosexuales de Roma, como la mayoría de los clubes, salen a la calle para evitar el calor. En los últimos años, **Gay Village,** un complejo al aire libre durante el verano, ha albergado con éxito a muchos de ellos. Éste es otro de los testimonios de que la cultura homosexual ha entrado en la escena del ocio comercial.

'CENTRI SOCIALI'

Los *centri sociali* o edificios ocupados ilegalmente y convertidos en centros de arte y ocio ofrecen una opción alternativa a la animada vida nocturna y escena cultural de Roma. Aunque algunos de estos centros están dirigidos de manera profesional y logran competir con muchos de los locales más elegantes y competentes, otros han conservado su postura alternativa.

El principal es **Brancaleone,** en el norte de Roma, que invita con regularidad a modernos pinchadiscos italianos e internacionales para ofrecer los mejores ritmos electrónicos y *house*. Este local cuenta también con un café y una tienda de productos orgánicos, exposiciones de arte y un cine-club.

En el corazón de la zona de Campo de' Fiori y repartido en dos plantas, está el **Rialto-Sant'Ambrogio,** que organiza multitud de actos culturales, como obras de teatro, producciones de danza, exposiciones, cine de arte y ensayo –algunas veces en versión original– y presentaciones de libros. Los fines de semana, dedica su espacio principalmente a las noches musicales, que abarcan del *underground* al *reggae*.

Más alejado del centro, se encuentra el fortín abandonado **Forte Prenestino,** un mágico laberinto de salas e interminables pasillos que forman el centro social más singular de Roma. Es famoso por su concierto alternativo del Día del Trabajo –el concierto de rock oficial y gratuito se celebra en Piazza San Giovanni, en Laterano–, pero también organiza obras de teatro, festivales de cine y noches de club durante todo el año para un público joven y alternativo. Más cerca del centro se halla **Villaggio Globale,** que ocupa una

INFORMACIÓN GENERAL

BARES

L'Angolo Divino
Via dei Balestrari 12–14.
Plano 11 C4.
Tel *06-686 4413.*

Antica Enoteca di Via della Croce
Via della Croce 76b.
Plano 4 F2.
Tel *06-679 0896.*

Antico Caffè della Pace
Via della Pace 3–7.
Plano 11 C3.
Tel *06-686 1216.*

Bar del Fico
Piazza del Fico 26–28.
Plano 11 B2.
Tel *06-686 5205.*

Bar San Callisto
Piazza San Callisto 3–4.
Plano 7 C1.
Tel *06-583 5869.*

Caffè della Scala
Via della Scala 4.
Plano 7 C1.
Tel *06-580 3610.*

Duke's
Viale Parioli 200.
Plano 2 D1.
Tel *06-8066 2455.*

Ferrazza
Via dei Volsci 59.
Plano 6 F4.
Tel *06-490 506.*

Fluid
Via del Governo Vecchio 46/47.
Plano 11 C3.
Tel *06-683 2361.*

Friends Art Café
Piazza Trilussa 34.
Plano 4 E5.
Tel *06-581 6111.*

Giulio Passami l'Olio
Via di Monte Giordano 28.
Plano 11 B2.
Tel *06-6880 3288.*

Hotel Eden
Via Ludovisi 49.
Plano 5 B2.
Tel *06-478 121.*

Mimì e Cocò
Via del Governo Vecchio 72.
Plano 11 C3.
Tel *06-6821 0845.*

Il Nolano
Campo de' Fiori 11/12. **Plano** 11 C4.
Tel *06-687 9344.*

Ombre Rosse
Piazza Sant'Egidio 12.
Plano 7 C1.
Tel *06-588 4155.*

Radisson SAS Hotel
Via Filippo Turati 171.
Plano 6 D4.
Tel *06-444 841.*

Rive Gauche
Via dei Sabelli 43.
Plano 6 F4.
Tel *06-445 6722.*

Il Seme e la Foglia
Via Galvani 18.
Plano 8 D4.
Tel *06-574 3008.*

La Vineria
Campo de' Fiori 15.
Plano 11 C4.
Tel *06-6880 3268.*

CLUBES

Akab
Via di Monte Testaccio 69.
Plano 8 D4.
Tel *06-5725 0585.*

Alien
Via Velletri 13.
Plano 6 D1.
Tel *06-841 2212.*

Alpheus
Via del Commercio 36/8.
Plano 8 D5.
Tel *06-574 7826.*

Anima
Via Santa Maria dell'Anima 57.
Plano 11 C3.
Tel *06-686 4021.*

Caruso - Café de Orient
Via di Monte Testaccio 36.
Plano 8 D4.
Tel *06-574 5019.*

Club 84
Via Emilia 84. **Plano** 5 B2.
Tel *06-482 7538.*

Distillerie Clandestine
Via Libetta 13.
Tel *06-5730 5102.*

Gilda
Via Mario de' Fiori 97.
Plano 12 F1.
Tel *06-678 4838.*

Goa
Via Libetta 13.
Tel *06-574 8277.*

Heaven
Viale di Porta Ardeatina 119.
Plano 9 B5.
Tel *06-574 3772.*

Jackie O
Via Boncompagni 11.
Plano 5 B2.
Tel *06-4288 5457.*

Jungle Club
Via di Monte Testaccio 95.
Plano 8 D4.
Tel *380 416 1544.*

La Maison
Vicolo dei Granari 4.
Plano 11 C3.
Tel *06-683 3312.*

La Saponeria
Via degli Argonauti 20 (al sur de la Stazione Ostiense, junto a Via Ostiense).
Tel *06-574 6999.*

amplia zona de espacio abierto en los límites de Testaccio y ofrece una filosofía muy similar y diversos servicios. En verano, organiza conciertos al aire libre, y en ocasiones consigue imponerse a la competencia y atraer a grandes bandas italianas.

JAZZ, SALSA Y RITMOS AFRICANOS

En Roma existe multitud de locales de jazz, donde suenan desde sonidos tradicionales y *swing* hasta rock y jazz *(ver p. 358)*. Hay algunos clubes de jazz y ritmos latinoamericanos que combinan música en directo con baile, comida y bebida. **Fonclea** y **Arriba Arriba** *(ver p. 359)* o **Alpheus** rinden homenaje a las músicas latinoamericana y del mundo, aunque **Caffè Latino,** en Testaccio, es sin duda el mejor local al que acudir los fines de semana.

CLUBES ESTIVALES

En mitad del sofocante verano, cuando casi todo está cerrado en la capital, **Art Cafè** en Villa Borghese es el principal club para los amantes de la fiesta, jóvenes y elegantes. También se abren diversos locales flotantes en el Tíber, como **Baja** –una elegante casa flotante remodelada–, que es uno de los mejores. Algunos de los clubes más grandes invaden la costa de julio a diciembre –sobre todo en Ostia y Fregene–, donde el legendario **Gilda On The Beach** es una opción permanente.

'AFTER HOURS'

La mayoría de los clubes romanos abre hasta las 2.00 o 3.00. Sin embargo, los noctámbulos pueden encontrar uno o dos paraísos del baile abiertos hasta el amanecer, sobre todo durante la temporada de fiestas en la playa. Antes de irse a la cama, todavía es posible tomar una última copa en uno de los bares abiertos 24 horas de la ciudad, o acercarse a una de las panaderías que abren temprano y darse un festín con *cornetti* recién sacados del horno.

INFORMACIÓN GENERAL

LinuXclub
Via Libetta 15
(al sur de la Stazione Ostiense, junto a Via Ostiense).
Tel *06-5725 0551.*

Metaverso
Via di Monte Testaccio 38a.
Plano 8 D4.
Tel *06-574 4712.*

La Palma
Via Giuseppe Mirri 35.
Tel *06-4359 9029.*

Piper
Via Tagliamento 9
(al norte del centro de la ciudad).
Tel *06-855 5398.*

Rock Castle Café
Via B Cenci 8.
Plano 12 D5.
Tel *06-6880 7999.*

Supperclub
Via de' Nari 14.
Plano 12 D3.
Tel *06-6880 7207.*

AMBIENTE HOMOSEXUAL

Alibi
Via di Monte Testaccio 39–44.
Plano 8 D4.
Tel *06-574 3448.*

Bohèmien
Via degli Zingari 36.
Plano 5 C4.

Coming Out
Via San Giovanni In Laterano 8.
Plano 9 A1.
Tel *06-700 9871.*

Gay Village
Tel *06-554 2695.*
www.gayvillage.it

Goa
Ver clubes.

Hangar
Via In Selci 69.
Plano 5 C5.
Tel *06-488 1397.*

Il Giardino dei Ciliegi
Via Dei Fienaroli 4.
Tel *06-580 3423.*

Locanda Atlantide
Via dei Lucani 22b
(en San Lorenzo).
Tel *06-4470 4540.*

Piper
Ver clubes.

Qube
Via di Portonaccio 212.
(al norte del centro).
Tel *06-438 5445.*

'CENTRI SOCIALI'

Brancaleone
Via Levanna 11
(en Montesacro).
Tel *06-8200 0959.*

Forte Prenestino
Via F. Delpino
(en Prenestino).
Tel *06-2180 7855.*

Rialto-Sant'Ambrogio
Via di Sant'Ambrogio 4.
Plano 12 D5.
Tel *06-6813 3640.*

Villaggio Globale
Lungotevere Testaccio 2 / Via di Monte Testaccio 22.
Plano 7 4C.
Tel *06-575 7233.*

JAZZ, SALSA Y RITMOS AFRICANOS

Alpheus
Ver clubes.

Arriba Arriba
Via delle Capannelle 104.
Tel *06-721 3772.*

Caffè Latino
Via di Monte Testaccio 96.
Plano 8 D4.
Tel *06-5728 8556.*

Fonclea
Via Crescenzio 82a.
Plano 3 C2.
Tel *06-689 6302.*
www.fonclea.it

CLUBES ESTIVALES

Art Cafè
Viale del Galoppatoio, 33 (Villa Borghese).
Plano 5 A1.
Tel *06-3600 6578.*

Baja
Ponte Margherita – Lungotevere Arnaldo da Brescia.
Plano 4 E1.
Tel *339-469 0588.*

Gilda on the Beach
Lungomare di Ponente 11 Fregene.
Tel *06-6656 0649.*
www.gildaonthebeach.it

Deportes

No se sorprenda si la calma de una tarde de domingo en Roma se ve repentinamente interrumpida por el claxon de los coches y los gritos de la gente: significa que uno de los equipos de fútbol nacionales ha vencido y la ciudad entera vibra de emoción.

El fútbol es el deporte nacional de Italia, pero hay otros que también cuentan con numerosos seguidores; en cualquier caso, los aficionados siempre encontrarán en Roma algún tipo de espectáculos deportivos.

Las fechas y los lugares donde tienen lugar los hallará en *Trovaroma* o *Roma c'è* *(ver p. 354)* así como en la sección local de la *Gazetta dello Sport* o el *Corriere dello Sport*.

FÚTBOL

Asistir a un partido de fútbol en Italia constituye toda una experiencia, tanto por la calidad del juego en sí como por la atmósfera reinante en el estadio. El vandalismo en los estadios escasea.

Roma tiene dos equipos, **Roma** y **Lazio,** que juegan por turnos en el **Stadio Olimpico** los domingos a las 15.00, en el Campionato Italiano. Puede resultar difícil conseguir entradas, así que adquiéralas con antelación en el mismo estadio desde 15 € a 80 €. También se pueden adquirir los días de partido desde las 12.00 en adelante y a través de las webs (www.sslazio.it y www.asroma.it). Los asientos más baratos son los de la llamada Le Curve; los de precio medio y elevado corresponden a La Gradinate y La Tribuna respectivamente.

Los miércoles por la noche se celebran encuentros internacionales –la Copa de la UEFA y la Coppa dei Campioni (Liga de Campeones). Los equipos nacionales se disputan la Coppa Italia.

TENIS

Los Campeonatos Internacionales son el acontecimiento principal y se celebran en el **Foro Italico** durante dos semanas de mayo. Las grandes estrellas mundiales juegan en pistas rápidas de martes a jueves a las 13.00 y a las 20.30, y los fines de semana a las 13.00. Compre sus entradas con antelación en el Foro Italico o en alguna agencia.

Si desea jugar, hay alrededor de 350 clubes de tenis en Roma. A menudo es necesario reservar con al menos una semana de antelación.

Los clubes en los que no hace falta ser socio para jugar son: **Tennis Club Nomentana** y el **Circolo Tennis Stampa,** al norte de Roma, y el **Oasi di Pace,** junto a la Via Apia Antica. Los grandes hoteles tienen pistas de tenis que se pueden utilizar por un precio razonable. En **Crown Plaza** hay que abonar una pequeña suma que da derecho a utilizar el gimnasio y la piscina (en verano).

CARRERAS DE CABALLOS Y EQUITACIÓN

Las principales carreras de caballos incluyen el Derby en junio y el Premio Roma en noviembre. Hay también carreras en el **Ippodromo di Tor di Valle** y carreras con y sin obstáculos en el Concorso Ipico y en el **Ippodromo delle Campanelle.**

La Exhibición Internacional de Caballos se celebra de finales de abril a principios de mayo en la Piazza di Siena, Villa Borghese *(ver p. 258)*. Se trata de uno de los acontecimientos deportivos más importantes del año y su situación lo hace aún más atractivo. Está organizado por la Federazione Italiana Sport Equestri **(FISE).**

Para un paseo a caballo por el campo puede encontrar un club de equitación por los alrededores de Roma, aunque la mayoría no aceptan socios temporales.

GOLF

Incluso en los clubes más elitistas le permitirán jugar siempre que sea socio de alguno en su país. La mayoría cierra los lunes y los fines de semana, y cuando se celebran torneos no es posible utilizar los *green*. Los precios oscilan entre los 25 € y los 65 €.

El **Olgiata Golf Club** abre de martes a domingo para todo el público, y para invitados acompañados sólo de viernes a domingo. El **Country Club Castel Gandolfo** es el más nuevo, y el **Circolo del Golf di Roma** el más antiguo y prestigioso. Dentro de la ciudad hay un campo en el hotel **Sheraton** (cierra los martes).

Unas de las principales competiciones de golf que tienen lugar en Roma es el Masters de Roma en abril.

CARRERAS DE COCHES Y DE MOTOCICLETAS

Hay carreras de Fórmula 1 y Fórmula 3 cada domingo en **Vallelunga;** prepárese para pagar una suma elevada por entrar. Muchos domingos se puede asistir a competiciones oficiales de *trial;* cuando no hay carreras, los diseñadores de coches exponen sus nuevos modelos.

RUGBY

El rugby ha despegado en Italia hace poco, a raiz de su adhesión al torneo Seis Naciones. En invierno (febrero y marzo) se celebran dos partidos internacionales en Roma. El equipo local se enfrenta a otras dos naciones cada año: Francia, Inglaterra, Escocia, Irlanda o Gales.

REMO

A mediados de junio el equipo de Oxbridge desafía al de Aniene en una carrera que tiene lugar alternativamente en el Támesis o el Tíber. El mejor lugar para verla es entre los puentes de Margherita y Sant'Angelo. La regata suele comenzar a las 18.00. Otro evento importante es la batalla entre los equipos de Roma y Lacio desde el Ponte Milvio hasta el Ponte Flaminio, en el mismo día en que se celebra el *derby* de fútbol Roma-Lazio.

NATACIÓN

Las piscinas escasean y no son fácilmente accesibles para el visitante, puesto que es necesario hacerse socio y pagar una tarifa mensual. También se requiere, en la mayoría de ellas, presentar un certificado médico que demuestre su buen estado de salud.

Hay que comprobar si la piscina es gratuita *(nuoto libero)*. Las piscinas estatales pueden resultar algo más baratas, pero tiene que acreditar la condición de socio para poder acceder a ellas.

La del **Shangri-La Hotel** abre la suya a los no residentes de julio a septiembre. También lo hace el **Hilton,** aunque sus tarifas son más elevadas. Aproveche los domingos, cuando el club deportivo con piscina La **Margherita** abre sus puertas al público, de 10.00 a 13.00, por un precio razonable. La **Piscina delle Rose,** en la EUR, es de tamaño olímpico y está disponible de junio a septiembre, de 9.00 a 17.30 en días laborables y de 9.00 a 19.00 en festivos.

GIMNASIOS

Como ocurre con las piscinas, los gimnasios en Roma requieren hacerse socio y pagar una tarifa mensual. Si no piensa quedarse mucho tiempo utilice las instalaciones de su hotel o, si no le importa pagar, acuda a un club privado. El uso de las instalaciones puede ser negociable.

El **Roman Sports Centre** admite socios de un día a precios razonables para utilizar el gimnasio, las piscinas y la sauna. Las instalaciones abren de 9.00 a 22.00. Lleve bañador de licra, son los únicos permitidos.

'JOGGING' Y CICLISMO

El buen clima de Roma y la belleza de sus escenarios naturales arrastran a multitud de ciclistas y aficionados al *jogging* a sus parques. Cada marzo los corredores más profesionales participan en la maratón de Roma.

Villa Doria Pamphilj *(ver p. 267)* es un extenso parque situado sobre el Gianicolo, donde existe la opción de elegir entre varios circuitos distintos, multitud de espacios abiertos y una red de senderos. **Villa Borghese** *(ver p. 258)* es también muy popular entre los amantes del *jogging*.

También se puede correr bajo las acacias y palmeras de Villa Torlonia, en el circuito de Villa Glori, o, combinando deporte y cultura, en la **Via Appia Antica** *(ver p. 265)*, entrando después en Parco Caffarella. Otros lugares populares para pasear a buen ritmo o, incluso, correr son: Viale delle Terme di Caracalla, el Circo Massimo, el Parco degli Aquedotti y el Parco di Colle Oppio.

Todos ellos resultan también ideales para el ciclismo; se puede alquilar bicicletas en muchos establecimientos de la capital italiana, entre ellos **Collalti** y **Treno e Scooter Rent.**

INFORMACIÓN GENERAL

FÚTBOL

Stadio Olimpico
Via Foro Italico.
Tel *06-368 51.*

TENIS

Circolo Tennis Stampa
Piazza Mancini 19.
Plano 1 A2.
Tel *06-323 2454.*

Crown Plaza
Via Aurelia Antica 415.
Tel *06-663 1572.*

Foro Italico
Via delle Olimpiade.
Tel *06-3685 4140.*
http://ctforoitalico.coni.it

Oasi di Pace
Via degli Eugenii 2.
Tel *06-718 4550.*

Tennis Club Nomentana
Viale Rousseau 124.
Tel *06-8680 1888.*

CARRERAS DE CABALLOS Y EQUITACIÓN

FISE
Viale Tiziano 74. **Plano** 1 A1. ***Tel*** *06-3685 8326.*
www.fise.it

Ippodromo delle Capannelle
Via Appia Nuova 1255.
Tel *06-71 67 71.*

Ippodromo di Tor di Valle
Via del Mare km 9. ***Tel*** *06-52 47 61.* **www**.tordivalle.it

GOLF

Circolo del Golf di Roma
Via Appia Nuova 716a.
Tel *06-780 3407.*

Country Club Castel Gandolfo
Via di Santo Spirito 13, Castelgandolfo.
Tel *06-931 2301.*

Olgiata Golf Club
Largo dell'Olgiata 15.
Tel *06-3088 9141.*

Sheraton Golf Hotel
Viale Parco de' Medici 165.
Tel *06-655 3477.*
www.golfclubpdm.it

MOTOCICLETAS

Vallelunga
Autodromo di Roma, Via Cassia km 34,5.
Tel *06-901 550.*

RUGBY

Federazione Italiana Rugby
Curva Nord, Stadio Olimpico, Viale dei Gladiatori.
Tel *06-4521 3117.*

NATACIÓN

ARCA Swimming Club
Via Monti Tiburtini 511.
Tel *06-451 0552.*

Hilton Hotel
Via Cadlolo 101.
Tel *06-350 91.*
www.cavalieri-hilton.it

Piscina delle Rose
Viale America 20. ***Tel*** *06-592 6717.* **www**.piscinadellerose.com

Shangri-La Hotel
Viale Algeria 141.
Tel *06-591 6441.*

GIMNASIOS

Roman Sport Center
Via del Galoppatoio 33.
Plano 5 A1.
Tel *06-320 1667.*

'JOGGING' Y CICLISMO

Collalti
Via del Pellegrino 82. **Plano** 4 E4. ***Tel*** *06-6880 1084.*

Maratona di Roma
Tel *06-406 5064.*
www. maratonadiroma.it

Treno e Scooter Rent
Estación Termini. **Plano** 6 D3. ***Tel*** *06-4890 5823.*

Via del Corso
Piazza S. Lorenzo in Lucina.
Plano 4 F3 y 12 E1.

ROMA PARA NIÑOS

Los italianos son muy amantes de los niños, y puede estar seguro de que los suyos serán bien recibidos allá donde vaya. Sin embargo, las instalaciones destinadas a ellos son escasas, y el calor, las aglomeraciones y la ausencia de aseos públicos en buenas condiciones hacen de Roma una ciudad poco idónea para los más pequeños. Sí tiene, en cambio, mucho que ofrecer a los que son algo mayores, especialmente si entre sus aficiones figuran la historia y el arte. Tal vez caiga en la tentación de arrastrar a sus hijos consigo a demasiadas visitas culturales en un solo día. Planifique con antelación y deje tiempo para pasear por la ciudad: los niños disfrutarán observando el fluir de las fuentes y saboreando un cremoso helado o una crujiente pizza.

Querubín renacentista en Villa Farnesina

CONSEJOS PRÁCTICOS

Si piensa viajar a Roma con niños trate de hacerlo en primavera u otoño, cuando el tiempo es bueno pero no demasiado caluroso. Conviene evitar la Semana Santa, cuando la ciudad se llena de turistas y tanto las calles como los autobuses se encuentran abarrotados. El alojamiento elegido resulta crucial. Un hotel cerca del parque de Villa Borghese dará a sus hijos la oportunidad de disfrutar y jugar a gusto, aunque ello implique gastar dinero en transportes para desplazarse al centro de la ciudad. Un hotel en el casco viejo es ideal, puesto que permite regresar al hotel cuantas veces se quiera para descansar o tomar un baño. Debido a que en la ciudad escasean los aseos públicos, resulta poco aconsejable viajar con bebés, a no ser que piense hospedarse en casa de amigos o de algún familiar. Al igual que muchas otras ciudades históricas, Roma puede no resultar atractiva a los niños a simple vista, pero hay mil formas de incitar su imaginación.

Corriendo en Villa Borghese

Si lo que le gusta es pasar el rato sentado en un café o una terraza, no olvide llevar algo para que su hijo esté entretenido: lápices de colores y papel, por ejemplo. Comprobará que muchos adultos se muestran comprensivos con los niños que juegan alrededor de las mesas, y, si los suyos son sociables, terminarán haciendo amistad con otros de la localidad, en parques y plazas como Campo de' Fiori.

Cuando considere que un descanso se hace necesario, en la mayoría de los hoteles le facilitarán una canguro o bien le pondrán en contacto con alguna agencia.

En caso de que ocurra algún contratiempo, consulte las páginas 376-377 para información y una relación de números de teléfono de urgencia.

Zona de recreo en Villa Borghese

CÓMO DESPLAZARSE

La abundancia de calles empedradas, la ausencia muchas veces de aceras y los autobuses siempre llenos hacen difícil desplazarse teniendo que empujar un cochecito de niño, aunque siempre encontrará a alguien dispuesto a echarle una mano. Por lo general, a las madres con niños pequeños se les permite saltarse las colas, e incluso se les cede galantemente el sitio en el autobús. El metro suele estar menos lleno. Los niños que midan menos de un metro pueden viajar gratis en los transportes públicos. Aunque la ciudad no resulta adecuada para ciclistas, se puede pedalear por la Via Appia Antica, o bien tomar el tren de cercanías hasta el campo. Se pueden alquilar bicicletas en Villa Borghese y en los jardines del Pincio.

Disfrutando en bicicleta

Cualquier muchacho mayor de 14 años puede conducir una motocicleta de cilindrada inferior a 50 cc, aunque Roma no es el mejor lugar para principiantes *(ver p. 394)*.

Trenes tirados por ponis en Villa Borghese

(la sucursal de Oviesse en el Viale Trastevere es el mejor), son extremadamente caros. El agua de las fuentes es potable, así que resulta útil llevar encima vasos de plástico. Además de las panaderías y pastelerías, hay todo tipo de establecimientos que venden comida para llevar. Muchos de ellos son algo caóticos, por lo que se recomienda llevar siempre pañuelos o servilletas de papel. Pruebe las verduras y frutas fritas en Cose Fritte de Via Ripietta y el *suppplì al telefono,* croquetas de arroz con un hilo de mozzarella dentro, en los locales de *pizza al taglio* o *pizza rustica*. El *tramezzino,* por último, es lo más parecido a un sándwich.

RESTAURANTES

Los niños son casi siempre bien recibidos en las pizzerías y *trattorie,* donde suelen proporcionar tronas para bebés; si no, siempre pueden emplearse cojines o guías de teléfono. En la mayoría de los lugares sirven, además, medias raciones, o permiten que dos niños compartan un solo plato.

En las *trattorie* puede resultar difícil saber lo que contiene un determinado plato (especialmente cuando no hay menú, y el camarero se limita a servir el del día a toda velocidad); así que los niños que presenten problemas para comer se sentirán probablemente más a gusto en las pizzerías *(ver pp. 328-333)*. Las más divertidas son las de estilo antiguo, en las que pueden observar a los cocineros preparando la masa e ir añadiendo los ingredientes. Los restaurantes permanecen abiertos por la tarde o abren después de las 19.00. Los mejores lugares suelen llenarse alrededor de las 20.30, por lo que es conveniente llegar pronto para evitar tener que hacer largas colas.

COMIDAS AL AIRE LIBRE

Comer al aire libre en los parques es ideal, y comprar la comida resulta a menudo la parte más divertida. Encontrar zumos de frutas envasados o latas de refrescos no constituye ningún problema, pero, excepto en los supermercados

Descubriendo alguno de los cientos de sabores de helados italianos

Con las palomas en Piazza Navona

HELADOS

Roma es famosa por sus helados, tentación de adultos y niños; los hay prácticamente en cada esquina. Los verdaderos aficionados tal vez quieran planificar su paseo nocturno por los alrededores de alguna de las *gelaterie* más célebres *(ver pp. 330-333)*. Resulta más económico comprar un cucurucho para comer en la calle, pero en los lugares más tradicionales merece la pena pagar algo más por sentarse. En Fassi cuentan con una máquina antigua de hacer helado y Giolitti ofrece un elegante salón *(ver p. 109)*.

Visitas con niños

Entrada al zoo de Villa Borghese

CONSEJOS GENERALES

Roma no cuenta con tantos museos de interés para los niños como otras ciudades, pero en cambio ofrece otros muchos atractivos. El elefante de mármol de Bernini *(ver p. 108)* y el grueso *facchino* o portero *(ver p. 107)* suelen gustar a los más pequeños. Una visita a las catacumbas *(pp. 264-266)*, aderezada con los comentarios sobre la vida de los cristianos en aquella época, puede resultarles interesante.

Llame su atención con detalles, como las sucias uñas de los pies de las figuras de los cuadros de Caravaggio, los exvotos etruscos que se ofrecían a los dioses en Villa Giulia *(pp. 262-263)* y el techo ilusionista que parece a punto de derrumbarse en la Chiesa Nuova, así como la falsa cúpula de San Ignacio de Loyola *(ver p. 106)*. Los niños disfrutarán poniendo la mano en la Bocca de la Verità *(ver p. 202)*.

Los museos más adecuados son el **Museo Explora** y el Museo delle Mura, que explica la muralla Aureliana *(ver p. 196)*.

Entre las iglesias, San Pedro (donde podrán subir hasta la cúpula) o San Clemente *(ver pp. 186-187)* son las más divertidas.

En el Vaticano todos disfrutarán con las estatuas y mosaicos de animales de la galería de los Animales, así como con el techo de la Capilla Sixtina *(ver p. 246)*. Se debe recordar que las normas de etiqueta del Vaticano *(ver p. 231)* se aplican también a los niños.

Museo Explora
Via Flamino 82. **Plano** 1 C5. ***Tel*** *06 361 3776 (se necesita reserva).*
www.mdbr.it

ANTIGUAS RUINAS

Las ruinas que más apreciarán los niños son el Coliseo *(ver pp. 92-95)*, y los mercados de Trajano *(ver pp. 88-89)*. A partir de ellas es aún posible reconstruir mentalmente el aspecto que debieron de tener ambos edificios. Las ruinas del Foro y el Palatino, por el contrario, pueden resultar algo aburridas a los más pequeños. No así Ostia Antica, donde los restos incluyen un teatro, una tienda y un aseo público con 20 asientos *(ver pp. 270-271)*.

Mosaico del Vaticano

MOSAICOS

Hay divertidos e interesantes mosaicos en edificios dispersados por toda la ciudad, que seguro encantarán a los niños. Los detalles de los mismos van desde flores de brillantes colores, hojas, animales y edificios (en las iglesias de San Clemente, Santa Prassede y Santa Maria in Trastevere, *ver p. 186, p. 171* y *p. 212-213)* hasta la descripción de un banquete (que está expuesto en el Museo Vaticano Gregorio Profano, *ver pp. 234-235)*.

Modelos de trenes en Villa Borghese

TIEMPO DE OCIO

La oferta cultural romana aparece en la cartelera de los periódicos y el suplemento *Trovaroma* y *Roma c'è (ver pp. 354-355)*. Para los más mayores, **Time Elevator** explica los tres milenios de historia de Roma a través de un recorrido didáctico. La mayoría de los teatros y cines tiene precios reducidos para niños.

El idioma no supone una barrera, en cambio, para los dibujos animados y las funciones de marionetas. Hay dibujos animados en el Cinema dei Piccoli de Villa Borghese y teatro de marionetas todas las tardes, excepto miércoles, en la colina del Gianicolo. Otra opción es la televisión del hotel, que les mantiene también entretenidos.

En Navidad, se instala en Piazza

Descansando en la acera

Navona el mercadillo con juguetes y chucherías.

Time Elevator
Via SS Apostoli 20. **Planos** 5 A4 y 12 F3. ***Tel*** *06 9774 6243.*

Puesto del mercadillo navideño de juguetes en Piazza Navona

PARQUES

En Villa Borghese *(ver p. 258)* se alquilan botes de remos y bicicletas, y también se puede dar de comer a los patos, montar en poni y visitar el minicine o el zoo. Villa Celimontana *(ver p.193)* tiene caminos para bicicletas y teatro al aire libre. El parque de recreo LUNEUR, en la EUR, *(ver p. 266)* es divertido. También en EUR está la Piscina delle Rose, abierta en verano *(ver p. 367)*. El parque de los monstruos Bomarzo, 95 km al norte de Roma, se construyó en el siglo XVI; en él los niños pueden trepar por sus monstruos de piedra.

JUGUETES

Città del Sole ofrece variadísimos juegos y juguetes educativos, y en **Al Sogno** tienen todos los muñecos de peluche imaginables.

Città del Sole
Via della Scrofa 65.
Plano 4 F3 y 12 D2.
Tel *06 687 5404.*

Al Sogno
Piazza Navona 53. **Plano** 4 E4 y 11 C3. ***Tel*** *06 686 4198.*

ROPA DE NIÑOS

Los italianos adoran los niños bien vestidos, y en las tardes de domingo es corriente verles pasear elegantemente ataviados: niñas llenas de lazos y volantes y niños con chaquetas de terciopelo o pantalones bombachos.

En muchas tiendas venden vestidos y zapatos hechos a mano –bonitos, pero caros y poco prácticos: la ropa suele exigir la tintorería y los zapatos no aguantan el barro–.

Lavori Artigianili Femminili vende ropa de seda y lana hecha a mano para niños de hasta ocho años.

Rachele ofrece ropa de calidad, mientras que la de **Benetton** es mucho más desenfadada.

Benetton
Via del Corso 422. **Plano** 4 F2.
Tel *06 6810 2520.*

Lavori Artigianali Femminili
Via Capo le Case 6. **Plano** 5 A3 y 12 F1. ***Tel*** *06 679 2992.*

Rachele
Vicolo del Bollo 6-7 (off Via del Pellegrino). **Plano** 11 C4.
Tel *06 686 4975.*

RISTORANTE
AG-668 NR

GUÍA ESENCIAL

INFORMACIÓN PRÁCTICA

Los romanos están habituados a las valiosas obras de arte y antiguas ruinas que alberga su ciudad y no las prestan mucha atención. Los visitantes, en cambio, suelen contemplar estas maravillas con emoción, aunque no siempre resulta fácil admirarlas, pues los horarios de apertura y cierre son de lo más elástico. Muchos de estos lugares cierran durante varias horas a mediodía y vuelven a abrir a última hora de la tarde; algunos museos sólo se pueden visitar por las mañanas. Los horarios de las tiendas y bancos son, en ocasiones, igual de imprevisibles. Por otra parte, casi todos los lugares de interés se encuentran a poca distancia unos de otros. Inicie sus visitas a primera hora de la mañana y no olvide un calzado cómodo. Roma puede ser una ciudad deliciosa para hacer turismo, pero recuerde llevar siempre la ropa adecuada para entrar en las iglesias, ya que en este sentido las autoridades religiosas son muy estrictas.

MUSEOS Y MONUMENTOS

Muchos museos están abiertos todo el día y algunos cierran los lunes. Si está interesado en ver algún monumento en particular, asegúrese de que está abierto antes de visitarlo. Algunos museos no permiten la entrada una o media hora antes del cierre. Por lo general hay que pagar para entrar en los museos y monumentos, por lo que conviene comprar una tarjeta para tres días, de 18 €, que permite la entrada a los principales museos y a los Foros. El transporte por Roma está incluido.

***Roma c'è*, guía del ocio**

Algunos museos ofrecen entradas de precio reducido para los menores de 18 años y para los estudiantes que acrediten su condición con el carné correspondiente; también disfrutan de precio reducido las personas de la Tercera Edad de la Unión Europea. En cuanto a las iglesias, la entrada es gratis y muchas albergan obras de arte. Algunos lugares, como el acueducto de Nerón o los jardines del Vaticano, pueden solamente visitarse previa solicitud. En la sección *Itinerarios por Roma* encontrará los horarios de apertura de cada lugar e información sobre si hay que pagar o no entrada. La **APT** publica un folleto muy útil llamado *Musei e Monumenti di Roma,* con detalles sobre exposiciones temporales y galerías de arte.

Típico atasco de tráfico en la Via delle Quattro Fontane

INFORMACIÓN TURÍSTICA

El servicio en la principal oficina provincial de turismo (APT) es mejor que en la de la estación. En ella le informarán sobre visitas organizadas y le facilitarán alojamiento *(ver p. 295)*. Además de las oficinas de turismo oficiales hay agencias, como **CIT,** que le serán de utilidad. Para información sobre otras ciudades italianas o de los alrededores de Roma contacte con el **ENIT** (Ente Nacional Italiano de Turismo), con oficina destacada en Madrid.

Recuerde: toda la información que obtenga en Italia será aproximada, los precios y horarios cambian continuamente sin previo aviso. E incluso cuando las horas de apertura son regulares, muchos monumentos permanecen cerrados durante largos periodos de tiempo por restauración *(chiuso per restauro)* o bien debido a una huelga *(sciopero)*.

ITALIA
ENTE NAZIONALE ITALIANO PER IL TURISMO

Logo ENIT

Minibús eléctrico útil para visitar el centro histórico

◁ **Tráfico en la Via delle Quattro Fontane**

INFORMACIÓN SOBRE TIEMPO DE OCIO

El suplemento semanal *Trovaroma*, en la edición de los jueves de *La Reppublica*, y *Roma c'è* son lo mejor para consultar la cartelera. La quincenal *Un Ospite a Roma* (Huésped en Roma) también ofrece información de este tipo, y su distribución es gratuita. Para más datos sobre posibles actividades que se pueden realizar consulte la página 354.

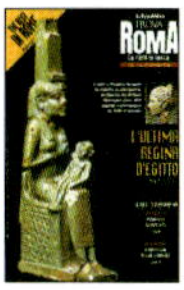

Trovaroma

VISITAS CON GUÍA

Hay varias compañías que ofrecen visitas de Roma en autobús y con guía; entre ellas **Vastour** (comentarios en castellano), **Green Line Tours** y **Carrani Tours.** Las excursiones de día completo, incluido almuerzo, cuestan 75 €; las de medio día alrededor de 30 €. Si lo prefiere, el autobús **nº 110** pasa por delante de los principales lugares de interés de la ciudad en un circuito de tres horas de duración, cuyo precio es de unos 8 € Es posible solicitar un guía en casi todos los principales monumentos, como el Foro *(ver pp. 78-87)*. Contrate sólo guías oficiales.

ATAC, compañía de autobuses

IGLESIAS

Muchas de las iglesias italianas son muy oscuras, por lo que es necesario recurrir a un sistema de iluminación que funciona con monedas para ver las capillas o determinadas obras de arte. También hay audioguías en varios idiomas. Conviene cuidar la vestimenta a la hora de visitarlas; San Pedro *(ver pp. 230-233)* es la más estricta.

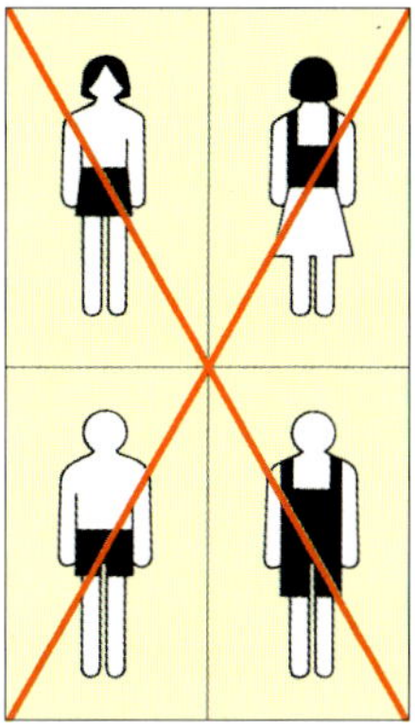

Ropa no permitida en las iglesias. El torso, los hombros y las piernas deben ir cubiertos

COSTUMBRES

En general, los romanos son corteses y amistosos con los extranjeros.

A los italianos les encanta esforzarse por hablar en una lengua que no sea la suya, así que merece la pena aprender unas cuantas frases en su idioma *(ver p. 447)*.

Acostumbran a beber sólo con las comidas, y es raro verles emborracharse. Está prohibido fumar en los transportes públicos y en los restaurantes, bares y cafés.

PROPINAS

Se espera que los extranjeros den propina, aunque los italianos no siempre lo hagan. En bares y cafés bastará con unas cuantas monedas; en los restaurantes donde no se halla incluido el servicio, deje alrededor de un 10%. Tenga siempre a mano cambio para taxistas, sacristanes y porteros de hoteles.

ROMA PARA DISCAPACITADOS

Las calles empedradas de Roma no son apropiadas para viajeros discapacitados. Compruebe antes que el semáforo está abierto y vigile los pasos de cebra. En la estación Termini existe un centro de asistencia que ofrece ayuda y consejo a los discapacitados para los desplazamientos en tren. Para los discapacitados existen rampas, ascensores o aseos adaptados en unos pocos lugares, entre ellos la estación Termini y el Coliseo. Es más conveniente que viaje formando parte de un grupo organizado. Los Museos Vaticanos, la Capilla Sixtina y San Pedro cuentan con acceso para sillas de ruedas. **Rompiendo Barreras Travel** ofrece viajes organizados a Roma.

ASEOS

Los aseos públicos son escasos. Son limpios los del Coliseo (con instalaciones para discapacitados), San Pedro y La Rinascente *(ver p. 335)*. En la mayoría de los cafés le permitirán usar el cuarto de baño si lo solicita.

DIRECCIONES ÚTILES

American Express
Piazza di Spagna 38.
Plano 5 A2. ***Tel*** *06 676 41.*

APT
Via Parigi 5. **Plano** 5 C3.
Abierto *9.00-19.00 lu-sá.*
Tel *06 488 991.*

Autobús nº 110
Piazza dei Cinquecento. **Plano** 6 D3.
Tel *06 4695 2252.*
www.trambusopen.com

Carrani Tours
Via V. E. Orlando 95. **Plano** 5 C3.
Tel *06 488 05 10.*

Centro de asistencia para discapacitados
Estación Termini. **Plano** 6 D3. ***Tel*** *199-30 30 60.* ***Abierto*** *7.00-21.00 todos los días.*

ENIT España
Paseo de la Castellana 149, 7º, edificio Gorbea 2, 28046 Madrid.
Tel *91 567 06 70.*
Fax *91 571 15 79.*
www.enit.it ***Abierta*** *9.00-17.00 lu-vi.*

Green Line Tours
Via Farini 5A. **Plano** 6 D4.
Tel 06-482 7480.
www.greenlinetours.com

Rompiendo Barreras Travel
Roncesvalles 3, 28007 Madrid.
Madrid ***Tel*** *91 552 84 01.*
Barcelona ***Tel*** *93 317 09 05.*
www.rbtravel.es

Seguridad personal y salud

En general, Roma es una ciudad segura para los visitantes, pero los robos en las calles constituyen un problema importante. No lleve encima más dinero del que necesite para el día y deje sus otros objetos de valor o documentos en la caja fuerte del hotel. Evitará que le roben su cámara si la lleva dentro de un bolso y no en su funda. Tenga especial cuidado en los lugares concurridos, como las estaciones o autobuses llenos de gente, y manténgase alejado de grupos de niños con aspecto inocente: no siempre lo son tanto.

Símbolo de farmacia

CONSEJOS A LOS VISITANTES

Asegure sus pertenencias antes de emprender el viaje, y vigílelas de cerca mientras se encuentre en la capital. Algunos hoteles tienen caja fuerte en las habitaciones, que podrá programar usted mismo memorizando un número (no emplee su fecha de nacimiento; aparece en su carné de identidad). Con objeto de prevenir cualquier posible eventualidad, guarde aparte una fotocopia de todos sus documentos, como su documento nacional de identidad (una buena ayuda en caso de robo), y lleve también una o dos fotografías pequeñas. Los cheques de viaje son el medio más seguro de llevar el dinero; conserve los recibos de los mismos aparte, para poder recuperar el importe si se pierden.

Tenga cuidado con los ladrones de bolsos o motoristas que operan en las calles solitarias. No lleve el bolso en el lado de la carretera. Es buena idea llevar el dinero en un cinturón-monedero o una riñonera, mientras que las cámaras de vídeo y objetos similares deben ir ocultas. Los ladrones (en ocasiones niños) emplean todo tipo de técnicas de distracción mientras le despojan de sus pertenencias en cuestión de segundos. Esté especialmente atento en los mercados y transportes públicos. El autobús nº 64, que va desde Termini hasta el Vaticano, es desgraciadamente famoso por los robos. También abundan las sustracciones en los coches, así que no deje en su interior ningún objeto a la vista ni lleve el equipaje en la baca. En las calles situadas al este y al sur de Termini y alrededor del Coliseo abundan la prostitución y el tráfico de drogas; por la noche pueden resultar peligrosas.

Policía montada

Las mujeres que viajen solas (o incluso en pequeños grupos) deberán tener especial cuidado. Los italianos, de carácter especialmente extravertido, son muy aficionados a los piropos.

Desconfíe también de los minitaxis, que a menudo no están asegurados y cobran de más. Operan cerca del aeropuerto, esperando aprovecharse de los recién llegados. También es recomendable evitar los guías no oficiales; limítese en la medida de lo

Motocicleta de los *carabinieri*

Carabiniere, miembro de la policía militar

Carabiniere con uniforme de guardia de tráfico

Policía municipal dirigiendo el tráfico

posible a los de las agencias oficiales *(ver pp. 297 y 374-375)*.

POLICÍA

Los 'vigili urbani', o policía municipal, llevan uniformes azules en invierno y blancos en verano, y es corriente verlos dirigiendo el tráfico. Los *carabinieri* son la policía militarizada, con pantalones con una raya roja. Se ocupan de todo tipo de robos. La *polizia* (policía estatal) viste uniforme azul con cinturón y boina blanca, y está especializada en situaciones más graves. Todos ellos le ayudarán en caso de necesidad.

Coche de policía

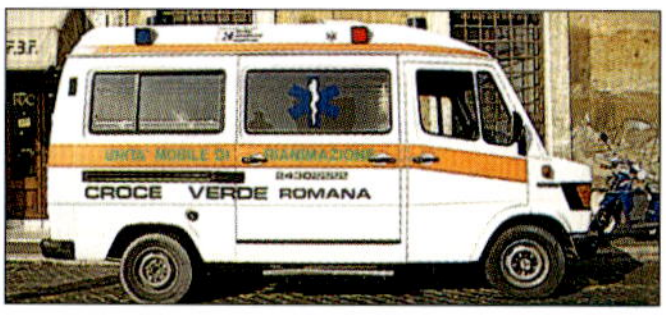

Ambulancia de la Cruz Verde Romana

Coche de bomberos

URGENCIAS MÉDICAS

Para ir a Roma no conviene olvidar el repelente de mosquitos y la crema solar de protección. El Tíber está contaminado, pero el agua del grifo y de las fuentes viene directamente de las colinas y es potable. Los residentes de la Unión Europea tienen derecho a asistencia médica gratuita, pero la burocracia aquí puede ser interminable. Antes de partir recoja su **Tarjeta Sanitaria Europea** en un Centro de Atención e Información de la Seguridad Social (www.seg-social.es), donde le informarán sobre los procedimientos para obtener atención médica gratuita.

Los visitantes de países no comunitarios tienen que suscribir un seguro que les cubra cualquier eventualidad, incluidas urgencias.

Si necesita atención médica urgente contacte con el departamento de Primeros Auxilios *(Pronto Soccorso)* de un hospital importante, como el **Policlinico Umberto I, Ospedale San Giacomo, Ospedale Fatebenefratelli** o bien consulte las Páginas Amarillas *(Pagine Gialle)* para buscar un médico *(medico)* o un dentista *(dentista)*. Para los niños está el **Ospedale Pediatrico Bambino Gesù.** En las farmacias se cuelgan carteles informando de los turnos de guardia, y algunas de ellas (una por barrio) permanecen abiertas toda la noche, y habitualmente pueden dispensarle los medicamentos equivalentes a los españoles.

En la **Farmacia Vaticana** se pueden encontrar algunos fármacos extranjeros.

Carabinieri **con uniforme de gala**

Farmacia Vaticana
Via di Porta Angela. **Plano** 3 C2.
Tel *06 6989 0561.*

Ospedale Fatebenefratelli
Piazza Fatebenefratelli 2.
Plano 4. ***Tel*** *06 683 71.*

Ospedale Pediatrico Bambino Gesù
Piazza S. Onofrio 4 **Plano** 4 F2.
Tel *06 68 591.*

Ospedale San Giacomo
Via Canova 29 **Plano** 4 F2.
Tel *06 362 61.*

Policlinico Umberto I
Viale del Policlinico 155.
Plano 6 F2. ***Tel*** *06 499 71.*

OBJETOS PERDIDOS

Comunique la pérdida en la comisaría de policía y reclame el formulario firmado. Si pierde el pasaporte acuda a la Embajada y para los cheques de viaje recurra a la compañía emisora *(ver p. 378)*.

Para objetos perdidos en un autobús o en el metro, llame a los teléfonos que aparecen más adelante. Si quiere hacer una reclamación al seguro por los objetos perdidos, necesitará denunciar su pérdida a la policía.

Comissariato di Polizia

Objetos perdidos: en autobuses y tranvías
Tel *06 581 60 40.* ***Abierto*** *8.30-13.00 lu-vi (ma 15.00-17.00).*

en el metro
Línea A ***Tel*** *06 487 43 09.*
Abierto *9.30-12.30 lu, mi, vi.*
Línea B ***Tel*** *06 57 53 22 65.*
Abierto *8.00-18.00 lu-sá.*

TELÉFONOS DE URGENCIA

Ambulancia
Tel *118 (gratuita).*

Automobile Club d'Italia
Tel *803116.*

Bomberos
Tel *115 (gratuita).*

SOS General
Tel *113 (gratuita).*

Policía
Tel *112 (Carabinieri gratuita) o 113 (policía).*

Samaritanos
Tel *800 860 022.*
de 13.00 a 22.00 todos los días.

Policía de tráfico
Tel *06 676 91.*

Bancos y moneda

Escultura en el Ministerio de Economía

Las gestiones monetarias no siempre se desarrollan con rapidez, ya que pueden requerir innumerables papeleos y horas de espera. Italia es miembro de la Unión Monetaria Europea (UEM), es decir, adoptó el euro como moneda única en 2002. Para los viajeros españoles, por lo tanto, ya no es necesario cambiar moneda en Italia, si bien existen multitud de cajeros de cambio para otras monedas. En cualquier cibercafé se pueden realizar operaciones, vía internet, en su banco.

BANCA TELEFÓNICA E INTERNET

Hoy en día, hay que contar con los servicios que ofrecen la banca telefónica y la banca *on line,* a través de internet. Previa marcación de la clave personal de acceso, en la Red se pueden consultar saldos y extractos. Asimismo, mediante la firma electrónica, es posible realizar transferencias y traspasos evitando desplazamientos innecesarios. El servicio de acceso a internet tiene una permanente disponibilidad horaria y es gratuito.

Las entidades financieras españolas suelen aplicar sustanciosas comisiones en concepto de transferencias internacionales, que pueden llegar al 1,25% si se hace por operaciones liquidadas en caja, y al 0,50% si se realiza de cuenta a cuenta.

Si necesita que le remitan urgentemente dinero a Roma, la empresa multinacional Western Union, con oficinas en toda Italia, dispone de un servicio urgente de envío de euros. La transferencia, en este caso, se realiza en el plazo de sólo diez minutos.

Oficina de cambio en uno de los bancos nacionales italianos

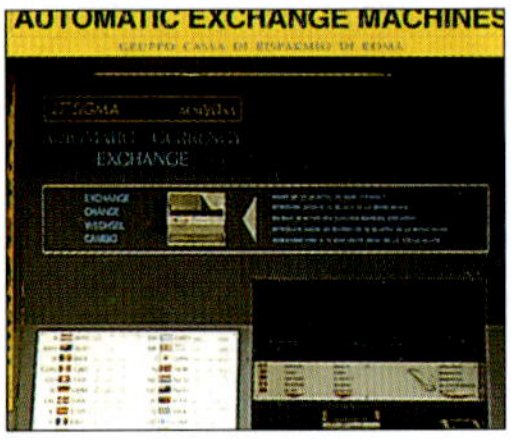

Máquina de cambio automático

TARJETAS DE CRÉDITO

Las tarjetas de crédito se aceptan habitualmente en todos los grandes hoteles, tiendas y restaurantes de Roma, y en general en toda Italia.

Todas las tarjetas más utilizadas (American Express, Access/MasterCard, Visa, Diner's Card) son aceptadas. Los bancos y cajeros automáticos suelen admitir sólo la tarjeta Visa, pero la MasterCard sirve para todos los pequeños comercios de Italia, así que resulta conveniente proveerse de ambas.

A veces puede ocurrir que aparezca duplicado un mismo gasto en el extracto de la cuenta. Es posible que la tienda haya pasado la tarjeta dos veces, sin apercibirse de ello, lo cual se corrige sin problemas al mes siguiente. Si el empleado ha cometido un error, el banco asume los gastos originados.

CHEQUES DE VIAJE

Si opta por los cheques de viaje, elija un nombre conocido, o bien los emitidos por algún banco importante. La mayoría cobra un 1% de comisión por cada cheque. Lleve algunos en valores pequeños, para evitar terminar el viaje con gran cantidad de euros. Aún así, recuerde que la comisión de cada transacción hace que cambiar pequeñas cantidades de dinero resulte al final poco económico. En un papel aparte apunte los números de serie de los cheques y las cantidades, por si los pierde o se los roban.

Lleve consigo la dirección de las sucursales donde obtener reembolsos en caso de pérdida o robo.

HORARIOS

Los bancos suelen abrir de 8.30 a 13.20 y de 15.00-16.30 de lunes a viernes, pero los horarios de apertura varían; todos cierran en fiestas nacionales y fines de semana. Las oficinas de cambio tienen un horario más amplio, similar al de los comercios. La agencia de cambio de la estación Termini *(ver p. 388)* abre los domingos.

FUNCIONAMIENTO DE LOS BANCOS

Las colas en los bancos pueden ser largas, y es necesario rellenar gran cantidad de formularios para cualquier gestión. Como medida de seguridad, muchas sucursales cuentan con puertas electrónicas dobles que sólo permiten la entrada de uno en uno. Los objetos de metal y las bolsas se deben depositar en unos armarios situados en la entrada. Presione el botón para abrir la puerta exterior, luego espere a que se cierre. Entonces se abre la puerta interior.

Uno de los principales bancos italianos

Banca di Roma, con sucursales en otras ciudades italianas

EL EURO

En el momento de la presente edición el euro es la moneda oficial de 13 Estados de la Unión Europea (Alemania, Austria, Bélgica, Eslovenia, España, Finlandia, Francia, Grecia. Irlanda, Italia, Luxemburgo, Holanda y Portugal).

Es frecuente que muchos establecimientos no acepten billetes de 100, 200 y 500 euros, aunque su uso no está sujeto a ninguna restricción legal.

Para evitar falsificaciones, los billetes cuentan con medidas de seguridad que difieren según su valor. Si se sospecha que un billete es falso, se debe entregar en una entidad de crédito, una comisaría o una sucursal del Banco de España, donde comprobarán su legitimidad, pero en ningún caso lo pueden canjear por otro de curso legal. Por el contrario, los billetes defectuosos o deteriorados sí se pueden cambiar en el Banco de España, siempre que conserven más de la mitad de su superficie.

El Banco de España ofrece información detallada sobre el euro en su web www.bde.es

Billetes
Todos los billetes tienen impresas las estrellas de la Unión Europea, y son iguales para todos los países de la zona euro.

5 euros

10 euros

20 euros

50 euros

100 euros

200 euros

500 euros

2 euros

1 euro

50 céntimos

20 céntimos

10 céntimos

Monedas
El anverso de las monedas es el mismo para todos los países de la zona euro, y en el reverso se han acuñado imágenes representativas de cada país.

5 céntimos

2 céntimos

1 céntimo

Comunicaciones

Símbolo de teléfono público

El sistema telefónico de Roma viene experimentando grandes cambios. Muchos números de teléfono han cambiado y los nuevos equipos telefónicos están reemplazando a los antiguos. Desde la desprivatización, Albacom e Infostrada compiten con la compañía nacional Telecom Italia. En este momento, la cantidad de dígitos en los números de teléfonos puede variar entre cuatro y nueve. En Italia, cuando marque un número, necesitará anteponer el prefijo adecuado. En Roma, debe incorporar el prefijo 06.

LOCUTORIOS

Los locutorios telefónicos pertenecen a Telecom Italia (antes SIP) y ASTT y suponen una forma cómoda de hacer llamadas de larga distancia. Las cabinas están insonorizadas y disponen de contadores. Un empleado le asignará una y contabilizará los pasos de su llamada una vez le haya conectado con el número que desea. Se paga a la salida. Estas llamadas carecen de suplemento, pero los horarios de estos establecimientos no siempre coinciden con las horas en que llamar resulta más barato.

Para enviar telegramas internacionales acuda a una oficina de correos o llame al teléfono 186.

TARIFAS DE LLAMADAS

Las horas en las que llamar dentro de Italia resulta más barato son de 22.00 a 8.00 de lunes a viernes, desde las 13.00 el sábado y domingos todo el día. Si no le convienen, tampoco resulta excesivamente caro hacerlo las noches de días laborables, entre las 18.30 y las 22.00, o a partir de las 13.00 los sábados. En cambio, si desea realizar llamadas internacionales, tenga en cuenta que las tarifas dependerán de las diferencias horarias.

Llamar desde la habitación del hotel es siempre mucho más caro, en ocasiones hasta un 100% más, por tanto resulta muy conveniente acudir a alguna de las oficinas de las compañías telefónicas.

TELÉFONOS PÚBLICOS

Desde los teléfonos públicos *(interurbani)* de color naranja se pueden realizar llamadas de larga distancia, en ocasiones de forma directa. Son necesarias monedas y si no coloca las suficientes, el teléfono las retendrá, no realizándose la conexión. Finalizada la llamada, las monedas sobrantes le serán devueltas.

Logo de un operador telefónico

Los teléfonos más modernos (representados en la página contigua) aceptan tarjetas telefónicas (pida una *scheda* o *carta telefonica)* y también monedas. La mayoría de los teléfonos admiten solamente tarjetas, que podrá adquirir en tiendas, bares y estancos que lleven el letrero blanco y negro de la T. Rompa la esquina marcada, inserte la tarjeta en la posición que indica la flecha en ella dibujada; su valor aparecerá en la pantalla; espere la señal y marque el número. Finalizada la llamada, la tarjeta le será devuelta y podrá volver a usarla hasta que se agote.

Para llamadas de larga distancia es mejor buscar un teléfono a *scatti* (con contador). Generalmente se encuentran en hoteles y en algunos bares. Sin embargo, son más los que utilizan el teléfono móvil para realizar cualquier llamada.

CÓMO UTILIZAR UN TELÉFONO TELECOM ITALIA DE TARJETA

1 Descuelgue el auricular y espere el tono.

2 Inserte la tarjeta en la ranura.

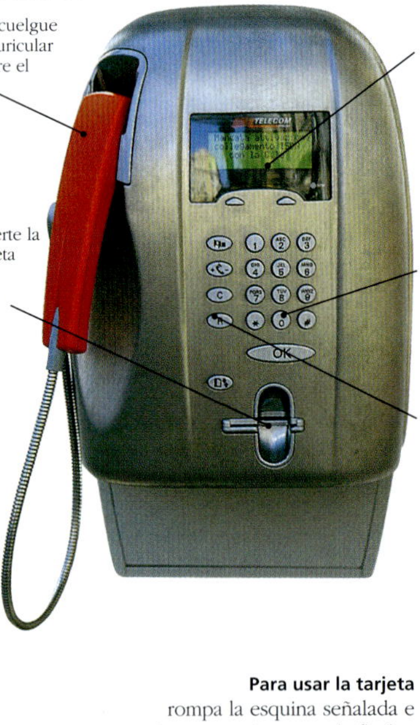

3 La pantalla muestra cuánto dinero le queda.

4 Marque el número y espere la conexión.

5 Si no ha agotado todo el dinero y desea hacer una segunda llamada, presione el botón de continuar.

Para usar la tarjeta rompa la esquina señalada e inserte según marca la flecha.

TARJETAS SIM

Si va a permanecer un largo periodo de tiempo en la ciudad es recomendable que compre una tarjeta italiana SIM. El número de la tarjeta SIM es único y lo puede utilizar en su propio teléfono móvil. El coste mínimo de la tarjeta es de 15 € con 5 € de crédito gratis. Para rellenar el crédito de la tarjeta o para comprarla se puede dirigir a cualquier quiosco, estanco o tiendas especializadas de telefonía.

INFORMACIÓN ESENCIAL

- Para llamar a Roma desde España marque: 00-39 y el número deseado.
- Para llamar a España desde Roma marque: 00-34 y el número de nueve dígitos.
- Información teléfonica: 1254 (presione 1).
- Información telefónica internacional: 1254 (presione 2).
- Con el servicio **España Directo** se pueden realizar llamadas a cobro revertido sin necesidad de hablar con una operadora italiana. Basta marcar el número 800 172 279.
- Operadora para llamadas intercontinentales: 170.

En los *tabacchi* se venden sellos

CORREO ELECTRÓNICO

Para aquellos que deseen enviar un correo electrónico o simplemente verificar su cuenta existen numerosos cibercafés, cada vez más, por toda la ciudad de Roma. Generalmente, por una módica tarifa se puede acceder a la cuenta de correo electrónico o navegar por internet. Estos establecimientos ofrecen, además, una gran variedad de bebidas, desde café hasta licores o ligeros aperitivos. La mayoría se encuentra cerca del centro lo que permite que los visitantes puedan acceder a ellos.

Cyber Café
Via del Corso 320.
Plano 4 F2.
Tel *06-678 6209.*
Abierto *10.00–19.00 ma-do.*

EasyInternetCafé
Piazza Barberini.
Plano 5 B3.
Abierto *8.00–1.00 todos los días*

Internet Café
Via Marrucini 12. **Plano** 6 F3.
Tel *06-445 4953.*
Abierto *9.00–1.00 lu-vi, 16.00–1.00 sá-do.*

Mail Boxes Etc
Via dei Mille 38.
Plano 6 E3.
Tel *06-446 1945.*
Abierto *9.00–16.30 lu-vi, 9.00–13.00 sá.*

Enviar una carta

El servicio de correos italiano no es particularmente eficaz, y suele bromearse con que las cartas viajaban más rápido en tiempos del antiguo Imperio que en la actualidad, a pesar de las modernas tecnologías. El envío de postales, no obstante, funciona mejor, pero recuerde que cualquier cosa que mande al extranjero tardará tiempo en llegar. Agosto es la peor época, y no le extrañe que una postal tarde algunas semanas.

Si precisa realizar un envío urgente, conviene utilizar el nuevo *posta prioritaria;* los sellos que necesita y los ordinarios *(francoboli)* se pueden adquirir en los estancos con la T en blanco y negro, además de en las oficinas de correos.

El horario de las oficinas de correos es de 8.00 a 14.00 de lunes a viernes, de 8.30 a 12.00 los sábados y el último día de cada mes. Las principales estafetas, sin embargo, permanecen abiertas las 24 horas, o bien cierran tarde para algunos servicios, como el de correo certificado.

Entre las oficinas de correos que funcionan 24 horas están las de Piazza di San Silvestro en Termini o la del aeropuerto.

Los buzones italianos son rojos para el correo nacional y azules para el internacional *(estero).*

Carta a Roma **Otros destinos**

Oficina de correos

LISTA DE CORREOS

Podrá enviar cartas y paquetes a Roma dirigiéndolos a: Palazzo delle Poste, Roma, *Fermo Posta.* No olvide escribir el nombre del destinatario en letras mayúsculas, subrayándolo para evitar confusiones. Para recoger su correo allí deberá mostrar su pasaporte y abonar una pequeña suma. American Express cuenta con un servicio gratuito para sus clientes.

Letrero de Correo Vaticano

Sellos vaticanos

CORREO VATICANO

El correo del Vaticano cuesta lo mismo que el estatal, pero funciona mejor. Compre tarjetas y sellos en la entrada a los Museos Vaticanos o en la plaza de San Pedro. Las cartas con estos sellos sólo deben echarse en los buzones azules.

Información adicional

Aeropuerto de Fiumicino, punto de llegada de la mayoría de los visitantes a Roma

DOCUMENTACIÓN Y ADUANAS

Dado que España, Francia e Italia son países de la Unión Europea pertenecientes al Grupo de Schengen, los viajeros españoles, salvo casos muy excepcionales, no encontrarán impedimentos para franquear las fronteras tanto francesas como italianas; les bastará con portar el documento nacional de identidad español. Nunca está de más llevar el pasaporte o el carné de conducir.

Los viajeros procedentes de países comunitarios no tienen la obligación de declarar al pasar la aduana, pero suelen realizarse inspecciones ocasionales con objeto de detectar posible tráfico de drogas.

INFORMACIÓN PARA ESTUDIANTES

Es conveniente llevar el Carné Internacional de Estudiante (International Student Identity Card, ISIC) para obtener descuentos en museos y transportes.

El carné de alberguista (IYHF) ofrece la posibilidad de pernoctar por muy poco dinero en alguno de los muchos albergues que hay repartidos por Italia.

Hay cuatro modalidades: juvenil (para menores de 26 años), adulto, familiar y para grupos de 10 personas.

Para tramitarlo se requiere presentar el documento nacional de identidad. Este carné puede conseguirse también nada más llegar en cualquier albergue juvenil de Roma. Para más información contactar con el **Centro Turistico Studentesco.** La **Associazione Italiana Alberghi per la Gioventù** posee cuatro albergues en la ciudad. **Wasteels** le informará sobre los descuentos en ferrocarriles.

Estudiantes en las escaleras de Santa María la Mayor

Carné ISIC

En España:

TIVE

Fernando el Católico 88, 28015 Madrid. ***Tel*** *91 543 74 12.* ***Fax*** *915 492 243.*
@ tive.juventud@madrid.org
Abierto *9.00-14.00 lu-vi.*

TUJUCA

Rocafort 116-122, 08015 Barcelona.
Tel *93 483 83 41.*
www.tujuca.com

En Italia:

Associazione Italiana Alberghi per la Gioventù

Via Cavour 44, 00184. **Plano** 3 D3.
Tel *06 487 11 52.* ***Fax*** *06 488 04 92.*
www.ostellionline.org

Centro Turistico Studentesco

Via Genova 16. **Plano** 5 C3
Tel *06 462 0431.* Corso Vittorio Emanuele 297. ***Tel*** *06 687 2672.*
Centralita: 199-50 11 50.
www.cts.it

Wasteels

Via A Belloni 1, 20162 Milán.
Tel *02-6610 3096.* **www.**wasteels.it

SERVICIOS RELIGIOSOS

Para muchos católicos una visita a Roma implica una obligada audiencia con el Papa. Las generales suelen celebrarse cada miércoles a las 11.00 (a las 10.00 si el tiempo es caluroso) en la sala de Audiencias de San Pedro o en la residencia de verano de Castelgandolfo. Si desea asistir a una, escriba a la **Prefettura della Casa Pontificia** *(p. 231)* antes de partir (en algunas agencias de viajes romanas le harán los trámites para asistir a una como parte de una visita organizada en autobús). Son gratuitas. **Pertur,** agencia especializada en peregrinaciones, organiza desde España varios recorridos por Italia que visitan Roma.

Se celebran misas en las principales iglesias de Roma todos los días. Algunos de los templos donde además es posible confesarse en español son San Pedro *(ver pp. 230-233),* San Juan de Letrán *(pp. 182-183),* San Pablo Extramuros *(p. 267),* Santa Maria Maggiore *(pp. 172-173),* Il Gesù *(pp. 114-115),* Santa Sabina *(p. 204)* y San Ignacio *(p. 106).*

Prefettura della Casa Pontificia

Città del Vaticano,00120. **Plano** 3 B3
Tel *06 6988 3273.* ***Fax*** *06 6988 5863.*

Pertur

Dr. Esquerdo 130, oficina 43 4°, 28007 Madrid. ***Tel*** *91 551 64 04.*
@ viajespertur@terra.es

El papa Benedicto XVI durante una audiencia en la plaza de San Pedro

OTROS CREDOS RELIGIOSOS

Judío

Sinagoga, Lungotevere Cenci. **Plano** 4 F5 y 12 D5. ***Tel*** *06 684 00 661.*

Musulmán

Viale della Moschea 85 (Mezquita, Parioli). **Plano** 2 F1. ***Tel*** *06 808 21 67.*

PERMISOS DE VISITA

Para visitar ciertos lugares de Roma es necesario obtener un permiso escrito y efectuar la reserva con antelación. Esto es válido, sobre todo, para restos arqueológicos, que, a menudo, se cierran en el transcurso de excavaciones. Escriba a la dirección que aparece más adelante, indicando su nombre, el número de personas de su

La mezquita en Parioli

grupo, la razón por la que quiere visitar el lugar y los días en los que quiere hacer la visita. Procure incluir un teléfono de contacto en Roma. Es recomendable enviar la petición por fax. Llame unos días antes para confirmar su visita.

Ufficio Monumenti Antichi e Scavi

Via Ostiense 106.
Plano 8 E4.
Tel 06 6710 3819.
www.romacultura.org

PERIÓDICOS, TELEVISIÓN Y RADIO

Los principales periódicos de Roma son *La Reppublica* e *Il Messagero*. Para conseguir prensa española recomendamos ir a la plaza de San Pedro.

Prensa internacional en Roma

En cualquier cibercafé se puede consultar, *El País.es* (www.elpais.es).

Los canales de televisión pública son RAI Uno, Due y Tre, todos de la misma ideología política. La llegada de la televisión por cable y vía satélite hace posible ver Televisión Española. Radio Exterior de España (RNE) se escucha en Roma a través de onda corta, internet (www.rne.es) y vía satélite.

EMBAJADA Y CONSULADO DE ESPAÑA

En el consulado español se puede proveer de un nuevo pasaporte en caso de pérdida o caducidad del anterior, informarse sobre médicos, hospitales, escuelas, intérpretes, empresas o abogados en el país que visite y recibir, bajo determinadas circunstancias, la cantidad necesaria para su repatriación, que deberá devolver más tarde al Tesoro Público.

Embajada de España

Palacio Borghese, Largo Fontanella Borghese 19, 00186 Roma.
Tel *06 684 04 01.*
@ ambespit@correo.mae.es
www.amba-spagna.com

Consulado General de España

Via Campo Marzio 34, 00186 Roma.
Tel *06 687 3822.*
Fax *06 687 11 98.*
@ cgesproma@mail.mae.es

CURSOS PARA EXTRANJEROS

Tal vez desee usted realizar algún curso ya sea de lengua y cultura italianas o bien cualquier otra materia, como arquitectura, pintura, música o diseño. Los institutos de cultura italiana en el extranjero son los encargados de gestionar los cursos, inscripciones, matrículas, becas, estancias y viajes. Todos los años cambian las fechas y aumenta la oferta.

Para más información contacte con el **Istituto Italiano di Cultura:**
Tel *91 547 86 03 (Madrid).*
Tel *93 487 53 06 (Barcelona).*
www.iicmadrid.com
www.iicbarcellona.esteri.it

TURISMO MUSICAL

Existen algunas agencias en España, como **Turismúsica,** especializadas en el turismo musical con muchos años de experiencia. Además de entradas a los principales eventos musicales, también pueden gestionar al viajero el transporte a la capital italiana y el alojamiento *(ver pp. 356-357).*

Turismúsica

Rey Francisco 9, 28008 Madrid.
Tel *91 541 96 68.*
www.turismusica.com

ELECTRICIDAD

La corriente eléctrica en Italia, como en España, es de 220 voltios. La mayoría de los hoteles de tres o más estrellas cuentan en las habitaciones con enchufes para secadores de pelo y maquinillas de afeitar.

Enchufe para máquina de afeitar para 110 o 220 voltios

Los enchufes tienen dos patillas

LLEGADA Y DESPLAZAMIENTOS

Iberia, Alitalia y Air Europa programan vuelos diarios y directos a Roma desde Madrid y Barcelona. Alitalia dispone de vuelos directos desde las principales ciudades europeas. Además, la capital italiana está conectada al resto de Europa por ferrocarril y autobús. Ya que las ofertas aéreas actuales vienen a costar lo mismo, los viajes en tren o autobús sólo resultan rentables si se tiene intención de visitar más lugares aparte de Roma; también hay que considerar, que se tarda desde Madrid unas 24 horas, frente a las 2 horas y 20 minutos de vuelo. En verano, los trenes suelen circular abarrotados. Desde Barcelona parte el Trenhotel *Salvador Dalí*, que dispone de camas, con destino a la ciudad de Milán. Desde la capital lombarda es muy sencillo llegar a Roma en pocas horas.

Avión de Alitalia

Modernas estructuras distinguen el aeropuerto de Fiumicino

EN AVIÓN

Tanto desde Madrid como desde Barcelona, **Iberia, Alitalia, Air Europa** y **Spanair** ponen en servicio varias conexiones diarias. Iberia y Alitalia programan varios enlaces al día hacia Roma desde Madrid y Barcelona. Alitalia, además, tiene conexión diaria a la capital italiana desde otras ciudades españolas, entre ellas Málaga, Bilbao y Valencia. Compañías áereas de bajo coste como Air Madrid y Ryanair ofrecen vuelos directos a la capital italiana desde varias ciudades españolas.

COMPAÑÍAS AÉREAS EN ESPAÑA

Air Europa
Tel *902 401 501.*
www.aireuropa.com

Alitalia
Tel *902 100 323.*
Madrid:
Tel *91 3054336.*
Barcelona: ***Tel*** *93 3703652.*
www.alitalia.es

Iberia
Tel *902 400 500 (Serviberia).*
Tel *902 400 433 (atención a clientes).*
www.iberia.com

Ryanair
www.ryanair.com

Spanair
Tel *902 131 415.*
www.spanair.com

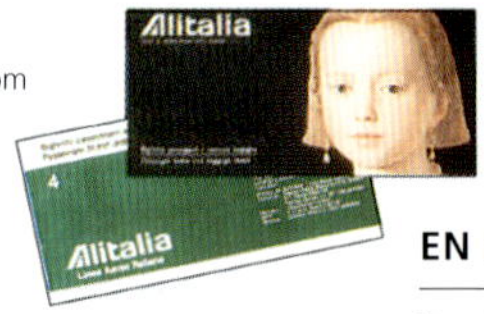

Billetes de avión de Alitalia

COMPAÑÍAS AÉREAS EN ROMA

Iberia
Terminal B Partenze Internazionali, aeropuerto de Fiumicino. ***Tel*** *199 101 191.*

Alitalia
Tel *06 22 22.* **www.**alitalia.it
Tel *06 656 41 (vuelos nacionales).*

Fiumicino, principal aeropuerto internacional de Roma

TARIFAS AÉREAS

Las tarifas más económicas aplicables a vuelos desde España exigen pernoctar el sábado en la capital italiana dentro de un periodo máximo de 14 o 30 días, según la promoción. Estos billetes, que sólo se pueden adquirir con bastante antelación y a través de internet, no admiten cambios ni reembolsos.
La ruta virtual para volar más

barato se encuentra en las webs de las compañías aéreas *(ver p. 384)*, así como las ofertas aparecidas en los últimos quince días (www. es.lastminute.com o www.edreams.es). Asimismo conviene consultar las páginas web de algunas agencias *on line* (www.viajar.com, www.muchoviaje.com), puesto que recogen diariamente las mejores ofertas para cualquier tipo de viaje. En TSales (www.tsales.com), se encuentran los billetes más baratos y con plazas confirmadas.

Letreros indicadores en Ostiense

CON NIÑOS

Iberia y Alitalia consideran menor al niño que no ha cumplido los 12 años. Con Iberia, desde los 2 años hasta esa edad sólo paga el 50%.

El menor de 24 meses no ocupa asiento y la tarifa aplicada es del 10%. Un adulto puede llevar a su cargo, como máximo, dos niños menores de 2 años; en este caso, uno de ellos deberá abonar el 50%.

A partir de los 5 años los niños pueden viajar solos; el personal auxiliar se encarga de atenderlos y normalmente no suele haber ningún problema.

PAQUETES TURÍSTICOS

Estos paquetes pueden ser una opción mucho más rentable para visitar Roma que volar de forma independiente. Algunos incluyen dos o tres ciudades italianas como destino, y, generalmente, Roma suele combinarse con Florencia y Venecia.

Pida en su agencia de viajes, o consulte en internet, la programación de **Da Vinci** (www.davincitour.com) e **Italiatour** (www.italiatour.com). dos operadores turísticos especializados en Italia.

AEROPUERTO DE FIUMICINO

Roma cuenta con dos aeropuertos para vuelos internacionales. A Leonardo da Vinci –más conocido como Fiumicino– llegan la mayor parte de los vuelos regulares; se encuentra a unos 30 km al suroeste de la ciudad. El aeropuerto tiene tres terminales. La terminal A se utiliza para vuelos nacionales, la terminal B para vuelos nacionales e internacionales dentro de la Unión Europea y la terminal C para internacionales.

Desde Fiumicino hay un tren (5 €) a la estación de Fara Sabrinia (de 6.27 a 23.27, 30 minutos de trayecto). También para en las estaciones de Trastevere, Ostiense, Tuscolana y Tiburtina, pero no en Termini. Leonardo Express es más rápido y más caro (11 €). Va hasta Termini sin ninguna parada cada media hora (6.35-23.35). Si tiene suerte, la ventanilla de la oficina, donde también se venden billetes de metro, estará abierta; si no, tendrá que entendérselas con la máquina de billetes automática *(ver p. 389)*. Ostiense se halla conectada con la estación de metro Piramide. Aquí podrá tomar un tren que le llevará al centro de la ciudad. Esta línea de metro funciona desde las 5.30 hasta las 23.30 cada día. Después de las 21.00, resulta difícil conseguir un taxi en Ostiense, pero hay autobuses (el 95 y 30) que le dejarán en la Piazza Venezia. Otra buena solución consiste en alquilar un coche en las oficinas del aeropuerto *(ver p. 395)*.

Servicio de alquiler de coches en Fiumicino

Se están realizando grandes esfuerzos para mejorar el aeropuerto y sus alrededores. Incluido un sistema de transporte de pasajeros por raíl entre varios puntos del aeropuerto, la ampliación de la terminal A y la construcción de un hotel de cuatro estrellas cerca de las terminales.

Tren que conecta Fiumicino con la estación Termini

AEROPUERTO DE CIAMPINO

El otro aeropuerto es Ciampino, aproximadamente a 15 km al sureste, donde llegan casi todos los vuelos chárter. Encontrará oficinas de las principales agencias de alquiler de coches, aunque le resultará más cómodo desplazarse al centro de la ciudad en autobús o taxi.

El camino más rápido para llegar al centro de Roma es con el autobús Terravision. Enlaza directamente con la estación Termini; el billete cuesta 8 € (14 € ida y vuelta). Una opción más económica es el autobús Cotral o el Schiaffini que le dejan en la estación de metro Anagnina, luego enlaza con el metro a Termini. Los billetes (1 €) se pueden comprar en el mismo autobús. Un servicio de autobús local enlaza el aeropuerto con la línea principal de la estación de Ciampino. Los taxis desde el aeropuerto son caros (30 €); utilice sólo los oficiales.

Ciampino, un aeropuerto de vuelos chárter

Llegar a Roma

El plano muestra las principales conexiones de autobús, tren y metro para llegar a Roma. En él figuran las conexiones entre los dos aeropuertos de la ciudad y el centro de la misma, así como las vías de unión entre Roma y el resto de Italia, y las líneas internacionales de ferrocarril desde los países europeos vecinos. En cada cuadro se ofrece información detallada sobre duración de viajes y frecuencia del servicio.

FS Conexiones nacionales

*Líneas a Flaminio desde **Viterbo** (2 h), **Bracciano** (90 min).*

M Línea A, norte

Paradas después de Ottaviano S. Pietro: Cipro Musei Vaticani, Valle Aurelia, Baldo degli Ubaldi, Cornelia y Battistini (última parada).

FS Ruta costera desde el norte de Italia

*Conexiones con la estación Termini. **Marsella** (11 h), **Niza** (9 h), **Turín** (7 h, 30 min), **Génova** (6 h), **Pisa** (3 h 30 min).*

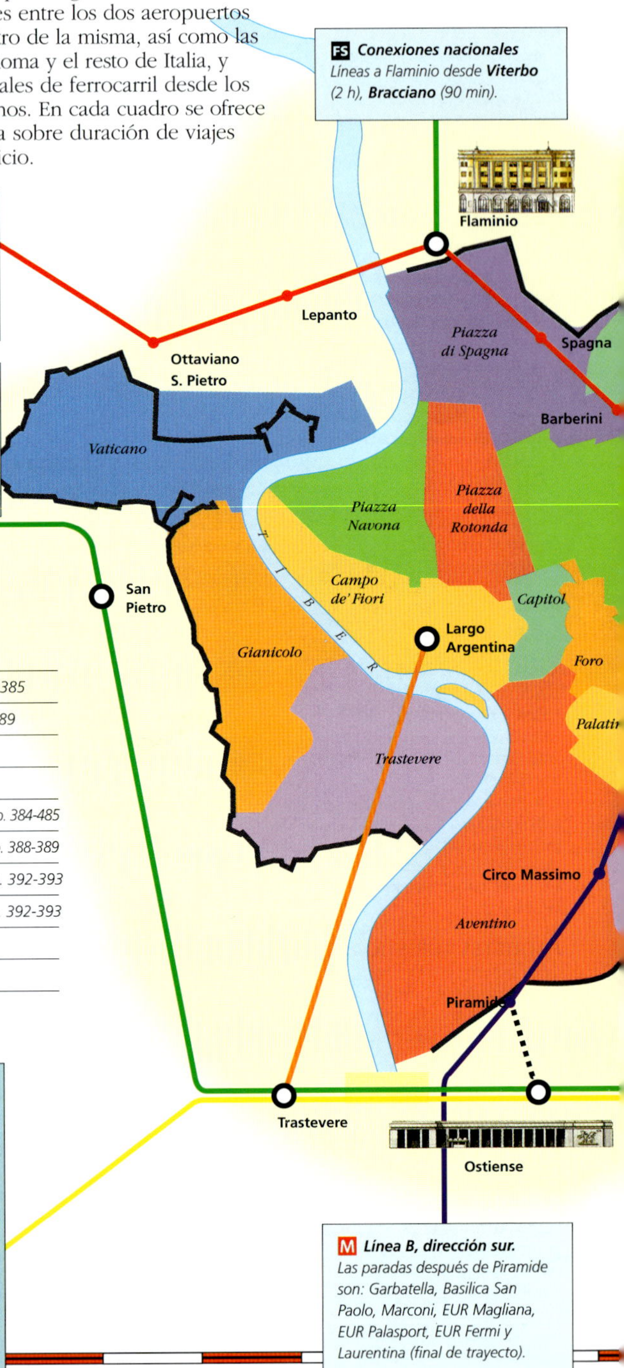

SIMBOLOGÍA

- Aeropuerto *ver pp. 384-385*
- FS Ferrocarril *ver pp. 388-389*
- Autobús *ver p. 389*
- M Metro *ver pp. 392-393*
- Conexión aeropuerto *ver pp. 384-485*
- Conexión ferrocarril *ver pp. 388-389*
- Línea A de metro *ver pp. 392-393*
- Línea B de metro *ver pp. 392-393*
- Pasillo
- Tranvía 8

LEONARDO DA VINCI (FIUMICINO)

Trenes directos enlazan con Ostiense, Tiburtina y Termini.

FS *Fiumicino–Fara Sabina (vía Trastevere, Ostiense y Tiburtina)*

cada 15-30 min.

Fiumicino–Termini

cada 30 min.

www.adr.it

M Línea B, dirección sur.

Las paradas después de Piramide son: Garbatella, Basilica San Paolo, Marconi, EUR Magliana, EUR Palasport, EUR Fermi y Laurentina (final de trayecto).

Roma está muy bien conectada por autobuses

Conexiones en autobús con Roma
Líneas de autobús nacionales e internacionales en ***Piazza del Cinquecento*** *(frente a Termini). Autobuses para la región del Lacio en* ***Lepanto, Anagnina*** *o* ***Laurentina.***

Internacional y norte de Italia
Conexiones con Termini. Los trenes que llegan después de medianoche van a Tiburtina. ***Madrid*** *(24 h)* ***París*** *(15 h),* ***Viena*** *(14 h),* ***Ginebra*** *(14 h),* ***Munich*** *(11 h),* ***Verona*** *(7 h),* ***Milán*** *(5 h),* ***Bolonia*** *(3 h, 30 min),* ***Florencia*** *(2 h).*

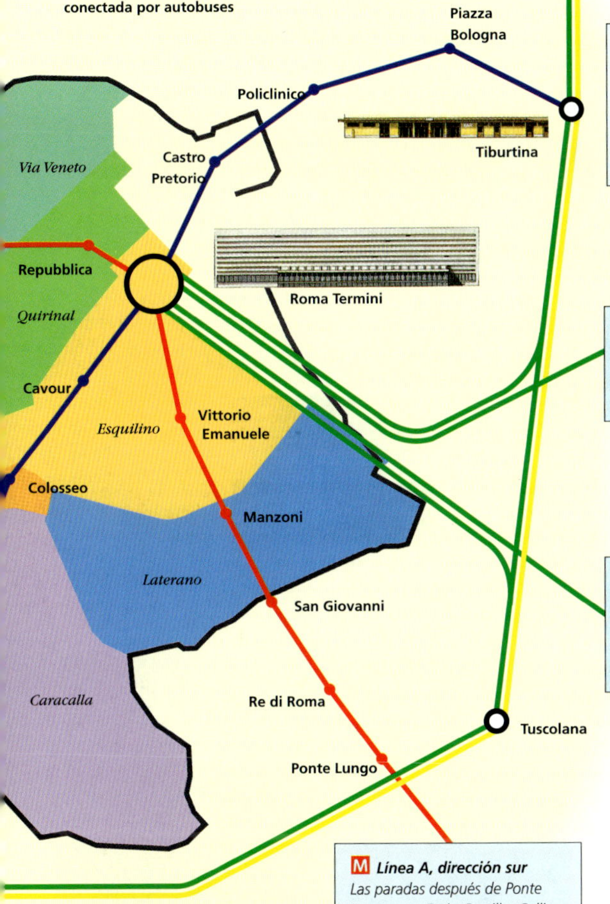

Línea B, dirección norte
Las paradas después de Tiburtina son: Monti Tiburtini, Pietralata, Santa Maria del Soccorso, Ponte Mammolo y Rebibbia (final de trayecto).

Este de Italia
Conexiones con la estación de Termini. ***Pescara*** *(4 h),* ***L'Aquila*** *(3 horas 30 minutos).*

Sur de Italia
Conexiones con la estación de Termini. ***Palermo*** *(12 h).* ***Reggio Calabria*** *(9 h, 30 min),* ***Bari*** *(6 h, 30 min),* ***Nápoles*** *(2 h).*

Línea A, dirección sur
Las paradas después de Ponte Lungo son: Furio Camillo, Colli Albani, Arco di Travertino, Porta Furba, Numidio Quadrato, Lucio Sestio, Giulio Agricola, Subaugusta, Cinecittà y Anagnina (final de trayecto).

Estación de metro Termini

CIAMPINO
Autobús *cada 30-60 min a Ciampino (10 min) y a la estación de metro Anagnina (Línea A; 25 min). Ambos enlazan con la estación Termini. También existe un servicio privado de autobuses a esta estación.* **www**.adr.it

Llegada a Roma en tren, autobús o coche

El tren es la forma más rápida de llegar a Roma por tierra, aunque existen conexiones directas en autobús con Madrid y Barcelona. Dentro de Italia, los trayectos largos se hacen mejor en ferrocarril, pero para las poblaciones que se encuentran fuera de las principales líneas interurbanas suele ser más rápido el autobús. Para los que lleguen en coche, el Italian Automobile Club *(ver p. 377)* proporciona asistencia gratuita y excelentes mapas a sus afiliados.

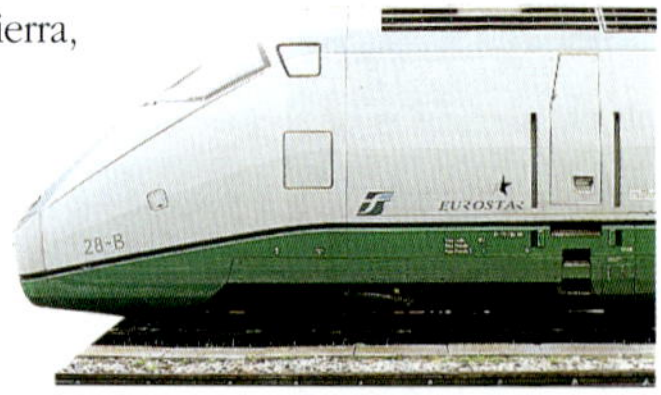

Tren de alta velocidad

Vestíbulo de la estación Termini

STAZIONE TERMINI

De la estación barcelonesa de Sants sale los martes, jueves y domingos (la última semana de junio todos los días) a las 20.40 el Tren Hotel *Salvador Dalí* con destino a Milán. La hora de llegada es a las 9.10. Después de transbordar a otro tren se alcanza la ciudad de los césares fácilmente.

La Stazione Termini, principal estación de ferrocarril de Roma, es también el centro de la red de transportes públicos. Bajo ella se encuentra la intersección de las dos únicas líneas de metro y, justo fuera, en la Piazza del Cinquecento, se halla la terminal de autobuses. Aunque se trata de uno de los ejemplos más impresionantes de arquitectura del siglo XX de la ciudad, resulta un lugar poco seguro. Se está restaurando actualmente.

Logo de Trenitalia

Si llega de noche, aléjese de los alrededores de la estación lo antes posible. Siempre suele haber taxis, incluso de madrugada, y la mayor parte de los autobuses nocturnos sale de Termini.

Dispone de consigna, comisaría de policía donde notificar cualquier pérdida o robo en el transcurso del viaje o en la estación, y una pequeña oficina de Citalia donde cambian dinero además de dar información. En el vestíbulo hay una oficina de teléfonos *(ver p. 380)*, librería, oficina de correos y estanco (en el que proveerse de billetes de metro y autobús). Entre otras instalaciones se encuentran una hamburguesería, un café, una oficina de billetes para el Trasalpino y, abajo, en la estación de metro, una peluquería, una farmacia y un *albergo diurno* donde, por un módico precio, se puede tomar un baño o darse una ducha.

Letrero de andén

Letrero de salida

De las restantes estaciones de Roma, sólo cuatro de éstas son de interés para turistas. Se trata de Ostiense y Trastevere, de donde salen los trenes a Fiumicino y Viterbo *(ver p. 271)*; Tiburtina, para la línea norte-sur que recorre Italia, y Roma Nord, para los viajeros que se dirigen a Prima Porta.

VIAJAR EN TREN

Trenitalia, la empresa estatal de ferrocarril italiana, opera a varios niveles, desde trenes locales con paradas en todas las estaciones hasta el *Eurostar,* tren ultrarrápido y extremadamente lujoso con pasajes de primera clase. Conecta Roma con Milán, Turín, Génova, Bari, Nápoles y Venecia. Es necesario reservar, pero hay que contar con los elevados suplementos de velocidad; ofrece prensa gratis. También hay que pagar suplemento en los trenes interurbanos. Realizan recorridos largos y disponen de compartimentos de

Termini, corazón de la red ferroviaria y de transportes italiana

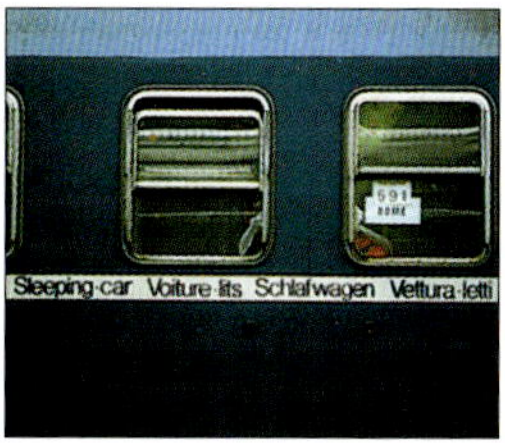

Coche cama de tren internacional

primera y segunda clase. En temporada alta y los fines de semana se aconseja reservar. En las agencias con el símbolo FS se reservan o se compran los billetes por adelantado. La página web más útil sobre trenes en Italia es www.trenitalia.com. Aquí se pueden ver los horarios y comprar los billetes. Desde Roma también se puede tomar trenes Eurocity (EC) a ciudades de toda Europa.

Trenitalia
Tel *89 20 21.*
www.trenitalia.com

MÁQUINAS DE BILLETES DE TREN

Estas máquinas expendedoras de billetes son fáciles de utilizar; muestran instrucciones de empleo en seis idiomas. Aceptan monedas, billetes y tarjetas de crédito.

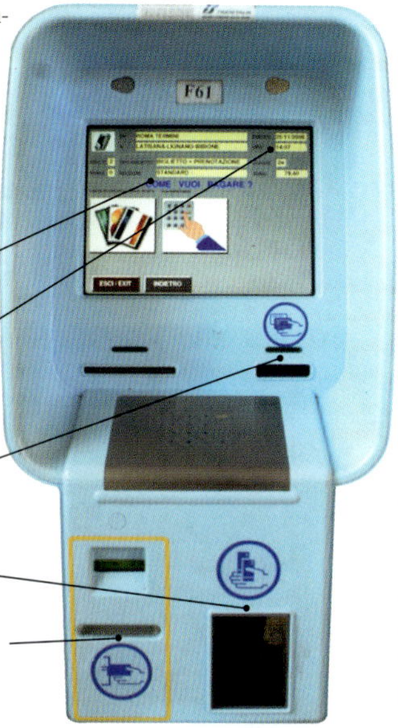

1 Seleccione el destino deseado.

2 El precio aparece en pantalla.

3 Inserte las monedas, los billetes o las tarjetas Visa, American Express o Dinners Club.

4 Tome su billete y su cambio.

5 Debe insertar su billete aquí para validarlo.

VIAJAR EN AUTOBÚS

Los autobuses regionales y de largo recorrido son de color azul

Hay línea regular entre Madrid, Barcelona y Roma. Circulan los lunes, miércoles, viernes y sábados autobuses de **Eurolines,** salvo en verano, que lo hacen diariamente (excepto domingos). La estación de destino es Tiburtina. La **Línea Appia** ofrece servicios regulares a distintos puntos de Italia, como Florencia, Nápoles, Capri, Sorrento, Pompeya y, en verano, Venecia y Asís. Los autobuses locales, que conectan Roma con ciudades y pueblos de la región del Lacio, pertenecen a la compañía COTRAL. Todas las estaciones de autobuses utilizadas por Lineelaziali se hallan conectadas con las de metro. Los billetes se pueden adquirir en el mismo lugar de salida y no es posible reservar con mucha antelación.

Eurolines
Tel *902 40 50 40 (España).*
www.eurolines.es

Línea Appia
Piazza dell'Esquilino 6–7. **Plano** 6 D4.
Tel *06-4878 6604.* **www**.appianline.it

COTRAL
www.cotralspa.it

Lazzi Express
Via Tagliamento 27B. ***Tel*** *06-884 08 40.*
www.lazziexpress.it

VIAJAR EN COCHE

Para conducir su propio coche en Italia necesitará el seguro obligatorio de automóviles. Muchas de las carreteras de entrada a Roma están conectadas con el Grande Raccordo Anulare (GRA). En todas las autopistas italianas hay que pagar peaje. En los controles de peaje aceptan dinero en metálico pero no las principales tarjetas de crédito: sólo las tarjetas de autopista Viacard; en España se venden en las delegaciones del Real Automóvil Club de España (RACE).

Los carteles azules indican las autovías; los verdes, las autopistas

Autobús de Eurolines que une Roma con varias ciudades españolas

CÓMO DESPLAZARSE

El centro de la capital italiana está muy agrupado y, aunque tampoco se trata de intentar llegar a todas partes caminando, sí es una ciudad que permite pasear gran parte del tiempo.

El casco es obligatorio para todas las motos

Debido a que en las calles del centro el tráfico es intenso, no resulta recomendable ir en coche, pero sí se ven muchos motoristas y visitantes recorriéndolo en bici. Los transportes públicos pueden ser muy lentos, así que es conveniente utilizarlos solamente para trayectos largos. El metro, ideado para conectar los alrededores de la ciudad con el centro, no tiene paradas en el centro histórico, cerca del Panteón o de Piazza Navona, aunque sin duda constituye el medio más rápido de atravesar la ciudad.

A PIE

Pasear por la parte vieja de Roma puede resultar una auténtica delicia, ya que le permitirá fijarse en los detalles arquitectónicos, empaparse de la vida callejera y detenerse en donde quiera y cuantas veces lo desee. Y es posible visitar, o al menos ver, varios de los principales lugares de interés en unas pocas horas. El Coliseo, por ejemplo, se halla a sólo 2,5 kilómetros de la escalinata de Piazza di Spagna. La ruta hasta él puede incluir el Foro, Piazza Venecia y varias iglesias; para visitar otros sitios, como la Fontana di Trevi, la galería Doria Pamphilj o el Panteón, es necesario realizar un pequeño desvío. Para distancias mayores utilice los transportes públicos.

Aunque algunas zonas del centro histórico son peatonales está permitida la circulación de bicicletas y ciclomotores. Se han elaborado numerosos planes para crear más zonas libres de tráfico, pero imponer estas medidas a una población tan insubordinada como la romana no siempre resulta fácil.

En verano, cuando el calor se hace insoportable, recuerde que las estrechas calles empedradas reciben menos luz y son por tanto más frescas que las avenidas o *piazze*.

En plena época estival encontrará útil seguir la costumbre de los italianos: camine siempre por el lado más sombrío de la calle; saboree una larga comida seguida de una siesta y no vuelva a salir hasta la tarde, cuando hace menos calor, las iglesias y tiendas vuelven a abrir sus puertas y la ciudad vuelve a animarse.

Indicaciones para peatones

Resulta agradable pasear de noche, cuando el aire es más fresco y las fachadas de los edificios se hallan iluminadas.

Avanti! Es el momento de cruzar la calle

Alt! El semáforo se abre para los coches

Paso de cebra. Cruzar por él es sólo un poco más seguro que no hacerlo

CRUZAR LAS CALLES

A primera vista uno tiene la impresión de que en Roma sólo existen dos clases de peatones: los rápidos y los muy lentos. Incluso si usted cruza las calles por los semáforos o pasos de cebra, y cuando le corresponde, no se sorprenda al ver una Vespa circulando hacia usted con evidentes intenciones homicidas.
Por fortuna, los conductores romanos son rápidos de reflejos. Los creyentes, sin duda, atribuirían esto a la protección de Santa Francesca Romana *(p. 87)*, los escépticos al hecho de que según la ley de seguros italiana, los conductores son siempre responsables de todo accidente. Sea cual sea el motivo, el hecho es que los accidentes

Paso de peatones

Cuidado con los niños

escasean. La mejor táctica, estar alerta y confiar en los romanos. Debido al intenso tráfico, cuando cruce una calle mantenga la mayor distancia posible entre usted y los coches. Ponga el pie en la calzada con decisión, y mire a los conductores con determinación. Una vez hecho esto, el truco consiste en no detenerse: no dude, no vuelva atrás y, sobre todo, no corra. Siempre que el conductor pueda verle se detendrá, o, al menos, se desviará, aunque sea en el último momento.

Tanto peatones como conductores deben tener especial cuidado por la noche, cuando los semáforos están continuamente cambiando a luz ámbar intermitente, convirtiendo los cruces en lugares de paso para todos.

SEÑALES DE TRÁFICO

En teoría, y aunque no siempre lo parezca, los peatones tienen derecho a cruzar una calle cuando los semáforos muestran la luz verde. La señal roja de *alt* indica que debe usted esperar. Los pasos subterráneos están señalados con el cartel de *sottopassaggio*. Resulta fácil perderse en el entramado de callejuelas y plazas de especial interés turístico. Hay carteles de color gris o marrón mostrando la ruta a seguir para llegar a dichos lugares.

Prohibido detenerse

Prohibido aparcar

Calle de una sola dirección

Calle sin salida

EN COCHE

Conducir por el centro de Roma puede resultar una experiencia un tanto incómoda para los visitantes. Los conductores romanos son famosos por su agresividad, y los peatones cruzan las calles cuando menos se espera. Además, la abundancia de calles de un solo sentido hace que sea difícil orientarse en ocasiones. También encontrará a motoristas adelantando por el lado contrario al permitido, y Vespas circulando en dirección prohibida. A no ser que usted esté acostumbrado a conducir en ciudades italianas, deje su coche en casa, o, si lo lleva, guárdelo en un aparcamiento vigilado.

Los robos de coches abundan en Roma, así que no deje en su vehículo ningún objeto de valor, incluso si no se encuentra a la vista. En zonas como Campo de' Fiori son comunes las bandas organizadas a la caza de cámaras fotográficas y otros artículos de valor guardados en los maleteros de los coches. También conviene que saque la radio, no será el único en llevarla encima.

Por la noche los semáforos tienen luz intermitente.

APARCAMIENTO

El aparcamiento más indicado es el ubicado debajo de Villa Borghese. La mayor parte del centro está reservado a residentes con permiso pero hay alrededor de 2000 parquímetros (de 8.00-20.00). Si deja usted su coche en un lugar donde está permitido hacerlo, no le sorprenda encontrarse a la vuelta con un coche en doble fila que le impide salir. En la página 395 se ofrece una lista de aparcamientos y su localización.

Cartel de zonas de aparcamiento

GASOLINA

Podrá llenar el depósito de gasolina de su coche en las estaciones de servicio repartidas por la ciudad. Compruebe si su coche necesita *benzina sensa piombo* o *benzina verde*. Por las tardes y noches muchas gasolineras funcionan como autoservicio, con máquinas que aceptan billetes o tarjetas. En la página 395 encontrará una lista de las que cierran tarde.

Agip

Logo de la compañía estatal de gasolineras

APARCAMIENTO ILEGAL

La policía de tráfico vigila constantemente, y si su vehículo se encuentra mal aparcado (u obstruyendo el tráfico) se lo llevará la grúa. Telefonee al 676 91 antes de denunciar su robo. Las zonas donde está prohibido estacionar se hallan señalizadas, pero fíjese bien, en caso de que haya un árbol tapando la señal.

Cartel que indica que la grúa puede llevarse su coche *(zona rimozione)*

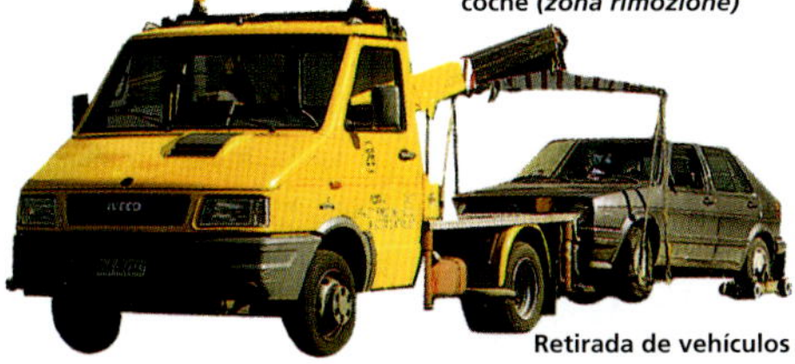

Retirada de vehículos

En autobús, tranvía y metro

La red de transporte público en Roma es relativamente barata, y tan eficaz como lo permite el ajetreado tráfico. Curas, monjas, turistas, hombres de negocios y algún carterista se agolpan en el interior de autobuses y tranvías, convirtiéndolos en verdaderas saunas durante el verano. Es mejor recorrer las distancias cortas a pie, puesto que el exceso de tráfico a menudo bloquea las calles. En ocasiones resulta difícil bajarse en la parada deseada, pero los otros pasajeros le darán las indicaciones que usted les pida. Mantenga siempre una mano en sus objetos personales.

Autobús Roma–Gubbio

AUTOBUSES Y TRANVÍAS

La compañía pública de autobuses y tranvías de Roma se llama **ATAC** (Azienda Tramvie e Autobus del Comune di Roma). Sus autobuses cubren la mayor parte de la ciudad; funcionan desde primera hora de la mañana hasta alrededor de medianoche. Hay también autobuses nocturnos.

Aparte de minibús eléctricos (115, 116, 117, 119), no está permitido el acceso a los autobuses al centro histórico. Pero existen numerosas líneas que le dejarán cerca de los principales lugares de interés *(ver plano interior de contracubierta)*.

En las paradas de autobús, encontrará detalladas las rutas que realiza cada uno. Las paradas de los nocturnos están marcadas con un búho azul.

Paradas de autobús con itinerario detallado

SERVICIOS ESPECIALES DE AUTOBÚS

Existen dos rutas especiales para los visitantes de la ciudad: la 110 y el Archeobus.

El 110, un autobús rojo de dos pisos y abierto por arriba, pasa por la mayoría de los principales lugares de interés. Sale de la Piazza dei Cinquecento cada 10 o 15 minutos entre las 8.40 y 20.30. El Archeobus enlaza el centro de Roma con las catacumbas y los monumentos de la Via Appia Antica. Hay servicios cada hora entre las 10.00 y 16.00.

CÓMO UTILIZARLOS

La estación principal se encuentra en la Piazza dei Cinquecento, fuera de la estación Termini, pero existen otras paradas en distintos puntos de la ciudad, como las de Largo Argentina, Piazza Venecia y Piazza del Risorgimento.

En los quioscos de la ATAC obtendrá información sobre el transporte público. Los billetes se pueden comprar en las máquinas automáticas que se encuentran en las principales paradas de autobuses, en el metro y en las estaciones de trenes, en el estanco o en quioscos.

Conviene saber que no se pueden comprar los billetes dentro del autobús.

Durante el día, si tiene un billete normal, debe subir al autobús por la parte trasera. Allí encontrará una máquina naranja o amarilla que le marcará su billete. Los billetes marcados *biglietto integrale a tempo* (BIT) se pueden utilizar en todos los medios de transporte de ciudad. Los planos con las rutas del transporte público se pueden adquirir en la oficina de Via Volturno.

INFORMACIÓN

ATAC
Piazza dei Cinquecento.
Plano 6 D3. ***Tel*** *800 43 17 84*
www.atac.roma.it
Abierto *8.00-20.00 lu-sá.*

También: Via Ostiense 131L (primera planta), Al sur de la Stazione Ostiense.
Abierto *9.00-17.00 lu-vi.*

BILLETES

Los billetes para los autobuses, tranvías y metro deben adquirirse antes de viajar. Se pueden comprar en bares, quioscos de periódicos, estancos y estaciones. Busque los letreros de ATAC (autobuses, metro y tranvías) y Trenitalia o FS (tren). La mayoría de las taquillas cierran a media tarde, pero hay máquinas automáticas en las principales paradas de autobuses y estaciones de trenes y metro, que admiten monedas y billetes y devuelven cambio.

Un moderno tranvía recorre toda la ciudad

Tranvía romano de la compañía ATAC

Los billetes BIT son válidos durante 75 minutos. Si va a realizar cuatro o más viajes en un día, vale la pena comprar un billete BIG o BIRG si va a viajar por el Lacio. Éstos le proporcionan un viaje en autobuses, tranvías y metro y uno de ida en trenes urbanos, con excepción del aeropuerto Fiumicino. Existen también billetes para tres días, una semana y un mes.

METROPOLITANA

El sistema de metro de Roma, la Metropolitana, tiene dos líneas (A y B) que cruzan la ciudad en forma de X, convergiendo en la estación Termini *(ver interior de la contracubierta y pp. 386-387)* La línea A (roja) va desde Battistini, en el oeste, hasta Anagnina, al sureste de la ciudad, de donde salen los autobuses para el aeropuerto Ciampino. La línea B (azul) parte de Rebibbia, al noreste, donde se toma el autobús hacia EUR, en el suroeste, donde salen los autobuses para la costa. Todas las estaciones llevan el logotipo del metro, una gran M blanca sobre fondo rojo.

Logo del metro

El sistema fue diseñado para conectar el núcleo urbano con los alrededores y es un medio rápido para atravesar la ciudad.

Las estaciones más útiles son Colosseo, Spagna, San Giovanni, Ottaviano S. Pietro y Piramide (para trenes a Fiumicino). La línea B funciona de 5.30 a 23.30 todos los días (0.30 sá); la línea A, sólo hasta las 21.00. Para más información visitar www.metroroma.it.

RUTAS PRÁCTICAS DE AUTOBUSES Y TRANVÍA

Este mapa muestra una selección de autobuses que pasan junto a lugares históricos de la ciudad, con buenas vistas de lugares de interés. La 40 express y la 64 están siempre llenas de turistas, ya que va de Termini a San Pedro y el Vaticano. Las otras líneas suelen estar menos concurridas. El tranvía 3 rodea el sureste de la ciudad, mientras que el 23 circula paralelo al Tíber.

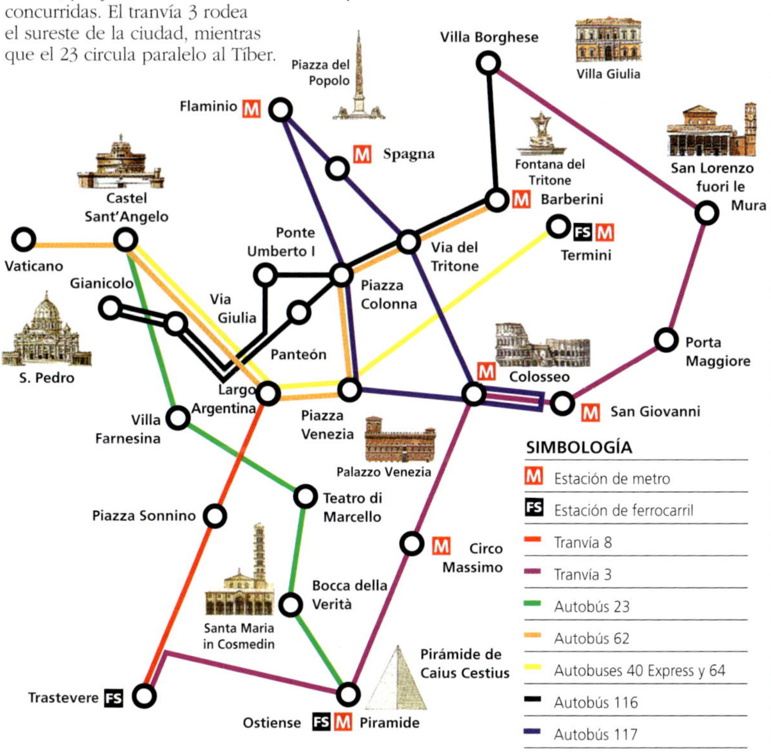

ALQUILER DE MOTOS Y BICICLETAS

Las estrechas calles de Roma y el intenso tráfico, combinados con las siete empinadas colinas en que se halla asentada, convierten la ciudad, en todo un reto para los ciclistas más avezados. Existen, sin embargo, unas cuantas zonas, como Villa Borghese, las orillas del Tíber y algunos rincones del centro histórico (en torno al Panteón y Piazza Navona), donde la bicicleta puede ser un medio de transporte agradable para hacer turismo.

Las motocicletas o *motini,* que en Italia reciben el nombre de Vespas (avispa en italiano) por el ruido que hacen, son un medio eficaz de desplazarse entre el tráfico, siempre y cuando se sea un conductor de moto experimentado. Los motoristas han de llevar casco de seguridad, ya que es obligatorio por ley; podrá alquilarlo en las principales tiendas de motos de Roma.

Se alquilan motos y bicicletas en **Collalti, Roma Rent, Scoot-a-Long, HR y Scooters for Rent. Bici-roma** dispone de locales en diferentes puntos del centro histórico; existe un sistema de alquiler por teléfono que funciona en verano y otoño *(ver p. 367).*

Tal vez tenga que dejar una tarjeta de crédito como depósito.

Coches de caballos a la salida del Panteón

COCHES DE CABALLOS

Los coches de caballos no son tan populares en Roma como en Florencia, pero podrá montar en calesa *(carrozzelle)* y dar un paseo por el centro histórico de la ciudad. Admiten hasta un total de cinco pasajeros, y se pueden tomar en varios puntos: Piazza di Spagna, Coliseo, Fontana di Trevi, San Pedro, Piazza Venezia y Piazza Navona. Los recorridos tienen diversas duraciones: media hora, una hora, medio día o un día, y suelen ser caros. Sin embargo, los precios de los paseos más largos pueden negociarse; llegue a un acuerdo antes de salir y asegúrese de haber entendido si la tarifa es por persona o por coche.

TAXIS

Los taxis oficiales en Roma son blancos y llevan un cartel indicativo en la parte superior. Limítese a utilizar éstos y desconfíe de los que le ofrecen sus servicios en las estaciones de ferrocarril y principales puntos turísticos. Los taxis amarillos pueden detenerse en las paradas especialmente destinadas a ellos o en la calle (en teoría no les está permitido a los conductores detenerse, pero muchos lo hacen). Los encontrará en las principales zonas de interés turístico, en aeropuertos y estaciones (por supuesto, Termini y Ostiense). Los taxistas romanos no son precisamente famosos por su cordialidad, y tal vez incluso se nieguen a llevarle a usted al centro.

Parada de taxi

El taxi no resulta una manera especialmente económica de desplazarse, así que, a menos que lleve usted mucho equipaje o niños pequeños, es más conveniente optar por el transporte público. Los taxistas cobran siempre un suplemento por equipaje, carreras nocturnas (22.00-7.00) y tarifa para ir o volver al aeropuerto Fiumicino. Al igual que ocurre en la mayoría de países, el taxímetro no se detiene cuando el coche está parado. También puede pasar que el conductor dé un rodeo excesivo para llevarle a un lugar determinado. Es costumbre que los turistas dejen propina, por lo general un 10%.

Taxi oficial, con la señal Comune di Roma

Taxis en Piazza Argentina

Para pedir un taxi por teléfono llame a **Pianeta Taxi 2000, Cooperativa Autoradiotaxi Romana 35-70** o **Società la Capitale Radio Taxi.** Para un buen servicio desde el aeropuerto hay que llamar a **Airport Connection Services.**

ALQUILER DE COCHES

Las grandes compañías internacionales **(Avis, Europcar, Hertz** y **Italy By Car Thrifty)** tienen oficinas en aeropuertos, estación de Termini y en el centro de la ciudad. Sin embargo, tal vez le resulte más rentable alquilar su coche con antelación a través de su agencia de viajes o un operador turístico antes de partir. Las compañías locales, como **Maggiore,** son bastante más baratas.

Para alquilar un coche se necesita haber cumplido 21 años y tener el carné de conducir desde hace al menos un año. En teoría, también ha de presentarse una licencia internacional (que le proporcionarán en su asociación del automóvil).

El índice de accidentes en las carreteras italianas es muy alto, por lo que tal vez resulte una buena idea afiliarse a algún tipo de asociación automovilística en su país. Si, una vez en Italia, sufre una avería, telefonee a **ACI** (Italian Automobile Club). Ellos se encargarán de retirar su vehículo sin cobrarle nada, pero sólo los socios tienen derecho a una reparación gratuita.

Hay un teléfono especial para obtener información actualizada sobre el **estado de carreteras** y la situación del tráfico (en italiano).

TRANSPORTE FLUVIAL

Batelli di Roma dispone de embarcaciones cerca de la isla del Tíber que conectan con el Ponte Duca d'Aosta. Los barcos salen cada hora (8.00-18.00, con dos horas de parada para el almuerzo). Hay un servicio por las mañanas desde Ponte Marconi a Ostia Antica.

Oficinas de alquiler de coches en el aeropuerto de Fiumicino

INFORMACIÓN GENERAL

ALQUILER DE MOTOS Y BICICLETAS

Biciroma
Piazza del Popolo.
Plano 4 F1.
Piazza di Spagna.
Plano 5 A2.
También: Il Pincio in Villa Borghese. **Plano** 4 F1.

Collalti
Via del Pellegrino 82.
Plano 4 E4 y 11 C4.
Tel *06 6880 1084.*
(bicicletas).

HR
Via Piave 49. **Plano** 6 D1.
Tel *06 4202 0675.*
(ciclomotores y motos).

Scoot-a-Long
Via Cavour 302. **Plano** 5 B5.
Tel *06 678 0206.*

Scooters for Rent
Via della Purificazione 84.
Tel *06 488 5485.*

TRANSPORTE FLUVIAL

Battelli di Roma
Tel *06 9774 5498.*
www.battellidiroma.it

RADIO-TAXIS

Airport Connection Services
Tel *06 338 3221.*

Cooperativa Autoradiotaxi Romana 35-70
Tel *06 35 70.*

Pianeta Taxi 2000
Tel *06 88 22.*

Società la Capitale Radio Taxi
Tel *06 49 94.*

ALQUILER DE COCHES

Avis
Tel *199 100 133 (número central de reservas).*
www.avis.com
Aeropuerto Ciampino.
Tel *06 7934 0195.*
Aeropuerto Fiumicino.
Tel *06 6501 1531.*
Via Sardegna 38A.
Plano 5 C1.
Tel *06 4282 4728.*

Europcar
Tel *800 014410 (número central de reservas).*
www.europcar.it
Aeropuerto Fiumicino.
Tel *06 6501 0879.*
Stazione Termini.
Plano 6 D3.
Tel *06 488 2854.*

Hertz
Via Gregorio VII 207.
Tel *06 3937 8808.*
www.hertz.it
Stazione Termini.
Plano 6 D3.
Tel *06-474 0389.*
Aeropuerto Fiumicino.
Tel *06 6501 1553.*

Maggiore
Stazione Termini.
Plano 6 D3.
Tel *06 488 0049.*
Via Po 8A.
Plano 5 C1.
Tel *06 854 8698.*
www.maggiore.it

Italy By Car Thrifty
Via Ludovisi 60.
Plano 5 B2.
Tel *06 482 0966.*
www.italybycar.it
Aeropuerto Fiumicino.
Tel *06 6501 0347.*
Aeropuerto de Ciampino.
Tel *06 7934 0137.*

SERVICIOS DE ASISTENCIA POR AVERÍAS

ACI Averías
Tel *803 116.*

Autosoccorso CARA
Via Salk 80.
Tel *06 332 0119 (servicio 24 horas).*

Estado de carreteras
Tel *1518.*

PRINCIPALES APARCAMIENTOS

Estación Acqua Acetosa.
Plano 2 E1.
Estación de Metro Lepanto. **Plano** 4 D1.
Villa Borghese. **Plano** 5 A1.
Piazzale dei Partigiani.
Plano 8 E4

GASOLINERAS ABIERTAS LAS 24 HORAS

Trastevere
Lungotevere Ripa.
Plano 8 D1.

Portuense
Piazza della Radio.
Plano 7 B5.

CALLEJERO

Las referencias a los planos en todos los monumentos, hoteles, restaurantes, tiendas y lugares de distracción corresponden a los mostrados en esta sección *(ver Cómo manejar las referencias de los planos,* en la página siguiente). El índice completo de las calles y lugares de interés señalado en ellos se halla en las páginas 398-407. El plano inferior indica el área de Roma tal y como aparece en el *Callejero.* Muestra las zonas panorámicas (con colores), así como el centro de Roma al completo. Debido a que en el casco histórico se sitúan tantas iglesias, museos y monumentos, encontrará un plano del mismo, a escala, en las páginas 11 y 12.

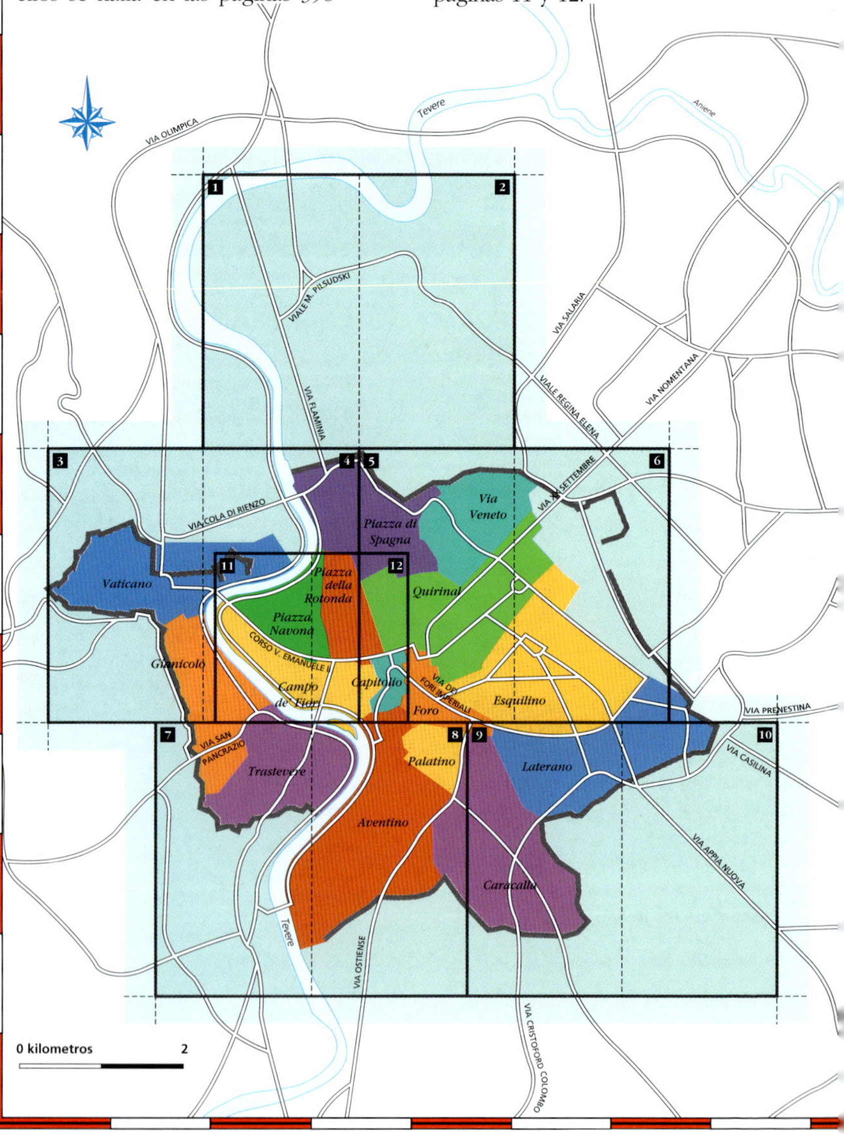

CÓMO MANEJAR LAS REFERENCIAS DE LOS PLANOS

La primera cifra indica el plano del callejero que hay que consultar.

Fontana di Trevi ❼

Fontana di Trevi. **Plano** 5 A3 y 12 F2. 🚌 *52, 53, 61, 62, 63, 71, 80, 95, 116, 119.*

La letra y el número proporcionan la referencia de los cuadros. Encontrará las letras en las partes inferior y superior del plano, y los números en los laterales.

La segunda referencia corresponde a los planos a escala ampliada del centro de Roma (pp. 11 y 12). Se lee como el primero.

El plano continúa en el plano 8 del *Callejero*.

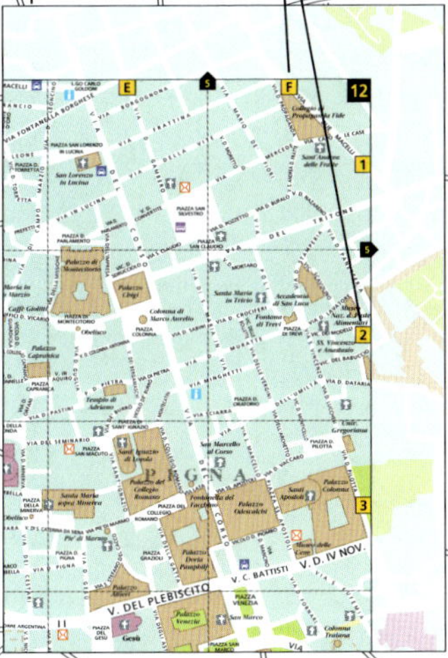

La clave de las abreviaturas usadas en el *Callejero* se encuentra en la página 398.

SIMBOLOGÍA

- Lugares principales
- Otros lugares de interés
- Estación de ferrocarril
- Estación de metro
- Terminal de autobuses
- Terminal de tranvías
- Aparcamientos principales
- Oficina de información turística
- Hospital con servicio de urgencias
- Comisaría de policía
- Iglesia
- Sinagoga
- Oficina de correos
- Línea de ferrocarril
- Escaleras
- Muralla

ESCALA DE LOS PLANOS 1–10

0 metros 250

1:12.000

ESCALA DE LOS PLANOS 11 Y 12

0 metros 150

1:7.600

Callejero

ABREVIATURAS UTILIZADAS EN EL CALLEJERO

B.go	Borgo	**M.te**	Monte	**Reg.**	Regina
d.	di, del, dell', dello, della, dei, delle, degli	**P.**	Piazza	**S.**	San, Sant', Santa
		P.etta	Piazzetta	**S. M.**	Santa Maria
		P.le	Piazzale	**SS.**	Santi, Santissima
Gall.	Galleria	**Princ.**	Principe	**V.**	Via
L.go	Largo	**P.ta**	Porta	**Vic.**	Vicolo
Lungot.	Lungotevere	**P.te**	Ponte	**V.le**	Viale

A

B

C

N

O

P

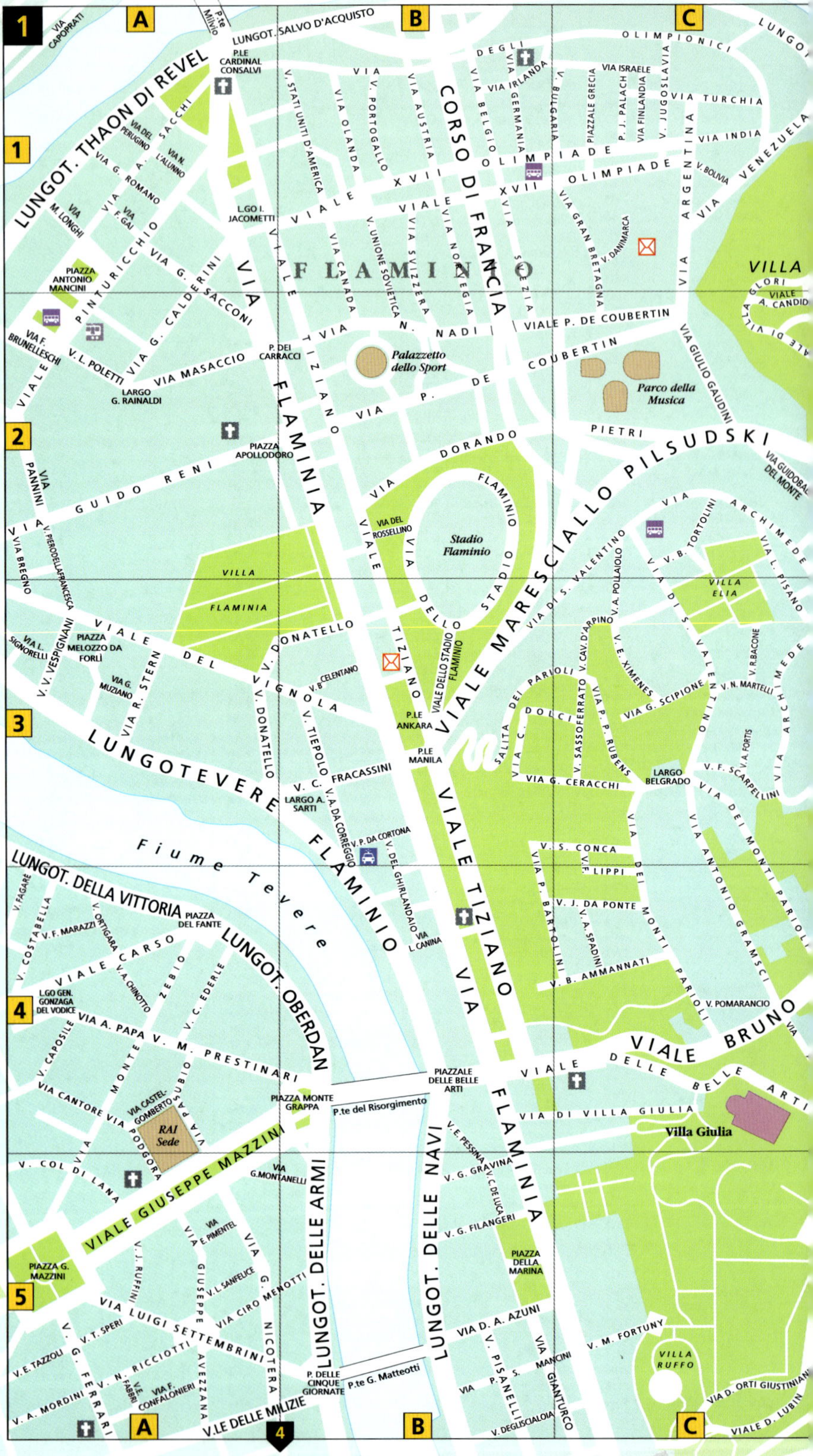
1
A
B
C
1
2
3
4
5
4
FLAMINIO
Fiume Tevere
LUNGOT. THAON DI REVEL
LUNGOT. SALVO D'ACQUISTO
P.te Milvio
P.LE CARDINAL CONSALVI
VIA CAPOPRATI
CORSO DI FRANCIA
VIALE XVII OLIMPIADE
VIA FLAMINIA
VIALE TIZIANO
VIA DEL PERUGINO
VIA G. ROMANO
VIA M. LONGHI
VIA F. GAI
PIAZZA ANTONIO MANCINI
VIA PINTURICCHIO
VIA G. SACCONI
VIA G. CALDERINI
VIA F. BRUNELLESCHI
V. L. POLETTI
VIA MASACCIO
LARGO G. RAINALDI
P. DEI CARRACCI
L.GO I. JACOMETTI
V. STATI UNITI D'AMERICA
VIA OLANDA
V. PORTOGALLO
VIA AUSTRIA
VIA BELGIO
VIA IRLANDA
VIA GERMANIA
V. BULGARIA
PIAZZALE GRECIA
VIA ISRAELE
P. J. PALACH
VIA FINLANDIA
V. JUGOSLAVIA
VIA TURCHIA
VIA INDIA
VIA ARGENTINA
V. BOLIVIA
VIA VENEZUELA
VIA GRAN BRETAGNA
V. DANIMARCA
V. UNIONE SOVIETICA
VIA CANADA
VIA SVIZZERA
VIA NORVEGIA
VIA SVEZIA
VIA N. NADI
VIALE P. DE COUBERTIN
VIA P. DE COUBERTIN
Palazzetto dello Sport
Parco della Musica
VIA GIULIO GAUDINI
VILLA GLORI
VIALE A. CANDIDO
VIA DORANDO PIETRI
VIALE MARESCIALLO PILSUDSKI
VIA GUIDOBALDO DEL MONTE
VIA PANNINI
VIA GUIDO RENI
PIAZZA APOLLODORO
VIA BREGNO
V. PIERO DELLA FRANCESCA
VILLA FLAMINIA
VIA DEL ROSSELLINO
Stadio Flaminio
VIA DELLO STADIO FLAMINIO
VIA ARCHIMEDE
V. B. TORTOLINI
VIA DI S. VALENTINO
V. A. POLLAIOLO
VILLA ELIA
VIA L. PISANO
V. CAV. D'ARPINO
V. E. XIMENES
V. R. BACONE
V. N. MARTELLI
VIA G. SCIPIONE
SALITA DEI PARIOLI
VIA C. DOLCI
V. SASSOFERRATO
VIA P. P. RUBENS
LARGO BELGRADO
VIA G. CERACCHI
V. A. FORTIS
V. F. SCARPELLINI
VIA DEI MONTI PARIOLI
VIA ANTONIO GRAMSCI
VIALE DEL VIGNOLA
VIA L. SIGNORELLI
V. V. VESPIGNANI
PIAZZA MELOZZO DA FORLÌ
VIA G. MUZIANO
VIA R. STERN
V. DONATELLO
V. B. CELENTANO
V. TIEPOLO
P.LE ANKARA
P.LE MANILA
LUNGOTEVERE FLAMINIO
V. C. FRACASSINI
LARGO A. SARTI
V. A. DA CORREGGIO
V. P. DA CORTONA
V. DEL GHIRLANDAIO
VIA L. CANINA
V. S. CONCA
V. F. LIPPI
VIA P. BARTOLINI
V. J. DA PONTE
V. A. SPADINI
V. B. AMMANNATI
V. POMARANCIO
VIALE BRUNO BUOZZI
LUNGOT. DELLA VITTORIA
PIAZZA DEL FANTE
V. FAGARE
V. COSTABELLA
V. F. MARAZZI
V. ORTIGARA
VIALE CARSO
V. A. CHINOTTO
ZEBIO
V. C. EDERLE
LUNGOT. OBERDAN
L.GO GEN. GONZAGA DEL VODICE
VIA A. PAPA
V. M. PRESTINARI
V. CAPOSILE
MONTE
VIA CANTORE
VIA CASTELGOMBERTO
SUBIO
RAI Sede
VIA PASUBIO
VIA PODGORA
PIAZZA MONTE GRAPPA
P.te del Risorgimento
PIAZZALE DELLE BELLE ARTI
VIALE DELLE BELLE ARTI
VIA DI VILLA GIULIA
Villa Giulia
V. COL DI LANA
VIALE GIUSEPPE MAZZINI
VIA G. MONTANELLI
LUNGOT. DELLE ARMI
LUNGOT. DELLE NAVI
V. E. PESSINA
V. G. GRAVINA
V. C. DE LUCA
V. G. FILANGERI
PIAZZA DELLA MARINA
PIAZZA G. MAZZINI
V. J. RUFFINI
VIA E. PIMENTEL
VIA GIUSEPPE AVEZZANA
V. L. SANFELICE
VIA CIRO MENOTTI
VIA G. NICOTERA
VIA LUIGI SETTEMBRINI
V. T. SPERI
V. E. TAZZOLI
V. G. FERRARI
V. N. RICCIOTTI
V. E. FABBRI
VIA F. CONFALONIERI
V. A. MORDINI
V.LE DELLE MILIZIE
P. DELLE CINQUE GIORNATE
P.te G. Matteotti
VIA D. A. AZUNI
V. PISANELLI
VIA P. S. MANCINI
VIA GIANTURCO
V. DEGLI SCIALOIA
V. M. FORTUNY
VILLA RUFFO
VIA D. ORTI GIUSTINIANI
VIALE D. LUBIN

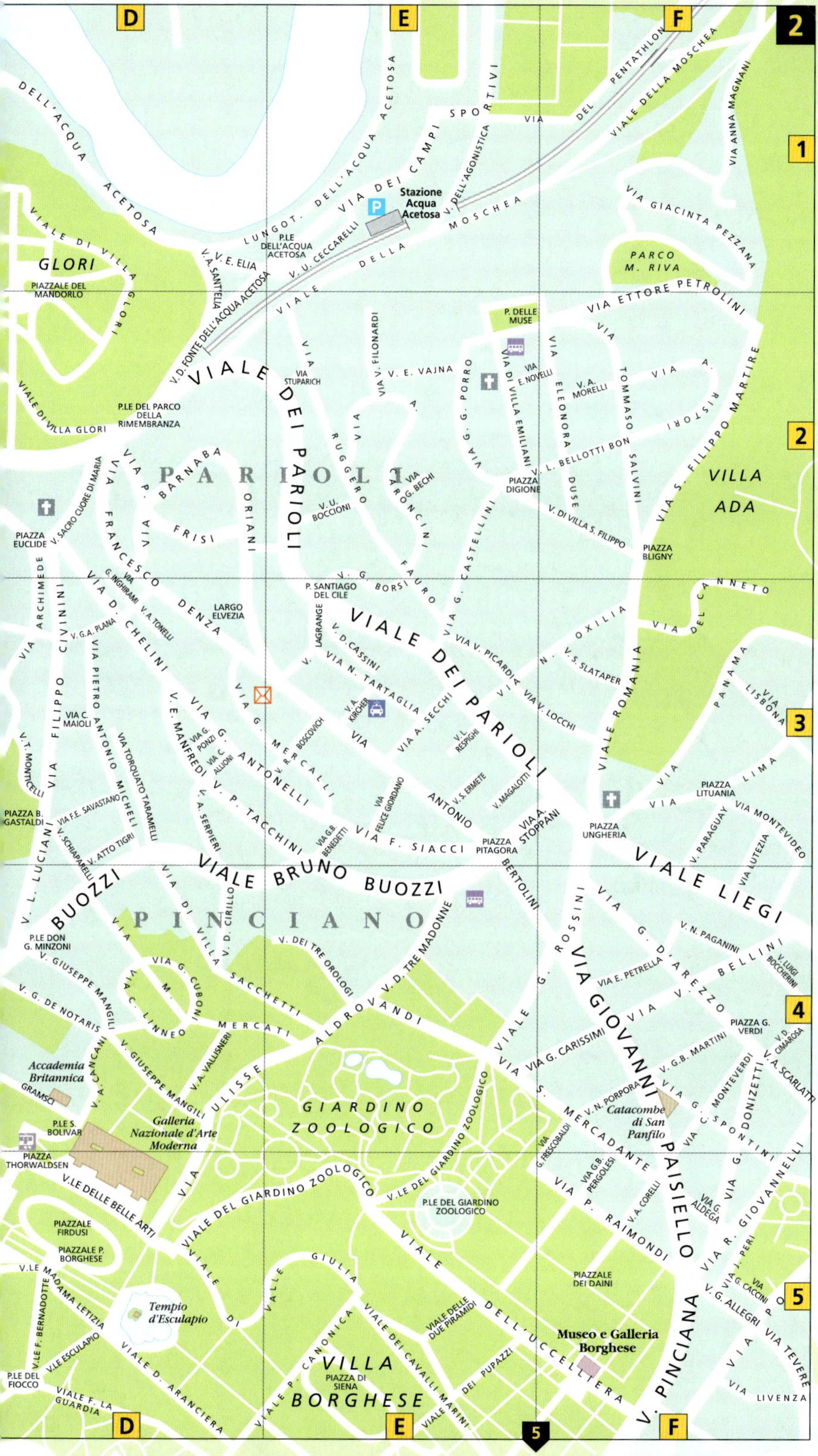

2
D
E
F
1
2
3
4
5
Stazione Acqua Acetosa
P.LE DELL'ACQUA ACETOSA
LUNGOT. DELL'ACQUA ACETOSA
VIA DEI CAMPI SPORTIVI
V. DELL'AGONISTICA
VIA DEL PENTATHLON
VIALE DELLA MOSCHEA
VIA ANNA MAGNANI
VIA GIACINTA PEZZANA
PARCO M. RIVA
VIA ETTORE PETROLINI
DELL'ACQUA ACETOSA
VIALE DI VILLA GLORI
GLORI
PIAZZALE DEL MANDORLO
V. E. ELIA
V.A. SANTELIA
V. U. CECCARELLI
V.D. FONTE DELL'ACQUA ACETOSA
P. DELLE MUSE
VIA V. FILONARDI
VIA V. E. VAJNA
VIA STUPARICH
VIALE DEI PARIOLI
VIALE DI VILLA GLORI
P.LE DEL PARCO DELLA RIMEMBRANZA
VIA G. PORRO
VIA DI VILLA EMILIANI
VIA E. NOVELLI
VIA ELEONORA DUSE
V.A. MORELLI
VIA TOMMASO SALVINI
VIA A. RISTORI
VIA S. FILIPPO MARTIRE
VILLA ADA
V. L. BELLOTTI BON
PIAZZA DIGIONE
V. DI VILLA S. FILIPPO
PIAZZA BLIGNY
PARIOLI
VIA BARNABA ORIANI
VIA P. FRISI
VIA RUGGERO FAURO
VIA A. RONCINI
VIA G. BECHI
V. U. BOCCIONI
VIA G. CASTELLINI
V. G. BORSI
P. SANTIAGO DEL CILE
VIA DEL CANNETO
PIAZZA EUCLIDE
V. SACRO CUORE DI MARIA
VIA FRANCESCO DENZA
VIA G. INGHIRAMI
VIA D. CHELINI
V.A. TONELLI
LARGO ELVEZIA
VIA ARCHIMEDE
VIA CIVININI
V. G.A. PLANA
VIA PIETRO ANTONIO MICHELI
VIA FILIPPO CIVININI
VIA C. MAIOLI
V.T. MONTICELLI
VIA TORQUATO TARAMELLI
LAGRANGE
V.D. CASSINI
VIA N. TARTAGLIA
V.A. KIRCHER
VIA A. SECCHI
VIALE DEI PARIOLI
VIA V. PICARDI
VIA V. LOCCHI
VIA N. OXILIA
V.S. SLATAPER
VIALE ROMANIA
VIA LISBONA
VIA PANAMA
VIA G. ANTONELLI
VIA G. MERCALLI
V. R. R. BOSCOVICH
V.E. MANFREDI
VIA G. PONZI
VIA C. ALLIONI
V.L. RESPIGHI
VIA ANTONIO STOPPANI
V.S. ERMETE
V. MAGALOTTI
VIA A. STOPPANI
VIA FELICE GIORDANO
VIA LIMA
PIAZZA LITUANIA
VIA MONTEVIDEO
PIAZZA B. GASTALDI
VIA F.E. SAVASTANO
V. SCHIAPARELLI
V. ATTO TIGRI
V.A. SERPIERI
V. P. TACCHINI
VIA G.B. BENEDETTI
VIA F. SIACCI
PIAZZA PITAGORA
PIAZZA UNGHERIA
V. PARAGUAY
VIA LUTEZIA
VIALE LIEGI
V. L. LUCIANI
BUOZZI
VIALE BRUNO BUOZZI
BERTOLINI
PINCIANO
VIA DI VILLA SACCHETTI
V. D. CIRILLO
V. DEI TRE OROLOGI
V.D. TRE MADONNE
VIA G. ROSSINI
VIA G. D'AREZZO
V. N. PAGANINI
VIA BELLINI
V. LUIGI BOCCHERINI
P.LE DON G. MINZONI
V. GIUSEPPE MANGILI
V. G. DE NOTARIS
VIA G. CUBONI
VIA C. LINNEO
V. M. MERCATI
ALDROVANDI
VIALE G. ROSSINI
VIA GIOVANNI PAISIELLO
VIA E. PETRELLA
PIAZZA G. VERDI
V.D. CIMAROSA
V.A. SCARLATTI
Accademia Britannica
GRAMSCI
V.A. CANCANI
V. GIUSEPPE MANGILI
V.A. VALLISNERI
VIA ULISSE ALDROVANDI
GIARDINO ZOOLOGICO
VIALE DEL GIARDINO ZOOLOGICO
VIA G. CARISSIMI
V. G.B. MARTINI
V. N. PORPORA
Catacombe di San Panfilo
VIA C. MONTEVERDI
VIA G. DONIZETTI
VIA G. SPONTINI
P.LE S. BOLIVAR
Galleria Nazionale d'Arte Moderna
PIAZZA THORWALDSEN
V.LE DELLE BELLE ARTI
VIA G. FRESCOBALDI
VIA S. MERCADANTE
VIA G.B. PERGOLESI
V.A. CORELLI
VIA P. RAIMONDI
VIA G. ALDEGA
VIA R. GIOVANNELLI
V.LE DEL GIARDINO ZOOLOGICO
P.LE DEL GIARDINO ZOOLOGICO
PIAZZALE FIRDUSI
PIAZZALE P. BORGHESE
V.LE MADAMA LETIZIA
VIALE DI VALLE GIULIA
Tempio d'Esculapio
VIALE DELL'UCCELLIERA
VIALE DELLE DUE PIRAMIDI
PIAZZALE DEI DAINI
VIA J. PERI
VIA G. CACCINI
V. G. ALLEGRI
VIA PO
VIA TEVERE
V.LE F. BERNADOTTE
V.LE ESCULAPIO
P.LE DEL FIOCCO
VIALE F. LA GUARDIA
VIALE D. ARANCIERA
VIALE P. CANONICA
VILLA BORGHESE
PIAZZA DI SIENA
VIALE DEI CAVALLI MARINI
VIALE DEI PUPAZZI
Museo e Galleria Borghese
V. PINCIANA
VIA LIVENZA

5

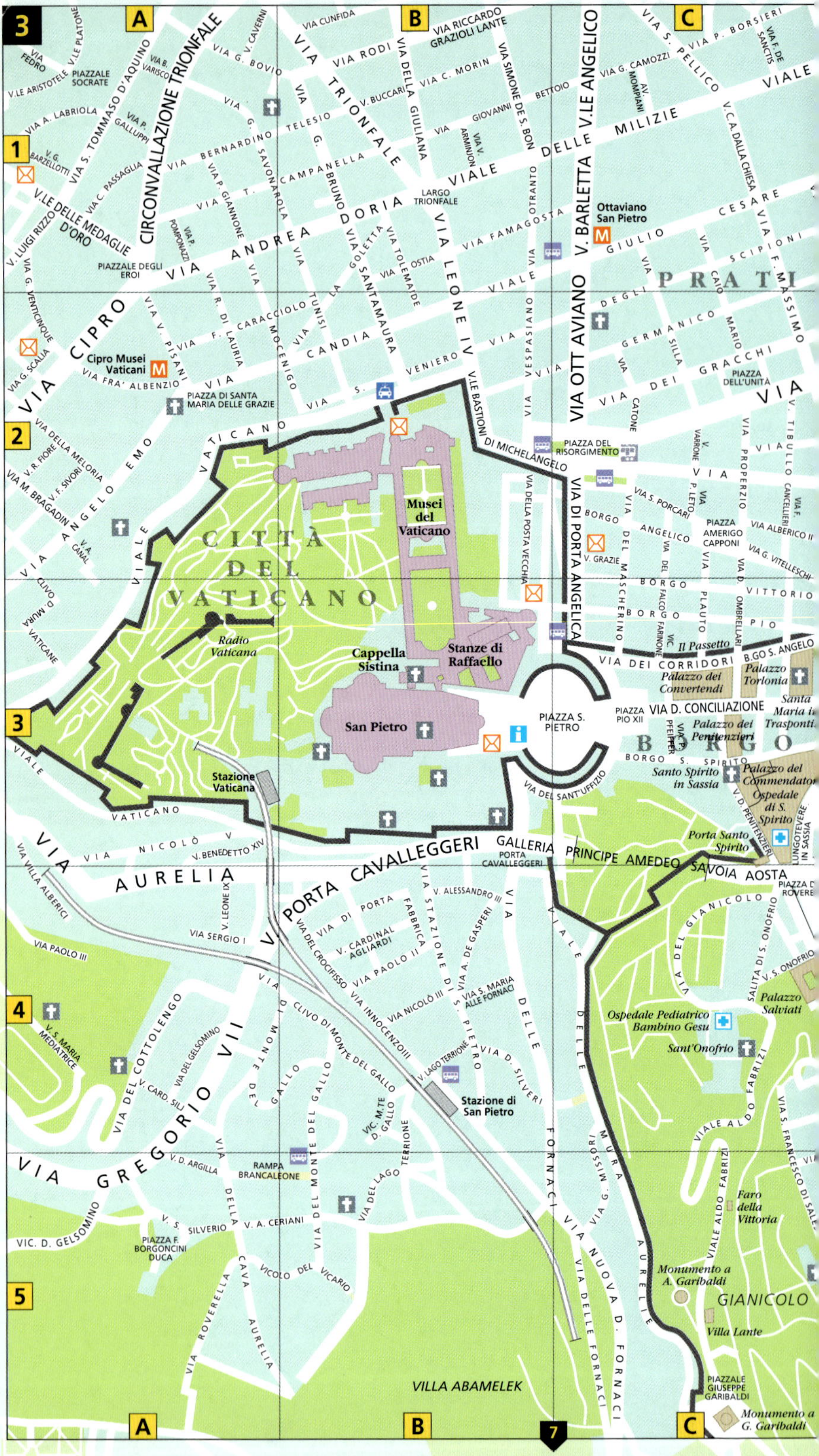
3
A
B
C
1
2
3
4
5
7
CIRCONVALLAZIONE TRIONFALE
VIA TRIONFALE
VIALE DELLE MILIZIE
VIALE GIULIO CESARE
VIA ANDREA DORIA
VIA CIPRO
VIA CANDIA
VIA LEONE IV
VIA OTTAVIANO
V. BARLETTA
V.LE ANGELICO
VIA CRESCENZIO
V.LE BASTIONI DI MICHELANGELO
VIALE VATICANO
VIA DI PORTA ANGELICA
VIA DEI CORRIDORI
VIA D. CONCILIAZIONE
BORGO S. SPIRITO
BORGO VITTORIO
BORGO PIO
BORGO ANGELICO
VIA AURELIA
VIA DI PORTA CAVALLEGGERI
GALLERIA PRINCIPE AMEDEO SAVOIA AOSTA
VIA GREGORIO VII
VIALE DELLE FORNACI
VIA NUOVA D. FORNACI
VIA DELLE FORNACI
MURA AURELIE
VIA DEL GIANICOLO
VIALE ALDO FABRIZI
CITTÀ DEL VATICANO
PRATI
BORGO
Musei del Vaticano
Cappella Sistina
Stanze di Raffaello
San Pietro
PIAZZA S. PIETRO
Radio Vaticana
Stazione Vaticana
Stazione di San Pietro
Ottaviano San Pietro
Cipro Musei Vaticani
PIAZZA DEL RISORGIMENTO
PIAZZA DI SANTA MARIA DELLE GRAZIE
LARGO TRIONFALE
PIAZZALE DEGLI EROI
PIAZZALE SOCRATE
PIAZZA AMERIGO CAPPONI
PIAZZA DELL'UNITÀ
PIAZZA PIO XII
PORTA CAVALLEGGERI
Il Passetto
Palazzo dei Convertendi
Palazzo Torlonia
Palazzo dei Penitenzieri
Santa Maria in Traspontina
Santo Spirito in Sassia
Palazzo del Commendatore
Ospedale di S. Spirito
Porta Santo Spirito
LUNGOTEVERE IN SASSIA
PIAZZA DELLA ROVERE
Palazzo Salviati
Ospedale Pediatrico Bambino Gesu
Sant'Onofrio
SALITA DI S. ONOFRIO
Faro della Vittoria
Monumento a A. Garibaldi
GIANICOLO
Villa Lante
PIAZZALE GIUSEPPE GARIBALDI
Monumento a G. Garibaldi
VILLA ABAMELEK
RAMPA BRANCALEONE
PIAZZA F. BORGONCINI DUCA
VIA DEL COTTOLENGO
VIA DEL GELSOMINO
VIC. D. GELSOMINO
VIA DI MONTE DEL GALLO
VIA DEL MONTE DEL GALLO
CLIVO DI MONTE DEL GALLO
VIA DELLA CAVA AURELIA
VIA ROVERELLA
VICOLO DEL VICARIO
VIA DEL LAGO TERRIONE
VIA PAOLO III
VIA SERGIO I
VIA NICOLÒ V
VIA DELLA STAZIONE DI S. PIETRO
VIA DEL CROCIFISSO
VIA INNOCENZO III
VIA DEL SANT'UFFIZIO
VIA DELLA POSTA VECCHIA
VIA DEL MASCHERINO
VIA DEGLI SCIPIONI
VIA COLA DI RIENZO
VIA DEI GRACCHI
VIA GERMANICO
VIA PROPERZIO
VIA TIBULLO
VIA VESPASIANO
VIA VENIERO
VIA SANTAMAURA
VIA MOCENIGO
VIA FRA' ALBENZIO
VIA DELLA MELORIA
VIA ANGELO EMO
CLIVO D. MURA VATICANE
VIA DELLA GIULIANA
VIA RICCARDO GRAZIOLI LANTE
VIA CUNFIDA
VIA RODI
VIA G. BOVIO
VIA SIMONE DE S. BON
VIA OTRANTO
VIA FAMAGOSTA
VIA OSTIA
VIA TOLEMAIDE
VIA LA GOLETTA
VIA TUNISI
VIA F. CARACCIOLO
VIA R. DI LAURIA
VIA V. PISANI
VIA CAMPANELLA
VIA G. BRUNO
VIA SAVONAROLA
VIA BERNARDINO TELESIO
VIA S. TOMMASO D'AQUINO
V.LE DELLE MEDAGLIE D'ORO
VIA A. LABRIOLA
VIA FEDRO
V.LE PLATONE
V.LE ARISTOTELE
VIA S. PELLICO
VIA P. BORSIERI
V.C.A. DALLA CHIESA
VIA CATONE
VIA PLAUTO
VIA SILLA
VIA MARIO
VIA CAIO

D
E
F
1
4
Stazione Roma Nord
Flaminio
Lepanto
DELLE MILIZIE
VIA LEPANTO
V. COSSERIA
VIA GAVINANA
VIA VIGLIENA
VIA FORNOVO
GIULIO CESARE
VIALE
VIA DAMIATA
V. DUILIO
VIA SCIPIONI
POMPEO MAGNO
VIA DEGLI
VIA M.A. COLONNA
VIA A. FARNESE
VIA EZIO
VIA DEI GRACCHI
VIA ORSINI
PIAZZA DEI QUIRITI
LUNGOT. MICHELANGELO
Ponte P. Nenni
LUNGOT. ARNALDO DA BRESCIA
VIA C. BECCARIA
VIA G. D. ROMAGNOSI
VIA G. B. VICO
VIA F. CARRARA
PIAZZALE FLAMINIO
V.LE WASHINGTON
V.LE DEL MURO TORTO
Santa Maria del Popolo
Il Pincio
Porta del Popolo
PIAZZA DEL POPOLO
V. L. DI SAVOIA
V. MARIA CRISTINA
VIA F. DI SAVOIA
VIA MARIA ADELAIDE
VIA D. PENNA
VIA D. OCA
VIA CLOTILDE
VIALE G. D'ANNUNZIO
Santa Maria in Montesanto
Santa Maria dei Miracoli
PIAZZA DELLA LIBERTÀ
Ponte Regina Margherita
LUNGOTEVERE
VIA A. BRUNETTI
VIA D. FONTANELLA
VIA MARGUTTA
CAMPO MARZIO
Casa di Goethe
VIA LAURINA
VIA DEL BABUINO
VIA RIPETTA
VIA D. VANTAGGIO
PASSEGGIATA DI RIPETTA
VIA DEL FIUME
5
VIA V. DI GESÙ E MARIA
All Saints
VIA S. GIACOMO
Ospedale S. Giacomo
VIA A. CANOVA
VIA D. GRECI
VIA DELLA FREZZA
VIA DEL CORSO
VIA VITTORIA
VIC. DEL LUPO
VIA ARA PACIS
Ara Pacis
Mausoleo di Augusto
San Rocco
LARGO DEI LOMBARDI
VIA DELLA CROCE
VIA BELSIANA
2
Santi Ambrogio e Carlo al Corso
PIAZZA AUGUSTO IMPERATORE
VIA TOMACELLI
COLA DI RIENZO
PIAZZA COLA DI RIENZO
VIA PAOLO EMILIO
VIA REGOLO
VIA VALADIER
VIA CESI
VIA CATULLO
VIA PLINIO
VIA VIRGILIO
VIA ORAZIO
VIA ENNIO
VIA Q. VISCONTI
VIA LUCREZIO CARO
VIA CICERONE
VIA FEDERICO
VIA BELLI
VIA GIOACCHINO
VIA PALESTRINA
VIA V. COSSA
VIA M. CLEMENTI
VIA BOEZIO
VIA OVIDIO
VIA CASSIODORO
VIA TACITO
VIA P.L.
VIA M. DIONIGI
VIA P. CAVALLINI
LUNGOTEVERE DEI MELLINI
LUNGOTEVERE IN AUGUSTA
CRESCENZIO
PIAZZA CAVOUR
VIA V. COLONNA
Ponte Cavour
VIA SFORZA PALLAVICINI
VIA P. D. VALLE
VIA ALBERICO II
PIAZZA ADRIANA
VIA TRIBONIANO
VIA ULPIANO
V.L. CALAMATTA
VIA MERCURI
LUNGOT. PRATI
11
VIA DELL'ARANCIO
VER PÁGINAS 11 Y 12 PARA AMPLIACIÓN DE ESTA ZONA
Palazzo Borghese
VIA F. BORGHESE
VIA LEONE
VIA DI CLEMENTINO
PIAZZA D. TORRETTA
San Lorenzo in Lucina
V. D. P. TA CASTELLO
Castel Sant'Angelo
Palazzo di Giustizia
LUNGOT. MARZIO
Tevere
V. D. TRASPONTINA
PIAZZA PIA
P.te Umberto
Museo Napoleonico
VIA M.TE BRIANZO
Hostaria dell'Orso
VIA DELL'ORSO
VIA DELLA SCROFA
V. DEI PREFETTI
VIA DI CAMPO MARZIO
PIAZZA D. PARLAMENTO
Palazzo di Montecitorio
3
LUNGOT. VATICANO
LUNGOTEVERE CASTELLO
Fiume
Ponte S. Angelo
P.te Vittorio Eman. II
LUNGOT. DEGLI ALTOVITI
LUNGOT. TOR DI NONA
VIA DI TOR DI NONA
VIA ZANARDELLI
Palazzo Altemps
Santa Maria in Campo Marzio
Caffè Giolitti
PIAZZA DI MONTECITORIO
VIA PAOLA
VIA DEL BANCO S. SPIRITO
VIA DI PANICO
VIC. D. CAMPANELLA
San Salvatore in Lauro
Sant' Apollinare
VIA DEI CORONARI
PONTE
Palazzo Baldassini
Palazzo Capranica
Tempio di Adriano
La Maddalena
CORSO
P.te Princ. Amedeo Savoia Aosta
LUNGOT. DEI FIORENTINI
VIA D. BANCHI NUOVI
VIA D. M.TE GIORDANO
Santa Maria della Pace
Santa Maria dell'Anima
PIAZZA NAVONA
Sant'Agnese in Agone
CORSO RINASCIMENTO
San Luigi dei Francesi
VIA DEI PASTINI
PIAZZA DELLA ROTONDA
VIA DEL SEMINARIO
San Giovanni dei Fiorentini
Palazzo del Banco di Santo Spirito
Torre dell' Orologio
VIA D. GOVERNO VECCHIO
Palazzo del Governo Vecchio
VIA D. PARIONE
VIA DI S. MARIA DELL'ANIMA
Fontana dei Quattro Fiumi
Palazzo Madama
Pantheon
Sant' Ignazio di Loyola
Oratorio dei Filippini
Chiesa Nuova
VITTORIO EMANUELE II
Palazzo Pamphilj
Sant' Eustachio
VIA GIULIA
VIA D. BANCHI VECCHI
VIA DEI CARTARI
Pasquino
Sant'Ivo alla Sapienza
VIA DI TORRE ARGENTINA
Santa Maria sopra Minerva
4
LUNGOT. GIANICOLENSE
V. DELLA LUNGARA
LUNGOT. D. SANGALLO
PARIONE
VIA MONSERRATO
Palazzo Braschi
Palazzo Massimo alle Colonne
VIA DEI CESTARI
VIA D. GESÙ
Palazzo Altieri
V. S.F. NERI
Palazzo Ricci
VIA DEL PELLEGRINO
VIA DEI CAPPELLARI
Palazzo della Cancelleria
Piccola Farnesina
V. DEI BAULLARI
Sant'Andrea della Valle
Biblioteca del Burcardo
LARGO DI TORRE ARGENTINA
Il Gesù
V. D. ORTI D'ALIBERT
Santa Maria in Monserrato
Sant'Eligio degli Orefici
San Girolamo della Carità
CAMPO DE' FIORI
Palazzo Pio Righetti
Area Sacra
Teatro Argentina
V.D. MANTELLATE
Ponte G. Mazzini
LUNGOT. DEI TEBALDI
PIAZZA FARNESE
VIA DEI CHIAVARI
V. DEL MONTE DELLA FARINA
LARGO ARENULA
VIA DELLE BOTTEGHE OSCURE
Carcere di Regina Coeli
Santa Maria dell'Orazione e Morte
Palazzo Farnese
VIA DEI FARNESI
VIA DEI GIUBBONARI
V. D. MASCHERONE
VICOLO D. POLVERONE
San Carlo ai Catinari
VIA ARENULA
Fontana delle Tartarughe
VIC. S. FRANCESCO DI SALES
VIA S. FRANCESCO DI SALES
VIA DELLA PENITENZA
VIA DELLA LUNGARA
Palazzo Spada
Palazzo del Monte di Pietà
Santa Maria in Campitelli
VIA DEI RIARI
LUNGOTEVERE D. FARNESINA
Villa Farnesina
VIA DEI PETTINARI
Santissima Trinità dei Pellegrini
Palazzo Cenci
Casa di Lorenzo Manilio
Portico d'Ottavia
VIA PORTICO D'OTTAVIA
Palazzo Corsini & Galleria Nazionale d'Arte Antica
LUNGOT. D. VALLATI
VIA D. ZOCCOLETTE
ANGELO
VIA CATALANA
Sinagoga
Teatro di Marcello
Porta Settimiana
Casa della Fornarina
VIA DI S. DOROTEA
Ponte Sisto
LUNGOT. R. SANZIO
LUNGOT. DEI CENCI
VER PÁGINAS 11 Y 12 PARA AMPLIACIÓN DE ESTA ZONA
VIA GARIBALDI
V.D. SCALA
VICOLO DEL BOLOGNA
VICOLO DEL CINQUE
VIA DEL POLITEAMA
S. Maria della Scala
P.te Garibaldi
ISOLA TIBERINA
8

5
A
B
C
2
VILLA BORGHESE
V.LE DEI PUPAZZI
VIALE DEI CAVALLI MARINI
VIA ISONZO
VIA SEBETO
VIA SESIA
VIA DI S. TERESA
VIA PO
VIALE DELLE MAGNOLIE
VIALE S. PAOLO DEL BRASILE
VIALE GOETHE
VIALE DELLA PINETA
VIALE DEL MUSEO BORGHESE
VIA G. PUCCINI
VIA PINCIANA
CORSO D'ITALIA
VIA CAMPANIA
GALOPPATOIO
VIALE DEL MURO TORTO
VIALE DEL GALOPPATOIO
PORTA PINCIANA
LUDOVISI
VIA SARDEGNA
VIA ROMAGNA
VIA SICILIA
VIA PUGLIE
VIA LUCANIA
BONCOMPAGNI
VIA NERVA
VIALE TRINITÀ DEI MONTI
Villa Medici
4
VIA LAZIO
VIA VITTORIO VENETO
VIA MARCHE
VIA ABRUZZI
VIA TOSCANA
VIA PIEMONTE
VIA QUINTINO SELLA
PIAZZA SALLUSTIO
CAMPO MARZIO
VIA MARGUTTA
V. DEL BABUINO
VIA ALIBERT
VIA DI PORTA PINCIANA
VIA LOMBARDIA
VIA EMILIA
VIA AURORA
SALLUSTIANO
VIA SALLUSTIANA
Casino dell'Aurora
VIA LUDOVISI
VIA FRIULI
VIA LUCULLO
PIAZZA DI SPAGNA
Spagna
Trinità dei Monti
Palazzo Margherita
VIA AURELIANA
VIA FLAVIA
VIA D. CROCE
V. DELLE CARROZZE
Babington's Tea Rooms
Scalinata della Trinità dei Monti
VIA V. CADORE
VIA LIGURIA
VIA UMBRIA
VIA L. BISSOLATI
VIA G. CARDUCCI
VIA PAGANO
VIA SALANDRA
Ministero dell'Agricoltura e delle Foreste
Caffè Greco
Museo Keats-Shelley
VIA CONDOTTI
VIA BOCCA DI LEONE
VIA MARIO
VIA D. ARTISTI
VIA V.S. ISIDORO
VIA VITTORIO VENETO
VIA VERSILIA
VIA MOLISE
Santa Maria della Concezione
SALITA DI S. NICOLA DA TOLENTINO
Santa Maria della Vittoria
VIA PASTRENGO
12
PIAZZA MIGNANELLI
VIA GREGORIANA
VIA SISTINA
VIA PURIFICAZIONE
Fontana delle Api
VIA S. NICOLA DA TOLENTINO
VIA BARBERINI
Santa Susanna
XX SETTEMBRE
Fontana del Mosè
Colonna dell'Immacolata
TREVI
VIA FRANCESCO CRISPI
VIA FRATTINA
VIA DUE MACELLI
Barberini
VIA PARIGI
VIA V.E. ORLANDO
VIA BARBIERI
VER PÁGINAS 11 Y 12 PARA AMPLIACIÓN DE ESTA ZONA
VIA D. MERCEDE
VIA CAPO LE CASE
VIA ZUCCHELLI
PIAZZA BARBERINI
Fontana del Tritone
Palazzo Barberini
PIAZZA S. BERNARDO
San Bernardo alle Terme
Repubblica
PIAZZA DELLA REPUBBLICA
Sant'Andrea delle Fratte
VIA DEL TRITONE
VIA DELLE QUATTRO FONTANE
VIA XX SETTEMBRE
Ministero della Difesa Esercito
PIAZZA SAN SILVESTRO
VIA DEL POZZETTO
VIA S. CLAUDIO
VIA DEL TRAFORO
VIA D. BOCCACCIO
VIA RASELLA
VIA DEGLI AVIGNONESI
VIA D. GIARDINI
VIA DEL CORSO
VIA POLI
VIA DEI MARONITI
VIA IN ARCIONE
VIA D. SCUDERIE
GIARDINI DEL QUIRINALE
(TRAFORO UMBERTO I)
Le Quattro Fontane
VIA MODENA
Teatro dell'Opera
3
LARGO CHIGI
Palazzo Chigi
VIA S. M. IN VIA
VIA D. STAMPERIA
Accademia di San Luca
VIA PANETTERIA
San Carlo alle Quattro Fontane
VIA TORINO
VIA FIRENZE
PIAZZA COLONNA
Santa Maria in Trivio
Fontana di Trevi
Santi Vincenzo e Anastasio
VIA DEL QUIRINALE
VIA NAZIONALE
VIA PIACENZA
VIA GENOVA
VIA S. VITALE
GALL. REG. MARGHERITA
VIA NAPOLI
PIAZZA B. GIGLI
VIA VIMINALE
Colonna di Marco Aurelio
VIA D. MURATTE
VIA MINGHETTI
Palazzo del Quirinale
Sant'Andrea al Quirinale
VIA A. DEPRETIS
V. NAPOLI
VIA BALBO
VIA D. DATARIA
VIA S. VINCENZO
VIA D. LUCCHESI
PIAZZA DEL QUIRINALE
PIAZZA D. VIMINALE
VIA PALERMO
PIGNA
VIA SCIARRA
VIA DELL'UMILTÀ
VIA S. MARCELLO
Università Gregoriana
Castore e Polluce
VIA XXIV MAGGIO
VIA D. CONSULTA
VIA PARMA
Palazzo delle Esposizioni
San Marcello al Corso
PIAZZA D. PILOTTA
VIA CESARE
VIA URBANA
Palazzo del Collegio Romano
SS. Apostoli
VIA D. PILOTTA
Santa Pudenziana
PIAZZA COLLEGIO ROMANO
Palazzo Odescalchi
Palazzo Colonna
VIA MILANO
VIA NAZIONALE
Banca d'Italia
VIA CAVOUR
V. QUATTRO CANTONI
4
Palazzo Doria Pamphilj
PIAZZA DEI SS. APOSTOLI
VIA DELLA GATTA
V. IV NOVEMBRE
VIA MAZZARINO
Sant'Agata dei Goti
VIA DEI SERPENTI
VIA DEL BOSCHETTO
VIA S. M. MAGGIORE
VIA PANISPERNA
VIA CIANCALEONI
VIA CAPOCCI
V.D. PLEBISCITO
PIAZZA VENEZIA
Villa Aldobrandini
VIA CIMARRA
VIA CLEMENTINA
VIA URBANA
VIA SFORZA
Palazzo Venezia
San Marco
Colonna Traiana
Torre delle Milizie
Santi Domenico e Sisto
VIA S. AGATA DEI GOTI
Gesù
VIA ALESSANDRINA
Mercati Traianei
Santa Maria dei Monti
VIA D. ZINGARI
Cavour
VIA S. MARCO
PIAZZA S. MARCO
VIA GIOVANNI
Il Vittoriano
Casa dei Cavalieri di Rodi
VIA LEONINA
LARGO VENOSTA
VIA IN SELCI
PIAZZA D'ARACOELI
Foro di Augusto
VIA TOR DE' CONTI
VIA BACCINA
Santa Maria in Aracoeli
Foro di Nerva
VIA MADONNA D. MONTI
Foro di Cesare
VIA DEI FORI IMPERIALI
VIA CAVOUR
San Pietro in Vincoli
VIA D. SETTE SALE
VIA DEL TEATRO DI MARCELLO
PIAZZA DEL CAMPIDOGLIO
Palazzo Nuovo
Carcere Mamertino
LARGO CORRADO RICCI
VIA FRANGIPANE
VIA CARDELLO
VIA DEGLI ANNIBALDI
VIA EUDOSSIANA
5
Palazzo Senatorio
VIA DEL COLOSSEO
VIALE DEL
Santi Luca e Martina
Curia
VIA SALARA VECCHIA
VIA CURIA
Palazzo dei Conservatori
Colonna di Foca
Basilica Aemilia
Tempio di Saturno
Tempio di Antonino e Faustina
Tempio di Romolo
V. TERME DI TITO
Domus Aurea
Tempio di Giove
Basilica Giulia
Basilica di Costantino e Massenzio
S. Francesca Romana
L.GO G. AGNESI
Rupe Tarpea
V.D. CONSOLAZIONE
Tempio di Castore e Polluce
Tempio di Vesta
Antiquarium Forense
Colosseo
VIA N. SALVI
San Nicola in Carcere
S. M. della Consolazione
Casa delle Vestali
8
Tempio di Venere e Roma
PIAZZA DEL COLOSSEO
Colosseo
VIALE DOMUS

6
D
E
F
1
2
3
4
5
VILLA TORLONIA
V. SALARIA
VIA NOMENTANA
VIALE REGINA MARGHERITA
VIA G. B. MORGAGNI
VIA LAZZARO SPALLANZANI
VIA SIRACUSA
PIAZZA SALERNO
PIAZZA GALENO
PIAZZA ALESSANDRIA
VIA BERGAMO
VIA NIZZA
VIA MANTOVA
V. MESSINA
VIA VILLINI
CORSO D'ITALIA
PIAZZA FIUME
PORTA SALARIA
Corpus Domini
Ministero dei Lavori Pubblici
Ministero dei Trasporti
PIAZZALE DI PORTA PIA
PORTA PIA
VIA PIAVE
V. VALENZIANI
VIA XX SETTEMBRE
VIALE DEL POLICLINICO
PIAZZA DELLA CROCE ROSA
VIA G. M. LANCISI
Policlinico
PIAZZA SASSARI
V. CASERTA
VIALE REGINA ELENA
Policlinico Umberto I.
CASTRO PRETORIO
Castro Pretorio
VIALE CASTRO PRETORIO
Biblioteca Nazionale
VIA SFORZESCA
VIA MONZAMBANO
PIAZZA CONFIENZA
VIALE DELL'UNIVERSITÀ
CITTÀ UNIVERSITARIA
Ministero della Difesa Aeronautica
VIALE PIETRO GOBETTI
PIAZZALE ALDO MORO
VIA DEI FRENTANI
VIALE DEI RAMNI
VIALE DELLO SCIENZE
Ministeri del Bilancio e del Tesoro
VIA CERNAIA
VIA GOITO
VIA VOLTURNO
PIAZZA INDIPENDENZA
VIA S. MARTINO D. BATTAGLIA
VIA VICENZA
VIA PALESTRO
Terme di Diocleziano
Santa Maria degli Angeli
V.LE E. DE NICOLA
V.LE EINAUDI
PIAZZA DEI CINQUECENTO
Termini
Stazione Centrale Roma Termini
LARGO VILLA PERETTI
Museo Nazionale Romano
VIA MARSALA
VIA DEI MILLE
VIA MAGENTA
VIALE PRETORIANO
VIA CAVOUR
VIA GIOVANNI GIOLITTI
VIA PRINCIPE AMEDEO
PIAZZALE SISTO V
VIA DI PORTA S. LORENZO
VIA TIBURTINA
PIAZZA P.TA S. LORENZO
PIAZZALE TIBURTINO
VIA DEI VOLSCI
VIA DEI SABELLI
PIAZZALE DEI SICULI
VIA DEI LUCERI
VIA DI PORTA LABICANA
Santa Maria Maggiore
PIAZZA S. MARIA MAGGIORE
V. D. ESQUILINO
Santa Prassede
VIA CARLO ALBERTO
Arco di Gallieno
VIA S. VITO
Santa Bibiana
VIA S. MARTINO AI MONTI
LANZA
PIAZZA S. MARTINO AI MONTI
San Martino ai Monti
Museo Nazionale d'Arte Orientale
Auditorio di Mecenate
VIA D. STATUTO
Vittorio Emanuele
PIAZZA VITTORIO EMANUELE II
VIA PRINCIPE EUGENIO
VIALE MANZONI
VIA PORTA MAGGIORE
Porta Maggiore
Sepolcro di M.V. Eurisace
VIA STATILIA
Sette Sale
PARCO DI TRAIANO
Terme di Traiano
LARGO LEOPARDI
VIA MERULANA
ESQUILINO
PIAZZA DANTE
VIA EMANUELE FILIBERTO
VIA S. CROCE IN GERUSALEMME
VIA LUIGI LUZZATTI
VIA CARLO EMANUELE I

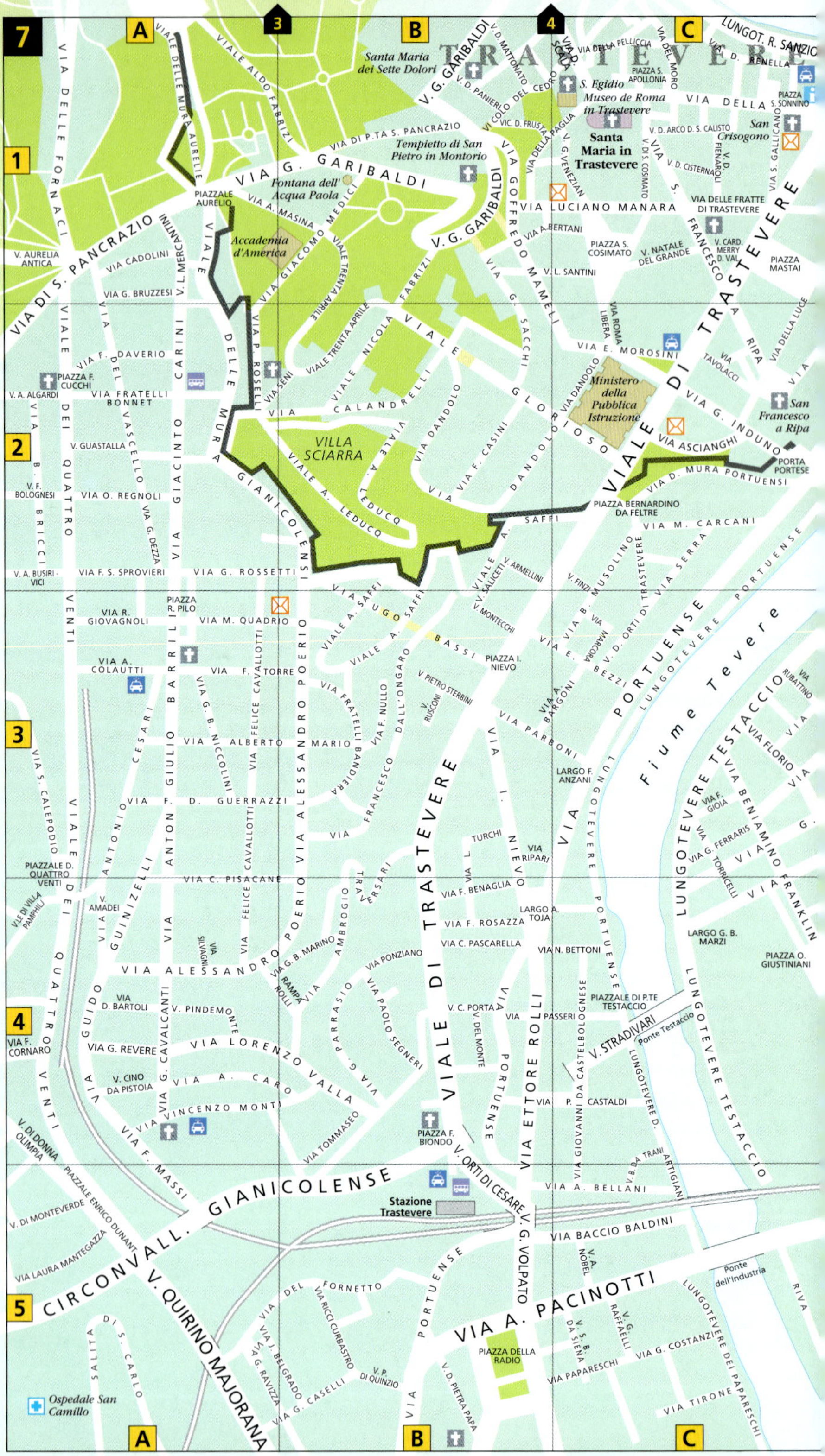
7
A
B
C
3
4
1
2
3
4
5
TRASTEVERE
Santa Maria dei Sette Dolori
Tempietto di San Pietro in Montorio
Fontana dell' Acqua Paola
Accademia d'America
S. Egidio
Museo de Roma in Trastevere
Santa Maria in Trastevere
San Crisogono
Ministero della Pubblica Istruzione
San Francesco a Ripa
VILLA SCIARRA
Stazione Trastevere
Ospedale San Camillo
Fiume Tevere
PORTA PORTESE
PIAZZALE AURELIO
PIAZZA F. CUCCHI
PIAZZA R. PILO
PIAZZA BERNARDINO DA FELTRE
PIAZZA I. NIEVO
PIAZZA S. COSIMATO
PIAZZA MASTAI
PIAZZA S. APOLLONIA
PIAZZA S. SONNINO
PIAZZALE D. QUATTRO VENTI
PIAZZA F. BIONDO
PIAZZALE DI P.TE TESTACCIO
PIAZZA DELLA RADIO
PIAZZA O. GIUSTINIANI
PIAZZALE ENRICO DUNANT
LARGO F. ANZANI
LARGO A. TOJA
LARGO G. B. MARZI
VIA DELLE FORNACI
VIALE DELLE MURA AURELIE
VIALE ALDO FABRIZI
VIA DI S. PANCRAZIO
VIA G. GARIBALDI
V. G. GARIBALDI
VIA DI P.TA S. PANCRAZIO
VIA GOFFREDO MAMELI
VIA LUCIANO MANARA
VIA DELLA PAGLIA
VIA DELLA SCALA
VIA DELLA PELLICCIA
VIA DEL MORO
VIA DELLA LUNGARETTA
LUNGOT. R. SANZIO
VIA D. RENELLA
VIA S. FRANCESCO A RIPA
VIA S. GALLICANO
VIA DELLE FRATTE DI TRASTEVERE
VIALE DI TRASTEVERE
VIALE DELLE MURA GIANICOLENSI
VIA GIACOMO MEDICI
VIALE TRENTA APRILE
VIA NICOLA FABRIZI
VIALE GLORIOSO
VIA CALANDRELLI
VIALE A. LEDUCQ
VIA DANDOLO
VIA F. CASINI
VIA E. MOROSINI
VIA G. INDUNO
VIA ASCIANGHI
VIA D. MURA PORTUENSI
VIA SAFFI
VIALE AURELIO SAFFI
VIALE UGO BASSI
VIA M. CARCANI
VIA PORTUENSE
LUNGOTEVERE PORTUENSE
LUNGOTEVERE TESTACCIO
LUNGOTEVERE D. ARTIGIANI
LUNGOTEVERE DEI PAPARESCHI
VIA ALESSANDRO POERIO
VIA ANTON GIULIO BARRILI
VIA GIACINTO CARINI
VIALE DEI QUATTRO VENTI
VIA F. DAVERIO
VIA FRATELLI BONNET
VIA O. REGNOLI
VIA G. ROSSETTI
VIA F. S. SPROVIERI
VIA M. QUADRIO
VIA F. TORRE
VIA ALBERTO MARIO
VIA F. D. GUERRAZZI
VIA FRATELLI BANDIERA
VIA FRANCESCO DALL'ONGARO
VIA C. PISACANE
VIA FELICE CAVALLOTTI
VIA ANTONIO CESARI
VIA GUIDO GUINIZZELLI
VIA ALESSANDRO POERIO
VIA LORENZO VALLA
VIA A. CARO
VIA VINCENZO MONTI
VIA G. REVERE
VIA G. CAVALCANTI
VIA F. MASSI
VIA TOMMASEO
VIA PAOLO SEGNERI
VIA G. PARRASIO
VIA PONZIANO
VIA ETTORE ROLLI
VIA I. NIEVO
VIA PARBONI
VIA E. BEZZI
VIA F. BENAGLIA
VIA F. ROSAZZA
VIA C. PASCARELLA
VIA N. BETTONI
VIA GIOVANNI DA CASTELBOLOGNESE
V. STRADIVARI
Ponte Testaccio
VIA A. BELLANI
VIA BACCIO BALDINI
V. ORTI DI CESARE
V. G. VOLPATO
CIRCONVALL. GIANICOLENSE
V. QUIRINO MAJORANA
VIA A. PACINOTTI
Ponte dell'Industria
VIA DEL FORNETTO
VIA G. CASELLI
VIA PAPARESCHI
VIA G. COSTANZI
VIA TIRONE
VIA BENIAMINO FRANKLIN
VIA FLORIO
VIA G. FERRARIS
VIA RUBATTINO
SALITA DI S. CARLO
VIA LAURA MANTEGAZZA
V. DI MONTEVERDE
V. DI DONNA OLIMPIA
VIA S. CALEPODIO
V. A. ALGARDI
V. AURELIA ANTICA
VIA CADOLINI
VIA G. BRUZZESI
V. L. MERCANTINI
VIA DEL VASCELLO
V. GUASTALLA
V. F. BOLOGNESI
V. A. BUSIRI-VICI
VIA R. GIOVAGNOLI
VIA A. COLAUTTI
V. PINDEMONTE
VIA D. BARTOLI
V. CINO DA PISTOIA
VIA F. CORNARO
VIA G. B. NICCOLINI
VIA G. B. MARINO
RAMPA ROLLI
VIA PIETRO STERBINI
VIA A. BARGONI
V. MONTECCHI
VIA ORTI DI TRASTEVERE
VIA B. MUSOLINO
VIA DANDOLO
V. L. SANTINI
VIA NATALE DEL GRANDE
VIA ROMA LIBERA
VIA DELLA LUCE
VIA TAVOLACCI
VIA A. BERTANI
V. CARD. MERRY D. VAL
VIA DI S. COSIMATO
V. D. CISTERNA
V. D. ARCO D. S. CALISTO
VIA G. VENEZIAN
VIA DEL CEDRO
VICOLO DEL CEDRO
VIC. D. FRUSTA
V. D. PANIERI
V. D. MATTONATO
VIA A. MASINA
VIA P. ROSELLI
VIA SENI
VIA CASTALDI
VIA P. PASSERI
V. C. PORTA
V. DEL MONTE
VIA RICCI CURBASTRO
VIA J. BELGRADO
VIA G. RAVIZZA
V. D. PIETRA PAPA
V. P. DI QUINZIO
V. A. NOBEL
V. G. RAFFAELLI
V. S. B. DA SIENA

8
D
E
F
5
9
1
2
3
4
5
ISOLA TIBERINA
San Bartolomeo
LUNGOT. PIERLEONI
VIA PETROSELLI
V. S. GIOVANNI DECOLLATO
V. DEI FIENILI
San Teodoro
Arco di Tito
CAMPITELLI
LUNGOT. D. ANGUILLARA
PIAZZA G. BELLI
Ponte Cestio
S. Giovanni Decollato
San Giorgio in Velabro
Arco di Costantino
Ponte Rotto
Casa dei Crescenzi
Orti Farnesiani
LUNGARETTA
Caserma dei Vigili della VII Coorte
PIAZZA IN PISCINULA
VIA SCARPETTA
LUNGOTEVERE RIPA
Ponte Palatino
PIAZZA BOCCA D. VERITÀ
Arco di Giano
VIA DI S. TEODORO
Tempio di Cibele
Criptoportico
Casa di Livia
Domus Flavia
Casa di Romolo
Domus Augustana
Stadio
VIA DI S. GREGORIO
P. D. PONZIANI
VIA DEI SALUMI
VIA ANICIA
VIA DELLA LUCE
VIA SANTINI
VIA DEI GENOVESI
VIC. D. ATLETA
VIA DEI VASCELLARI
VIA P. PERETTI
Templi del Foro Boario
Santa Maria in Cosmedin
V. DELLA GRECA
VIA DEI CERCHI
Santa Cecilia in Trastevere
PIAZZA S. CECILIA
PIAZZA DEI MERCANTI
VIA MADONNA DELL'ORTO
V. DEL PORTO
VIA DI S. MICHELE
LUNGOTEVERE AVENTINO
CLIVO DEI PUBLICII
PARCO DI S. ALESSIO
VIA DEL CIRCO MASSIMO
PARCO DEL CIRCO MASSIMO
San Gregorio Magno
San Michele a Ripa Grande
PORTO DI RIPA GRANDE
S. SABINA
PIAZZALE UGO LA MALFA
Circo Massimo
PIAZZA DI PORTA CAPENA
CELIO
Santa Sabina
RIPA
VIA G. BERNIERO
VIA S. ALBERTO MAGNO
VIA D. TERME DECIANE
Circo Massimo
LARGO ARRIGO VII
VIA CIACCONIO
V. EUFEMIANO
VIA ARA DI CONSO
VIA FONTE DI FAUNO
FAO
Santi Bonifacio e Alessio
P.te Sublicio
PIAZZA D. EMPORIO
PIAZZA DEI CAVALIERI DI MALTA
VIA S. DOMENICO
PIAZZA TEMPIO DI DIANA
VIA TEMPIO D. DIANA
VIA DI S. PRISCA
VIA D. VIA LICINIA
VIALE AVENTINO
VIA MARMORATA
V. DI PORTA LAVERNALE
VIA S. MELANIA
VIA MARCELLA
VIA GIOSAFAT
PARCO DI PORTA CAPENA
VIALE G. BACCELLI
VIA A. VESPUCCI
VIA R. GESSI
VIA CECCHI
VIA BRANCA
VIA G. BIANCHI
VIA S. ALESSIO
VIA S. DI
VIA DEI DECII
VIA ICILIO
PIAZZA ALBANIA
VIA B. PERUZZI
VIA AVENTINA
PIAZZA DI S. BALBINA
Santa Balbina
VIA GIOVANNI
VIA VANVITELLI
VIA MASTRO GIORGIO
S. ANSELMO
PIAZZA DEI SERVILI
VIA O. DA CLUNY
VIALE M. GELSOMINI
V. D. PIRAMIDE CESTIA
V. PIRRO LIGORIO
VIA DI S. SABA
VIA PONZIO
PIAZZA REMURIA
VIA DI S. BALBINA
VIALE G. BACCELLI
PIAZZA DI S. M. LIBERATRICE
VIA BATTISTA
PIAZZA TESTACCIO
VIA A. POLLIONE
VIA MANUNZIO
VIA ROBBIA
VIA GINORI
PARCO DELLA RESISTENZA DELL'8 SETTEMBRE
San Saba
VIA FAUSTINA
VIA S. ROSA
VIA E. ROSA
LARGO E. FIORITTO
V. LE GUIDO BACCELLI
VIA ALDO
VIA NICOLA
VIA VOLTA
LARGO M. GELSOMINI
VIA PONTELLI
VIA ANNIA
V. ZUCCARI
PIAZZA G. L. BERNINI
VIA L. B. ALBERTI
VIA GIOTTO
VIA DI VILLA PEPOLI
LARGO C. LAZZERINI
V. L. GHIBERTI
VIA GALVANI
VIA P. CASELLI
TESTACCIO
PIAZZA DI P.TA S. PAOLO
V. MADERNO
VIA A. PALLADIO
VIA G. DELLA PORTA
VIA BRAMANTE
VIALE
VIA GUERRIERI
VIALE DI PORTA ARDEATINA
VIA MARATTA
Piramide di Caio Cestio
VIALE GIOTTO
VIA TATA
Monte Testaccio
PARCO TESTACCIO
VIA ZABAGLIA
VIA CAIO CESTIO
Cimitero Protestante
PIAZZALE OSTIENSE
Piramide
Stazione Porta San Paolo
VIALE DELLE CAVE ARDEATINE
VIA VIGONI
VIA A. CADAMOSTO
VIA C. BELTRAMI
G. MIANI
LARGO G. CHIARINI
VIA TESTACCIO
VIA MONTE
VIA GIULIETTI
VIA RICCI
VIA B. BOSSI
VIA GIROLAMO DANDINI
VIA A. CONTARINI
VIALE O. BECCARI
VIALE DEL CAMPO BOARIO
PIAZZA V. BOTTEGO
VIA DEI CONCIATORI
V. DELLE CONCE
VIA OSTIENSE
VIALE MARCO POLO
VIA G. B. BELZONI
V. L. ROBECCHI BRICHETTI
VIA GIOVANNI DA EMPOLI
VIA STAZIONE OSTIENSE
PIAZZALE DEI PARTIGIANI
VIA DEL PORTO FLUVIALE
Stazione Roma - Ostiense
MAGAZZINI GENERALI
V. PELLEGRINO MATTEUCCI
VIA DEI
VIA G. ACERBI
VIA DEL GAZOMETRO
VIA CABOTO
VIA G. BOVE
VIA F. NANSEN
V. BERING
VIA DEL COMMERCIO
PIAZZA DEL GAZOMETRO
VIA F. NEGRI
V. GEROLAMO BENZONI
VIA A. PIGAFETTA
V. P. ALPINO
VIA E. RUSPOLI
VIA DELLA MOLETTA
OSTIENSE

9
A
B
C
6
8
1
2
3
4
5
Colosseo
PIAZZA DEL COLOSSEO
VIA LABICANA
VIA DI S. GIOVANNI IN LATERANO
VIA L. MURATORI
V.G.M. CRESCIMBENI
VIA RUGGERO BONGHI
VIA P. VILLARI
VIA ISIDE
V. GALILEO GALILEI
V. L. ARIOSTO
VIALE MANZONI
Manzoni
V. EMANUELE FILIBERTO
VIA MERULANA
VIA MATTEO BOIARDO
V. ALEARDI
VIA F. BERNI
VIA T. TASSO
V. D. FONTANA
San Clemente
VIA DEI SS. QUATTRO
VIA DEI NORMANNI
VIA CELIMONTANA
VIA DEI QUERCETI
Santi Quattro Coronati
VIA OSTILIA
VIA MARCO AURELIO
VIA CAPO D'AFRICA
VIA ANNIA
V. CELIO VIBENNA
PARCO DEL CELIO
V.LE DEL PARCO DEL CELIO
Tempio di Claudio
VIA CLAUDIA
PIAZZA CELIMONTANA
Ospedale del Celio
Santi Giovanni e Paolo
CLIVO DI SCAURO
VIA S. PAOLO DELLA CROCE
Arco di Dolabella
VIA DI S. STEFANO ROTONDO
Ospedale di San Giovanni
PIAZZA S. GIOVANNI IN LATERANO
Palazzo Laterano
Scala Santa e Sancta Sanctorum
Battistero
San Giovanni in Laterano
Sanatorio Umberto I
VIA DI VILLA FONSECA
Ospizio d. Addolorata
VIA DELL'AMBA ARADAM
VIA DEI LATERANI
VIA LOCRI
Santa Maria in Domnica
Santo Stefano Rotondo
Ospedale Britannico
VIA DI S. ERASMO
V. VALERI
VIA DRUSIANA
V. DECENNIA
VIA D. FERRATELLA IN LATERANO
VIA SANNIO
VILLA CELIMONTANA
CELIO
VIA DELLA NAVICELLA
VIA DI VALLE DELLE CAMENE
V. D. TERME DI CARACALLA
PIAZZA DI P.TA METRONIA
PIAZZALE METRONIO
VIALE IPPONIO
V. NORICO
V. ANGLONA
VIA ILLIRIA
VIA FARSALO
VIA SIBARI
VIA APULIA
VIA METAPONTO
VIA MARRUVIO
VIA AMITERNO
VIA VEIO
VIA OLBIA
VIA LUNI
VIA CLATERNA
VIA BRITANNIA
VIA CEREATE
STADIO DELLE TERME
VIA ANTONINA
San Sisto Vecchio
Santi Nereo e Achilleo
VIA DRUSO
VIA TRACIA
VIA ALESIA
VIA GALLIA
VIA ELEA
VIA PANNONIA
VIALE METRONIO
VIA LICIA
VIA PANDOSIA
VIA IBERIA
VIA URBISAGLIA
VIA SATURNIA
VIA PIRGO
VIA E. RECINA
VIA POMPEI
VIA COLLAZIA
Terme di Caracalla
PIAZZALE NUMA POMPILIO
PARCO EGERIO
San Cesareo
VIA D. TERME DI CARACALLA
VIA ANTONINIANA
V. NUMIDIA
V. B. M. DE MATTIAS
VIA AQUITANIA
PIAZZA EPIRO
V. MAURITANIA
VIA VULCI
VIA LUSITANIA
V. SINUESSA
VIA DI PORTA LATINA
VIA DI PORTA S. SEBASTIANO
VICOLO ANTONINIANO
San Giovanni a Porta Latina
Colombario di Pomponio Hylas
San Giovanni in Oleo
Tomba degli Scipioni
PARCO D. SCIPIONI
VIA DELLE MURA LATINE
VIA CAMERIA
VIA VETULONIA
VIA POPULONIA
VIA GALAZIA
VIA ACAIA
VIA TALAMONE
PIAZZA GALERIA
VIALE GUIDO BACCELLI
V. LUCIO FABIO CILONE
Bastione del Sangallo
VIALE DI PORTA ARDEATINA
LARGO DELLE TERME DI CARACALLA
Arco di Druso
Porta San Sebastiano
VIA CILICIA
PORTA ARDEATINA
VIA APPIA ANTICA
VIALE O. BECCARI
VIA RONCINOTTO
VIALE MARCO POLO
V. CRISTOFORO COLOMBO
VIA DELLA TRAVICELLA
VIA BITINIA
VIA CAPITAN BAVASTRO
VIA C. CITERNI
VIA A. USODIMARE

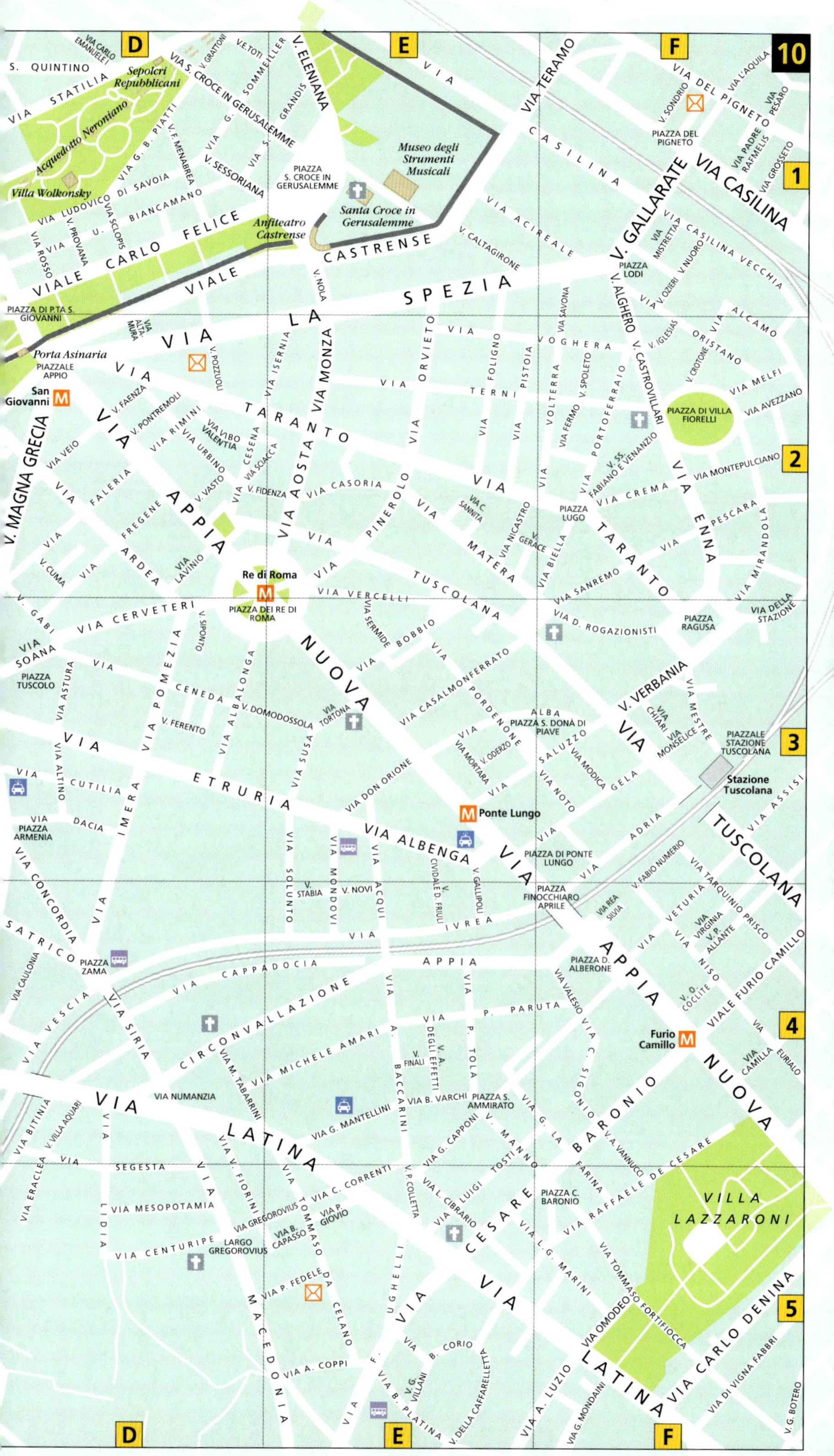
10
D
E
F
1
2
3
4
5
S. QUINTINO
VIA STATILIA
Sepolcri Repubblicani
Acquedotto Neroniano
Villa Wolkonsky
VIA CARLO EMANUELE I
VIA S. CROCE IN GERUSALEMME
V. GRATTONI
V. E. TOTI
V. SOMMEILLER
V. ELENIANA
VIA G. B. PIATTI
V. F. MENABREA
VIA G. GRANDIS
V. SESSORIANA
VIA LUDOVICO DI SAVOIA
VIA U. BIANCAMANO
V. PROVANA
VIA SCLOPIS
VIA ROSSO
VIALE CARLO FELICE
Anfiteatro Castrense
PIAZZA S. CROCE IN GERUSALEMME
Museo degli Strumenti Musicali
Santa Croce in Gerusalemme
VIALE CASTRENSE
VIA TERAMO
VIA CASILINA
VIA DEL PIGNETO
V. SONDRIO
VIA L'AQUILA
VIA PESARO
PIAZZA DEL PIGNETO
VIA PADRE RAFMELIS
VIA GROSSETO
V. GALLARATE
VIA MISTRETTA
VIA CASILINA VECCHIA
V. NUORO
V. OZIERI
PIAZZA LODI
V. ALGHERO
VIA ACIREALE
V. CALTAGIRONE
V. NOLA
VIA LA SPEZIA
PIAZZA DI P.TA S. GIOVANNI
VIA ALTA MURA
Porta Asinaria
PIAZZALE APPIO
San Giovanni
V. POZZUOLI
VIA ISERNIA
VIA MONZA
VIA ORVIETO
VIA FOLIGNO
VIA TERNI
VIA PISTOIA
VIA SAVONA
VIA VOGHERA
V. CASTROVILLARI
V. IGLESIAS
VIA ORISTANO
ALCAMO
V. CROTONE
VIA MELFI
PIAZZA DI VILLA FIORELLI
VIA AVEZZANO
V. MAGNA GRECIA
VIA APPIA
V. FAENZA
V. PONTREMOLI
VIA RIMINI
VIA TARANTO
VIA VIBO VALENTIA
VIA URBINO
VIA CESENA
VIA SCIACCA
VIA AOSTA
VIA VEIO
VIA FALERIA
V. VASTO
V. FIDENZA
VIA CASORIA
VIA PINEROLO
VIA VOLTERRA
V. FERMO
V. SPOLETO
VIA PORTOFERRAIO
V. SS. FABIANO E VENANZIO
VIA ENNA
VIA MONTEPULCIANO
VIA CREMA
VIA PESCARA
VIA FREGENE
VIA ARDEA
VIA LAVINIO
V. CUMA
VIA C. SANNITA
VIA MATERA
VIA NICASTRO
V. GERACE
VIA BIELLA
PIAZZA LUGO
VIA MIRANDOLA
Re di Roma
PIAZZA DEI RE DI ROMA
VIA VERCELLI
VIA TUSCOLANA
VIA SANREMO
VIA D. ROGAZIONISTI
PIAZZA RAGUSA
VIA DELLA STAZIONE
V. GABI
VIA CERVETERI
V. SIPONTO
VIA SERMIDE
VIA BOBBIO
VIA SOANA
PIAZZA TUSCOLO
VIA ASTURA
VIA POMEZIA
VIA CENEDA
VIA ALBALONGA
V. DOMODOSSOLA
VIA TORTONA
VIA NUOVA
VIA CASALMONFERRATO
VIA PORDENONE
PIAZZA S. DONÀ DI PIAVE
ALBA
V. VERBANIA
VIA MESTRE
VIA CHIARI
VIA MONSELICE
PIAZZALE STAZIONE TUSCOLANA
Stazione Tuscolana
V. FERENTO
VIA ETRURIA
VIA ALTINO
VIA CUTILIA
VIA IMERA
VIA SUSA
VIA DON ORIONE
VIA MORTARA
V. ODERZO
VIA SALUZZO
VIA MODICA
VIA NOTO
VIA GELA
VIA ASSISI
VIA DACIA
PIAZZA ARMENIA
Ponte Lungo
VIA ALBENGA
VIA ADRIA
VIA TUSCOLANA
VIA CONCORDIA
VIA SOLUNTO
VIA MONDOVI
VIA ACQUI
V. CIVIDALE D. FRIULI
V. GALLIPOLI
PIAZZA DI PONTE LUNGO
V. FABIO NUMERIO
VIA TARQUINIO PRISCO
V. STABIA
V. NOVI
VIA IVREA
PIAZZA FINOCCHIARO APRILE
VIA REA SILVIA
VIA VETURIA
VIA VIRGINIA
V. P. ALLANTE
SATRICO
PIAZZA ZAMA
VIA CAULONIA
VIA CAPPADOCIA
APPIA
PIAZZA D. ALBERONE
VIA APPIA NUOVA
VIA NISO
V. O. COCLITE
VIALE FURIO CAMILLO
VIA VESCIA
VIA SIRIA
VIA CIRCONVALLAZIONE
VIA P. PARUTA
VIA VALESIO
VIA C. SIGONIO
Furio Camillo
VIA EURIALO
VIA CAMILLA
VIA M. TABARRINI
VIA MICHELE AMARI
VIA A. BACCARINI
V. FINALI
V. A. DEGLI EFFETTI
VIA P. TOLA
VIA NUMANZIA
VIA LATINA
VIA B. VARCHI
PIAZZA S. AMMIRATO
VIA G. MANTELLINI
VIA G. CAPPONI
V. MANNO
VIA BARONIO
VIA G. LA FARINA
V. A. VANNUCCI
VIA BITINIA
V. VILLA AQUARI
VIA SEGESTA
VIA V. FIORINI
VIA TOSTI
VIA RAFFAELE DE CESARE
VIA ERACLEA
VIA MESOPOTAMIA
VIA LIDIA
VIA GREGOROVIUS
VIA C. CORRENTI
V. P. COLLETTA
VIA L. CIBRARIO
VIA LUIGI
PIAZZA C. BARONIO
VILLA LAZZARONI
VIA CENTURIPE
LARGO GREGOROVIUS
VIA B. CAPASSO
VIA TOMMASO DA CELANO
VIA P. GIOVIO
VIA CESARE
VIA L. G. MARINI
VIA TOMMASO FORTIFIOCCA
VIA MACEDONIA
VIA P. FEDELE
VIA UGHELLI
VIA B. CORIO
VIA OMODEO
VIA CARLO DENINA
VIA A. COPPI
VIA F.
V. G. VILLANI
VIA B. PLATINA
V. DELLA CAFFARELLETTA
VIA A. LUZIO
VIA G. MONDAINI
VIA LATINA
VIA DI VIGNA FABBRI
V. G. BOTERO

11
A
B
C
1
2
3
4
5
4
8
Piazza Adriana
Via Alberico II
Castel Sant' Angelo
Piazza Pia
Lungot. Vaticano
Lungotevere Castello
Largo Mutilati e Invalidi di Guerra
Piazza Cavour
Via Triboniano
Palazzo di Giustizia
Piazza dei Tribunali
Via Ulpiano
Via L. Calamatta
Lungotevere Prati
Ponte Umberto
Fiume
Tevere
Lungotevere
Piazza Nicosia
Via di Monte Brianzo
Via del Cancello
Vicolo d. Leonetto
Museo Napoleonico
Hostaria dell'Orso
Via dell'Orso
Ponte S. Angelo
Pte Vitt. Eman. II
Lungotevere Tor di Nona
Via di Tor di Nona
Lungot. degli Altoviti
Via Zanardelli
Via d. Acquasparta
Via d. Soldati
Via d. Gigli d'Oro
Palazzo Altemps
Via dei Pianellari
Sant' Apollinare
Via del Mastro
Via d. Rondinella
Vicolo d. Amatriciani
San Salvatore in Lauro
Via d. Maschera d'Oro
Via dei Tre Archi
Via Lancellotti
V. Vecchiarelli
Piazza San Salvatore in Lauro
Via dei Coronari
Piazza d. Tor Sanguigna
V. di S. Agostino
Piazza d. Cinque Lune
Via del Banco S. Spirito
Via di Panico
Via d. Arco d. Banchi
Paola
Corso Vittorio Emanuele II
Lungot. dei Fiorentini
Via d. Arco d. Fontanella
Palazzo del Banco di Santo Spirito
Vic. d. Campanella
Vicolo d. Campanella
Vicolo d. S. Giuliano
P. etta S. Simeone
V. d. Vetrina
Vicolo Montevecchio
Via d. Arco d. Pace
Vic. degli Osti
Vicolo d. Volpe
Santa Maria della Pace
Largo Febo
V. d. Lorenesi
Ponte
Corso del Rinascimento
Piazza dell'Oro
V. d. Consolato
San Giovanni dei Fiorentini
V. d. Cimatori
Largo dei Fiorentini
Vic. Orbitelli
Vicolo d. Palle
Via d. Banchi Nuovi
Via G. Giraud
Via d. Monte Giordano
Vic. d. Vacche
Vic. d. Fico
Via d. Corallo
Via d. Pace
Via d. Fossa
Via di S. Maria dell'Anima
Santa Maria dell'Anima
Sant'Agnese in Agone
V. di Tor Millina
Fontana dei Quattro Fiumi
Torre dell'Orologio
Oratorio dei Filippini
Chiesa Nuova
Via d. Filippini
Via d. Chiesa Nuova
Vic. Sforza Cesarini
Palazzo del Governo Vecchio
Via d. Governo Vecchio
Via Parione
Via d. Teatro Pace
Piazza Navona
Palazzo Pamphilj
Via Giulia
Vic. Sugarelli
Via dei Banchi Vecchi
Vic. d. Cefalo
Via dei Bresciani
Vic. Cellini
Piazza d. Chiesa Nuova
Vic. d. Governo Vecchio
Via Sora
Vicolo Savelli
Vic. d. Cancelleria
Via d. Leutari
Piazza di Pasquino
Via di Pasquino
Via dei Canestrari
Pasquino
Palazzo Braschi
Lungot. d. Sangallo
Via del Gonfalone
Via delle Carceri
Vicolo d. Malpasso
Via d. Cartari
V. Larga
V. Cerri
Corso Vittorio
Palazzo Massimo alle Colonne
Vicolo d. Scimmia
Vic. d. Prigioni
Vic. d. Moretta
Parione
Via della Vetrina
Via dei Cappellari
Palazzo della Cancelleria
Piazza della Cancelleria
Piccola Farnesina
Lungot. Gianicolense
V. d. Orti d'Alibert
Largo Perosi
Via di S. Aurea
Palazzo Ricci
Via Monserrato
V. d. Barchetta
V. d. Montoro
Via del Pellegrino
Via dei Baullari
Piazza del Paradiso
V. d. Paradiso
V. dei Chiavari
V. delle Mantellate
Ponte G. Mazzini
Lungotevere dei Tebaldi
Sant'Eligio degli Orefici
Santa Maria in Monserrato
Campo de' Fiori
Piazza del Biscione
Largo di Pallaro
Via di S. Eligio
Vic. d. Gallo
Via dei Baullari
Palazzo Pio Righetti
Via di Grotta Pinta
Carcere di Regina Coeli
Via della Lungara
Via in Caterina
Via di S. Girolamo d. Carità
San Girolamo della Carità
Via Corda
Piazza Farnese
Via dei Farnesi
Palazzo Farnese
Via d. Mascherone
Via d. Balestrari
Vicolo d. Grotte
Via dei Giubbonari
Largo d. Librari
Vic. S. Francesco di Sales
Via S. Francesco di Sales
Vicolo d. Penitenza
Via della Penitenza
Lungotevere della Farnesina
Santa Maria dell'Orazione e Morte
Via Capo di Ferro
Palazzo Spada
Vicolo d. Polverone
Via d. Arco d. Monte
Palazzo del Monte di Pietà
Villa Farnesina
Via dei Riari
Santissima Trinità dei Pellegrini
Via di S. Paolo alla Regola
Sotterranei di San Paolo alla Regola
Via dei Pettinari
V. d. Trinità d. Pellegrini
Via del Conservatorio
Via delle Zoccolette
Rego
Palazzo Corsini & Galleria Nazionale d'Arte Antica
Vicolo Moroni
Ponte Sisto
Lungot. d. Vallati
Via Corsini
Orto Botanico del Gianicolo
Porta Settimiana
Casa della Fornarina
V. d. S. Dorotea
V. Ponte Sisto
Via Benedetta
Lungot. R. Sanzio
Via G. Garibaldi
Via della Scala
Vic. d. Bologna
V. d. Bologna
Vic. d. Cinque
V. del Politeama
Santa Maria della Scala

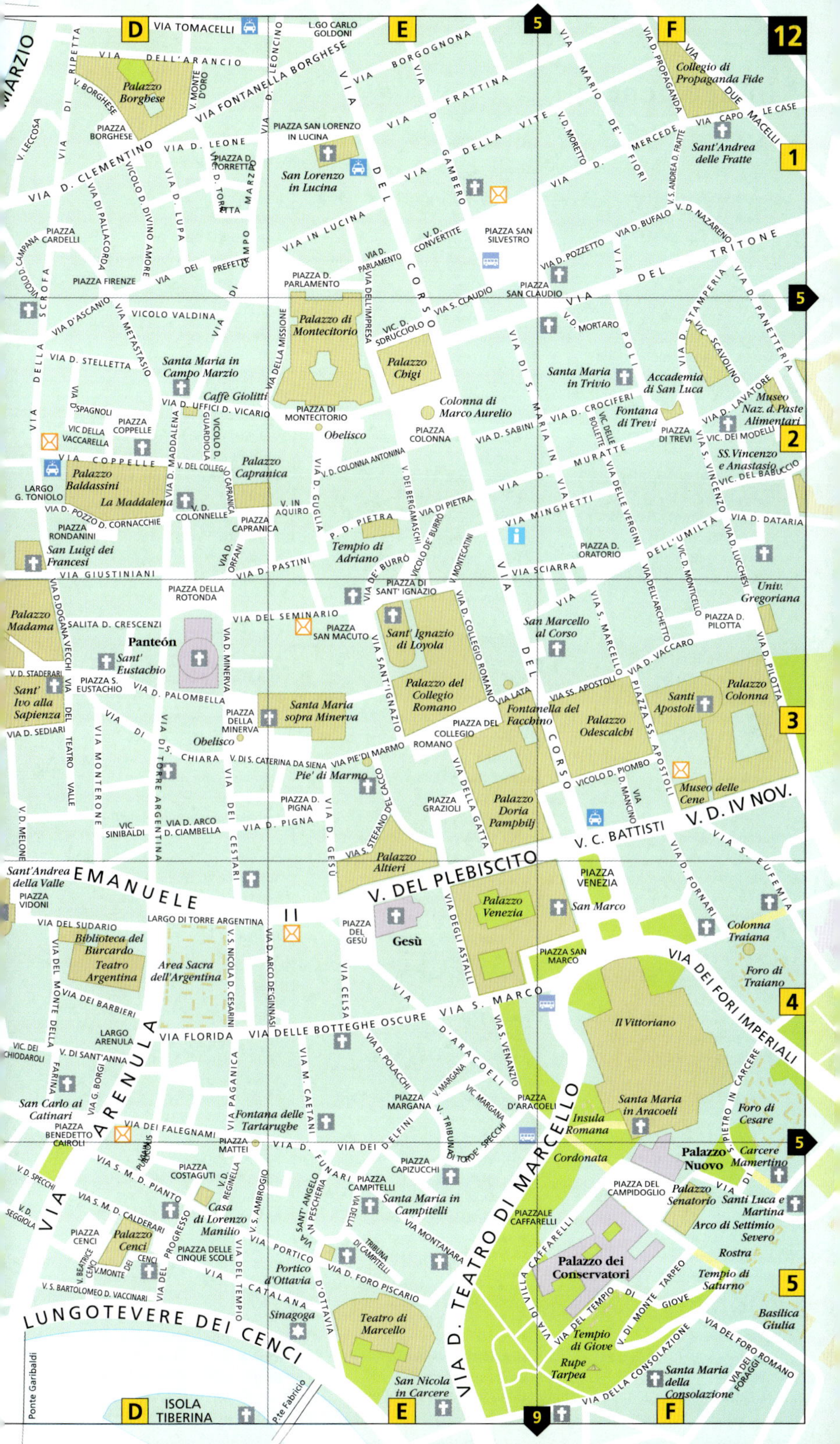
12
D
E
F
5
1
2
3
4
5
9
MARZIO
VIA TOMACELLI
L.GO CARLO GOLDONI
VIA DELL'ARANCIO
V. DI RIPETTA
Palazzo Borghese
V. BORGHESE
PIAZZA BORGHESE
V. MONTE D'ORO
VIA FONTANELLA BORGHESE
V. LECCOSA
VIA D. CLEMENTINO
VIA D. LEONE
PIAZZA D. TORRETTA
V. D. TORRETTA
VICOLO D. DIVINO AMORE
VIA DI PALLACORDA
VIA D. LUPA
PIAZZA CARDELLI
VICOLO D. CAMPANA
VIA DEI PREFETTI
PIAZZA FIRENZE
VIA D. LEONCINO
VIA BORGOGNONA
VIA FRATTINA
PIAZZA SAN LORENZO IN LUCINA
San Lorenzo in Lucina
VIA DEL CORSO
VIA DELLA VITE
VIA D. GAMBERO
VIA IN LUCINA
V. D. CONVERTITE
PIAZZA SAN SILVESTRO
VIA D. PARLAMENTO
PIAZZA D. PARLAMENTO
VIA MARIO DE' FIORI
VIA D. PROPAGANDA
Collegio di Propaganda Fide
VIA DUE MACELLI
VIA CAPO LE CASE
Sant'Andrea delle Fratte
V. S. ANDREA D. FRATTE
VIA D. MERCEDE
V. D. MORETTO
VIA D. BUFALO
V. D. NAZARENO
VIA D. POZZETTO
VIA DEL TRITONE
PIAZZA SAN CLAUDIO
VIA S. CLAUDIO
VIA DELLA SCROFA
VIA D'ASCANIO
VICOLO VALDINA
VIA METASTASIO
VIA D. STELLETTA
Santa Maria in Campo Marzio
VIA DELLA MISSIONE
Palazzo di Montecitorio
VIA DELL'IMPRESA
VIC. D. SDRUCCIOLO
Palazzo Chigi
V. D. MORTARO
VIA POLI
VIA D. STAMPERIA
VIC. SCAVOLINO
VIA D. PANETTERIA
Santa Maria in Trivio
Accademia di San Luca
Museo Naz. d. Paste Alimentari
VIA D. LAVATORE
VIA DI S. MARIA IN VIA
VIA D. CROCIFERI
Fontana di Trevi
PIAZZA DI TREVI
VIC. DEI MODELLI
VIA DI SPAGNOLI
Caffè Giolitti
VIA D. UFFICI D. VICARIO
PIAZZA DI MONTECITORIO
Colonna di Marco Aurelio
PIAZZA COLONNA
VIA D. SABINI
VIC. DELLE BOLLETTE
PIAZZA COPPELLE
VIC DELLA VACCARELLA
VIA COPPELLE
VIA D. MADDALENA
VICOLO D. GUARDIOLA
Obelisco
V. D. COLONNA ANTONINA
VIA D. MURATTE
SS. Vincenzo e Anastasio
VIA S. VINCENZO
VIC. DEL BABUCCIO
Palazzo Baldassini
V. DEL COLLEGIO CAPRANICA
Palazzo Capranica
LARGO G. TONIOLO
La Maddalena
V. D. COLONNELLE
V. IN AQUIRO
VIA D. GUGLIA
V. DEI BERGAMASCHI
VIA DI PIETRA
VIA MINGHETTI
VIA DELLE VERGINI
VIA D. DATARIA
VIA D. POZZO D. CORNACCHIE
PIAZZA RONDANINI
PIAZZA CAPRANICA
P. D. PIETRA
VICOLO DE' BURRO
San Luigi dei Francesi
VIA D. ORFANI
Tempio di Adriano
VIA DE' BURRÒ
V. MONTECATINI
PIAZZA D. ORATORIO
VIA DELL'UMILTÀ
VIC. D. MONTICELLO
VIA D. LUCCHESI
VIA GIUSTINIANI
VIA D. PASTINI
PIAZZA DI SANT' IGNAZIO
VIA SCIARRA
Univ. Gregoriana
PIAZZA DELLA ROTONDA
VIA DEL SEMINARIO
PIAZZA SAN MACUTO
Palazzo Madama
VIA D. DOGANA VECCHIA
SALITA D. CRESCENZI
Panteón
VIA D. MINERVA
Sant' Ignazio di Loyola
VIA D. COLLEGIO ROMANO
San Marcello al Corso
VIA S. MARCELLO
VIA DELL'ARCHETTO
PIAZZA D. PILOTTA
VIA D. PILOTTA
Sant' Eustachio
V. D. STADERARI
PIAZZA S. EUSTACHIO
VIA D. PALOMBELLA
VIA SANT'IGNAZIO
Palazzo del Collegio Romano
VIA LATA
VIA SS. APOSTOLI
VIA D. VACCARO
Palazzo Colonna
Sant' Ivo alla Sapienza
VIA D. SEDIARI
PIAZZA DELLA MINERVA
Santa Maria sopra Minerva
Fontanella del Facchino
Palazzo Odescalchi
Santi Apostoli
PIAZZA SS. APOSTOLI
VIA DEL TEATRO VALLE
VIA MONTERONE
VIA DI S. CHIARA
VIA DI TORRE ARGENTINA
Obelisco
V. DI S. CATERINA DA SIENA
VIA PIE' DI MARMO
PIAZZA DEL COLLEGIO ROMANO
VIA DELLA GATTA
VICOLO D. PIOMBO
Pie' di Marmo
V. STEFANO DEL CACCO
PIAZZA GRAZIOLI
Palazzo Doria Pamphilj
VIA D. MANCINO
Museo delle Cere
V. D. MELONE
VIC. SINIBALDI
VIA D. ARCO D. CIAMBELLA
VIA DEI CESTARI
PIAZZA D. PIGNA
VIA D. PIGNA
VIA D. GESÙ
V. C. BATTISTI
V. D. IV NOV.
VIA S. EUFEMIA
VIA D. FORNARI
Palazzo Altieri
Sant'Andrea della Valle
EMANUELE II
V. DEL PLEBISCITO
PIAZZA VENEZIA
PIAZZA VIDONI
LARGO DI TORRE ARGENTINA
PIAZZA DEL GESÙ
Gesù
VIA DEGLI ASTALLI
Palazzo Venezia
San Marco
Colonna Traiana
VIA DEL SUDARIO
Biblioteca del Burcardo
Teatro Argentina
Area Sacra dell'Argentina
V. S. NICOLA D. CESARINI
VIA D. ARCO DE' GINNASI
VIA CELSA
PIAZZA SAN MARCO
VIA DEI FORI IMPERIALI
Foro di Traiano
VIA DEL MONTE DELLA FARINA
VIA DEI BARBIERI
LARGO ARENULA
VIA FLORIDA
VIA DELLE BOTTEGHE OSCURE
VIA S. MARCO
Il Vittoriano
VIC. DEI CHIODAROLI
V. DI SANT'ANNA
VIA D'ARACOELI
VIA S. VENANZIO
VIA D. POLACCHI
VIA ARENULA
VIA G. BORGI
VIA PAGANICA
VIA M. CAETANI
PIAZZA MARGANA
V. MARGANA
VIC. MARGANA
PIAZZA D'ARACOELI
Santa Maria in Aracoeli
VIA IN CARCERE
Foro di Cesare
San Carlo ai Catinari
PIAZZA BENEDETTO CAIROLI
VIA DEI FALEGNAMI
Fontana delle Tartarughe
PIAZZA MATTEI
V. TRIBUNA DI TOR DE' SPECCHI
Insula Romana
VIA D. FUNARI
VIA DEI DELFINI
Cordonata
Palazzo Nuovo
Carcere Mamertino
VIA DI S. PIETRO IN CARCERE
V. D. SPECCHI
VIA S. M. D. PIANTO
PIAZZA COSTAGUTI
V. D. REGINELLA
PIAZZA CAPIZUCCHI
PIAZZA CAMPITELLI
PIAZZA DEL CAMPIDOGLIO
Palazzo Senatorio
Santi Luca e Martina
V. D. SEGGIOLA
VIA S. M. D. CALDERARI
Casa di Lorenzo Manilio
VIA S. AMBROGIO
VIA SANT'ANGELO IN PESCHERIA
VIA DELLA TRIBUNA DI CAMPITELLI
Santa Maria in Campitelli
VIA DI TEATRO DI MARCELLO
PIAZZALE CAFFARELLI
Arco di Settimio Severo
PIAZZA CENCI
Palazzo Cenci
VIA DEL PROGRESSO
PIAZZA DELLE CINQUE SCOLE
VIA PORTICO D'OTTAVIA
VIA MONTANARA
VIA DI VILLA CAFFARELLI
Palazzo dei Conservatori
Rostra
V. BEATRICE CENCI
V. MONTE DEI CENCI
VIA CATALANA
Portico d'Ottavia
VIA D. FORO PISCARIO
Tempio di Saturno
V. S. BARTOLOMEO D. VACCINARI
VIA DEL TEMPIO
VIA DEL TEMPIO DI GIOVE
V. DI MONTE TARPEO
Basilica Giulia
LUNGOTEVERE DEI CENCI
Sinagoga
Teatro di Marcello
VIA D. TEATRO DI MARCELLO
Tempio di Giove
VIA DELLA CONSOLAZIONE
VIA DEL FORO ROMANO
Rupe Tarpea
Santa Maria della Consolazione
VIA DEI FORAGGI
Ponte Garibaldi
ISOLA TIBERINA
Pte Fabricio
San Nicola in Carcere

Índice general

A

B

D

G

J

N

S

T

U

V

Agradecimientos

El País-aguilar y Dorling Kindersley quieren dar las gracias a las personas que, con su ayuda, han contribuido a la elaboración de este libro.

Nuestro agradecimiento a Roberto Núnez de las catacumbas de San Callisto, en Roma.

Colaborador principal
Olivia Ercoli es historiadora del Arte y guía turística. Desde siempre vive en Roma, donde imparte clases de Historia del Arte y escribe sobre diversos temas para revistas tanto inglesas como italianas.

Ros Belford, escritora sobre temas de viajes, es la editora de la colección de Virago Woman's Guides, y autora de la guía de Roma de dicha colección. Ha viajado extensamente por Europa, y además de escribir guías de viaje colabora con diversas publicaciones como *The Guardian*.

Roberta Mitchell está al frente del departamento editorial de la División de Publicaciones de las Naciones Unidas en Roma, donde reside desde hace muchos años. Veterana escritora y editora con gran conocimiento de la ciudad, ha escrito varias guías de Roma, incluyendo la *American Express Guide to Rome*.

Otros colaboradores
Sam Cole, Mary Jane Cryan Pancani, Daphne Wilson Ercoli, Laura Ercoli, Lindsay Hunt, Adrian James, Christopher McDowall, Davina Palmer, Rodney Palmer, Debra Shipley.

El País-Aguilar y Dorling Kindersley quieren dar las gracias a los siguiente editores y documentalistas de Websters International Publishers: Sandy Carr, Matthew Barrell, Siobhan Bremner, Serena Cross, Valeria Fabbri, Annie Galpin, Gemma Hancock, Celia Woolfrey.

Fotografías
Max Alexander, Guiseppe Carfagna, Demetrio Carrasco, Andy Crawford, Philip Enticknap, Steve Gorton, Neil Mersh, Mike Dunning, Ian O'Leary, Poppy, David Sutherland.

Ilustraciones
Anne Bowes, Robin Carter, Pramod Negi, Gillie Newman, Chris D. Orr.

Edición fotográfica
Sharon Buckley.

Cartografía
Advanced Illustration (Cheshire), Contour Publishing (Derby), Euromap Limited (Berkshire). Alok Pathak, Kunal Singh. Mapas del callejero: ERA Maptec Ltd (Dublín) adaptados por Shobunsha (Japón).

Investigación cartográfica
James Anderson, Donna Rispoli, Joan Russell.

Ayudantes de investigación
Janet Abbott, Flaminia Allvin, Licia Bronzin, Lupus Sabene.

Ayudantes editoriales y de diseño
Beverley Ager, Kristin Dolina-Adamczyk, Peter Bently, Vandana Bhagra, Hilary Bird, Lucinda Cooke, Michelle Crane, Vanessa Courtier, Claire Edwards, Peter Douglas, Simon Farbrother, Karen Fitzpatrick, Anna Freiberger, Vanessa Hamilton, Marcus Hardy, Sasha Heseltine, Sally Ann Hibbard, Stephanie Jackson, Steve Knowlden, Mary Lambert, Maite Lantaron, Janette Leung, Shahid Mahmood, Jane Middleton, Jan Midson, Fiona Morgan, Jane Oliver-Jedrzejak, Helen Partington, Naomi Peck, Carolyn Pyrah, Pete Quinlan, Salim Qurashi, Pamposh Raina, Ellen Root, Collette Sadler, Sands Publishing Solutions, Mathew Baishakhee Sengupta, Jane Shaw, Clare Sullivan, Rachel Symmons, Andrew Szudek, Alka Thakur, Daphne Trotter, Karen Villabona, Diana Vowles, Stevart J. Wild.

Ayudantes especiales
Dottore Riccardo Baldini, Signor Mario di Bartolomeo of the Soprintendenza dei Beni Artistici e Storici di Roma, Belloni, Dorling Kindersley picture department, Peter Douglas, David Gleave MW, Debbie Harris, Emma Hutton y Cooling Brown Partnership, Dottoressa Todaro y Signora Camimiti en el Ministero dell'Interno, Trestini.

Permisos fotográficos
El País-Aguilar y Dorling Kindersley quieren dar las gracias a las siguientes entidades por su amabilidad al conceder los permisos necesarios para fotografiar en sus instituciones:

Bathsheba Abse en la casa de Keats y Shelley, Accademia dei Lincei, Accanto, Aeroporti di Roma, Aldrovandi Palace, Alpheus, Banco di Santo Spirito en el Palazzo del Monte di Pietà, Rory Bruck en Babington's, Caffè Giolitti, Caffè Latino, Comune di Roma (Ripartizione X), Comunità Ebraica di Roma, Guido Cornini en Monumenti Musei e Gallerie Ponteficie, Direzione Sanitaria Ospedale di Santo Spirito, Dottoressa Laura Falsini en la Soprintendenza Archeologica di Etruria Meridionale, Hotel Gregoriana, Hotel Majestic, Hotel Regina Baglioni, Marco Marchetti en Ente EUR, Dottoressa Mercalli en el Museo Nazionale di Castel Sant'Angelo, Ministero dell'Interno, Plaza Minerva, Ristorante Alberto Ciarla, Ristorante Filetti di Baccalà, Ristorante Romolo, Signor Rulli y Signor Angeli en la Soprintendenza Archeologica di Roma, Soprintendenza Archeologica per il Lazio, Soprintendenza per i Beni Ambientali e Architettonici, Soprintendenza per i Beni Artistici e Storici di Roma, Daniela Tabo en el Musei Capitolini, Villa d'Este, Villa San Pio, Mrs Marjorie Weeke en San Pedro.

Créditos fotográficos

a = arriba; ai = arriba izquierda; ad = arriba derecha; cia = centro izquierda arriba; ca = centro arriba; cda = centro derecha arriba; ci = centro izquierda; c = centro; cd = centro derecha; ciab = centro izquierda abajo; cab = centro abajo; cdab = centro derecha abajo; abi = abajo izquierda; ab = abajo; abc = abajo centro; abd = abajo derecha.

Nuestra intención ha sido citar a los poseedores de *copyright* de todas las fotografías. Pedimos disculpas por adelantado ante cualquier omisión involuntaria. Estaremos encantados de introducir los agradecimientos apropiados en cualquier edición posterior.

Los editores agradecen a las siguientes personas, compañías y galerías los permisos concedidos para reproducir sus fotografías: ACCADEMIA NAZIONALE DI SAN LUCA, Roma: 160a; AFE: 57a, 61cd; Sandro Battaglia 59c, 61ciab, 61abd, 336abd; Louise Goldman 157a; G La Malfa 251a; AEROPORTI DI ROMA: 384ab; AGENZIA SINTESI: Fabio Fiorani 376abd, 377a, 377ab; AKG-IMAGES: Andrea Jernolo 10cbd; ALAMY IMAGES: Katty de Witt 305ai; Antonella di Girolamo 377c; Marco Marcotulli 376abc; R Venturi 376abi; AGF FOTO: 40-41c; ALDROVANDI PALACE HOTEL: 297b; ALITALIA: 384a, 385ci; ALLSPORT: David Cannon 41abd; ANCIENT ART AND ARCHITECTURE: 18abi, 22al, 23al, 27abc, 36cdab, 37ac, 46ci; ARTOTHEK, Stadelsches Kunstinstitut Frankfurt, Goethe en la Campagna Romana por JHW Tischbein 136a; BIBLIOTECA REALE, Torino: 30-31c; HOTEL BOSCO ALEPH: 299cda; BRIDGEMAN ART LIBRARY: 20abd, 39ar; Agnew & Sons, Londres 53ad; Antikenmuseum Staatliches Museum, Berlín 21abi; Biblioteca Pública Episcopal, Barcelona/Index 114abi; Bibliothèque de la Sorbonne 30c, British Museum, Londres 29car; Chateau de Versailles, Francia/Giraudon 35ar, 59ci; Christie's, Londres 42, 59ar, 68ab, 95a; The Fine Art Society, Londres 151ad, 279ai; Galleria degli Uffizi, Florence 33abi; Greek Museum, University of Newcastle-upon-Tyne 18abd; King Street Galleries, Londres 35abd; Louvre, París/Lauros-Giraudon 56abd; Louvre, París/Giraudon 28abd; Roy Miles Gallery, 29 Bruton St, Londres 228a; Musée des Beaux-Arts, Nantes 55a; Museo e Gallerie Nazionali di Capodimonte, Nápoles, Detalle de la predela de San Ludovico de Simone Martini 28ar; Musée Condé, Chantilly f.71v Très Riches Heures, 28ac; Museo de Bellas Artes, Budapest 110abi; Museo Archeologico di Villa Giulia 50ci; Palazzo Doria Pamphilj, Roma 107ab; Ayuntamiento de Piacenza, Italia/29abd; Colección privada 21abd, 24abi, 26abd, 29ad, 178ab; Museo Pushkin, Moscú 111a; Sotheby's, Londres 20abi; Spink & Son Ltd., Londres 163ab; Museos Vaticanos Museos y Galerías 43ca, 237ad.

MUSEOS CAPITOLINOS, ROMA: 73 cda; CEPHAS PICTURE LIBRARY: Mick Rock 314ad; CORBIS: Alessandra Benedetti 382abd; Owen Franjen 304cia; Bob Krist 305c; Araldo de Luca 70ad; Reuters/Max Rossi 40cab; VANESSA COURTIER: 355a.

IL DAGHERROTIPO: 118ciab, 145cda, 289cab, 334a, 335abi, 388cia, 393a; Stefano Chieppa: 152ci, 289abc, 290abc; Andrea Getuli 287ai;

Museo di Roma/Giorgio Oddi 118ab; Stephano Occhibelli cubierta delatera ci, 116, 286ai, 288cia, 288 abd; Giorgio Oddi 55ci; Paolo Priori 204ad; Giovanni Rinaldi 196ad, 286abd, 290cia, 291abd, 390a; CM DIXON: 19abi, 26c, 268ab, 269a, 269ab.

ECOLE NATIONALE SUPERIEURE DES BEAUX-ARTS: 23cd, 24-25, 248a, 284-285ab; ENTE NAZIONALE ITALIANO PER IL TURISMO: 374ci, cd; ET ARCHIVE: 16, 19ad, 19ciab, 20ad, 21ac, 25a, 29ci, 30ai, 33abd, 34abd, 39abd, 50ai, 314ai; MARY EVANS PICTURE LIBRARY: 9, 20ci, 25ci, 26ci, 31abd, 32cab, 32ab, 33a, 36ai, 36cd, 36abi, 56ai, 67abi, 74a, 81ab, 91a, 92ab, 94abi, 127c, 135a, 135ab, 213ab.

CORALDO FALSINI: 41ai, 354b, 355a, 355c; FERROVIE DELLO STATO: 388ciab; 389ad; WERNER FORMAN ARCHIVE: 19cd, 22abi, 24ai, 25cd, 25abi, 25abd, 49ad, 155a, 163ad, 175c; MUSEO DEL FOLCLOR, Roma: 210abd.

GARDEN PICTURE LIBRARY: Bob Challinor 172cab; GETTY IMAGES: Robert Harding World Imagery 116; Stone/Passmore 1c GIRAUDON: 17ab, 30abd, 38abd; JACKIE GORDON: 380abi; RONALD GRANT: 54abd, 354a.

SONIA HALLIDAY: 21c, 24abd, 27ci; Laura Lushington 26abi; ROBERT HARDING PICTURE LIBRARY: 25cda, 34abi, 79cd, 177a, 268c, 369c; Mario Carrieri 37ad; John G Ross 40ai, 59ci, 355ab; Sheila Terry 41ci; G White 59abd; HOTEL FONTANA TREVI: 299abc; HULTON DEUTSCH: 38ai, 57cd, 63, 175ab, 293c, 373c.

KATZ/FSP: 21ad, 27abi, 28abc, 33ci, 56ci, 57ci, 75ci, 75cd, 78ac, 93ab, 112c, 122a, 125ad, 126ai, 132abd, 133cd, 136abi, 139abi, 139abd, 162ad, 172abi, 172 abd, 183abd, 192abi, 196abi, 210c, 220abi, 227cd, 229cd; Alinari 80abd, 141abi, 160ai, 174a, 254ab; Anderson 78cd, 138abi, 163ai, 228ab.

MAGNUM: Erich Lessing 17a, 19ai, 89abr; MARKA: V Arcomano 35cd; Roberto Benzi 337cdab; D. Donadoni 11abd; Piranha 337cda; Lorenzo Sechi 10cia, 224abd; MORO ROMA: 36ci, 37ci, 38abd, 39ad, 39abi.

NATIONAL PORTRAIT GALLERY, Londres: 56tr, 57ad; GRAZIA NERI: Vision/Anna Caltabiano 374ab, Vision/Giorgio Casulich 112abd, 156abd, 337cd; Vision/Roberta Krasnig 124ad, 283a; © NIPPON TELEVISION NETWORK CORPORATION, Tokio 1999: 244a, 246-247.

LA REPUBBLICA TROVAROMA: 375ai; RESIDENZA CELLINI: 296abd; REX FEATURES: Steve Wood 41cd.

SCALA: 94a, 278ci, 289ai; Casa di Augusto 97a, Chiesa del Gesù 115a, Galleria Borghese 34cia, 260ad, Galleria Colonna 157ab, Galleria Doria Pamphilj 46abd, 105cd, Galleria Spada 48ci, Galleria degli Uffizi 18-19, 29abi, Museo d'Arte Orientale 174a, 174abd, Musei Capitolini 49abi, Museo della Civiltà Romana 50ad, 50ab, Museo delle Terme 23ad, Museo Napoleonico 51cd, Museo Nazionale, Napoli 23ci, Museo Nazionale, Ravenna 22ci, Museo del Risorgimento, Milano 38ciab, 38-39c, Museo del Risorgimento, Roma 39ai, Palazzo Barberini 252abi, Palazzo Ducale 8, 21ad, Palazzo della Farnesina 220ca, Palazzo Madama 22cl, Palazzo Venezia 49cd, 66abi, San Carlo alle Quattro Fontane 33ci, 35cd, Santa Cecilia in Trastevere 34ai, San Clemente 37abi, Santa Costanza 24-25c, Santa Maria Antiqua 26ai, Santa Maria dell'Anima 121a, Santa Maria Maggiore 45ad, Santa Maria del Popolo 139ad, 139c, Santa Prassede 28abi, 30abi, Santa Sabina 27ac, 31ci, Museos Vaticanos 21abc, 27a, 27cd, 27cda, 29cd, 31ai, 31cd, 32ai, 32ct, 33cd, 33abc, 34cd, 34ciab, 43ad, 48ai, 50cd, 51abi, 224abi, 225cd, 235a, 238ai, 238abd, 240a, 240ab, 241a, 241c, 241ab, 242ai, 242c, 242ab, 243a, 243c, 243ab, 244_245c, 246ci, 246cd, 246ab, 247ai, 247c, 247cd, 247ab; Lourens Smak: 11ai.

TOPHAM PICTURE SOURCE: 40ci.

ZEFA: 2, 230i, 231bd, 272-273, 374a, 388a; Eric Carle 58a; Kohlhas 231a.

Gracias también a Dottoressa Giulia De Marchi de L'ACCADEMIA NAZIONALE DI SAN LUCA, Roma por 160ab, Rettore Padre Libianchi de LA CHIESA DI SANT'IGNAZIO DI LOYOLA por 106a, ENTE NAZIONALE PER IL TURISMO, HASSLER HOTEL, Roma por 299ai, GRAND HOTEL, Roma por 299cdab y a LA REPUBBLICA TROVAROMA.

CUBIERTA
Delantera - DK PICTURE LIBRARY: John Heseltine abc; cdab; GETTY IMAGES: Glen Allison ciab; PICTURES COLOUR LIBRARY: imagen principal. Posterior - DK PICTURE LIBRARY: a, ab. Lomo - PICTURES COLOUR LIBRARY.

Expresiones útiles

Urgencias

¡Socorro!	**Aiuto!**
¡Deténgase!	**Fermate!**
Llamen a un médico	**Chiamate un medico**
Llamen a una ambulancia	**Chiamate un'ambulanza**
Llamen a la policía	**Chiamate la polizia**
Llamen a los bomberos	**Chiamate i pompieri**
¿Dónde está el teléfono?	**Dov'è il telefono?**
¿El hospital más próximo?	**L'ospedale piú vicino?**

Comunicación básica

Sí/no	**Si/no**
Por favor	**Per favore**
Gracias	**Grazie**
Perdón	**Scusi**
Buenos días	**Buon giorno**
Buenas tardes	**Buona sera**
Adiós	**Arrivederci**
La mañana	**La mattina**
La tarde	**Il pomeriggio**
La noche	**La sera**
ayer	**ieri**
hoy	**oggi**
mañana	**domani**
aquí	**qui**
allí	**la**
¿Qué?	**Che cosa?**
¿Cuándo?	**Quando?**
¿Por qué?	**Perchè?**
¿Dónde?	**Dove?**

Frases habituales

¿Cómo está usted?	**Come sta?**
Muy bien, gracias	**Molto bene, grazie**
Encantado de conocerle	**Piacere di conoscerla**
Hasta luego	**A più tardi**
De acuerdo/está bien	**Va bene**
¿Dónde está/n...?	**Dov'è/ dove sono....?**
¿Cuánto tiempo se tarda en llegar a...?	**Quanto tempo ci vuole per andare a...?**
¿Qué debo hacer para ir a...?	**Come faccio per arrivare a....?**
Habla usted español?	**Parla spagnolo?**
No comprendo	**Non capisco**
¿Podría hablar más despacio, por favor?	**Può parlare più lentamente, per favore?**
Lo siento	**Mi dispiace**

Palabras habituales

grande	**grande**
pequeño	**piccolo**
caliente	**caldo**
frío	**freddo**
bueno	**buono**
malo	**cattivo**
bastante	**basta**
bien	**bene**
abierto	**aperto**
cerrado	**chiuso**
a la izquierda	**a sinistra**
a la derecha	**a destra**
todo recto	**sempre dritto**
cerca	**vicino**
lejos	**lontano**
arriba	**su**
abajo	**giù**
pronto	**presto**
tarde	**tardi**
entrada	**entrata**
salida	**uscita**
galería de arte	**la pinacoteca**
parada de autobús	**la fermata dell'autobus**
iglesia	**la chiesa**
basílica	**la basilica**
jardín	**il giardino**
biblioteca	**la biblioteca**
museo	**il museo**
estación de tren	**la stazione**
información turística	**l'ufficio turistico**
cerrado por fiesta nacional	**chiuso per la festa**
lavabo	**il gabinetto**
libre	**libero**
gratis	**gratuito**

Al teléfono

Quisiera poner una conferencia	**Vorrei fare una interurbana**
Quisiera hacer una llamada a cobro revertido	**Vorrei fare una telefonata a carico del destinatario**
Probaré más tarde	**Ritelefono piú tardi**
¿Podría dejar un mensaje?	**Posso lasciare un messaggio?**
¿Podría hablar más alto, por favor?	**Può parlare più forte, per favore?**
Llamada local	**La telefonata urbana**

Compras

¿Cuánto cuesta esto?	**Quant'è, per favore?**
Quisiera...	**Vorrei...**
¿Tienen ustedes...?	**Avete...?**
Sólo estaba mirando	**Sto soltanto guardando**
¿Aceptan tarjetas de crédito?	**Acettate carte di credito?**
¿A qué hora abren/cierran?	**A che ora apre/chiude?**
éste	**questo**
ése	**quello**
caro	**caro**
barato	**a buon prezzo**
talla (ropa)	**la taglia**
número (zapatos)	**numero**
blanco	**bianco**
negro	**nero**
rojo	**rosso**
amarillo	**giallo**
verde	**verde**
azul	**blu**
marrón	**marrone**

Tipos de tiendas

anticuario	**l'antiquario**
panadería	**la panetteria**
banco	**la banca**
librería	**la libreria**
carnicería	**la macelleria**
pastelería	**la pasticceria**
farmacia	**la farmacia**
grandes almacenes	**il grande magazzino**
delicatessen	**la salumeria**
pescadería	**la pescheria**
florista	**il fioraio**
frutería	**il fruttivendolo**
tienda de comestibles	**alimentari**
peluquería	**il parruchiere**
heladería	**la gelateria**
mercado	**il mercato**
quiosco de prensa	**l'edicola**
oficina de correos	**l'ufficio postale**
zapatería	**il negozio di scarpe**
supermercado	**il supermercato**
estanco	**il tabaccaio**
agencia de viajes	**l'agenzia di viaggi**

En el hotel

¿Tienen habitaciones?	**Avete camere libere?**
habitación doble	**una camera doppia**

con cama de matrimonio	**con letto matrimoniale**
con dos camas	**con due letti**
habitación individual	**una camera singola**
habitación con baño, con ducha	**una camera con bagno, con doccia**
botones	**il facchino**
llave	**la chiave**
Tengo una reserva	**Ho fatto una prenotazione**

En el restaurante

¿Tienen mesa para...?	**Avete un tavolo per...?**
Quisiera reservar una mesa	**Vorrei riservare un tavolo**
desayuno	**colazione**
almuerzo	**pranzo**
cena	**cena**
La cuenta, por favor	**Il conto, per favore**
Soy vegetariano/a	**Sono vegetariano/a**
camarero	**cameriere**
camarera	**cameriera**
menú a precio fijo	**il menù a prezzo fisso**
plato del día	**piatto del giorno**
entrante	**antipasto**
primer plato	**il primo**
segundo plato	**il secondo**
guarnición	**il contorno**
postre	**il dolce**
precio por cubierto	**il coperto**
carta de vinos	**la lista dei vini**
poco hecho	**al sangue**
en su punto	**al punto giusto**
muy hecho	**ben cotto**
vaso	**il bicchiere**
botella	**la bottiglia**
cuchillo	**il coltello**
tenedor	**la forchetta**
cuchara	**il cucchiaio**

La carta

a la parrilla	**alla griglia**
aceite	**l'olio**
aceituna	**l'oliva**
agua	**l'acqua**
agua mineral	**l'acqua minerale**
ajo	**l'aglio**
alcachofa	**il carciofo**
almejas	**le vongole**
alubias	**i faglioli**
arroz	**il riso**
asado	**al forno**
atún	**il tonno**
azúcar	**lo zucchero**
berenjena	**la melanzana**
café	**il caffé**
calabacín	**lo zucchino**
caldo	**il brodo**
carne	**la carne**
cebolla	**la cipolla**
cerdo	**il porco**
cerveza	**la birra**
cocido	**lesso**
cordero	**l'abbacchio**
cruasán	**il cornetto**
fresas	**le fragole**
fruta fresca	**frutta fresca**
gambas	**i gamberi**
helado	**il gelato**
huevo	**l'uovo**
jamón	**il prosciutto**
cocido/curado	**cotto/crudo**
langosta	**l'aragosta**
leche	**il latte**
manzana	**la mela**
marisco	**frutti di mare**
melocotón	**la pesca**
naranja	**l'arancia**
zumo de naranja/limón	**zucco d'arancia/di limone**
pan	**il pane**
panecillo	**il panino**
patatas	**le patate**
patatas fritas	**patatine**
pescado	**il pesce**
pimienta	**il pepe**
pollo	**il pollo**
queso	**il formaggio**
sal	**il sale**
salchicha	**la salsiccia**
seco	**secco**
setas	**i funghi**
sopa	**la zuppa**
	la minestra
filete	**la bistecca**
tarta	**la torta**
té	**il tè**
té de hierbas	**la tisana**
ternera	**vitella**
tomate	**il pomodoro**
atún	**tonno**
uvas	**l'uva**
vaca	**il manzo**
verduras	**i legumi**
vinagre	**l'aceto**
vino blanco	**vino bianco**
vino tinto	**vino rosso**
zumo de naranja/limón	**succo di arancia/di limone**

Números

1	**uno**
2	**due**
3	**tre**
4	**quattro**
5	**cinque**
6	**sei**
7	**sette**
8	**otto**
9	**nove**
10	**dieci**
11	**undici**
12	**dodici**
13	**tredici**
14	**quattordici**
15	**quindici**
16	**sedici**
17	**diciasette**
18	**diciotto**
19	**diciannove**
20	**venti**
30	**trenta**
40	**quaranta**
50	**cinquanta**
60	**sessanta**
70	**settanta**
80	**ottanta**
90	**novanta**
100	**cento**
1.000	**mille**
2.000	**duemila**
5.000	**cinquemila**
1.000.000	**un milione**

Tiempo

un minuto	**un minuto**
una hora	**un'ora**
media hora	**mezz'ora**
un día	**un giorno**
una semana	**una settimana**
lunes	**lunedì**
martes	**martedì**
miércoles	**mercoledì**
jueves	**giovedì**
viernes	**venerdì**
sábado	**sabato**
domingo	**domenica**

GUÍAS VISUALES

EL PAIS AGUILAR

TÍTULOS DE LA COLECCIÓN

- Alaska
- Alemania
- Amsterdam
- Australia
- Austria
- Baleares
- Bali y Lombok
- Barcelona
- Beijing y Shangai
- Berlín
- Boston
- Bruselas, Brujas, Gante y Amberes
- Budapest
- California
- Canadá
- Canarias
- Cerdeña
- Chicago
- China
- Chipre
- Córcega
- Costa Azul y Provenza
- Costa Rica
- Croacia
- Cuba
- Dinamarca
- Dublín
- Egipto
- Escocia
- España
- Estados Unidos
- Estados Unidos (Suroeste y Las Vegas)
- Estambul
- Estocolmo
- Europa
- Florencia y Toscana
- Florida
- Francia
- Gran Bretaña
- Grecia (Atenas y la Península)
- Hawai
- Holanda
- India
- Irlanda
- Islas Griegas
- Israel, Jordania y el Sinaí
- Italia
- Japón
- Lisboa
- Londres
- Madrid
- Marruecos
- México
- Milán y los Lagos
- Moscú
- Múnich y Baviera
- Nápoles
- Norte de España
- Noruega
- Nueva Inglaterra
- Nueva Orleans
- Nueva York
- Nueva Zelanda
- París
- Polonia
- Portugal, Madeira y las Azores
- Praga
- República Checa y Eslovaquia
- Roma
- San Francisco y Norte de California
- San Petersburgo
- Sevilla y Andalucía
- Sicilia
- Singapur
- Suecia
- Suiza
- Suráfrica
- Tailandia
- Túnez
- Turquía
- Umbría
- Valle del Loira
- Varsovia
- Venecia y el Véneto
- Viena
- Vietnam y Templo de Angkor
- Washington

Líneas de autobuses

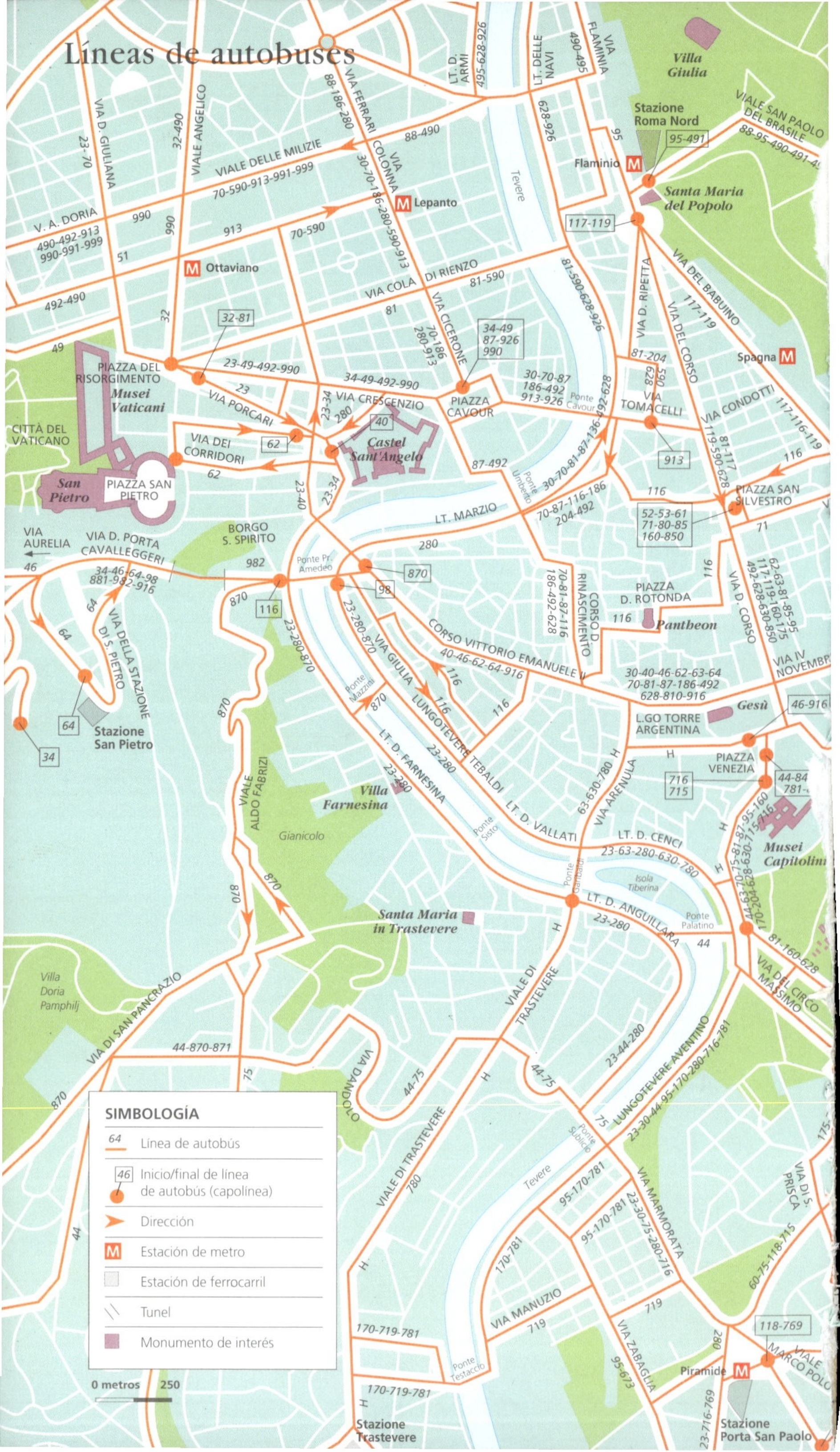